AF536212

HAYMON verlag

Gedruckt mit freundlicher Unterstützung durch das Außenministerium der Ukraine und die Botschaft der Ukraine in der Republik Österreich.

Auflage:
4 3 2 1
2021 2020 2019 2018

HAYMON verlag
Innsbruck-Wien
www.haymonverlag.at

Die Originalausgabe erschien 2016 unter dem Titel „Шенгенская история. Литовский роман“ im Verlag Фоліо, Kiew.

ISBN 978-3-7099-3434-0

Buchinnengestaltung nach Entwürfen von himmel.
Studio für Design und Kommunikation, Innsbruck / Scheffau – www.himmel.co.at
Umschlaggestaltung: hißmann, heilmann, hamburg unter Verwendung von YurkaImmortal / 153626636 / shuttestock.com (Paris), LeoPatrizi / 503485074 / istock.com (Vilnius) / hißmann, heilmann, hamburg (London)
Satz: Da-TeX Gerd Blumenstein, Leipzig

Gedruckt auf umweltfreundlichem, chlor- und säurefrei gebleichtem Papier.

Andrej Kurkow

Kartografie der Freiheit

Roman

Aus dem Russischen von Claudia Dathe

Zum Gedenken an den litauischen Dichter
Marcelijus Martinaitis

1. Kapitel. Šeštokai. 20. Dezember 2007

Die Erde ist nicht blind, nicht einmal nachts schließt sie ihre Augen. Mit riesigen Pupillen – den Ozeanen, Meeren und Seen – schaut sie in die Dunkelheit, in den Himmel. Sie sieht alles und reflektiert alles. Ob sie das Gesehene im Gedächtnis behält, weiß allerdings niemand. Und wenn ja, dann wie? Und wo liegt ihr Gedächtnis verborgen? Vielleicht sind diese unbeantworteten Fragen der Grund, warum sich der Mensch häufig für das Auge der Erde hält und versucht, das Gesehene festzuhalten, nachzuerzählen, aufzuzeichnen und in Archiven aufzubewahren. Der Mensch versucht also, die Geschichte der Erde zu schreiben, obwohl er eigentlich nur eine Geschichte schreibt, die er mit seinen Augen gesehen hat.

Der Mensch traut seinen Augen, seinen Ohren, seinem Gedächtnis.

Der menschliche Blick ist das eine, der Blick der Erde – abgrundtief und unendlich – das andere. Schnell kann man sich darin mit den Gedanken und dem Körper verlieren. Millionen von Menschen haben sich darin – in diesen Ozeanen, Meeren und Seen – bereits verloren. Diejenigen, die die Geschichte der Erde festhalten wollten, und die, die das nicht versucht haben.

Es gibt einen großen Unterschied zwischen dem Blick der Erde und dem Blick der Menschen. Die Erde schaut immer nach oben, himmelwärts, der Mensch hingegen schaut um sich herum, ab und an in die Ferne, ab und an in den Himmel, wenn er einen Blick spürt, der von dort kommt. Die Erde schaut immer himmelwärts. Ihr ist alles gleichgültig außer dem, was oben, was über ihr ist. Über ihr ist immer der eine – mal blau, mal schwarz, mal grau. Ab und an Sonne, ab und an Wolken, ab und an ein blinkendes Flugzeuglämpchen oder ein leuchtender, zwischen den Sternen dahingleitender Punkt eines von Menschen ausgesandten, aus glänzendem Metall gefertigten kosmischen Spions mit der pauschalen Bezeichnung *Satellit*. Die Satelliten sind der einzige Versuch der Menschheit, ihren Blick nach unten, zur Erde zu richten. Die ersten Wissenschaftler haben wahrscheinlich davon geträumt, der Blick der Erde und der Blick des Satelliten würden sich irgendwann kreuzen. Und dass der Satellit die Reaktion der Erde auf diesen Scherz von klugen Menschen fotografisch fixiert. Die ersten Wissenschaftler sind längst tot. Und die nächste Generation hat diesen Wunsch der Väter vergessen oder nie gekannt. Sie wollten mithilfe der Satelliten alle Wege im Wald und alle Schiffe auf den Meeren, vor allem die Kriegsschiffe, entdecken. Und nichts hat sie so sehr an der Beobachtung der Erde gehindert wie die schneeschweren Wolken, die nichts Besseres zu tun hatten, als die Erde mit einem weißen Pelz zu überziehen, damit sie warm überwintern konnte.

Und so konnte der Satellit auch dieses Mal bei seinem Flug über Ostlitauen nichts erkennen. Ja, er hat nicht einmal registriert, wie schön die frischen Flocken auf die seit einem Monat schneebedeckte Erde fielen.

Am 20. Dezember 2007 gegen Mitternacht ließen die Wolken, nachdem sie sich des Schnees entledigt hatten, über dem Wald bei Anykščiai einen blanken Himmel zurück. Sie flogen davon, um Nachschub aufzunehmen. Und der Wald, auf den Zweigen der Fichten und den Kronen der Kiefern mit Neuschnee beladen, verstummte und lauschte. Über den verschneiten Wipfeln der hohen schlanken Kiefern auf dem einzigen Hügel in der Gegend blinkte rot ein Leuchtturm. Aus dem verhangenen Dezemberhimmel heraus antwortete ihm rot blinkend ein Flugzeug. Ein fremdes Flugzeug, das nicht von diesem Boden abgehoben hatte und nicht auf diesem Boden landen würde.

Das Stück Boden, der die Wurzeln des Waldes nährte, war nicht so klein, dass der Platz für eine Landebahn nicht gereicht hätte. Aber auch nicht so groß, dass die Flugzeuge mit eigenen Passagieren ausgelastet wären. Schließlich konnte man nicht jeden Litauer dazu verpflichten, sich einmal im Monat ein Flugticket zu kaufen und irgendwohin zu fliegen. Unmöglich und gefährlich. Wozu auch, wo es doch in Litauen ein Meer, Flüsse und Seen gab, dazu Boote und Schiffe? Und sogar einen hohen Leuchtturm mit einem roten Licht mitten im Wald von Anykščiai und dreihundert Kilometer von der Küste entfernt! Auch eine Eisenbahn gab es und sogar eine Schmalspurbahn, die von Anykščiai nach Panevėžys fuhr. Es war alles da, um sich frei fühlen und mit dieser Freiheit der Hektik entsagen zu können. Freie Menschen hetzen nicht. Deswegen kommen sie auch nie zu spät. Sie hetzen nicht und schauen öfter, wo sie hintreten. Deswegen stolpern sie auch seltener.

Am 20. Dezember 2007 gegen Viertel vor zwölf näherte sich ein alter Mann einer Schranke bei Šeštokai, einem Dorf, das verloren zwischen Kalvarija und Lazdijai im äußersten Zipfel Litauens, weit weg vom Wald von Anykščiai, lag. In einem festen und merkwürdig schaukelnden Gang lief er auf die Schranke zu. Und blieb fünf Schritte davor stehen, mitten auf der Straße, die von der Schranke mit ihrem gestreiften Balken abriegelt wurde.

In dem grün getünchten Häuschen, das linker Hand stand, waren zwei Fenster erleuchtet. Das behagliche, leicht gedämpfte Licht fiel durch die Fenster auf die verschneite Straße. Selbst die gestreifte Schranke glänzte, sie fing den reflektierten Lichtstrahl, der aus dem Fenster zuerst auf den Schnee traf und dann seine gelben Sprenkel rings um das Fenster verteilte.

Die Tür quietschte und öffnete sich. Ein Grenzer ohne Mantel trat zu ihr hin und blickt hoch. Er schaute auf die Glühbirne, die unterm Vordach hing, und streckte beide Hände danach aus. ‚Wahrscheinlich eingefroren', dachte er. Er griff mit der Linken nach der Fassung, mit der Rechten nach der Birne und drehte sie vor und zurück. Die Lampe, von den Händen des Grenzers wachgerüttelt, flackerte auf. Sichtlich zufrieden lächelte er, atmete die Frostluft ein und als Dampf wieder aus. Eine halbe Minute lang tat er so, als würde er den Alten, den das plötzliche Licht der aufflackernden Lampe blinzeln und zur Seite blicken ließ, nicht bemerken. Doch dann kam sich der Grenzbeamte komisch vor, er schaute den Fremden an und nickte. Der Alte, der den Grenzer beobachtet hatte, erwiderte das Nicken und holte aus seinem grauen Mantel, dessen Kragen er hochgeschlagen hatte, eine altmodische Taschenuhr hervor und ließ sie aufspringen. Acht vor zwölf.

„Wollen Sie hereinkommen?", fragte der Grenzer höflich.

„Ja, vielleicht", antwortete der Alte, rührte sich aber nicht von der Stelle.

„Nun kommen Sie schon", wiederholte der Beamte. „Wir haben Tee, und was Hochprozentiges findet sich auch noch!"

„Wieso das?", wunderte sich der Alte. „Laden Sie jeden zu sich ein? Und seit wann wird an der Grenze Alkohol getrunken?"

„Heute schon", seufzte der Grenzer, „heute dürfen wir das ausnahmsweise."

Er drückte die Tür weiter auf, ging hinein und drehte sich um. Der Alte stieg die drei Stufen hinauf und zog dabei sein rechtes Bein nach, das er nicht abbiegen konnte und das nicht wie das linke in einem schweren Stiefel steckte, sondern mit einem Gummiabsatz abschloss, der unter einen Holzknöchel genagelt war.

In dem großen Raum der Grenzwacht roch es nach Zimt und Nelken. Auf einer kleinen Elektroplatte stieß ein blauer Emaille-Teekessel Dampfwölkchen aus. Zwischen zwei Töpfen mit alten Aloen stand eine bauchige Flasche Žalgiris auf dem Fensterbrett. Daneben kleine

Schnapsgläser. An der Wand über dem Schreibtisch hing ein Porträt des Präsidenten Adamkus.

Der Alte ließ seinen Blick vom Porträt zu den drei Grenzern wandern. Er wackelte mit dem Kopf. „Was ist denn das für ein Grenzposten?“, fragte er erstaunt.

„Wir machen dicht“, antwortete der unbekannte Offizier mit trauriger, tonloser Stimme und hob die Arme, um zu zeigen, dass da nichts mehr zu machen war.

„Sie machen die Grenze dicht?“

„Nein, umgekehrt. Die Grenze wird geöffnet. Und der Kontrollpunkt wird geschlossen“, sagte der zweite Beamte.

„Und wohin werdet ihr versetzt?“

„Hierhin und dahin“, seufzte der Dritte. „Und ich gehe wahrscheinlich rüber, auf die andere Seite.“ Er warf einen wenig erfreuten Blick durchs Fenster.

„Ja, wahrscheinlich gibt es Länder, denen Grenzpersonal fehlt“, sinnierte der Alte nach einer kurzen Pause. „Aber diese Länder sind entweder krank oder groß ... Oder beides.“

2. Kapitel. Das Gehöft Pienagalys. Bei Anykščiai

Großvater Jonas kam mit zwei Eimern, die mit samtweichem frischem Schnee gefüllt waren, ins Haus und blieb auf dem Gummiabtreter stehen.

Das Licht der Flurlampe spiegelte sich in den Pfützen, die sich um die locker an der Wand aufgereihten Halbschuhe und Stiefel gebildet hatten. Aus einem Paar brauner Männerschuhe ragten die froststeifen Schnürsenkel in die Höhe.

Der alte Jonas stellte die Eimer ab. Er nahm den Besen zur Hand, der neben der Tür lag, fegte sich den Schnee von den Stiefeln und zog seine übergroßen grauen Filzpantoffeln an. Mit ihnen konnte er über den Boden schlurfen, ohne die Füße zu heben. Er nahm die Schnee-Eimer, glitt durch den Flur bis zur ersten Tür auf der linken Seite, einer Holztür, die schon viele Mal in verschiedenen Farben überstrichen worden war, weswegen alle Besucher, die in das gemütliche Häuschen auf dem Gehöft kamen, glaubten, die Tür müsste unweigerlich in eine andere, in eine Parallelwelt führen. Beim genaueren Hinsehen gaben die Farbkratzer an den verschiedenen Stellen die rote, weiße und sogar blaue Vergangenheit der Tür preis. Das letzte Mal hatte sie der alte Jonas in einem edlen matten Grün gestrichen. Alles andere im Flur war nach den Vorstellungen seiner Enkelin Renata renoviert worden, die in einer eigenen Haushälfte lebte, auf der rechten Seite des Flurs hinter einer ganz normalen, aber ebenso soliden, nicht gestrichenen Holztür. Von dorther drang Lachen, junge Stimmen waren zu hören.

Großvater Jonas kehrte mit einem Schrubber in den Flur zurück. Er wischte den Boden auf. Als er an der Anzahl der Schuhe sah, dass sich an Renatas ovalem Wohnzimmertisch sechs Personen, sie eingeschlossen, versammelt hatten, musste er lächeln. Drei Paare. Sie würden also Zukunftspläne schmieden. Was sie wohl feierten? Bis Neujahr waren es schließlich noch zehn Tage. So lange hätten sie ja noch warten können.

***

„Wir brauchen einen Hut! Geh und frag deinen Großvater nach einem Hut!“ Vitas sah Renata kess und gleichzeitig fordernd an.

„Er trägt keine Hüte! Na gut!“

Renata klopfte an die grüne Tür.

„Kann ich reinkommen, Großvater?“, rief sie und drückte die Klinke herunter. Sie schaute ins Zimmer. Großvater Jonas saß in seinem Sessel am Fenster. Über seinem Kopf brannte die Stehlampe. Auf der Nase saß eine Brille mit einer merkwürdigen, fast bernsteinfarbenen Hornfassung. Er hielt ein Buch in der Hand. „Kann ich mir einen Topf von dir nehmen?“

„Gerne. Was willst du denn kochen?“

„Die Zukunft“, spottete Renata und ging in seine kleine Küche, in der Pfannen, Töpfe, Gefäße und Geräte für die Zubereitung von Speisen an langen, nach oben gebogenen Nägeln bis unter die Decke aufgereiht hingen. Sie waren ein Blickfang gegen das kleine und leicht gedrungene Fenster, das so ganz anders aussah als die anderen Fenster im Haus.

Das Fenster erinnerte ein wenig an eine mittelalterliche Schießscharte, als hätte derjenige, der das Haus entwarf, in der Küche die letzte Bastion gesehen. Oder zeugte die Fensterform von der Abneigung des Hausherrn, sich beim Essen zusehen zu lassen?

Renata hakte den großen Topf vom Nagel und nahm ihn mit.

Großvater Jonas legte sein Buch auf die breite Sessellehne, stand auf und warf ebenfalls einen Blick in die Küche, in der unterm Fenster auf dem Holzboden der Schnee in den Eimern taute. Der Alte betrachtete den Schnee, der in der häuslichen Wärme dunkel geworden war und sich zu Wasser verwandelte, aus dem später Tee gekocht würde. Während Großvater sich umblickte, versuchte er, den Geschmack des Frühstücks auf seiner Zunge „abzulesen". Aber sie blieb stumm wie ein zum Schweigen verpflichteter Soldat der feindlichen Armee, der in Gefangenschaft geraten war. Die Zunge gab nicht den kleinsten Hinweis auf einen Geschmack. Sie taugte nichts und war in Geschmacksfragen unzuverlässig. Das lag natürlich am Alter. Da Jonas von der Zunge nichts erfahren hatte, ging er zur Spüle, und da fiel ihm ein, dass er heute gar nicht gefrühstückt hatte! Wenn er nämlich gefrühstückt hätte, hätte er auf jeden Fall auch den Teller abgespült, und der würde jetzt auf dem Metallgitter in Augenhöhe trocknen. Und selbst wenn er ihn nicht abgewaschen hätte, müsste der Teller in der Spüle stehen.

„Komisch, und dabei habe ich gar keinen Hunger", flüsterte der Alte.

Er schaute zum Kühlschrank, ließ seinen Blick zum Korb mit den Kartoffeln wandern, der unter dem massiven Eichentisch stand. Wie von selbst ging sein Blick weiter zum Wiener Stuhl, einem zarten, feinen Gebilde, das schon siebzig oder womöglich sogar mehr Jahre in ihrem Haus lebte. Wo war er hergekommen? Jonas setzte sich auf ihn und stützte die Ellenbogen auf die Tischplatte.

Der Alte erinnerte sich, wie im Herbst 1940 ein sowjetischer Offizier auf dem Stuhl gesessen und ihm, Jonas, der damals noch ein Halbwüchsiger war, irgendein Papier ausgestellt hatte, nach dem er sofort zur Roten Armee eingezogen wurde. Danach erkundigte sich der Offizier ausführlich nach dem Weg nach Biržai. Und Jonas, der kaum Russisch konnte, zeichnete ihm eine Karte mit einem Pfad durch den Wald, der zu einem breiteren Weg führte, auf dem der Offizier zu einer anderen Straße kam, die ihn ans Ziel brachte. Und dann war der Stuhl verschwunden. Seine Mutter hatte ihn auf den Boden geschleppt, damit sich kein Fremder mehr an ihren Tisch setzte. Zum Essen holten sie sich zwei Bretter und legten sie über die Hocker zu beiden Seiten des Tischs. Jonas erinnerte sich, dass später noch ein paar Mal Sowjets kamen, sich aber nicht lange aufhielten. „Wie arm seid ihr denn! Man kann sich ja nicht mal setzen!", sagte einmal einer verwundert. „Und dabei ist das Haus so groß! Sicher hat hier früher mal ein Gutsherr gewohnt!"

„Ja, stimmt, aber den haben wir davongejagt", antwortete Jonas' Vater dem Offizier. „Recht so!", lobte ihn der Offizier und ging weg, ohne zu erklären, weswegen er eigentlich gekommen war. Als er fort war, lächelte Jonas' Vater. Das Haus hatte nämlich dessen Vater gebaut. Wenn der Offizier das erfahren hätte, hätte er womöglich den Familienvater mit Frau und Kind aus dem Haus vertrieben und nach Sibirien geschickt. Aber so weit kam es nicht.

***

„Na los, den Topf an die Front!", rief der rothaarige Andrius, ein Lächeln im sommersprossigen Gesicht. Verschwörerisch schaute der die Anwesenden an, streckte seine Hand aus und griff sich die Flasche Kräuterschnaps 999. „Auf unseren Erfolg?"

Die Gläser füllten sich mit dem bernsteinfarbenen Getränk.

Renata verteilte Stifte und Zettel, die sie aus einem kleinen Notizblock gerissen hatte. Jeder schrieb etwas auf seinen Zettel, faltete ihn zusammen und warf ihn in den Topf.

„Jetzt können wir!" Vorsichtig erhob Andrius sein Glas. „Auf gutes Gelingen!"

Die Versammelten prosteten sich zu und nippten an dem fast dickflüssigen, hochprozentigen Getränk.

„Ich bin die Erste", rief Ingrida und zog einen zusammengefalteten Zettel aus dem Topf. Sie legte ihn neben sich auf den Tisch.

Dann griffen reihum Klaudijus, Vitas und Renata, Andrius und Barbora in den Topf.

Auf einmal war es still. Nur die Wanduhr – ein Scherzartikel, den Renata vor sechs Jahren zum Achtzehnten von Freunden geschenkt bekommen hatte und dessen Zeiger sich auf einem leeren Zifferblatt drehten, während die Zahlen auf einem Haufen in der Ecke lagen, als wären sie heruntergerissen worden –, nur diese Uhr und ihr Ticken verhinderten es, dass die Stille überhandnahm. Zwar hielten die Gäste den Atem an, konnten die Stille aber nicht lange ertragen, deswegen war die Pause nur kurz, verlieh dem Augenblick aber dennoch eine bewegende Feierlichkeit.

Die Zettel raschelten. Jemand seufzte erleichtert. Andrius wahrscheinlich.

„Toll!", flüsterte Barbora begeistert.

Renata drehte sich zu Vitas, der neben ihr saß, lächelte und wackelte keck mit dem Kopf. „Das", sagte sie und zeigte auf ihren aufgefalteten Zettel, „ist deine Stadt! Und du hast meine – gib her!"

Mit belustigter Verwunderung beobachteten die anderen, wie Renata und Vitas ihre Zettel tauschten.

„Habt ihr etwa was Verschiedenes geschrieben?“ Barbora beugte sich vor, um zu erkennen, was denn da auf den Zetteln stand.

„Ja, aber nah beieinander!“, antwortete Renata. „Egal. Hauptsache, es hat geklappt! Hätte ich nicht erwartet.“

„Das ist doch keine Sofortlotterie!“, sagte Andrius und winkte ab. „Und wenn ich nun einen anderen Traum gezogen hätte? Was hätte ich damit machen sollen? Ich will meinen eigenen. Ich hätte ihn getauscht. Gegen meinen natürlich.“

„Unseren“, korrigierte ihn Barbora. „Ihr“, sagte sie und schaute Renata und Vitas an, „müsst euch wohl noch ein bisschen Zeit lassen! Renata will nach Venedig und er nach Rom! Ihr habt euren gemeinsamen Nenner noch nicht gefunden, anders als wir.“ Sie drehte sich zu Andrius. Barbora nahm seinen Zettel, dann ihren und hielt sie in die Runde. Auf beiden Zetteln stand in unterschiedlicher Handschrift ein und dasselbe Wort: *Paris*.

„Paris sehen und sterben!“, intonierte Ingrida kokett.

„Aufs Sterben können wir verzichten.“ Barbora warf ihr einen selbstbewussten, leicht hochnäsigen Blick zu. „Dann schon lieber kommen, sehen und siegen! Und übrigens ist dort auch das Klima viel besser als in eurem geliebten England.“

„Wir wollen ja auch nicht nach England“, ergriff Klaudijus statt seiner Freundin versöhnlich das Wort, „wir wollen nach London! Und welches Wetter du da hast, hängt vom Kontostand ab!“

„Oh, ich glaube, unsere Gans ist gar!“, rief Renata, der im rechten Moment der Braten in der Röhre eingefallen war. „Bin sofort zurück!“

Sie ging in die Küche, öffnete die Klappe der Backröhre aus leicht angedunkeltem, feuerfestem Glas und schaute hinein. Ein leckerer, warmer Duft lenkte ihre Gedanken in eine andere Richtung. Und sie vergaß Barbora, die sich so gern um Nichtigkeiten stritt. Und auch die Diskussionen, die sie und Vitas über Sinn und Ziel ihrer Traumreise geführt hatten. Es kam doch nicht auf die Stadt an! Es kam darauf an, dass die Reise das Leben ist. Schließlich war die Reise nicht damit zu Ende, dass man in seiner Traumstadt angekommen war und dort glücklich lebte.

Renata streifte sich dicke Ofenhandschuhe über, zog das Blech mit dem Bräter heraus und stellte es auf den Herd. Die Gans war gar. Unten im Ofen stand ein zugedeckter gusseiserner Topf mit Kartoffelwürsten.

„Hol doch deinen Großvater, dass er mit uns isst", schlug Andrius vor und schaute auf den leckeren Vogel.

„Natürlich", sagte Renata und nickte. „Unbedingt!"

Die Gläser wurden noch einmal mit Kräuterschnaps gefüllt, Großvater Jonas bekam auch eins.

In den Duft nach gebratener Gans mischte sich ein neues Aroma – der Kümmelduft der Kartoffelwürste. Sofort schauten die Freunde auf den Topf mit den Würsten, der eben auf den Tisch gestellt worden war.

Großvater Jonas kam und setzte sich gleich auf den freien Platz. Er zog die Brille aus seinem sackförmigen Hausjackett, setzte sie auf und beugte sich nach vorn, um das Menü besser in Augenschein nehmen zu können. „Hat jemand Geburtstag?" Er ließ den Blick über die Gäste seiner Enkelin schweifen.

„Nein, Großvater", Renata lächelte, „wenn du ferngesehen hättest, wüsstest du ..."

„Da würde ich verblöden!", unterbrach Großvater Jonas seine Enkelin. „Und da es für mich zum Verblöden schon zu spät ist, lese ich lieber weiter meine Bücher."

„Heute um Mitternacht wird Litauen in den Schengen-Raum eingegliedert", sagte Klaudijus freundlich und schaute dem alten Mann direkt in die Augen, die von den horngefassten Gläsern vergrößert wurden.

„Wie?", fragte Jonas nachdenklich zurück und schaute an die Decke.

„Die grenzfreie Zone in Europa", erklärte Klaudijus. Und korrigierte sich gleich darauf: „Die grenzkontrollfreie Zone."

„Ach ja, na, ich verkrieche mich hier", sagte der alte Jonas gelassen. „Da werde ich nicht eingegliedert. Und ihr könnt ja machen, was ihr wollt ..."

„Aber das muss doch gefeiert werden!" Vitas erhob sein Glas.

Die Gans verdrängte den Schengen-Raum. Ihr zarter Geschmack entlockte der Runde deutlich mehr allgemein verständliche und lobende Worte. Großvater Jonas wollte nicht lange bleiben. Er aß ein Stück Gans, lobte seine Enkelin für das fürstliche Abendessen, verabschiedete sich und ging, die Brille ließ er unter der Serviette liegen.

Genau um Mitternacht erhoben die Freunde noch einmal die Gläser – auf den Beginn einer neuen Ära.

Zehn Minuten später schaute Großvater Jonas herein, schon in seinem warmen blauen Flanellschlafanzug.

„Ich hab meine Brille vergessen", sagte er. „Aber ohne Brille kann ich nicht einschlafen ..."

„Schlafen Sie etwa mit Brille?“, prustete der rothaarige Andrius beschwipst los.

„Natürlich.“ Jonas fand sein gutes Stück und steckte es in die Pyjamajacke. „Ich habe schlechte Augen. Ohne Brille kann ich nicht mal im Traum was erkennen, ich sehe alles verschwommen. Und mit Brille sehe ich alles, auch die kleinsten Details. Und ich höre auch besser, wenn ich die Brille auf der Nase habe.“

„Komischer Vogel, dein Großvater“, flüsterte Andrius, als sich die Tür hinter Großvater Jonas geschlossen hatte.

Renata zuckte mit den Schultern. „Das Alter schmückt einen Menschen mit Grillen“, seufzte sie und musste über die eigenen Worte lächeln.

„Das Alter schmückt einen Menschen mit Grillen?“, wiederholte Barbora. „Ha! Das ist ja interessant. Und wenn man einfach bis ins Alter hübsch bleibt? Dann kann man auf die Grillen verzichten!“

„Wer sich bemüht, bis ins Alter hübsch zu bleiben, hat auch eine Grille“, merkte Klaudijus an.

Barbora hätte ihm gern widersprochen, aber Vitas machte sich dran, die schmutzigen Teller abzuräumen. Renata half ihm. Ingrida sprang auf und nahm die Platte mit den Resten der Gans. Also begnügte sich Barbora mit einem scharfen Blick zu Klaudijus und sammelte das Besteck ein. ‚Warum hat Ingrida nur so danebengegriffen?‘, dachte sie gehässig und brachte das Besteck in die Küche.

3. Kapitel. Šeštokai

Zwei Minuten vor Mitternacht klingelte auf dem Schreibtisch unter Präsident Adamkus’ Porträt das Telefon. Der ranghöchste Offizier des Grenzpostens nahm den Hörer ab und stellte sich vor. Er hörte seinem Gesprächspartner, der offenbar einen höheren Rang bekleidete, im Stehen und voller Respekt zu, dann seufzte er gelassen und sagte: „Gerai!“* Traurig und mit einem nachdenklichen und leicht skeptischen Blick zum Foto-Adamkus hinauf sagte er: „Ich habe den Befehl, die Schranke zu öffnen.“

---

* Gut! (lit.)

Der Alte und die beiden anderen Grenzer schauten ebenfalls zu Adamkus' Porträt. Der ranghöchste Offizier blickte auf den Monitor, auf dem sechs Quadrate die Aufnahmen der Überwachungskameras wiedergaben. Schwarz-weißer Gries ließ die Quadrate alle gleich aussehen. Nur ein einziges zeigte hin und wieder eine besser beleuchtete Aufnahme der Schranke. Der Offizier, dessen Blick dieser Aufnahme galt, streckte seine Hand nach der Fernbedienung aus und drückte auf einen kronkorkengroßen grünen Knopf. Doch auf dem Bild tat sich nichts. Er drückte noch einmal. Fluchte. „Na los, wir kurbeln!", befahl er den anderen und stand auf.

Der dichte Schnee des neuen Tages, der vom Himmel fiel, wich vor der aufspringenden Tür zurück. „Ganz schönes Schneetreiben!", rief einer der Männer.

Die Stufen knarrten. Die drei Grenzer und der Alte gingen zur Schranke. Der Ranghöchste beugte sich über den Schrankensockel und öffnete die Tür zur Steuereinheit. Er hob die Sperrung auf, rief seine Kollegen, und zu dritt kurbelten sie den langen gestreiften Balken von Hand hoch.

„Danke!", rief ihnen der Alte zu und schritt auf der nun nicht länger abgesperrten Straße aus.

„Haben Sie wenigstens einen Pass?", rief ihm einer der Grenzer nach.

„Ja", sagte der Alte und drehte sich im Gehen um, „natürlich."

„Und wie heißen Sie?"

„Kukutis."

„Ist das der Vor- oder der Zuname?"

„Sowohl als auch", rief Kukutis und verschwand aus dem Blickfeld. Fallender Schnee füllte den Abstand zur Schranke, der mit jedem seiner Schritte wuchs. Eilends kehrten die Grenzer in ihr Diensthäuschen zurück, das keine Zukunft mehr hatte.

„Notiere!", befahl der dienstältere Grenzer seinem Kollegen: „Als erste Person ohne Passkontrolle passierte Kukutis Kukutis die Grenze. Ist ja eine Zumutung, so ein Name."

Der Kollege nickte lächelnd, schnell fand sein Blick den Stift auf dem Fensterbrett.

„Einen Pass!", flüsterte Kukutis belustigt und schwang bei jedem zweiten Schritt sein steifes Bein flott nach vorn. „Sechs Stück habe ich von den Dingern, von diesen Pässen! Und sie gehören alle mir."

4. Kapitel. Vilnius

Das Café auf der Vokiečių-Straße hielt sehnsüchtig nach Besuchern Ausschau. Außer Barbora und einem in die Jahre gekommenen Touristenpärchen, das sich an einen Fenstertisch gesetzt hatte, um Kaffee zu trinken und dem gemächlichen Treiben im winterlichen Vilnius zuzusehen, war niemand da. Niemand.

Neugierig musterte Barbora die Dame, aus deren gerötetem Gesicht das Alter längst alle Jugend getilgt hatte. Ihre blaue Pelzjacke und die schwarze Daunenjacke ihres Partners, eines Mannes mit jugendlich-sportlicher Statur und müden Augen, hingen nebeneinander an einem einbeinigen Garderobenständer aus Holz. Die Dame trank Kaffee, ihre blauen Lederhandschuhe, die sie passend zur Pelzjacke gekauft haben musste, hatte sie nicht abgelegt. Sie hielt die Tasse wie eine Schale mit beiden Händen, zu einem Schiffchen geformt, direkt vors Gesicht, um den Kaffeeduft zu genießen.

Draußen fuhren Autos vorbei, Menschen gingen vorüber.

„Entschuldige, Barbie, ich bin zu spät!“ Ein Mann um die vierzig hängte seine Jacke über die Stuhllehne und ließ sich neben Barbora nieder. „Eigentlich bist du immer zu spät! Ich dachte, ich schaff's trotzdem, vor dir da zu sein!“

„Das ist vorbei, Boris“, sagte Barbora, entzog der Dame in den blauen Handschuhen und ihrem Begleiter ihren Blick und wand sich ihm zu.

„Hast du dir etwa vorgenommen, immer pünktlich zu sein?“

Barbora antwortete nicht.

„Einen Kognak zum Aufwärmen?“, fragte Boris.

Sie schüttelte den Kopf.

„Was ist denn mit dir los?“, wunderte sich der Mann. „Willst du etwa deinen Ritualen untreu werden?“

Barbora nickte. „Genau. Und nicht nur meinen Ritualen.“

„Wem denn noch?“, fragte Boris keck.

„Allem. Und dir auch.“

Boris' Gesichtsausdruck änderte sich. Sein Blick wurde kühl. „Wie wär's mit einer Erklärung?“, forderte er halblaut, aber nachdrücklich.

„Was gibt's da groß zu erklären?“ Barbora schaute in seine grauen Augen. „Du änderst dich nicht! Immer dasselbe! Familie – Arbeit – Fitnessklub und eine junge Geliebte. Aber jemand muss sich ja ändern, damit was los ist im Leben. Also werde ich mich ändern. Und mein Leben. Zum Besseren, hoffe ich! Ich werde übrigens heiraten.“

„Wann? Wen denn? Diesen rothaarigen Clown?“ Boris überschüttete sie missbilligend mit Fragen und wunderte sich nicht im Geringsten über die Neuigkeiten.

„Richtig. Genau den! In einer Woche gehen wir nach Paris.“

„Und feiert Silvester?“

„Nein, ein neues Leben.“

„Soll das heißen, du hast in letzter Zeit gleichzeitig mit ihm und mit mir ...?“

„Du hattest mir übrigens irgendwann auch mal Paris versprochen ...“

„Man kann nicht alles auf einmal haben!“

„Und es kriegt auch nicht jeder“, kicherte Barbora. „Bist du nicht neulich mit deiner Frau nach Paris geflogen? Euer Selfie habe ich auf deiner Facebook-Seite gelikt. Hast du’s gesehen? Mein rothaariger Clown hat übrigens ganz ohne jegliche Versprechungen Geld verdient und zwei Bustickets gekauft.“

„Mit dem Bus nach Paris?“ Boris’ Lippen verzogen sich zu einem spöttischen Lächeln.

Barbora sah draußen auf der Straße eine ungewöhnliche Bewegung. Fünf rote, zwei Meter hohe Coca-Cola-Flaschen schlenderten müde über den Boulevard. Sie holte ihr Handy raus und hatte Boris vergessen. „Andrius, ich sehe dich, aber ich weiß nicht, in welcher Flasche du steckst“, rief sie ausgelassen ins Telefon. Boris schaute Barbora entgeistert an. „Sag ich nicht. Du siehst mich sowieso nicht! Aber ihr seid zu fünft. Bleib doch mal stehen!“ Eine rote Flasche blieb stehen, drehte sich um ihre eigene Achse und schleuderte die Arme nach allen Seiten. Die anderen vier liefen weiter. „Alles klar! Danke! Küsschen! Bis heute Abend!“ Barbora steckte ihr Handy wieder in die Tasche.

Boris seufzte ziemlich laut, als wollte er die Aufmerksamkeit auf sich lenken. Barbora warf ihm einen betont gleichgültigen Blick zu und schaute wieder hinaus auf den Boulevard. Die Coca-Cola-Prozession war weitergezogen. Andere Fußgänger fielen nicht weiter ins Auge.

„Und du denkst, damit kann er in Paris euren Lebensunterhalt verdienen?!“ Boris stand auf und zog seine Lederjacke an. „Wenn ihr abschmiert, ruf an! Dann schick ich dir Geld für eine Rückfahrkarte. Für den Bus. Aber nur für dich!“

Mit resoluten Schritten verließ Boris das Café und lief scheinbar absichtlich ganz dicht an den Scheiben vorbei, hinter denen das Touristenpärchen und Barbora Kaffee tranken.

„Darf's noch was sein?", fragte der Kellner.

„Nein", erwiderte die junge Frau und stand auf.

5. Kapitel. London

Klaudijus' Klassenkamerad Marijus holte sie direkt an der Victoria Coach Station ab. Während Ingrida sich umschaute, half Marijus Klaudijus den Rucksack aufzusetzen, und schulterte danach Ingridas. So fielen ihr die ersten Schritte auf Londoner Boden besonders leicht.

„In drei Stunden können wir in die Wohnung. In der Zwischenzeit gehen wir ein bisschen bummeln und trinken einen Kaffee", beschied Marijus.

„Dann lassen wir die Sachen doch im Schließfach!", schlug Ingrida vor und warf einen Blick in den bleischweren Himmel.

„Drei Pfund pro Gepäckstück", sagte Marijus und schüttelte den Kopf. „Das Geld heben wir uns lieber fürs Café auf."

„Wir haben doch fünfhundert Pfund", brüstete sich die junge Frau und schaute weiter zum Londoner Himmel hoch, der ihr nicht anders vorkam als der Winterhimmel in Litauen.

„Zu zweit? Mehr nicht?", wunderte sich Marijus. Als er Ingridas sorgenvollen Blick sah, wechselte er sofort das Thema. „Kommt, hier in der Nähe gibt es ein nettes Café, das hat beinahe litauische Preise."

Marijus führte die Ankömmlinge durch die Vauxhall Bridge Road. Zehn Minuten später bogen sie in eine Nebenstraße und sahen viele kleine Geschäfte. Sie setzten sich in den hintersten Winkel einer Trattoria, die nicht gerade vor modernem Design und extravaganten Möbeln strotzte. An der Wand hing die Speisekarte, auf der ein Dutzend Pizzasorten aufgeführt waren. Rechts vom Tresen war ein Kühlschrank mit Glastür, in dem Cola- und Fanta-Flaschen standen.

„Ich lade euch ein", verkündete Marijus.

Zwei Pizzen für drei Personen und eine Flasche Cola mit drei Gläsern. Der leichte rote Kunststofftisch wackelte auf dem unebenen Boden, der mit braunen Keramikkacheln gefliest war. Ingrida faltete das abgefahrene Busticket zusammen und schob es unter ein Tischbein.

Klaudijus beugte sich zu Ingridas Rucksack hinunter und zog eine Flasche 999 hervor. Er schaute Marijus diskret an. Der nickte.

Klaudijus füllte die Gläser zu einem Drittel und steckte die Flasche zurück in den Rucksack.

„Echt cool hier." Der Kräuterschnaps hatte Marijus entspannt, ein Lächeln rundete sein Gesicht. „Erst mal Arbeit finden. Und dann: Taschenrechner in die Hand und alles durchrechnen. Essen kann man für drei Pfund pro Tag, natürlich auch für fünf. Wenn ihr euch ein Fahrrad kauft, nehmt lieber ein gebrauchtes, das nach nichts aussieht, damit es nicht geklaut wird. Da spart man ordentlich."

„Und wo arbeitest du?", wollte Klaudijus wissen, während er an einem Stück Pizza kaute.

„Ich mach Dienst für einen Serben an der Tankstelle. Nachtschicht. Der ist nach Hause gefahren, dreißig Pfund die Nacht. Auf die Hand. Der Tankstellenbesitzer ist Araber. Der ist in Ordnung. Mit dem läuft's super."

„Dreißig Pfund die Nacht?", wiederholte Ingrida nachdenklich. „Nicht übel ..."

Die Wohnung, in die Marijus seine Freunde führte, befand sich im Souterrain eines schmalen vierstöckigen Reihenhauses zwei Straßenzüge von der U-Bahn-Station Islington entfernt. Das Fenster war mit Metallstäben vergittert.

Eine junge kurzhaarige Frau in Jeans und langem blauem Pullover öffnete die Tür. Sie erkannte Marijus, nickte und ließ die Gäste ein. Sie führte Ingrida und Klaudijus gleich in eine kleine Kammer mit einem schmalen Doppelbett und einem kleinen Fenster.

„So, hier können Sie sich ausbreiten", sagte sie. „Hat Ihnen Marijus alles erklärt?"

Ingrida legte den Rucksack aufs Bett und drehte sich zu Klaudijus' Klassenkameraden um, der in der Tür stehengeblieben war.

„Hab ich noch nicht geschafft, Tanja. Mach ich jetzt gleich."

„Gehen wir in die Küche. Da ist es gemütlicher."

Die Vermieterin führte sie in die kleine Küche mit einem alten Gasherd, einer Spüle, einem Kühlschrank und einem quadratischen Tisch, an dem mit Müh und Not vier Personen Platz fanden. Sie schafften es irgendwie.

Als erstes schaltete Tanja den Wasserkocher auf dem Kühlschrank ein und bot ihnen einen Hocker an.

„Hundertzwanzig Pfund die Woche", sagte sie freundlich. „Aber gehen Sie sparsam mit Wasser und Strom um. Hier wohnen noch zwei andere Paare, Sie müssen sich absprechen, wer wann die Küche benutzt. Passt das soweit?"

Ingrida warf Marijus einen bestürzten Blick zu. Auch Klaudijus schaute seinen Klassenkameraden fragend an.

„Das sind faire Bedingungen“, sagte dieser halblaut, „besonders bei eurem Budget. Wenn ihr eine Arbeit gefunden habt, könnt ihr selbst entscheiden, ob ihr bleiben wollt oder euch was anderes sucht. Aber was Billigeres werdet ihr in London nicht finden. Ihr werdet Tanjas Angebot noch schätzen lernen.“ Er bedachte die Vermieterin mit einem dankbaren Blick.

Klaudijus schaute sie ebenfalls an, ihre Haare, die ihre natürliche Farbe nicht preisgaben. Das Fenster ließ Licht herein, ging aber auf einen schmalen Betonschacht und eine Metalltreppe hinaus, die von der Straßenebene zur Eingangstür hinabführte, und so konnte man in dem Raum nichts erkennen, wenn man nicht die Deckenlampe einschaltete. Daher erschienen Klaudijus Tanjas Haare mal rötlich, mal dunkel, mal hellblond, und er wusste nicht, ob ihm hier seine vom Küchendämmer ermüdeten Augen einen Streich spielten, oder ob sie ihre Haare so oft gefärbt hatte, dass sie scheckig geworden waren und keine Farbe mehr annahmen.

„Gut“, hauchte Ingrida.

„Dann bezahlen Sie jetzt bitte, und danach gebe ich Ihnen die Schlüssel“, sagte Tanja bestimmt. Als sie das Geld erhalten hatte, trat sie zum brodelnden Wasserkocher auf dem Kühlschrank. „Und dass Sie mir die Schlüssel ja nicht verlieren!“ Der Ring mit vier Schlüsseln klirrte, als er auf den Tisch fiel. „Und machen Sie niemandem auf. Alle, die hier wohnen, haben eigene Schlüssel.“

Ingrida nickte.

Tanjas Handy klingelte, sie ging hinaus und bat Marijus, auf sie zu warten.

„Seht ihr, sogar ohne Kaution“, sagte er stolz.

„Gehört ihr die Wohnung? Ist sie Russin?“, wollte Klaudijus wissen.

„Nein, die Wohnung gehört Arabern, sie sind irgendwo im Ausland, in der Türkei. Sie hat die Wohnung gemietet und vermietet sie weiter. Manchmal übernachtet sie auch hier.“

„Und wo schläft sie dann?“, wunderte sich Ingrida. „Hier gibt’s doch nur drei Zimmer. Und die sind alle belegt!“

„Keine Ahnung, vielleicht in der Küche. Aber sie ist in Ordnung. Ihr braucht euch keine Sorgen zu machen.“

Eine halbe Stunde später kam Tanja zurück. „Sie haben Glück gehabt“, sagte sie. „Ein anderes Paar wollte das Zimmer auch mieten. Aber ich habe sie woanders untergebracht. Bei Bekannten.“

6. Kapitel. Straße nach Augustów. Woiwodschaft Podlachien

Wie weit ist Europa? Dutzende Male schon hat er es von einem Ende zum anderen durchwandert. Vor dem Holzbein und danach. Am besten hat ihm Preußen gefallen. Ostpreußen. Das war ihm sehr vertraut. Wie ein Cousin. Er kannte das Land, wenn nicht von Geburt, so doch von Kindesbeinen an und bis zu dem merkwürdigen Moment, als es aus der Geschichte verschwand. Dieser Moment dauerte ziemlich lange, viele Jahre wurde Kukutis das Gefühl nicht los, irgendwo ganz in der Nähe würde eine Suppe aus Sauerkraut und Erbsen gekocht. In einem großen Kessel, der an einem Haken überm Feuer hing. Der Geruch dieser Suppe verfolgte Kukutis mal auf diesem Weg, mal auf jenem. Und das einzige Mal, als er nach Königsberg kam, führten ihn seine Beine in den Bauch von Ostpreußen, in das Restaurant *Blutgericht* im Kellergewölbe des königlichen Schlosses. Und als er sich an Bier und Königsberger Klopsen gütlich getan hatte, konnte und wollte er den Ort nicht verlassen. Er saß da und bestaunte die Deckenleuchter und die schwebenden Segelschiffe, die Böden der großen Fässer mit den Familienwappen der ostpreußischen Barone und die Bilder ihrer Schlösser. Und er ging erst, als sich ein mürrischer, schnurrbärtiger Kellner in Feldwebelpose neben ihm aufbaute und nur ein einziges Wort sagte: „Zeit!“,* das wie *Ordnung** klang. Da wusste Kukutis, wo er war und wie man es hier mit kurzen Wörtern hielt. Er stand auf und stieg mit Mühe die steilen Stufen aus dem Gewölbe des Restaurants mit dem merkwürdigen Namen *Blutgericht* hinauf nach Ostpreußen. Die Jahre vergingen, und immer wieder kam er in preußische Dörfer und Kleinstädte, sah sie, hörte sie und roch die Düfte aus ihren Küchen. Irgendwann hatte sich etwas verändert. Sie waren verschwunden. Die Preußen waren verschwunden, als hätten sie von einem Moment auf den anderen ihre Sachen und Düfte gepackt und wären fortgezogen. So hatten sie jahrhundertelang gelebt, waren sich unterwegs begegnet und hatten ihr eigenes feines Lächeln gelächelt. Als erste und lauteste in ganz Europa feierten sie die Erfindung von Karl Friedrich Christian Ludwig Freiherr Drais von Sauerbronn: den mechanischen Fleischwolf. Das quälende Schneiden von Fleisch für Klopse mit dem Messer schien ein Ende zu haben, ein neues bequemes Leben schien anzu-

* Im Original auf Deutsch.

brechen. Aber nein, ihre Freude am erfundenen Fleischwolf währte nicht lange. Wahrscheinlich erhob sich jemand in Feldwebelpose über sie, ein mürrischer schnurrbärtiger Jemand oder auch ein lächelnder bartloser Jemand. Dieser Jemand erhob sich und sagte: „Es ist Zeit.“*

Und so sind sie verschwunden. Spurlos verschwunden. Als Kukutis, unterwegs durch die früheren preußischen Lande, zum ersten Mal darüber nachdachte und einen entgegenkommenden Polen fragte, wohin denn die Preußen verschwunden seien, antwortete der Pole: „Die haben die Litauer umgebracht!“ Wahrscheinlich mochte der Pole die Litauer nicht und erkannte in Kukutis einen von ihnen. Deswegen hatte er das gesagt. Und Kukutis glaubte das anfangs auch. Er erinnerte sich, was die litauischen Bauern über die Preußen gesagt hatten. Sie hatten behauptet, die Preußen verstünden nichts von der Liebe und hätten deshalb so gut wie keine Kinder. Und tatsächlich, kein einziges Mal, wenn er durch die ostpreußischen Dörfer und Kleinstädte zog, hatte er Kinder gesehen, Kinderlachen oder Kinderstimmen gehört. ‚Ob sie ausgestorben sind?‘, fragte er sich. Und nickte. Und wenn die Preußen ausgestorben waren, erklärte sich auch, warum es Preußen nicht mehr gab. Die Polen und die Russen hatten es unter sich aufgeteilt. Und die Litauer hatten auch ein kleines Stück abbekommen – das Memelland, aber das war sowieso litauisch gewesen. Obwohl es vor den Litauern schwedisch, teutonisch und livländisch gewesen war. Doch als das Memelland litauisch wurde und sich wieder in Klaipėdos kraštas umbenannte, gab es dort keine Preußen. Es gab Deutsche, Polen und auch die merkwürdigen Memelländer, die zwar Litauisch sprachen, sich aber nicht als Litauer fühlten. Aber Preußen gab es keine. Also hatte der Pole gelogen, als er behauptet hatte, die Litauer hätten die Preußen umgebracht. Schließlich lehrte die Geschichte, dass, wenn ein Volk das andere ausrottete, das Land des ausgelöschten Volkes sofort dem Mördervolk zugeschlagen wurde, die Übriggebliebenen hingegen, die nicht umgebracht worden waren, in den Randgebieten still weiterlebten. Aber an den Rändern von Litauen gab es keine Preußen. Und mehr Land hatte Litauen auch nicht bekommen.

Litauen war klein und blieb es auch. Vor langer Zeit, viele Jahrhunderte zuvor, war das Großfürstentum Litauen allerdings das größte europäische Reich, zu dem im Übrigen auch alle späteren preußischen

---

* Im Original auf Deutsch.

Besitzungen gehörten. Und damals fühlte sich Europa in diesem Fürstentum wohl: die Polen, die Preußen und all die kleinen Völker, die sich zu dem Zeitpunkt noch keinen eigenen Namen gegeben hatten.

Hinter Kukutis schnaubte unversehens ein Pferd und lenkte ihn von seinen Gedanken ab. Erschrocken trat er zur Seite, um dem Pferd Platz zu machen.

„Brr", rief der Kutscher, zog die Zügel an und lehnte sich nach hinten. Von seinem geöffneten Mund prallten Schneeflocken ab.

„Siadaj!"* Mit einer einladenden Geste bat der Mann Kukutis auf den Wagen.

Der Alte trat näher, sprang ungelenk auf, indem er sich mit dem gesunden Bein abstieß und das Holzbein leicht zur Seite abspreizte. Er setzte sich quer, drehte sich zum Kutscher und nickte ihm dankend zu.

Der Kutscher gab dem scheckigen Pferd einen Hieb mit einer kurzen Peitsche, und der Wagen setzte sich wieder in Bewegung. Lautlos zog er an, was Kukutis misstrauisch machte. Er war in seinem Leben schon lautlosen Wagen begegnet, die unterwegs aufgeladene Wanderer in die Ewigkeit befördert hatten, aus der es kein Zurück gab. 1918 war das gewesen, als es so gut wie keinen Krieg, aber auch nichts mehr zu essen gab. Damals bestimmten die Dorfbewohner einen Kutscher, schmierten die Wagenräder, damit sie nicht quietschten, und schickten die Fuhre auf die nächstbeste Straße, damit der Kutscher einen möglichst jungen Fremden aufgabelte, ihn tötete, ihm den Kopf abschlug und fortwarf, den Körper aber zum Verzehr ins Dorf brachte. Ein Körper ohne Kopf ließ sich auch besser aufteilen. Ein Kopf lenkte ab, zwang hinzusehen und nachzudenken: Wo kam dieser Mensch her, welches Blut floss in seinen Adern, welche Farbe hatten seine Augen?

Kukutis beugte sich nach vorn, um die Räder zu betrachten, und wäre an einer Bodenwelle beinahe vom Wagen geflogen. Er sah allerdings noch, dass die Räder von einem Auto stammten.

Vorn wurde der Himmel heller. Die Schneewolken verschwanden, ihr Vorrat war aufgebraucht. Und obwohl die Straße mit Schnee bedeckt war, lag er ungleichmäßig, war hier und da verweht und gab scharfe Ränder von Spurrinnen frei, die noch im Herbst von anderen Rädern gezogen worden und in der eisigen Winterluft gefroren waren.

„Wo willst du denn hin?", fragte der Kutscher, ohne sich umzudrehen.

---

* Setz dich! (poln.)

„Geradeaus", antwortete Kukutis. „Nach Paris."

Der Kutscher drehte sich um. Um seinen Mund zuckte ein Lächeln. „Das ist doch weit, noch hinter Warschau. Wieso musst du denn hin?"

„Wegen einer Beerdigung."

„Da kommst du zu spät!"

„Nein, er ist noch nicht tot."

„Wer?"

„Der Verblichene. Er lebt noch ..."

Der Kutscher zuckte mit den Schultern und starrte auf das gescheckte Pferd, das den Wagen nicht gerade flott zog. Er hieb ihm eins mit der kurzen Peitsche über, und es trabte flotter, was den Wagen auf dem gefrorenen Schotter ordentlich durchschüttelte. Kukutis wurde ein paar Mal hochgeworfen und wäre beinahe rücklings ins Stroh gefallen.

‚Der will wohl, dass ich rechtzeitig da bin?', sinnierte Kukutis über den Kutscher und umklammerte die Seitenwand fester.

7. Kapitel. Paris

Es war noch nicht sechs Uhr, als der Bus an einem Pariser Bordstein in Porte Maillot ankerte. Direkt gegenüber von einem Café, vor dem ein Maghrebiner die Straße fegte. Der Fahrer schaltete das Licht im Fahrgastraum ein, und die in der Nacht zusammengeklumpte Masse an Passagieren regte sich und zerfiel nach und nach in erwachende menschliche Individuen.

Andrius öffnete die Augen. Er warf einen Blick auf Barbora. Sie träumte noch. Er mochte sie nicht wecken. Obwohl ihr Traum – in Paris zu erwachen – im nächsten Moment Wirklichkeit werden konnte. Andrius zog diesen Moment in die Länge, um Sekunden und Zehntelsekunden, als er sah, wie bedächtig und glücklicherweise leise sich die anderen Passagiere von ihren Plätzen erhoben. Er drehte sich um und versuchte ein paar bekannte Gesichter zu entdecken, diejenigen, die in Vilnius mit ihnen eingestiegen waren. Aber komischerweise waren die Mitreisenden unterwegs in Polen und Deutschland ausgestiegen. Von den Litauern, die in Vilnius eingestiegen waren, waren offenbar nur er und Barbora bis nach Paris gefahren. Die anderen waren früher ausgestiegen, ihre Plätze wurden jetzt von Polen, Slowaken und Deutschen eingenommen. Dann standen sie vorm Bus und warteten auf ihre Rucksäcke und Taschen, die im Gepäckfach verstaut lagen. Der Busfahrer hatte es nicht eilig. Er saß immer noch hinterm Steuer, schaute durch den Spiegel in den Fahrgastraum und versuchte, jemanden mit dem Handy zu erreichen.

„Guten Morgen", flüsterte Andrius Barbora ins Ohr. Sie öffnete die Augen. „Paris heißt dich willkommen!", sagte er zu ihr und nickte Richtung Fenster.

Draußen schob sich an den Scheiben des Cafés gerade die Metalljalousie nach oben. Drinnen brannte Licht, und je weiter die Jalousie hinaufkletterte, umso heller wurde die Straße vor der Scheibe.

„Das Café öffnet extra für uns!", flüsterte Andrius. „Wollen wir?" Barbora nickte.

Sie nahmen ihr Gepäck und gingen hinein. Drinnen suchten sie sich ein gemütliches Eckchen.

Der Maghrebiner – jetzt hinterm Tresen – schaute Andrius fragend an.

„Espresso und Croissant. Zwei", sagte Andrius.

Der Maghrebiner nickte und ging hinaus. Sie blieben allein zurück und sahen ihm erstaunt nach.

„Wo geht er denn hin?", wunderte sich Andrius.

„Ist doch egal. Wir sind in Paris aufgewacht", sagte Barbora. „Und das wird jetzt immer so sein!"

Mit einer Papiertüte kam der Barkeeper zurück. Feiner Dampf stieg auf. Am Tresen schüttete er die heißen Croissants auf ein Tablett und trat an den vernickelten Kaffeeautomaten. Der Bus, der sie nach Paris gebracht hatte, setzte sich gemächlich in Bewegung und fuhr weg, gab für Andrius und Barbora den Blick auf die gegenüberliegende Straßenseite frei. Dort waren bereits die Auslagen einer Bäckerei und eines kleinen Lebensmittelgeschäfts erleuchtet. Der Barkeeper brachte ihnen den Espresso und die Croissants.

„Merci", sagte Andrius.

Der Barkeeper antwortete mit einem langen, unverständlichen Satz. Andrius und Barbora tauschten Blicke.

„Was hat er gesagt, was glaubst du?", fragte die junge Frau.

„Dass ich eine wundervolle Begleiterin habe, nehme ich an."

„Nein, er hat doch zu mir gesprochen", widersprach Barbora. „Also, wir müssen Französisch lernen! Warum haben wir das eigentlich nicht gemacht?"

„Weil wir keine Zeit hatten." Andrius nahm einen Schluck Espresso. „Und wenn wir welche hatten, haben wir lieber geschmust als Französisch gelernt ..."

„Na, dann lernen wir jetzt Französisch. Das Schmusen kann warten ...“

„Wieso denn das?“ Andrius tat entrüstet.

8. Kapitel. Anykščiai

Dieses Mal kam Renata die Kleinstadt noch kleiner vor als sonst. Als wäre sie unter dem Frost eingegangen. Ihren fast spielzeugkleinen Fiat parkte Renata bei der Bäckerei.

Sie ging zur St.-Matas-Kirche. Am Eingang bekreuzigte sie sich. Renata bewunderte die beiden symmetrischen, spitzwinkelig aufragenden Türme. Komisch, wem war es eigentlich in den Sinn gekommen, ausgerechnet in dem kleinen Anykščiai die höchste Kirche von ganz Litauen zu bauen? Warum gerade hier? Aber die Frage kam zu spät, alle, die die Kirche konzipiert und gebaut hatten, flogen längst als Engel da oben im Himmel!

Renata ließ ihren Blick von den Kirchturmspitzen zum heiteren, weder von Wolken noch von Schneeschleiern getrübten Winterhimmel wandern.

Ihre beschwingte Ruhe wurde vom Klingeln des Handys unterbrochen.

„Hallo.“ Vitas' Stimme klang so munter, als hätte er gerade eine kalte Dusche genommen. „Ich schaff's heute nicht, entschuldige. Ich habe noch nicht alles erledigt. Aber Untermieter für meine Wohnung habe ich gefunden! Hast du schon deine Sachen gepackt?“

„Nein, noch nicht.“

„Und hast du mit deinem Großvater gesprochen?“

„Mach ich heute Abend.“

„Bedrückt dich irgendwas?“

„Ja“, gab Renata zu, „eigentlich will ich nicht weg.“

„Aber wir hatten doch alles entschieden!“, rief Vitas. „Dein Auto, mein Benzin, unsere Zukunft.“

„Wie elegant!“, parierte sie seine pathetischen Worte. „Du könntest Redenschreiber beim Präsidenten werden!“

„Warum nicht? Aber nicht bei unserem. Ich ruf dich morgen früh an, und abends bin ich da. Okay?“

In einem kleinen gemütlichen Café in der Baranauskas-Straße trank sie einen Pfefferminztee. Dabei schaute sie aus dem Fenster, auf die fast menschenleere Straße, die sich, von Häusern gesäumt, dahinschlängelte und keine geraden Linien und rechten Winkel kannte. Das war typisch für das kleine Anykščiai, in dessen Nähe Renata in der Obhut von Großvater Jonas und Großmutter Severiutė aufgewachsen war. Sie dachte an die Zeit zurück, als sie sechs war. Damals war der Großvater noch jünger und nicht so in sich gekehrt wie heute. Er hatte ein Pferdefuhrwerk, mit dem er in die Stadt fuhr, und war nachgiebig, weil Großmutter Severiutė im Haus das Zepter schwang. Sie schwang das Zepter, und er lächelte verschmitzt. Ab und zu tat er das, was sie sagte. Severiutė war stolz auf die Sauberkeit im Haus, für die sie selbst sorgte. Für diese Sauberkeit ließ Großvater Jonas im Sommer die Schuhe draußen stehen und ging in Strümpfen oder barfuß ins Haus. Großmutter war irgendwann auf die Idee gekommen, dass Renata Apfelpiroggen mochte, und buk jeden Samstag welche. Die Piroggen waren lecker, doch dem Großvater schmeckten sie besser als Renata. Und er schaffte mehr als seine Enkelin. Großmutter Severiutė kannte seine Schwäche, also rief sie, wenn sie die heißen Piroggen aus dem Ofen geholt hatte, Renata in die Küche und blieb am Tisch stehen, bis Renata so viele Piroggen gegessen hatte, dass sie nicht mehr konnte. Und erst dann, wenn Renata mit flehender Stimme „Ich kann nicht mehr!" gerufen hatte, holte Severiutė den Großvater. Aber sie ließ ihn mit den restlichen Piroggen nicht allein, sondern brachte eine Flasche selbstgemachten Likör und den alten Silberbecher. Irgendwann war sie auf die Idee gekommen, dass Großvater Jonas Likör mochte, und stellte aus Kirschen, Pflaumen und Himbeeren selbst welchen her. Großvater Jonas fand Geschmack an Großmutters Likör, er mochte ihn genauso wie ihre Apfelpiroggen. Eine warme Apfelpirogge und einen Schluck kellergekühlten Likör waren für Großvater Jonas der größte Genuss.

Als Großmutter Severiutė nicht mehr aus dem Krankenhaus zurückkehrte, wurde im Leben der beiden mit einem Schlag alles anders. Die Zeit der Apfelpiroggen war vorbei. Im Keller standen allerdings noch ein paar Flaschen Likör, und jeden Abend stieg Großvater mit einem Glas, einem kleinen geschliffenen Schnapsglas, in den Keller hinunter. Der alte Silberbecher war verschwunden, und so sehr Großvater ihn auch suchte, er fand ihn nicht. Großvater Jonas trug einen Stuhl in den Keller, damit er die Flasche nicht ins Haus holen musste. Er ging in den Keller, füllte das Glas, setzte sich und verfiel ins Grübeln.

Einmal erschrak Renata, als sie bemerkte, dass es schon auf Mitternacht zuging, der Großvater aber noch nicht zurückgekommen war.

Gegen sieben war er in den Gewölbekeller gegangen. Die damals Dreizehnjährige erschrak zu Tode und wusste nicht, was sie tun sollte. Erst dachte sie, der Großvater wäre gestorben, sie schaltete im ganzen Haus das Licht an und kauerte sich in der Küche in eine Ecke. Später glaubte sie, er könnte auf der Treppe gestürzt und hingefallen sein, sich ein Bein gebrochen haben. Dann würde er da liegen und darauf warten, dass sie ihm zu Hilfe kam.

Es kostete sie Überwindung aufzustehen, doch schließlich bewaffnete sie sich mit einer Taschenlampe, zog ihre Gummistiefel an und ging aus dem Haus. In der Tür blieb sie stehen und lauschte. Die Kette klirrte: Barsas schaute aus seiner Hütte.

‚Wenn er nicht bellt, ist niemand Fremdes in der Nähe', schlussfolgerte Renata und lief im Schein der Taschenlampe mutiger auf den Gewölbekeller zu.

Sie stieg hinab, schaute in diesen immer kalten Raum mit den Regalen an den Wänden und den Ausbuchtungen ganz hinten für Kartoffeln und Gemüse.

Der Großvater saß direkt unter der brennenden Lampe auf einem Stuhl und drehte Renata den Rücken zu. Reglos saß er da, sodass das Mädchen glaubte, er sei tot. Sie hielt den Atem an, lief um ihn herum, kniete sich vor ihn hin, schaute in sein herabgeneigtes Gesicht.

„Großvater, bist du tot?", fragte sie mit erschrockener Stimme.

Jonas seufzte, sein Kopf ging ein Stück nach oben. Er öffnete die Augen, und das leere Kristallglas fiel ihm aus der Hand. Klackernd rollte es über den festen, glattgetretenen Boden.

„Was?", entfuhr es Großvater Jonas.

„Bist du nicht tot?", flüsterte die Enkelin.

„Ich bin nicht tot", sagte der Großvater kopfschüttelnd. „Ein Jonas stirbt nicht. Ich bin nur eingeschlafen ... Entschuldige!"

Sie nahm ihn bei der Hand und führte ihn zur Treppe.

Der Großvater entschuldigte sich anschließend noch mehrmals.

Jonas erklärte ihr, er habe an diesem Abend das letzte Glas von Großmutters Likör getrunken, und davon sei er traurig geworden, ganz so, als hätte er noch einmal – und dieses Mal für immer – von seiner Severiutė Abschied genommen. Er wollte im Keller sitzen bleiben, bis der Tod kam, und hatte darüber seine Enkelin vergessen. Doch statt des Todes war der Schlaf gekommen und dann die Enkelin, verschreckt und bleich.

„Haben Sie Apfelpiroggen?", fragte Renata die Kellnerin.

„Wir haben welche mit Moosbeeren und welche mit Heidelbeeren“, antwortete die flachsblonde junge Frau. „Wollen Sie welche?“

Renata schüttelte den Kopf.

Links und rechts der Straße schimmerte der Winterwald. Kiefern ragten auf und stemmten sich mit ihren Wipfeln gegen den Himmel. Ihre Stämme glichen den gespannten Saiten einer Harfe. Sobald man sie berührte, erklangen sie!

Auf dem Beifahrersitz lag eine Tüte mit Lebensmitteln aus dem Supermarkt. Unter dem Sitz eine zweite. Der Vorrat für zwei Küchen.

Renata bog in ihrem kleinen roten Fiat von der asphaltierten Straße auf den gefrorenen, plattgefahrenen Schotterweg ein und fuhr nun etwas langsamer. Der alte Friedhof hinter dem Holzzaun blieb zurück. Der Schnee vor dem Tor und der Pforte war unberührt. Seit er gefallen war, hatte niemand den längst Verstorbenen einen Besuch abgestattet. Dann folgten zwei neue Holzhäuser, an derselben Stelle auf demselben Fundament errichtet, auf dem vorher die alten Häuser gestanden hatten. So war es hier üblich. Dahinter kamen das kleine Wäldchen und der nächste Weiler, allerdings schon moderner, ein richtiger Bauernhof! Mit einem Kuhstall, einem Schweinestall und zwei Traktoren. Zu dem Bauernhof führte ein ebenso vereister und ausgefahrener Nebenweg, aber Renata fuhr weiter. Auf ihrem Privatweg, in der Rinne, die die Räder ihres Kleinwagens in den gefallenen Schnee gedrückt hatten. Noch fünf Kilometer, und sie würde zu Hause sein. Bei sich und Großvater Jonas. Ihre „Häuser“ hatten ein gemeinsames Dach. Nur dass die Fenster des einen nach Norden gingen, die des anderen nach Süden.

Barsas sprang aus seiner Hütte und wedelte mit dem Schwanz, als er das vertraute Auto sah. Der kleine rote Fiat hielt vor der Scheune.

Renata trug die Tüten in den Flur und zog die Schuhe aus. Eine Tüte stellte sie vor Großvaters grüner, überstrichener Tür ab. Die zweite Tüte nahm sie mit.

‚Ich sollte heute Abend was Leckeres kochen und den Großvater einladen!‘, überlegte sie sich.

Sie ging zurück in den Flur, klopfte an die grüne Tür und zog sie heran. Die Tür sprang auf.

„Oh! Da bist du ja!“, freute sich Jonas. „Was gibt es Neues in der Welt?“

„Ach, hätte ich dir eine Zeitung mitbringen sollen?“, fragte Renata und versuchte sich zu erinnern, ob der Großvater sie darum gebeten hatte.

„Nein, wozu eine Zeitung? Was ist denn in der Stadt so los? Gibt's was Neues? Ist vielleicht was gebaut worden?"

„Nein", antwortete Renata. Sie trug die Lebensmittel in die Küche und legte die Einkäufe auf den Tisch. Einen Teil verstaute sie im Kühlschrank, den anderen im Schrank neben dem Herd.

„Alles wie immer. Nichts Neues! Ich musste an Omas Apfelpiroggen denken ..."

„Ja", der Großvater nickte, „die Piroggen ... Nimm mich doch irgendwann mal mit in die Stadt. War ewig nicht mehr da."

„Na klar! Kommst du heute Abend zum Essen rüber?"

„Oh! Eigentlich wollte ich dich zu mir einladen!", gestand der Großvater.

„Na, dann koche ich, und wir essen bei dir! Einverstanden?"

„Du solltest in die Politik gehen", sagte der Großvater lächelnd. „Einverstanden. Was gibt's denn?"

„Weiß noch nicht, irgendwas Leckeres", versprach Renata.

Sie ging rüber zu sich.

Renata dachte an Vitas. Sie erinnerte sich an die Schengen-Nacht, an die Gäste und die lockere Atmosphäre in Erwartung des mitternächtlichen Wunders. Ingrida und Klaudijus waren schon in London, Barbora und Andrius in Paris. Sie hätten schon angerufen, hatte Vitas erzählt. Seien begeistert. Alles wäre wunderbar!

Hätte Vitas Zug- oder Flugtickets gekauft und neben ihr gestanden, bis sie ihre Sachen gepackt hatte, dann wären sie jetzt vielleicht auch schon irgendwo in Italien. Aber Vitas war praktisch veranlagt, schließlich war er Tierarzt. Er hatte beschlossen, dass sie mit ihrem Auto fahren würden. Quer durch Europa. Ihr Auto war klein und klapprig. Würden sie überhaupt ankommen? Aber das war nicht mal die Hauptsache. Wozu die Reise? Warum sollten sie als Litauer nach Italien gehen? Um sich Rom und Venedig anzusehen? Gut. Und weiter?

Die ganze Geschichte mit der Schengen-Nacht kam Renata vor wie die Fortsetzung des Festivals *Be2gether,* auf dem sie sich Ende August kennengelernt hatten. Der Drive, der sie in den Strudel der Musik und Geselligkeit gezogen hatte, war zu stark gewesen, als dass man sich hätte widersetzen können. Und dann diese Heiratsgaudi! Jemand musste sich das alles ja ausgedacht haben. Jemand hatte es sich ausgedacht, und sie hatten begeistert mitgemacht und danach wie bei einer echten Vermählung in einem Zelt eine Dreierhochzeit ohne Gäste gefeiert. Jeder war gleichzeitig Braut oder Bräutigam und Hochzeitsgast. Bei der Verabschiedung machten sie aus, die Schengen-Nacht gemeinsam zu feiern. Die Idee kam wohl von Barbora. Vitas freute sich, sagte aber gleich, bei ihm in Kaunas ginge es nicht: Seine Wohnung, die ihm immerhin gehörte – seine Eltern hatten sie ihm zu seinem Tierarzt-Examen geschenkt –, war zu klein. Bis nach Prienai, wo Ingrida lebte, war es zu weit. Klaudijus und Andrius gaben mit ihrem Schweigen zu verstehen, dass sie als Gastgeber ebenfalls nicht in Frage kamen. Nur Renata hatte genügend Platz, um die Feier auszurichten. Sie lebte Pienagalys, auf einem echten litauischen Gehöft, auf ihrem Grund und Boden, der unter einer Schneedecke lag. Zwei Mal fuhr sie nach Anykščiai, um ihre Freunde vom Bus abzuholen. Am Tag danach, als sie ausgeschlafen und zu Mittag gegessen hatten, fuhr sie alle zurück zum Busbahnhof. Sie machte nur eine Tour und wunderte sich, dass auf der Rückbank ihres Fiats vier Personen Platz hatten. Und sie hatten nicht nur Platz, sie amüsierten sich auch noch die ganze Fahrt über. Der Name des Gehöfts – Pienagalys, also Milchwurzeln – amüsierte sie besonders. „Du hast ja überhaupt keine Kühe", kicherte Klaudijus. „Seit wann hat Milch denn Wurzeln?", fragte Ingrida, ebenfalls mit einem Lächeln. Renata saß am Steuer und zuckte nur mit den Schultern. Dachte über die *Milchwurzeln* nach. Als sie klein war, kam ihr der Name Pienagalys auch komisch vor. „Alles hat Wurzeln", hatte damals Großmutter Severiutė auf ihre neugierige Frage geantwortet. „Steine haben welche, Geschichten, Gras und auch die Milch. Die Milch hat so ähnliche Wurzeln wie das Gras! Wenn man Milch im Gras verschüttet, sickert sie an den Graswurzeln entlang in die Erde."

Großmutter Severiutės Stimme klang in Renatas Erinnerung heller als sonst.

Jetzt waren die vier Passagiere auf der Rückbank paarweise in zwei verschiedene Länder gereist, und die Zwei, die vorn gesessen hatten, waren noch zu Hause in Litauen.

‚Was soll ich denn nun kochen?', fragte sich Renata.

Großvater Jonas gestand, dass er schon seit dem Mittagessen, das er weggelassen hatte, ans Abendessen dachte. Sein Appetit war nicht mehr das, was er mal gewesen war. Ganz und gar nicht. Er stellte sich nicht zwei Mal am Tag ein. Also hatte der Alte beschlossen, sich diesen einen Appetit, den es in seinen Gedanken und Wünschen immerhin noch gab, für den Abend aufzusparen.

Auf dem Küchentisch fanden sich ein Holzuntersetzer für einen Topf oder einen Kessel, zwei Teller und Besteck. Und zwei Gläser. Spartanisch, russisch. Kein Schnickschack.

Als Renata den gusseisernen Topf zu Jonas hinübertrug, erfüllte ein aromatischer Duft das Zimmer. Der Großvater freute sich, als ihm der vertraute Geruch von geschmorten Schweinerippchen mit Kartoffeln in die Nase stieg.

„Du trinkst doch ein Gläschen mit, oder?“, fragte er, nachdem er sich gesetzt hatte, und schaute die Enkelin an, die ihm den Teller füllte.

Ohne eine Antwort abzuwarten, schenkte der Großvater sich und der Enkelin einen bitteren Kräuterlikör ein.

Renata setzte sich. „Na dann, guten Appetit, Großvater.“

Jonas nahm mit seinen kräftigen Fingern eine Rippe und führte sie zum Mund. „Je einfacher das Essen, umso köstlicher“, sagte er, ehe er mit den Zähnen das Fleisch vom Knochen schälte.

„Mach langsam, es ist noch heiß“, warnte Renata.

„Das bin ich nicht, das ist mein Hunger! Schließlich habe ich ihn mir seit dem Morgen aufgespart! Schicker Pullover!“ Jonas schenkte seiner Enkelin einen aufmerksamen Blick. „Hast du ihn passend zum Auto gekauft?“

„Fast. Erst habe ich das Auto passend zur Farbe meines alten Lieblingspullovers gekauft. Du erinnerst dich nicht ... Der hatte fast dasselbe Rot ... Und jetzt den neuen passend zum Auto.“

„Und ob ich mich erinnere. Der hatte so einen Rollkragen, den man umschlagen konnte wie einen Kniestrumpf. Und was macht die Arbeit?“

„Ich hab gekündigt.“

„Das habe ich gemerkt. Und hast du schon was Neues?“

„Noch nicht. Ich muss erst mal wissen, was ich will.“

„Mhh, Verkäuferin ist wahrscheinlich langweilig.“

„Langweilig ist es nicht. Man hat viel Zeit zum Lesen ... Kommen ja kaum noch Kunden in Anykščiai. Wer ein Auto hat, fährt zum Einkaufen nach Panevėžys. Dort ist das Angebot größer! Du müsstest dir übrigens auch mal wieder was Neues kaufen. Läufst ja immer noch in dem alten Zeug rum.“

„Die Alten tragen das Alte und die Neuen das Neue! Kann ich doch nichts dafür, wenn sie die Sachen früher so genäht haben, dass man sie zwanzig Jahre tragen kann!“

„Doch“, prustete Renata los, „natürlich kannst du was dafür. Du hast ja selbst genäht.“

„Stimmt, also hab ich Schuld“, sagte der Alte und wackelte mit dem Kopf. „Und wo willst du nun arbeiten?“

„Noch keine Ahnung … Meine Freunde und ich wollen uns mal in Europa nach Arbeit umschauen.“

Großvater Jonas verstummte. Sein Blick wurde starr. „In Europa? Und wo sind wir hier?“, fragte er nach einer Pause. „Hast du das mit Vitas beschlossen?“

„Das haben wir zu sechst beschlossen. Unsere Freunde sind schon weg, die sind schon vor Ort, wir sind im Moment noch hier …“

„Kennst du diesen Vitas schon lange?“

„Seit August. Er ist solide. Hat einen Abschluss als Tierarzt. Arbeitet.“

„Ja? Kann er sich nicht mal Barsas anschauen?“ Jonas seufzte, schaute auf den Kräuterlikör, hob die Hand und ließ sie wieder auf die Tischplatte sinken. „Ein schwarzes Loch ist das, dieses *Große Europa*. Keiner kommt zurück, keiner lässt was von sich hören …“

Renata schwieg. Sie hatte schon vor dem Abendessen gewusst, wohin das Gespräch führen würde. Doch was nützte es? Sie kam nicht umhin.

„Wie hieß deine Mutter, meine Tochter?“, fragte Jonas flüsternd.

„Jūratė“, sagte Renata ebenfalls flüsternd.

„Und dein Vater?“

„Rimas.“

„Kannst du dich noch an sie erinnern?“

Renata schwieg. Sie schloss die Augen. Sie wollte nicht, dass der Großvater ihre Tränen sah.

„An wen kannst du dich noch erinnern?“, fuhr Großvater Jonas flüsternd fort. „An Großmutter Severiutė?“

Die Enkelin nickte.

„Meine Jūratė und Rimas haben dich bei uns zurückgelassen, da warst du noch keine sechs. Für ein halbes Jahr wollten sie zum Arbeiten nach England … Und wo sind sie hin? Wo sind die verdienten Pfund? Wo sind sie verschollen? Was hat dieses Europa mit ihnen gemacht? Einfach umgebracht hat es sie!“

Renata stand auf, verschmierte die Tränen. „Entschuldige, ich bin gleich wieder da, Großvater“, sagte sie und ging hinaus.

Nach ein paar Minuten kam sie zurück, mit gewaschenem Gesicht.

Sie aßen schweigend. In Großvaters Küche war es wärmer und gemütlicher als bei Renata. Sie schaute sich immer wieder um. Alles hier schien ihr seit Kindertagen vertraut, jeder in die Wand geschlagene und gebogene Nagel mit einem Topf oder Sieb daran. Und trotzdem fand sie es interessant, alles zu betrachten. Schnell hatte die Neugier die Oberhand über ihre Gedanken gewonnen und die schweren Themen voller Tränen und Trauer verdrängt.

„Zieh dich an, wir gehen raus und schauen nach den Sternen!", schlug Großvater Jonas vor, als der Tee ausgetrunken war.

Sie gingen nach draußen – der Großvater in seinem alten grauen Tuchmantel, die Enkelin in ihrer chinesischen Daunenjacke.

Am tiefblauen Himmel funkelten die Sterne. Sie schienen sich in der Schneedecke zu spiegeln.

„Da und da hat vor zehn Jahren noch Licht gebrannt." Der Großvater wies mit der Hand auf die verlassenen Höfe in der Nachbarschaft. „Der ist gestorben", seine ausgestreckte Hand hielt inne, dann wanderte sie weiter, „der ist ertrunken, der hat sich totgesoffen, die sind zum Arbeiten ins Ausland ... Ich bin der Letzte ... Wenn du jetzt auch noch weggehst ..."

„Ich hab mich noch nicht entschieden", sagte Renata.

„Soll ich dir einen Mantel nähen? Ich habe irgendwo noch ein Stück Tuch liegen, grau-blau, das hält ewig!", erbot sich der Alte.

„Ist doch schon zehn Jahre her, dass du das letzte Mal eine Nadel angefasst hast."

„Die gute alte Singer tut immer noch ihren Dienst, und die Finger machen auch noch mit ... Zur Farbe des Autos passt der Mantel natürlich nicht", sagte er lächelnd. „Da musst du dir noch ein Auto kaufen, das zum Mantel passt, einen Oldtimer ..."

„Einverstanden", Renata nickte. „Und auf die Schlaufe nähst du das Label *Made in China.*"

„Nein", sagte der Alte kopfschüttelnd. *„Made in Lithuania. Jonas' Fabrik* näh ich drauf."

9. Kapitel. London

Anfangs freute sich Klaudijus über den milden Londoner Winter. Laut und ausgelassen feierte die Stadt Weihnachten. Touristenmassen wälzten sich durch die Oxford Street. Junges Volk. Ans linke Ohr drang Spanisch, ans rechte Polnisch. Klaudijus stand, die Stange mit dem Werbeschild in den Bürgersteig gerammt, an der Ecke Oxford Street/Berwick Street. Der Hinweis auf der Tafel erregte tatsächlich Aufmerksamkeit:

Büfett für £ 5.99, all you can eat! und ein Pfeil, der auf die Nebenstraße zeigte, wo sich der kleine chinesische Imbiss befand, der Klaudijus sein erstes Einkommen in London bescherte. Anfangs zählte er sogar, wie viele Personen auf sein Schild hin von der Straße abbogen, um bei dem Chinesen einzukehren, doch irgendwann ließ er es sein.

Ingrida bummelte durch die Geschäfte und schaute hin und wieder bei ihrem Liebsten vorbei. Mal brachte sie ihm einen Coffee to go. Mal eine Kartoffeltasche.

„Wollen wir vielleicht ins Café?", schlug Ingrida Klaudijus vor, als sie gegen vier bei ihm vorbeikam. „Ich habe schon alle Geschäfte im Umkreis abgeklappert. Mir fällt nichts mehr ein."

„Vor acht kann ich nicht weg", rief der junge Mann erschöpft. „Der Lange hat gesagt, wenn er vorbeikommt und ich bin nicht da, krieg ich für heute kein Geld."

„Kann man hier eigentlich auch eine eigene Arbeit finden?", brummelte Ingrida. „Ich meine, dass man für sich arbeitet und nicht für jemanden anders?"

„Wir müssen was suchen", sagte Klaudijus. „Ein paar Tage stehe ich hier noch, aber dann reicht's. Meine Beine sind schon wie Gummi."

„Und was mach ich jetzt?", fragte Ingrida unschlüssig.

„Geh in die National Gallery! Die ist gratis und groß!"

„Gut." Die junge Frau nickte. „Ich gehe hin und verfalle der großen Kunst!"

Der Lange kam erst Viertel vor neun, als Klaudijus das Hinweisschild verkehrt herum gegen die Wand zwischen den Schaufenstern des Modegeschäfts an der Ecke gelehnt hatte und, den Rücken gegen die Wand gestützt, daneben kauerte. Seine Stimmung war mies. Er dachte, sie hätten ihn einfach stehen gelassen wie den letzten Blödmann.

Diese Stimmung übertrug sich nicht einfach nur auf Ingrida, sondern potenzierte sich. Sie stand am Eingang in das Eckgeschäft, dessen Glastür immer wieder auf und zu ging und mit jedem Öffnen einen Schwall warme Luft ausstieß. Ingrida war kalt und langweilig, und vor allem tat ihr Klaudijus leid.

Doch irgendwann kam der Lange. Er gab Klaudijus dreißig Pfund – drei Pfund pro Stunde – und teilte ihm mit, er solle das Schild ins Restaurant bringen und bekäme dort kostenlos zu essen.

„Und sie?", fragte Klaudijus und wies mit dem Kopf auf die etwas abseits stehende Ingrida.

„Sie? Soll draußen warten! Hier, nimm das", er gab dem jungen Mann eine kleine Plastiktüte, „steck die in die Tasche und zweig was ab. Am besten Hühnchen und Schweinefleisch."

Die Chinesen – ein Mann und eine Frau, die das Geschirr von den freien Tischen abräumten – nickten freundlich, als sie Klaudijus mit dem Werbeschild sahen. Sie blickten Ingrida an, die mit ihm zusammen gekommen war. Ein älterer Chinese nahm Klaudijus das Schild ab und trug es in die Abstellkammer. Dann wies er auf das Warmbuffet, das in rechteckigen Metallbehältern unter Glas noch verschiedenste Speisen enthielt. Aus jedem Behälter ragte ein großer Löffel.

Klaudijus zeigte mit dem Finger auf Ingrida. Der Chinese verstand die wortlose Frage und nickte freundlich.

Sie nahmen sich jeder einen Teller und füllten ihn mit süßsaurem Schweinefleisch, Gemüse, Hühnchen mit Ananas und Cashewkernen. Die beiden setzten sich an einen sauberen Tisch und verzehrten ihr leckeres exotisches Abendessen.

Als sie Durst bekamen, ging Klaudijus zu dem Kühlschrank mit der Glastür. Doch da tauchte unvermittelt der Chinese wieder auf und erklärte ihm, dass Cola und Fanta etwas kosteten. Klaudijus ging zurück an den Tisch, und gleich darauf wurde ihnen eine geschwungene Literflasche Wasser und zwei Gläser gebracht.

„Und, meinst du, wir schaffen es?", fragte Klaudijus mit einer gespielt festen Stimme.

Ingrida schaute ihn traurig an. „Wir müssen. Hauptsache, wir finden eine ordentliche Arbeit! Und zwar aus eigener Initiative!"

Sie fuhren im Doppeldeckerbus nach Islington zurück und saßen oben auf den vorderen Plätzen. Von da wirkte die vorbeiziehende abendliche Stadt wie ein Beruhigungsmittel. Klaudijus war etwas schwindelig. Seine Zunge schmeckte noch die süßsaure Soße. Die Beine waren immer noch wie Gummi, aber er fühlte eine gewisse Befriedigung, ja, sogar so etwas wie Freude, denn in zwanzig Minuten würden sie zu Hause sein, dort war es halbwegs warm und gemütlich, dort konnten sie sich ausruhen und, wenn die Kraft noch reichte, miteinander reden, sich Gedanken machen über ihren Platz, über ihren Lebensraum in dieser riesigen und mit sich selbst beschäftigten Stadt.

Auf die Treppe zu ihrer Haustür fiel Licht aus dem Küchenfenster. Jemand saß am Tisch.

„Zum Glück haben wir schon gegessen", sagte Klaudijus und holte die Schlüssel aus der Tasche.

In ihrem Zimmer zogen sie die Jacken und Schuhe aus und legten sich aufs Bett, über das eine alte Decke gebreitet war.

„Irgendwas riecht hier.“ Ingrida hob den Kopf.

Klaudijus schnupperte. „Die anderen rauchen in der Küche.“ Er beugte sich hinab, und als er unters Bett schaute, musste er lachen.

„Was ist?“, wunderte sich Ingrida.

„Die Vormieter haben ihre Antiquitäten zurückgelassen!“ Klaudijus zog eine rote Wärmflasche hervor, in der Wasser gluckste. „Soll ich heißes Wasser einfüllen?“, fragte er Ingrida fröhlich.

„Nicht nötig“, sagte sie und winkte lächelnd ab, „du bist meine Wärmflasche.“

10. Kapitel. Paris

Die Rue de Belleville kullerte hinunter zur Place de la République, wie ein Ball den Hügel hinab rollte. Es lief sich beschwingt, und auch der Himmel, der hinter dem dünnen Wolkenschleier blau und kattunleicht schimmerte, erfrischte und verlieh frohen Mut.

Barbora und Andrius liefen Hand in Hand und ließen ab und zu los, um einer entgegenkommenden Frau mit Kinderwagen oder einem Rentner mit Einkaufstrolley Platz zu machen.

Alles hatte schnell und problemlos geklappt. Es hieß ja immer, man sollte dem Internet nicht vertrauen. Sie hatten noch vor ihrer Abreise über Facebook einen Litauer kennengelernt, der schon seit zehn Jahren in Paris lebte. Er wiederum brachte sie über Facebook mit einem Polen in Verbindung, und der fand für das nette junge Paar eine kleine Einzimmerwohnung in der Nähe der Métro-Station Jourdain, in einer belebten Straße mit Dutzenden kleinen Geschäften, Bäckereien und billigen Telefonläden. Die Kaution und die erste Miete für diese *Kawalerka,* wie der Pole die Wohnung nannte, verschlangen die Hälfte des vorhandenen Geldes. Doch das bescheidene Domizil war sauber, und die Küche, wenn auch winzig klein, hatte alles, was man für ein normales Leben brauchte. Auf dem niedrigen Kühlschrank stand eine Mikrowelle, darauf ein Wasserkocher. Rechts neben dem Kühlschrank war ein Geschirrspüler. Das war auch schon die ganze Küche – zwei Meter breit und ebenso tief. Es gab keine Länge. Und auch keine Tür. Es war eine Kochnische, die direkt an das Zimmer mit einem Fenster und einem Tischchen unter diesem Fenster, einer breiten Liege an der

Wand und einem merkwürdigen Eckschrank anschloss. Merkwürdig war der Schrank deshalb, weil er aus weißem Stoff bestand, der über eine rechteckige Metallkonstruktion gespannt war, und über einen Reißverschluss geöffnet wurde. Praktisch und modern.

Über dem Bett hing das von Laienhand gemalte Portrait einer gelockten Afrikanerin mit blendend weißem Lächeln, ein Aquarell, vom Künstler krakelig signiert. Das Bild war rahmenlos. Die Vermieterin war eine schlanke Französin mit kurzen Haaren, die kaum Englisch sprach. Das Bild über dem Bett war also sicher kein Familienerbstück.

Zwischen einem arabischen Fleischer mit dem Schild *HALAL* und einem türkischen Imbiss lag ein typisches Pariser Café.

Sie betraten das Etablissement genauso selbstverständlich, wie sie in Vilnius Bistros und Cafés aufsuchten.

„Deux cafés!", brachte Andrius laut und stolz eine seiner ersten französischen Wendungen an.

Barbora und er standen am Tresen und genossen einen *Pariser Moment*, ein Ritual, das sie kannten. An der Bar war der Espresso am billigsten. Er kostete einen Euro. Setzte man sich an einen Tisch, verdoppelte sich der Preis. Und nahm man auf der Terrasse Platz, musste man für denselben Espresso gleich zwei fünfzig hinlegen. Dieses Café hatte keine Terrasse, und es machte Spaß, an der Bar einen Espresso zu trinken. Die zwei fühlten sich wie Pariser. Und hätten sich sicher bis zum letzten Schluck so gefühlt, hätte nicht der Barkeeper, ein dürrer, spitznasiger Franzose, plötzlich den Fernseher, der in einer Halterung unter der Decke hing, angestellt und, auf den Fernseher deutend, auf Französisch eine Frage gestellt. Da konnte Andrius nur die Arme heben.

„Pas français, English", sagte er.

„Pas English, français!", antwortete der Barkeeper, aber er sagte das lächelnd und freundlich, so, als wären sie friedlich übereingekommen, sich nicht zu unterhalten, weil ihnen die gemeinsame Sprache fehlte.

Die dichten Wolken hatten sich verzogen, nun fielen Sonnenstrahlen auf die Rue de Belleville. Wenn sich hier und da die Glastür eines kleinen Geschäfts oder Restaurants öffnete, tanzten Sonnenflecken auf der Straße.

Andrius holte seine flauschige rote Clownsnase mit Gummiband aus der Jackentasche und setzte sie auf.

Ein Junge, der ihnen an der Hand seiner jungen Mutter, einer Chinesin, entgegenkam, rief etwas auf Chinesisch. Seine Mutter blickte auch auf die Clownsnase und lächelte.

An der Ecke neben dem chinesischen Supermarkt blieb Andrius stehen und schaute sich um. Hier waren viele Leute unterwegs, allerdings keine Franzosen: Araber, Chinesen, Afrikaner, Leute aus dem Maghreb. Obwohl Andrius Lust auf eine ulkige Straßenclownade hatte, kamen ihm angesichts des Publikums Zweifel, ob sein erster Soloauftritt in Paris ein Erfolg werden würde. Und so gingen sie weiter.

Sie kamen in eine andere Straße, die gerade verlief und etwas weniger auffällig, aber noch lebendiger und quirliger war. Zu beiden Seiten zahllose Bekleidungs- und Schuhläden, ab und zu unterbrochen von einem Koffergeschäft, das auf dem Bürgersteig ganze Kofferfamilien aufgereiht und mit einer Metallschnur aneinander gekettet hatte, damit sie nicht gestohlen wurden. Von kleinen Exemplaren, die man als Handgepäck mit ins Flugzeug nehmen konnte, bis zu riesigen Koffern, in denen gut und gern ein mittelgroßer Mensch Platz fand. Dazwischen zwei Cafés, an deren Bar die Pariser gemächlich ihren Ein-Euro-Espresso tranken und einen Blick in die ausliegenden Zeitungen warfen. Dann kam ein Karussell, und es drehte sich! Andrius' Augen sprühten vor Begeisterung. Er lief schneller, sodass Barbora kaum mithalten konnte. Am Karussell auf der Place de la République blieben sie stehen. Kinder drehten auf den Pferdchen ihre Runden, Muttis und Kindermädchen standen winkend daneben.

Barbora schaute Andrius an. Dann blickte sie sich um und versuchte zu erraten, wo er sich hinstellen würde, um auf sich aufmerksam zu machen. Zwischen der Bordsteinkante der Straßenkreuzung und dem Karussell war es eng, allerdings kamen genau hier die Leute vorbei, die den Platz überqueren wollten. Hinter dem Karussell war eine freie Fläche, und weiter hinten stand ein Denkmal. ‚Sicher vors Denkmal', dachte Barbora.

Und hatte sich getäuscht.

Andrius trat zwei Schritte vor und bat sie mit einer Geste, nicht näherzukommen, dann tanzte er auf der Stelle wie ein türkischer Derwisch. Die Muttis und Kindermädchen sahen ihn erstaunt an, aber seine Clownsnase erklärte alles. Ihre zunächst strengen Mienen entspannten sich.

Andrius hielt inne, schnitt eine schiefe Grimasse und winkte den Kindern auf dem Karussell, die ihn bemerkt hatten und ihn jetzt, wenn er in ihren Blick kam, sehnsüchtig und neugierig musterten.

Als das Karussell langsamer kreiste und anhielt und die Muttis und Kindermädchen ihre Kinder von den Pferden hoben, zogen die Kinder die Erwachsenen zu dem Mann mit der roten Clownsnase.

Jetzt kam Andrius richtig in Fahrt. Barbora schaute ihn an und begriff nicht, womit er, abgesehen von der Nase, die Aufmerksamkeit der kleinen Racker erregte. Mit seiner roten Mähne? Clowns hatten ja oft rote Haare. Andrius hatte sie von Natur aus. Er lehnte sich vor, winkte, tat so, als würde er das Gleichgewicht verlieren und jeden Moment umfallen. Hockte sich blitzschnell hin und schaute hündisch zum Himmel. Alberte ausgelassen herum. Die Kinder lachten, die Muttis und die Kindermädchen lächelten und wechselten ein paar Worte.

‚Wie lange er wohl durchhält?', fragte sich Barbora.

Drei Minuten später verlangsamte er seine Bewegungen und tat so, als würde er schwimmen, schwankte, den Blick weiter auf die Kinder gerichtet. Dann fasste er sich an den Kopf und bog ihn mit den Händen zur Seite, ging wieder in die Hocke.

Eine großgewachsene schlanke Frau mit dunkler Haut ließ die Hand ihres weißen Kindes los, um eine Münze aus dem Portemonnaie zu holen. Sie trat näher und hielt Ausschau, wo sie die Münze hineinwerfen sollte.

Andrius stutzte kurz, begriff wohl, dass ein Becher oder ein Teller für das Honorar fehlte. Also streckte er einfach die Hand aus. Die Münze fiel hinein und glänzte verführerisch in der Sonne. Drei weitere Frauen bedachten ihn großzügig, die anderen nahmen ihre Kinder und gingen weg.

„Siehst du, Barbie, das reicht für einen extra Espresso! Hier ist's genug!", freute sich Andrius.

„Espresso will ich nicht mehr", rief Barbora keck, „aber ich würde gern eine Kleinigkeit essen."

Andrius drehte sich um. Sein Blick blieb an einer neuen Gruppe von Müttern und Kindermädchen hängen, die sich am Karussell versammelt hatten. „Dann warte kurz, ich arbeite noch ein bisschen! Damit wir uns was Leckeres genehmigen können!"

11. Kapitel. Pienagalys. Bei Anykščiai

„Die Natur feiert nicht Weihnachten, nur der Mensch!", beantwortete der alte Jonas Renatas Vorschlag, nicht nur den Weihnachtsbaum in Jonas' Haushälfte, sondern auch die Tanne hinter der Scheune am Wald zu schmücken.

Renata widersprach nicht. Zumal sie sich nicht sicher war, ob der Baumschmuck für zwei Bäume reichte. Den Korb mit den Figuren – alt und unterschiedlich groß – hatte Jonas aus der Scheune geholt. Seine Enkelin wusste nicht, wo der Korb stand, und außerdem war die Zeit knapp.

Großvater Jonas hatte den Baum im Wald geschlagen und den Stamm unten entästet, damit er tiefer im Eimer steckte.

In dem Karton, auf dem noch das Etikett mit der Aufschrift „Wanduhr" klebte, lagen, in Zeitungspapier gewickelt, an die zwei Dutzend Baumanhänger. Renata wickelte sie aus und legte sie nebeneinander, damit sie besser entscheiden konnte, welche Kugel oder Figur sie an welchen Ast hängen wollte. Zwei alte preußische Weihnachtsmänner lagen da, beide etwa handtellergroß. Der eine trug einen weichen roten Pelz mit Perlen als Knöpfen und eine rote Mütze, der zweite hatte einen weißen Pelz, eine braune Mütze und hellrote Wangentupfer im fröhlichen Puppengesicht. Daneben zwei Eisfeen, die so gekleidet waren, dass sich schnell herausfinden ließ, welche Fee zu welchem Weihnachtsmann gehörte.

Nachdem Renata die Schneefeen und die weißbärtigen Weihnachtsmänner aufgehängt hatte, schmückte sie den Baum noch mit Weihnachtskugeln aus der Sowjetzeit und bunten Engeln – neuen und ganz alten.

In der Zwischenzeit brachte Großvater Jonas zwei prall gefüllte Leinensäcke ins Zimmer. Er räumte seinen runden Tisch vor dem Fenster ab und band die Säcke auf. Aus dem einen zog er ein Bündel Heu und verteilte es sorgfältig auf der Tischplatte. Mit einem zweiten Bündel deckte er die Tischplatte so ab, dass das Holz nicht mehr zu sehen war. Der Alte band den zweiten Sack auf und zog getrocknete Feldblumen hervor. Er legte sie auf das Heu, sodass die Tischplatte wie eine Wiese im Spätherbst aussah – auf dem vergilbten Heu wirkten die blauen Blüten wie ein Sternenmeer.

Jonas trat zwei Schritte vom Tisch weg und erfreute sich an dem Anblick. Dann drückte er das Heu und die Blumen an, vor allem dort, wo sie sich nach oben wölbten.

Er bat Renata, mit ihm zusammen die weiße Leinendecke über das Heu und die Blumen zu breiten. Sie legten sie gleichmäßig aus.

„Jetzt gehen wir zu dir und schmücken deinen Tisch!", rief der Großvater und nahm die beiden halbleeren Säcke.

Renata folgte ihm in ihre Hälfte. Ihr Tisch war größer und oval. An ihm fanden bis zu zwölf Personen Platz. Sie hatte Zweifel, ob Heu und Blumen für ihren Tisch noch reichten.

Aber sie reichten. Großvater Jonas schien sich mit dem Heu und den Blumen bei ihr mehr Mühe zu geben als bei seinem eigenen Tisch. Als er die blauen Blumen glatt strich, glitzerten hinter den dicken Gläsern Tränen. Er setzte die Brille ab, wischte sich mit dem schweren Handrücken die Augen, setzte die Brille wieder auf und versuchte weiter, die Blumen möglichst gleichmäßig auf dem Heu zu verteilen.

‚Wozu?', fragte sich Renata, die ihn beobachtete. ‚Es liegt doch sowieso das Tischtuch drüber, nur derjenige, der den Weihnachtstisch geschmückt hat, weiß, dass zwischen dem traditionellen Dutzend Weihnachtsspeisen und der Tischplatte, auf der die Speisen stehen, das getrocknete Feld des letzten Sommers liegt.'

Das alte weiße Leinentuch mit dem sich kaum abhebenden weißen Muster kam auf den großen ovalen Tisch. Großvater Jonas hielt für einen Augenblick inne und schaute sich um, als wäre er lange nicht mehr in der Haushälfte seiner Enkelin gewesen.

„Na gut, komm, wir machen unseren Tisch zurecht. Und ihren", er blickte auf das Feld des vergangenen Sommers, über das gerade eben das Tischtuch gebreitet worden war, „ihren Tisch machen wir später."

Sie gingen wieder rüber zu Jonas. Hier war alles ganz anders, als stünden zwei Häuser unter einem Dach: ein altes und ein neues. In Großvaters Zimmer konnte man die Zeit, die vergangene Zeit riechen, ein Geruch von fast hundert Jahren, ein Herbarium aus hundert Blättern – wie ein Baum hatte jedes Jahr sein eigenes Blatt. Bei Renata duftete es höchstens aus der Küche oder wenn sie Speisen ins Zimmer trug, aber die Düfte waren schnell wieder verflogen. Bei ihr war die Luft frisch und fast steril, sie irritierte nicht durch eigenwillige Noten und beschwor keine Erinnerungen herauf. Nur manchmal, wenn Blumen auf dem Tisch standen, die Renata eher im Hof gepflückt als von Gästen geschenkt bekommen hatte, roch die Luft süß.

Der Großvater stellte den alten hölzernen Rūpintojėlis auf den runden Tisch. Er rückte ihn ein bisschen zurecht, damit sein Gesicht zur Tür zeigte und sich demjenigen zuwandte, der theoretisch kommen könnte, aber nicht kam. Der alte Jonas seufzte, riss seinen Blick von der angelehnten Tür los und schaute die Enkelin an.

„Du kannst hier schon einmal eindecken, ich geh rüber und stell auch bei dir einen auf."

Renata sah den zweiten Christus in der Rast in seiner Hand. „Warum nennen wir Christus bei uns eigentlich Rūpintojėlis?“, fragte sie.

Jonas hielt sich die Figur vors Gesicht und schaute sie nachdenklich an. Er zuckte mit den Schultern. „Jesus ist der Gekreuzigte, aber Rūpintojėlis sitzt immer, den Kopf in die Hand gestützt. Er sitzt da und denkt an uns, er leidet mit uns.“

„Mit uns Litauern oder mit allen Menschen?“

„Der Name Rūpintojėlis ist litauisch, bei anderen Völkern wird er nicht so genannt. Also grübelt er wohl die ganze Zeit über uns Litauer nach, der Arme.“

Renata verkniff sich das Lachen, solange der Großvater noch im Zimmer war. Als er hinausgegangen war, drehte sie sich zum Tisch, bevor sie lautlos lachte. Eine helle und warme Stimmung kam auf, als sei der Vorfrühling gekommen. Nach und nach trug sie aus Großvaters Küche die fertigen Speisen herein und stellte sie auf den Tisch: geweihte Oblaten, Kümmelsauerkraut, Moosbeerenkaltschale, eingelegte Gurken und Pilze, Salate aus roten Rüben und Möhren mit Knoblauch, Mohnbrötchen, dazu Mohnmilch, Salzkartoffeln mit getrocknetem Dill, großzügig mit Sonnenblumenöl übergossen, Karpfen im Selleriebett, gebackenen Lachs. Dann legte sie noch ein paar Äpfel vom alten Apfelbaum, die sich im Vorratsgewölbe bis zum Frühjahr hielten, und ein Stück schwarzes litauisches Kastenbrot dazu. Sie rückte die Speisen so zurecht, dass sie locker und gerade standen und dass es hübsch aussah, wie es sich für einen solchen Tag gehörte. Während sie den Tisch deckte, verlor sie sich in Gedanken und vergaß auch den Großvater. Als sie das Brett mit dem schweren Kastenbrot auf den Tisch stellte, fiel ihr ein, dass er schon vor fünf Minuten zu ihr hinübergegangen war, um den Rūpintojėlis auf ihren Tisch zu stellen, und noch nicht zurück war.

Kurz stand ihr die Kindheitserinnerung vor Augen, wie sie den Großvater auf dem Stuhl im Kellergewölbe gefunden hatte, an dem Tag, als er das letzte Gläschen Likör von seiner verstorbenen Frau geleert hatte. Damals war Renata erschrocken und hatte Angst, der Großvater sei tot. Jetzt war er ganz in der Nähe. Vielleicht hatte er sich einfach hingesetzt und war in Gedanken versunken, genauso wie sie eben.

Als Renata ihr Zimmer betrat, sah sie den Großvater – er hatte den Stuhl zwei Meter vom Tisch abgerückt und sich gesetzt. Er betrachtete den Rūpintojėlis.

Renata trat näher und hielt inne, den Blick ebenfalls auf die nachdenkliche Christus-Figur gerichtet. Rūpintojėlis saß auf einem Baumstamm oder einem Stein und hatte seine halb geöffnete Hand unter die Wange geschoben. Er schaute die beiden gerahmten Fotografien an, die vor ihm standen: Renatas Vater Rimas und ihre Mutter Jūratė. Renata erinnerte sich, dass es früher ein Foto gewesen war, auf dem ihre Eltern auf zwei Stühlen nebeneinander saßen.

„Warum hast du das Foto auseinandergeschnitten?“, fragte sie verwundert.

„So kann Rūpintojėlis jeden einzeln beweinen“, antwortete der alte Jonas, ohne seine Enkelin anzublicken.

„Kann ich hier schon decken?“, fragte sie, denn sie wollte nicht länger über ihre verschollenen Eltern sprechen. Diese Gespräche bereiteten ihr immer nur Schmerzen, heute war der höchste Feiertag, wozu ihn verderben?

„Ja.“ Der Großvater nickte.

Mit Jonas’ Pelz um die Schultern stand Renata in der Haustür. Der Alte hatte sie geschickt, um nach dem ersten Stern am Himmel Ausschau zu halten. Sie stand da, schaute in den Himmel und hatte schon drei Sterne entdeckt, aber es zog sie nicht zurück ins Haus. Sie betrachtete die drei Sterne und flüsterte: „Noch einen, dann geh ich rein!“ Doch auch als sich der vierte Stern zu den drei anderen gesellte, blieb sie stehen und dachte über die Zukunft nach. Erst als sie merkte, dass sie die aufgegangenen Sterne nicht mehr zählen konnte, ging sie in den Flur und spürte, dass ihr trotz Großvaters Pelz fror.

Der Großvater verstand Renatas Rückkehr richtig und schenkte ihnen Weihnachtsbier aus Utena ein. Sie tranken. Schwiegen. Mit ihren Blicken wünschten sie sich *Frohe Weihnachten*. Dann begannen sie ihr Mahl.

Gegen Mitternacht gingen sie zu Renata hinüber und speisten an ihrem ovalen Tisch. Auch schweigend, nur noch nachdenklicher und ohne die stille Freude, die Renata an Großvaters rundem Tisch empfand. Die Fotos ihrer Eltern, die vor Rūpintojėlis standen, säten Schwermut, alles an ihnen bezeugte die Unwiederbringlichkeit: die Rahmen und das alte Farbfotopapier, das ihre Gesichter entstellte, und auch die Gesichter mit ihrem unnatürlichen, gestellten und angespannten Ausdruck. Die beiden, Rimas und Jūratė, jung und hübsch, schienen sich nur ungern fotografieren zu lassen, als schämten sie sich vor der Kamera, als warteten sie nur darauf, dass der Fotograf endlich auf den Auslöser drückte. Liebe war in ihren Blicken und Gesichtern nicht zu sehen. Die Fotos sahen aus wie Porträts von zwei Menschen, die sich nicht kannten. Hätte Renata dieses Foto nicht früher gesehen, wäre sie wahrscheinlich nicht auf die Idee gekommen, dass vor ihr und Rūpintojėlis zwei Hälften einer Aufnahme standen.

„Haben sie sich geliebt?“ Renata schaute dem Großvater in die Augen.

„Hier schon“, sagte er. „Dort – keine Ahnung.“

Am nächsten Morgen, als Renata den Großvater zum Weihnachtsgottesdienst in die St.-Matas-Kirche nach Anykščiai fuhr, brummte ihr der Kopf vom Bier. Er brummte leise. Sie schaukelten durch die Schneerinne Richtung Asphaltstraße, und Großvater Jonas schlummerte ein, den Kopf auf die Schulter gelegt. Renata fuhr langsamer, weil sie Angst hatte, ihn zu wecken. Sie wollte ihn unbedingt schlummernd bis zur Kirche fahren und erst dort munter machen.

Renata griff in Gedanken vor, wie der Feiertag weitergehen würde. Sie sah den ovalen Tisch – heute ohne die Fotos ihrer Eltern – und auch den runden Tisch. Sah den Großvater zum Frühstück dicke Scheiben Schinken und litauisches Schwarzbrot schneiden, sah die großen festlichen Teetassen: rot mit dicken, weißen Punkten. Der Großvater holte sie gern aus besonderem Anlass hervor, und dieser besondere Anlass kam nur einmal im Jahr, zu Weihnachten. Renatas Gedanken eilten noch weiter voraus, bis übermorgen, da wollte Vitas kommen. Aber dahin entließ Renata ihre Gedanken nicht. Sie wollte sich auf die Straße konzentrieren und an den heutigen Tag denken, der hell und still war und ihr Ruhe und innere Freude bescherte, die sie so lange wie möglich auskosten und nur mit den engsten Vertrauten teilen wollte. Keiner stand ihr so nah wie Großvater Jonas. Im Fahren schaute sie den Alten fürsorglich an. Der schlummerte schaukelnd wie in einem Boot, das in der Mitte des Galvėsees schwamm und in einen Wind aus Richtung Vilnius geriet. Der Wind kam immer oder meistens aus der Hauptstadt.

Renata lächelte über ihre Gedanken und freute sich, dass sie nicht mehr an die unmittelbare Zukunft dachte, sondern einfach ihrer Fantasie freien Lauf ließ, die sie in ihre Kindheit entführte.

12. Kapitel. Straße nach Łomża. Woidwodschaft Podlachien

„Ich biege jetzt hier ab“, sagte der polnische Kutscher zu Kukutis und brachte das Pferd mit einem Ruf zum Stehen. „Wenn du willst, kannst du bei mir übernachten. Es wird ja bald dunkel.“

Kukutis schaute zurück. Er sah einen Jeep mit eingeschalteten Scheinwerfern näherkommen. Ohne abzubremsen, überholte er das stehende Fuhrwerk und raste weiter. Rechts hinter einem verschneiten Feld lag ein kleines Dorf, in dessen Mitte stolz eine große Kirche aufragte und ihr Silberkreuz funkeln ließ.

„Nein, danke." Kukutis sprang vom Wagen. „Ich laufe noch ein Stück. Und für dich ist es auch besser!"

„Wieso soll es für mich besser sein?", wunderte sich der polnische Kutscher.

„Ich richte mich in fremden Häusern schnell ein! Ist so eine schlechte Angewohnheit von mir. Eigentlich will ich nur übernachten, und auf einmal bleibe ich hängen ..."

„Wie? Bis du rausgeschmissen wirst?" Der Kutscher sah Kukutis neugierig an.

„Ach wo. Ich werde nicht rausgeschmissen ... Irgendwann werde ich einfach übersehen. Ich passe mich überall an. Und wenn ich mich eingelebt habe, ziehe ich meiner Wege. Zu Besuch sein ist gut, unterwegs sein ist besser, das ist nun mal so."

„Stimmt", sagte der Pole und nickte, „unterwegs ist es besser als zu Besuch! Aber jeder Weg führt doch irgendwann nach Hause oder zu Besuch ... Na dann, gute Reise!" Er blickte von Kukutis weg zu seinem Pferd. „Vorwärts, hü!" Leicht berührte seine kurze Peitsche die Kruppe des Pferdes.

Kukutis stand da und schaute dem Fuhrwerk nach, das auf die Dorfstraße eingebogen war. Dann drehte er sich wieder um – die Winterluft wurde dichter, trüber.

Er fuhr sich mit dem Handrücken über die Wange. Die raue Haut wanderte übers Gesicht, sein Handrücken befragte die Bartstoppeln. An ihrer Länge las er die genaue Uhrzeit ab. Da er sich jeden Tag um neun Uhr rasierte, musste es jetzt gegen halb drei sein. Er könnte es überprüfen, indem er die Uhr aus der Manteltasche zog, aber wozu? Wozu brauchte er die genaue Zeit, wenn er weder einen Zug noch ein Flugzeug verpassen konnte? Kukutis würde zu spät kommen, das war klar, doch dafür konnte er nichts. Viele Male war er in seinem Leben bereits zu spät gekommen, um zu helfen, weil er mit der exakten Zeit nicht vorhersagen konnte, wann und wo seine Hilfe gebraucht wurde. Die exakte Zeit funktionierte nur dort, wo es Pläne gab. Allerdings auch nicht immer. Aber seit wann richtete sich eine Krankheit oder ein Unfall nach einem Plan? Oder etwa der Tod? Wie? Einen fremden Schmerz konnte er mit seinem Herzen spüren, und zwar aus weiter Ferne. Sein Herz verwandelte sich dann in einen Globus, auf dem wie auf einem normalen Schulglobus Länder und Kontinente eingezeichnet und die Hauptstädte der großen Länder mit dicken Punkten hervorgehoben waren. Wenn es also links unten in seinem Herz stach, wusste er, dass es einem Litauer in Portugal oder Spanien schlecht ging. Aber um herauszufinden, wo genau in Spanien oder Portugal dieser Unglücksrabe saß, musste er in der Nähe sein. Polen war da viel zu weit weg. Mindestens irgendwo auf halbem Weg zwischen Warschau und Madrid musste er sich dafür befinden.

„Genau!", bekräftigte Kukutis seine Gedanken und nickte.

Dann setzte er seinen Weg fort. In der nächsten Stunde überholten ihn ein Laster und ein Bus, aus der Gegenrichtung kam kein einziges Fahrzeug. Die Dämmerung ließ den Himmel schneller sinken. Die Lichter eines kleinen Dorfes tauchten vor ihm auf. Kukutis legte einen Schritt zu, geschickt schwang er sein Holzbein weiter vor als das gesunde. Er blickte sich immer mal wieder um, damit er rechtzeitig ausweichen konnte, wenn ein Auto kam. Aber hinter ihm war die Straße leer, und auch in Richtung Litauen fuhr niemand.

Die aufsteigende Kälte stach ins Gesicht. Als Kukutis am Abzweig zu den verführerischen Lichtern der kleinen Häuser angekommen war, bog er erleichtert ab.

Natürlich war das letzte Haus am Dorfrand schief und nicht getüncht, es schrie geradezu nach Hilfe.

Kukutis trat durch das geöffnete Gartentor, ging die Treppe hinauf, wovon die Bretter unter seinen Füßen erbärmlich knarzten. Er klopfte an die Holztür, die mit dickem, grauem Filz verkleidet war, wie man ihn in Russland für Filzstiefel verwendete.

Drei Minuten etwa vergingen, ehe sich die Tür öffnete und eine Frau um die sechzig in einem warmen, blauen Tuch und einem schwarzen, bodenlangen Rock erschien.

„Dobry wieczór!",* begrüßte Kukutis sie auf Polnisch. „Ich bin auf dem Weg von Litauen nach Paris. Könnte ich wohl bei Ihnen übernachten?"

„Aus Litauen? Nach Paris?" Die Frau betrachtete das Gesicht des Fremden, dann schaute sie an ihm herab, und als sie sein Holzbein sah, trat sie einen Schritt zurück. „Und wie heißen Sie?"

---

* Guten Abend! (poln.)

Da wusste Kukutis, dass er bleiben konnte. Wozu würde sie sonst nach dem Namen fragen?

„Kukutis“, sagte er.

„Ich bin Elżbieta.“

Er folgte der Gastgeberin ins Zimmer, das von einer kleinen Lampe schwach erleuchtet wurde; der grüne Lampenschirm ließ das Licht noch matter wirken. An den weißen Wänden hingen zahllose Fotografien in gleichen Rahmen. Links unter dem Fenster standen ein ovaler Tisch und drei Wiener Stühle, rechts ein bezogenes Bett mit drei zu einer Pyramide aufgeschichteten Kopfkissen, daneben ein Nachtschrank. Darauf eine Wasserkaraffe, ein Glas und eine Schachtel Tabletten.

Kukutis setzte sich auf einen Stuhl, schaute sich um und richtete seinen Blick wieder auf Elżbieta, die sich neben ihn gesetzt hatte.

„Schön, dass Sie die Erinnerung an Ihre Angehörigen pflegen“, sagte er nachdenklich und wies auf die Fotos an der Wand.

Die Frau winkte ab. Trotz des trüben Lichts sah der Gast in ihren Augen ein lustiges Flackern. „Die habe ich irgendwann mal aus Kinozeitschriften ausgeschnitten! Das sind Schauspieler und Sänger von uns ... Die machen's gemütlicher. Ich geh mal zu dem einen, mal zu einem anderen. Rede mit ihnen, und schon wird's mir leichter ums Herz ...“

„Sind ja trotzdem Angehörige!“, sagte Kukutis nickend. „Mit Fremden spricht man doch nicht über Herzensangelegenheiten.“

Elżbieta schaute dem Gast ins Gesicht, ihr Blick wurde sorgenvoll. „Was behellige ich Sie hier mit meinem Gerede, wo Sie so lange unterwegs gewesen sind. Sie sind doch sicher müde.“

„Ja“, gestand Kukutis.

„Und so dünn“, sagte die Hausfrau und klatschte in die Hände. Sie ließ den Gast nicht aus den Augen. „Gleich“, sagte sie und stand auf, „gleich mache ich Ihnen in der Küche ein Lager. Dort ist es gut, nur die Mäuse piepsen manchmal.“

Eine Viertelstunde später führte sie Kukutis in eine kleine gemütliche Küche. Sie deutete auf eine Bank, deren Rand – aus Holz und braun angestrichen – unter einer alten gestreiften Matratze hervorschaute, auf der eine rote Steppdecke und ein Bettlaken lagen.

„Das Kopfkissen bringe ich gleich!“

„Nicht nötig“, hielt sie der Gast zurück, „manchmal schlafe ich ohne Kopfkissen sogar besser.“

„In Ordnung. Dann schlafen Sie gut! Ich habe einen tiefen Schlaf, wenn Sie Krach machen, ist das nicht so schlimm“, sagte sie und ging hinaus.

Kukutis zog seine Uhr aus der Manteltasche, ließ den Deckel aufspringen und legte sie auf das Tischchen, das vor die angrenzende Wand geschoben war. Dann zog er den Mantel aus und hängte ihn über die Stuhllehne. Er kleidete sich aus und band für die Nacht sein Holzbein ab, sah nach, ob die Riemen, die das Bein am Stumpf hielten, nicht durchgescheuert waren. Die Riemen waren solide, aus Schweinsleder. Sie hielten schon dreißig Jahre, wenn nicht länger. Zwar waren sie etwas abgeschabt, konnten ihm aber noch eine ganze Weile gute Dienste leisten. Vorsichtig schob er das schwere Bein unter den Tisch – irgendwo drin, in einem Fach, schepperte es. Kukutis schaltete das Licht aus und kroch unter die Steppdecke.

Er lag da und sinnierte über die Hausherrin, wie einen Rosenkranz ging er in Gedanken ihre Worte durch. Schaute auf den Kühlschrank neben dem Herd, an dessen Seite ein kleiner Gasbehälter stand.

‚Ist ja sonst kein Platz zum Liegen‘, dachte er. ‚Das Haus hat nur ein Zimmer, wie lebt sie hier nur mit ihren drei Dutzend Schauspielern und Sängern?‘

Ein Lächeln zog seinen Mund breit.

„Sie sind so dünn, ich beziehe Ihnen das Bett in der Küche!“, wiederholt Kukutis’ Mund leise die gerade gehörten Worte.

Er lauschte. Auf dem Tisch tickte die Uhr, im Kühlschrank raschelte es.

‚Vielleicht wartet sie, dass sie die Kühlschranktür klappen hört?‘, überlegte Kukutis. ‚Gütige Frauen verköstigen gern Reisende, und sie, Elżbieta, ist gütig! Von dieser Sorte habe ich schon etliche getroffen!‘

Kukutis blieb ein halbes Stündchen liegen, konnte aber nicht einschlafen, also schwang er sich auf sein Bein. Hielt sich an der Tischplatte fest und hüpfte in Richtung Kühlschrank, mal die Ferse, mal die Fußspitze nach vorn schiebend. Er öffnete die Tür, und sogleich schwappte ein Lichtfleck auf den braunen Holzboden.

Im Kühlschrank waren eine Palette Eier, eine Flasche Milch, ein Glas Weißkäse in einer Salzlake, eine halbe Wurst. In der Tür fanden sich eine angebrochene Flasche Żubrówka und Tablettenschächtelchen.

Im Wohnzimmer brannte kein Licht mehr, die Hausfrau war also zu Bett gegangen. Sie schlief aber vielleicht noch nicht, sondern dachte über das Leben nach. Über das Leben und über ihn, Kukutis. Versuchte herauszufinden, ob Kukutis sie von sich aus aufgesucht oder ob Gott ihn geschickt hatte. Hatte eine Frau in ihrer Lage die Antwort gefunden, stand ihre Welt Kopf. Falls sie zu dem Schluss kam, dass Gott ihr diesen Mann geschickt hatte. Denn im Grunde war ihre Welt doch gar nicht so übel. Warum sie also auf den Kopf stellen?

Kukutis nahm sich ein Stück Wurst, biss hinein. Knoblauch und Dörrfleisch, ein seit Kindertagen geliebter Geschmack, zergingen auf der Zunge. Jetzt ein Stück Schwarzbrot!

Der Wanderer entdeckte das Brot, aber es lag zu weit weg – auf dem Fensterbrett in einer Holzschüssel.

Er streckte die Hand nach der Flasche Żubrówka aus, öffnete sie und führte sie an die Nase. Der Wodkageruch kitzelte in den Nasenlöchern.

Kukutis seufzte, verkorkte die Flasche und stellte sie zurück. Er nahm sich stattdessen ein rohes Ei, kratzte mit dem Daumennagel oben und unten ein Loch in die Schale und schlürfte es aus.

Wieder klappte die Kühlschranktür leise, und in der Küche wurde es dunkel.

Elżbieta lächelte, als sie die Geräusche in der Küche hörte. Sie lächelte, schloss die Augen und schlief ein.

Am nächsten Morgen fiel Schnee, dicht und baumwollweiß.

Das Frühstück bestand aus Tee und Weißkäse. Zum Weißkäse stellte Elżbieta Schwarzbrot auf den Tisch, zum Tee Honig.

„Vielleicht warten Sie noch ab?“, fragte sie, als sie aus dem Küchenfenster schaute.

„Ja“, sagte der Gast nickend.

Sie saßen lange beim Tee. Schweigend oder die Worte sorgsam abwägend. Elżbieta ließ ihren Blick auf Kukutis ruhen und schaute ihn so lange an, bis er ihr so vertraut war wie die Porträts der Schauspieler und Sänger, die sie aus den Zeitschriften ausgeschnitten hatte.

„In einer Zeitschrift habe ich gelesen“, sagte die Hausfrau nach einer weiteren Pause, „dass verheiratete Männer länger leben als unverheiratete.“

„Ja, sie sterben seltener“, pflichtete ihr Kukutis bei. „Das ist tatsächlich so. Und verheiratete Männer kommen auch seltener unter den Zug oder unters Auto. Und ertrinken nicht so oft. Vielleicht würde ich, wenn ich rechtzeitig geheiratet hätte, heute noch mit meinen zwei

Beinen über die Erde laufen und nicht mit einem eigenen und einem Holzbein! Aber die Einsicht kommt meistens zu spät ..."

„Und warum haben Sie nie geheiratet?", wagte sich Elżbieta vor und fasste Kukutis' Redseligkeit als Bereitschaft auf, mehr von sich preiszugeben.

Kukutis trank seinen Tee und erfreute sich an der schwarzen Bluse mit den roten Rosen, die die Hausfrau ganz offensichtlich ihm zu Ehren angezogen hatte. Elżbietas Rock war an diesem Morgen kürzer und umspielte die Knie, war aber ebenfalls schwarz und warm.

„Ich hätte geheiratet, aber der Brautvater war dagegen", sagte der Gast und seufzte. „Das ist schon lange her."

Er drehte sich zum Fenster und schaute auf den Schnee, der wie weißer Flaum herabfiel. Kukutis war so versunken, dass er vergaß, was er beobachtete. Weiß blieb weiß, auch wenn es von oben herabflog.

„Wie hieß er noch?", flüsterte Kukutis.

„Wer?", fragte die Hausfrau.

„Der Müller. Der Brautvater. Sie hieß Ramutė."

„Ist sie schön gewesen?"

„Sehr schön. Grüne Augen. Ein zartes Näschen wie bei einer kleinen Füchsin."

„War sie schlank?"

Kukutis schüttelte den Kopf. „Ein bisschen buckelig."

Elżbieta war es leid, das Profil des Gastes anzuschauen, der aus dem Fenster sah. Und so schaute auch sie auf den Schnee.

Kukutis wandte den Kopf und sah sie an. Ihre Blicke trafen sich, ihre Augen erinnerten ihn an Ramutė.

„Und der Vater wollte Ihnen seine buckelige Tochter nicht geben?" Elżbietas Stimme klang ehrlich verwundert.

„Nein." Kukutis seufzte. „Einem Einbeinigen wollte er seine buckelige Tochter nicht geben. Er hat gedacht, ich würde sie nur wegen der Mühle heiraten. Und sicher auch, dass ich Einbein ihm in der Mühle kaum zur Hand gehen könne. Die Mehlsäcke konnte ich nicht schleppen, die Mühlenflügel reparieren auch nicht. Es hat nicht sollen sein."

„Bedauern Sie das?"

„Natürlich." Kukutis fuhr sich mit der Hand über die Wange, und dann fiel ihm ein, dass er sich am Morgen nicht rasiert hatte. Dass er die gefährliche, scharfe Rasierklinge nicht aus dem Geheimfach in seinem Holzbein gezogen hatte.

Plötzlich hörte der Schneefall auf, und es wurde heller.

‚Es war nicht Gott, der ihn geschickt hat', dachte Elżbieta.

Kukutis bat die Hausfrau, Wasser warm zu machen. Dann rasierte er sich und prüfte, ob er sein Holzbein richtig angelegt hatte.

Die Hausfrau gab ihm als Proviant die Wurst mit, die er in der Nacht übrig gelassen hatte, und ein Stück Brot mit Weißkäse.

„Heutzutage machen sie schicke Prothesen", sagte sie zum Abschied, als Kukutis schon angezogen in der Tür stand. „Das habe ich im Fernsehen gesehen. Leute mit solchen Beinen machen sogar bei Olympia mit!"

„Ich bin zu alt für ein neues Bein", antwortete der Gast ruhig. „Außerdem habe ich mich an mein altes gewöhnt, es ist eine Spezialanfertigung! Solche werden heute gar nicht mehr hergestellt."

Elżbieta nickte. Das war Zustimmung und Verabschiedung zugleich.

Unter seinen Füßen knirschte der Schnee. Kukutis lief am Fahrbahnrand links von den frischen Spuren eines eben vorbeigefahrenen Autos. Vorn kam die Straße in Sicht, von der er am vorigen Abend abgebogen war. Dort fuhren LKWs und Busse. Die meisten fuhren nach rechts, Richtung Deutschland. Und da, rund um Deutschland, tummelte sich auch das ganze übrige Europa. Rechts die Dänen und die Norweger, geradeaus die Holländer, links die Franzosen und Italiener. Hauptsache, man schaffte es bis zur richtigen Kreuzung!

13. Kapitel. London

Drei Nächte nacheinander schneite es in der Stadt. Die Gehwege und Straßen waren von einer dünnen Schneeschicht überzogen. Auf den Straßen war der Schnee im Nu getaut, und schon gegen acht war durch die Autos und Busse nichts als ein nasser Asphalt geblieben. Auf den Gehwegen hielt sich der Schnee länger, als wollte er an den Trittsiegeln zeigen, aus welchen Häusern Menschen gekommen waren und wohin sie gingen.

An diesem Morgen verließen Ingrida und Klaudijus als erste die kleine Wohnung im Souterrain. Sie drückten als erste Spuren auf die Treppe.

Marijus, der Klassenkamerad von Klaudijus, der sie am Busbahnhof abgeholt hatte, hatte sie zum Abendessen eingeladen. Aber bis zum Abend war es noch lange hin. Tanja, ihre bulgarische Vermieterin, hatte Klaudijus für ein paar Tage eine „warme Arbeit" verschafft. Sie hatte ihn vorgewarnt, dass die Arbeit zwar leicht, aber verantwortungsvoll sei, er würde mit einem Mitstreiter zusammen arbeiten, auf den er aufpassen sollte, damit er nichts stahl.

„Und was ist genau zu machen?“, fragte Klaudijus ungeduldig.

„Ein Feuer bewachen“, antwortete Tanja, „und Papiere verbrennen.“

Klaudijus wunderte sich über ihr Angebot, aber fünfzig Pfund pro Tag, um ein Feuer zu bewachen, fand er sehr in Ordnung.

Und so liefen Ingrida und Klaudijus am frühen Morgen durch den frischen Schnee in den nächsten Minimarkt, kauften zwei SIM-Karten, tauschten die litauischen Nummern gegen britische, nahmen noch zwei Joghurts mit und gingen wieder nach Hause. Die Küche war frei, für ein Frühstück zu zweit eignete sich der winzige Raum bestens. In der Wohnung war es erstaunlich still. Kaum zu glauben, dass nebenan zwei weitere Paare schliefen, die Ingrida und Klaudijus bislang noch nicht kennengelernt hatten.

„Wenn ich fertig bin, rufe ich dich an“, versprach Klaudijus. „Ich werde wieder hergebracht.“

„Und wann sollen wir bei Marijus sein?“

„Um acht.“

Vor dem Küchenfenster knatterte ein Motorrad. Ein Mann um die vierzig in einer Kunstleder-Kombi stieg die Treppe zum Souterrain herab und klopfte.

Ingrida blickte Klaudijus und dem fremden Mann nach, ließ den Motorradlärm verklingen, hängte einen frischen Teebeutel in die Tasse und übergoss ihn mit kochendem Wasser.

In der Wohnung herrschte eine ideale, sterile Stille. Ingrida empfand diese Stille als kalt. Sie befühlte den Heizkörper. Er war kalt. Ingrida schaute sich suchend in der Küche um. Freudig überrascht entdeckte sie auf dem Küchenschrank in der Ecke ein kleines Radio. Das Kabel, das vom Radio zur Steckdose führte, verriet, dass das Gerät funktionierte. Ingrida drückte den nach oben überstehenden roten Knopf, und eine angenehme, leicht einschmeichelnde Moderatorenstimme berichtete von einem Benefizkonzert für rumänische Waisenkinder. Ingrida hörte zu und war fasziniert, dass sie praktisch jedes Wort, das der Moderator sagte, verstand. ‚Kann ich denn wirklich so gut Englisch?‘, freute sie sich.

Gleich kam es ihr ein bisschen wärmer vor.

Sie dachte an Weihnachten im letzten Jahr. An Mutter, Vater, ihre kleine Schwester und die Schneeflocken aus Papier, die sie ans Fenster geklebt hatten. Letztes Jahr hatte ihre Schwester die Schneeflocken ausgeschnitten. Früher hatten sie das immer zu dritt gemacht, mit ihrer Schwester und ihrer Mutter. Ihre Mutter, die mit der Schere immer geschickter war als die beiden Töchter, hatte auch niedliche Engel mit Flügeln ausgeschnitten. Damals hatten sie in Prienai viele verschiedene Weihnachtsbildchen an die Fenster geklebt. Unten, über den breiten, weißen Fensterbrettern klebten weiße Engel. Einige schauten nach oben, in den Himmel, obwohl sie keine Augen hatten. Brauchten sie auch nicht. Ihre Mutter hatte die Figuren so perfekt ausgeschnitten, dass die Köpfe der Engel, die nach oben zeigten und mit den unsichtbaren Augen in den Himmel blickten, viel natürlicher aussahen als die der grellbunten, glupschäugigen Engel und Seraphim in der Kirche. Über den Engeln hingen Schneeflocken: die dicken weiter unten, und je höher es hinaufging, umso zarter wurden sie. Schließlich erschien das, was weiter weg war, immer kleiner als das, was näher war.

Im Radio spielte Debussy, bekannt und leicht war die Musik, so leicht und zart, dass man sie einfangen und auf dem kleinen Finger zum Ohr führen konnte. Um sie dort abzusetzen.

Die Erinnerungen versetzten Ingrida in warme, wohlige Schwermut.

Wieder stand ihr die Wohnung in Prienai vor Augen, mit ihren hohen Fenstern in der geräumigen Küche, an die sie mit ihrer Mutter und ihrer Schwester die Engel und Schneeflocken geklebt hatte. Sie machten das tagsüber, wenn es draußen hell war. Wenn es dunkel wurde, schienen die weißen Engel und die zarten Schneeflocken zu leuchten. Dann breitete sich eine seltsame magische Festtagsstimmung aus. Die Welt wurde kleiner, jetzt gab es nur noch sie, ihre Mutter, ihren Vater, ihre Schwester und diese Engel, auf die der Papierschnee jeden Moment herabsinken wollte.

Ingrida schaute aus dem Fenster und hob den Blick, der vor dem betonierten Innenhof floh und sich in den grauen Winterhimmel schwang.

Dann betrachtete sie die Fensterscheibe. Sie war ewig nicht geputzt worden. Wieder ertönte die angenehme, schmeichelnde Stimme des Radiosprechers. Plötzlich fiel ein Schatten auf den Betonstreifen vorm Fenster. Jemand kam die Treppe herab. Ingrida drückte auf den roten Knopf, das Radio verstummte. Tanja stellte eine schwere Tasche an der Tür ab, holte die Schlüssel aus ihrer weißen Daunenjacke und schloss auf.

14. Kapitel. Paris

Der Pariser Schnee ähnelt einem kleinen Jungen, der einen Welpen ärgert. Er pfeift, wartet, bis der Welpe ihn entdeckt, und rennt um die Ecke. Der arme Welpe dreht seine Schnauze nach allen Seiten und begreift nicht, wohin derjenige verschwunden ist, der ihn eben noch gerufen hat.

In den letzten Tagen fiel der Schnee immer um sechs Uhr morgens, und gegen Mittag war er spurlos verschwunden. Aber morgens zwischen sechs und sieben, wenn die normalen Pariser zum Bäcker liefen, schneite es. Schneite auf die Stadt und ihre Bewohner.

Andrius wollte die hundert Meter bis zum Bäcker schneller als sonst zurücklegen, aber eigentlich hatte das keinen Sinn. Die Schlange nach Baguettes und Croissants reichte bis auf die Straße. Doch sie rückte schnell vor, und so stand er schon nach wenigen Minuten im Laden und strich sich die Schneeflocken aus dem Haar.

„Wir haben noch dreihundertsiebzig Euro“, teilte ihm Barbora beim Frühstück mit. Ohne eine Antwort abzuwarten, riss sie sich ein Stück Baguette ab, tunkte eine Ecke in ein Glas Pflaumenkonfitüre und schob den Bissen in den Mund.

„Das wird schon alles“, beruhigte sie Andrius. „Lass uns am Vormittag nicht über Geld sprechen! Sonst ist der Morgen gleich verdorben.“ Er schaute zum Fenster, hinter dem immer noch Schneeflocken wirbelten, es schneite aber nicht mehr so dicht.

„Der Morgen lässt sich nicht mit Geld verderben“, antwortete Barbora lächelnd. „Ich hab’s nur so gesagt, damit du dran denkst.“

Auf der Place de la République drehte sich wieder das Karussell. Auf den Pferdchen und Eselchen schaukelten die Kinder auf und ab und schauten mit glänzenden Augen auf die vorbeifliegenden Autos und Häuser. Die Muttis und Kindermädchen standen wieder am Rand. Andere Muttis und Kindermädchen warteten, dass ihre Kinder, die das atemberaubende Drehen dieses großen, magischen Kreisels sehnsüchtig verfolgten, endlich an die Reihe kamen.

Kaum hatte sich Andrius seine rote Nase aufgesetzt, rief auch schon ein chinesischer Junge „Xiǎochǒu“ und klatschte in die Hände.

Die anderen Kinder und dann auch die Muttis und Kindermädchen wandten sich vom Karussell ab. Andrius ging in die Hocke und watschelte im Kreis, schwankte hin und her, ein Wunder, dass er nicht das Gleichgewicht verlor und auf den schneefeuchten Asphalt fiel.

Die viertelstündige Vorstellung brachte Andrius fast sieben Euro und ein bisschen Müdigkeit ein.

Der chinesische Junge in der gelben Steppjacke, derselbe, der Andrius als erster bemerkt und „Xiǎochǒu, Xiǎochǒu“ gerufen hatte, kam angelaufen, hob den Kopf und versuchte, mit der ausgestreckten Hand die rote Clownsnase zu berühren. Andrius beugte sich hinunter, damit es klappte. Der Junge betastete die Nase, sein Lächeln wurde noch breiter und seine Augen noch schmaler. „Xiǎochǒu, Xiǎochǒu“, rief er noch einmal fröhlich. Fragend schaute Andrius die hinter dem Jungen stehende hübsche Chinesin an.

„Le clown!“, übersetzte sie ins Französische.

„Ja, ein Clown“, sagte Andrius und nickte. Dann sprang er ulkig in die Höhe, was bei den um ihn versammelten Kindern wiederum Begeisterung auslöste, zog den unsichtbaren Hut, verbeugte sich und lief zur Rue René-Boulanger. Im Gehen drehte er sich immer wieder um und winkte.

„Nach einer Bouillon erkunden wir die Gegend!“, verkündete Barbora. „Wir suchen noch ein paar neue Plätze.“

„Für meine Nummern?“, fragte Andrius.

„Nein, für meinen Nachmittagskaffee.“

Die Croissants vom Vortrag, großzügig mit Pastete bestrichen, passten sehr gut zur Bouillon. Barbora war die Pastete wegen ihres Preises und der Ente auf dem Schild ins Auge gefallen. Eine Ente in einem winzigen Glas für siebzig Cent konnte eigentlich nur der Fantasie eines Science-Fiction-Autors entspringen, aber Barboras Fantasie reichte auch. Mit unverhohlenem Genuss tunkte sie das Croissant mit der Pastete in ihre Brühe und biss ein Stück ab. Der Geschmack der Hühnerbrühe mischte sich mit dem imaginierten Geschmack der imaginierten Ente aus der Pastete und versetzte Barbora in einen nie gekannten buddhistischen Zustand der ruhigen und freudigen Gelassenheit gegenüber der Umwelt.

„Worüber denkst du nach?“, wollte Andrius wissen.

„Ich?“ Barbie schrak zusammen. „Ach, über nichts weiter! Hier in der Nähe ist ein netter Park mit Yogis. Wahrscheinlich habe ich an die Yogis gedacht.“

„Willst du Yoga machen?“

Barbie zuckte mit den Schultern. „Vielleicht in zwanzig Jahren. Junge Yogis habe ich keine gesehen.“

„Sind die Yogis aus dem Park Inder?“

Barbie kniff kurz die Augen zu, als wollte sie das Bild des zuvor Gesehenen in ihre Vorstellung zurückholen, und schüttelte den Kopf.

„Nein, Franzosen und Chinesen. Ihre Trainerin ist eine Chinesin. Sie ist ungefähr ..." Barbie blickte zur Lampe hinauf. „Könnte ich jetzt nicht mal sagen, wie alt sie ist ... Wahrscheinlich, weil sie Yoga macht. Vielleicht ist sie schon hundert!"

„Weil sie eine Chinesin ist!" Andrius steckte den letzten Zipfel Croissant in den Mund. „Nur ein Chinese kann ungefähr sagen, wie alt ein anderer Chinese ist! Ein kleiner Chinese hat mich heute erkannt, und hinter ihm stand eine Chinesin. Schwer zu sagen, ob das die Mutter oder die Großmutter war. Weißt du eigentlich, was Clown auf Chinesisch heißt?"

„Was denn?"

„Xiǎochǒu!"

„Dann bist du also mein geliebter *Xiǎochǒu*!" Barbora lächelte.

Eine halbe Stunde später – sie waren durch die belebte Rue de Belleville gelaufen – bogen sie in eine unbekannte, menschenleere Straße ein. Wie Touristen drehten sie im Gehen ab und zu die Köpfe nach oben und betrachteten die Häuser, unauffällige, einförmige Gebäude. Andrius wunderte sich über die geöffneten Fenster. Schließlich war es draußen alles andere als warm. Und die Heizung kostete Geld! Und da hängten sich die Leute mit einer Zigarette oder einer Tasse Kaffee regelrecht aus dem Fenster. Diese Leute waren allerdings nicht unbedingt Franzosen. Vielleicht hielten die richtigen Franzosen ihre Fenster den Winter über geschlossen?

„Sieh mal!", rief Barbora erfreut.

Sie blieben auf dem Bürgersteig neben einer kleinen Treppe stehen, die zu einer braunen Haustür hinaufführte. Direkt vor den Stufen – es blieb vielleicht noch ein halber Meter für die Passanten – hatte jemand aussortierte Gerätschaften und Möbel auf die Straße gestellt: eine Mikrowelle, einen alten Röhrenmonitor, zwei Stühle, ein Kinderbett und ein paar Bananenkisten.

„Wollen wir mal durchschauen?", fragte Andrius.

Barbora verzog die Lippen. „Eine Mikrowelle haben wir, und so weit, dass wir Kartons durchwühlen müssen, sind wir noch nicht, wir leben ja nicht auf der Straße!"

„Und warum hast du dich dann so gefreut, als du den Haufen gesehen hast?", wunderte sich Andrius.

„Weil das typisch Paris ist. So würde ich auch gern leben! Was du nicht mehr brauchst, stellst du auf die Straße und kaufst dir was Neues!“

„Dich durchschau einer!“, sagte Andrius lieb.

„Dafür durchschau ich dich immer, Xiǎochǒu!“ Barbie nahm Andrius bei der Hand und zog ihn weiter. „Komm, wir suchen uns ein Pariser Café!“

15. Kapitel. Anykščiai

Beinahe wäre der kleine rote Fiat auf den Fernbus *Kaunas–Anykščiai*, der den Busbahnhof ansteuerte, aufgefahren. Das wilde Quietschen der Bremsen verschreckte die Passanten, die Businsassen, die ihr Gesicht sofort gegen die Scheiben pressten, und auch Renata, die Fahrerin des Kleinwagens, die das Lenkrad umklammert hielt, als wäre es ihr Rettungsring in einem tosenden Ozean. Das Auto stand, nachdem es über den gefrorenen, glatten Asphalt geschlittert war. Hinter ihr wurde gehupt. Renata saß der Schreck noch in allen Gliedern, sie gab Gas, der Fiat fuhr an, „ankerte“ aber gleich darauf am Bordstein und hielt mit eingeschalteter Warnblinkanlage an einem kleinen Schneehügel, den ein Traktor oder ein Straßenpflug auf den Fußweg geschoben haben musste. Renata ließ das Lenkrad los. Sie schaute durchs Beifahrerfenster zum Busbahnhof. Die Passagiere stiegen aus. Der Fahrer öffnete die Gepäckfächer, und ein paar Männer luden quadratische Pappkartons aus. Renata war so vertieft, dass sie Vitas, der auf ihren Fiat zukam, nicht sofort bemerkte.

Die Tür öffnete sich, und Vitas nahm auf dem Beifahrersitz Platz. Er drehte ihr den Rücken zu und schlug die Stiefel gegeneinander, um den Schnee abzuklopfen.

„Hallo!“, sagte er und suchte sich eine bequemere Position. „Warum bist du denn so blass?“

„Ich wäre beinahe in deinen Bus gerauscht!“

„Das warst du, die da so gebremst hat?“ Erstaunt riss Vitas die Augen auf.

Renata nickte. „Ist mir das erste Mal passiert“, sagte sie leise. „War irgendwie in Gedanken und hab die Straße vergessen ... Und dann ist es auch noch glatt ... Winter!“

„Und worüber hast du nachgedacht?“

Sie schaute zweifelnd, als ob sie nicht recht entscheiden konnte, ob sie es ihm sagen sollte oder nicht. „Über dich hab ich nachgedacht", sagte sie schließlich. „Genauer gesagt über uns und über Italien."

Vitas lächelte. Das Wort *Italien* ließ ihn förmlich vom Sitz abheben. „Und was hast du über uns und über Italien gedacht?", bohrte er weiter.

Renata seufzte. „Sag ich dir später."

Die asphaltierte Fahrbahn verlief zuerst gerade, dann, hinter dem Abzweig, als der Fiat von der breiteren Landstraße abgebogen war, schwang die Straße wie ein wedelnder Hundeschwanz mal nach rechts, mal nach links, der Hügel mit dem alten Friedhof und den paar Holzkreuzen, das Wäldchen, hinter dem ein einsames, verlassenes Gehöft lag, blieben zurück. Zwei weitere, mit Kreuzen bestandene Hügel zogen vorüber, dann waren es bis zu Jonas' Gehöft nur noch fünf Minuten über eine Schotterpiste unter festgefahrenem Schnee, beschienen von der kalten Wintersonne, die frierend an einem grauen, wolkenlos-frostigen Nachmittagshimmel stand.

Bald tauchte auf der mit festem Schnee überzogenen Schotterstraße Renatas private Fahrrinne auf, vorsichtig lenkte sie ihr kleines Auto durch diese Spur bis nach Hause. Sie parkte den Fiat am Rand der Fahrrinne, die nicht einfach abriss, sondern in eine glatte Schneedecke unter einer Eisschicht überging. Vor der dunkelgrauen Stirnseite der großen Scheune wirkte das rote Auto grell und fremd wie ein Computer auf einem Kanonenofen.

Vitas blieb vor dem Hauseingang stehen. Er wollte sich die Stiefel säubern, obwohl kein Schnee mehr an ihnen klebte.

„Hast du etwa Angst vor Großvater Jonas?", fragte Renata lachend.

„Nein, wie kommst du denn darauf?" Vitas schaute von seinen Stiefeln auf. „Aber er hat mich damals, in der Schengen-Nacht, so merkwürdig angesehen."

„Nicht merkwürdig, sondern durchdringend!", korrigierte ihn Renata. „Das macht er immer so, weil er schlecht sieht. Alle Leute finden seine Augen viel zu groß und zu streng, aber das liegt an den Gläsern. Los, komm."

Im Flur beim Eingang standen Großvater Jonas' Stiefel, neben ihnen glänzte eine Pfütze aus geschmolzenem Schnee. Er war also draußen gewesen, während seine Enkelin unterwegs war.

Als sie die Schuhe ausgezogen hatten, gingen die beiden in Renatas Hälfte. Vitas drehte sich nach der vielmals überstrichenen Tür um, die zu Großvater Jonas führte, in sein kleines Reich.

„Ist ja ganz still bei ihm da drin", sagte Vitas misstrauisch, als er sich aufs Sofa gesetzt hatte.

„Warum sollte es bei ihm laut sein?", wunderte sich Renata. „Er hört weder Rockmusik, noch sieht er fern. Alte Menschen versuchen im Allgemeinen, möglichst wenig aufzufallen!"

„Stimmt", sagte Vitas, aber Renata sah an seinem Blick, dass er mit den Gedanken schon woanders war. „Und worüber hast du nun so intensiv nachgedacht, dass du beinahe in meinen Bus gerauscht wärst?", fragte er nach einer kurzen Pause.

Renata setzte sich neben ihn, legte ihm den Arm auf die Schulter und küsste ihn auf die Wange. Er wollte sie schon umarmen und richtig küssen, doch sie hielt ihn zurück. „Willst du mich küssen oder wissen, was ich gedacht habe?"

„Wissen, was du gedacht hast, natürlich", sagte er und rückte ein Stück von ihr ab.

„Ich habe gedacht, dass wir jetzt lieber noch nicht weggehen sollten", sagte sie ernst und schaute ihn forschend an.

„Warum?" Vitas war ganz verwirrt.

„Wie lange kennen wir uns?", fragte die junge Mitbesitzerin des Gehöfts.

„Na, fast fünf Monate oder sogar ein bisschen länger."

„Und wie viele Tage haben wir zusammen verbracht?", fragte sie höflich weiter.

Vitas überlegte. „Sieben?" fragte er unsicher.

„Sechs", verriet sie ihm die richtige Antwort. „Und wie viele Nächte?"

„Drei."

„Vier", verbesserte sie ihn. „Oder zählt die Schengen-Nacht für dich nicht?"

„Zählt nicht, da waren ja die anderen dabei."

„Da hast du's", sagte sie und lächelte wieder. „Für dich bedeutet Nacht Sex, für mich bedeutet es Zusammensein. Macht nichts, ist wahrscheinlich bei allen so ... Aber wenn ich weggehe, dann bleibt Großvater allein. Und wenn er krank wird oder ihm etwas passiert, ist keiner da. Ich habe mit ihm schon ein paar Mal über Italien gesprochen und über dich ... Er ist alt und er hat Angst vorm Alleinsein. Das merke ich."

„Alleinsein ist doch heute kein Thema mehr." Vitas zuckte mit den Schultern. „Es gibt Handys, es gibt Internet, Skype, da kann man überall in Verbindung bleiben."

„Weißt du, hier fällt manchmal der Strom aus. Vor drei Wochen hat der Wind einen Ast von der Fichte abgerissen, der ist auf die Leitung gestürzt, dann haben wir zwei Tage bei Kerzenlicht gesessen. Skype ist kein Mittel gegen Alleinsein."

„Dann willst du also nicht mit mir nach Italien gehen?" Vitas beschloss, die Frage, die ihm schon seit ein paar Minuten auf der Zunge lag, direkt zu stellen.

Renata schüttelte den Kopf.

„Und was wird aus uns? Aus unseren Plänen?", fragte er.

„Ich kann hier im Moment nicht weg. Wenn du willst, dass wir zusammen sind, dann zieh zu mir!" Renatas Stimme klang aufgeregt. Ihre Augen wurden feucht.

„Dann lass mich doch mal mit ihm reden", bot Vitas an. „Von Mann zu Mann. Er versteht mich bestimmt. Er kann uns doch nicht mit seinem Alter unsere Jugend kaputtmachen!"

Das kam für Renata völlig überraschend, und sie hatte keine Antwort parat.

„Genau." Vitas hatte Mut gefasst. Er stand auf. „Ich gehe hin und rede mit ihm! Und du wartest hier. Du kannst ja schon mal was zu Mittag machen." Und als hätte er Angst, Renata könnte ihn aufhalten, ging er schnell in den Flur.

Vor der grünen, vielfach überstrichenen Tür blieb Vitas stehen. Er klopfte. Da keine Antwort kam, drückte er auf die Klinke, zog sie zu sich heran. Die Tür gab nach, öffnete sich einen Spalt, und Vitas spähte hinein. Links sah er die Küche mit dem kleinen Fenster, dem Tisch und den Töpfen und Topfdeckeln an der Wand. Er sah das Wohnzimmerfenster, das etwas größer war als das in der Küche, davor den Tisch. Eine Teetasse und ein zugeklapptes Buch. Rechts vom Tisch und den Stühlen den geschmückten Tannenbaum.

Vitas öffnete die Tür etwas weiter und schaute in die rechte Zimmerhälfte. Den Rücken zur Wand, das Gesicht zum Fenster gedreht, die Beine leicht angezogen, döste dort auf einer alten Chaiselongue Großvater Jonas.

Der junge Mann trat ins Zimmer und blieb stehen. In diesem Teil des Hauses schlug ihm ein anderer, fremder Geruch entgegen. Bei Renata fand er die Luft steril, bar jeder Gerüche und Aromen. Hier hingegen gab es einen Geruch, und je angestrengter Vitas ihn zu bestimmen versuchte, umso komplexer und vielschichtiger kam er ihm vor. Als Vitas den schlummernden Jonas sah, glaubte er Spuren von altem Leder zu riechen, denn das Sofa, auf dem der Großvater lag, war mit braunem Leder überzogen. An dem Ende, das zur Tür zeigte, war es durchgescheuert. Als Vitas seinen Blick wieder auf die Küche richtete, roch es für ihn nach altem Käse und einem Schuppen, in dem Mäuse hausen. Doch als sein Blick aufs Fenster fiel, waren die Gerüche verschwunden wie in einem besonders raffinierten Computerspiel, wo der Geruch etwas über das Alter oder die Funktion eines Gegenstandes verriet, wenn man hinschaute.

Vitas schüttelte den Kopf. Der Ort widerstrebte ihm. Eine fremde Welt, patiniert und verwesend. Dennoch trat er resolut und mit einem konkreten Ziel näher: Er wollte mit dem Großvater reden, ihm sagen, dass er kein Recht hatte, zu entscheiden, was seine Enkelin zu tun und zu lassen hatte.

Vitas trat auf das Sofa zu. Unter seinen Füßen knirschte ein Dielenbrett, Großvater Jonas öffnete die Augen. Er schaute ihn ungehalten und verwundert an. Langsam und ächzend setzte er sich auf.

„Guten Tag“, rief Vitas hastig. „Können Sie sich noch an mich erinnern? Ich habe neulich Renata besucht.“

„Ja, ja“, sagte der Großvater und nickte. „Was gibt's? Braucht ihr wieder was aus der Küche?“

„Nein, ich wollte nur fragen ...“

„Du bist doch Vitas, der Tierarzt!“, erinnerte sich der Alte. „Danke, dass du gekommen bist. Dann hat es dir Renata also gesagt?“

„Was gesagt?“ Der junge Mann verstand nichts.

„Na, dass du nach Barsas schauen sollst, nach meinem Hund! Der ist in letzter Zeit immer so schlapp.“

Großvater Jonas stand auf und schlurfte zum Fenster. Er schaute auf den Schnee, auf den Baum, einen Apfelbaum, der drei Meter vorm Haus stand. Und nach links zur Scheune mit Renatas rotem Auto davor.

„Da hinten“, Großvater Jonas zeigte aufs Fenster, „hinter der Scheune steht seine Hütte, sie ist vom Auto verdeckt.“

Vitas trat heran und schaute ebenfalls durchs Fenster. Seine Entschlossenheit hatte sich in nichts aufgelöst. Der Küchengeruch, der auch von übergelaufener Milch kommen konnte, war hier viel penetranter. Vitas schielte nach links, sah einen Topf mit einem langen Stiel auf dem Herd stehen und vermutete, dass die Milch genau in diesem

Topf übergekocht war. Mit dem Großvater über Italien und Renata zu sprechen, kam ihm jetzt sinnlos vor.

„Ja, ich sehe ihn mir mal an, den Barsas", versprach Vitas. „Nachher, wir essen erst mal, und dann sehe ich nach dem Hund."

„Danke", sagte Jonas. „Ich geh ein bisschen in den Wald. Höre mir an, wie der Schnee unter den Füßen knirscht! Hat bestimmt eine dicke Eiskruste. Vom Wind, der hat ziemlich stark geweht die letzten Tage."

„Und? Hast du mit ihm geredet?", fragte Renata Vitas, als er wieder zu ihr rüberkam.

„Nein. Er wollte, dass ich nach seinem Hund schaue. Da hat das mit Italien irgendwie nicht mehr gepasst ..."

Renata seufzte erleichtert. „Gut so", sagte sie. „Willst du erst nach dem Hund sehen, oder wollen wir erst essen?"

„Lass uns zuerst essen", bat Vitas. „Ich war sechs Stunden unterwegs."

Sie aßen schweigend.

„Du brauchst nicht mit ihm zu reden", sagte Renata entschlossen, als sie beim Tee waren. „Ich gehe sowieso nicht von hier weg, solange er noch lebt. Später", sie schaute zur Flurtür, „später können wir meinetwegen nach Italien gehen oder nach Spanien, wie du willst."

„Wie alt ist dein Großvater eigentlich?", fragte Vitas und schämte sich gleich für die Frage, denn es klang so, als wollte er fragen: „Wann stirbt der Alte denn endlich?"

„Alt", antwortete Renata, „sehr, sehr alt. Fast neunzig."

Sie hörten, wie der Großvater in den Flur ging, die Stiefel anzog und die verzinkten Schneeeimer nahm. Dann hörten sie die Tür.

Renata und Vitas gingen zusammen zu Barsas. Er lag in der Hütte, nur seine braune Nase schaute heraus.

„Na, wie geht's dir denn?", rief Renata und hockte sich hin.

Barsas stand auf und tappte träge in den Schnee hinaus.

„Das ist Vitas." Renata zeigte auf den zwei Meter entfernt stehenden jungen Mann in Jeans und blauer Jacke. „Er behandelt Hunde und Katzen. Er gehört zu uns. Komm mal her." Die Aufforderung galt Vitas.

Er hockte sich neben die beiden und hielt dem Schäferhund seine Hand unter die Nase, damit das Tier seinen Geruch registrierte.

„Wo fehlt's dir, alter Junge?", fragte Vitas kumpelhaft und kraulte Barsas den Nacken. „Wie alt bist du eigentlich?"

„Er ist dreizehn", antwortete Renata für den Hund. „Er frisst ganz schlecht in letzter Zeit."

„Ha", rief Vitas, „ein biblisches Alter. Was soll ich da noch machen?"

Trotz dieser Worte griff er nach Barsas und drehte ihn vorsichtig auf die Seite. Der Schäferhund kippte um, streckte die Pfoten aus und wartete. Vitas tastete seinen Bauch ab, indem er an mehreren Stellen drückte.

Barsas jaulte plötzlich auf, Vitas zog seine Hand zurück, ließ eine halbe Minute vergehen und drückte noch einmal auf die Stelle. Der Hund jaulte wieder und versuchte aufzustehen.

„Schon gut, bleib liegen, ich drück nicht noch mal", beruhigte ihn Vitas.

Er drehte sich zu Renata. „Soll ich dir was sagen? Der Hund ist genauso alt wie dein Großvater. Selbst wenn es nicht nur das Alter und ein schwacher Darm sind, hat es überhaupt keinen Sinn, ihn zu behandeln. Wenn wir jetzt in Kaunas wären, könnte man eine Röntgenaufnahme machen, aber wir sind ja hier hundert Kilometer von jeder Zivilisation entfernt ..."

„Und was sagst du Großvater?", fragte Renata.

Vitas seufzte. „Ich sag ihm, dass euer Barsas nur weiches und warmes Essen und keine Knochen kriegen darf – wie jeder andere Greis auch. Das ist alles." Vitas stand auf und sah links hinten sechs längliche Hügel mit zum Teil aus dem Schnee ragenden Tafeln. „Was ist denn das für ein Friedhof?", wunderte er sich.

„Dort sind Großvaters Hunde begraben", erklärte Renata, die auch aufgestanden war und Barsas beobachtete, der wieder in seine Hütte kroch. „Sechs Hunde hat er von klein auf gehabt. Barsas ist der siebte."

„Der siebte?", fragte Vitas zurück. „Sieben Hundeleben sind genau ein Menschenleben. Na gut. Ich schreibe dir für den Hund ein Medikament auf, das bestellst du übers Internet, dann frisst er auch wieder."

„Bitte beruhige Großvater, sag ihm, dass die Probleme vom Alter kommen und nicht von irgendeiner Krankheit!", bat Renata. „Das versteht er."

Gegen Abend fiel Schnee. Alles wurde weiß, auch Renatas kleines Auto verschwand unter dem Schnee. Er fiel merkwürdig laut, als würden die dicken Flocken gegeneinander stoßen oder sich unterhalten.

Renata und Vitas, die sich bis zur Erschöpfung geliebt und dann ausgeruht hatten, standen auf und schauten aus dem Fenster, hinter dem noch immer Schnee in die dunkle Nacht fiel. Kalte Winterluft strömte ins warme Zimmer, hin und wieder strichen feine Brisen über Vitas'

Hände und Renatas Wangen. Die beiden versuchten sich vor der Zugluft zu schützen, wandten sich ab, umarmten sich und schmiegten sich so fest aneinander, dass jemand, der ihre Umrisse in der Dunkelheit sah, glauben mochte, ein beleibter Mann oder eine korpulente Frau stünden im Zimmer.

„Bleibst du bis morgen?“ Renatas Flüstern wärmte Vitas' Ohr.

„Nein, ich muss zurück“, antwortete er leise. „Wenn wir nicht nach Italien fahren, muss ich was absagen ... Und etliches überdenken.“

Bei den Worten „wenn wir nicht nach Italien fahren“ presste Renata Vitas noch fester an sich. Ihre Lippen berührten sein Ohrläppchen.

16. Kapitel. London

Klaudijus drehte pausenlos den Kopf, um mal von einer hübschen Kirche, mal von einem alten Herrenhaus einen Blick zu erhaschen. Solange das Motorrad nicht allzu schnell fuhr und gelegentlich an einer Ampel hielt, machte das Betrachten der vorbeiziehenden Londoner Sehenswürdigkeiten richtig Spaß. Und das trotz der unbequemen Fahrt, denn er saß hinten und hielt den Fahrer am Bauch umfasst. Die Kunstleder-Kombi scheuerte, und das war alles andere als angenehm. Am meisten störte Klaudijus jedoch, dass er sich das Gesicht des Fahrers nicht gemerkt hatte. Und jetzt saß es unter dem Helm. Er wusste nur noch, dass sein Kompagnon mittelblonde Haare und ein schmales, längliches Gesicht hatte. Die wenigen Sätze, die Klaudijus gehört hatte, verrieten ihm, dass er Englisch mit slawischem Akzent sprach. Jetzt, als sie Central London verlassen hatten und Industrieareale, Lager und Zäune einander ablösten, wurde Klaudijus irgendwie nervös.

Sie fuhren knapp fünfzig Minuten. Irgendwann drosselte der Fahrer die Geschwindigkeit und schaute nach rechts. Hinter einem langen Zaun tauchte eine Brachfläche mit einem zerfallenen Gebäude jüngeren Datums auf, dann kam ein neuer Maschendrahtzaun, hinter dem lauter mobile Häuser standen. Nach einer Verkaufsfläche sah es nicht aus, die Häuser waren alt, schmutzig und verstaubt. Neugierig betrachtete Klaudijus die weißen Boxen auf Rädern und sah, wie sich irgendwo eine Tür öffnete und ein ungekämmter älterer Mann mit freiem Oberkörper heraustrat. Neben ihm bellte ein Hund. Rauch stieg zwischen den auf. Klaudijus war fasziniert.

„Ist das auch London?“, fragte er den Fahrer, wobei er sich vorbeugte und ihm die Frage quasi direkt in das vom Helm verdeckte rechte Ohr schob.

Der Motorradfahrer hatte es gehört. „Ja, das ist noch London“, antwortete er.

Als die Wagensiedlung auf der Brache zu Ende war, bremste der Fahrer und bog langsam in ein geöffnetes Tor ein, das auf das nächste umzäunte Gelände führte. Vor drei übereinander gesetzten Schiffscontainern hielt er an.

Klaudijus saß ab und vertrat sich die Beine.

Der Typ lehnte, ohne seinen Helm abzunehmen, das Motorrad gegen den Container und deutete Klaudijus, ihm zu folgen.

Sie liefen etwa fünfzig Meter, dann blieb der Fahrer stehen. Er setzte den Helm ab und drehte sich zu Klaudijus um.

„Wir sind zu früh, wir müssen ein bisschen warten“, sagte er.

„Und wie heißt du?“, fragte der Litauer.

„Adam“, antwortete der Typ widerwillig.

Eine Viertelstunde später kam ein Lastwagen. Der dunkelhäutige Fahrer steuerte die dunkelblauen Container mit der Aufschrift *Maersk* an. Dort stoppte er und stieg aus. Als er die zwei jungen Männer kommen sah, winkte er freundlich.

Zu dritt luden sie mehrere Dutzend schwarze Müllsäcke, fest verschnürt, aber nicht besonders schwer, ab und warfen sie auf den leicht verschneiten Boden. Der Laster fuhr weg. Adam band den ersten Plastiksack auf, ließ das Feuerzeug, das er aus seiner Kombi gezogen hatte, schnappen und schob es in den Sack. Es roch nach verbranntem Papier.

„Das sollen wir alles verbrennen?“, fragte Klaudijus.

„Mhh.“

„Dann ist es doch besser, wenn wir alles auf einen großen Haufen kippen und ...“

„Wenn wir das Zeug auskippen, dann verbrennt nur ein Teil, den Rest treibt der Wind weg“, erklärte Adam gelassen. „Aber wir müssen dafür sorgen, dass alles verbrennt.“

„Was ist das eigentlich?“, wollte Klaudijus wissen.

„Buchhaltungskram“, sagte Adam schulterzuckend, „Zahlen, Buchstaben, Stempel ...“

„Aha“, sagte Klaudijus und nickte. „Und ich hab gedacht, das wäre heute alles elektronisch!“

„Normalerweise ja. Was legal ist, ist im Computer, das Illegale ist so, auf Papier."

„Das Illegale?", wunderte sich Klaudijus. „Hier in England?"

„Was macht es schon für einen Unterschied, ob in England oder in Ungarn? Die Globalisierung hat's in sich! Ich habe in Budapest als Barkeeper gearbeitet, da ist dreißig Mal so viel Geld durch die schwarzen Bücher gegangen wie durch die weißen. Die weißen werden allerdings nach allen Buchungen und Zuteilungen vernichtet, die schwarzen werden aufgehoben. Bei denen hier sieht's so aus, als wär schon alles verteilt. Aber ich nehme mir trotzdem einen Packen mit", Adam schaute Klaudijus fragend an. „Ich habe ja genügend Freizeit. Da kann man noch was lernen, das Gehirn trainieren! Schwarzbuchhalter ist ein super Beruf! ... Du verpfeifst mich doch nicht etwa, wenn ich so einen Sack mitnehme?"

Klaudijus erstarrte. Er dachte an die Worte, die Tanja ihm mit auf den Weg gegeben hatte. „Ich soll auf dich aufpassen", gestand er. „Damit du nichts mitgehen lässt." Er wies mit einem Nicken auf die Säcke.

„Und ich auf dich, damit du nichts mitgehen lässt", sagte Adam und hob die Arme. „Mir ist es egal. Nimm ruhig was mit, wenn du willst."

Das Gespräch stockte. Adam wartete noch eine Minute auf Klaudijus' Antwort, und als die ausblieb, öffnete er den zweiten Sack, nahm ein paar Seiten heraus und überflog sie. Dann zündete er eine Seite an und legte sie zu den Dokumenten, die aus dem schwarzen Müllsack hervorragten.

„Was hast du zu Hause so gemacht?", fragte er Klaudijus.

„Hab als DJ gearbeitet, in der Getränkefabrik Kisten geschleppt. Meinem Vater in der Autowerkstatt geholfen. Dann wollte ich eigentlich eine Fortbildung zum Masseur machen ..."

„Und warum bist du weg?"

„In Litauen hast du keine Perspektive."

„Keiner da, den man massieren kann?" Adam prustete los. „Eine Perspektive ist was für Leute, die bleiben, weggehen tut man, weil man einen Traum hat. Und der hat meistens keine Perspektive."

Während der zweite Sack zischend abfackelte, war der erste erledigt. Seine Plastikhaut schmolz und zerlief, zu guter Letzt gab es eine Stichflamme. Das verkohlte, flockige Papier qualmte noch.

Mit geübten Griffen nahm sich Adam die nächsten Säcke vor. Bevor er das Papier anzündete, fischte er sich ein paar Seiten heraus und überflog die obersten. Der vorletzte Sack erregte sein Interesse. Nach kurzer Durchsicht rollte er die ersten Seiten zusammen und steckte sie sich unter die Kombi. Ein paar Minuten später wanderte ein zweiter Packen hinterher, der sich nicht rollen ließ, weil er zu dick war. Adam schob den geöffneten Sack zur Seite und nahm sich den letzten vor. Er hielt das brennende Feuerzeug hinein, dann band er den vorletzten Sack wieder zu, hob ihn an, als wollte er sein Gewicht prüfen, und drückte von beiden Seiten dagegen, um ihn auszurichten und den Inhalt zusammenzupressen.

Klaudijus ignorierte er. Der fühlte sich vollkommen überflüssig. Warum hatte man ihm diese Verdienstmöglichkeit gegeben? Aus Menschenliebe? Der blonde Adam konnte die unliebsamen Papiere sehr gut auch ohne ihn aus der Welt schaffen.

Verwirrt schaute Klaudijus auf den Rauch, der aus dem geöffneten Sack stieg. Der Wind, der gegen Abend aufgefrischt war, zerteilte die Rauchfahne in Schwaden und vermengte sie mit Luft. Der Rauchgeruch kroch Klaudijus in den Mund und kitzelte ihn in der Nase. Der Wind trieb Ascheflocken über die gefrorene Erde, vom morgendlichen Schnee war keine Spur mehr. Die frühe Dämmerung tauchte die Farben der Container in unwirtliches Grau. Klaudijus wollte so schnell wie möglich weg. Woher die Unruhe kam, die ihn plötzlich befallen hatte, wusste er nicht. Jetzt fühlte er sich hier an diesem merkwürdigen, menschenleeren Ort nicht nur überflüssig, sondern völlig deplatziert.

„Hör mal." Klaudijus zuckte unter Adams Stimme zusammen. „Ich bin hier sowieso der Ältere. Also bezahle ich dich." Adam reichte seinem Mitstreiter ein paar Scheine. „Hier, das sind fünfzig für die Arbeit. Und hier sind zehn Pfund für den Rückweg. Mit dem Sack kommen wir nicht zusammen weg. Du läufst bis zu dieser Outsider-Siedlung, und gegenüber von der Einfahrt, auf der anderen Straßenseite, ist eine Haltestelle. Der Bus fährt einmal in der Stunde und bringt dich bis zur U-Bahn. Von dort findest du den Weg."

„Outsider-Siedlung?"

„Die weißen Container hinterm Zaun."

Klaudijus nickte.

Adam befestigte den schwarzen Müllsack mit Spanngurten auf dem Rücksitz. Er setzte den Helm auf, zog die Handschuhe an und winkte.

Das rote Rücklicht des Motorrads schwenkte nach links und verschwand hinter den letzten dreistöckigen Containern. Das Knattern verstummte. Der Wind wurde stärker, und Klaudijus spürte auf den Wangen und in der Nase die aufsteigende feuchte Kälte der Londoner Winternacht.

Klaudijus schaute sich um und stellte sich vor die Containerwand, um sich vor dem Wind zu schützen. Er blickte nach oben, in den mond- und sternenlosen Himmel, der sich als grauer, schwerer Schlick über ihm wölbte und jeden Augenblick nach unten zu stürzen drohte, wo alles, was nicht schwarz war, ebenfalls grau schien.

Ein kleiner schwarzer Gegenstand, der aus dem obersten Container ragte, erregte kurz Klaudijus' Aufmerksamkeit. Als er genauer hinsah, erkannte er eine Überwachungskamera. Er ging zur Seite und betrachtete sie. Das Objektiv war exakt auf die Stelle gerichtet, wo sie die illegalen Papiere verbrannt hatten. Dann schaute er hinunter – er stand mitten drin. Leise raschelte die Asche unter seinen Füßen.

Wie ein kleiner Junge schob Klaudijus die Schuhspitze in den nächsten Aschehaufen. Der Brandgeruch wurde stärker.

„England", murmelte Klaudijus sarkastisch, warf einen letzten Blick auf die Videokamera und lief in Richtung der gestapelten Container, hinter denen vor gut zehn Minuten das rote Rücklicht von Adams Motorrad verschwunden war.

17. Kapitel. Brzeźnica. Woiwodschaft Masowien

Der Winter trieb sein Spektakel mit dem Schnee. Mal ließ er Straßen und Dörfer unter den weißen Flocken versinken, mal unterbrach er seine kalte Vorstellung und ließ sein Winterpublikum mit den Schaufeln fuchteln und Wege und Stege freifegen. Kukutis lief wieder über die Landstraße, an deren Seitenstreifen sich riesige Schneehaufen türmten. Er schaute in die Richtung, aus der er gekommen war, hoffte auf ein Fahrzeug, das ihn mitnahm, weiter nach Europa hinein, dorthin, wo sich die Sprachen mischten.

Gestern hatte ihn ein lettischer Fernfahrer hundert Kilometer mitgenommen. Mit den Letten war es für Kukutis einfacher, ihre Sprachen waren verwandt, obwohl der gemeinsame Wortschatz nicht ausreichte, um sich normal zu unterhalten. Also hatten sie zuerst deutsch gesprochen und dann, als sie müde waren, beide in ihrer Muttersprache geschwiegen.

Jurģis, der Lette, wollte als Erstes wissen, ob Kukutis schon einmal in Biržai gewesen sei. „Natürlich bin ich dort gewesen“, antwortete ihm der Wanderer. „Und nicht nur einmal. Meine Schwester Aiva wohnt dort. Vielleicht sind Sie ihr mal begegnet?“ „Schon möglich! Aber ich kann mich nicht an alle erinnern.“

Jurģis fuhr eine Ladung Rigaer Schwarzen Balsam. Auch im Handschuhfach vor Kukutis’ Sitz lag eine dieser typischen Keramikflaschen mit Likör. Höflich bot der Fahrer seinem Gefährten von dem Getränk an. Der Wanderer nippte. In seinem Mund wurde es wärmer.

„Guter Tropfen!“, lobte Kukutis den Likör. „So alt ich auch bin, der Geschmack ist immer noch derselbe.“

Jurģis nickte und bot ihm einen zweiten Schluck an.

„Ich nehme ihn lieber mit!“ Kukutis steckte die Flasche in seinen grauen Mantel. „Im Winter muss man auf alles gefasst sein.“

„Stimmt“, sagte der Fahrer. „Im Winter muss man auf alles gefasst sein.“

Verschneite Felder und von Räumfahrzeugen aufgetürmte Schneehügel zogen vorbei. Die beiden schwiegen, draußen flog und schwirrte und flimmerte es weiß, bis Jurģis zwei Stunden später an einer Abfahrt hielt.

„Ich muss Richtung Gdańsk, und Sie müssen geradeaus!“

Der Reisende bedankte sich bei dem Trucker. Er sagte ihm ein paar nette Worte, dann schaute er dem Laster nach und nahm noch einen Schluck Likör. Kukutis wandte den Blick zurück. Er zog die Taschenuhr heraus und schaute, wie spät es war. Doch die Uhr war stehengeblieben. Kukutis zog sie auf, sie tickte wieder und zeigte jetzt ihre eigene Zeit, außer den Zeigern hatte sie nichts mehr von einem Zeitmesser. Früh dämmerte der Winterabend und erinnerte Kukutis an eine Übernachtung, und so hefteten sich seine Augen suchend an den Horizont. Bald würde die Nacht kommen, der Himmel sinken, bald die Lichter in den Häusern angehen, die zwischen den verschneiten Feldern lagen und jetzt noch kaum zu erkennen waren.

Aber bevor das unausweichliche Winterzeitszenario anbrach, lief Kukutis noch mehr als einen Kilometer, vielleicht sogar drei. Und gerade als die milchige Dämmerung auf die weiße Erde herabzusinken begann, zweigte rechts von der Landstraße, auf der Kukutis unterwegs war, ein schmaler asphaltierter Fahrstreifen zu einem Dorf ab, das Kukutis nicht kannte. Kaum war er abgebogen, hielt neben ihm ein Polski Fiat, und der Fahrer öffnete die Tür.

„Do Brzeźnicy?",* fragte er.

Der Wanderer wusste nicht, wie das Dorf hieß, stieg aber ein, obwohl er sich mit dem steifen Bein ziemlich abplagen musste, ehe sich die Tür schließen ließ.

Sie fuhren ganze sieben Minuten, die Kukutis reichten, um sich ein bisschen aufzuwärmen und von sich zu erzählen. Er wollte den netten Fahrer – einen älteren Mann um die sechzig – sogar um ein Nachtquartier bitten, tat es aber nicht. Wenn sie nur länger gefahren wären! Aber nach einer siebenminütigen Bekanntschaft konnte man nicht einfach um eine Unterkunft bitten.

Am ersten Haus bat Kukutis den Fahrer anzuhalten. Er stieg aus. Der Polski Fiat fuhr weiter und bog in eine andere, bereits dunkle Straße ein, die rechter Hand vom Dorf wegführte. Die Häuser des Dorfes waren aus Ziegelstein und hatten zwei Stockwerke. Das verdross Kukutis. Menschen, die in Ziegelsteinhäusern lebten, waren in der Regel nicht so gastfreundlich wie Menschen in Holzhäusern.

Die Fenster des nächstgelegenen Hauses leuchteten in einem gleichförmigen gelben Licht, als wohnten hinter jedem Fenster die gleichen Leute und als wären alle Zimmer des Hauses gleich eingerichtet.

Kukutis lief ein Stück weiter und sah, dass aus den Erdgeschossfenstern des dritten Hauses in der Reihe mehr Licht fiel als aus den anderen. Er lief hin und sah eine hell erleuchtete Kneipe. Kukutis ging hinein und schaute sich um. Alle Tische waren besetzt: Männer saßen zu zweit oder zu dritt beim Bier. An einem Tisch saß eine junge Frau in Jeans und blauem Pullover mit einem seltsam geflochtenen blonden Zopf bei einem Glas Weißwein. Der Zopf, in den vom Scheitel an alle Haare eingeflochten waren, verdeckte das linke Ohr und fiel ihr fast bis auf die Schultern. Neben ihr saß ein Junge, vielleicht vier Jahre alt. Mit Buntstiften malte er Kreise auf ein Blatt Papier, vertieft und konzentriert.

„Kann ich mich zu Ihnen setzen?", fragte Kukutis und betrachtete neugierig ihre ungewöhnliche Frisur.

Die Frau schaute auf und nickte wortlos.

---

* Nach Brzeźnica? (poln.)

Kukutis setzte sich und schaute zur Theke. Der Barkeeper, ein bärtiger Pole mit lustigen Augen, trug eine weiße Kochjacke. Auf einem Wandfernseher in seinem Rücken lief lautlos Fußball in einem warmen Land. Die Spieler rannten über den Rasen, doch niemand sah hin.

„Sie müssen an die Theke gehen und bestellen", sagte die Frau zu Kukutis, weil sie annahm, er würde auf den Kellner warten.

„Gut", sagte der Wanderer. „Ich ruhe mich kurz aus, und dann gehe ich bestellen."

Fünf Minuten lang genoss Kukutis die Wärme und das angenehme Gewirr von Geräuschen: die Gespräche an den Nachbartischen, das Kratzen der Buntstifte auf dem Papier, das Klirren der Krüge, Tassen und Löffel, die der Wirt hin und wieder von den Tischen räumte und ins Spülbecken stellte. Irgendwann stand Kukutis auf und ging zur Theke. Er hielt dem Wirt eine Handvoll Münzen hin.

„Sind hier vielleicht auch Złoty dabei? Schauen Sie doch mal, vielleicht reicht es für einen Tee?"

Der Bärtige nahm Kukutis' Münzen in Augenschein. Zwischen alten englischen Shilling und Farthing, Griwennik aus dem russischen Zarenreich und bulgarischen Lewa sah er einen polnischen Silbergroschen von Zygmunt Stary. Er fischte ihn mit zwei Fingern heraus und schaute seinen einbeinigen Gast vielsagend an, als hätte er ein Geheimnis entdeckt.

„Polnische Münzen sind dabei", flüsterte er erfreut. „Es reicht sogar für ein Abendessen, nicht nur für einen Tee! Wenn Sie ein halbes Stündchen warten, macht meine Frau Ihnen was zurecht."

‚Was ist schon eine halbe Stunde für einen Menschen, der nicht stirbt?', dachte Kukutis lächelnd und ging zurück an seinen Tisch. Er schielte auf die junge Frau mit dem markanten Zopf und auf ihren Jungen, der einen dicken Buntstift in der Hand hielt, wie Banditen ein Messer halten – mit der Spitze nach unten, den Schaft fest umklammert. Noch immer malte der Junge dicke, bunte Kreise aufs Papier, hin und wieder nahm er einen anderen Stift, doch seine Art zu zeichnen blieb gleich.

„Zeichne doch mal ein Quadrat", riet Kukutis dem Jungen.

Die Mutter drehte sich um. Der Junge hielt inne, der Buntstift stand senkrecht über dem Papier. „Wie denn?", fragte der Kleine.

„Darf ich mal?" Kukutis nahm den braunen Stift genauso, wie ihn der Junge hielt, zeichnete in eine leere Ecke des Blattes ein Quadrat und stöhnte ermüdet auf. „Ist das schwer", sagte er. „Ich versuch's mal anders.“ Er klemmte den Stift wie einen Füller zwischen die Finger und zeichnete mit ein paar Strichen das Quadrat, dann tauschte er die Stifte und malte das Quadrat bunt aus.

Interessiert verfolgte der Kleine die Finger des Alten. Dann versuchte er, den Stift auch so halten. Er hatte Angst, die Spitze abzubrechen, seine Finger waren ungeübt.

„Sind Sie aus Belarus?“, fragte die junge Frau.

„Wie kommen Sie denn darauf?“, wunderte sich Kukutis.

„Unser Dorfältester hat eine Haushälterin aus Minsk, die zeigt auch immer allen, wie man's richtig macht. Sie hat lange heimlich versucht, den Sohn der Familie vom Linkshänder zum Rechtshänder zu machen, bis jemand drauf bestanden hat, dass sie ein Buch liest, in dem steht, dass man als Linkshänder größere Chancen hat, Präsident von Polen zu werden. Da hat sie's aufgegeben, aber sie steckt immer noch überall ihre Nase rein und gibt gute Ratschläge.“ Die Frau mit dem Zopf sagte das alles ganz freundlich, ohne jedes Missfallen.

„Sie haben es fast erraten“, sagte Kukutis lächelnd. „Ich bin aus Litauen, und früher hat Belarus mal zu Litauen gehört.“

„Ich hab mich vertan“, sagte sie seufzend. „Die Litauer sind anders, sie geben keine Ratschläge und wollen auch niemanden umerziehen.“

„Und woher wissen Sie so gut über Belarussen und Litauer Bescheid?“

Die Frau dachte nach. Sie blickte ihren Sohn an – der fuhrwerkte wieder in alter Manier auf dem Papier herum und versuchte, nicht über die Linie zu malen, die von den vielen Kreisen mit ihren dicken bunten Strichen stammte.

Die junge Frau mit dem Zopf hieß Agnieszka. Sie wohnte direkt über der Kneipe, und deshalb setzte sie sich so gut wie jeden Tag hierher und lauschte auf den Lärm des Lebens. Nach einer kurzen Pause gab sie zu, dass sie von den Litauern nur gehört hatte, aber nichts Genaues wusste, da es in ihrem Dorf keine Litauer gab und auch früher nicht gegeben hatte. Sie hatte lediglich gehört, dass hier in der Nähe eines Nachts zwei Litauer abgestürzt und zu Tode gekommen waren. Im letzten Jahrhundert ist das gewesen. Belarussen hatte sie einige gesehen, auch Russen und Ukrainer und sogar einen Spanier, dessen Auto kurz vor ihrem Dorf eine Panne gehabt hatte, weswegen er drei Tage bei ihnen verbringen musste.

Kukutis zuckte zusammen, als er von den beiden abgestürzten Litauern hörte. Er erinnerte sich an die Nacht, in der sie es nicht bis Kaunas schafften. Erinnerte sich, wie er zusammen mit Zehntausenden Litauern vom frühen Morgen an auf dem Flughafen auf ihre Ankunft gewartet hatte. Dann machte er Schluss mit dem Erinnern. Er wurde unterbrochen.

In einem langen blauen Kleid mit einer weißen Schürze darüber betrat die Wirtsfrau den Raum. Sie trug ein Tablett mit einer großen dampfenden Tonschüssel. Die Gespräche in der Kneipe verstummten, alle schauten sie an, wie sie zu Kukutis ging, die Schüssel auftrug und das Besteck in einer Papierserviette danebenlegte. Ihr rundes Gesicht zeigte ein strahlendes Lächeln, wie es Kukutis bislang nur auf alten Reklamekarten von Hotels gesehen hatte.

„Smacznego!",[*] flüsterte die Wirtsfrau sanft und ging wieder zur Tür, ohne dem Gast den Rücken zuzuwenden.

Der herrlich saftige Duft einer frisch gebackenen Haxe lockte Kukutis' Blick nach unten, auf die Schüssel. Aber er widerstand der Versuchung und wartete, bis die Frau des Gastwirts ihm zugenickt und den Raum verlassen hatte. Die Haxe lag in einem Bett von gebackenen Kartoffeln und Pastinaken, die das ohnehin reiche Aroma dieses fürstlichen Gerichts um eine süße Note ergänzten. Kukutis, der vom Essen normalerweise kein großes Aufheben machte, fühlte sich in Erwartung dieses Schmauses erfrischt und beflügelt. Mit einem Ohr vernahm er, dass der Junge aufgehört hatte, mit dem Stift übers Papier zu fahren. Mit einem Auge sah er, dass die ganze Aufmerksamkeit des Kleinen nun der Schweinshaxe galt. Als ob er sie jeden Moment zu Papier bringen wollte. Auch seine Mutter starrte wie gebannt auf Kukutis' Tonschüssel.

Der Wanderer faltete die Serviette auf, nahm Messer und Gabel zur Hand, schnitt ein Stück Fleisch ab und schob es in den Mund. Wie oft schon hatte er sich an einer gebackenen Haxe gütlich getan, aber jedes Mal kam ihm die eine Haxe köstlicher vor als alle anderen, die er zuvor gegessen hatte. Dieses Gefühl überkam ihn auch jetzt und jagte ihm einen kleinen Schrecken ein. Denn normalerweise schmeckte die letzte Mahlzeit vor dem Tod immer am besten. Nach dem Tod gab es keinen Genuss mehr. Aber obwohl Kukutis hin und wieder Gedanken an das Essen und an den Tod überkamen, versetzten sie ihn nie in Trübsinn oder Angst. Er, der schon Tausenden Bekannten und Fremden das letzte Geleit gegeben hatte, musste sich mit der verdrießlichen Be-

---

* Guten Appetit! (poln.)

sonderheit seiner Existenz – seiner zeitweiligen oder fortwährenden Unsterblichkeit – abfinden. Er konnte einfach nicht sterben. Weder seine Eltern noch die Nachbarn seiner Eltern noch das Leben selbst hatten ihm das beigebracht. Die anderen konnten das. War ihre Zeit gekommen, legten sie sich aufs Sofa oder ins Bett, riefen ihre Freunde und Angehörigen herbei, um sich zu verabschieden, verkündeten ihr Vermächtnis und ihre Wünsche, wie ihr Eigentum verteilt werden sollte, wenn sie welches hatten, dann schlossen sie zufrieden die Augen und starben. Manche starben auch auf nicht auf der Couch und ohne Vermächtnis, so wie die beiden litauischen Piloten Darius und Girėnas, die über dem heutigen Polen abstürzten, als die Gebiete noch zu Deutschland gehörten, anstatt in Litauen zu landen, wo ein ganzes Volk die Nacht hindurch gespannt wartete, dass die Flugzeuglichter endlich am schwarzen Himmel auftauchten.

Die Reglosigkeit des Jungen, der seine kleinen Äuglein nicht von der Haxe wenden konnte, brachte Kukutis auf andere Gedanken, sodass er Tod und Sterben vergaß. Der Wanderer schnitt ein Stück Fleisch ab, spießte es auf die Gabel und hielt sie dem Jungen hin. Der nahm das Fleisch mit den Fingern und führte es zum Mund, aß es aber nicht sofort. Offensichtlich genoss er den warmen Fleischduft. Und Kukutis genoss es, wie der Kleine das Fleischstück hielt – genauso, wie man einen Bleistift oder einen Füller halten sollte.

„Sehr gut, wie du das Fleisch hältst", lobte ihn Kukutis.

Der Junge schaute seine Finger an, dann fuhr er mit dem langen Fleischstück übers Papier und stellte sich vor, es wäre ein Stift. Irgendwann hielt er es nicht mehr aus und steckte den Bissen in den Mund.

Kukutis bot auch der Mutter ein Stück Fleisch an, aber ihrem Gesichtsausdruck nach zu urteilen hatte sie keinen Appetit und lehnte das Angebot ab. Ihr darauffolgender Blick auf ihren Sohn gab dem Alten eindeutig zu verstehen, dass er dafür einen Extrabissen bekommen solle. Da schnitt der Wanderer noch ein Stück Fleisch ab und hielt es dem Jungen an der Gabel hin.

„Wissen Sie vielleicht, wo ich hier für eine Nacht unterkommen könnte?", fragte Kukutis Agnieszka, als er sein Mahl, das er mit dem Jungen, dessen Namen er noch immer nicht kannte, geteilt hatte.

„Bei Marek und Jadwiga, denke ich." Sie nickte Richtung Wirt. „Wenn Sie wollen, können Sie auch bei uns schlafen. Bei uns ist mehr Platz. Sie haben zwei Kinder. Und wohnen auch ein Stückchen weiter."

„Dann komme ich lieber mit zu Ihnen."

Am nächsten Morgen, als Kukutis auf der schmalen Liege in der geräumigen Küche erwachte, war es draußen noch dunkel. In der Wohnung war es still, doch bevor der Wanderer die Augen aufschlug, hörte er im morgendlichen Halbschlaf Füße trappeln, eine Tür quietschen und Geschirr klappern. Das Interesse daran, wie spät es genau war, überließ Kukutis den Jungen und Sterblichen. Nicht einmal die ungenaue Zeit interessierte ihn, deswegen hatte er die Taschenuhr, deren Zifferblatt unter einem runden Deckel mit einem Monogramm und der Aufschrift *Komm als Sieger zurück!* geschützt lag, im Mantel im Korridor draußen gelassen.

Kukutis setzte sich auf und holte unter der Liege sein Holzbein mit den Riemen hervor. Er befestigte es am Beinstumpf, danach streifte er die Hose über das Holzbein und fuhr mit dem gesunden linken Bein in die andere Hosenhälfte. Der Wanderer rutschte hin und her und zog die Hose hoch, knöpfte sie zu und zog den Gürtel fest. Dann schaute er sich um und entdeckte auf dem Küchentisch unter dem Fenster zwei kleine Töpfe und einen Zettel, der unter einem runden Salzstreuer aus Glas klemmte.

‚Ob sie zur Arbeit gegangen ist?', überlegte Kukutis. Er schaltete das Licht ein, setzte sich auf den Stuhl und nahm den Notizzettel zur Hand.

„Entschuldigen Sie, dass es so gekommen ist", schrieb die Gastgeberin in sauberer Schulschrift. „Ich dachte, es würde Ihnen guttun, wenn Sie sich von Ihrem Marsch noch ein bisschen erholen können, und deswegen können Sie bis heute Abend mit Staszek hier in der Wohnung bleiben. Ich wollte schon lange mal in die Stadt, um Einkäufe zu erledigen, für den Jungen was zum Anziehen kaufen und für mich auch. Bis in die Stadt sind's zwei Stunden hin und zwei zurück. Ich bin erst gegen Abend wieder da, bringe aber für das Abendbrot etwas mit. Seien Sie bitte nicht böse. Ruhen Sie sich aus. Im Topf sind Eierkuchen, die können Sie und Staszek zum Frühstück essen. Zum Mittagessen finden Sie im Kühlschrank Sauermehlsuppe und Rote-Beete-Salat. Agnieszka."

„Raffiniert sind sie, die polnischen Frauen", flüsterte der Wanderer und lächelte. „Kaum bleibst du über Nacht, hast du am nächsten Morgen die Verantwortung für ein Kind am Hals! Na, was soll's."

Er verließ die Küche und warf einen Blick ins Nebenzimmer: In dem Raum, der etwas größer war als die Küche, lag der Junge im Bett und schnarchte durch eine verstopfte Nase. Links stand ein bezogenes Eisenbett, rechts unter dem Fenster ein Schreibtisch.

‚Wahrscheinlich Staszek', dachte Kukutis und schloss behutsam die Tür, ehe er in die Küche zurückging.

Draußen war es schon hell, als schließlich die Küchentür aufging und der verschlafene Junge im Pyjama ungeniert zum Tisch ging und sich auf einen Hocker setzte.

„Hallo", sagte Kukutis auf Polnisch. „Wollen wir frühstücken?"

Staszek, nicht verwundert über die Anwesenheit des Gastes, nickte.

Kukutis legte dem Jungen einen runden Eierkuchen auf den Teller und gab Erdbeerkonfitüre darauf. Staszek fuhr mit dem Finger über den Tellerrand, als wollte er dessen runde Form prüfen, er lächelte. Langsam wurde er munter. Er sprang von seinem Hocker und tappte barfuß übers Linoleum zum Küchenschrank, zog zwei Messer und zwei Gabeln aus der Schublade und kehrte zurück. Als er Messer und Gabel genommen hatte, wurde er plötzlich unsicher und starrte auf den Eierkuchen mit dem roten Konfitürenfleck.

„Weißt du, was?", sagte Kukutis. „Ich verrate dir ein Geheimnis, das dir im Leben noch oft weiterhelfen wird. Willst du?"

Der Junge nickte.

„Alles, was sich zusammenrollen lässt, sollte man zusammenrollen! Egal ob Essen oder Kleidung. Das Essen passt besser in den Mund, und die Kleidung lässt sich besser transportieren. Sieh mal her!" Er strich die Konfitüre auf seinem Eierkuchen breit, rollte ihn zu einer Zigarre, nahm ihn in die Hand und biss ab.

Staszek legte sein Besteck zur Seite und machte sich konzentriert daran, seinen Eierkuchen zu rollen.

„Perfekt", lobte ihn der Wanderer. „Du hast es gleich beim ersten Mal richtig gemacht."

18. Kapitel. Paris

Wenn man Kopfhörer aufsetzte und das Lied *Umbrella* von Rihanna übers Smartphone hörte, ließ sich der Pariser Nieselregen ganz gut ertragen. Dann brauchte man auch keinen Schirm. Den müsste man ja hochhalten. Dabei hatte Barbie gar keine Hand frei – mit einer Hand schob sich der Kinderwagen mit dem fremden Baby nicht gut. Außerdem hatte sie auch die Hundeleine an die Kinderwagenstange gebunden. Der Bernhardiner hatte einen typischen Menschennamen, der noch dazu ganz französisch war: François. Auch die Besitzer waren

Franzosen: Suzanne und Régis. Régis hatte Barbora allerdings erst einmal gesehen. Seine Frau Suzanne hatte Barbora in ihre kleine Wohnung auf der Rue de la Villette mitgenommen. Und ihr gleich im Flur Mann und Hund vorgestellt. François würde gut hören und nicht an der Leine ziehen, sagte sie. Und Angst zu haben brauche man vor ihm auch nicht, obwohl er groß sei.

„Und warum haben Sie Ihr Gesuch auf Englisch geschrieben? Ich dachte, Sie seien auch Ausländer", wunderte sich Barbora, als sie begriff, dass sie es mit echten Franzosen zu tun hatte, auch wenn sie hervorragend Englisch sprachen.

Suzanne lächelte, als sie diese Frage hörte. „Wir haben's zuerst auf Französisch versucht, aber dann standen hier nacheinander drei alte Damen aus der Nachbarschaft vor der Tür. Fürsorgliche und einsame Frauen, die zu Hause ein Schoßhündchen haben. Sie waren schwer beeindruckt von François. Eine hat sich gleich ans Herz gefasst, als sie den Hund gesehen hat! Wir hätten beinahe den Notarzt holen müssen. Deswegen sind wir draufgekommen, jemanden im migrantischen Milieu zu suchen. Die Migranten sind meistens jünger und arbeitswillig."

Genauso hatte sie sich ausgedrückt. Barbora musste lächeln, als sie an das Gespräch dachte, und lief langsamer. Sie blieb an einer Wiese stehen, auf der sie schon ein paar Mal die Trainingsgruppe gesehen hatte, die unter der Anleitung der winzig kleinen Chinesin Yogaübungen machte. Dieses Mal waren keine Yogis im Parc des Buttes-Chaumont. Wahrscheinlich weil es nieselte. Was Dutzende, wenn nicht gar Hunderte alte Frauen und Männer nicht daran hinderte, mit ihren Hunden spazieren zu gehen. Und auch Dutzende junge Mütter hielt das Wetter nicht davon ab, den Kinderwagen vor sich herzuschieben, wie es auch Barbora tat.

‚Vielleicht sind das auch keine Mamis?', dachte sie und setzte ihren Weg fort. Links von der Allee sah sie einen künstlichen Hügel über einem künstlich angelegten Teich mit unzähligen Enten.

Der Bernhardiner schritt majestätisch zur Rechten, als bewache er den Kinderwagen mit dem schlafenden Baby. Der Hund war so gehorsam und vernünftig, dass Barbora sich vorstellen konnte, irgendwann auch einen so großen und braven Hund zu besitzen, allerdings erst später, wenn sie ihre eigene Wohnung und ihr eigenes Baby hätten.

Der Regen wurde stärker, unwillkürlich lief Barbora schneller und begab sich zum Parkausgang. Hinter dem Metallzaun blieb sie stehen. In den Häusern, die zum Park zeigten, brannte schon Licht. Das Licht der Straßenlaternen spiegelte sich im feuchten Asphalt der Bürgersteige. Die Glastür des Eckcafés ging auf und zu und spielte mit dem Licht der nächsten Laterne. Für das Kind blieb noch ungefähr eine Stunde. Der Hund musste früher zurück. Also konnte Barbora zuerst den Hund zurückbringen und danach das Kind. Das Baby würde gleich aufwachen und losweinen. Für diesen Fall hatte Barbora eine Flasche mit Milchnahrung dabei.

Sie betrat das Café und ging gleich zum Tisch am Fenster. Sie rückte den Garderobenständer mit dem roten Mantel, der im Weg stand, beiseite, damit der Kinderwagen neben den Tisch passte. Der Bernhardiner streckte sich aus.

Der Barkeeper kam hinter dem Tresen vor. „Madame?", fragte er.

Barbora zog die Kopfhörer aus den Ohren und steckte sie zu ihrem Smartphone in die Tasche. Sie bestellte einen Kognak und hustete genau im richtigen Moment. Der Barkeeper nickte wohlwollend.

Das Baby weinte los. Als ob es spürte, dass es jetzt auf jeden Fall gehört wurde. Barbora nahm den Kleinen aus dem Wagen. Der warme blaue Schneeanzug mit einem Reißverschluss hüllte das Kind fast vollständig ein. Barbora zog den Kleinen aus und schaute in sein schläfriges gerötetes Gesicht.

„Na, was hat unser kleiner Walid? Hast du Hunger?", fragte sie und nahm ihn so in den Arm, dass sein Kopf in der Innenbeuge ihres Ellenbogens lag. Dann gab sie ihm die Flasche.

Barbie nippte am Kognak, den der Barkeeper gebracht hatte, und gleich mit dem ersten Schluck kam sie zu sich. Gedanken und Gesprächsfetzen traten in den Hintergrund. Sie saß jetzt in einem warmen und gemütlichen Café. Eben noch hatten ihr Nässe und Kälte zugesetzt. Eben noch hatte sie den Garderobenständer mit dem roten Mantel beiseitegeschoben, der offenbar der Frau mit der altmodischen Kurzhaarfrisur gehörte, die zwei Tische weiter saß. Sie hatte ein Glas Wein und einen Aschenbecher vor sich stehen und hielt eine Zigarette in der Hand. War Rauchen in europäischen Cafés erlaubt? Barbora lächelte, als sie spürte, wie sehr sie dieser winzige Schluck Kognak entspannte. Die Frau trug einen roten Pullover. Die Haare waren offenbar gefärbt: aschblond – eine Farbe, die verriet, dass die Haare darunter grau waren.

Der Barkeeper stürzte hinter der Theke hervor, öffnete die Tür und ließ einen weiteren Kinderwagen ein. Eine schmale Frau mit dunkelblonden Locken und einer violetten Kapuzensteppjacke schob ihn herein. Der Kinderwagen und die brünette Frau wurden von einem braunen Dackel begleitet, der ebenfalls eine violette Steppjacke mit Reißverschluss trug. Die Frau schaute sich um und sah Barbora spitz an, dann rückte sie zwei Stühle zur Seite und schob ihren Kinderwagen an Barboras Nachbartisch. Sie nickte Barbora lächelnd zu, zog ihre Jacke aus, stieg über den Bernhardiner und hängte die Jacke an einen Holzhaken. Ein blauer Wollpullover mit großen Knöpfen kam zum Vorschein.

„Il fait froid",* sagte sie zu Barbora und lächelte noch einmal.

„Pas français", sagte Barbora und hob die Arme. „English."

„Es ist kalt." Mühelos wechselte die junge Frau ins Englische. „Im Winter ist das Wetter hier furchtbar, es regnet jeden Tag!"

Barbora nickte.

Fröhlich rief die brünette Frau dem Barkeeper etwas zu, der brachte ihr eine Minute später einen Espresso und ein Glas Limonade mit Pfefferminzsirup. Das Pfefferminzaroma kitzelte Barbora in der Nase. Um sich abzuschirmen, hob sie ihr Kognakglas an die Lippen.

„Sind Sie aus England?", fragte die Frau am Nachbartisch.

„Nein. Aus Litauen. Und Sie?"

„Ich bin von hier. Aus Belleville. Ich bin in Algier geboren, aber hier aufgewachsen."

Die brünette Frau hieß Aischa, hin und wieder warf sie einen Blick auf den Dackel in der violetten Steppjacke. Der wedelte mit dem Schwanz und ließ den Bernhardiner nicht aus den Augen. Der Bernhardiner hatte sich quer vor Walids Kinderwagen gelegt und schaute zu dem Dackel hinüber, doch irgendwie träge und gleichgültig.

Die leere Milchflasche rutschte dem Baby aus den Fingern, polterte auf den Boden und rollte dem Bernhardiner direkt vor die Schnauze. Walid schlief ein, und Barbora legte ihn zurück in den Wagen.

„Wie alt ist der denn?", fragte Aischa.

„Sieben Monate."

„Meiner ist erst vier." Liebevoll schaute sie auf ihren Wagen. „Sind Sie mit Ihrem Mann gekommen?"

Barbora nickte.

„Hat er schon Arbeit?"

„Er ist ein Clown." Ein ironisches Lächeln huschte über Barboras Gesicht.

---

* Es ist kalt. (frz.)

„Meiner ist auch ein Clown“, mokierte sich die brünette Frau. „Er hätte in einem Kaufhaus anfangen können. Aber er wollte lieber Taxi fahren. Jetzt ist er weder tagsüber noch nachts zu Hause.“

„Nein, im Ernst, mein Mann ist tatsächlich Clown“, Barbora bemühte sich, die Doppeldeutigkeit zu beheben, „Amateurschauspieler. In Vilnius hat er PR-Aktionen gemacht, hier versucht er's erst mal auf der Straße ... Da kommt natürlich wenig Geld rein. Wenn er wenigstens Französisch könnte!“

„Ein echter Clown?“ Aischas runde Augen glitzerten neugierig. „Geht er zum Marché du Clown?“

„Wohin? Auf den Clown-Markt?“

„Ja“, sagte Aischa und nickte. „Ich hab gehört, dass es witzig ist, wenn sie viele sind!“

„Und wo ist dieser Markt?“

„Irgendwo auf der Rue de Sèvres, in der Nähe der Kinderklinik.“

„Rue de Sèvres“, wiederholte Barbie und versuchte sich den Straßennamen einzuprägen. Sie schaute den Barkeeper an und bestellte einen Espresso.

Draußen kam plötzlich die Sonne durch. Sie schien nicht sehr hell und wirkte irgendwie erschöpft vom täglichen Kampf gegen die Wolken, die sie abhalten wollten, zur Erde und den Menschen durchzudringen.

Die beiden Frauen drehten den Kopf, als sie die einfallenden Sonnenstrahlen bemerkten. Aischa holte eine Handvoll Kleingeld aus der Tasche und legte mehrere Münzen neben die Tasse, um den Espresso zu bezahlen.

„Entschuldigen Sie, ist das Ihr Kind?“, fragte Barbie vorsichtig und nickte in Richtung Wagen.

„Ja“, rief Aischa im Gehen, während sie die violette Jacke vom Haken nahm.

„Und der Hund auch?“

„Natürlich.“ Die Frau mit den brünetten Locken lachte. „Ist das etwa nicht Ihr Hund?“, fragte sie und deutete auf den Bernhardiner.

Barbie schüttelte den Kopf.

„Bis bald“, sagte Aischa freundlich, drehte den Kinderwagen, in dem das Baby den ganzen Cafébesuch verschlafen hatte, und schob ihn zur Tür. Der Dackel rannte hinterher, der Bernhardiner, der noch immer auf dem Boden lag und die riesige Schnauze nach rechts gedreht und zwischen die Pfoten gelegt hatte, schaute ihm leicht erstaunt nach.

„Rue de Sèvres“, sagte Barbora noch einmal und bezahlte ebenfalls mit Münzen, die sie aus der Jackentasche holte.

19. Kapitel. London

Der Rauch von verbranntem Papier war etwas ganz Spezielles. Genauer gesagt der Geruch. Warum fraß er sich dermaßen in die Kleidung und in die Haare? Warum ließ er sich nicht auf Anhieb auswaschen?

Klaudijus lag schon die halbe Nacht wach. Obwohl Ingrida, die sich beschwert hatte, dass er nach Rauch roch, längst eingeschlafen war.

Natürlich war es schade, dass sie es am gestrigen Abend nicht zu Marijus geschafft hatten. Aber sie hatten doch das ganze Leben noch vor sich. Und nicht irgendein Leben, sondern ein Leben in London. In dem man flexibel sein musste. So flexibel, dass man auch mal einen Plan aufgeben musste, wenn sich eine Verdienstmöglichkeit ergab. Was konnte man schon groß planen, wenn man nichts verdiente?

Ingrida schlief, das Gesicht zum Fenster gedreht. Ihr Kopf lag genau in der Mitte des kleinen Kissens. Klaudijus staunte über ihre ruhigen Gesichtszüge. Behutsam stand er auf und ging in die Küche.

Der Kühlschrank brummte, die Uhr tickte, irgendwo surrte es. Selbst der eingefleischteste Romantiker hätte diese Küche nicht als gemütlich bezeichnet. Aber eine andere hatten sie im Moment nicht. Und es war genau genommen auch nicht ihre, sondern die Küche einer englischen WG. Es war eine Übergangslösung. Für was anderes brauchte man eben ein Einkommen. Ein festes, wenn möglich. Dann würde es für einen bescheidenen Komfort reichen. Und später, wenn alles gut ging, sogar für mehr.

Klaudijus wusch sich noch einmal die Haare, um den ekeligen Brandgeruch endlich loszuwerden. Er dachte an den Geruch in der Autowerkstatt und an den Geruch seines Vaters, der aus der Werkstatt in die Wohnung gezogen war und sich dort festsetzte. Seine Mutter beklagte sich manchmal über diesen „Duft“ nach Benzin und Motorenöl. Manchmal schickte sie den Vater unter die Dusche. Doch der Geruch blieb, meistens nahm sie ihn gar nicht wahr. Höchstens dann, wenn sie es drauf anlegte, wenn sie einen Grund für ihre Unzufriedenheit suchte. Sie brachte natürlich keine Gerüche von der Arbeit mit nach Hause. Was konnte es in dem Krankenhaus, wo sie als leitende

Krankenschwester arbeitete, auch schon für Gerüche geben? Der Geruch von gestärkten weißen Kitteln, von Baldrian? Von Medizin und Ammoniaklösung? Nein, sie ließ ihre Gerüche auf der Arbeit. Wie sie das schaffte, war Klaudijus bis heute schleierhaft. Gab es denn eine Arbeit, deren Gerüche dem Arbeitenden nicht anhafteten? Und wenn er nun jeden Tag Papiere verbrennen müsste? Und wenn er damit gut verdiente? Was würde Ingrida dann sagen?

Klaudijus seufzte und ließ einen traurigen Blick durch die Küche schweifen. Hier war es natürlich viel zu eng. Ihr Raum bemaß sich in Schritten, und keine gedachte Linie im Raum war länger als drei, vier Schritte. Vier Schritte – so lang war ihr Zimmer. Wenn man wollte, konnte man auch acht Schritte machen. Aber wozu? Das war die Realität. Eine ungemütliche und temporäre Realität, und es hing ganz allein von ihm ab, wie lange sie dauerte. Er sollte weniger schlafen und intensiver nach einer richtigen Arbeit suchen. Obwohl er ja auch jetzt nicht schlief. Und darüber nachdachte. Klaudijus beruhigte sich. Nein, er war nicht faul und auch nicht umständlich, er machte sich Gedanken über die Zukunft, während seine Freundin schlief und diese wundervolle Zukunft vielleicht gerade in einem bunten englischen Traum erlebte?

Im Korridor quietschte eine Tür. Dann ein Schritt. Stille, als lausche jemand. Klaudijus erstarrte. Wieder unterbrachen ein, zwei Schritte die relative nächtliche Stille. Die Mitbewohner verließen ihr Zimmer, das Wohnungsschloss schnappte. Klaudijus duckte sich, denn von der Wohnungstür aus kam man direkt in den Betonschacht vor ihrer Kellerwohnung und stieg dann über die Metallleiter vor dem Küchenfenster bis nach oben zum Gehweg. Das Geräusch einer zufallenden Tür, dann schoben sich zwei Silhouetten am Küchenfenster vorbei. Der junge Mann hatte einen Rucksack auf dem Rücken, die junge Frau eine Sporttasche in der Hand. Beinahe lautlos stiegen sie die Metallleiter hinauf. Gebannt schaute Klaudijus ihnen nach. Wo wollten sie hin? Was hatten sie vor?

Ein paar Minuten später ging er in den Flur und blieb vor der Tür des Nachbarzimmers stehen. Er sah den Schlüssel, der im Schloss steckte, drückte die Klinke nach unten – die Tür gab nach.

Das kleine Zimmer dahinter sah so aus wie ihr Übergangsdomizil. Eine Liege, zwei Stühle, ein kleiner, quadratischer Spiegel an der Wand. Auf dem Teppichboden lagen leere Bierdosen, daneben stand ein Viererpack Bier, in Plastik eingeschweißt.

‚Dann kommen sie also zurück.' Klaudijus lächelte. Als er ihnen nachsah, hatte er geglaubt, sie würden sich heimlich aus dem Staub machen. Er ging wieder ins Bett.

Irgendwann am Morgen wurde Klaudijus von Kaffeeduft geweckt. Er lag ganz am Rand, sein Kopf kippte beinahe vom Kissen. Vielleicht hatte Ingrida deswegen die Kaffeetasse ans Kopfende gestellt.

Er wollte trinken, ohne den Kopf zu heben, und verbrannte sich die Lippen. Lauthals fluchte er. Auf sein Fluchen kam Ingrida in einem Morgenrock ins Zimmer.

„Oh! Eine neue Anschaffung!", rief Klaudijus erstaunt.

„Mmh", sagte Ingrida und nickte. „Es gibt hier in der Nähe einen Laden, in dem man sich für ein paar Pfund komplett neu einkleiden kann."

„Secondhand aus Europa?"

„Mildtätigkeit aus England. Der Morgenrock ist übrigens neu, mit Etikett. Eins fünfzig."

„Nach dem Frühstück kannst du mir den Laden mal zeigen." Klaudijus stand auf und zog sich Jeans und Pullover an. „Ich habe gestern ein bisschen Geld verdient."

„Dann mach Frühstück! Unsere Eier stehen rechts, die von den Mitbewohnern links!", ordnete Ingrida an.

Sie aßen gerade ihre Spiegeleier, als Tanja die Metallleiter herabgestiegen kam. „Könnt ihr mir jetzt die hundertzwanzig Pfund für die nächste Woche geben?", fragte sie mit einem Blick in die Küche.

Klaudijus schüttelte den Kopf. Tanja schaute Ingrida an, aber die ignorierte sie einfach. Sie war gerade dabei, das sonnenförmige Eigelb mit der Gabel vom Eiweiß zu trennen.

„In ein paar Tagen", versprach Klaudijus.

Tanja seufzte und schloss die Tür. Ein paar Minuten später war sie wieder da. „Und eure Mitbewohner? Habt ihr die gesehen?", fragte sie besorgt.

„Ich glaube, ich habe sie nachts gehört", antwortete Klaudijus.

„Sie haben für die letzte Woche keine Miete gezahlt."

„Die kommen bestimmt wieder, die haben noch Lebensmittel im Kühlschrank, und Bier ist auch noch da", sagte Klaudijus, ohne den Kopf zu heben.

Tanja schaute in den Kühlschrank.

„Links, das sind ihre Sachen", sagte Ingrida.

„Nichts als Eier!", rief Tanja.

20. Kapitel. Pienagalys. Bei Anykščiai

Die große schwarze Reißverschlusstasche wog gut und gern dreißig Kilo. Schon in Anykščiai hatte sich Renata gewundert, wie schwer Vitas an der Tasche schleppte und wie sehr der kleine Fiat wankte, als Vitas sie in den Kofferraum wuchtete.

Während sie fuhren, ging Renata in Gedanken alle Geschenke durch, die so viel wiegen konnten, doch ihre Fantasie hatte keine plausible Idee parat. Das schwerste Geschenk, das sie sich vorstellen konnte, war eine chinesische Vase. Andererseits waren Vasen ja aus Porzellan, und das war bekanntermaßen leicht. Die Vase konnte also groß sein, aber so schwer? Wohl kaum. Küchengeräte? Eine Küchenmaschine mit integriertem Fleischwolf? Die war auch nicht so schwer, und Vitas war nicht der Typ Landbursche, der seiner Geliebten zu Weihnachten Küchengeräte schenkte.

Die Neugier ließ Renatas Herz schneller schlagen, sie schaute Vitas unterwegs immer wieder an in der Hoffnung, er würde das Geheimnis lüften, bevor er die Tasche öffnete. Vitas lächelte nur verschmitzt und schaute auf die verschneiten Seitenstreifen und den Winterwald, der die Straße in die Zange nahm.

Auf der gefrorenen Schotterpiste ging Renata vom Gas, das Auto schaukelte gleichmäßig. Langsam wie ein Schiff im Hafen steuerte der rote Fiat das Ende der Fahrrinne an und blieb vor der Scheunenwand stehen.

Der Trampelpfad führte direkt vom Auto zur Haustür. Er war natürlich nicht fürs Auto getreten worden, sondern weil Großvater Jonas den Pfad mehrmals täglich nutzte, um nach Barsas zu schauen, in die Scheune oder in den dahinterliegenden Vorratskeller zu gehen.

Die Bretter auf der Türschwelle knarzten erbärmlich, als Vitas die schwere Tasche abstellte. Zu zweit schleppten sie sie in Renatas Haushälfte.

„Das ist das schwerste Geschenk, das ich je bekommen habe", rief Renata, als sie den roten Striemen auf ihrer linken Hand sah. „Sind das Baustoffe?"

„Nein, was Originelleres. Wenn's dir nicht gefällt, kriegt's dein Großvater! Für ihn ist es mit Sicherheit das Richtige. Obwohl ich für ihn eigentlich eine Flasche Žalgiris mitgebracht habe ... Du hast die Wahl: die Katze im Sack oder die Flasche Žalgiris."

„Die Katze im Sack."

„Dann bitte!“ Er bückte sich, zog am Reißverschluss, öffnete die Tasche und schob die Seiten auseinander, sodass Renata hineinsehen konnte.

„Was ist das?“, fragte die junge Frau verwundert und betrachtete den komischen armeegrünen Gegenstand, der so groß war wie eine Nähmaschine.

„Das ist eine *Black Box*“, lüftete Vitas das Geheimnis. „Für ein Flugzeug.“

Renatas Gesicht zeigte Befremden. Sie schaute Vitas enttäuscht an. „Woher hast du den Kasten?“, fragte sie nach einer Pause.

„1990 hat mein Vater in der Radiofabrik sieben solche Geräte als Jahresgehalt gekriegt. Erst hieß es, sie werden später zurückgekauft, aber dann hat sich die Sojus aufgelöst, und die Dinger sind bei uns liegen geblieben ... Ich dachte, du findest das interessant. Ist nagelneu, der Kasten.“

Renata prustete los. Erst leise, dann lauter.

„Was hast du denn?“ Vitas fühlte sich gekränkt.

„Ich besitze kein Flugzeug“, rief sie lachend, „und Großvater auch nicht.“

Das Zimmer bebte von Renatas Lachen, und Vitas kam sich plötzlich wie ein Idiot vor, wie ein Vollidiot.

Die Korridortür ging auf, und Großvater Jonas schaute herein. „Was ist denn bei euch los? Ihr lacht ja so laut, als würdet ihr fernsehen!“

„Sie lacht, nicht ich“, verteidigte sich Vitas. „Guten Tag und frohe Weihnachten!“ Der junge Mann kramte hektisch in seiner Tasche und zog eine Flasche Žalgiris in einem Pappkarton heraus. Er überreichte sie dem alten Mann.

„Oho!“ Der Alte freute sich und lächelte. „Guter Tropfen! Leider vertrag ich nicht viel. Nicht so schlimm, ich mach ihn mir in den Tee. Dann reicht er auch länger.“

Renata hatte sich wieder eingekriegt, aber ein Schatten des eben verklungenen Lachens lag noch auf ihrem Gesicht.

„Dann hat er dich so zum Lachen gebracht?“ Großvater Jonas schaute Renata an.

„Ja, mit seinem Geschenk“, platzte sie heraus. „Guck mal, vielleicht ist das eher was für dich?“ Sie nickte in Richtung Tasche.

„Was Militärisches?“, fragte er Vitas.

„Fast“, erklärte Vitas zögerlich. „Es ist ein Stimmenrekorder für Flugzeuge, die hat mein Vater gebaut, in der Radiofabrik in Kaunas, zu Sowjetzeiten. Man kann das Gerät ganz unterschiedlich nutzen! Es hat einen sehr guten Rekorder, solche gibt's heute gar nicht mehr. Und einen superstarken Akku!"

„Das Ding hat er mir zu Weihnachten geschenkt", sagte Renata und kicherte wieder los.

„Originell", fand der Alte. „Ist das die Fabrik, die auch die Šilelis-Fernseher gemacht hat?"

„Ja, genau. Fernseher und auch Radios."

„Komische Leute leben in diesem Kaunas", sagte Großvater Jonas mehr zu sich selbst. „Irgendwie ticken sie anders."

„Ganz und gar nicht", sagte Vitas bockig.

„Schon gut." Jonas winkte ab, als wollte er zu verstehen geben, dass man seine Worte nicht so ernst nehmen solle. „Kommt doch mit rüber, ich mach euch Tee mit Žalgiris. Und mir auch!"

Kaum waren sie beim Großvater drüben, wurde Renata stockernst. Als hätte sie ihre ganze Ausgelassenheit mit der Tasche, in der das ungewöhnliche Geschenk lag, drüben in ihrer Hälfte gelassen.

Vitas und der Alte setzten sich an den runden Tisch, Renata machte Tee. Der Großvater bat, die Weihnachtstassen, die roten mit den weißen Punkten, aus der alten Kredenz zu holen.

Jonas goss Vitas reichlich Likör in den Tee, sich selbst einen kleinen Schluck und Renata nur ein paar Tropfen. „Du bist doch aus Kaunas, oder?", fragte er und schaute Vitas an.

„Ja, schon", antwortete er.

„Früher hieß es: In Vilnius leben die guten Menschen und in Kaunas die bösen."

„Hab ich schon mal gehört", gab Vitas zu. „Aber das sagen sie in Vilnius und nicht in Kaunas."

„Hmm, wahrscheinlich." Der Alte nickte und nippte an seinem Tee. „Und warum mögt ihr Dämonen so gern?"

„Wieso sollen wir die denn mögen?", fragte Vitas verständnislos.

„Na ja, das einzige Museum für Dämonen in ganz Litauen ist in Kaunas, und das einzige Museum für Engel ist hier bei uns in Anykščiai", sagte Jonas verschmitzt und schaute Renata an, als wäre sie einer dieser Engel.

Vitas zuckte mit den Schultern. „Das haben sich sicher die Kommunisten zu Sowjetzeiten ausgedacht, um das Image von Kaunas zu schädigen", vermutete Vitas und schaute Jonas beschämt an. Der junge Mann war ratlos und wusste nicht, worauf der Alte hinauswollte.

„Das hört sich ja total schräg an“, sagte Jonas lächelnd. „Die Dämonen als Idee der Kommunisten?! Wie kommst du denn darauf? Die Dämonen gibt es ein paar tausend Jahre länger als die Kommunisten! Und die litauischen Dämonen sind noch mal älter als alle anderen!“

„Dann weiß ich's nicht“, meinte Vitas. „Ich interessiere mich nicht für Dämonen und gehe auch nicht in die Kirche ... Die Radiofabrik, in der mein Vater gearbeitet hat, die war übrigens in einer Kirche“, erinnerte er sich und seine Augen funkelten. „Die geheimste Werkhalle war in einer halbfertigen Kirche untergebracht, deswegen hieß sie auch *Die heilige Radiofabrik*.“

„Na, so was!“ Großvater Jonas war ehrlich verblüfft. „Das ist ja interessant! Vielleicht hätte ich doch irgendwann mal nach Kaunas fahren sollen?“

„Ja, vielleicht, bei uns ist es sehr schön!“, sagte Vitas und nickte nachdrücklich.

Renata saß lächelnd daneben und schaute mal Vitas, mal den Großvater an, hörte zu und versuchte zu erraten, worauf Jonas hinauswollte. Zuerst befürchtete sie, der Großvater wollte Vitas kränken oder beleidigen, aber dann begriff sie, dass seine Gedanken in eine andere Richtung gingen. Der Alte hatte einen eigenen Sinn für Humor, und so verfolgte Renata einfach, wohin das Gespräch der beiden Männer beim Tee mit Schuss führte.

„Bei uns ist es auch schön“, sagte der Großvater und schaute seine Enkelin an. „Hast du ihm schon was gezeigt? Seid ihr schon beim Puntukas gewesen? Beim Glücksturm?“

„War noch keine Zeit“, erwiderte Renata. „Er kommt ja immer nur für einen Tag!“

„Na, das ist eure Sache, wie ihr euch die Zeit einteilt!“ Der Alte winkte ab und drehte sich zum Fenster.

„Willst du diesen Kriegskasten nicht zu dir nehmen, Großvater?“, schlug Renata vor.

„Ach, nein, bei dir ist er besser aufgehoben! Ich rede ja mit niemandem, ich sitze nur da und denke nach. Da gibt's nichts aufzuzeichnen.“

„Dann schaffen wir ihn in die Scheune. Die ist ja groß“, sagte Vitas verdrossen.

„Nein, nicht in die Scheune“, wehrte Jonas ab. „Dort liegt sowieso schon genug rum! Immer wenn ich reingehe, stolpere ich über irgendwas.“

Vitas schaute den Großvater angespannt an. „Haben Sie was dagegen, wenn ich bei Renata einziehe?", fragte er auf einmal.

Der Großvater war verwirrt. „Weißt du was", sagte er nach einer Pause und blickte Vitas an. „Ihr seid erwachsene Leute. Wenn ihr zusammen sein wollt, dann bitte! Wenn Renata das möchte, dann zieh ruhig ein." Der Großvater blickte zu Renata, die auf einmal sehr ernst und ein bisschen besorgt aussah. „Und wenn nicht, dann weißt du auch, was das heißt", kam der Alte zum Schluss. „Wenn du herziehst, hab ich auch jemanden, mit dem ich über Stimmenrekorder und über Kaunas reden kann! Frauen interessieren sich ja nicht für solche Sachen!"

„Bist du total verrückt geworden?", fiel Renata flüsternd über Vitas her, als sie wieder drüben bei sich waren. „Wie wär's, wenn du erst mal mich fragst?"

Vitas ließ den Kopf hängen und schwieg wie ein Säufer zu den Vorwürfen seiner Frau.

„Oder sind bei den Leuten in Kaunas wirklich ein paar Schrauben locker?", fuhr sie aufgebracht fort. „Du wolltest doch nicht bei meinem Großvater einziehen, oder?"

„Entschuldige." Vitas riss seinen Blick vom Boden los. „Und das alles nur wegen dem blöden Kasten! Vielleicht sind wir in Kaunas wirklich anders ... Nicht umsonst wurden in Kaunas die Flugdatenschreiber für die ganze Sowjetunion gebaut."

„Hör auf mit dem Blödsinn!" Renata seufzte, machte einen Schritt auf Vitas zu und umarmte ihn. „Los, komm, ich zeige dir unsere Engel! Vielleicht fegen sie dir den Unfug aus dem Kopf!"

Vitas nahm sie in den Arm. Er drückte sie an sich und flüsterte, die Nase an ihrer Schläfe: „Entschuldige, ich bin heute einfach ein Idiot."

„Entschuldigung angenommen", flüsterte Renata. „Und jetzt fahren wir zu den Engeln."

21. Kapitel. Paris

Als der Zug der Linie 6 auf den Pont de Bir-Hakeim fuhr, tauchte plötzlich links wie aus dem Nichts der Eiffelturm auf, und Andrius, der zum ersten Mal auf dieser Linie fuhr, sah ihm nach, bis er hinter den Mansardendächern der Pariser Häuser verschwunden war. Die Métro hatte offenbar vergessen, dass sie unterirdisch war. Stattdessen fuhr sie auf die Hochbrücke und schlängelte sich zuerst über den breiten Boulevard de Grenelle und dann weiter über den Boulevard Garibaldi.

Andrius stieg an der Station Sèvres/Lecourbe aus und lief die Metalltreppe hinab. Er drehte sich um, als wollte er noch einmal sichergehen, dass die Bahnsteige über und nicht unter der Erde lagen. Dann hielt er nach einem Markt Ausschau. Aber auf der freien, von Autos und Motorrollern zugeparkten Fläche an der Kreuzung des Boulevards und der Avenue de Suffren war kein Markttreiben im Gange. Nur in den unteren Etagen der Häuser auf dem Boulevard und in der Avenue flimmerten bunt die Fassaden und Schaufenster der kleinen Läden, die neongrünen Apothekenschilder und -kreuze, die bekannten Logos der Minimärkte und Bankfilialen.

„Ein Markt für Clowns?", flüsterte Andrius vor sich hin und zuckte mit den Schultern. ‚Wahrscheinlich hat die Pariser Algerierin Barbie einfach gefoppt', dachte er. ‚Oder ist das womöglich die Bezeichnung für eine spezielle Jobagentur für Clowns und Schauspieler?'

Noch immer stand die Sonne am Pariser Himmel, sie hatte sich offenbar vorgenommen, die Menschen für eine ganze Woche graues und kaltes Wetter zu entschädigen. Nach Belleville oder zur Place de la République zurückfahren wollte er nicht. Klar konnte er, bis es dunkel wurde, noch ein Stündchen vorm Karussell Grimassen schneiden und ein paar Euro verdienen, vielleicht sogar zehn, aber am Ende würde Barbie doch mehr haben und ihm den Unterschied unter die Nase reiben. Natürlich tat sie das alles ohne Hintergedanken, ohne darauf anzuspielen, wer der Herr im Haus war. Wahrscheinlich provozierte sie Andrius einfach aus Spaß, wenn sie ihn dazu drängte, sich eine seriösere und ernsthaftere Arbeit zu suchen. Dieser Tage hatte sie zu ihm gesagt: „Geh doch einfach mal in eine Agentur für Schauspieler. Hier werden doch Hunderte Filme gedreht, da brauchen sie doch bestimmt Schauspieler, und wenn's nur für die Massenszenen ist." „Aber ich kann doch kein Wort Französisch, genau wie du!", hatte er geantwortet. „Wozu brauchst du denn Französisch, wenn die Rolle keinen Text hat?" „Um die Regieanweisungen zu verstehen: dahin schauen, dorthin gehen ..."

Ja, dieses Argument hatte ihr eingeleuchtet. Und eigentlich war es auch kein richtiger Streit gewesen. Sie hatten geplaudert. Geplaudert und dann geschwiegen. Jeder für sich. Er wusste nicht, worüber Barbora nachdachte. Und Barbora hatte nicht erfahren, dass ihm ein Stück Kindheit in den Sinn gekommen war, eine merkwürdige und komische Erinnerung: der *nackte Strand* in Palanga, der von nackten Frauen bevölkert wurde. Seine Mutter – damals noch jung und ebenfalls nackt – lief am gelben Sandstrand mit ihm, dem dreijährigen Nackedei, von Decke zu Decke. Auf jeder Decke saß eine Frau und hatte neben sich oder auf einem Stück Zeitung oder Wachstuch ihre Waren ausgebreitet: Kleidung, Goldschmuck, rote Lederhandschuhe. Was hatte ihn so fasziniert an diesen roten Lederhandschuhen? Der Strandmarkt, zu dem Milizionäre keinen Zutritt hatten, um den verbotenen und illegalen Handel zu unterbinden, war Andrius mit Einzelheiten und Gesichtern im Gedächtnis geblieben. Niemand durfte den Strand in Kleidung betreten. Die Händlerinnen erhoben augenblicklich ein Geschrei, dass einem beinahe das Trommelfell platzte. Und was konnte ein nackter Milizionär schon an diesem Strand ausrichten, selbst wenn er ein Blatt Papier und einen Stift dabeihatte, um ein Protokoll aufzusetzen? Nichts. Die nackten Frauen waren unbesiegbar. Dutzende Male war Andrius dort gewesen, bis er größer war und seine Mutter ihn nicht mehr mitnahm. Fast alles, was die Mutter trug, hatte sie dort gekauft. Sie probierte es an und kaufte es. Anprobiert wurde am Strand, auf der nackten Haut. Mal hob sich rechts eine Figur in einem roten Kleid vom gewohnten Anblick des Sandes und der Frauen ab, mal wurden links verbissen Jeans über dicke Beine gestreift und tauchten die Frau, die sie anprobierte – genauer gesagt ihre untere Hälfte –, in Blau. Es war eine merkwürdige Welt, zu der Musik nicht passte, sondern nur das sandige Flüstern der Ostsee. Er bekam nie etwas. Vielleicht war das auch gar nicht möglich, denn die nackten Frauen verkauften nur Damenbekleidung, Klimbim und Accessoires: Taschen, Tücher, Handschuhe ... Nein, es gab auch Sachen für Kinder, aber nur für Mädchen. Andrius' Gedanken kehrten wieder zu den roten Handschuhen zurück, die neben einer braunen Handtasche mit einer großen Metallschnalle lagen. Diese Handschuhe hatten es seiner Mutter angetan. Mehrmals probierte sie sie an. Fragte nach dem Preis. Ging ans andere Ende des Strandes, stieg bis zum Knöchel in das kühle Ostseewasser und kehrte zu der dicken Frau mit dem großen Busen und dem runden, gutmütigen Gesicht zurück. Andrius erinnerte sich, wie seine Mutter die Handschuhe immer wieder anprobierte, ihre Finger spielen ließ, die Handflächen vor ihrem Gesicht mal nach innen, mal nach außen drehte. Während sie die Handschuhe probierte, unterhielt sie sich mit der nackten Händlerin. Sie sprachen über ganz andere Dinge – was im Angebot fehlte, wie die hiesige Milch schmeckte, die ein blondes, rotwangiges Bauernmädchen jeden Morgen zum Holzbungalow ihrer Pension brachte, wo man eine günstige

Bernsteinkette finden konnte, dass die Reiseschecks für die Pensionen und Erholungsheime von Palanga bald wieder teurer werden würden. Seine Mutter hat sie am Ende nicht genommen, die Handschuhe. Aber anprobiert hatte sie sie für ein paar Jahre im Voraus.

Andrius schlenderte ein paar Blöcke auf dem Boulevard Garibaldi entlang, dann ging er wieder zur Métro-Treppe und bog in die Rue Lecourbe ein. Wieder links ein Neonschild und ein grünes Kreuz an einer Apotheke, in dessen Mitte die genaue Zeit blinkte: 15:40. Andrius blieb an der Apotheke stehen. Er überlegte. „Markt auf der Rue de Sèvres", hatte Barbora gesagt.

Er musste zurück auf die Rue de Sèvres. Also lief er die Rue Lecourbe hoch, bis er auf die Straße stieß, die zu beiden Seiten von hohen Bäumen umstanden war. Von einem Markt war hier keine Spur. Obwohl man sich provisorische Marktstände mit Grünzeug, Käse und Wein durchaus vorstellen konnte. Aber es gab nichts dergleichen. Gegenüber der Avenue, die schräg auf die Rue de Sèvres zulief, standen auf der anderen Straßenseite flache Gebäude, die zum Klinikum gehörten. Andrius ging weiter. Ein Schild mit einer Hausnummer tauchte auf: *136*.

‚Nicht gerade kurz, die Straße', dachte Andrius und wollte sie bis ganz ans Ende ablaufen, doch plötzlich sah er in den Händen eines dunkelhäutigen jungen Mannes, der ihm entgegenschlenderte, eine braune Einkaufstasche. Aus der Tasche ragten die gebogenen Spitzen von riesengroßen, quietschgelben Clownschuhen. Andrius blieb stehen. Der junge Mann bummelte im Spaziergängertempo an ihm vorbei. Er lief zur Avenue und bog ein.

„Wie spannend", flüsterte Andrius und folgte ihm. An der Ecke der schrägen, baumumstandenen Straße wäre er beinahe mit dem jungen Mann zusammengeprallt, denn der machte kehrt und lief die Rue de Sèvres nun in entgegengesetzter Richtung entlang. Mit Jeans und Jeansjacke, hochgeklapptem Kragen, Tweed Cape und weißen Turnschuhen sah der Bursche nicht gerade wie ein typischer Clown aus. Aber die Schuhspitzen verrieten ihn. Jetzt entdeckte Andrius auch das zusammengeknüllte oder hastig hineingestopfte knallgelb-grün-rote Clownkostüm aus Atlasstoff.

„Interessant", flüsterte Andrius und folgte dem jungen Mann ebenso schlendernd mit zehn Metern Abstand. Der Bursche blieb vor einem Eckcafé mit einer roten Fassade stehen und schaute hinüber zu einem Torbogen, der zwischen zwei gleichförmige, einstöckige Altbauten gefügt war.

Hôpital Necker stand auf dem Schild über dem Bogen. Links über dem Eingang hing ein großes N. Eine Gruppe lebhaft diskutierender junger Männer und Frauen, Studenten wahrscheinlich, kam heraus. Gefolgt von einer älteren Frau mit verweintem Gesicht und einem zusammengeklappten Schirm in der Hand. Zwei Männer blieben vor dem Bogen stehen und gaben sich die Hand. Einer ging wieder hinein, der andere lief Richtung Métro.

Andrius behielt den jungen Mann in Jeanskleidung unauffällig im Blick. Der schaute weiter auf den Eingang zum Klinikgelände und telefonierte. Als er fertig war, steckte er sein Handy ein und ging ins Café.

Andrius verfolgte noch ein Weilchen das Geschehen vor dem Bogen und ging dann auch ins Café. Er stellte sich an die Bar und orderte einen Espresso, setzte sich auf einen Barhocker, drehte sich in den Raum und sah sich um. Die schäbige Einrichtung, der große Wandfernseher, auf dem ein Fußballspiel ohne Ton lief, ließen keine Behaglichkeit aufkommen. Keiner der Gäste nahm Notiz von dem Fernseher. Der dunkelhäutige Jeansbursche saß allein an einem Tisch bei einem Bier. An einem anderen Tisch hatten sich zwei junge Männer mit dunklem Teint niedergelassen. Eine Frau um die vierzig mit einer verstrubbelten roten Mähne saß an einem Fenstertisch. Ihre gelbe Jacke mit weißem Kunstpelzkragen hing über dem Stuhl daneben. Andrius stellte sie sich in der Jacke vor und hätte beinahe losgelacht, so komisch war das Bild: die roten – offenbar gefärbten – Haare, das kleine luftballonpralle Gesicht und der weiße Kragenflaum.

Ein großer Mann in einem braunen Mantel und einer braunen Hose schaute ins Café und musterte die Gäste. In der Hand hielt er einen zellophanverpackten Plüschteddy. Er schaute zu Andrius und musterte ihn von Kopf bis Fuß, so zumindest schien es Andrius, dann kam er herein und setzte sich zum Jeansmann. Sie unterhielten sich halblaut, aber auch wenn sie lauter gesprochen hätten, hätte Andrius nichts verstanden.

Der Barkeeper – ein etwa fünfzigjähriger Mann mit einem kleinen Bauch, den er geschickt unter einem sackförmigen schwarzen Pullover verbarg – ging an ihren Tisch. Doch der Mann wollte nicht bleiben, er hatte seinen Mantel anbehalten und ihn noch nicht einmal aufgeknöpft. Er schaute den Barkeeper an und schüttelte den Kopf.

Während Andrius dem Barkeeper auf seinem Rückweg zum Tresen nachsah, hatte sich der Mann inzwischen zu der rothaarigen Frau gesetzt. Er sagte etwas, sie nickte. Das Gespräch dauerte keine zwei Minuten. Danach gingen sie zusammen hinaus: er mit dem Plüschteddy, sie mit einer prallrunden blauen Sporttasche.

Komischerweise sah der weiße Kragen an der Frau weder plump noch lächerlich aus. Andrius schielte zu dem Mann in den Jeanssachen, der verärgert wirkte. Der trank einen Schluck Bier und blickte auf seine Tasche, die auf dem Boden stand. Die Clownsutensilien schauten immer noch hervor. Der junge Mann stellte die Tasche auf einen Stuhl.

‚Damit sie ins Auge fällt', schlussfolgerte Andrius. Er legte einen Euro zehn auf den Tresen und ging hinaus. Der Mann mit dem braunen Mantel und dem Plüschteddy und die rothaarige Frau gingen durch den Torbogen auf das Klinikgelände.

Langsam konnte sich Andrius die Sache zusammenreimen. Das Bild war allerdings noch etwas vage. Wie in einer Filmszene, die man aus dem Zusammenhang gerissen hatte, fehlten die Untertitel und Dialoge.

Andrius überquerte die Straße und trat ebenfalls durch den Bogen. Er folgte dem merkwürdigen Paar mit einem gewissen Abstand, ohne sich zu verstecken und ohne Angst, entdeckt zu werden.

Die beiden führten ihn zu einem vierstöckigen Gebäude. Vor dem Eingang sah er zwei Familien mit kleinen Kindern und ein größeres Kind in einem Rollstuhl. Neben dem Rollstuhl stand eine gut gekleidete dunkelhäutige Frau. Es war nicht die Mutter, denn das Kind war weiß.

Der Mann und die rothaarige Frau gingen in das Gebäude. Andrius blieb draußen. Während er vor der Doppelglastür wartete, ging auch der Jeansmann mit den riesigen Clownslatschen in der Tasche hinein. Er folgte einer jungen Frau in schwarzer Lederhose und Lederjacke mit einem Motorradhelm in der Linken und einer Franprix-Tüte in der Rechten.

Langsam legte sich die Dämmerung auf Paris, auf das 15. Arrondissement, die Rue de Sèvres und das Hôpital Necker. Alle Fenster des Gebäudes waren erleuchtet. Immer mehr Menschen gingen durch die Glastür hinein und kamen heraus. Andrius hörte auf, den Kommenden und Gehenden nachzublicken. Doch auf einmal kam das Paar von vorhin zurück. Sie gingen durch die Tür und blieben, in ein freundliches Gespräch vertieft, neben ihm stehen. Die Frau zog weiße Lederhandschuhe an. Dann holten sie ihre Handys raus, sie diktierte dem Mann in braun ihre Nummer, er wählte, und in ihrem Handy erklang die Melodie aus *Don't worry, be happy*.

Andrius lächelte.

Die Musik hörte auf, die Handys wanderten zurück in die Taschen ihrer Besitzer. Die beiden wechselten noch ein paar Worte, dann zückte der Mann die Brieftasche. Er entnahm ihr zwanzig Euro und gab sie der Frau, nickte zum Abschied und verschwand durch den Torbogen. Die Frau blieb. Sie schaute sich um. Andrius spürte, dass sie ihn ansah. Er stand drei Schritte entfernt. Sie kam zu ihm und fragte etwas auf Französisch.

„Pas français", sagte Andrius seinen auswendig gelernten Satz auf, mit dem er jede Frage beantwortete, die ihm auf Französisch gestellt wurde.

Sie gab ihm mit einer Geste zu verstehen, dass sie eine Zigarette wollte.

Er schüttelte den Kopf.

22. Kapitel. Irgendwo vor Zgorzelec/Görlitz

Bis zur polnisch-deutschen Grenze waren es noch zweiundzwanzig Kilometer. Mit dem Auto höchstens zwanzig Minuten. Dank der kristallklaren Frostluft spiegelte sich der strahlend blaue Himmel im Schnee.

Das gemütliche Holzhäuschen an der Bushaltestelle hielt den kalten Wind ab. Der Revierförster, ein netter alter Mann, hatte Kukutis in seinem gepflegten grünen Polonez bis hierher mitgenommen. Eigentlich wollte er den Wanderer am Abzweig zum Forsthaus absetzen, überlegte es sich dann aber anders. „Nein, ich lasse dich hinter dem Wald raus", sagte er und fuhr Kukutis noch gute zehn Kilometer weiter. Näher zu den Deutschen. Dahin, wo der Wald in ein endloses Schneefeld überging.

Die Sonne stieg gerade in den Zenit. Kukutis schaute in ihr kaltes, weißes Rund. Er nahm Abschied von Polen, das ihm bekannt und vertraut war. Im nächsten Moment stünde er am Straßenrand, und gleich oder in einer halben Stunde würde ein Auto anhalten und ihn mitnehmen. In ein Land, in dem sich nicht so leicht eine Übernachtung finden ließ, in dem die Menschen weniger über die Vergangenheit stöhnten und weniger von sich, von ihren Sorgen und Freuden preisgaben.

Bis zum Abend war es noch lange hin. Es blieben noch etwa vier Stunden bis zum Einbruch der Dunkelheit und bis zum richtigen Abend, wenn die Müdigkeit kam, sieben oder acht. Vielleicht ließ sich Kukutis deshalb Zeit und blieb im schützenden Bushäuschen sitzen.

Zehn Laster mit dem gleichen braunen Bären auf der Seitenwand brausten an der Bushaltestelle vorbei Richtung Deutschland. Sie wirbelten Schnee hoch, der sich wie ein Schweif an das letzte Fahrzeug heftete. Dann war es still. Mehrere Minuten lang, sodass Kukutis seinen Unterschlupf verließ und nach Fahrzeugen aus östlicher Richtung Ausschau hielt. Die Straße war leer. Dann blickte er in die Gegenrichtung: Auch von dort kam nichts. Kukutis wunderte sich und machte sich Gedanken über das Gleichgewicht. Das Gleichgewicht von Autos und Menschen in Bewegung. Wenn es dieses Gleichgewicht gab, war die Welt in Ordnung. Dann fuhren hundert Fahrzeuge von Deutschland nach Polen und hundert von Polen nach Deutschland. Ein litauischer Kukutis kam in ein polnisches Dorf, und ein polnischer Kukutis tauchte plötzlich auf einem litauischen Gehöft auf. So sollte es sein, und so war es wahrscheinlich auch, aber keiner sah diese Bewegung, weil keiner diesen aufmerksamen Blick von oben hatte. Außer dem Einen. Aber ob es diesen Einen wirklich gab, wusste Kukutis nicht. Vielleicht gab es ihn. Vielleicht auch nicht. Ihn, Kukutis, gab es jedenfalls. Da war er sich sicher. Es gab ihn, und er spürte, dass es andere Litauer gab. Litauer, die in den hintersten Winkeln des Landes lebten oder aber über die ganze Welt verstreut waren und davon träumten, in einem fremden Land einen eigenen Hof zu gründen. Und sobald einem von ihnen ein Unglück widerfuhr, bekam Kukutis Herzschmerzen. Es stach. Wenn es irgendwo ganz unten stach, war ein Litauer in Südamerika in Not geraten. Dann wartete Kukutis diesen Schmerz einfach ab, weil er wusste, dass er es sowieso nicht rechtzeitig nach Südamerika schaffen würde. Er kam ja selbst in Europa immer zu spät, obwohl er sich beeilte. In Europa kam er schneller voran. Europa war klein, und meistens kamen die Schmerzen von da, obwohl es nur ein kleines Segment in der Gesamtfläche war. Dafür waren die Schmerzen aus Europa stärker als von woanders. Er konnte sofort sagen, ob ein Schmerz aus Paris oder aus Toulouse kam. Paris kam natürlich häufiger vor. Er hätte nicht sagen können, wie oft er diesen Weg schon gegangen war: mal aus Mariampole nach Paris, mal vom Sartai-See aus in die französische Hauptstadt. Einmal – es war lange her, wahrscheinlich noch vor dem Ende des Ersten Weltkriegs, in dem er sein rechtes Bein verloren hatte –, sah Kukutis einen seltsamen Feuerschein am Horizont. Vom Schützengraben aus. Ein Kamerad neben ihm sagte, das sei Paris, das da brenne. Kukutis war damals noch ein paar Jahre jünger und ging keinem Streit aus dem Weg. Paris sei weit weg und

Europa groß, beschied er dem Kameraden, es müsse also irgendwo in der Nähe brennen, vielleicht in einer Stadt im benachbarten Belgien. Darauf schüttelte der Kamerad seinen helmbewehrten Kopf und sagte einen Satz, der Kukutis besser im Gedächtnis geblieben war als sein Gesicht. Kukutis erinnerte sich nur noch an den Helm. Und an ein paar Sekunden Stimme, die sagte: „Im Krieg wird Europa klein". Das stimmte. In Friedenszeiten breitete der Kontinent wieder seine Felder und Wälder aus und wurde zu einer schier unendlichen Fläche, zerschnitten von endlosen Straßen, auf denen eine gleiche Anzahl von Autos und Menschen hin- und herfuhr, damit das Gleichgewicht stimmte.

Der Frost war dem Wanderer unter den hochgeschlagenen Mantelkragen gekrochen und trieb ihn an. Kukutis stellte sich an die Straße, schaute in Richtung Polen, und als er ein paar gelbe Scheinwerfer sah, die langsam auf ihn zukamen, lächelte er. Zwar verließ er Polen ungern, aber anders war Paris nicht zu erreichen!

23. Kapitel. London

Die Nachbarn tauchten nicht wieder auf. Sie waren einfach abgehauen und waren die Miete für zwei Wochen schuldig geblieben. Tanja nahm das nicht weiter tragisch. Sie zeterte ein paar Minuten, verdammte das Paar und ihre eigene Gutmütigkeit. Dann richtete sie das Zimmer wieder her. Die restlichen Eier überließ sie Klaudijus und Ingrida, das Bier nahm sie mit. Schon am nächsten Tag stand sie mit neuen Mietern in der Tür, einem ebenfalls jungen Pärchen, das aus Budapest kam. Sie stellten sich zwar nicht vor, setzten aber bei jedem Zusammentreffen in der Küche oder im Flur ein nettes Lächeln auf.

Klaudijus beschwerte sich zuerst bei Ingrida über das merkwürdige Benehmen der neuen Mitbewohner.

„Warum sollen sie sich denn vorstellen?" Ingrida zuckte mit den Schultern. „Denkst du vielleicht, wir sitzen hier ewig mit denen in einer Hütte? Vielleicht hauen sie morgen ab, oder wir ziehen übermorgen aus. Wozu sollen wir da unser Gedächtnis mit ihren Namen belasten?"

Klaudijus gab Ingrida Recht. Alles war schnelllebig und veränderlich. In den letzten Tagen hatte er ein bisschen was verdient, jeden Tag woanders. An jedem neuen Ort hatte er mit jemandem gesprochen, jemandem zugehört, aber niemanden nach seinem Namen gefragt. Auf dem Fischmarkt hatte er den Restaurant- und Cafébesitzern, die sich für den Tag eindeckten, die Plastikkisten zu ihren Autos geschleppt. In der Grünanlage am Friedhof hatte er die trächtige Cockerspaniel-Dame eines betagten Iraners ausgeführt, den Tanja kannte. Der Iraner, dessen Namen Klaudijus nicht erfuhr, entlohnte ihn mit zwanzig Pfund für den zweistündigen Spaziergang und schlug ihm grußlos die Tür vor der Nase zu. Der schwerste, aber auch einträglichste Tag war vorgestern gewesen, als er – wiederum dank Tanjas Vermittlung – mit einem jungen Polen ohne Namen im Hof einer leer stehenden Lagerhalle Metallgerüste abgeflext hatte. Zu zweit hoben sie ein vier Meter langes Rohr mit angeschweißten Halterungen vom Autoanhänger, legten es auf die Böcke, die sie sich aus herumliegendem Holz gezimmert hatten, frästen zunächst alles Überstehende von dem Rohr ab und sägten es anschließend in der Mitte durch. Der Pole arbeitete flott, Klaudijus war fasziniert von seinen zupackenden, langen Fingern. Sie hätten auch zu einem Pianisten oder Taschendieb gepasst, gehörten aber einem Klempner. Nachdem sie ein paar Stunden geschuftet hatten, bot er Klaudijus einen Joint an und machte nach dem Joint einen überraschenden Vorschlag: Er wollte die Arbeit in Joints bezahlen. Klaudijus lehnte ab und erklärte, dass er das Geld brauche, da seine Frau schwanger sei. Ohne große Worte gab ihm der Pole dreißig Pfund.

Auf dem Heimweg kehrte Klaudijus in ein schäbig aussehendes Café ein. Ein kleines Fenster, eine Tür. Rechts neben der Tür eine Tafel, darauf mit Kreide die Preise, ganz oben stand Kaffee für siebzig Pence. ‚Den habe ich mir verdient!' Klaudijus trat entschlossen ein und setzte sich an einen wackeligen Tisch.

Während er seine Hände an der heißen Tasse wärmte, dachte er darüber nach, wie leicht es ihm gefallen war, den Polen dazu zu bringen, ihn mit Geld zu bezahlen. Er hatte einfach gesagt, seine Frau sei schwanger – mehr war's auch nicht. Dabei war Ingrida nicht nur nicht schwanger, sondern nicht mal seine Frau. Aber war das nicht egal? Sie lebten zusammen und waren ganz glücklich. Vielleicht ein bisschen zu ruhig? Ohne die Leidenschaft, die sie in ihren ersten Nächten auf dem Festival an der belarussischen Grenze und bei den anderen seltenen Treffen erlebt hatten. Ja, die Leidenschaft war ihnen abhanden gekommen, das Londoner Klima hatte sie verschreckt oder das hiesige Leben mit seiner wackeligen Perspektive. Ein wackeliger Tisch in einem billigen Café war da ein kleines und zu vernachlässigendes Ärgernis. Aber die unsichere Perspektive lenkte ab. Man fragte sich, was der nächste

Tag bringen würde. Dann dachte man an den folgenden Tag, dann an den nächsten Morgen ... Für etwas anderes fehlte die Zeit. Es fehlten Kraft und Zeit für die Leidenschaft ...

Klaudijus fielen Ingridas Worte ein, dass sie ebenso leicht und unbemerkt ausziehen könnten wie ihre alten Mitbewohner. Aber wohin?

Der Besitzer des kleinen Cafés – ein Türke oder ein Tunesier mit dunklem Teint – kam an seinen Tisch und bot ihm ein Abendessen an. Kartoffeln mit Hühnchen für drei neunundneunzig. Klaudijus lehnte höflich ab. In diesem Moment traten äußerst passend ein paar Bauarbeiter in blauen, farbbespritzten Arbeitsanzügen ein. Schnell ging der Wirt zu ihnen.

Zu Hause erzählte Klaudijus Ingrida von dem Polen und wie er ihm diesen Bären mit der Schwangerschaft aufgebunden hatte. Ingridas Lachen klang irgendwie fies und unangenehm.

„Vielleicht bist du wirklich schwanger?“, fragte er zaghaft.

„Ich? Spar dir die Flausen! Wenn du ein Haus gekauft hast oder eine Wohnung und eine feste Stelle hast, dann kannst du träumen!“ Die letzten Worte sagte sie fast zärtlich, was Klaudijus versöhnte.

Der Traum von einem eigenen Haus und einer festen Stelle ließ ihn in Gedanken versinken. Ingrida zog unterdessen fünfzig Pfund aus ihren Jeans und wedelte mit den Scheinen.

„Woher hast du die?“, wunderte sich Klaudijus.

„Ich hab heute als Fotomodell gearbeitet.“

„Hat Tanja dir den Job verschafft?“

Ingrida nickte. „Keine Angst, ohne Ausziehen! Werbung für einen Friseursalon.“

Klaudijus warf einen misstrauischen Blick auf ihre Haare. Keine Frisur, nichts Neues, schulterlanges Haar, nichts weiter. Alles wie immer.

„Es ist anders“, erklärte Ingrida. „Ich wurde als Zausel fotografiert, morgen frisieren sie mich und knipsen mich noch mal. Dann kommen zwei Fotos ins Schaufenster: vorher und nachher.“

„Das ist gut“, sagte Klaudijus traurig und abwesend. „Und so lebten sie ...“

„Was passt dir denn nicht?“, wunderte sich Ingrida.

„Es ist nicht gemütlich.“

„Du hast recht, das gefällt mir auch nicht. Aber darum musst du dich kümmern.“

„Komm, wir trinken einen Tee!“, schlug Klaudijus vor.

„Gut."

Gerade wollten sie das Zimmer verlassen, als bei den Mitbewohnern die Tür aufging und das junge Paar, in seine ungarische Unterhaltung vertieft, in die Küche ging.

„Wer zu spät kommt, hat das Nachsehen", sagte Ingrida verdrossen.

„Vielleicht brauchen sie nicht lange?" Klaudijus warf seiner Freundin einen aufmunternden Blick zu. „Lass uns warten."

„Na gut." Ingrida nickte.

24. Kapitel. Anykščiai

Gegen Mittag wurde im Autoradio Schneefall angekündigt, aber diese Ankündigung entlockte Renata nur ein müdes Lächeln. Der Himmel über Anykščiai strahlte in einem wundervollen Blau, die Bäume, die bis an die Straße heranreichten, standen reglos. Der Schnee glitzerte so schön, dass Renata gern das Auto am Straßenrand stehen gelassen hätte, um durch den Schnee zu laufen und zu hören, wie die überfrorene und vom Wind abgeschliffene Eiskruste unter den Schritten knirscht. Noch lieber wäre sie mit Vitas händehaltend durch den Schnee gerannt. Und hätte den prickelnden, erquickenden Frost auf der Wange gespürt! Aber Vitas würde erst in ein paar Tagen kommen. Er musste in Kaunas noch ein paar Dinge regeln, und seine neuen Mieter waren pingelig. Sie hatten ihm eine lange Liste geschrieben, was er kaufen sollte, damit sie es in seiner Wohnung bequem hatten.

Anykščiai kam in Sicht. Renata schaltete herunter.

Die beiden Turmspitzen der St.-Matas-Kirche tauchten zwischen den Häusern und Bäumen auf und verschwanden wieder. Aber Renata wollte heute nicht zur Kirche. Sie stellte das Auto auf dem Parkplatz vor den Geschäften mit Baumaterialien ab, zwischen die seltsamerweise auch eine Tierapotheke geraten war.

„Guten Tag!", rief Renata und schaute sich in diesem merkwürdig leeren Laden um, der so gar nichts von einer normalen Apotheke hatte, obwohl es eine Registrierkasse und Vitrinen gab. Eine gelockte und pausbäckige Frau um die vierzig kam in einem grünen Kittel aus ihrem Kabuff. Sie schaute Renata ziemlich verwundert an. Renata besah sich ihre Jacke, ihre Jeans und ihre Stiefel und versuchte das Befremden der Apothekenangestellten nachzuvollziehen.

„Ihr Großvater hat Sie geschickt, nicht wahr?", fragte die Verkäuferin und schien sich über ihre eigene Interpretation zu freuen, die ihrem Gesicht auf einmal einen ruhigen und versöhnlichen Ausdruck verlieh.

„Sie kennen meinen Großvater?", wunderte sich Renata. „Vielleicht hat er hier schon mal was für seinen Hund gekauft?"

„Wir führen hier keine Artikel für Hunde, nur für Bienen", entgegnete die Frau im grünen Kittel.

„Wir haben schon seit zehn Jahren keine Bienen mehr." Renata zuckte die Schultern. „Ich wollte Sie was fragen. Mein zukünftiger Mann zieht aus Kaunas zu mir, er ist Tierarzt und hat dort in der Tierklinik gearbeitet. Haben Sie vielleicht gehört, ob irgendwo eine Stelle frei ist?"

„Er zieht von Kaunas zu Ihnen? Nach Anykščiai?" Ihre Augen rundeten sich vor Erstaunen.

„Wieso?" Renata verstand ihre Reaktion nicht. „Also wissen Sie nun was?"

„Sie müssen schon entschuldigen, normalerweise gehen die Leute von hier weg. Wer viel Glück hat, der zieht nach Hamburg, wer's weniger gut getroffen hat, geht nach Kaunas! Aber dass jemand hierher zieht? Eine Tierklinik haben wir hier nicht. Die nächste ist in Panevėžys. Fragen Sie doch dort mal nach!"

„Das ist zu weit", seufzte Renata enttäuscht.

„Na, immerhin näher als Kaunas. Keine sechzig Kilometer."

Renata verabschiedete sich und trat hinaus in die Kälte.

‚Es klappt nicht mit meiner Überraschung', dachte sie. ‚Es wäre gut, wenn ich eine Arbeit für ihn finden könnte. Da würde er sich freuen.'

Sie fuhr in die Innenstadt, in die Baranauskas-Straße, ging ins Café und bestellte einen Sanddorntee. Renata dachte daran, wie sie mit Vitas im Engelmuseum gewesen war und er sich zuerst über all die stehenden und hängenden Figuren mit den Flügeln lustig gemacht hatte, bis er zu einem Pilgerengel kam, einer Holzfigur mit zwei Koffern. Dieser Pilgerengel faszinierte ihn. Danach betrachtete er auch die anderen Engel weniger spöttisch und herablassend. Nach dem Museum waren sie hier eingekehrt. Sie hatte auch einen Sanddorntee getrunken, er einen Kaffee. Vitas versprach, ihr Kaunas und das Dämonenmuseum zu zeigen. „Kaunas sehe ich mir gerne an, aber zu den Dämonen will ich nicht", hatte sie lachend geantwortet. An dem Tisch, an dem sie gesessen und über Kaunas geplaudert hatten, saß jetzt ein Rentnerehepaar. „Ich wollte auch nie hin, aber ich weiß, dass es dort mehr Dämonen gibt, als ihr Engel habt. Sogar dein Großvater weiß das!" Renata hörte in ihrer Erinnerung wieder Vitas' heitere Stimme. Wie sie an diesem Tag durch Anykščiai gebummelt waren und geplaudert hatten – herrlich! Renata ging es gut, obwohl sie jetzt allein war. Das nächste Mal würden sie wieder zu zweit hierherkommen. Es war schön, ein Lieblingscafé, eine Lieblingskonditorei, eine Lieblingsbäckerei, ein Lieblings-was-auch-immer zu haben. So hatte man eine individuelle Karte von der Heimatstadt im Kopf und wusste, wo, in welcher Straße und in welchem Haus die Fenster anheimelnd erleuchtet waren, auch wenn man dort nicht wohnte.

‚Vielleicht sollte ich nach Panevėžys fahren, die Tierklinik ausfindig machen und fragen, ob sie dort Arbeit für Vitas haben?', überlegte Renata. ‚Mit dem Bus ist es höchstens eine Stunde. Wenn sie ihn nehmen, würde ich ihn immer morgens zum Bus bringen und abends wieder abholen. Ich hab ja irgendwann hier auch wieder eine Stelle. Und dann komme ich jeden Abend hierher und trinke einen Sanddorntee, bevor ich ihn abhole.'

Versonnen schaute sie aus dem Fenster und sah die fallenden Schneeflocken, dicke, bauschige, leichte Flocken. Es schien dunkler geworden zu sein.

Ein halbes Stündchen blieb Renata noch sitzen und trank ihren orangefarbenen, aromatischen Tee aus. Als sie aus dem Café kam, blieb sie seufzend stehen – eine richtige Lawine kam da vom Himmel runter. Sie traute ihren Augen nicht, blinzelte, zog die Kapuze über den Kopf und ging zu ihrem Auto, das nicht mehr rot, sondern schneeweiß war. Sie schüttelte den Kopf und kehrte ins Café zurück, um abzuwarten. Das Schneetreiben war ihr nicht geheuer. Schließlich fuhr sie kein Schneemobil, sondern einen PKW mit vier kleinen Rädern.

Renata kehrte an ihren Tisch zurück und bestellte zur Abwechslung einen schwarzen Tee mit Honig. Draußen war immer noch dichtes Schneetreiben, manchmal kam es ihr so vor, als schaufelte jemand den Schnee direkt vor dem Fenster herunter. Manche Schneeflocken klumpten zusammen, waren dadurch schwerer und fielen schneller als die anderen.

25. Kapitel. Paris

Die Pariser Métro schaukelt sanft. Sie klingt nicht nach Metall, macht keinen betäubenden Lärm. Die Züge fahren auf Gummireifen. Weich, fast spielerisch legen sie sich in die Kurven. Mal nach links, mal nach rechts. Als gelte es, ständig irgendwelchen unterirdischen Hindernissen auszuweichen. Nur wenige Streckenabschnitte sind gerade, als wollten sie dösende Fahrgäste wachrütteln und staunen lassen. So ist zum Beispiel auf der Linie 11 das Stück hinter der Station Belleville in Richtung Boulevard périphérique schnurgerade wie ein Hochseil. Andrius döste, und auch die gerade Strecke riss ihn nicht aus dem Schlummer. Er verschlief seine Station Jourdain, fuhr auch an den nächsten Haltepunkten vorbei und öffnete erst an der Endstation Mairie des Lilas die Augen, weil er sich wunderte, dass der Zug so lange hielt. Andrius war so erschöpft, dass er sich nicht einmal ärgerte. Er schaute nach unten: Die Tasche, die er zwischen die Beine geklemmt hatte, war noch da, darin seine kleine Neuanschaffung. Niemand hatte die Tasche entwendet, obwohl Andrius schon etliche Geschichten über schlafende oder betrunkene Personen gehört hatte, die bestohlen worden waren.

Wie ein Matrose, der schwankend an Land geht, setzte Andrius seinen Fuß auf den Bahnsteig und schaute sich um. Vis-à-vis stiegen Passagiere in einen anderen grünen Zug ein. Über eine Fußgängerbrücke gelangte er aufs gegenüberliegende Gleis. Kaum war er in den Wagen eingestiegen und hatte seine Tasche abgestellt, gingen die Türen zu.

‚Heute könnte ich ein Schlückchen vertragen', dachte er. Sein Handy zeigte, wie spät es war. Halb neun. ‚Ob Barbie schon gegessen hat oder auf mich wartet?'

Der Zug setzte sich in Bewegung. Andrius schaute nach oben auf den Streckenplan. Noch vier Stationen, dann war er zu Hause.

Als Andrius die Métro verließ, zauste ein feuchter, kühler Wind seine Haare, er fuhr ihm mit einer unsichtbaren Hand übers Gesicht. Belleville war Andrius schnell vertraut geworden, hier und da blinkten chinesische und arabische Schilder. Die Schaufenster waren erleuchtet, obwohl die meisten Läden schon geschlossen hatten. Vor den Internetcafés, von denen aus man billig in alle Welt telefonieren konnte, standen Leute aus aller Herren Länder: Inder, Afrikaner, Araber, Vietnamesen. Sie nahmen den ganzen Bürgersteig ein, doch wenn Passanten kamen, drückten sie sich gegen das Schaufenster und gaben den Weg frei.

‚Wen die wohl anrufen?', dachte Andrius, als er an einem weiteren Internetcafé vorbeikam. Er blieb stehen, blickte ins Schaufenster, studierte die aushängenden Preistafeln. Litauen stand auch in der Liste – zwanzig Cent die Minute.

„Kann ich telefonieren?“, fragte er auf Englisch, als er in das Café eingetreten war.

„Okay, in die drei!“ Der junge Araber hinter der Ladentheke, auf der hinter Glas gebrauchte Handys und neue Ladegeräte auslagen, nickte in Richtung der Telefonkabinen, die altmodischen Kleiderschränken glichen. Andrius holte fünf Euro raus und legte sie dem Mann hin. „After“, sagte der Araber und deutete auf die Kabine.

Das lange Tuten, das aus dem Hörer des schwarzen Festnetztelefons kam, klang für Andrius wie faszinierende Musik. Er wusste, dass jeder lange Klingelton den Apparat zu Hause bei seiner Mutter ebenso lange klingeln ließ. Sollte sie nicht da sein, wäre das nicht schlimm. Hauptsache, er schaffte es, aus dreitausend Kilometern Entfernung die häusliche Stille zu durchbrechen, sich bei den Sachen und Möbeln, zwischen denen er noch bis vor Kurzem gelebt hatte, in Erinnerung zu bringen.

Es klingelte immer noch, und Andrius wollte schon den Hörer auf die Gabel legen, als ihm plötzlich eine schmerzlich vertraute, atemlose Stimme ins Ohr brüllte: „Hallo, hallo!“

„Hallo, Mama“, hauchte Andrius. „Wie geht's?“

„Andrius! Mein Lieber! Ich bin gerade hereingekommen. Hab noch nicht mal den Schnee von den Stiefeln geklopft. Hab's schon von draußen klingeln gehört, und dann habe ich natürlich den Schlüssel nicht gleich gefunden. Mir geht's gut. Wie geht's euch denn, nun sag schon!“

„Super. Ich habe heute vierzig Euro verdient!“

„An einem Tag?“

„Ja.“

„Toll. Dann verdienst du tausend im Monat?“

„Nein, weniger.“ Andrius lachte. „Ich krieg ja nicht jeden Tag so viel.“

„Hauptsache, du hast was gefunden. Wie geht's Barbora? Was macht sie?“

„Sie arbeitet als Kindermädchen. Sie verdient sogar mehr als ich.“

„Na, Gott sei Dank, dass es euch gut geht. Ich habe mir solche Sorgen gemacht!“

„Brauchst du nicht. Uns geht's super. Neulich musste ich dran denken, wie du mich in Palanga an den nackten Strand mitgenommen hast!“

„Ach, was!“, sagte seine Mutter lachend. „Keiner denkt mehr dran, und du erinnerst dich.“

„Kommst du mit deinem Geld aus?“

„Es reicht, mach dir keine Sorgen! Mit der Rente kann ich natürlich keine großen Sprünge machen, aber ich verdiene mir noch was dazu. Zweimal die Woche arbeite ich als Concierge in einem neu gebauten Haus. Ich hab mein eigenes Zimmer, sogar mit Fernseher."

„Sieh bloß nicht so viel fern. Das ist schädlich für die Augen", ermahnte Andrius sie im Spaß. „Entschuldige, ich muss. Barbora wartet."

„Grüß sie von mir! Gib ihr ein Küsschen!", bat die Mutter.

„Wird gemacht!"

Das spontane Telefonat mit seiner Mutter hatte Andrius wieder munter gemacht und erwärmt. Die Müdigkeit war verflogen. Was blieb, war ein gewisses inneres Unbehagen, aber das würde nicht so schnell vergehen. Reden würde ihm guttun. Wenn Barbie noch nicht gegessen hatte, würde er ihr beim Abendessen alles erzählen. Er hatte ja sonst niemanden, mit dem er sprechen konnte.

Barbora lag angezogen im Bett auf der grünen Tagesdecke und starrte zur Decke. Sie drehte nicht einmal den Kopf, als Andrius hereinkam. Andrius zog die Schuhe aus, ging zu ihr hin und schaute auf das Porträt der lachenden, gelockten Afrikanerin an der Wand. „Bist du müde?"

„Ja", seufzte sie.

„Ich dachte, wir gehen noch was essen. Beim Chinesen oder Vietnamesen. Oder sogar beim Franzosen." Er holte die zwei blauen Zwanzigeuroscheine hervor und wedelte damit vor ihrem Gesicht herum, mehr, um ihren Blick von der Decke loszureißen, als um sie mit seinem Verdienst zu verblüffen.

„Tsss", sie schaute Andrius an. „So lange hast du am Karussell rumgehampelt?"

„Nicht am Karussell", antwortete er gelassen. „Du hast mir doch vom Clown-Markt an der Rue de Sèvres erzählt. Irgendjemand hatte dir doch den Tipp gegeben. Einen Markt gibt es da natürlich nicht. Aber ein Krankenhaus und direkt gegenüber ein Café, in dem Clowns sitzen. Sie warten, bis die Eltern von einem kranken Kind kommen und sie engagieren. Wenn die Eltern Geld haben und der Clown dem Kind gefällt, hat er ein festes Einkommen. Wenn's schiefgeht, bleibt's bei dem einem Mal."

„Und? Hat's bei dir geklappt?" Barbora setzte sich auf und umschlang ihre angezogenen Beine.

„Sieht ganz so aus. Ein afrikanischer Diplomat hat mich engagiert. Aus Kamerun. Sein Sohn liegt im Krankenhaus. Er heißt Paul. Dreizehn ist er."

„Und was hat er?"

Andrius zuckte mit den Schultern. „Ich habe nicht nachgefragt. War mir unangenehm. Ich war nur eine Stunde da. Lachen tut er wie ein gesundes Kind. Quasselt Englisch, als wär's seine Muttersprache. Der Vater auch. Morgen will er gegen fünf ins Café kommen und mich abholen!"

„Vierzig Euro für eine Stunde?", seufzte Barbora verwundert und wiegte traurig den Kopf.

„Nein, zwanzig die Stunde. Ist das schlimm?", wollte Andrius wissen.

„Das ist nicht schlimm. Einfach kaum zu glauben. Sitzen in dem Café eigentlich nur Clowns?" Ihre grüblerische Schwermut wurde von fröhlicher Neugier abgelöst. „Mit roten Nasen, in knallbunten Kostümen und mit Luftballons?"

„Nein, sie sind ganz normal angezogen, aber sie haben alle eine Tasche mit einem Kostüm und allerlei Scherzartikeln dabei. Was ist nun, gehen wir essen?", fragte Andrius.

Barbora stand auf.

Die Rue de la Villette führte nach unten, in Richtung Place de la République. Auch dieses Mal bogen Andrius und Barbora, als sie aus ihrem vierstöckigen Haus kamen, nach rechts und liefen die Straße hinunter. Der feuchte, kühle Wind wehte ihnen ins Gesicht, er blies von unten nach oben und erfrischte jeden, der ihm entgegenkam.

„Wollen wir vielleicht hier essen?" Barbora blieb stehen und schaute auf ein libanesisches Restaurant auf der anderen Straßenseite.

„Warum nicht?" Andrius war einverstanden.

26. Kapitel. London

„Was ist? Gehen wir?", flüsterte Ingrida und lauschte. Klaudijus warf einen Blick auf die zwei dunklen Punkte, die beiden Rucksäcke, die vor ihnen auf dem Boden standen.

„Hast du alles kontrolliert?", fragte er und schaute durchs Fenster, hinter dem die Londoner Nacht gähnte. „Los, wir machen mal ganz kurz das Licht an."

„Nicht nötig. Ich habe alles kontrolliert. Im Kühlschrank stehen Würstchen und Butter von uns. Vor heute Abend merkt sie bestimmt nicht, dass wir weg sind."

Lautlos verließen sie die Wohnung, stiegen die Metalltreppe zur Straße hoch und liefen zielsicher Richtung Essex Road. Dort angekommen, bogen sie nach links. Als sie die kleine Grünfläche sahen, gingen sie langsamer und setzten sich auf eine feuchte Bank, um zu verschnaufen.

„Ich hätte nicht gedacht, dass du so eifersüchtig bist!" Ingrida warf Klaudijus einen fragenden Blick zu. „In Litauen warst du nicht so."

„In Litauen hatte ich keinen Grund."

„Was soll das heißen? Wir haben uns doch nur alle zwei Wochen gesehen. Hast du dich nicht gefragt, mit wem ich die übrige Zeit verbringe? Ich hätte mit jemandem zusammenleben, zweimal im Monat zu dir abhauen und dem anderen sagen können, dass ich zu meinen Eltern fahre ..."

„Du bist doch anständig ... Das hättest du nicht gemacht."

„Und warum bist du mir dann in den Friseur nachgeschlichen?" Ingrida schüttelte den Kopf.

„Für zwei Fotos kriegt man doch keine fünfzig Pfund", rief Klaudijus. „Ich hatte Angst um dich. Dieser Idiot hatte es mit Sicherheit auf dich abgesehen."

„Nicht Idiot, sondern Karsten, der Friseur. Friseure verstehen eben was von Schönheit. Die Hälfte von denen ist übrigens schwul. Die Aufregung hättest du dir sparen können."

„Siehst du, du weißt sogar, wie er heißt, obwohl du vorher gesagt hast, dass uns die Namen egal sein können ... Was hätte ich denn denken sollen? Er schneidet dir die Haare, fotografiert dich ... Lädt dich zum Mittagessen ein. Ist das normal?"

„Ja, natürlich." Ingrida lachte. „Er hat mich ja nicht zu sich nach Hause eingeladen, sondern in ein Café. Nun krieg dich doch mal ein! Mit ‚sauber und ordentlich' ist es bei dir auch nicht weit her: Oder wer ist hier gerade abgehauen, ohne für die letzte Woche zu bezahlen?"

„Jetzt reicht's aber! Das war doch deine Idee."

„Ja, die Idee war von mir, aber du hast mitgemacht. Wenn du so ordentlich und anständig wärst, hättest du gesagt: ‚Nein, so was machen wir nicht! Wir sind ehrlich.' Und dann würden wir jetzt tief und fest unter unserer warmen Decke schlafen."

„... in einem kalten Zimmer", ergänzte Klaudijus.

„Siehst du. Wir haben schon das Gastarbeitersyndrom. Ehrlich und anständig sind wir dann, wenn wir es uns leisten können. Übrigens brauchen wir dort, wo wir jetzt hinfahren, keinen zu betrügen. Da ist alles sauber geregelt. Es gibt sogar kostenloses Internet."

„Internet ist superwichtig“, brummelte Klaudijus. „Du hast nur noch nicht gesagt, wohin wir fahren, was wir dort machen und wo wir wohnen.“

„Na, quäl dich ruhig, du Armer!“ Ingrida tat so, als würde sie ihn bemitleiden. „Den Ort habe ich aufgetan, und ich entscheide, wann ich dir alles erzähle. Ach, ich zeig's dir besser. Wenn wir da sind. Um zehn Uhr sind wir verabredet.“

Das aufleuchtende Handydisplay beschien Klaudijus' blasses Gesicht. „Jetzt ist es kurz vor zwei“, sagte er.

„Deswegen gehen wir ja auch so langsam!“ Ingridas warme Finger fuhren über Klaudijus' unrasierte Wange. „Bis zehn hast du einen richtigen Stoppelbart! Macht aber nichts.“

Gegen sechs hatten sie sich bis zum Bahnhof Waterloo geschleppt. Sie kauften zwei Fahrkarten nach Esher und bestiegen den ersten Vorortzug Richtung Guildford. Die Eisenräder klackerten, von kurzen Halten unterbrochen. Schilder mit Ortsbezeichnungen flogen vorüber: Clapham Junction, Wimbledon, Surbiton. Nach einer halben Stunde Fahrt stiegen sie aus. Sie standen auf dem nassen Bahnsteig von Esher und schauten sich um.

„Und jetzt?“, fragte Klaudijus gähnend und suchte einen Platz, an dem er seinen Rucksack abstellen konnte.

„Es ist noch zu früh, um dorthin zu gehen. Wir müssen noch warten.“

Ein indischer Eisenbahner öffnete den Warteraum genau in dem Moment, als sie an der Tür ankamen. Er lächelte und wünschte ihnen einen guten Tag.

„Ach, wenn doch nur alle so wären“, rief Klaudijus dem Eisenbahner nach, nachdem er seinen Rucksack abgestellt hatte und in einen Metallsessel gefallen war.

„Du willst, dass es in England nur noch Inder gibt?“, fragte Ingrida lächelnd.

„Genau.“ Klaudijus nickte. „Ich möchte, dass es in England nur noch höfliche, indischstämmige Eisenbahner gibt. Das gefällt mir.“

„Aber dann musst du auch ein Eisenbahner mit indischer Abstammung werden!“

„Einverstanden.“

„Und gehst du dann auch als Inder zurück nach Litauen?“ Ingrida ließ ihrer Fantasie freien Lauf und vertrieb damit ihre Müdigkeit.

„Wir gehen zusammen zurück: ich als Inder und du als Inderin! ... Bin ich müde.“

„Schlaf ruhig, ich bewache deinen Schlaf", sagte Ingrida mitfühlend zu ihrem Freund und schaute ihn zärtlich an. „Dein Rucksack ist auch schwerer. Du kannst schlafen. Ich wecke dich dann."

Klaudijus lehnte seinen Kopf an ihre Schulter und schlief ein. Während er wegnickte, hörte er ihren Atem, ihren Herzschlag, der durch den Körper, die Haut, das T-Shirt, den grünen Pullover und die chinesische Daunenjacke zu ihm durchdrang.

Ihr Herz ging ruhig und gleichmäßig. Und selbst wenn es nicht ihr Herz gewesen wäre, sondern seins, hätte ihn dieser Rhythmus besser zum Schlafen gebracht als jede Tablette.

Irgendwo in der Nähe hielten Züge, Türen gingen quietschend auf und fielen sofort wieder zu, harte Gummikanten schlugen aufeinander. Zig Füße trappelten vorüber. All das schreckte nicht, störte nicht, machte nicht wach. Erst als alle Geräusche verklungen waren, öffnete Klaudijus die Augen, als wollte er überprüfen, ob er nicht zufällig in eine andere, lautlose und leblose Welt geraten war. Der warme Geruch von Ingridas Haar beruhigte ihn. Die Stirn gegen seine Schläfe gelehnt, schlummerte auch sie. Vorsichtig, fast ohne sich zu bewegen, holte Klaudijus das Handy aus der Tasche. Viertel nach neun. Bald würde das Treffen stattfinden, bald das Geheimnis, das sie so hartnäckig hütete, um ihn zu ärgern, gelüftet werden. Und er würde verstehen, wo sie waren und was sie dort sollten. Aber jetzt musste er sie wecken, dann mussten sie den Weg finden, die Straße, das Haus oder das Büro ...

„Lass uns am Schalter fragen, wie wir dahin kommen", schlug Ingrida vor, als sie den behaglichen Warteraum verlassen hatten.

Der Bahnhofsschalter war nicht besetzt, das Fenster geschlossen. Und so fragten sie an der Tankstelle nach dem Weg zu der Adresse, die Ingrida notiert hatte.

„Sind Sie zu Fuß?", fragte der chinesische Tankwart verwundert.

Klaudijus nickte. Der Chinese erklärte ihnen den Weg und betonte mehrfach, dass sie sich leicht verlaufen konnten und mindestens eine halbe Stunde einplanen müssten.

Sie liefen hintereinander auf dem Seitenstreifen, die Rucksäcke wurden immer schwerer, die Müdigkeit nach der durchwachten Nacht machte ihnen zusehends zu schaffen. Autos rollten über den nassen Asphalt an ihnen vorbei. An einer Kreuzung blieben sie stehen und erinnerten sich an die Beschreibung, die ihnen der Chinese gegeben hatte. Sie bogen nach links ab. Fünf Minuten später kamen sie an die nächste Kreuzung. Eine schmale Straße, nicht breiter als ein Auto, führte rechter Hand den Hügel hinauf. *Grosvenor Drive* verkündete ein Schild.

„Da ist ja unsere Straße", freute sich Ingrida. „Jetzt müssen wir nur noch das Haus Nummer 3 finden, dann sind wir da!"

Kurz vor der Anhöhe verzweigte sich die Straße.

„One Grosvenor Drive", las Klaudijus auf einem blauen Schild am rechten Abzweig, das an zwei gedrungenen Pfosten befestigt war. „Warum schreiben sie denn die Zahlen aus?", wunderte er sich laut, dann sah er sich um. „Ziemlich abgeschieden hier!"

Ingrida und Klaudijus bogen am dritten Abzweig auf eine Nebenstraße ein und kamen an ein verschlossenes Eisentor, hinter dem rechts ein hübsches zweigeschossiges Häuschen aus rotem Backstein mit einem Lehmziegeldach stand, das an einigen Stellen mit Moos bewachsen war.

Ingrida stellte den Rucksack ab und nahm das Tor in Augenschein. Sie fand eine Gegensprechanlage und drückte ein paar Mal auf den Knopf. Keine Antwort. Verwirrt drehte sie sich um.

„Hier scheint uns niemand zu erwarten", bemerkte Klaudijus. Sie setzten sich vor dem Tor auf ihre Rucksäcke. „Und mit wem waren wir hier verabredet?", fragte er behutsam.

„Vielleicht sind wir einfach zu früh?" Ingrida zuckte mit den Schultern. „Wir müssen warten. Wir haben ja sowieso nichts anderes vor."

„Stimmt!"

Klaudijus hörte die Anspannung in ihrer Stimme und beschloss, vorerst keine weiteren Fragen zu stellen. Sie hatte alles durchgeplant, ihn hierhergebracht. Sollte sie eine Lösung vorschlagen!

Er blickte auf die von Laub übersäte Allee hinter dem Tor. Sie bog nach rechts und war von Lebensbäumen gesäumt. Irgendwann war sie mal gepflegt worden, jetzt war sie verwahrlost. Der Park sah verwildert und verlassen aus. Und auch die Bäume in der Allee wuchsen nicht gleichmäßig. Manche waren nach hinten geneigt, andere ragten in den Weg hinein.

„Hast du einen Plan B?", wollte Klaudijus wissen, nachdem sie eine halbe Stunde geschwiegen hatten.

Ingrida schüttelte den Kopf. In ihren Augen standen Tränen.

Plötzlich zuckte sie zusammen und schaute auf die Straße, die sie heraufgekommen waren und von wo jetzt Motorenlärm drang.

Ein alter, merkwürdiger Kombi tauchte zwischen den Bäumen auf, fuhr am Tor vor und hielt an.

Ein Mann mit orientalischen Gesichtszügen, der einen langen, grauen Mantel trug, stieg aus. Er würdigte Ingrida und Klaudijus keines Blickes, lief um das Auto herum, öffnete eine der beiden Hecktüren und holte eine lederne Aktentasche und einen Schirm hervor. Als er die Tür zuschlug, klang es für Klaudijus wie das Klappen einer Wohnungstür. Was er sah, verblüffte ihn: Der hintere Teil des Wagens war aus Holz. Und die Fenster sahen aus wie normale Fenster in einem traditionellen litauischen Haus. ‚Ob er das so gebaut hat?', überlegte Klaudijus.

Der Fahrer des ungewöhnlichen Fahrzeugs kam zu ihnen. „Sind Sie Ingrida?", fragte er in einem Upperclass-Englisch, das so gar nicht zu seinem orientalischen Äußeren passen wollte. Ingrida stand auf. „Ich heiße Achmed, wir haben uns telefonisch verabredet", fuhr er fort.

Achmed holte ein kleines Beutelchen aus seiner schwarzen Aktentasche und entnahm einen Schlüsselbund. Er probierte drei Schlüssel, beim vierten Versuch bekam er das Tor auf und bat Klaudijus und Ingrida herein.

Die Tür des Backsteinhauses schaffte er beim zweiten Anlauf. Klaudijus stutzte, als er in den schmalen Flur kam. Die muffige, feuchte Luft kitzelte in der Nase, aber er hielt sich die Nase zu und wartete, bis der Reiz verflog.

Mitten im Korridor standen fast neue Herrenpantoffeln. Achmed schob sie mit dem Fuß zur linken Wand und ging vor. Ingrida und Klaudijus ließen ihre Rucksäcke in der Garderobe stehen, folgten Achmed und kamen in eine kleine Küche, in der ein tadelloser Holztisch unter einem ebenso tadellosen Fenster stand. Als Klaudijus den lackierten Fensterrahmen sah, musste er gleich an das Auto denken, mit dem Achmed gekommen war.

Achmed nahm einen Schwamm aus dem Spülbecken und wischte den Tisch ab. Er stellte seine Aktentasche ab und entnahm eine blaue Plastikhülle mit Unterlagen. Dann zog er ein silbernes MacBook hervor. „Setzen Sie sich." Er deutete auf die Stühle.

Klaudijus war angespannt. Er wusste immer noch nicht, wo sie hier waren und was sie erwartete. Was hatte Ingrida hinter seinem Rücken mit diesem Achmed ausgemacht? Was waren das für Dokumente in der blauen Plastikhülle? Wozu der Computer?

Achmed stellte den Laptop auf den Tisch und schaltete ihn ein. Er schaute Klaudijus an. „Ich weiß nicht, wie viel Berufserfahrung Sie mitbringen", sagte er.

„Ich ...", stammelte Klaudijus völlig überrumpelt.

„Schon gut! Erzählen Sie das dem Eigentümer!“, unterbrach der Fahrer des ungewöhnlichen Autos den jungen Mann. „Einen Moment“, sagte er und blickte auf den Bildschirm.

Für ein paar Minuten war es ganz still. Klaudijus sah aus den Augenwinkeln heraus, wie Achmed versuchte, einen Skypeverbindung herzustellen. Es klingelte. Mit diesem Ton fand Klaudijus die Küche gemütlich und lebendig. Auch Ingridas müde Augen wurden wach. Sie nahm die Regale über dem massiven, auf alt gemachten Küchenherd in Augenschein. Dort standen antike Tee- und Kaffeekannen aus altem, mattem Metall, vermutlich Zinn. Auf dem Regal darunter drei Kupferpfannen mit langen Griffen.

„Herr Krawez, können Sie mich hören?“, fragte Achmed in distinguiertem Englisch.

„Yes, yes“, antwortete dieser Krawez.

„Wir sind schon an Ort und Stelle. Wollen Sie mit der Haushälterin und mit dem Gärtner sprechen, ehe ich in Ihrem Namen den Vertrag mit ihnen mache?“

„Mit Probezeit?“, fragte Krawez mit einem starken Akzent.

„Selbstverständlich.“

„Ja, bitte.“

Achmed drehte den Bildschirm zu den beiden jungen Leuten. Sie sahen das runde Gesicht eines bärtigen Mannes. Ein müder Blick musterte Ingrida und Klaudijus. Die bläulichen Tränensäcke verrieten entweder eine unruhige Nacht oder ein unruhiges Leben. Krawez zog gemächlich an einer Zigarette und stieß den Rauch zur Seite hin aus.

„Könnt ihr Russisch?“, fragte er auf Russisch.

„Ein bisschen“, antwortete Klaudijus.

„Das reicht schon!“, antwortete Krawez. „Seid ihr auch wirklich aus Litauen? Zeigt mal eure Pässe!“

Ingrida holte ihre beiden Pässe hervor, schlug sie auf und hielt sie dem Gesprächspartner hin.

„Das passt“, sagte er. „Neulich wollte mir ein belarussisches Paar weismachen, sie wären Litauer. Ich stelle aber prinzipiell keine Slawen ein. Kapiert?“

Die beiden nickten.

„Die Einzelheiten erzählt euch der Pakistani. Wir halten über Skype Kontakt. Der Computer bleibt bei euch. Jeden Abend Punkt zehn ruft ihr mich an. Wenn ich nicht rangehe, macht das nichts. Wenn ihr nicht anruft, ist das ein Kündigungsgrund. Wer von euch ist der Chef?“

Klaudijus und Ingrida schauten sich verwundert an.

„Wie meinen Sie das?“, fragte Klaudijus vorsichtig.

„Na, wer die Verantwortung übernimmt!“

„Ich“, sagte Ingrida prompt.

Klaudijus nickte erleichtert.

„Name?“

„Ingrida.“

„Kann ich dich Inga nennen? Dann sparen wir Buchstaben und Zeit. Also Folgendes. Das Wichtigste: Ihr wohnt in diesem Haus und kümmert euch um das ganze Anwesen und die Villa. Das erzählt euch der Pakistani noch alles. Er kann jederzeit Kontrollbesuche machen. Dafür bezahle ich ihn. Alle Aufgaben stehen im Vertrag. Hat mich gefreut, euch kennenzulernen. Tschüs!“

Achmed drehte den Laptop zu sich, schaltete ihn aus und klappte ihn zu. Dann holte er die Unterlagen aus der Mappe. „Hier ist der Vertrag“, sagte er und hielt ihn Ingrida hin. „Sie können ihn durchlesen oder einfach unterschreiben, ich erzähle dann alles noch mal. Das lässt sich besser merken.“

„Erzählen Sie bitte“, bat Ingrida.

Klaudijus erschrak. Er konnte nicht so gut Englisch wie Ingrida, aber Achmed sprach so klar und deutlich, dass Klaudijus den Eindruck hatte, seine Kenntnisse hätten sich phänomenal verbessert.

Achmed wollte ihnen die Villa zeigen und erklären, wie sie zu reinigen und in Ordnung zu halten war, wie die Kreditkarte funktionierte, die er Ingrida zusammen mit der PIN aushändigte. Als es um die Gartenarbeiten ging, schaute er Klaudijus an. Achmed sprach etwa zwanzig Minuten, wonach Ingrida ihre Unterschrift unter die zwei Vertragsexemplare setzte. Klaudijus unterschrieb auch, musste allerdings feststellen, dass sein Vor- und Zuname im Vertrag fehlten.

Zu dritt liefen sie durch die Allee bis zu einer großen dreistöckigen Villa. Über eine Marmortreppe gelangten sie zum Haupteingang, der hinter einem Portikus mit vier Säulen lag. Hier sperrte Achmed gleich beim ersten Versuch auf – der Schlüssel war größer als die anderen. Als Erstes zeigte er ihnen die Abstellkammer mit den Putzutensilien. Dann besichtigten sie das Haus. Im zweiten Stock befanden sich an die zehn geräumige Schlafzimmer, jedes anders eingerichtet. Im ersten Stock gab es ein Kaminzimmer, ein Billardzimmer mit Bibliothek und ein Esszimmer mit einem langen, ovalen Tisch für etwa dreißig Personen, in dem ebenfalls ein Kamin stand. An den Wänden im Esszimmer hingen Porträts von ernsten Männern in altmodischem Aufzug.

„Wer ist dieser Krawez?“, wollte Klaudijus wissen.

„Ihm gehört das Anwesen“, antwortete Achmed.

„Und was macht er so?“

„Er hat ein Business“, antwortete er kühl und gab damit zu verstehen, dass ihm die Neugier des frisch eingestellten Gärtners nicht behagte. „Ich muss Ihnen noch die Schlüssel für den Dienstwagen geben und die Wirtschaftsgebäude zeigen.“

„Was für ein Dienstwagen?“ Ingrida war elektrisiert.

„Sie werden ihn gleich sehen“, dämpfte er gelassen ihre Neugier.

Sie bogen hinter dem Gebäude ab, liefen durch die wellenförmig angelegte Allee und kamen zu einer mit Betonplatten gepflasterten Fläche, auf die die Fenster, die Tür und die zwei Einfahrtstore eines einstöckigen, L-förmigen Ziegelhauses hinausgingen. Links kamen der schon bekannte Grundstückszaun und ein weiteres Tor in den Blick.

In Achmeds Hand klirrte ein anderer Schlüssel. Er öffnete die Tür, sie traten ein.

„Dort“, er zeigte auf eine glänzende Stahltür, die um einiges solider war als die Eingangstür, „geht's zum Keller und zu den Gefriertruhen. Wir müssen hier lang.“

Der linke Türflügel öffnete sich mit einem leichten Quietschen, und sie betraten die Garage, wo Klaudijus zu seiner Verwunderung den gleichen Oldtimer stehen sah wie den, mit dem Achmed gekommen war. Lediglich die Farbe war anders, ein helles Türkis. Vielleicht schienen Klaudijus die Holzteile an der Karosse deswegen dunkler als am Wagen des Pakistani.

„Und fährt es auch?“, fragte Ingrida.

Ingridas Ironie missfiel Achmed. Ein herablassender Ausdruck trat in sein Gesicht, verflüchtigte sich aber im nächsten Moment und wurde von der stoischen Gleichgültigkeit verdrängt, mit der er den gesamten Rundgang absolviert hatte. „Es fährt, und es wird auch weiterfahren, wenn Sie nichts kaputt machen. Und wenn doch, dann müssen Sie die Reparatur bezahlen“, sagte er kühl.

„Was ist das für eine Marke?“, fragte Klaudijus.

„Morris Minor Travel.“

„Haben Sie das gleiche?“, fragte der junge Mann freundschaftlich.

Achmed setzte ein zartes Lächeln auf. „Ja“, rief er, „das ist eine der besten britischen Marken! Ein Klassiker! Der vorletzte Villenbesitzer verstand was von Autos. Die letzten beiden haben einfach alles Mögliche gekauft, ohne richtig zu wissen, was ..."

Achmed holte einen durchsichtigen Plastikumschlag mit den Autoschlüsseln aus seiner Aktentasche und hielt ihn Klaudijus hin.

„Er hat keinen Führerschein, ich fahre!" Ingrida streckte die Hand aus und nahm den Umschlag an sich. Achmed schaute den jungen Mann enttäuscht an.

Bevor Achmed abfuhr, zeigte er dem jungen Paar den Schlüsselschrank – er hing in der Abstellkammer ihres neuen Diensthauses mit dem hochtrabenden Namen *Gate House*. Achmed gab ihnen seine Visitenkarte und ein Exemplar des unterschriebenen Vertrags.

Sie gingen zusammen hinaus, um das Tor hinter dem Pakistani zu schließen. Achmeds Morris Minor Travel heulte auf, setzte sich in Bewegung, glitt in den Wald hinein und verschwand hinter den Bäumen, als die schmale Asphaltstraße eine Rechtskurve machte.

„Cool", hauchte Klaudijus, schaute sich um und ließ seinen Blick über das Gelände schweifen, das sie nun bewohnen würden. Er sah Ingrida an. „Das hast du sauber hingekriegt! Mit dir kann nichts schiefgehen."

„Mit mir nicht", sagte sie lächelnd, „mit dir schon eher."

27. Kapitel. Sachsen

„Unsere Straßen sind einfach zu gut", beklagte sich der jung aussehende Deutsche bei Kukutis. Er hatte dem einbeinigen Tramper schon erzählt, dass er letztes Jahr freiwillig in Rente gegangen war, um nun die Früchte seiner Arbeit als Apotheker zu genießen.

Der Deutsche gehörte zu denen, die Tramper mitnahmen, um zu reden, selbst aber keine Fragen stellten. Es kam ihm darauf an, über sich zu sprechen und die eigenen Probleme loszuwerden, wenn es denn welche gab. Karl schien keine Probleme zu haben. Als Dank dafür, dass Karl angehalten und ihn mitgenommen hatte, hörte Kukutis aufmerksam zu.

Der Tacho von Karls BMW zeigte *170 km/h*. Die anderen fuhren ungefähr genauso schnell. Die Autobahn schwenkte mal nach rechts, mal nach links.

„Wenn es viele gute Straßen gibt, halten die Leute seltener an, um sich was anzusehen", fuhr Karl nach einer kurzen Pause fort. „Alle wollen immer möglichst schnell ankommen."

„Stimmt“, sagte Kukutis. „Aber die Autobahnen sind ja überhaupt nicht gerade! Und Sie haben gute Autos hier. Die gehen so gut wie nie kaputt. Wahrscheinlich sind viele Kfz-Mechaniker arbeitslos.“

Karl wandte kurz den Blick von der Straße ab und schaute seinen Mitfahrer entgeistert an. Erst sagte er nichts, dann schaute er Kukutis wieder an und lächelte. „Nein, unsere Kfz-Mechaniker haben alle gut zu tun. Hier sind ja nicht nur deutsche Autos unterwegs. Es fahren viele französische Marken, Koreaner ... Es gibt sogar Leute, die sich extra einen russischen Lada kaufen.“

„Wozu das?“, wunderte sich Kukutis.

Der Deutsche zuckte mit den Schultern. „Ich denke mal, die wollen was Besonderes sein.“ Er musterte seinen Mitfahrer abermals neugierig. „Sie sind wohl kein Deutscher, was? Oder kein richtiger Deutscher. Ihr Deutsch klingt irgendwie komisch!“

„Stimmt“, sagte Kukutis und nickte. „Ich bin kein richtiger Deutscher. Ich bin aus Samogitien.“

„Samogitien?“, wiederholte Karl und lauschte dem fremden Wort. „Ist das ein Land?“

„Eine Region. Bei Ostpreußen.“

„Ostpreußen? Gibt’s das denn noch?“

„Wie man’s nimmt“, antwortete Kukutis. „Samogitien gibt’s und gibt’s nicht. Für jemanden wie mich, der von da kommt, gibt es das natürlich. Für die Ostpreußen existiert ihr Land auch noch und für andere vielleicht nicht. Sie sind nicht zufällig Ostpreuße? Na, wahrscheinlich nicht. Sonst würden Sie nicht so fragen.“

„Ich? Ich bin Deutscher“, sagte Karl nachdenklich.

„Ja, dem Pass nach. So wie ich dem Pass nach Litauer bin! Aber steckt da noch jemand drunter?“

„Da drunter steckt ein Schwabe. Mütterlicherseits. Und väterlicherseits ... Mein Vater kam von der Ostsee, Stralsund, Peenemünde, in Rostock ist er gern angeln gegangen.“

Kukutis schwieg und dachte nach. Er legte seinen Kopf in die Nackenstütze, wollte dösen.

Der Fahrer schaute seinen Mitfahrer kurz an und schaltete das Radio ein. Klassische Musik mischte sich in die Straßengeräusche. Die Geigen eines unsichtbaren Orchesters tirilierten los wie eine Schar Nachtigallen.

In Kukutis’ Herz stach es. Irgendwo bei Paris. Nicht besonders schlimm. Es stach einmal, dann war es vorbei.

Also machte sich Kukutis keine großen Gedanken um den geografischen Schmerz. Stattdessen entwarfen seine Gedanken einen Traum.

„Jonas“, rief die Mutter den Jungen.

„Vytautas“, rief eine andere Mutter denselben Jungen.

„Rolandas“, rief ihn eine dritte.

Er, der Dreijährige, stand verwirrt da und schaute mit seinen blauen Augen von einer Mutter zur nächsten, sah hinter ihnen noch eine Mutter, die gerade im Begriff war, auch seinen Namen zu rufen. Der Junge bekam Angst, kniff die Augen zusammen und wiederholte flüsternd, als wäre es ein Bann: „Ich gehöre nicht euch, ich gehöre nur mir! Ich bin weder Jonas noch Rolandas, ich bin Kukutis.“

Der Fahrer sah ein Lächeln auf den Lippen seines Begleiters und lächelte ebenfalls – neidvoll.

28. Kapitel. Anykščiai

Renata kam schon eine halbe Stunde, bevor der Bus aus Kaunas eintreffen sollte, auf dem Busbahnhof von Anykščiai an. Sie war früher weggefahren, damit sie auf der verschneiten Straße nicht hetzen musste. Aber ihr kleiner Fiat hatte die winterliche Schotterpiste besser gemeistert als gedacht. Er fand die Spur unter dem Schnee und glitt bis zur Asphaltstraße, auf der seit dem Morgen schon etliche Fahrzeuge unterwegs gewesen waren, den Schnee plattgewalzt und die Straßenränder markiert hatten. Renata fuhr im Schneckentempo weiter, fühlte sich aber sicherer. Als sie das Auto abstellte, war der Himbeertee in der Thermoskanne noch heiß. Sie saß im Auto, trank Tee und beobachtete einen Bus, der Reisende nach Utena aufnahm, einer nahe gelegenen Kleinstadt, die stellenweise mehr von einer Stadt hatte als Anykščiai. Das brüstete sich zwar mit den höchsten Kirchtürmen von Litauen, wenn man aber auf einen der Türme stieg, sah man nichts weiter als den mäandrierenden Šventoji, den heiligen Fluss.

Irgendwann fuhr der Bus nach Utena ab, und nachdem das Leben auf dem Busbahnhof für fünf Minuten völlig erstorben war, fuhr statt der normalen Minibusse ein weißer Reisebus vor dem einstöckigen Gebäude vor.

Vitas stieg als einer der Ersten aus, der Fahrer öffnete die Gepäcksfächer, und Vitas zog zwei riesige Koffer und einen Rucksack hervor. Renata lief zu ihm hin. Sie küssten und begrüßten sich.

„Passt das alles rein in deinen Floh?“, fragte Vitas und deutete auf das Gepäck.

„Wenn keine Flugschreiber drin sind, kriegen wir das irgendwie hin!“

Die Koffer waren nicht schwer. Auch der Rucksack, den Renata zum Auto brachte, drückte nicht allzu sehr auf ihre Schultern. Er passte in den Kofferraum und füllte ihn fast vollständig aus. Die Koffer verstauten Vitas und Renata mit einiger Mühe auf der Rückbank.

„Ist das alles?“, fragte Großvater Jonas, den der Lärm in den Korridor gelockt hatte.

„Nein, natürlich nicht“, antwortete Vitas. „Das sind nur mein Computer und meine Kleidung. Die Möbel habe ich bei meinen Untermietern gelassen, und die anderen Sachen habe ich bei meiner Mutter untergestellt. Sie wohnt allein in einer Datscha, da ist genug Platz.“

„Herzlich willkommen!“ Jonas nickte wohlwollend. „Werden wir den Einzug feiern?“

Vitas schaute Renata fragend an, griff in die Jackentasche, holte zweihundert Litas raus und gab sie Großvater Jonas. „Hier, das ist fürs Haus“, sagte er.

Der Alte lächelte und steckte das Geld ein. „Ich hab dich für jünger gehalten. Aber du bist erwachsen und übernimmst Verantwortung. Wenn ihr feiert, dann holt mich. Ihr habt den größeren Tisch.“

Als Renata und Vitas die Schuhe ausgezogen und die Jacken aufgehängt hatten, trugen sie die Sachen ins Wohnzimmer.

„Ich habe dir eine Schrankhälfte leer geräumt.“ Sie wies auf den geöffneten Kleiderschrank, in dem ein Dutzend freie Kleiderbügel hingen.

Als Vitas seine Kleidung verstaut hatte, suchte er nach einem Platz für seinen Laptop.

„Stell ihn doch erst mal auf den Esstisch“, schlug Renata vor.

„Ich kaufe mir noch einen normalen Schreibtisch“, versprach Vitas und stellte den Laptop in die Küche. „Feiern wir den Einzug heute Abend mit einem guten Essen? Ich glaube, dein Großvater würde sich freuen.“

„Natürlich! Ich koche was“, versprach Renata.

Während sie am Herd stand, schaltete Vitas den Computer ein und ging mit einem Modem ins Internet. „Was ist denn das für ein fürchterliches Netz, total langsam!“, klagte er.

„Ein bisschen Geduld brauchst du schon.“ Renata drehte sich um. „Hier ist alles langsamer. Ich habe Arbeit für dich gesucht, aber es gibt bloß eine Tierapotheke, und die ist auch nur für Imker. Eine Tierklinik gibt es nicht. Die nächste ist in Panevėžys. Wollen wir mal hinfahren und nachfragen?“

„Was nachfragen?“, fragte Vitas. „Wer sagt denn, dass ich in einer Tierklinik arbeiten will?“

„Na, du musst doch irgendwas arbeiten!“, sagte sie sanft, um ihn nicht zu reizen. „Ich such mir auch was.“

„Du brauchst dir keine Sorgen zu machen“, beruhigte Vitas sie, „wenn das Internet ordentlich funktioniert, krieg ich das hin mit der Arbeit. Aber zu pendeln und mich von neun bis sechs mit kranken Hunden und Katzen abzuplagen, dazu habe ich keine Lust.“

Sie deckten den ovalen Tisch. Renata trug Pellkartoffeln und Schinken auf und richtete das gesalzene, angeschnittene Schwarzbrot, das seit Heiligabend nichts an Frische und Geschmack eingebüßt hatte, auf einem Brett an. Die Gläser füllte sie mit selbstgemachtem Fruchtsaft.

„Hast du auch noch was Richtiges zu trinken?“, fragte Vitas, als er sich setzte.

„Großvater hat was, hol ihn rüber und sag ihm, er soll den Likör mitbringen.“

Vitas kam mit dem alten Jonas und der Flasche Žalgiris zurück, die er dem Alten das letzte Mal geschenkt hatte. Renata bedachte den Großvater mit einem belustigten Blick: Er trug seinen grauen Lieblingsanzug, das alte, frisch gebügelte grüne Hemd mit den blauen Streifen und die dunkelrote Krawatte. Die Extravaganz von Hemd und Krawatte in Kombination mit dem grauen Anzug verrieten, dass Jonas sich freute, wenngleich er versuchte, seine Freude hinter ein paar konservativen Regeln zu verstecken.

„Wieso hast du dich denn so rausgeputzt?“, platzte die Enkelin heraus.

„Wieso denn nicht? Dein Bräutigam ist zu uns gezogen! Ist das nicht Grund genug? Wer weiß, ob ich noch lebe, wenn ihr heiratet, heute leben die jungen Leute doch jahrelang zusammen, ehe sie heiraten. Für mich ist das wie eine Hochzeit. Wenn ihr nichts dagegen habt.“

„Nein“, verkündete Vitas. „Ich schließe mich an.“

Er nahm seinen Anzug und ein Hemd aus dem Schrank und ging ins Schlafzimmer. Als er zurückkam, sah er ganz anders aus, wie ein Anwalt – alles schnieke und vom Feinsten.

Renata schaute die Männer irritiert an und nahm daraufhin ihr bestes Kleid aus dem Schrank, das dunkelblaue mit den roten Blumen, und Absatzschuhe.

Die Kartoffeln waren schon fast kalt, aber nun war es wirklich wie auf einer Hochzeit. Nur dass die Gäste fehlten. Vitas schenkte Likör aus. Großvater Jonas holte seine Brille mit den dicken Gläsern hervor und legte sie neben die Gabel.

„Na, dann: Viel Glück und viel Segen?“, fragte er und hob das Glas.

Renata überlief es heiß. Sie fühlte sich unwohl, als stimmte etwas nicht, als hätte sie etwas Wichtiges übersehen oder vergessen. Sie drehte sich zu Vitas und hoffte auf Hilfe, Unterstützung oder irgendeinen Tipp. Aber Vitas sah ihren irritierten Blick nicht. Er sah nur ihre Lippen, beugte sich hinüber und küsste sie. Er erhob das Glas, stieß mit dem Großvater an und schaute Renata an.

Die Hochzeitsstimmung, die Großvater Jonas während des Abendessens immer wieder heraufzubeschwören versuchte, war nicht von Dauer. Sie entglitt, verrann wie Wasser durch ein Netz. Und ein normales Gespräch kam auch nicht in Gang, weil jeder seinen eigenen Gedanken nachhing und sich keine Unterhaltung entspann. Großvater Jonas vergaß die Hochzeit und kam drauf, dass Barsas wieder schwächelte und fast nichts fraß. Vitas versprach, am nächsten Morgen nach dem Hund zu sehen. Renata kam mehrmals auf die St.-Matas-Kirche zu sprechen und sagte, man könne vom Turm aus ganz Anykščiai sehen. Dann stellte sie sich allerdings Vitas’ Miene vor, wenn ihm der Anblick von oben nichts Interessantes bot. Vitas war offenbar als Einziger mit allem zufrieden, der Likör hatte seine Wangen gerötet. Er pflichtete allem bei, was gesagt wurde, und zeigte Interesse an Renatas und Jonas’ Gedanken. Er aß und trank. Vielleicht machte er sich auch seine eigenen Gedanken, hatte es aber nicht eilig, die anderen beiden einzuweihen. Erst beim Tee brachte er an, dass sein Großvater auf dem Hof immer Honig gehabt hatte, dass er Imker gewesen war.

Der alte Jonas war elektrisiert, als er das hörte, seine Augen leuchteten. „Ich hatte auch Bienenstöcke, zwei Dutzend Völker ungefähr. Die waren noch von meinem Vater Vitas. Aber sie sind gestorben! Als meine Severiutė krank war, konnte ich mich nicht um die Völker kümmern. Irgendeine Bienenkrankheit hatte sich hier in der Gegend breitgemacht ...“

„Ja, Bienen machen viel Arbeit“, stimmte Vitas zu. „Dann hieß ihr Vater also auch Vitas?“

„Genau. So wie du.“ Der Großvater lächelte und vergaß die vor langer Zeit gestorbenen Bienen. „Ich bin Vitas’ Sohn, und eure Kinder werden Vitas’ Kinder sein. Das ist gut.“

In diesem Moment bemerkte Vitas, dass Renatas Augen überhaupt nicht fröhlich und unbeschwert aussahen. „Bist du müde?“, fragte er besorgt.

Die junge Frau nickte.

„Dann will ich jetzt mal, danke.“ Jonas stand auf und nahm seine Brille. „Ich bin auch ein bisschen müde, ich leg mich hin!“

Renatas Bett – alt und ziemlich breit – kam Vitas eng und schmal vor. „Wir müssen ein neues kaufen“, flüsterte er und schmiegte sich an ihren warmen Körper.

„Wenn du Geld verdient hast, kaufst du eins“, flüsterte sie zurück.

„Ich verdiene Geld und kaufe eins“, versprach er und drang an ihre Lippen.

Renata roch den warmen Geruch des fremden Körpers. Der Kuss, in den Vitas sie entführte, würde und wollte nicht enden. Vitas' Körper roch plötzlich süß und vertraut.

„Mein Ich ist zu Ende“. Diese klare Erkenntnis kam Renata genau im richtigen Moment. Aber sie konnte den Gedanken nicht weiter durchdringen. Andere Gefühle, die nicht sprachlicher Natur waren, die das Gehirn ausschalteten, zogen sie in eine andere Welt, in der Worte zu Musik wurden und ihre Bedeutung verloren.

29. Kapitel. Paris

Bei Regen hätte sie sich nie darauf eingelassen, in der Abenddämmerung zum Père-Lachaise zu gehen. Nicht weil sie Angst vor Friedhöfen hatte, sondern weil es komisch und unsinnig war, das Baby nicht im weitläufigen Parc des Buttes-Chaumont ganz in der Nähe auszufahren, sondern auf den schmalen Bürgersteigen zwischen den lärmenden Autos, die die Pariser nach einem langen Arbeitstag nach Hause brachten, durch die Stadt zu laufen. Zu dieser Jahreszeit endete der Arbeitstag erst, wenn es schon längst dunkel war.

Die Gummireifen des Kinderwagens quietschten seltsam auf dem nassen Asphalt. Die ganze Nacht hindurch hatte es geregnet und auch am Morgen noch, später waren die Regenwolken weitergezogen, zwischen den vereinzelten Wolken schimmerte blau der Himmel.

Barbora stand an der Straße. Sie wartete auf Grün und lief weiter. Das Baby schlief. Wahrscheinlich würde es den Weg zum Friedhof und zurück verschlafen. Hier ging's schon auf den Boulevard de Belleville, von dort aus waren es noch fünfzehn Minuten bis zum Père-Lachaise.

‚Wenn Andrius jeden Tag mindestens dreißig Euro verdient, dann gehe ich nur noch mit dem Hund spazieren', überlegte sie.

Leila, die Mutter des Babys, das Barbora ausfuhr, hatte sie nun schon das zweite Mal ausgenutzt. Das erste Mal, vor einer Woche, bat sie Barbora, in eine andere Richtung, zum Canal Saint-Martin zu gehen, um einer Verwandten ein Päckchen mit Mitbringseln zu übergeben. Angeblich sei die Großmutter aus Beirut gekommen und hätte Geschenke mitgebracht. Jetzt wiederholte sich die Situation. Dieses Mal war es ein entfernter Verwandter von Walids Eltern, der Barbora an der rechten Seite des Friedhofs vor einem Café mit dem merkwürdigen Namen *Dobedodo* erwartete.

Eine endlose Schlange von Autos und Motorrollern kroch mit eingeschalteten Scheinwerfern über den Boulevard. Die Motorroller hatten es eilig und fuhren rechts und links an den stehenden Autos vorbei, schlängelten sich zwischen den Fahrzeugen hindurch und touchierten die Rückspiegel, wofür sie saftige Flüche ernteten. Die Rushhour pumpte Aggressivität in die Pariser Luft. Es war zwar eher eine gespielte, gekünstelte Aggressivität als eine, vor der man flüchten musste, aber trotzdem fand Barbora den Lärm belastend. Und ihre Stimmung war ohnehin nicht die beste.

Links tauchte die Friedhofsmauer auf und gleich darauf der nach innen gewölbte Bogen mit dem zentralen Eingangstor, das bereits geschlossen war. Barbora war hier schon spazieren gegangen, allerdings ohne Kinderwagen. Sie und Andrius waren auf dem Friedhof gewesen, als Ehrenamtliche in weißen Kochjacken aus einem Auto heraus, das sie direkt vor dem Eingang geparkt hatten, Essen an Arme und Obdachlose verteilten. Die Schlange der Bedürftigen schien endlos zu sein. Die Menschen warteten still und geduldig, bis fast ans Ende der Friedhofsmauer standen sie an. Genau dort war nach Leilas Aussagen das Café, auf der Rue du Repos, der Straße der Ruhe, die auf der einen Seite von Wohnhäusern und auf der anderen Seite von der Steinmauer der Totenstadt gesäumt wurde.

Vor dem Café, über dem sich im ersten und zweiten Stock ein gleichnamiges Hotel befand, wartete niemand auf Barbora. Irritiert bemerkte sie, dass es um sie herum fast still war. Noch immer wälzten sich die Autos und Motorroller dicht an dicht über den Boulevard, aber hier – gerade einmal vierzig Meter weiter – war von dem lästigen Lärm nichts zu hören. Als ob die Friedhofsmauern alle entbehrlichen und fremden Töne von den Toten fernhalten wollten. Barbora beruhigte diese Abgeschiedenheit. Ihr Ärger, den die erzwungene Route ausgelöst hatte, war verflogen. Sie dachte an den verregneten Vormittag. An den Spaziergang mit dem Bernhardiner. In dem herrlichen Park, in dem sie normalerweise Walid durch die Alleen schob. An diesem Morgen hatte sie den Hund, nachdem er sein Geschäft verrichtet hatte, mit in ihre kleine Wohnung genommen. Dort hatte sie sich einen Tee gemacht und dem Vierbeiner, der an der Tür lag, ein Stück Wurst gegeben. Der Hund war in ihr Zimmer gesprungen und hatte auf dem Boden viele nasse Tapser hinterlassen. Andrius war schon weg, gleich nach dem Frühstück war er aufgebrochen. Ins Clown-Café auf der Rue de Sèvres. Ob er schon zurück war?

„Sind Sie Barbie?", fragte eine Männerstimme in ihrem Rücken.

Barbora drehte sich um. Vor ihr stand ein junger Mann in einer Kapuzenjacke. Sein Gesicht konnte sie nicht erkennen. Das Schild der Kapuze verdeckte die Augen.

„Leila schickt mir zwei Pakete", sagte er.

„Eins liegt drin." Barbora blickte auf den Kinderwagen, über den eine durchsichtige Regenplane gespannt war. Sie zog die Plane zurück, holte ein leichtes Päckchen heraus, das am Fußende lag, und übergab es dem Mann.

„Da fehlt noch eins", sagte er misstrauisch, beugte sich über den Wagen und fuhr mit der Hand hinein. „Hier ist es", rief der junge Mann freudig und zog an der anderen Seite ein doppelt so großes Päckchen hervor. „Danke", sagte er und entfernte sich in Richtung Boulevard, wo die Autos lärmten und die Scheinwerfer blinkten.

Barbora zog die Regenplane zurecht. Sie seufzte, wendete den Wagen und machte sich auf den Rückweg.

Leila wartete an der Bäckerei. Sie trafen sich immer hier, auf der Rue de la Villette, fünf Minuten entfernt von ihrer Wohnung.

„Morgen haben Sie frei, da fährt meine Mutter Walid aus", rief Leila und gab Barbora dreißig Euro. „Und übermorgen früh rufe ich Sie an."

Andrius war noch nicht da, als Barbora nach Hause kam. Sie wischte zuerst die Tapser des Bernhardiners weg, dann schaltete sie den Wasserkocher ein und setzte sich an den Tisch. Aus dem hölzernen Brotkorb nahm sie sich ein übrig gebliebenes Croissant, tauchte eine Ecke in das Glas mit der Schokocreme und biss ab. Die leckere Süße im Mund machte den seltsamen Spaziergang zum Friedhof nicht vergessen, der unangenehme Beigeschmack blieb. Daran änderten auch die dreißig Euro nichts, die die Babysitter- und Kurierdienste eingebracht hatten. Barbora wollte nicht darüber nachdenken, aber die Gedanken kamen immer wieder. Sie musste sie für sich behalten und durfte Andrius nachher nicht damit belasten. Er würde, wenn sein Tag erfolgreich gewesen war, ihr seine Freude zeigen, sie mitreißen und ihre Verfassung gar nicht bemerken. Barbie würde sich nicht sträuben und mit ihm in einen vietnamesischen oder chinesischen Imbiss gehen, die man hier als Restaurants bezeichnete.

Barbora seufzte. Sie versuchte, die unangenehme Stimmung loszuwerden. Dachte an ihre Freunde, die weit weg waren. An Klaudijus und Ingrida, die näher waren als Renata und Vitas in ihrem Anykščiai. Wie es ihnen wohl ging? Ob sie tatsächlich auf Renatas Hof hockten? Das war doch mit Sicherheit todlangweilig. Ingrida hatte ihnen beim letzten Skype-Gespräch eine tolle Villa gezeigt, die sie betreuten und in der sie ab und an zu zweit speisten. Alles tipptopp. Sie hatten ein Auto und Geld. Wenigstens ein Paar aus ihrer Schengen-Truppe hatte es gut getroffen.

Barbora lächelte traurig. Nein, eigentlich war es hier gar nicht so schlecht. Im Gegenteil. Hier war es wunderbar, sie hatten sich nur noch nicht richtig eingewöhnt, noch nicht richtig angepasst an das leichte Pariser Leben. Geld zu verdienen war hier gar nicht so einfach. Obwohl es zum Leben eigentlich schon fast reichte, nur das Polster fehlte. Doch die Sache entwickelte sich. Andrius war drauf und dran, Barbora zu überholen. Sie hatte ihm ja vom Clown-Markt auf der Rue de Sèvres erzählt. Und obwohl es den Markt eigentlich gar nicht gab, hatte er ihn gefunden. Weil er clever war.

Barbora lächelte nicht mehr traurig. Das traf sich gut, denn in der Tür rasselten die Schlüssel. Zwei Schlösser schnarrten, die Tür ging auf. Barbora lief Andrius entgegen und küsste ihn. „Du willst sicher essen gehen?“, fragte sie.

„Haben wir nichts da?“, fragte Andrius irritiert. „Ich bin ziemlich geschafft. Ich dachte, wir essen zu Hause.“

Barbora seufzte erleichtert. „Ich bin auch geschafft. Dann essen wir hier.“

Erst beim Essen, als Andrius in ein Croissant biss, das jetzt ein Käsebrot war, kam er zu sich, lächelte und kicherte.

Barbora wurde neugierig. „Was ist denn mit dir?“, wollte sie wissen.

„Der Vater von dem kranken Jungen, der heißt Hannibal“, sprudelte Andrius los. „Das ist vielleicht ein komischer Typ. Heute hat er mir nur zwanzig Euro gezahlt. Angeblich hat er sein ganzes Geld für einen teuren italienischen Anzug ausgegeben. Und dann hatte er tatsächlich einen Anzug von Hugo Boss an."

„Seit wann kennst du dich denn mit Kleidung aus?", wunderte sich Barbora.

„Das Etikett mit dem Markennamen war auf den Ärmel vom Jackett genäht! Und das Hemd war auch abgefahren! Ein normaler Mensch hätte das Etikett abgetrennt. Und er ist Diplomat. Und fährt einen geilen Mercedes."

Barbora zuckte mit den Schultern. „Afrika", sagte sie, und ihr Blick verriet, dass dieses Wort alles erklärte, was Andrius in Erstaunen versetzt hatte. „Und wie geht es dem Jungen?"

„Ganz gut. Er hat gelacht. Er leidet an einer Knochenkrankheit. In Frankreich kann sie behandelt werden. In Kamerun gibt es praktisch keine ärztliche Versorgung. Hat Hannibal gesagt. Der Junge muss aber mehrere Monate im Krankenhaus bleiben."

„Das ist doch gut", sagte Barbie.

„Wieso?" Andrius sah sie ratlos an.

„Gut für dich", erklärte Barbora. Ihre Stimme klang etwas betreten. „Na ja, solange er krank ist, hast du ein festes Einkommen."

„Stimmt", sagte Andrius, „aber am Anfang hat er mir vierzig Euro gezahlt, jetzt nur noch zwanzig."

„Sei froh, dass du wenigstens das kriegst. Vielleicht findest du noch jemanden, den du zum Lachen bringen kannst?"

„Ein Clown muss nicht unbedingt jemanden zum Lachen bringen." Andrius aß sein Croissant auf und schaute ins Dämmerlicht hinterm Hoffenster. „Ich sitze natürlich in dem Café. Das ist tatsächlich so etwas wie eine Clown-Börse. Jemand kommt rein, schaut sich um, entscheidet sich für einen von uns und nimmt ihn mit ... Jack wird am häufigsten engagiert, er ist farbig, ein Einwanderer. Aus Nigeria. Dann gibt's noch zwei junge Albaner, Cécile hat gesagt, sie seien Brüder, die sitzen immer griesgrämig da, kein bisschen lustig, manchmal kommen auch noch andere. Cécile sitzt immer am Fenster."

„Und wer ist Cécile?", fragte Barbora misstrauisch.

„Eine Französin. Rothaarig, klein, so um die fünfzig vielleicht. Manchmal geht sie auf die Kinderkrebsstation und gibt für die Kinder eine kostenlose Vorstellung. Sie wird mehrmals am Tag von Eltern engagiert, die sie bezahlen. Sie ist nett, aber ihr Englisch ist so lala." In Andrius' Jacke draußen an der Garderobe klingelte das Handy. Er stand auf. „Ja? Hallo, Paul“, rief er in den Hörer. „Gut. Wann? Wie heute? Abgemacht. Schlaf gut.“ Er ging an den Tisch zurück und legte das Handy auf das schmale Fensterbrett.

„Wer war das? Der Junge aus dem Krankenhaus?“

„Ja, er hat gesagt, dass mich sein Vater morgen nicht abholt. Und dass ich gleich zu ihm kommen soll.“

„Ist doch super, wenn die Kunden von sich aus anrufen.“ Barbora lächelte anerkennend und tauchte plötzlich ab.

Sie saß noch am Tisch, das Tellerchen mit den Croissant-Krümeln, die leere Teetasse, das offene Nutella-Glas vor sich. Aber sie blickte Andrius nicht mehr an. Sie blickte überhaupt nirgends hin, obwohl ihre Augen offen waren. Vielleicht schaute sie in sich hinein, ließ die Ereignisse des heutigen Tages Revue passieren. Das, was ihr der Tag an Gefühlen und Erlebnissen gebracht hatte. Die hohen Friedhofsmauern von Père-Lachaise, das Schild des kleinen Hotels mit dem merkwürdigen Namen *Dobedodo*, von dessen Fenstern im ersten Stock man mit Sicherheit einen guten Blick auf die Gräber und Grabsteine hatte. Das Café *Père-Lachaise* mit der flotten roten Neonreklame über dem Eingang auf der anderen Seite des Boulevard de Ménilmontant. Sie sah sich den Kinderwagen über den nassen Asphalt die Rue de Belleville hinaufschieben. Sah Walids Mama, diese junge, unscheinbare Araberin, deren Gesicht sie nie so beschreiben könnte, dass sich jemand allein mit Barboras Beschreibung ein konkretes Bild von ihr machen konnte.

„Und wie war dein Tag?“, wollte Andrius wissen.

„Wie? Tag?“, echote sie und kehrte langsam zurück. „Gut. Wie immer. Vormittags der Hund, nachmittags das Kind.“

„Und wen magst du lieber?“, fragte Andrius im Spaß.

„Den Hund“, kam es wie aus der Pistole geschossen. „Und das Kind auch“, fügte sie nach einer kurzen Pause hinzu. „Aber den Hund mag ich lieber ... Den muss ich nicht im Wagen draußen rumfahren.“

Andrius lachte.

30. Kapitel. St. George's Hill. Grafschaft Surrey

Der Speisesaal in Krawez' Villa schien zu verschwinden, als Klaudijus alle Kerzen an den drei sechsarmigen Silberleuchtern entzündete und sie auf dem langen, ovalen Esstisch in einer Reihe anordnete. Über jedem Leuchter flackerte ein mattes Lichtwölkchen auf. Es schien breit zu laufen, sich aufzulösen. Und tatsächlich warf die lackierte Tischplatte nicht sofort, sondern erst mit einer gewissen Verzögerung das Licht zurück.

Klaudijus ging um den Tisch herum und richtete die äußeren Leuchter noch einmal neu aus, schob sie etwas mehr in die Mitte. Auch die antiken – oder antik wirkenden – Sessel mit ihren hohen Armstützen und extravaganten Rückenlehnen rückte er zurecht.

Er hielt inne und lauschte. Die völlige Stille schreckte ihn merkwürdigerweise nicht. Auch dass die dunkle Holzvertäfelung, die vom Parkettboden anderthalb Meter hoch hinauf reichte, und die alten Porträts in den schweren Reliefrahmen aus dem Sichtfeld verschwunden waren, beunruhigte ihn nicht. All das hatte sich seinem Blick entzogen, als er das elektrische Licht ausgeschaltet und die Kerzen angezündet hatte.

In seinen Jeans vibrierte das Handy.

„Alles fertig, kommst du bald?“, fragte Klaudijus.

„Noch zehn Minuten“, antwortete Ingrida.

Vor knapp einer Stunde war sie mit dem Morris Minor Travel losgefahren, um für den Abend ein Essen zu besorgen, das dem Anlass angemessen war. Der Anlass für ihr Festessen war der wundersame Umzug aus ihrem Londoner Kellerzimmer in ein zweistöckiges Ziegelhaus, der ihnen die Nutzung einer echten englischen Villa und eines echten englischen Autos ermöglichte. Zugegebenermaßen hatte Ingrida die Umsiedlung ihrer Körper und Seelen in die Hand genommen, sie fuhr das Auto, sie hatte auf dem ihnen anvertrauten Anwesen den Hut auf. Aber das aufkeimende Gefühl von Zweitrangigkeit und Zweitklassigkeit hatte Klaudijus schnell unterdrückt. Ja, er war ein Mann. Und er hielt sich für klug und körperlich stark. Aber Frauen waren cleverer und beweglicher im Denken. Und ohne Ingridas Cleverness und Beweglichkeit säßen sie noch immer in diesem winzigen, kalten Loch in Islington und kämen sich mit diesen namenlosen Nachbarn in die Quere, die dauernd Küche, Dusche oder Toilette okkupierten.

Die Fenster des Esszimmers gingen auf den Haupteingang hinaus. Vor einer halben Stunde hatte Klaudijus mit einem speziellen Haken an einer langen, glatten Stange die schweren Vorhänge geschlossen. Jetzt kroch er hinter die Vorhänge und warf einen Blick in die Dunkelheit. Fünf Minuten dauerte sie, dann fiel Scheinwerferlicht ein, ehe das Auto in sein Blickfeld kam und vor der Treppe des herrschaftlichen Eingangs hielt.

Klaudijus eilte Ingrida entgegen. Leichtfüßig stieg sie über die Marmortreppe in den ersten Stock, in der Hand einen Pappkarton, aus dem feiner Dampf kam. Klaudijus öffnete die Türflügel. Ingrida schwebte in den Saal und stellte den Karton neben den mittleren Leuchter. Sie drapierte die Plastikschalen mit den Speisen auf der dunklen, polierten Tischplatte, die das Kerzenlicht zurückwarf. Sie nahm die Deckel ab, und im selben Moment – so schien es zumindest Klaudijus – flammten die Kerzen auf, als enthielten die Plastikschalen Sauerstoff oder Brenngas. Im Raum wurde es ein bisschen heller. Die Luft roch nach einem leckeren Mix aus orientalischen Aromen. Sauer, süß, scharf – die warmen Düfte vermischten sich und kitzelten Klaudijus in der Nase.

Er öffnete eine Flasche Wein, ging ans rechte Tischende und schenkte Ingrida so formvollendet ein, als probte er für einen Film die Rolle des Butlers bei einem Lord. Als er sich aufrichtete, spürte er hinter sich einen Blick. Er drehte sich um. Hinter ihm hing das alte Porträt eines englischen Adeligen mit weißer Perücke und Richterrobe. Der Aristokrat blickte nachdenklich blinzelnd ans andere Ende des Speisezimmers, dahin, wo Klaudijus sich gerade setzen wollte.

Ingrida fiel plötzlich die Tischplatte ein. Sie legte Papierservietten unter die Speisenbehälter.

Als sie alles angerichtet hatte, warf sie die Plastikschalen in den Pappkarton und schob ihn unter den Tisch.

Trotz des prächtigen Ambientes und der Einzigartigkeit des Augenblicks schaute Klaudijus immer wieder besorgt auf die geschlossene Flügeltür, hinter der draußen im Korridor die Leuchter brannten. Der Haupteingang war von innen abschlossen, der Hintereingang zur Küche, der auf den schmalen Weg zu den Schuppen und Garagen hinausging, war ebenfalls zugesperrt. Der Kontrast zwischen seinem und Ingridas kleinem Glück und diesem erhabenen, fremden Raum ließ ihn zusammenfahren, dann wieder mit beklommenem Blick prüfen, ob sie nicht doch jemand beobachtete.

Ingrida hingegen fand alles schön. Über den langen Tisch, über die in Augenhöhe brennenden Kerzen hinweg schaute Klaudijus sie an. Die warme, dunstige Luft hatte ihrem Gesicht die fotografischen Züge genommen und es in Öl gezeichnet. Unwillkürlich wanderte Klaudijus' Blick immer wieder zu dem Richter in der Robe und der weißen Perücke. Ingrida war eine Nachfahrin dieses Fremden. Nicht wegen ihres Gesichts oder wegen ihres Blicks, sondern wegen ihrer freien, ungezwungenen Haltung. Sie schien Klaudijus ebenfalls anzublinzeln.

Der leicht geneigte Kopf und der Blick imitierten die Person auf dem Porträt in ihrem Rücken.

„Ida, ich liebe dich!“, flüsterte Klaudijus, leicht vornüber gebeugt.

Er spürte, wie sich die geflüsterten Worte von seinen Lippen lösten und in Schmetterlingsgeschwindigkeit zu Ingrida flatterten. Ihre Lippen erhaschten sie, und sie antwortete mit einem Luftkuss.

Er stand auf, ging mit der Weinflasche zu ihr und füllte ihr Glas nach. Seine Lippen berührten ihre Wange, ihr Ohr. „Danke“, flüsterte er. „Du hast uns ein Schloss gebaut.“

Klaudijus kehrte an seinen Platz zurück und erhob feierlich das Glas. Ingrida tat es ihm gleich. Sie tranken langsam, so langsam, wie Patienten eine Bluttransfusion erhielten. Die beiden spürten den Boden unter ihren Füßen fester und verlässlicher werden. Den Blick der Götter auf sich ruhen. Spürten, dass sich alles änderte, weil sie jetzt ihr eigenes Reich hatten. Es war zwar ein fremdes Reich, das sie zu bewachen und in Ordnung zu halten hatten. Aber der Eigentümer besaß offenbar noch viele andere Reiche, war nicht allgegenwärtig, konnte nicht überall sein. Und solange er abwesend war, mochte der Richter an der Wand ruhig Ingrida und Klaudijus für die neuen Herren dieser altehrwürdigen Villa halten.

Viertel vor zehn vibrierte das Handy in Klaudijus’ Hosentasche und erinnerte sie daran, dass in einer Viertelstunde ihr täglicher Skype-Bericht an Krawez über den Gang der Dinge auf seinem englischen Anwesen fällig war. In den letzten drei Tagen hatte er den Anruf nicht angenommen. Aber in Anbetracht der strengen Vorschriften, die im Vertrag vereinbart waren, mussten sie trotzdem vor dem Bildschirm sitzen und bis Viertel nach zehn warten. Danach konnten sie, im guten Gefühl, ihre Pflicht erfüllt zu haben, Krawez bis zum nächsten Abend vergessen.

31. Kapitel. Pienagalys. Bei Anykščiai

Der Plan, am Sonntag nach Panevėžys zu fahren, musste verschoben werden. Der kalte Wintertag, der eine herrliche Spritztour bei fahlem Sonnenlicht erwarten ließ, begann traurig: Barsas war gestorben.

Renata und Vitas zogen sich gerade im Flur die Schuhe an, als die Haustür aufging und Großvater Jonas mit dem Topf in der Hand, in dem er jeden Tag das Essen für den Hund kochte, hereinkam und die beiden abwesend ansah. Der Topf dampfte noch. Im Nu roch es im Flur nach gekochten Kartoffeln, Hirse und Knochenbrühe.

„Mein Hund ist tot“, sagte Jonas aufgelöst. Er blickte auf den Topf, den er mit Topflappen an den Henkeln hielt, dann tappte er rückwärts hinaus und stellte ihn draußen ab. Großvater Jonas kam zurück und schloss die Tür. „Wo wollt ihr denn hin?“

„Nach Panevėžys, das hab ich dir doch gesagt. Ich wollte Vitas die Stadt zeigen. Da gibt’s doch viel mehr Geschäfte.“

„Ja.“ Jonas nickte. „Na, fahrt schon. Ich erledige das.“

Renata und Vitas schauten sich an.

„Wir können auch ein anderes Mal fahren“, sagte Vitas unsicher.

„Ja“, stimmte Renata ihm zu. „Ein Wochentag ist sogar besser. Da können wir vielleicht gleich noch in der Tierklinik vorbeischauen!“ Sie sah Vitas an.

Der junge Mann schüttelte verstimmt den Kopf. „Was du nur dauernd mit dieser Tierklinik hast!“, knurrte er.

„Interessiert dich das etwa nicht? Du bist doch Tierarzt!“, flüsterte Renata und fühlte sich ertappt, als sie merkte, dass der Großvater sie seltsam und nachdenklich ansah.

„Wenn man euch reden hört, könnte man denken, ihr seid schon hundert Jahre zusammen und könnt euch überhaupt nicht ausstehen“, sagte er sanft. „Fahrt nur, ich komme schon zurecht.“

„Nein“, erwiderte Vitas. „Ich helfe Ihnen. Der Boden ist ja gefroren.“

Neben den sechs länglichen Hügeln stießen zwei Schaufeln in die gefrorene Erde, um die traurige Reihe zu verlängern. Jonas‘ Schaufel holte seltener aus, er hielt inne, machte Pausen, dann rammte er die Schaufel kraftvoll in den Boden. Sie klirrte, während sie von der gefrorenen, vom Schnee befreiten Erde Brocken abschlug. Vitas ließ seine Schaufel öfter in den Boden fahren. Und seine Schaufel war es, die als erste die gefrorene Schicht durchbrach und unter den kalten Schutzmantel bis in die weiche Wintererde vordrang. Der Boden war nur ein paar Zentimeter tief gefroren. Jetzt grub es sich leichter, schnell wurde Barsas’ Grab tiefer.

Großvater Jonas hielt erschöpft inne, stieß die Schaufel in den Boden und stützte sich auf den Stiel. „Jetzt hat mich mein letzter Hund verlassen“, sagte er und schaute zu, wie Vitas weiterschaufelte.

Der junge Mann nickte. Er sah den Alten mitfühlend an.

„Es reicht. Ist ja kein Mensch“, wies Jonas Vitas ein paar Minuten später an. „Warte kurz, ich bin gleich zurück.“ Er ging ins Haus und kehrte mit einem Stück warmen Mantelstoff zurück. „Hilf mir mal!“, bat er und blieb bei Barsas stehen, der vor der Hütte lag. Sie legten die Hundeleiche auf den ausgebreiteten Stoff. Jonas wickelte den Hund ein. „Damit er nicht friert“, sagte er traurig. Vitas verstand ihn.

Jeder nahm ein Ende, so trugen sie den in Stoff gehüllten Barsas zum Grab und ließen ihn hineingleiten. Dann schaufelten sie Erde darüber.

„Wenn es wärmer wird, füllen wir noch Erde auf“, sagte Vitas.

Der Großvater nickte. „Zeit für die Totenfeier!“, rief er.

Bevor Vitas zu Großvater Jonas ging, schaute er bei Renata rein und traf sie beim Wäschewaschen an, im Bad surrte die Waschmaschine.

„Geschafft, wir haben ihn begraben“, berichtete Vitas. „Ich gehe rüber und leiste ihm noch ein Weilchen Gesellschaft.“

Die Gesellschaft fiel ziemlich kurz aus – der Alte hatte sich und dem jungen Mann ein Gläschen Żubrówka eingeschenkt, das tranken sie aus, dann wollte sich der Alte hinlegen.

Vitas mochte den Großvater nicht allein lassen, aber es blieb ihm nichts anderes übrig. Im Flur zog er sich die Jacke und die Stiefel an und ging in den Hof. Erst stand er vor der leeren Hundehütte, dann lief er zur Scheune – die Tür war verschlossen. Er spazierte zum nahen Wäldchen und lauschte, wie der verharschte Schnee unter seinen Füßen knirschte.

Die Sonne schien. Leicht, kühl und unbeteiligt. Vitas hob den Kopf und schaute ein paar Minuten nach oben, erstaunt, dass die Sonne nicht blendete und die Augen nicht wehtaten. Sie schien ebenfalls von einer Eisschicht bedeckt zu sein, die die Wärme von den Menschen fernhielt.

Vitas hatte genug nach oben geschaut und beschloss, zum nächsten verlassenen Gehöft zu laufen. Als er bei den Gebäuden ankam, sah er jedoch, dass der Hof noch gar nicht aufgegeben worden war. An den Türen hingen neue Vorhängeschlösser. Und obwohl er weder im Hof noch vor der Tür Schuhspuren entdeckte, verließ Vitas aus Respekt vor den Menschen, die die Schlösser angebracht hatten, das fremde Grundstück.

Als die Dämmerung sich über den verklingenden Tag legte, bekam Vitas Hunger und ging nach Hause.

„Ist das öde hier“, rief er, als er ins Zimmer kam.

„Mag sein“, antwortete Renata. „Wenn man nichts zu tun hat.“ Diese Worte klangen wie ein Vorwurf. Renata legte gerade auf dem Tisch mit der Wachstuchdecke Vitas’ gewaschene Hemden aus.

„Hab's nicht so gemeint", lenkte er ein. „Ich war ein bisschen spazieren. Dein Großvater hat sich hingelegt." Vitas ging in die Küche, schnitt sich eine Scheibe Schwarzbrot ab und belegte sie mit Schinken.

Renata stellte das Bügelbrett auf und holte das Bügeleisen. Als sie den Stecker in die Dose schieben wollte, war sie schon belegt. Von einem altmodischen Stecker, von dem aus ein merkwürdiges dickes Kabel zu der Tasche mit dem Flugschreiber an der Schrankwand führte. „Kann ich deinen Stimmenrekorder mal rausziehen?", fragte sie leicht gereizt.

„Ist ja eigentlich deiner", rief Vitas aus der Küche. „Oder unserer", korrigierte er sich.

Renata bückte sich, zog die Schnur aus der Dose und steckte das Bügeleisen an. „Wieso hast du eigentlich diesen Kasten angeschleppt?", fragte sie.

„Keinen Stress", bat Vitas. „Der Kasten zeichnet alles auf. Ist ja ein Rekorder."

Verdrossen schüttelte Renata den Kopf und schwieg. Sie machte sich ans Bügeln.

Vitas kam aus der Küche. „Willst du selbst bügeln?", fragte sie ihn. Seinen Blick, der ihr herablassend und mitleidig zugleich vorkam, ertrug sie nicht.

„Ich krieg das nicht so gut hin", antwortete Vitas sanft.

Gegen sieben kochte sie Nudeln und schickte Vitas nach Großvater Jonas.

„Er macht nicht auf", sagte Vitas, als er zurückkam.

Renata ging selbst. Sie klopfte eine Minute lang und trat dann ein, ohne eine Antwort abzuwarten. Der Alte war nicht da. Sie zog sich an und trat ins frostige Dunkel. Dann lief sie zur Scheune und fand den Großvater auf einem Stuhl vor Barsas' Grab. Reglos saß er da, der Kragen des Pelzmantels war hochgeschlagen und ließ den grauen Kopf fast vollkommen verschwinden.

„Du erfrierst doch!", rief Renata.

Sie lief zu ihm, hockte sich hin und schaute ihm ins Gesicht.

„Tu ich nicht", sagte der alte Jonas stur.

„Gott sei Dank. Ich dachte, du wärst schon erfroren." Renata war erleichtert.

„Ich sitze erst fünf Minuten hier", verriet der Großvater. „Ich wollte mal wissen, wie sich das so anfühlt: als Hund im Winter, bei der Kälte."

„Ich habe Abendessen gemacht, kommst du?"

Der Großvater schüttelte den Kopf. „Ich bleibe hier. Ich habe sowieso keinen Hunger."

Sie aßen zu zweit. Danach bat Renata Vitas, dem Großvater im Hof Gesellschaft zu leisten. „Nimm den Likör und zwei Gläser, rede mit ihm und hol ihn rein."

„Bin ich vielleicht ein Sozialarbeiter?", sagte Vitas und stand auf. Er ging mit einem Stuhl in den Hof, setzte sich neben Großvater Jonas und schenkte zwei Gläser Žalgiris ein. Eins hielt er dem Großvater hin. „Zum Aufwärmen!"

Der Großvater nahm es. Er trank es in einem Zug aus, ächzte und gab es zurück. Schnell füllte Vitas es ein zweites Mal, nachdem er seins auch in einem Zug geleert hatte.

„Haben Sie immer hier gelebt?", fragte Vitas und reichte Jonas das nachgefüllte Glas.

Der Großvater nickte. Er nahm das Glas, trank aber nicht. „Ja", sagte er. „Vom ersten bis zum letzten Tag."

„Und? Wie war das Leben hier so?" Vitas versuchte, den Großvater zum Reden zu bringen.

„Es ging", antwortete er. „Zuerst besser, dann schlechter. Später, als meine Frau tot war, wurde es traurig, aber Renata hat mich auf Trab gehalten."

„Und ihre Eltern?", fragte Vitas vorsichtig. „Sie redet nicht gern von ihnen ..."

„Was kann sie schon groß von ihnen erzählen, wo sie sie doch kaum kennt! Nur von Fotos ... Sind ins Ausland gegangen, als sie sechs war. Für drei Monate, haben sie gesagt. Um Geld zu verdienen. Ihr Vater ist dort begraben, im Ausland. Und ihre Mutter", Großvater Jonas machte eine Pause, leerte das Glas und hielt es Vitas hin, „ihre Mutter ist verschwunden. Wahrscheinlich auch tot."

Vitas trank und füllte die Gläser nach. „Haben Sie sie denn nicht gesucht?", fragte er erstaunt.

Der alte Jonas schüttelte den Kopf.

Als Renata das Geschirr gespült hatte, machte sie sich langsam Sorgen. Sie zog sich an und ging in den Hof. „Wollt ihr etwa hier draußen übernachten?", fragte sie pikiert.

„Nimm ihn mit rein", sagte Jonas.

„Nein, ihr kommt beide rein", sagte sie resolut. So resolut, dass Vitas und der Großvater sich bewegten und aufstanden. Der Schnee unter ihren Füßen knirschte. Renata folgte ihnen und trug die beiden Stühle: einen alten und leichten aus Jonas' Küche und einen zweiten schweren und nicht ganz so alten aus Renatas Zimmer.

„Ich hab die Flasche und die Gläser vergessen", sagte Vitas und blieb stehen.

„Die nimmt da draußen keiner weg", rief Renata. Die Verärgerung in ihrer Stimme war nicht zu überhören. Brav lief Vitas weiter, den kurzen Winterweg zu dem Haus, in dem er jetzt lebte.

32. Kapitel. Sachsen

Wäre Gott, der die Erde erschaffen hat, Deutscher gewesen, wäre die Erde ein Quadrat. Alle Winkel wären rechteckig, man käme schneller und logischer von A nach B.

Wäre Gott, der die Erde erschaffen hat, Deutscher gewesen, gäbe es viel größere Vorkommen an Eisenerz und Kohle. Und die Edelmetalle lägen in einer komfortablen Tiefe in der Nähe der Straße, auf der man zu ihnen hinfahren könnte.

Wäre Gott, der die Erde erschaffen hat, Deutscher gewesen, wären auch alle Menschen Deutsche. Ein deutscher Gott hätte die Erde doch nicht mit Franzosen oder Griechen besiedelt. Wozu auch?

Wäre Gott, der die Erde erschaffen hat, Litauer gewesen, hätte er einen Deutschen erschaffen und ihn beauftragt, Zeichnungen von der zukünftigen Erde mit einer genauen Beschreibung der gesamten notwendigen Infrastruktur anzufertigen.

Wäre Gott, der die Erde erschaffen hat, Litauer gewesen, hätte er seinen deutschen Stellvertreter gebeten, Litauen die Hälfte eines Kontinents zu geben, auf dem es sich gut leben ließ, auf dem es nicht zu warm und nicht zu kalt war, auf dem der Boden mit seinen gesunden Salzen die verschiedensten essbaren Pflanzen nährte, auf dem es viel mehr Tiere und Vögel als Menschen gab, aber keine Berge, auf dem sich Wälder, Flüsse und Seen abwechselten.

Wäre Gott, der die Erde erschaffen hat, Litauer gewesen, hätte er die Franzosen erschaffen und sie gebeten, Wein anzubauen, hätte die Polen erschaffen und sie gebeten, leckeren Wodka zu brennen und leckere Wurst zu machen, hätte die Tschechen erschaffen und sie gebeten, die ganze Welt in ihren schallleitenden Draht einzuspinnen, damit jeder Musik und Radionachrichten hören kann.

Wäre Gott, der die Welt geschaffen hat, Litauer gewesen, hätte er nicht gewusst, wen er mit dem Schreiben der Nachrichten für dieses internationale Radio beauftragen soll.

Doch Gott, der die Erde erschaffen hat, war weder Deutscher noch Litauer, weder Franzose noch Holländer. Also hat er die Litauer, die Deutschen, die Franzosen und Holländer erschaffen und ihnen aufgetragen, sich ihre Länder mit seiner gnädigsten Erlaubnis selbst zu gestalten.

Und so machten sie sich dran, ihre Reiche zu errichten. Mal hielt sie die Vermehrung ab, mal eine Pest- oder Choleraepidemie, die sie dann aufs Neue zur Vermehrung zwang, damit jemand da war, der die Reiche errichten konnte.

An der Bank, auf der der Wanderer mit dem Holzbein in Gedanken versunken saß, lief eine füllige Blondine vorbei und schob einen Kinderwagen. Das Baby im Wagen brabbelte, sie blickte stur vor sich hin. Ihr unbeweglicher Blick zeugte von unbeweglichen Gedanken. Unbewegliche Gedanken machen die Bewegungen eines Menschen gleichmäßig und geometrisch korrekt. Das war Kukutis lange bekannt, seit dem Krieg schon. Damals hatten die, die ständig nachdachten, ihre Köpfe öfter aus dem Schützengraben gesteckt und waren öfter gestorben. Und die mit den unbeweglichen Gedanken hatten reglos dagesessen und nicht rausgeschaut. Sie hatten in größerer Zahl überlebt, wenn auch viele als Krüppel.

Die Allee im Park war geräumt. Auch die Bänke waren schneefrei. Aber nur eine einzige Frau fuhr ihr Kind im Park spazieren, und außer ihm saß niemand auf einer Bank. Das lag natürlich am Winter. Oder an den Zeitungen? Kukutis schaute auf die Zeitung, die er gerade gelesen hatte. Eine deutsche Zeitung, die sich auf den ersten Seiten den erfreulichen und auch merkwürdigen Neuigkeiten des eigenen Landes widmete und auf den nächsten zwei Seiten die merkwürdigen oder weniger erfreulichen Neuigkeiten der anderen verbreitete: streikende Franzosen, unzufriedene Griechen, blutrünstige Islamisten und dass in den USA ein Hai einem Harvard-Studenten einen Arm abgebissen hatte.

Kukutis bedauerte den einarmigen Studenten kurz, aber sein Bedauern schlug schnell in die Gewissheit um, dass dieser Student irgendwann ein herausragender Wissenschaftler werden würde, denn je weniger Gliedmaßen ein Menschen besaß, desto intensiver gebrauchte er seinen Kopf. Die herausragendsten Wissenschaftler, die besser als alle anderen verstanden, wie die Welt funktioniert, waren gelähmt oder saßen im Rollstuhl. Kukutis musste an sein eigenes Bein denken. An das Bein, das er vor vielen Jahren verloren hatte. Er musste daran denken, wie lange es gedauert hatte, bis er sich an den Verlust des Beins und an das Holzbein gewöhnt hatte, und wie viel er in dieser Zeit nachgedacht hatte. Über alles Mögliche: über den Frieden, über den Krieg, über Europa und über den Tod, über Litauen und über die Liebe. Und seit er um ein Bein kürzer geworden war, waren seine Gedanken endlos lang geworden, ein ganzes Buch ließe sich damit füllen.

Kukutis war kein großer Zeitungsleser. Er schaute in die Presse, wenn es sich ergab, und bedauerte es jedes Mal, wenn er eine Zeitung gelesen oder durchgeblättert hatte. Zum ersten Mal passierte ihm das, als ihm der Wind so ein Blättchen – im Übrigen auch auf Deutsch – in den Schützengraben geweht hatte. Der Wind hatte es offenbar einem Offizier aus der Hand gerissen und über die verbrannte Erde mit ihren Granattrichtern, Unterständen und Gräben zu ihm getragen.

Die Zeitung schrieb von den Erfolgen und dem bevorstehenden Sieg. Sie war auf Deutsch, und Kukutis saß mit kanadischen Soldaten im Schützengraben. Einer rauchte, ein anderer schrieb, eine Feldtasche untergelegt, auf den Knien einen Brief. Und Kukutis las die deutsche Zeitung und kam auf die Seite mit den Soldatenwitzen. Zuerst freute er sich, weil er dachte, gleich würde er seinen kanadischen Kameraden die deutschen Witze übersetzen, und sie hätten was zu lachen. Aber der deutsche Soldatenhumor entlockte ihm nicht das kleinste Lächeln. Da leckte Kukutis seinen Finger an und hielt ihn aus dem Schützengraben, um zu prüfen, wie stark der Wind war und aus welcher Richtung er kam. ‚Gut', dachte sich Kukutis, ‚sollen die da drüben es lesen', und warf die Zeitung nach oben. Der Wind erfasste sie und wirbelte sie ein paar Meter hoch. Ein Schuss knallte, die Zeitung zuckte, aber was konnte die Kugel der Zeitung schon anhaben? Nichts. Sie zuckte und flog mit dem Wind weiter. Die Deutschen schickten ihr noch ein paar Kugeln hinterher. Und ballerten dann aus ihrer Kanone.

Kukutis unterbrach seine Erinnerungen. Er wollte sich nicht an diesen Kanonenschuss erinnern. Er versuchte etwas Früheres, etwas aus der Vorkriegszeit, aus seiner Kindheit aus dem Gedächtnis hervorzukramen. Aber in der Erinnerung kam Kukutis seine Kindheit fremd vor, als wäre es nicht seine eigene. Vielleicht weil er kein Foto aus dieser Zeit mehr hatte. Es hatte einfach nie eins gegeben. Auch von seinen Eltern nicht, was bei genauerem Überlegen unerklärlich war.

Und er erinnerte sich auch an seine Eltern nicht mehr, weswegen ihm manchmal Zweifel kamen, ob er je Eltern gehabt hatte. Dann sprang ihm sein Gedächtnis bei und holte aus der tiefen Vergangenheit die Stimme seiner Mutter, die den Vater zum Abendessen rief: „Marcelius, wo bist du? Komm zu Tisch!"

„Marcelius", flüsterte Kukutis zärtlich und freute sich über die plötzliche warme Erinnerung.

„Darf ich?", fragte ein Penner, der wie aus dem nichts aufgetaucht war. Er fragte auf Deutsch mit einem südslawischen Akzent und deutete auf die Zeitung.

Kukutis nickte. Der Penner nahm die Zeitung und stapfte durch die geräumte Parkallee. Er lief bis zur nächsten Bank, breitete ein paar Zeitungsseiten darauf aus, setzte sich, blätterte die verbliebenen Seiten auf und vertiefte sich mit ernstem Blick in die Lektüre.

33. Kapitel. St. George's Hill. Grafschaft Surrey

Als Klaudijus erwachte, war es draußen noch dunkel. Die Kälte hatte ihn geweckt. Er rollte sich zu Ingrida, schmiegte sich an sie und spürte ihre Wärme. Doch sein Behagen währte nur kurz, gleich darauf brabbelte sie unzufrieden im Schlaf und rückte von ihm ab.

Klaudijus stand auf, zog den schweren Frotteebademantel an, den er hier im Schlafzimmer gleich am ersten Tag gefunden hatte, und schlüpfte barfuß in die kuscheligen Pantoffeln. Er ging hinunter ins Erdgeschoss und gleich in die kleine Küche, zum Münzkasten für den Heizungsschalter. Unter der Wand, auf dem Metallkasten mit dem Schalter, standen kleine Türmchen aus Einpfundmünzen. Klaudijus warf eine Münze in den Schlitz, dann eine zweite. Die zweite wollte nicht hineinrutschen, sie stand über. Das vertraute Knacken, das ertönte, wenn die Münzen herabgefallen waren und die Heizung wieder ansprang, blieb aus. Klaudijus nahm eine Gabel und versuchte, die Münze nach unten zu schieben. Es klappte nicht. Da schlug er mit der Faust auf den Metallkasten, und die Münze rutschte hinein. Es knackte, und Klaudijus war beruhigt. Er ging zurück ins Schlafzimmer, zog sich die schwere Bettdecke über den Kopf und schlummerte ein.

„Artur ist viel netter als der eigentliche Besitzer", sagte Klaudijus beim Frühstück, als er an den letzten Abend dachte.

Den dritten Abend nacheinander hatte nicht Krawez, der distanziert war und immer grob und überheblich reagierte, sondern ein junger Mann von etwa dreißig Jahren mit ihnen geskypt. Er ähnelte einem Outsider, trug einen Ohrring und einen nach oben gezwirbelten Bart. Während des Gesprächs lächelte er und fragte nach dem Wetter, bat sie, die Büsche und Alleen aus verschiedenen Perspektiven zu fotografieren, vor allem von der Haupteinfahrt aus. Herr Krawez wollte die Aufnahmen einem Landschaftsdesigner zeigen. Artur fragte, ob Ingrida und er schon mal in Moskau gewesen seien, er machte Späße. Und was das Wichtigste war: Er nahm sofort ab, wenn sie ihn anwählten. Um exakt zehn Uhr abends.

„Ist wahrscheinlich sein Sohn", überlegte Ingrida und strich Erdnussbutter auf den leicht angebrannten Toast.

Klaudijus beugte sich zum Münzkasten an der Heizung hinunter und wollte eine weitere Pfundmünze einwerfen. Sie ging nicht durch den Schlitz. Klaudijus entdeckte einen Aufkleber neben dem Metallkasten. „Ach, hier ist ja eine Servicenummer", sagte er erleichtert und ging zum Tisch.

Die Firma, die für den Zähler zuständig war, meldete sich schnell, und schon ein paar Stunden später stieg aus dem weißen Ford Fiesta, der vor dem Tor hielt, ein zwanzigjähriger Bursche in einem Blaumann mit einem Plastikköfferchen.

„Warum ist es denn bei Ihnen so warm?", wunderte er sich, als er das Haus betrat.

Er ging in die Küche, hockte sich vor den Münzzähler und holte Werkzeug und einen kleinen Schlüssel heraus.

Verdutzt warf Klaudijus einen Blick auf das Zimmerthermometer, das an der Küchenwand hing: zwanzig Grad. Klaudijus ging nach oben.

„Stell dir vor, er hat gesagt, bei uns wäre es viel zu warm!", sagte er zu Ingrida, die gerade die Betten machte.

„Er meint wahrscheinlich im Vergleich zu draußen." Sie deutete auf das Fenster. Draußen schien die Sonne. Der trockene Tag lockte zu einem Spaziergang.

Klaudijus ging wieder in die Küche. Der Techniker hatte die Seitenwand des Zählers abgeschraubt. Vor ihm stand die Münzbox, und ein gutes Dutzend Einpfundmünzen lagen auf dem Boden herum. Der Techniker setzte gerade eine neue, leere Münzbox ein. „Die alte war voll!", sagte er und schaute Klaudijus an. Dann hob er fünf herumliegende Münzen auf und steckte sie in die Tasche, die anderen schichtete er auf dem Deckel des Geräts zu einem Stapel auf.

„Entschuldigen Sie, wie heißen Sie?", fragte Klaudijus.

„José", stellte sich der junge Mann vor.

„Warum haben Sie gesagt, es wäre bei uns zu warm, José?"

„Also die Engländer haben in ihren Häusern im Winter immer so fünfzehn, sechzehn Grad. Weil sie sparen wollen. Und sie härten sich damit auch ab."

„Und spart man da viel?", wollte Klaudijus wissen.

„Also in einem Haus wie diesem können Sie", der junge Mann taxierte das Haus mit einem Blick, „wenn Sie die Temperatur auf fünfzehn Grad senken, so um die fünfzig Pfund im Monat sparen."

Draußen schien die Sonne, als Ingrida und Klaudijus in den Garten gingen, um Fotos zu machen. Das Thermometer neben der Tür zeigte plus acht. Der wolkenlose Himmel ließ das Herz im Leibe lachen.

„Was grinst du so?", fragte Ingrida gutmütig, als sie Klaudijus in die Sonne blinzeln sah.

„Ich bin glücklich", antwortete er. „Hier gibt's im Winter Sonne, und du hast uns einen Palast besorgt! Perfekt! Danke, Liebes."

Er umarmte Ingrida, küsste sie auf die Lippen, auf die Nase.

„Vorsicht, mach den Fotoapparat nicht kaputt! Hast du vergessen, dass wir die Alleen fotografieren sollen?"

Sie machten einen Spaziergang über das ihnen anvertraute Gelände. Der Gärtner und die Haushälterin, jung und schön. Sie fotografierten sich vor der Villa und vor dem kleinen roten Backsteinhaus, fotografierten die Alleen und das, was von den Beeten noch übrig war, den verwahrlosten Irrgarten, in dem hier und da Büsche fehlten und der, so schien es Ingrida, schon seit zehn Jahren ungepflegt vor sich hin wuchs.

„Weißt du, wenn wir Artur diese Fotos schicken, werden wir sofort entlassen! Wegen dir!", rief Ingrida, als sie sich, ins Haus zurückgekehrt, auf einen Tee in die Küche setzten.

„Wieso?"

„Vor zehn Tagen hast du hier als Gärtner angefangen! Auf den Fotos sieht man, dass du die ganze Zeit rumgegammelt hast."

„Und der Müll?", protestierte Klaudijus, „hast du nicht gesehen, wie viel Müll ich aufgesammelt habe?"

Ingrida dachte nach. „Weißt du was, wir müssen andere Fotos machen! Nimm den Spaten und den Fotoapparat, lockere die Erde an ein paar Bäumen auf und mach ein Foto, auf dem der Spaten drauf ist! Stoß ihn einfach in die Erde! Und grab ein paar Beete um, damit man sieht, dass da was gepflanzt wird."

„Hilfst du mir?"

„Nein, ich bin in zwanzig Minuten mit Barbora zum Skypen verabredet. Will mal wissen, wie's denen so geht. Ob sie schon zu Fröschen und Schnecken übergegangen sind oder sich noch wacker halten."

Mit dem Spaten in der Hand fühlte sich Klaudijus wie ein winziger Zwerg in einem riesigen Park. Noch immer schien die Sonne am wolkenlosen Himmel. Eine leichte Brise bewegte die dünnen Äste der Lebensbäume. Klaudijus hatte die Kamera in der Tasche.

Er dachte an den anderen, teuren Fotoapparat, den er in einem Koffer in der Abstellkammer gefunden hatte. Unter dem Fotoapparat lag Kleidung: Jeanshosen und saubere Hemden. Auch in den Regalen lag Kleidung. Ob sie dem Besitzer des Koffers und des Fotoapparates gehörte? Oder jemandem anders?

Am Rand des Beetes war die Erde weich und geschmeidig. Klaudijus stieß das Spatenblatt bis zur Hälfte hinein und wendete den herausgehobenen Erdbrocken.

‚Komisch', dachte er, als ihm der Koffer und die fremden Sachen wieder einfielen. ‚Wenn es hier vor uns schon einen Gärtner gegeben hat, warum ist dann alles so heruntergekommen? Oder hat er rumgesessen und gefaulenzt, bis er gefeuert wurde? Durchaus möglich. Achmed, der macht, was ihm aufgetragen wird. Also muss ich mich ranhalten.'

Klaudijus hantierte nun flotter mit dem Spaten, stieß das Blatt jetzt aber nur noch bis zu einem Drittel in den Boden, um das Beet schneller zu schaffen.

34. Kapitel. Paris

„Du bist eigentlich gar kein richtiger Clown", sagte Paul nachdenklich. „Wenn du willst, kannst du die Nase abnehmen."

„Und wenn ich nicht will?" Andrius riss die Augen auf und legte den Kopf zur Seite. „Die Nase ist kein Hut, man muss sie nicht unbedingt abnehmen."

Der Junge reagierte nicht auf den Witz. Er war heute trauriger als gestern. Trauriger und ernster. Halb lag, halb saß er in dem kurzen

Jugendbett, den Rücken gegen zwei hochkant stehende, flauschige Kissen gelehnt, die ihrerseits von einem flachen Metallgiebel gestützt wurden. Andrius schaute in Pauls Gesicht und versuchte herauszufinden, wie es ihm ging. Die schwarze Haut gab keine Anzeichen von Krankheit oder Ermüdung preis. Nur die Augen waren stark gerötet. Am Anfang, als der Vater noch da war, hatte Andrius Paul ein paar Mal zum Lachen gebracht. Auch der Vater hatte gelacht, als Andrius mit nichts als der flauschigen roten Nase an einem Gummiband, die wie ein Minibommel an einer Skimütze aussah, Schweine, Hunde und Katzen nachahmte, wie eine Ente watschelte und einen Hahnenkampf in einem Hühnerstall zeigte. Aber jetzt wollte Paul entweder nicht lachen oder er wollte überhaupt nichts.

Sein Zweibettzimmer schien geräumiger, weil das zweite Bett nicht belegt war.

„Bist du jetzt allein?“, fragte Andrius.

„Er ist in ein anderes Krankenhaus gekommen“, antwortete Paul und seufzte.

„Ich habe ihn kein einziges Mal gesehen. Wie hieß er denn?“

„Benoît. Er wurde immer gleich in der Früh zu Behandlungen abgeholt, und abends haben sie ihn dann zurückgebracht. Er hat nur ein einziges Mal Hallo zu mir gesagt. Wollen wir Dame spielen?“

„Na, los.“

„Hol mal das Spiel raus, es ist da im Nachtschrank.“

Der große weiße Schrank mit einem Fach rechts neben dem Kopfende war voller Bücher und Spiele.

Andrius holte das Damespiel raus, zog einen kleinen Tisch auf Rollen ans Bett und verteilte die Steine auf dem Brett. „Du nimmst du weißen“, sagte er.

„Nein, du nimmst die weißen. Schließlich bist du weiß. Und ich nehme die schwarzen.“

„Dann fange ich an“, sagte Andrius, drehte das Brett um und studierte seine Armee.

„Nein, ich fange an“, sagte Paul ein bisschen stur, als stritte jemand mit ihm.

„Gut. Dann beginnen heute die schwarzen Steine. Fang an.“

„Du musst für mich rücken. Rück als Erstes den da, den ersten von rechts.“

Andrius rückte den schwarzen Stein. Dann rückte er seinen weißen Stein diesem entgegen und schaute Paul an.

„Ich rücke mit dem gleichen Stein weiter vor", sagte der Junge sicher. Wieder rückte Andrius für Paul. Der Junge überlegte und studierte das Brett. „Rück noch mal für mich, so, dass ich gewinne", bat er.

Andrius nahm seine Clownsnase ab und kratzte sich an der Nasenspitze. „Weißt du", sagte er, „Dame ist nicht so ein knallhartes Spiel, dass man unbedingt auf Sieg spielen muss!"

„Dann gib dich geschlagen."

„Gut, ich gebe mich geschlagen. Noch eine Partie?"

Paul schüttelte den Kopf. „Nein, mir tun die Arme weh."

Beinahe hätte Andrius gelacht. „Wie können die denn wehtun? Ich hab doch für dich gerückt!" Er schaute auf Pauls Arme, sah sie aber nicht. Die Arme und Schultern des Jungen lagen unter einer karierten, grünbraunen Decke.

„Du kannst sie sehen, wenn du willst", sagte der Junge und schaute auf den Rand der Decke.

Vorsichtig hob Andrius sie an. Pauls blauer Flanellpyjama war mit Figuren aus Saint-Exupérys *Kleinem Prinzen* verziert. Die beiden Arme, an den Ellenbogen abgewinkelt und über dem Bauch zusammengeführt, steckten in Metallröhren, die die Arme schützten und gleichzeitig ihre Lage fixierten. Nur die Hände auf dem Bauch waren frei.

„Gebrochen?", fragte Andrius mitfühlend.

„Ich hab's dir doch gesagt." Paul schaute den Clown an wie jemanden, bei dem es nicht weit her ist. „Ich hab Knochenschmerzen. Das ist so eine Krankheit. Die Knochen sind spröde ... Und diese Dinger hier, die sind so was wie eine Zahnspange. Wenn alles in Ordnung ist, kommen sie ab."

Eine farbige Krankenschwester betrat den Raum. Sie sprach Andrius auf Französisch an. Der warf Paul einen fragenden Blick zu.

„Ich muss jetzt für eine halbe Stunde zu einer Behandlung, wartest du auf mich?" Halb übersetzte er das, was die Krankenschwester gesagt hatte, halb fragte er von sich aus.

„Willst du, dass ich warte?"

„Ja, bitte. Du kriegst noch was von mir."

Andrius rollte den Tisch mit der angefangenen Partie Dame zum freien Bett. Er stand auf und rückte seinen Stuhl beiseite. Lächelnd zog die Krankenschwester Pauls Decke bis zum Hals, dann beugte sie sich vor und trat auf ein Pedal. Sie öffnete die Tür und schob den Jungen samt Bett hinaus.

Draußen wurde es dunkel. Andrius schloss die Tür und war in dem stillen Krankenhauszimmer allein. Ihn fröstelte, er nahm seine Jacke vom Stuhl und zog sie an. Ihm war immer noch kalt, aber nur innerlich. Als ob die Kälte aus dem Zimmer in seinen Körper hineingekrochen wäre. Die Stille fühlte sich kalt und düster an. Andrius vermisste etwas. Etwas, das dieses Krankenhaus und dieses Zimmer vertrauter gemacht hätte.

Andrius schloss die Augen. Er fühlte sich in der Kälte gefangen. Es war nicht nur eine einfache, es war eine doppelte Kälte: die eine umklammerte ihn von innen, die zweite blies ihm ins Gesicht, in den kahlen Nacken, auf die Finger. „Das ist der Winter", flüsterte Andrius, öffnete die Augen und suchte nach einer rationalen Erklärung. „Ich muss mir einen Schal und Handschuhe kaufen. Das ist einfach Paris mit seinem feuchten Winter."

Draußen vor der Tür hüstelte jemand. Die Kälte, die von Andrius Besitz ergriffen hatte, war auf der Stelle verschwunden. Er war erleichtert und musste lächeln, weil er sich – und das nicht aus Zufall – an seinen einzigen Krankenhausaufenthalt erinnerte, in der Kinderklinik, wohin man ihn mit einer doppelseitigen Lungenentzündung gebracht hatte. Sechs hustende Knirpse in einem Zimmer. Eine gutmütige alte Krankenschwester oder Kinderpflegerin mit einem Mundschutz aus Mull unter den faltigen Augen. „Andriukas, willst du noch einen Becher warmes Kissel?" In seiner Erinnerung klang ihre Stimme genauso klar wie Pauls Stimme mit seiner Frage: „Wartest du auf mich?"

Natürlich würde er warten. Nicht, weil er von Paul oder genauer gesagt von dessen Vater noch etwas bekam. Er würde warten, weil Paul sonst, wenn er in das leere Zimmer zurückkäme, aus dem sie seinen Leidensgenossen fortgebracht hatten, traurig wäre. Weil Paul sonst vor dem Abendessen oder vor dem Schlafengehen niemanden zum Reden hatte. Und wenn jemandem im wörtlichen Sinn die Hände gebunden waren, wenn jemand sich nicht frei bewegen konnte, dann war eine Unterhaltung das einzige, was Freude machte oder wenigstens etwas Erleichterung verschaffte.

Die halbe Stunde war im Nu verflogen. Dieselbe Krankenschwester rollte das Bett mit seinem Passagier zurück ins Zimmer, parkte am alten Platz ein und drückte das Feststellpedal, so etwas wie eine Handbremse.

„Und? Wie war die Behandlung?", fragte Andrius.

„Ich war nicht zur Behandlung." Paul schüttelte schwach den Kopf. „Ich wurde in eine Röhre geschoben und durchleuchtet. Da wurde was ausgemessen." Andrius nickte. „Ich bin müde, du kannst gehen", fügte Paul hinzu und gähnte herzhaft. Andrius stand auf, machte einen Schritt auf die Tür zu und blieb stehen. Er drehte sich um. Paul schaute ihm mit einem wegdämmernden Blick nach. Plötzlich wurde er wieder munter. „Oh, entschuldige. Dort, im Nachtschrank, mach mal auf. Im zweiten Fach." Andrius hockte sich vor den weißen Schrank. Auf einem Bücherstapel sah er einen Umschlag. Er nahm ihn zur Hand und öffnete ihn. Drinnen lagen zwei Zwanzigeuroscheine. „Papa hat gesagt, du sollst heute zwanzig nehmen und die anderen zwanzig morgen", sagte Pauls schläfrige Stimme.

Andrius steckte die zwanzig Euro ein, nickte dem Jungen zu, der schon am Einschlafen war, und verlies leise das Zimmer.

Mit zwanzig Euro wollte er nicht nach Hause kommen. Zumal übermorgen die Monatsmiete fällig war. Für die Miete war von Anfang an Barbora verantwortlich. Wenn Geld gefehlt hätte, hätte sie es ihm gesagt. Aber trotzdem sollte der Mann mehr verdienen als die Frau. So dachte zumindest Andrius. Sie hatte heute wahrscheinlich mindestens vierzig Euro verdient: zwanzig mit dem Hund und zwanzig mit dem arabischen Kind. Er hatte nur zwanzig und auch nur für das Kind. Vielleicht sollte er sich auch einen Hund suchen? Aber drei Viertel kleiner und mit derselben Bezahlung fürs Ausführen. Andrius musste lächeln, als er sich mit einem Dackel an der Leine vorstellte.

Die Beine trugen ihn von selbst zum Torbogen. Auf der anderen Straßenseite leuchtete rot die Fassade des Cafés *Le Sèvres*, die von drei Straßenlaternen angestrahlt wurde. In den beiden Fenstern, die auf den Torbogen des Klinikums hinausgingen, brannte Licht. Auf der anderen Straßenseite war es erstaunlich leise und wenig belebt, während an Andrius, der vor dem Fußgängerüberweg stand, ständig Leute vorübergingen. Die meisten strebten dem Torbogen zu. Die Pariser besuchten nach Feierabend ihre kranken Angehörigen. Manche hatten Blumen dabei, andere Tüten mit kleinen Aufmerksamkeiten.

‚Ich setze mich noch ein bisschen rein', entschied Andrius, ohne lange zu überlegen, und ging ins Café hinüber.

Derselbe vom Leben gezeichnete Barkeeper, der wieder einen dieser sackförmigen Pullover trug – dieses Mal einen dunkelblauen – zapfte Bier. Er drehte sich um, als Andrius hereinkam, und nickte ihm zu wie einem alten Bekannten.

„Un café", sagte Andrius und ging zu einem freien Tisch an der rechten Wand.

Während er sich seinen Platz suchte, spürte er die angespannten Blicke der albanischen Brüder, die sich so gesetzt hatten, dass ihre Taschen mit den Clownsutensilien jedem hereinkommenden Gast auffallen mussten. Die anderen Besucher kannte Andrius nicht. Obwohl mindestens ein weiterer Gast darauf aus war, mit seinen Späßen die Patienten im *Necker* für ein Weilchen von ihren Leiden abzulenken. Der verächtlich dreinschauende Bursche saß rechts mit dem Gesicht zur Tür. Auf dem Stuhl daneben, der auch Richtung Tür zeigte, lagen drei knallbunte Jonglierkeulen, darunter stand eine Sporttasche. ‚Anfänger', dachte Andrius. ‚Im Krankenzimmer jonglieren, wer würde das schon erlauben?'

Der Tisch, an dem sonst immer Cécile saß, war frei, aber es stand ein Schild mit der Aufschrift *Reservé* darauf.

Der Barkeeper brachte den Espresso.

Ein junges Pärchen kam herein, das Mädchen schaute auf den Fernseher an der Wand, der wieder ohne Ton irgendein Fußballspiel zeigte, und zog ihren Freund zurück nach draußen. Kaum waren sie weg, kamen zwei elegante Damen im reiferen Alter. Die eine trug einen wadenlangen, dunkelblauen Mantel und einen dazu passenden Hut, die andere einen grauen Kunstpelz. Die Frau im Mantel sprach den Barkeeper an, die zweite ließ ihren Blick über die Gäste schweifen.

Als Andrius den Blumenstrauß sah und die Papiertüte aus der Konditorei, in der vielleicht eine Torte oder Petits Fours lagen, stutzte er. Sicher suchten die beiden einen Clown. Seine Hand schlüpfte wie von selbst in die Tasche und holte die rote Nase heraus. Kaum hatte er sie sich aufgesetzt, wurde die Dame auch schon auf ihn aufmerksam. Die albanischen Brüder warfen ihm einen bösen Blick zu.

Andrius zog die Espressotasse zu sich heran, warf ein Stück Zucker hinein und rührte um. Als er trank, kam die Dame auf ihn zu. Sie setzte sich neben ihn und sprach ihn auf Französisch an.

„Pas français", sagte er sanft, fast flehend. „English."

Zu seiner Freude wechselte sie ins Englische. „Was kosten Ihre Dienstleistungen?", fragte sie.

„Zwanzig Euro."

„Gut. Dann kommen Sie mit. Es ist nicht weit", sagte sie und stand auf.

Andrius setzte seine Plüschnase ab und legte das Geld für den Espresso neben die Tasse.

Als er an den Albanern vorbei kam, hörte er ein zischendes kurzes Wort, das ihm gelten musste. Er drehte sich um und sah an ihrem Gesichtsausdruck, dass er sich nicht geirrt hatte.

„Haben Sie kein Kostüm?“, fragte die Frau im Pelzmantel, als sie durch den Torbogen gingen. Die Dame in Hut und Mantel lief schweigend neben ihnen.

„Nein.“

„Unsere Mutter hat heute Geburtstag, sie wird fünfundachtzig“, sagte sie. „Sie gehen als Erster ins Zimmer, nehmen die Blumen und die Petits Fours mit! Sie geben ihr eine Vorstellung, und wir kommen später dazu! Unsere Mutter kann übrigens Englisch! Sie hat die Sprache ein Leben lang unterrichtet.“

Sie gingen zu einem anderen Gebäude. Andrius bekam Angst, krampfhaft überlegte er, wie man einen älteren Menschen zum Lachen bringen konnte. Grimassen schneiden vor einer kranken Greisin? Wie eine Ente watscheln oder wie ein hungriges Ferkel grunzen? Das kam ihm völlig deplatziert vor. ‚Wird schon irgendwie werden‘, dachte Andrius.

Sie waren am Krankenzimmer angekommen.

„Sie heißt Yvonne. Sagen Sie, Sie kämen aus London“, flüsterte ihm die Dame im Pelz zu und übergab ihm den Blumenstrauß und die Schachtel mit den Törtchen. „Und setzen Sie Ihre Nase auf!“

Andrius stülpte sich die Nase über und gab sich einen Ruck. In der rechten Hand der Blumenstrauß und die Schachtel, im Gesicht ein breites Lachen. Er trat ein und war verwirrt: In zwei Metallbetten an der Wand lagen und schliefen oder dösten zwei Frauen. Er tastete sich auf Zehenspitzen vor und beugte sich vorsichtig über das Kopfende des Bettes zur Linken – die Frau war noch längst keine fünfundachtzig. Er trippelte weiter zum rechten Bett. Die Schlafende atmete rhythmisch. Ein Stuhl, der zwischen zwei weißen Schränkchen stand, wie es sie auch auf der Kinderstation gab, kam in seinen Blick. Er setzte sich. Die Jubilarin bewegte sich, als spürte sie, dass jemand Fremdes da war. Andrius sprang auf und schob den Stuhl beiseite. Er trat auf das Bett zu. Die betagte Jubilarin, die mit dem Gesicht zur Wand unter der Decke lag, drehte sich zu ihm, aber ihre Augen waren immer noch geschlossen.

Andrius kniete in Ritterpose vor ihr nieder, als wollte er der Dame seines Herzens seine Liebe gestehen. Er hielt ihr den Tulpenstrauß hin und sang ganz leise: „Happy birthday to you.“

Die Jubilarin öffnete die Augen und schaute den jungen Mann mit der roten Clownsnase verdattert an. Doch als sie *Happy birthday, dear Yvonne, happy birthday to you!* hörte, erblühte ihr Gesicht, das sein wahres Alter nicht preisgab, in einem strahlenden Lächeln. „Wer hat Sie denn geschickt, junger Mann?“, fragte sie auf Englisch, riss ihren Kopf vom Kissen los und nahm den Blumenstrauß in Empfang.

„Ihre Töchter“, sagte Andrius stolz und fügte flüsternd hinzu: „Aus London!“

„Sind sie in London?“, fragte die Jubilarin verärgert.

Andrius schüttelte den Kopf und wies mit einem Blick auf die Tür. Dann drehte er sich zu Yvonnes immer noch schlafender Bettnachbarin und flüsterte: „Entschuldigen Sie, ich weiß nicht, wie ich Sie zum Lachen bringen soll. Ich spiele sonst immer nur vor Kindern!“

Er bereute im selben Moment, was er gesagt hatte, denn sofort wurde der Blick der Jubilarin ernst und fordernd. „Und wie bringen Sie Kinder zum Lachen?“, fragte sie flüsternd, den Kopf in die Hand gestützt und den Ellenbogen ins Kissen gedrückt.

„Na ja, ich zeige ihnen so dies und das.“

„Wissen Sie denn nicht, dass ein Mensch, wenn er fünfundachtzig wird, wie ein Fünfjähriger auf seine Umwelt reagiert? Was zeigen Sie denn Fünfjährigen?“, fragte sie und lächelte wieder.

Andrius wurde lockerer. Um den Sinn für Humor war es bei der alten Dame offenbar gut bestellt. Er ging in die Hocke, zog den Kopf ein, nahm die bebenden Fäuste vor den Mund und fing am ganzen Leib an zu zittern.

„Ein erschrockener Igel?“, wagte die Jubilarin einen Versuch. Andrius nickte. Yvonne schüttete sich lautlos aus vor Lachen. Dann bat sie, ihre Töchter hereinzuholen.

Erleichtert öffnete Andrius die Tür. Die Frauen traten ein.

„Warten Sie bitte draußen“, bat ihn die Dame im Pelz freundlich.

Ein paar Minuten später kam sie heraus.

„Herzlichen Dank“, sagte sie und gab ihm zwanzig Euro, „sie ist bester Laune.“

„Und was fehlt ihr?“, fragte Andrius höflichkeitshalber und steckte das Geld in seine Jackentasche.

„Sie hat Krebs“, antwortete die Dame, immer noch lächelnd. „Aber er wurde rechtzeitig festgestellt. Das wird schon wieder!“ Sie nickte Andrius noch einmal zu, diesmal als Verabschiedung, und ging zurück ins Krankenzimmer.

Als Andrius durch den Torbogen trat, blieb sein Blick an der roten, von den drei Straßenlaternen erleuchteten Fassade hängen. Aber er ging nicht hinüber. Er bog nach links in Richtung Métro.

35. Kapitel. Pienagalys. Bei Anykščiai

„Es gibt doch nichts Blöderes, als herumzusitzen und auf den Tod zu warten.“ Renata seufzte, als sie von Großvater Jonas zurückkam.

Seit Barsas’ Tod war nun schon fast eine Woche vergangen. In dieser einen Woche war Jonas um ein ganzes Jahr gealtert. Seine Bewegungen wurden kraftlos und fahrig. Seine geraden und kräftigen Schultern fielen ein, er lief gebückt, krümmte beim Laufen den Rücken, als trüge er einen schweren Mehlsack.

„Du hast doch selbst gesagt, ein Jonas stirbt nicht!“, sagte ihm Renata verzweifelt ins Gesicht. Sie war gekommen, um nachzusehen, ob er gefrühstückt hatte.

Hatte er nicht, und erst unter Renatas Aufsicht aß er ein gekochtes Ei und ein Stück Schwarzbrot, das noch von Weihnachten übrig war.

Als er sich gewaschen und Kaffee getrunken hatte, setzte sich Vitas an seinen Laptop und recherchierte im Netz, wobei er immer wieder brummelte, dass das Internet hier auf dem Gehöft nicht einfach nur schwach sei, sondern ständig aussetze und *blinke* wie ein für das bloße Auge unsichtbarer Stern. Das mit dem Stern sagte er, als er merkte, dass Renata hinter ihm stand. Sie bezog das auf sich. Dann setzte sie *blinkend* vor *Stern* und fing an zu grübeln.

Es wäre natürlich gut, wenn Vitas sie wenigstens verbal im Kampf gegen Jonas’ Depression unterstützen würde. Aber Vitas sagte, er würde arbeiten, der Großvater verstünde ohnehin nur die Sprache des Glases, und in dieser Sprache könne sich Vitas mit ihm nur abends unterhalten.

‚Das ist nicht wahr‘, widersprach Renata im Stillen. ‚Großvater hat nie viel getrunken. Sogar Großmutters Likör hat er sich mehrere Monate lang eingeteilt! Die Sprache des Glases! Wie gemein! Dann soll Vitas eben eine andere Sprache finden, um Großvaters Laune zu verbessern und seinen Rücken aufzurichten!‘

Doch Renata fiel nichts Passendes ein. Die Hilflosigkeit und Ratlosigkeit machten sie wütend. Am liebsten wäre sie fortgelaufen, aber einfach vor einem Problem davonzulaufen, kam einem Eingeständnis der eigenen Schwäche gleich. Wenn sie weggehen würde, weil sie musste, war das etwas anderes! Ja, wenn sie eine Arbeit hätte und jeden Morgen los müsste, abends heimkäme und Großvater in seiner Grabesstimmung anträfe, dann könnte sie ihn anschreien! Ich habe den ganzen Tag gearbeitet, bin müde, jetzt komme ich heim, und hier herrscht eine Stimmung wie auf einem Begräbnis, dass man sich am liebsten dazulegen möchte! Dann bekäme er Gewissensbisse und würde aufhören, den Deppen zu spielen!

Sie ging zu Vitas und legte ihm die Hände auf die Schultern. Durch den Pullover spürte sie seinen warmen Körper.

„Entschuldige, ich halte dich vom Arbeiten ab", sagte sie doppeldeutig, als glaubte sie nicht recht, dass er arbeite.

„Kein Problem." Er drehte sich um und schaute sie an.

„Verdienst du denn viel am Computer?", fragte sie, als sie auf dem Bildschirm die geöffnete Seite einer Onlineauktion sah.

„Wenn ich Glück habe, ja!"

„Verkaufst du was?"

Er nickte.

„Na, dann mach mal weiter." Renata seufzte, nahm die Hände von seinen Schultern und ging weg. „Kannst du kurz bei ihm vorbeischauen, wenn du fertig bist? Ihn ein bisschen ablenken?"

„Hmm", versprach Vitas. „Aber besorg uns was zu trinken, seine Vorräte haben wir nämlich schon aufgebraucht." Er holte zwanzig Litas aus der Hosentasche und gab sie Renata, während er weiter auf den Bildschirm blickte.

Der kürzlich gefallene Neuschnee war schon wieder alt. Die Wärme der hin und wieder zwischen den Wolken durchbrechenden Sonne ließ den Schnee antauen und machte ihn zu einer neuen Schicht auf der alten Schneekruste.

Um eine Flasche 999 zu kaufen, musste man nicht unbedingt nach Anykščiai oder in das näher gelegene Troškūnai fahren. Der Weg zu dem kleinen Laden, den Boris, der Säufer vom Nachbargehöft, schon längst ausgetreten hatte, nahm höchstens vierzig Minuten in Anspruch.

Renata blieb vor ihrem roten Fiat stehen. Sie holte die Autoschlüssel aus der Jackentasche, hielt sie in der Hand und steckte sie ein.

‚Ach', dachte sie, ‚wozu hetzen?'

Sie lief zum Wald und lauschte, wie der verkrustete Schnee knirschte. Manchmal nahm sie diesen Weg nach Andrioniškis. Sogar, als der Pfad direkt am Waldrand entlangführte. Diesen Weg nahmen Großmutter Severiutė und sie immer zum Friedhof. Severiutė ging nicht bis nach Andrioniškis hinein, sondern nur bis zum Friedhof, wo ihre ganze Familie begraben lag, all ihre Vorfahren, bis auf ihren Ururgroßvater, der im Ersten Weltkrieg irgendwo im fernen Belgien oder Holland gefallen war. Severiutė hatte manchmal von ihm erzählt, als Renata noch unter den Tisch passte, ohne den Kopf einzuziehen. Die Großmutter behauptete, Renata sei ihrem Großvater ähnlich, sagte aber nicht, worin. Vom Gesicht her wahrscheinlich. Worin konnte Renata ihrem Vorfahren, der als junger Mann gefallen war, sonst ähnlich sein?

‚Ich muss sein Foto finden. Wir hatten doch mal eins! Ich muss es finden und überprüfen, ob ich meinem Ururgroßvater ähnlich sehe', dachte Renata.

Jetzt lief sie durch den Wald. Der Waldduft, von Frost durchzogen, kitzelte ihr in der Nase. Den Weg von damals gab es sicher nicht mehr. Und wenn doch noch Reste erhalten waren, lagen sie unter dem Schnee.

Renata versuchte sich zu erinnern, wann sie Säufer-Boris zum letzten Mal gesehen hatte. Sein Gesicht, aufgedunsen und mit bläulichen Tränensäcken, hatte sie noch vor Augen. Früher war er manchmal bei Großvater vorbeigekommen, mal um sich Geld zu borgen, mal um über Politik zu sprechen. Aber auch wenn er zum Reden gekommen war, bat er zum Schluss doch immer um Geld. Irgendwann hatte ihn der Großvater rausgeschmissen, ihn nicht mehr über die Schwelle gelassen. Was ihn so aufgebracht hatte, daran konnte sie sich nicht mehr erinnern. Entweder glaubte der Großvater, Boris hätte auf seinem Hof etwas gestohlen, oder er hatte irgendwas anderes verbrochen. Seitdem hatte sie Boris nicht mehr gesehen. Wie viele Jahre mochte das her sein? Drei oder vier vielleicht.

Ihre Beine kannten den unsichtbaren Weg noch aus Kindertagen. In der linken Hand stach es, und Renata musste lächeln – die Hand erinnerte sich, wie sie in Großmutters Hand gelegen hatte, wie die Großmutter mit ihr, der kleinen Renata, nach Andrioniškis gegangen war. Zuerst auf den Friedhof, wo sie alle Gräber der Angehörigen in Ordnung brachte und bepflanzte, und dann in die kleine Stadt, wo entlang der Straße ein Laden neben dem anderen lag. Dort füllte Severiutė – trotz ihres Alters stark und kräftig – ihre Taschen, in denen sie nun keine Pflanzen mehr hatte, mit Gebäck und anderen Leckereien, um nicht mit leeren Händen nach Hause zurückzukehren.

Renata wurde warm von den Erinnerungen. Sie vergaß den Weg und den Wald, der sie umgab. Nur die beiden Eichen, die wie zwei Brüder nebeneinander standen, zogen ihren Blick und ihre Gedanken an. Denn genau hier, vor den Eichen, lief ihr Weg mit Boris' Pfad zusammen.

Renata blieb stehen und schaute auf den Schnee. Keine menschliche Spur, nicht der kleinste Hinweis auf einen Weg.

Sie betrachtete den Schnee, die weiße Kruste, die von einer dünnen Schicht Eichenblättern und Kiefernnadeln, die der Wind unter die Eichen geweht hatte, überzogen war. Sie glaubte den alten Pfad unter dem Schnee, den Blättern und Nadeln zu erkennen. Aber es gab ihn nur in ihrer Erinnerung. Renata bog nach links, dahin, wo der Weg früher verlaufen war. Sie folgte dem unsichtbaren Pfad, hinterließ flache Stiefelabdrücke und bemerkte nicht, dass sie genau jetzt diesen Weg wieder bahnte, diesen Faden, der sich zwischen ihrem Gehöft und dem Dorf mit den wenigen kurzen Gassen und der einen, sehr schönen Peter-und-Pauls-Kirche neu spannte.

‚Wie viel Straßen braucht es eigentlich in einem Dorf, damit es nicht als Kleinstadt, sondern eben als Dorf bezeichnet wird?', überlegte sie und lächelte.

Nein, Andrioniškis gefiel ihr, besonders im Frühjahr und im Sommer, wenn einige Bewohner Farbe kauften und der hölzernen Haut ihrer gemütlichen Häuschen einen neuen Anstrich verliehen, was immer nach dem 10. des Monats passierte, wenn die Renten und Sozialleistungen ausgezahlt worden waren. Dann verwandelte sich vor ihren Augen Hellblau in Dunkelblau, Hellgrün in Dunkelgrün, Rosa in Rot. Es kam Leben in den Ort, manchmal schien er sogar bunter und fröhlicher als Anykščiai, wo die Bewohner der Farbe ihrer Häuser weniger Aufmerksamkeit schenkten und es auch mehr Stein- als Holzhäuser gab.

Vorn links tauchten schlanke Kiefern auf, unter denen der Friedhof von Andrioniškis lag. Er schien zu Wald geworden zu sein. Die Kreuze auf den Gräbern ähnelten jungen Bäumen.

Wieder musste sie an Severiutė und an den Friedhof denken, der einem menschlichen Ameisenhaufen glich. Nur nicht belebt von der Sonne im Frühling, sondern kühl, träge und gemächlich wie im Herbst und Winter. So war der Friedhof am 2. November, an Allerseelen. Um jedes Grab wuselten mehrere Personen, meistens Frauen. An diesem Tag waren mit Sicherheit mehr Menschen auf dem Friedhof, als Andrioniškis Einwohner hatte. Denn hier bestattete man auch die Toten aus den umliegenden Dörfern und Gehöften, also kamen die Verwandten ans Grab wie zu einem Patienten ins Krankenhaus, wenn er Geburtstag hatte. Sie pflegten die Gräber und schmückten sie, als nähmen sie an einem Wettbewerb um das schönste Grab teil. Dann zündeten sie am Kreuz oder Grabstein Kerzen an. Der neugierige Herbsthimmel beugte sich herab, ließ den Abend heraufziehen, damit die Kerzen in der Dämmerung und der hereinbrechenden Dunkelheit schöner brannten. Die Angehörigen hielten inne, blickten auf das Kerzenmeer, wie gebannt schauten sie, als wollten sie nicht glauben, dass sie eine solche Schönheit geschaffen hatten, eine solche helle und märchenhafte Schönheit, an der sich wohl auch Gott in diesem Moment ergötzte. Und den Schnee zurückhielt, bis alle Friedhöfe in Litauen geschmückt waren, bis die Kerzen an Vėlinės heruntergebrannt und die Litauer mit ihren gepflegten und geschmückten Gräbern zufrieden waren. Und erst dann, um die Schönheit und Ordnung zu konservieren, überzog Gott die Erde mit Schnee wie mit weißem Leinen, wie Hausherren, die für längere Zeit wegfuhren, ihre Möbel mit weißen Laken überspannten, um sie nach ihrer Rückkehr sauber und ohne tote Fliegen vorzufinden.

Den Friedhof, der unter einem schneeweißen Leinen lag, hatte Renata hinter sich gelassen, doch ihr Gedächtnis zeichnete weiter Bilder von Vėlinės, Allerseelen. Es machte Renata ein schlechtes Gewissen, denn letztes Jahr war sie an Allerseelen nicht auf den Friedhof gegangen, sie hatte es völlig vergessen. Der Großvater hatte keinen Ton gesagt und war auch nicht gegangen. Freilich war Grabpflege in Litauen Frauensache. Aber Renata hatte noch keine nahestehenden und engen Hinterbliebenen. Wenn man einmal von Severiutė absah. Lägen ihre Eltern dort begraben, käme sie sicher am 2. November und an anderen Tagen hierher. Aber was wusste sie schon groß von ihren Eltern? Nichts weiter als das, was Großvater Jonas hin und wieder erzählte. Und er sprach immer ungern von ihnen, ausweichend und mit kaum verhohlener Kränkung. Merkwürdig, immerhin war ihre Mutter Jūratė seine Tochter. Gut, ihr Vater war nur der Schwiegersohn, aber ihre Mutter? Wenigstens über sie könnte er Renata etwas mehr erzählen: Wie sie war, bevor sie wegging. Was für ein Kind sie gewesen war.

Sie kam an den Lebensmittelladen und trat ein. Ein junger Bursche um die zwanzig schaute von seinem Handy auf, wahrscheinlich spielte er gerade ein Spiel, man hörte elektronische Schüsse.

„Eine Flasche 999", verlangte Renata und hielt das Geld hin. Sie nahm die Flasche und das Wechselgeld, wollte schon gehen, kehrte aber noch einmal zurück. „Sagen Sie mal, wann war Boris eigentlich zum letzten Mal hier?", fragte sie.

„Wer?" Der junge Mann verstand sie nicht. „Welcher Boris denn?"

„Na, der mit den langen Haaren, der Aufgedunsene, von dem Gehöft hinterm Wald. Der hat hier immer Wodka geholt."

Der junge Mann schüttelte den Kopf. „Kommt hier nicht vorbei. Ich bin schon das zweite Jahr hier. Ich kenne alle trinkenden Intellektuellen weit und breit."

Renata nickte und ging. An der Friedhofspforte blieb sie stehen.

‚Ob ich kurz reingehe? Und nach Severiutės Grab sehe?', überlegte sie.

Aber die Füße trugen sie weiter, weg von der Pforte und dem Zaun um die Kiefernstadt der Toten.

Im Wald brach die Dämmerung schneller herein als auf dem Feld oder im Ort. Der Himmel wurde dunkel, und im Wald wurde es noch dunkler. Renata lief schneller, beeilte sich, bemüht, an nichts zu denken, damit sie die Gedanken – weder gute noch traurige – nicht vom Weg abbringen konnten.

36. Kapitel. St. George's Hill. Grafschaft Surrey

Ein paar Mal wechselten Sonne und Regen, immer wieder musste der Regen der Sonne den Vortritt lassen. Herden zerklüfteter Regenwolken folgten Herden flauschiger Schönwetterwolken. Klaudijus war irritiert, dass diese Herden Tag für Tag in der immer gleichen Richtung am Himmel entlangwanderten. Sie zogen in Richtung London und dann wahrscheinlich weiter zum Ärmelkanal. Vielleicht sogar bis nach Litauen. Obwohl der europäische Wetterbericht, den Klaudijus jeden Morgen im Fernsehen verfolgte, unverändert meldete, die baltischen Länder würden vom Frost in die Zange genommen und lägen unter einer dicken Schneedecke. Einmal, das war allerdings nicht bei der BBC, sondern auf Euronews, sah er im Wetterbericht das verschneite Vilnius. Der morgendliche Rathausplatz wurde gezeigt, ein paar eingemummelte Passanten, Autos, die langsam am *Hotel Astorija* vorbeifuhren, einige hatten ordentliche Schneehauben. Litauen schien ganz nah. Als genügte es, hinterm Tor nach rechts abzubiegen. Dann konnte es nicht mehr weit sein.

Klaudijus überlegte: Wie war er ausgerechnet auf rechts gekommen? Na logisch, weil die Wolken in diese Richtung zogen, nach London und von dort aus weiter.

Gegen elf rief Achmed an. Er bat Klaudijus, auf dem Anwesen zu bleiben.

Eine Stunde später kam ein Möbelwagen, und hinter ihm der Morris Minor Travel des Pakistani.

„Herr Krawez hat neue Möbel für den Speisesaal bestellt", verkündete Achmed und öffnete das Tor für den Lieferwagen. „Ich brauche Ihre Hilfe!"

„Ingridas auch?", fragte Klaudijus.

Achmed schüttelte den Kopf.

Der Lieferwagen fuhr auf das Grundstück und hielt vor dem Haupteingang der Villa. Der Fahrer und der Träger – beide dunkelhäutig und kräftig gebaut – öffneten den Laderaum und kletterten hinein. Achmed winkte Klaudijus. Zu zweit hoben sie etwas unglaublich Schweres herunter, das mehrfach in Schutzfolie eingeschlagen war.

„Vorsicht!", warnte Achmed.

Der Fahrer und der Träger sprangen herab. Zu viert schleppten sie das undefinierbare Möbelstück in den Speisesaal und gingen zurück zum Auto.

Klaudijus, der anfangs mitgezählt hatte, wie oft sie mit Möbeln nach oben gegangen waren, verzählte sich plötzlich. Sein Rücken tat weh, seine Hände brannten.

Als sie ein weiteres Mal zum Laster hinuntergingen, sah Klaudijus zu seiner Freude nur noch einen letzten, in weiche Folie eingeschlagenen Gegenstand auf der Ladefläche stehen. Vielleicht war es ein Wandspiegel.

Der Spiegel war ein Bild, das an die Stelle des alten Richterporträts kommen sollte.

Nach einer halben Stunde schwerer körperlicher Arbeit sah der Pakistani benommen und erschöpft aus. Er atmete schwer.

Unten vor dem Haus klappten die Metalltüren des Lieferwagens. Der Transporter fuhr ab.

„Bringen Sie die alten Sessel in die Garage, ins Speisezimmer kommen jetzt die hier." Achmed zeigte auf die angelieferten Möbel. „Packen Sie sie aus und stellen Sie sie auf ... Und dann schlagen Sie die Sessel hier in die Folie ein, damit sie nicht beschädigt werden. Kriegen Sie das hin?"

Klaudijus nickte. Mit neuem Interesse schaute er auf die verpackten Möbel. „Sessel?", fragte er zweifelnd.

„Ja, Sessel", antwortete Achmed, der inzwischen verschnauft hatte. „Auf Wiedersehen!"

Klaudijus versuchte, den nächststehenden Sessel von der Stelle zu rücken. Es war mühsam, aber es ging.

Er ging ins Haus, um ein Messer zu holen. „Was hältst du von einem fürstlichen Abendessen bei Kerzenschein?“, fragte er Ingrida. „In den neuen Sesseln und mit dem neuen Porträt an der Wand?“

„Wer ist denn drauf?“, fragte sie.

„Keine Ahnung, ich hab's noch nicht ausgepackt! Zum Aufhängen brauche ich deine Hilfe, es ist zu groß. Und das alte muss noch abgenommen werden ...“

„Gut, machen wir ein Dinner“, sagte Ingrida lächelnd. „Willst du indisch oder italienisch?“

„Vielleicht englisch?“, fragte Klaudijus.

„Englisch ist indisch“, sagte sie. „Oder willst du Fish and Chips?“

„Nein, dann lieber indisch.“

Klaudijus staunte über die Form, als er den ersten Sessel ausgepackt hatte. Er hatte etwas Raumschiffartiges mit seiner hohen Lehne und den Seitenflächen, die sich so weit nach vorn wölbten, dass man die Person im Sessel nur sah, wenn man direkt vor ihr stand. Der edle bordeauxrote Bezug verlieh dem Möbel eine besondere Funktionalität, als gehörte er zu einer Business-Ausstattung oder zu einem Ritual. Klaudijus' Blick ging zu dem antiken Porträt des Richters mit der Perücke, das es genauso zu ersetzen galt wie die bequemen und eleganten Sessel.

Das Rascheln der Folie stimmte Klaudijus auf die körperliche Arbeit ein. Seine Müdigkeit war verflogen. Vorsichtig nahm er die Noppenfolie ab und schlug die alten Möbel darin ein, die Ränder fixierte er mit festem, braunem Klebeband. Er musste jeden einzelnen Muskel anspannen, als er die schweren Sessel an den Tisch schob. Mehr als das Gewicht der Sessel erstaunte ihn, wie die neuen Möbel die Atmosphäre im Raum änderten, wie der Tisch zwischen den hohen Sessellehnen zu schrumpfen schien.

Draußen setzte Nieselregen ein, und Klaudijus schaltete die Leuchter an. Er holte eine Klappleiter und stellte sie an der rechten Wand unter dem Richterporträt auf. Er würde alles vorbereiten und dann Ingrida holen, damit sie ihm zur Hand ging. Die Porträts waren ziemlich groß, die Rahmen massiv. Es durfte nichts kaputt gehen!

Das neue Porträt packten sie zusammen aus. Sie hatten schon mehrere Lagen Wellfolie abgenommen, waren aber noch nicht bis zum Bild vorgedrungen. Sie beschlossen, zuerst an der Wand Platz für das neue Gemälde zu schaffen. Der Richter mit der Perücke war leichter als gedacht. Zu zweit brachten sie das Bild in den Flur. Dann nahmen sie sich noch einmal das neue Porträt vor. Sie mussten noch drei weitere Schichten Folie entfernen, ehe sie das Kunstwerk in Augenschein nehmen konnten. Das Bild in einem auf antik gemachten Rahmen zeigte einen Mittvierziger in einem teuren Anzug mit einer blauen Krawatte über einem roten Hemd, der in einem Ledersessel saß. Seine Ellenbogen lagen auf hohen Armlehnen. Zwischen dem Zeigefinger und dem Mittelfinger der rechten Hand steckte eine Zigarre. Um seinen Mund spielte ein Lächeln, als hätte der Maler versucht, die Mona Lisa mit ihrem geheimnisvollen Gesichtsausdruck nachzuahmen.

„Wer ist das?", fragte Ingrida.

„Krawez?", erwog Klaudijus.

„Genau! Das ist er!" Die junge Frau nickte. „Nur dass er hier besser aussieht! Kannst du dich noch an seine hängende Unterlippe erinnern, als er geredet hat?"

„Stimmt", sagte Klaudijus, als er an das Gesicht im Skype-Fenster dachte.

Das Bild war genauso groß wie das vorherige. Und der Rahmen passte vom Stil her zu den anderen Bildern im Saal.

Als Klaudijus Krawez' Porträt ausgerichtet hatte, stieg er von der Leiter, trug sie zur Tür und betrachtete das Bild von dort aus, aus zehn, fünfzehn Metern Entfernung. „Der Richter sah besser aus", stellte er fest. Er holte sein Handy raus und schaute aufs Display. „Du könntest schon das Essen holen", sagte er zu Ingrida. „Und ich richte inzwischen hier alles her. Heute nehmen wir das *königliche Porzellan*."

Ingrida ließ ihren Blick durch den veränderten Saal schweifen. „Lass uns lieber zu uns rübergehen", sagte sie. „Der Raum hat jetzt irgendwie eine merkwürdige Aura gekriegt ..."

„Wollen wir nicht doch hier ...?" Klaudijus ließ nicht locker. „Mit den drei Kandelabern, wie letztes Mal? Bei Kerzenschein ist außer uns und den Kerzen nichts zu erkennen."

Ingrida antwortete nicht.

„Überleg's dir noch mal. Ich warte hier. Wenn du lieber drüben essen willst, dann gehen wir rüber ..."

Quietschend schloss sich hinter Ingrida der linke Türflügel. Klaudijus setzte sich in einen Sessel, ruhte sich aus, gähnte. Er schlummerte ein, aber kurz bevor er fest einschlief, ballte er die Fäuste, schlug die Augen auf und riss sich hoch. Er stand auf und gab dem verführerisch weichen Sessel die Schuld an seiner Schläfrigkeit.

Klaudijus lief um den Sessel herum, rückte ihn vom Tisch ab und drehte ihn Krawez' Porträt zu. Wieder spürte er, wie sich seine Armmuskeln strafften. Er befühlte die Sessellehne, die vorgewölbten Seiten, kniete sich hin und stieß auf das in einer Stofffalte versteckte Firmenschild. Er zog an einer Ecke und beugte sich darüber: *Armed Armchairs. Bulletproof furniture. Made in Colchester, UK.* Verwundert wackelte Klaudijus mit dem Kopf. Na, so was! Ein kugelsicherer Sessel! War der etwa gepanzert? Und deswegen so schwer?

Klaudijus befühlte den hinteren Teil der Lehne und die Seiten. Alles bequem und weich. Keine dicke Metallplatte. Nur das Gewicht verriet, dass man den Sessel bei seiner Herstellung bepanzert hatte. ‚Na, wenigstens ist er nicht *Made in China*', dachte Klaudijus.

Brummelnd setzte er sich in den Sessel und wandte sein Gesicht dem eben aufgehängten Porträt zu. Wieder spürte er, wie ihn der Schlaf übermannte. Bloß nicht gähnen. Er riss die Augen auf, starrte verbissen auf Krawez. Plötzlich schien es ihm, als hätte sich die Zigarre in seiner Hand bewegt. Als wäre der Blick echt. Echt und furchteinflößend. Der Blick verharrte über Klaudijus' Kopf. Nein, er ging über ihn hinweg! Klaudijus drehte sich um schaute und auf die Sessellehne, die dreißig Zentimeter über seinen Kopf hinausragte. Von rechts und links umgaben ihn die weichen, nach vorn gewölbten Seitenflächen. Wahrscheinlich waren sie auch kugelsicher.

Plötzlich quietschte und raschelte es leise. Klaudijus schien es, als presste sich Herr Krawez aus Angst in seinen braunen Ledersessel. Und sein Blick, der an irgendetwas in Klaudijus' Rücken geheftet war, blieb starr.

Wieder hörte Klaudijus es rascheln. Hinter seiner Sessellehne.

Er presste sich ebenfalls in den Sessel, riss die Füße vom Parkettboden, rührte sich nicht, wurde blass.

Hinter der bordeauxroten Seitenfläche tauchte Ingrida auf.

Der rasende Puls ließ Klaudijus das Blut in den Kopf schießen. „Bist du verrückt geworden", zischte er, „mich so zu erschrecken!"

„Ich hab dich nicht erschreckt", antwortete sie ruhig. „Komm rüber, solange die Sachen noch warm sind. Mir gefällt's hier nicht mehr."

Er stand auf. „Mir auch nicht", sagte er. „Soll ich dir was sagen?", fuhr er fort, als sie durch die regenfeuchte Allee zu ihrem kleinen Backsteinhaus liefen, „die Sessel sind kugelsicher! Hier in England produziert."

„Weißt du, was das heißt?", fragte Ingrida.

Klaudijus zuckte mit den Schultern.

„Dass er herkommen will“, spann sie ihre Gedanken fort. „Herkommen oder hierher umziehen.“

„Warum? Hier ist es auch ohne ihn ganz nett“, flüsterte Klaudijus, der sich schon von seinem Schreck erholt hatte.

37. Kapitel. Leipzig. Sachsen

Kukutis beugte sich zu seinem Holzbein hinunter, zog das breite Hosenbein hoch und holte eine kleine Metallflasche mit dem Namenszug *Vitas* hervor. Er nickte dem Namenszug ehrerbietig zu, sagte: „Danke, Vitas!“ und nahm einen Schluck. Der Weinbrand floss mit einem vollen, leicht brennenden Geschmack durch die Kehle in alle Körperteile, die den Alkohol ins Blut spülten.

Auf Kukutis' Lippen lag ein voller, angenehmer Geschmack von brauner Farbe. Denn jeder intensive Geschmack hatte auch eine intensive Farbe. Manchmal stimmte er mit der Farbe des Getränks oder der Speise überein, manchmal nicht. ‚Die Möhre zum Beispiel schmeckt silbrig-weiß, obwohl sie rot ist‘, überlegte Kukutis. Immer noch schmeckte er den Weinbrand auf der Zunge. ‚Und der schwarze Rettich schmeckt, wenn man ihn reibt, giftgelb, frech. Sekt schmeckt komischerweise farblos.‘ Deswegen mochte Kukutis auch keinen Sekt. Nicht zu vergleichen mit einem guten französischen Kognak. ‚Besonders dieser, wie hieß er noch gleich? In dieser Flasche, die wie eine Karaffe aussah ...‘

„Was wollen Sie, Herr?“* Die deutschen Wörter donnerten wie der Befehl eines Offiziers über Kukutis' Kopf hinweg. Sofort waren alle Gedanken und Erinnerungen, in denen er gerade noch geschwelgt war, verschwunden. Als wären sie zurückgeschreckt.

Kukutis hob den Kopf und sah den strengen älteren Kellner, seine militärische Körperhaltung, die sich an den Schultern zeigte und daran, wie er seinen Anzug trug und den Kopf hielt.

„Was ich will?“, übersetzte sich Kukutis die Frage ins Litauische.

Er schaute sich um. Er war in einer Bierkneipe und saß am letzten Tisch in der Ecke neben einem großen Kamin. Die übrigen Gäste tran-

* Im Original auf Deutsch.

ken Bier und aßen Würstchen mit Sauerkraut. Sein Blick blieb an den kauenden Lippen eines in seiner Nähe sitzenden deutschen Bürgers hängen. Er war gut gekleidet und hatte vergessen, seinen Gesichtsausdruck auf *Feierabend* umzustellen.

„Sauerkraut", sagte Kukutis deutlich und machte auch ein übertrieben ernstes Gesicht. „Und Bier."

„Und Würstchen?", fragte der Kellner leicht gekränkt.

„Ja, ja", sagte Kukutis und nickte. „Zwei oder drei. Mit Senf."

Der ältere Kellner nickte bedeutsam. „Jawoll", sagte er, „natürlich mit Senf!",* und ging weg.

Gestärkt verließ Kukutis die Kneipe. Draußen blieb er stehen, drehte sich zu der Tür um, aus der er gerade gekommen war, und las das Schild. Er musste hineingegangen sein, wusste aber nicht mehr wie. Wie er rauskam, musste er auch reingegangen sein. Normalerweise schaute man erst und ging dann hinein. Hier war es genau umgekehrt: Er kam heraus und schaute nach, wo er gewesen war. Über der grünen Tür, deren größten Teil eine dunkle, quadratische Scheibe einnahm, stand in ehernen schwarzen Lettern, die offensichtlich mit einer Schablone auf den grünen Grund aufgebracht worden waren, zu lesen: *Leipzig* und darüber *Tatort*. Rechts davon war ein mysteriöses Männergesicht mit Hut.

„Der Ort eines Verbrechens?" Kukutis dachte laut nach und wurde ernst. Er schaute auf die abgefaste Ecke des wuchtigen, grauen Viergeschossers, auf den Erker im ersten Stock, der die Eingangstür überwölbte, sodass man sich bei Regen unterstellen konnte, auch wenn die Kneipe geschlossen war.

Kukutis versuchte sich an spektakuläre Mordfälle zu erinnern, die die europäische Geschichte beeinflusst hatten. Als ersten sah er Franz Ferdinand vor sich. In Sarajevo. Direkt auf der Franz-Joseph-Straße, wo er von einem Studenten ermordet wurde. Dann Stolypin, den russische Reformminister, der von einem anderen Studenten in der Oper erschossen wurde. Der dritte war der stellvertretende Reichsprotektor von Böhmen und Mähren Reinhard Heydrich, der 1942 in Prag von einem Tschechen und einem Slowaken ermordet wurde.

---

* Im Original ist der gesamte Dialog auf Deutsch.

„Leipzig, Leipzig", wiederholte er leise und versuchte unter diesem Stichwort einen prominenten Mord aus seinem Gedächtnis zu kramen. Aber das Gedächtnis versagte.

Kukutis leckte sich die Lippen, klappte den Kragen seines grauen Mantels hoch und ging zurück in die Schankstube. Drinnen traf ihn der Blick des strengen alten Kellners, und beherzten Schrittes ging er zu ihm hin. Durch das steife Bein wirkte sein Gang bedrohlich, wenn nicht gar attackierend.

„Was wollen Sie?"* Diese Frage kannte Kukutis schon.

„Ich will wissen", sagte er resolut, „wer war hier umgebracht?"*

Der steife Kellner schaute hinunter auf das aus dem rechten Hosenbein hervorschauende Holzbein, dann blickte er auf und sah dem seltsamen Gast in die Augen. „Hier ist ein Film über einen Mord gedreht worden", sagte er mit einem seltsamen Bedauern in der Stimme. „Schon mal was vom *Tatort* gehört?"

Kukutis schüttelte den Kopf.

Der Kellner setzte eine andere Miene auf. Er lächelte und reichte dem einbeinigen Alten die Hand. „Sie sind der Erste, der diese Serie nicht kennt." Die unverhoffte Begeisterung, die Kukutis aus der Stimme des Kellners heraushörte, änderte seine Vorstellung von diesem Menschen mit militärischer Haltung. „Dann sind Sie also zufällig hier hereingeschneit?"

„Ja, wenn ich irgendwohin gehe, ist das meistens zufällig", bestätigte Kukutis die Vermutung des Kellners.

„Setzen Sie sich an Ihren Tisch." Der Kellner wies ihm höflich den Tisch zu, an dem Kukutis gerade Bier getrunken und Würstchen mit Sauerkraut gegessen hatte. „Ich bringe Ihnen andere Würstchen. Und anderes Bier!"

Kukutis kehrte an seinen Tisch neben dem riesigen Kamin zurück, zog den Mantel aus und warf ihn über den Nachbarstuhl.

Der Kellner brachte ihm ein Glas Bier, das bernsteingelb schillerte. Der kühle Bernsteinsaft hypnotisierte Kukutis. Er erinnerte ihn an Litauen. Als würde alles ringsum zu Bernstein, alles zu Litauen werden.

‚Wie gut, wenn man etwas Unwichtiges, das alle kennen, nicht kennt', dachte Kukutis und sah aus dem imaginierten Bernsteinnebel

---

* Im Original auf Deutsch.

den Kellner, dessen Gesicht von einer guten Nachricht strahlte, mit einem Tablett auf sich zukommen. Vom Tablett stieg Dampf auf.

38. Kapitel. Paris

„Wir müssen noch mal ganz von vorn anfangen!" Barbora versuchte ihren Ärger als Geschäftigkeit zu tarnen, aber die betonte Deutlichkeit und die ungewohnte Gleichmäßigkeit ihrer Worte konnten Andrius nicht täuschen. Warum sollte sie, wo sie doch sonst schnell sprach und streitlustig war, auf einmal eine ganz andere, kalte Sprechweise an den Tag legen?

„Was ist passiert?", fragte er besorgt, als er die Jacke auszog.

„Ich habe die Miete bezahlt, und wir haben nur noch dreizehn Euro", seufzte sie in einem nun schon vertrauteren Tonfall. „So geht es nicht weiter."

„Wir haben dreiundsiebzig Euro." Andrius zeigte ihr die heute verdienten Scheine. „Kein Grund zum Pessimismus. Wollen wir zum Vietnamesen?"

Barbora schüttelte den Kopf. Sie schaute ihn mitleidig an, senkte den Blick.

„Wir machen doch irgendwas falsch. Es muss irgendwie anders gehen ..." Wieder traf ihn ihr verzweifelter Blick. „Das ganze Geld geht nur fürs Essen drauf. Ich habe die Miete bezahlt, und es ist fast nichts mehr übrig. Und die Rechnungen für Wasser und Strom kommen noch ..."

„Wahrscheinlich leben die Leute hier so. Sie arbeiten, um zu leben."

„Ein Leben auf Messers Schneide ist das." Ihre Stimme klang tränenerstickt. „Wir haben nichts zurückgelegt, wir haben alles in deinen chinesischen und vietnamesischen Imbissbuden durchgebracht!"

Andrius war bestürzt. Barboras Blick war liebevoll, aber was sie sagte, passte nicht zu ihrem Blick. Ihre Worte klangen verärgert.

„Du willst sparen? Gut!", sagte Andrius bereitwillig. „Dann koche ich selbst. Kein Problem."

„Entschuldige. Ich bin einfach erschrocken, als ich der Vermieterin das Geld gegeben habe. Sie ist so nett, hat sogar ein Päckchen Kekse mitgebracht." Barbora drehte sich rum und schaute auf den Tisch, auf dem die Kekspackung lag. „Ich habe einfach Angst. Und außerdem ... Ich glaube, ich bin schwanger."

Andrius zuckte zusammen, als er das hörte, machte gleich einen Schritt auf Barbora zu und umarmte sie. „Du brauchst doch keine Angst zu haben“, flüsterte er. „Wir gehen schon nicht vor die Hunde. Ich fühle mich hier in Paris schon wie zu Hause. Ich weiß, wo ich was verdienen kann, in welchen Supermärkten die Lebensmittel günstig sind. Du bist einfach nervös. Das musst du nicht!“

Barbora schmiegte sich an ihn. „Gut, dass ich dich habe“, flüsterte sie. „Ich mach’s nicht wieder. Ist irgendwie so gekommen. Wahrscheinlich von der Müdigkeit. Die Müdigkeit, die Feuchtigkeit, der Kinderwagen ...“

„Dann lass doch den Kinderwagen und geh nur noch mit dem Hund spazieren! Du magst doch den Hund?“

„Geht nicht“, flüsterte Barbora, „dann reicht’s nicht für die Miete.“

„Doch. Ich strenge mich an. Ich kaufe mir ein echtes Clownkostüm, und dann verdiene ich bestimmt auch mehr.“

„Und was kostet das?“

„Im Internet gibt’s die schon für fünfzig Euro, und für die Clownstiefel noch mal fünfzig ...“

„Das ist ziemlich teuer.“

„Jetzt kauf ich’s noch nicht. Später, wenn ich bisschen mehr verdient habe... Hast du Hunger?“

Sie nickte.

„Dann koch ich uns jetzt was.“

„Wir haben nichts da. Nur Butter, Milch und Eier.“

„Das ist fürs Frühstück. Ich mach uns Omelett. Bin gleich wieder da, ich gehe nur schnell zum Franprix. Das wird ein Abendessen, da leckst du dir die Finger.“

Andrius zog sich die Jacke an und lief in den nächsten Supermarkt.

39. Kapitel. Pienagalys. Bei Anykščiai

Am Freitagabend trank Großvater Jonas das letzte Glas. „Schluss mit dem Trinken bis zum nächsten Weihnachten“, verkündete er.

Sie saßen zu dritt an seinem runden Tisch. Vitas hatte gerade eine neue Flasche Likör aufgemacht. Renata trank Tee. Sie hatte sich zu ihnen gesetzt, damit sie es nicht übertrieben. Am Abend zuvor war Vitas bis ein Uhr nachts bei Großvater Jonas hängengeblieben. Renata hatte mehrere Mal an der Tür gelauscht, weil sie dachte, die beiden würden sich unterhalten. Aber hinter der grünen, oft übertünchten Tür herrschte Schweigen. Sie saßen also einfach zusammen und tranken ab und zu ein Gläschen.

„Großvater“, sagte Renata, „dein Gesicht wird voller.“

„Ach ja?“, wunderte sich Jonas.

„Das kommt vielleicht vom Trinken. Früher hast du ja kaum was getrunken.“

Der alte Jonas stand auf und schaute sich in der Spiegeltür seines Schrankes an. „Ja, du hast recht“, sagte er und kam zurück. „Ich muss mir was einfallen lassen. Mit so einem Gesicht möchte ich nicht im Sarg liegen.“

„Jetzt fängst du wieder davon an!“ Renata hatte die Nase voll. „Wenn du noch mal vom Sarg redest, bring ich dir zwei zur Auswahl mit. Die kannst du dir dann hier ins Zimmer stellen und dauernd drüberstolpern.“

Vitas starrte Renata erschrocken an. Nicht einmal ihn hatte sie so angegiftet.

„Entschuldige“, sagte Jonas halblaut. „Es geht mir schon besser als letzte Woche. Wirklich. Dank Vitas“, er warf dem jungen Mann einen dankbaren Blick zu. „Er hat mich abgelenkt, so gut er konnte.“

„Und womit er konnte“, ergänzte Renata, aber ihre Stimme klang schon weniger verärgert. „Als ich noch klein war, hast du immer zu mir gesagt: ‚Ein Jonas stirbt nicht. Ein Jonas stirbt nicht!‘ Weißt du das noch?“

Der Großvater nickte. „Stimmt, ein Jonas stirbt nicht“, sagte er zögerlich und gedankenversunken. Er nahm das Glas, das Vitas eingeschenkt hatte. „Das war’s. Das ist das letzte Glas. Kein Tropfen bis zum nächsten Weihnachtsfest“, versprach er und nippte.

Sie blieben noch anderthalb Stunden sitzen, sagten kaum ein Wort. Eine behagliche Stille. Der Großvater teilte sich sein letztes Glas ein. Er nippte, doch der Likör wurde nicht weniger. Vitas schenkte sich ein und leerte das Glas in einem Zug.

Als sie rübergegangen waren, setzte sich Vitas an den Computer, und Renata ging ins Schlafzimmer. Kaum hatte sie sich hingelegt, war sie auch schon eingeschlafen, ganz so, als hätte auch sie dem Likör zugesprochen. Eine halbe Stunde später kam Vitas ins Bett. Er schlüpfte unter die Decke und wollte Renata wecken, um ihr etwas zu erzählen, aber als er sah, wie fest sie schlief, hielt er sich zurück. Er lag lange auf dem Rücken, schaute an die Decke und schielte ab und an zu ihr hinüber, um zu sehen, ob sie nicht zufällig munter geworden war.

„Es gibt gute Neuigkeiten“, sagte er hochtrabend beim Morgenkaffee. „Ich wollte es dir gestern noch sagen, aber du warst schon eingeschlafen.“

„Und was genau?“, fragte sie spöttisch.

„Du nimmst mich nicht ernst“, maulte Vitas. „Und deinen Großvater hast du gestern auch angefahren! Du erinnerst dich?“

„Ja, natürlich! Wie soll man denn mit euch sonst reden, damit ihr euch normal benehmt? Was gibt's denn nun für Neuigkeiten?“

„Ich hab was verkauft für zwanzigtausend Dollar! Übers Internet!“, rief er fröhlich und schaute Renata erwartungsvoll an.

„Was? Deine Wohnung, oder was?“

„Bist du verrückt? Die hab ich schon vermietet. Nein! Flugschreiber. Ich hab doch noch sieben solche Dinger von meinem Vater rumliegen.“

Renata schaute Vitas an und wusste nicht, was sie sagen sollte.

„Gefällt dir das etwa nicht?“, fragte Vitas vorsichtig.

„Warum? Nein. Alles in Ordnung“, sagte Renata. „Und wer hat sie gekauft?“

„Noch sind sie nicht gekauft, aber bald! Von einem Amerikaner. Der hat mir geschrieben, dass er in Prienai gerade sieben Flugzeuge erworben hat! Und dass er die Flugschreiber dazu nimmt.“

„Gibt's denn in Prienai einen Flughafen?“, fragte Renata zweifelnd.

„Es gibt einen Flugplatz, genauer gesagt einen Fliegerklub. Die haben auf jeden Fall kleine Maschinen, das habe ich im Internet gesehen! Ich muss jetzt nach Kaunas, um ihm die Dinger zu übergeben und das Geld zu bekommen. Jetzt sind wir reich!“

Das Wort *reich* entlockte Renata ein Lächeln, und Vitas war erleichtert. „Willst du ihm vielleicht auch unseren Flugschreiber mitnehmen?“ Sie deutete auf die Tasche links vorm Schrank, aus der ein altes Textilkabel zur Steckdose führte.

„Nein, ich habe nur sieben ins Netz gestellt, die, die ich zu Hause habe.“

„Schade“, seufzte Renata.

Gegen Abend brachte sie ihn zum Bahnhof. Ehe sie zurückfuhr, kaufte sie ein. Zu Hause kochte sie Spaghetti, gab grünes Pesto dazu und ging mit dem Essen ohne Vorankündigung rüber zum Großvater. Der kam nicht umhin, die Spende anzunehmen. Sie setzten sich und aßen zusammen.

„Warum bist du denn so spät noch in die Stadt gefahren?“, fragte Jonas.

Renata erzählte dem Großvater von dem verrückten Amerikaner, der in Litauen alte Flugzeuge zusammenkaufte und auf Onlineauktionen Flugschreiber ersteigerte.

Der alte Jonas wiegte erstaunt den Kopf. „Mit diesem Kaunas kann wirklich etwas nicht stimmen! Vitas hat mir erzählt, dass sie in der Fabrik von seinem Vater so hohe Prämien für die Übererfüllung des Plans bekommen haben, dass sie die Flugschreiber für zehn Jahre im Voraus gebaut hatten. Deswegen waren so viele übrig, als die Sowjetunion zusammengebrochen ist."

„Vielleicht ist nicht Kaunas, sondern Litauen mit dem Bau beauftragt worden? Weil wir ein besonderes Verhältnis zum Tod haben, anders als die anderen?", mutmaßte die Enkelin keck.

„Siehst du, jetzt hast du selbst vom Tod angefangen", lachte der Großvater.

„Oh, entschuldige. Kommt nicht wieder vor!"

Als Renata wieder bei sich drüben war, sah sie, dass Vitas seinen Laptop angelassen hatte. Sie setzte sich dran und drückte Enter, um den Bildschirmschoner auszuschalten. Die vertraute Seite der Onlineauktion mit den Fotos von irgendwelchen Geräten baute sich auf. Renata schaute sich die komischen Geräte an, scrollte hoch und fand das Feld für die Produktsuche. Sie zog den Cursor in das Feld und klickte. Ihre Hände fanden automatisch zur Tastatur. Sie tippte, und im Feld der Produktsuche erschienen die Stichworte „Schäferhundwelpe, Anykščiai".

Zwanzig Sekunden später war auf der Seite eine senkrechte Reihe mit Fotos von niedlichen Welpen zu sehen. Unter den Bildern standen die Rasse und die Adresse des Verkäufers. Ein Welpe wurde direkt im Zentrum von Anykščiai angeboten, fast genau gegenüber von der St.-Matas-Kirche. Renata glaubte sogar das Haus zu kennen, in dem der Welpe verkauft wurde. Sie klickte auf die Abbildung, das Foto vergrößerte sich, der Startpreis wurde eingeblendet: *400 Litas*.

‚Ganz schön happig', dachte sie und musste lachen, als ihr einfiel, wie viel der Typ Vitas für die Flugschreiber hingeblättert hatte. Zwanzigtausend Dollar!

Renata überlegte, was sie über Auktionen wusste. Außer Filmszenen kam ihr nichts in den Sinn. Sie war noch nie auf einer Auktion gewesen, aber aus den Filmen wusste sie, dass man immer nur um kleine Beträge erhöhte. Darum schrieb sie in das Feld neben den Startpreis *405 Litas*. Weiter unten füllte sie ein Formular aus, trug ihren Namen, ihre Mailadresse und ihre Handynummer ein. Dann klickte sie auf den virtuellen Knopf mit der Aufschrift *Fertig* – das Formular verschwand, das Welpenfoto blieb.

„Na, mal sehen, was weiter passiert“, flüsterte sie und ging schlafen.

Am nächsten Morgen gegen neun klingelte ihr Handy. Eine helle, frische Frauenstimme fragte Renata, ob sie es sei, die den Welpen kaufen wolle.

„Ja“, antwortete Renata und gähnte.

„Sie können heute vorbeikommen, ich bin den ganzen Tag zu Hause“, sagte die Hundeverkäuferin.

Renata legte das Telefon ab und merkte, dass sie nicht genügend Geld hatte. Sie ging zum Großvater.

„Kannst du mir dreihundert Litas leihen?“, fragte sie und blieb in der Tür stehen.

Der Großvater zuckte zusammen, als wäre die Enkelin ungelegen gekommen. Er ließ ein beschriebenes Blatt Papier auf den Tisch sinken und nahm die Brille ab. „Ja, natürlich. Ich bring dir das Geld gleich rüber“, sagte er, faltete den Bogen zusammen und steckte ihn in einen Umschlag.

Renata schloss die Tür und blieb im Flur stehen. Sie wäre am liebsten noch mal reingegangen und hätte den Großvater gefragt, wessen Brief er da gerade gelesen hatte. Vor Kurzem war der Briefträger auf seinem orangen Fahrrad dagewesen – am 10. Januar hatte er Jonas die Rente gebracht. Und vielleicht noch etwas anderes?

Renata bezwang ihre Neugier und ließ den Großvater in Ruhe. Zehn Minuten später klopfte er an ihre Tür und brachte die dreihundert Litas.

Über Anykščiai schien die Sonne, klar und kalt. Das Haus, in dem der Welpe verkauft wurde, hatte Renata schnell gefunden.

Die Frau mit der sonoren Stimme hieß Saulė. Die schlanke Blondine um die dreißig empfing Renata im Trainingsanzug, führte die Besucherin ins Haus und ließ sie ein paar Minuten in der geräumigen Küche allein. Dann kehrte sie mit dem Welpen zurück, den sie fast auf ausgestreckten Armen trug, weil er mit seinen Pfoten und seiner langen Zunge an ihr Gesicht wollte.

„Hier haben wir ihn. Ist er nicht süß?“, rief die Besitzerin fröhlich.

Renata nahm den Welpen auf den Arm. Sein kaltes Fell sagte ihr, dass er sich gerade noch draußen getummelt hatte, im Hof wahrscheinlich.

„Und wie heißt er?“

„Googlas."

„Googlas?" Renata lächelte. „Wie Google?"

„Ja." Saulė nickte. „Er hat einen feinen Geruchssinn. Neulich habe ich ihm eine Socke von meinem Mann zum Beschnuppern gegeben, und dann habe ich sie im Kofferraum von unserem Auto versteckt. Erst hat er das ganze Haus abgesucht, dann ist er in den Hof raus und hat das Auto angebellt, aber wie. Direkt vorm Kofferraum. Der findet alles, was Sie suchen. Genau wie Google."

„Googlas, Googlasik", flüsterte Renata zärtlich, hob den Welpen hoch und hielt ihn vors Gesicht.

Googlas machte sich frei, und Renata spürte seine feuchtwarme Zunge auf ihrer Nase. „Kleiner Frechdachs!", rief sie.

Renata bezahlte und nahm das Angebot an, sich für den Transport das warme Hundekörbchen mit dem Deckel auszuleihen.

„Wenn Sie mal wieder in Anykščiai sind, bringen Sie es vorbei", sagte Saulė beim Verabschieden.

Als Großvater Jonas das lebende Geschenk überreicht bekam, verschlug es ihm die Sprache. Er setzte sich, nahm den Welpen auf den Schoß und wollte ihn streicheln. „Ist der aber quirlig", sagte er irgendwann lächelnd. Dann wurde sein Blick traurig, und er schaute seine Enkelin an. „Den überlebe ich doch nicht", sagte er mit einer fremden, düsteren Stimme. „Will ich auch gar nicht. Was soll dann aus ihm werden? Wer kümmert sich um ihn?"

„Mach dir darüber keine Gedanken", bat Renata den Großvater. „Den lässt schon keiner hier allein zurück."

Das schien den alten Jonas zu trösten, aber seine Augen blieben traurig und nachdenklich. Wieder streichelte er den Welpen. „Googlas", wiederholte er, „den Namen habe ich ja noch nie gehört."

Eigentlich wollte Renata dem Großvater erklären, woher der Name kam, aber sie ließ es bleiben. Wie sollte man jemandem, der in seinem Leben noch nie an einem Computer gesessen hatte, erklären, was Google ist? Das ging nicht.

40. Kapitel. St. George's Hill. Grafschaft Surrey

Der unerwartete Schneefall in der Nacht bescherte Ingrida und Klaudijus einen traumhaften Morgen. Vom Fenster ihres gemütlichen

Schlafzimmers aus bestaunten sie den weißen Glitzerteppich, vor dem die von Klaudijus gestutzte und begradigte Lebensbaumallee wie ein Spalier schlanker Soldaten in grünen Mänteln und hohen weißen Pelzmützen wirkte.

„Guck dir das an! Schade, dass heute nicht Weihnachten ist", rief Klaudijus.

„Schade, dass heute nicht Sonntag ist!" Ingrida lachte.

Als Klaudijus den Wasserkocher eingeschaltet hatte, schaute er aufs Thermometer. In den letzten Tagen war die Temperatur in ihrem Häuschen nicht über siebzehn Grad gestiegen, aber es war nicht so schlimm. Ingrida beklagte sich nicht. Und auch ihm fiel es inzwischen leichter, früh aufzustehen.

Er setzte sich an den Tisch, schaute auf die Glasschale, in der sich reife türkische Granatäpfel türmten. Ingrida war gestern einkaufen gewesen. Natürlich hatte sie recht. Wenn heute Sonntag wäre, könnte man den ganzen Tag zu Hause bleiben, etwas Leckeres kochen und abends ein Candle-Light-Dinner veranstalten. Aber bis zum Sonntag waren es noch vier Tage. Ob der Schnee bis dahin liegenblieb? Wohl kaum. Außerdem würde der kommende Sonntag mit Sicherheit laut und stressig werden. Heute war Dienstag. Heute mussten die ersten Arbeiten getan werden, um die Villa für den Besuch herzurichten, den Artur gestern Abend per Skype angekündigt hatte. Fünf Personen, Freunde von Krawez, würden am Freitag kommen und bis Sonntag bleiben. Am Donnerstag käme eine Cateringfirma mit den Lebensmitteln. Das war gut. Aber Ingrida und Klaudijus mussten das Haus auf Vordermann bringen, das Dienstbotenzimmer im Erdgeschoss neben der Küche und fünf Gästezimmer im zweiten Stock herrichten, lüften und die Betten beziehen. Es gab viel zu tun, aber ein Morgen wie dieser lud zur Muße ein.

Klaudijus öffnete das Fenster und warf die fünf türkischen Granatäpfel hinaus. Rote Kugeln im weißen Schnee.

Das Wasser kochte.

„Guck mal aus dem Fenster", bat Klaudijus Ingrida, als er in den ersten Stock gestiegen war.

Gegen Mittag hatte die Sonne die Oberhand gewonnen. Die türkischen Granatäpfel zierten wieder den Tisch. Ingrida und Klaudijus holten das gelbe Staubsaugermonster aus der Abstellkammer im Erdgeschoss und fingen an, Krawez' Villa zu putzen. Als sich Ingrida vergewissert hatte, dass Klaudijus mit dem Kampfstaubsauger allein fertig wurde, stieg sie in den zweiten Stock, um die Gästezimmer in Augenschein zu nehmen.

Schon ein paar Mal war sie über diese knarzende, herrschaftliche Holztreppe mit dem geschnitzten Geländer nach oben gestiegen. Das dunkle, antike Holz, das unter dem matten Lack einen Hauch von Schönheit zeigte, fand Ingrida faszinierend. Anfangs war es ihr merkwürdig vorgekommen, dass in einem Haus, in dem eine prunkvolle Marmortreppe aus der Eingangshalle in den ersten Stock führte, in dem die Deckenhöhe in den unteren beiden Etagen dazu zwang, den Kopf in den Nacken zu legen, damit man den Stuck an den alten, massiven Kronleuchtern sah, dass in diesem Haus die Treppe in die zweite Etage aus Holz war, sich versetzt zur Marmortreppe an einer anderen Stelle befand und dass die Decken im zweiten Stock viel niedriger waren. Natürlich hatte das seine Logik. Wenn im zweiten Stock die Gästezimmer waren, musste es dort gemütlich sein. Und Gemütlichkeit und Erhabenheit passten nicht zusammen. Eine *erhabene Gemütlichkeit* hatte wahrscheinlich noch niemand gesehen. Bei diesem Gedanken musste Ingrida lachen. Sie stand auf der vorletzten Stufe der Holztreppe, hielt sich mit der linken Hand am Geländer fest und fühlte die Wärme des Holzes. Sie schaute auf die alten gerahmten Karten, rechts an der Wand über den Holzpanelen, die aus demselben dunklen Holz gefertigt waren wie die Treppe. Die alten Karten schienen auch über diese knarzenden Stufen nach oben zu steigen. Auf allen Karten war – mal allein, mal zusammen mit Europa – Großbritannien dargestellt. Das Land, in das Ingrida und Klaudijus unbedingt reisen wollten und auch reisten, in dem sie ankommen und glücklich werden wollten.

Die solide Gestaltung der Villa, der Treppen, der sich lautlos öffnenden schweren Eichentür spiegelten ein sicheres und solides Leben. Ingrida mochte dieses Gefühl. Sie mochte es so sehr, dass sie es immer wieder heraufbeschwor und durchlebte und sich allmählich als Hausherrin fühlte. Sich, nicht Klaudijus. Er war später dazugekommen. Und auch nur, weil sie es wünschte und duldete. Klaudijus war und blieb Gärtner.

Jedes Zimmer auf dieser Etage hatte seine eigene Farbe und seinen eigenen Stil. Gleich waren nur die Türen, weswegen man die Zimmer schnell hätte verwechseln können, wären da nicht die Bronzeschilder mit den Frauennamen gewesen: *Elizabeth, Cornelia, Margot, Jacqueline, Rosemary, Hannah ...*

Ingrida lief den Korridor entlang. Sie las die Namen auf den Schildern und hoffte, das Schild mit dem Namen *Ingrida* zu finden. Aber das letzte Zimmer hatte einen anderen Namen: *Beatrice*. Hinter der gegenüberliegenden Tür verbarg sich eine geräumige Abstellkammer mit sauberer Bettwäsche. Nichts Weißes. Smaragdgrüne, bordeauxrote, dunkelblaue und andersfarbige Laken und Bezüge, die sich weich und angenehm anfühlten.

Im Zimmer *Elizabeth* waren der Bezug über der Holzverkleidung und die Gardinen grün. Ingrida holte eine smaragdgrüne Garnitur Bettwäsche aus dem geöffneten Schrank. Sie ging zurück, legte die Wäsche aufs Bett, setzte sich an den extravaganten Toilettentisch und betrachtete sich im Spiegel. Und fühlte sich wieder als Herrin. Nicht nur über das eine Zimmer, sondern über das ganze Haus. Das Zimmer war für Gäste bestimmt, nicht für die Besitzer. Deren Zimmer hatte sie gesehen. Es war der einzige Raum auf der anderen Seite des Korridors. Er war groß, hatte ein Himmelbett und zwei Betttische aus Mahagoni fürs Frühstück, die auf dem Ruhemöbel lagen.

Ingrida stellte sich vor, wie sie es sich auf diesem Bett bequem machte. Zwei große Kissen im Rücken, um aufrecht zu liegen, auf der Decke über den Beinen der kleine, rechteckige Tabletttisch, an dessen Unterseite ein schmales, locker mit erbsengroßen Kugeln befülltes Säckchen angebracht war. Mit diesem Säckchen stand der Tisch sicher. Darauf eine silberne Kaffeekanne, eine ebensolche Zuckerdose, ein Teller mit warmen Brötchen, eine Porzellantasse mit Untertasse. Es roch nach Kaffee ...

Ingrida richtete gerade das Zimmer *Rosemary* her, als Klaudijus aus dem Flur nach ihr rief. „Arbeiten wir nicht ein bisschen zu lange?“, fragte er und lächelte verschmitzt, dann schaute er zu Ingrida herein. „Donnerwetter“, entfuhr es ihm, „wie die Leute leben!“

„Gelebt haben“, korrigierte ihn Ingrida. „Und jetzt gehört die ganze Pracht irgendwem. Und seine Freunde können das alles genießen.“

„Nicht nur seine Freunde“, widersprach Klaudijus. Er umarmte und küsste sie. „Wir auch.“

„Und wer erlaubt uns das?“, fragte Ingrida spöttisch.

„Na, ich zum Beispiel.“

„Na, wenn du so großzügig bist!“ Jetzt umarmte Ingrida Klaudijus und küsste ihn.

„Und welches Zimmer gefällt dir am besten?“

„*Beatrice*.“

„Zeig’s mir mal!“

Gemeinsam betraten sie das hinterste Schlafzimmer, das einer riesigen dunkelbauen Schatulle glich. Selbst die Zimmerdecke war dunkelblau, darauf real anmutende Planeten und Sternbilder in einem auffälligen Orange.

„Hier bin ich noch nicht fertig.“ Ingrida deutete auf das Himmelbett, an dessen Seiten blaue Atlasschöße mit Sternen und Planeten bis auf die halbe Höhe herabfielen, um die Schlafenden zu umhüllen.

„Komm, ich helf dir“, bot Klaudijus an.

Gemeinsam bezogen sie die Betten. Das war schnell erledigt. Auf das dunkelblaue Laken mit den Sternen kam eine Decke in einem blauen Bezug mit Sternen. Zwei große und herrlich weiche Kissen fanden am Kopfende Platz.

„So“, sagte Ingrida, trat ans Fenster und bestaunte das Himmelbett wie ein seltenes Kunstwerk.

„Komm, du bist heute mal Beatrice und ich ...“ Klaudijus unterbrach sich, dachte nach.

„Und du bist gar nicht da.“ Ingrida lachte. „Wenn ich Beatrice bin, dann ist das mein Zimmer. Ganz allein meins. Es steht nur ein Name an der Tür ...“

„Gibt es denn keinen einzigen Männernamen?“, fragte Klaudijus. Das Gehörte hatte ihn verstört.

„Keinen einzigen. Die Zimmer werden nur über die weibliche Linie vererbt“, witzelte Ingrida und ließ ihre Stimme weicher, süßer klingen. „Die Herrinnen über die Zimmer entscheiden, wen sie einlassen und wen nicht.“

„Aber Beatrice lässt mich doch sicher ein?“ Klaudijus fasste wieder Mut.

„Wenn du sie brav bittest.“

„Und wie möchte sie gebeten werden?“

„Der Bittsteller sollte auf die Knie gehen, Beatrice anhimmeln und ihr zehn Minuten zart flüsternd seine Liebe gestehen.“

Klaudijus fiel auf die Knie und schaute Ingrida an, allerdings eher Mitleid heischend als vor Liebe glühend.

„Na los“, Ingrida war selbst zum Flüstern übergegangen, „ein bisschen lauter!“

„Zehn Minuten?“

„Dem Verliebten schlägt keine Stunde“, antwortete Ingrida, ließ sich auf den Boden gleiten, setzte sich Klaudijus gegenüber und war ganz Ohr.

Klaudijus rückte näher, umarmte sie, bohrte seine Nase in ihre Schläfe und flüsterte in ihr kleines, rundes Ohr, wobei seine Lippen hin und wieder den silbernen Ohrring mit dem schmalen, rautenförmigen Amethyst berührten: „Mein Herz, mein Schatz, du Zärtliche, Strenge."

„Zieh die Vorhänge zu", rief Ingrida sanft, als sie genug Süßholzgeraspel gehört hatte.

Klaudijus warf einen Blick aus dem Fenster. Draußen ging der Tag zur Neige, das Zwielicht der Dämmerung glitt ins Dunkel.

„Der Abend kommt schon", flüsterte er.

„Zieh trotzdem die Vorhänge zu! Ich möchte nicht, dass uns ein fremder Abend zusieht."

Widerwillig stand Klaudijus auf.

Ihre Nacht von Dienstag auf Mittwoch war lang und zärtlich. Nur einmal gegen zehn Uhr ging Klaudijus in ihr kleines Backsteinhaus und holte Tee und Granatäpfel. Und wartete brav vor dem Computer, während der Tee zog. Aber an diesem Abend schalteten sich weder Artur noch Krawez ein. Wahrscheinlich spürten sie, dass sie das fünfte Rad am Wagen sein würden.

41. Kapitel. Paris

Die Sonne blendete an diesem Morgen angenehm. Die Luft war frühlingswarm, obwohl noch Winter war. Mit ihrem Grau hatten die letzten Tage Andrius' besorgte Gedanken noch verstärkt, obwohl der Ausgangspunkt eigentlich ein freudiges Ereignis war: das Kind, dessen Ankunft in sieben Monaten ihr Leben radikal verändern würde. In sieben Monaten begann der Herbst. Im Herbst wurden Früchte, wurde Getreide geerntet. Die Franzosen würden Beaujolais feiern, und Barbie und ihn würde eine ganz andere Ernte in Beschlag nehmen und auf Trab halten, eine, die ebenfalls trunken machte, weil sie schlaflose Nächte und eine reale Müdigkeit mit sich brachte. Andrius' Phantasie zeichnete seltsamerweise schon ein sehr klares Bild vom kommenden Herbst.

Er stand unter dem Eiffelturm und beobachtete die vereinzelten Touristen und die bunte Schar der Souvenierhändler. Manche hatten große Bündel Schlüsselanhänger in den Händen, kleine Eiffeltürme, mit denen sie von Zeit zu Zeit bewusst oder unbewusst klapperten, was ein vielstimmiges, fast magisches Geklapper ergab. Als einer dieser Souvenirverkäufer auf der Jagd nach Kunden an ihm vorbeikam, musste Andrius an einen Schamanen mit einer Trommel denken, der jemanden suchte, dem er den bösen Geist austreiben konnte.

Links von der riesigen Eisenpranke des Turms breiteten zwei Afrikaner mit einem Kofferradio auf dem hellgrauen Asphalt eine Breakdance-Decke aus.

Was würde ihm seine rote Nase hier einbringen? Andrius ergab sich seinem Pessimismus und drehte sich wieder der Sonne zu. Von ihren kraftvollen, warmen Strahlen musste er blinzeln. Hier war es auf jeden Fall interessant und schön. Warum waren Barbie und er noch nie hier gewesen? Wahrscheinlich weil sie keine Touristen waren und kein Geld übrig hatten, um hochzufahren und sich diese zauberhafte Stadt, die von Millionen täglich getrunkener Tassen Espresso aufgeputscht war, von oben anzuschauen. Wenn eine Stadt so viel Espresso trank, schlief sie weniger.

Eine junge, rundliche Zigeunerin mit einem Notizblock und einem Stift kam auf ihn zu und sprach ihn auf Französisch an.

„Pas français, English", antwortete er automatisch.

Die Frau hielt ihm den Notizblock unter die Nase und gab ihm den Stift.

„Unterschreiben Sie die Petition gegen Drogen!", forderte sie ihn auf Englisch auf.

„Wozu?" Andrius witterte eine Finte.

„Sie sind doch gegen Drogen?", fragte die Frau ganz direkt.

„Keine Ahnung." Andrius zuckte mit den Schultern. „Weiß ich noch nicht. Hab's nie probiert."

„Sie haben es noch nie probiert?" Sie schaute ungläubig. Auf diese Antwort war sie offenbar nicht gefasst.

Andrius nutzte ihre kurze Verwirrung und ging ein Stück weg. Gedanklich kehrte er zum Ziel seines morgendlichen Abstechers zurück. Er war eigentlich zur Rue de Sèvres unterwegs, aber jedes Mal, wenn die Métro auf den Pont de Bir-Hakeim fuhr, tauchte links der Eiffelturm auf. Tauchte auf und zog Andrius' Blick wie ein Leuchtturm an. Fesselte ihn bis zu dem Moment, wenn die Häuser auf dem Boulevard de Grenelle seine Spitze verdeckten, wenn der Zug Andrius auf der Hochbrücke über dem Boulevard davontrug. In dem Wunsch, mehr zu verdienen, war Andrius an diesem Morgen früher aufgebrochen und aus der Métro ausgestiegen, ehe der Turm aus dem Blick verschwand. Er wollte in Erfahrung bringen, ob sich irgendwo am Turm ein Eckchen für seine Clownerie fand. Schnell wurde ihm klar, dass jeglicher

Versuch, hier jemanden mit einer roten Nase und ein paar Pantomimenummern zum Lachen zu bringen, scheitern musste. Es gab so gut wie keine Kinder. Außer den Zigeunerkindern, deren Mütter schwer damit beschäftigt waren, ausländische Touristen mit alten oder neuen Tricks übers Ohr zu hauen.

„Good day, Sir", rief es in seinem Rücken, und Andrius drehte sich um.

Vor ihm stand ein Afrikaner, der allerdings nichts in der Hand hielt. „Ich hab gehört, Sie suchen H?", fuhr er flüsternd fort, „oder nur Gras?"

„Nein, danke. Da haben Sie sich geirrt!", antwortete Andrius erschrocken, drehte sich um und sprintete davon.

„Sie brauchen keine Angst zu haben, Sir! Sie können mir vertrauen!", hörte er die Stimme noch sagen, ehe das Klackern der eigenen Schritte alle anderen Töne verdrängte.

Ein älterer Mann in einem abgewetzten blauen Mantel stand am Tresen zwischen zwei Barhockern und las *Le Parisien*, vor sich einen Espresso. Sonst sah Andrius niemanden.

„Bonjour", begrüßte ihn ein junger Mann mit gepflegtem, nach oben gezwirbeltem Schnurbart hinterm Tresen.

„Bonjour", antwortete Andrius, „un café!"

Elegant und ohne Worte fragte der junge Mann, wo er seinen Espresso trinken wolle, indem er mit dem Finger zuerst auf den Tresen und dann auf die Tische zeigte und mit seinem Blick ein Fragezeichen am Satzende anfügte.

Andrius antwortete ebenfalls ohne Worte. Er ging einfach in den Raum hinein und setzte sich auf seinen Stammplatz, hinter den Tisch, an dem normalerweise die Albaner saßen. Mit den beiden Brüdern hatte er sich noch immer nicht bekannt gemacht. Sie nickten ihm zwar zu, wenn er nickend grüßte, aber weder sie noch er hatten Lust, sich die Hand zu geben und die Namen zu erfahren.

Andrius hatte schon gelernt, seinen Espresso langsam zu trinken. Es fiel ihm schwer, denn eigentlich waren es nur ein paar Schlucke, also musste er sich zwingen, die Tasse nicht in wenigen Minuten zu leeren. Der ältere Herr am Tresen würde schließlich auch mindestens eine Stunde an seinem Espresso trinken. Für ihn wie für viele andere Pariser war eine Tasse Espresso wie ein Métro-Fahrschein. Man hatte ihn gekauft und sich damit das Recht erworben, an einem netten, ruhigen Platz seinen Gedanken nachzuhängen oder sich mit dem Mann an der Bar oder den anderen Gästen zu unterhalten.

Eine dunkelhäutige, elegant gekleidete Frau in einem bordeauxroten Mantel und einer schweren Papiertüte im Arm trat ein. Sie schaute nicht in Richtung Tresen, Andrius erriet sofort das Ziel ihrer Stippvisite. Schnell setzte er sich seine rote Nase auf und blickte sie freundlich an. Sie nickte ihm zu, als wären sie sich schon einmal begegnet, und setzte sich neben ihn.

„Only English", warnte Andrius sie gleich vor.

Sie konnte Englisch. Eine Minute später verließen sie das Café und zwangen mit dem Betreten des Zebrastreifens ein Mofa, das in einer Metallkiste eine heiße Pizza an einen Hungrigen oder einfach Faulen auslieferte, zum Halten.

Nach einer Stunde kehrte Andrius ganz beschwingt in das Café mit der roten Fassade zurück. Die gelockte, dunkelhäutige Fünfjährige mit dem Gipsbein, das in einer Hängevorrichtung über dem Metallbett hochgelagert war, hatte ihm mit ihrer Clownerie mehr die Stimmung gehoben als er ihr. Erst lief alles wie immer. Sein roter Pompon auf der Nase erregte die Aufmerksamkeit der sechs Kinder im Zimmer. Er gab ihnen Rätsel auf, indem er verschiedene Tiere imitierte. Sie überschrien sich gegenseitig, wenn sie etwas erraten hatten oder einfach nur rätselten. Seine am häufigsten verwendete französische Wendung – „pas français" – verlor langsam ihren Sinn. Von „pas français" konnte keine Rede mehr sein, wo Andrius doch bereits wusste, dass „le chat" die Katze war, „l' hérisson" der Igel und „l' hamster" der Hamster.

Die Mutter des Mädchens schien sich auch zu freuen, dass der Clown, den sie für ihre Tochter engagiert hatte, das ganze Zimmer unterhielt, dessen Zusammensetzung die große Internationalität von Paris spiegelte: Außer dem Mädchen mit dem gebrochenen Bein lag hier ein pummeliges, hellhäutiges Mädchen mit Brille, zwei Mädchen aus Korea oder China, die eine fünf, die andere etwa doppelt so alt, ein kurzhaariges Mädchen mit orientalischem Teint und einer Halskrause, die zwar ihren Kopf nicht drehen konnte, dafür aber alles sah und heller als die anderen lachte. Nach einer halben Stunde Pantomime war Andrius etwas müde, aber das dunkelhäutige Mädchen streckte im rechten Moment die Hand aus und rief etwas. Die Mutter übersetzte ihre Bitte. Sie wollte gern einmal die rote Nase aufsetzen. Anstandslos gab ihr der Clown sein wichtigstes Accessoire, sie setzte es auf und verrenkte sich so ulkig und wedelte so sehr mit den Armen, dass Andrius besorgt auf die Halterung schaute, die das Gipsbein hochlagerte. Schwankte die nicht?

Das Zimmer bebte vor Lachen, als wäre immer noch Andrius mit seinen Pantomime-Rätseln in Aktion. Eine Krankenschwester im strengen weißen Kittel schaute herein. Untrüglich identifizierte sie das Mädchen mit der roten Clownsnase als Verursacherin dieser für ein Krankenhaus unüblichen Heiterkeit. Sie lachte mit und ging wieder hinaus.

Es war noch Vormittag, ging aber auf Mittag zu. Die zwei albanischen Brüder mit ihrer Tasche, die sie so abgestellt hatten, dass sie ins Auge fiel, saßen an ihrem Platz. Andrius nickte ihnen zu, als er zu seinem Tisch ging, aber nur einer deutete eine Erwiderung an, unbeteiligt und ohne Andrius anzuschauen. Hinterm Tresen stand jetzt wieder der Chef.

„Einen Cappuccino!", rief Andrius laut in Richtung Tresen.

Der Barkeeper mit dem Bäuchlein nickte. Er schien für jeden Wochentag einen andersfarbigen Pullover in demselben sackförmigen Schnitt zu besitzen. Das heutige Braun passte ganz und gar nicht zu seinem Gesicht und zu seinen dunklen Haaren. Dafür kaschierte die legere Form seinen Bierbauch.

Kurz nachdem Andrius seinen Kaffee bestellt hatte, begannen die albanischen Brüder mit trockenen, kratzenden Stimmen ein Gespräch. Das Wort „Cappuccino" kam in ihrer unverständlichen Unterhaltung auch vor.

Andrius teilte sich seinen Cappuccino sorgfältig ein, irgendwann betrat Cécile das Café, die rote Mähne mit Haarlack so gestylt, dass sie aussah, als stünden ihr von dem, was sie gesehen hatte, die Haare zu Berge. Sie winkte dem Barkeeper. Als sie an Andrius vorbeiging, nickte sie ihm freundlich zu und streifte seine Schulter. Andrius nahm seine Tasse und setzte sich zu ihr.

„Hallo, wie geht's?", fragte er.

„Sehr gut", antwortete sie auf Englisch mit einem bezaubernden französischen Akzent und legte ihre Jacke mit dem weißen Plüschkragen ab.

Der Barkeeper brachte ihr einen Espresso und machte ihr offenbar ein Kompliment, denn Cécile raunte laut und lachte breit, sprang auf und gab den Barkeeper ein Küsschen auf seinen Dreitagebart. Er sah so glücklich aus, dass Andrius glaubte, er würde sich zu ihnen setzen, er und Cécile würden plaudern und ihn vergessen. Aber das passierte nicht.

„Und wie geht's dir?", fragte Cécile.

„Super", prahlte er. „Ich hab schon ein Stündchen gearbeitet." Er deutete mit einem Nicken in Richtung Krankenhaus. „Vielleicht klappt's heute noch ein paar Mal!"

„Du bist doch aus Serbien?“, wollte Cécile wissen.

„Nein, aus Litauen.“

„Litauen, Litauen“, wiederholte Cécile. „Das ist doch irgendwo in Europa. Im Norden?“

„Ja, genau, im Norden, sogar in der EU“, verriet Andrius.

„Aber du lebst in Paris?“

„Ja, schon den dritten Monat“, antwortete Andrius, und seine Stimme klang ein kleines bisschen stolz.

„Mit Familie?“

„Mit meiner Frau. Also, wir sind nicht verheiratet, aber wir leben zusammen. Wir kriegen ein Kind.“

„Toll.“ Cécile nickte.

Zwei stillos gekleidete Männer betraten das Café, gingen an den Tresen und bestellten Espresso. Einer sprach mit dem Barkeeper, der andere schaute sich um, ließ einen gleichgültigen Blick über die albanischen Brüder schweifen, die ihr Gespräch beendet hatten und nun schweigend Bier tranken, und musterte kurz Andrius und Cécile.

„Hast du deinen Pass dabei?“, fragte Cécile.

Überrascht von dieser Frage, schüttelte Andrius den Kopf.

„Nimm ihn lieber mit“, sagte Cécile ernst, nippte an ihrem Espresso und schaute auf die goldene Armbanduhr.

Ein paar Minuten später betrat eine groß gewachsene Frau in einem Mantel im Military-Look und mit einer riesigen Tasche das Café. Als sie Cécile entdeckt hatte, lächelte sie ihr zu und nickte. Hastig trank Cécile ihren Espresso aus, schlüpfte in die Jacke, nahm die runde Sporttasche und ging weg.

Andrius kehrte mit dem Rest seines Cappuccino an den alten Tisch zurück. Die Sonne meinte es noch immer gut mit der Stadt, jetzt beschien sie den Tisch, an dem er gerade mit Cécile gesessen hatte. Der Barkeeper bedachte den Tisch ebenfalls mit Aufmerksamkeit, indem er ein Schild mit der Aufschrift *Réservé* aufstellte.

Zwanzig Minuten später kam ein junges Paar herein und lief aufgeregt an die Bar: ein Mann im wehenden Mantel, unter dem ein tadelloser Anzug und ein weißes Hemd mit dunkelblauer Krawatte hervorschauten, und eine etwa fünfundzwanzigjährige Frau in Jeans, über denen sie einen grauen, taillierten Mantel mit Gürtel trug. Sie sprachen mit dem Barkeeper. Er hob die Arme. Dann deutete er mit seinen Augen auf die albanischen Brüder, wies die Gäste in Andrius' Richtung und blickte Andrius direkt an.

Die junge Frau setzte sich zu ihm.

„Mein Mann spricht kein Englisch", sagte sie in gutem Englisch. „Unser Sohn liegt hier nebenan im Krankenhaus. Er ist operiert worden, Blinddarm. Wir wollten ihn ein bisschen aufheitern ..."

„Nach einer Blinddarmoperation darf man nicht lachen", sagte Andrius streng wie ein Arzt, denn er erinnerte sich, dass der Arzt genau diesen Satz zu seiner Mutter gesagt hatte, als sie den fünfzehnjährigen Andrius nach der Blinddarm-OP abholte.

Die Frau musste lachen. „Und wenn Sie ihn nicht gleich zum Lachen bringen, sondern nur zum Lächeln?", fragte sie. „Aber ohne Englisch, unser Bertrand kann kein Englisch."

„Bei mir ist alles ohne Sprache", beruhigte sie Andrius.

„Und was kostet der Spaß?"

„Zwanzig Euro die Stunde."

„Eine halbe Stunde reicht. Zehn Euro. Einverstanden?"

Andrius nickte. „Jetzt gleich?"

„Ja, kommen Sie mit." Die Frau drängte ihn sanft zum Aufbruch.

Entschlossen strebte sie dem Ausgang zu. Andrius kramte schnell ein paar Münzen heraus, beglich den Cappuccino, legte dreißig Cent Trinkgeld drauf und folgte der Frau in flottem Schritt. Hinter ihm scharrten Stühle. Er nickte dem Barkeeper zu, ehe er auf die sonnendurchflutete Straße hinaustrat. Er kam raus, sah das Paar am Zebrastreifen und schaffte den nächsten Schritt nicht. Seine Beine flogen hoch, die Straße kam aus dem Gleichgewicht, wankte, fiel und krachte mit Andrius' Kopf auf den Boden. Die Sonne war weg, etwas Schweres traf ihn von oben und von der Seite. Die Augen wollten nicht aufgehen, er hatte die Kontrolle über seinen Körper, seine Arme und Beine verloren. Schwere Steine prasselten auf ihn nieder, trafen ihn am Kopf, an den Rippen. Ein Hagel aus Steinen. Plötzlich ein Schrei. Auf Französisch. Ganz nah, aber zwischen diesem „Nah" und Andrius' Gehör, dessen Verbindung zum Gehirn unterbrochen war, lagen kilometerlange gekappte Leitungen, kilometerlange gekappte Nerven. Er hörte nicht einmal die Absätze auf dem Asphalt klackern, als die albanischen Brüder, von denen keiner der Passanten Notiz nahm, das Weite suchten. Auch den erschrockenen Schrei der Frau im grauen Mantel mit dem Gürtel hörte er nicht.

„Diese Immigranten sind doch einfach Tiere", schrie sie auf der anderen Seite des Fußgängerübergangs. „Die bringen sich glatt gegenseitig um."

Ihr Mann im wehenden Mantel zog sie zum Torbogen.

Um Andrius wurde es schnell still. Er lag noch immer auf dem Gehweg, das Gesicht aufgeschlagen, die Lider blau und geschwollen, die Augen geschlossen, an der linken Schläfe eine klaffende Wunde. So konnte er auch nicht sehen, wie der Barkeeper in seinem legeren Pullover aus der Tür trat, den jungen Mann, den die albanischen Brüder zusammengeschlagen hatten, kopfschüttelnd anschaute und wieder im Café verschwand. Er konnte nicht sehen, wie die Fußgänger über seine Beine hinwegstiegen, weil er quer auf dem Gehweg lag und den Weg versperrte. Er sah nicht, wie ein Radfahrer, der auf dem Fußweg fuhr, im letzten Moment bremste, verärgert abstieg und den willenlosen Körper unter größter Anstrengung vor die Hauswand wälzte.

Langsam kam Andrius wieder zu sich und spürte sofort die Schmerzen im rechten Bein. Starke, stechende Schmerzen, die ihn zusammenzucken ließen, als der Radfahrer seine Beine zur Seite schob, damit er seine Fahrt fortsetzen konnte.

Die Zeit blieb stehen. Andrius wusste nicht, was passiert war, und dachte auch nicht darüber nach. Noch nie in seinem Leben hatte er sich so schwach gefühlt. Er konnte und wollte weder den Kopf heben noch die Finger bewegen. Nur die Sonnenstrahlen drangen mit ihrer Wärme unter seine geschwollenen Lider. Oder waren das vielleicht nicht die Sonnenstrahlen, sondern das Blut aus der Schläfe, die die albanischen Brüder verletzt hatten?

Die Zeit blieb stehen, aber die Geräusche kamen näher. Andrius hörte die vorüberfahrenden Autos und Motorroller, sogar die Schritte der Passanten drangen als Echo an sein Ohr. Aber seine Beine spürte er nicht. Weder die Beine noch die Arme. Plötzlich war da ein Stich im linken Knie. Dann ein Stück weiter oben noch einer. Andrius verkrampfte. Etwas Warmes legte sich auf seinen linken Arm, verschwand wieder, legte sich auf die linke Schulter und verschwand wieder. Etwas Warmes berührte Andrius' Gesicht, eine Hand war das. Eine Hand berührte ihn an der Stirn und wanderte mit einer sanften Berührung hinunter zu seiner verletzten, blutenden Lippe und zu seinem Kinn.

„Tu es vivant?“,* fragte die Stimme eines Jungen.

„Pas français, English!“, rang sich Andrius mühevoll ab.

„Are you okay?“, fragte die Stimme wieder.

„No.“ Andrius versuchte, die Augen zu öffnen.

* Lebst du noch? (frz.)

Das linke Auge ging ein kleines Stück auf und es sah einen Jungen, der vor sich hin starrte. Er hockte da und hielt die linke Hand, an der das Blut von Andrius' Lippe klebte, hoch. In der Rechten sah Andrius einen langen, weißen Teleskopstock.

„Hier in der Nähe ist ein Krankenhaus", sagte der Junge.

„Ich weiß", flüsterte Andrius.

„Sind Sie von einem Auto angefahren worden?"

„Nein."

Ein Mann um die vierzig kam auf sie zu. Er trug eine dunkelblaue, wasserdichte Jacke und eine dunkelgrüne Schirmmütze. Er schaute geradeaus wie der blinde Junge, der neben Andrius hockte, und schien die beiden nicht zu sehen. Der Junge spitzte die Ohren. Hörte die Schritte auf sich zukommen und hielt dem Mann mit der Schirmmütze seinen Stock in den Weg. Der blieb stehen und blickte verärgert und verwundert auf den Jungen. Mit einem Mal änderte sich sein Gesichtsausdruck. Sein Blick wurde weich. Er sah, dass der Junge blind war.

„Holen Sie einen Arzt, von da drüben!" Der Junge zeigte auf das Krankenhaus auf der anderen Straßenseite. „Schnell."

„Ja, natürlich. Sofort", rief der Mann und rannte über die Straße auf den Torbogen zu.

Es kam Andrius so vor, als verstünde er langsam Französisch.

„Gleich kommt ein Arzt. Machen Sie sich keine Sorgen!", sagte der Junge auf Englisch.

„Danke", hauchte Andrius.

Es waren keine zwei Minuten vergangen, als zwei Sanitäter mit einer Trage durch den Torbogen kamen. Sie hoben Andrius hoch, und er fühlte sich schwerelos. Als würde er fliegen. Wieder mit geschlossenen Augen. Wieder in einem Raum ohne Ton.

Alles war verschwunden. Der blinde Junge mit seinem weißen Teleskopstock und der warmen Hand. Das Café. Die Last seines Körpers.

42. Kapitel. Jena. Thüringen

Die beste Methode, in einem anderen Land zu überleben, ist es, die Menschen, unter denen man lebt, mit eigenen Speisen zu bewirten. Speisen sind wie Lieder. Fremde Speisen sind wie fremde Lieder. Man möchte zuhören, riechen, probieren. Vor Menschen, die andere bewirten, hat man keine Angst, und man jagt sie nicht davon. Man duldet sie und macht sie sich manchmal sogar zu Freunden. Einen Freund zu haben, der einen bewirtet – gegen Bezahlung oder als Freundschaftsdienst –, kann nicht schaden.

Kukutis blieb vor einem Café am Stadtrand von Jena stehen. Der Abend brach an, machte die verschneiten Straßen dunkler, das Licht in den Fenstern und Vitrinen heller und die Neonreklame über dem Café zu einer lustigen Animation für die Augen.

„Yenibosna", las Kukutis laut und lachte.

Hinter der Glastür und den beiden Fenstern saßen an einfachen, rechteckigen Tischen – Kukutis zählte sechs Stück – ein paar junge Männer, dunkler Teint, orientalisches Äußeres. Links hinter dem Tresen stand ein brünetter Mann mit Schnurrbart, älter als die Gäste, aber jünger als Kukutis. Er schaute seine Kunden gedankenverloren an, die ihrer Mimik und Gestik und ihren noch üppig mit Pommes und Dönerfleisch bestückten Tellern nach zu urteilen mehr sprachen als aßen.

Hinter dem Wirt drehte sich der Dönerspieß und brutzelte in einer rot-blauen Flamme.

„Yenibosa", flüsterte Kukutis und versuchte, dieses bekannte Wort zu durchschauen.

Aber das Wort widersetzte sich, Kukutis verstand es nicht, obwohl es ihm schon einmal begegnet war. „Ah!" Seine Augen funkelten, sein Greisengedächtnis lieferte eine Assoziation. „Bosna – das ist doch Bosnia, Bosnien! Sarajevo! Da hätten wir schon mal die eine Hälfte!", sagte er zufrieden. „Und Yeni, Yeni, wo habe ich das bloß gehört?" Ein flacher, geräumiger Bus fuhr an Kukutis vorüber. Wie ein Aquarium sah der erleuchtete Bus mit den Fahrgästen aus. „Yeni", wiederholte Kukutis und schaute dem davonfahrenden Bus nach. Ein ferner Geschmack breitete sich in seinem Mund aus, als hätte die Zunge, ohne die man kein einziges Wort sprechen konnte, ihr eigenes Gedächtnis. Kukutis leckte seine trockenen Lippen und streckte die Zungenspitze in die frostkalte Luft. Aber sehr kalt war sie nicht. „Yeni", flüsterte Kukutis noch einmal, und der ferne Geschmack kam näher, als hätte das Zungengedächtnis den Geschmack hervorgeholt und auf die Zunge gelegt. „Anis!" Endlich hatte Kukutis den Geschmack erkannt. „Genau, Anis! Yeni Raki." Das war der Ausdruck, den er vor langer Zeit als Bezeichnung für türkischen Anisschnaps gehört hatte. Und die Zunge, die sich gleichzeitig mit Kukutis und getrennt von ihm freute, dass dem Alten das Wort eingefallen war, bat ihn wortlos, ihr diesen Geschmack, den sie zusammen herausgefunden hatten, wieder zu beschaffen. „Du

Schelm“, rügte Kukutis seine Zunge. „Das könnte dir so passen, mir Befehle zu erteilen.“

Sein Holzbein machte von selbst einen Schritt zur Tür, also musste das echte Bein folgen. Kukutis trat ein, doch keiner nahm von ihm Notiz, als wäre er durchsichtig oder unsichtbar.

Er ging zum Tresen. Der Koch war weiß gekleidet, auf der rechten Brusttasche seiner Kochschürze stand derselbe Name wie auf dem Reklameschild: *Yenibosna*. Nachdenklich starrte er vor sich hin und schien den Gast zu übersehen.

„Guten Abend“, sprach Kukutis ihn auf Deutsch an, obwohl er sah, dass er keinen Deutschen vor sich hatte. Aber hier war schließlich Deutschland, wie sollte er ihn sonst ansprechen?

„Guten Abend“, antwortete der Koch, aus seinen Gedanken gerissen.

„Und warum heißt Ihr Café *Anis-Bosnien*?“, fragte Kukutis.

Die olivbraunen Augen des Kochs rundeten sich. „Heißt es nicht“, sagte er. „Es heißt Yenibosna, das bedeutet Neu-Bosnien. Nach einem Stadtteil in Istanbul. Da bin ich aufgewachsen.“

„Bin ich schon mal gewesen“, erinnerte sich Kukutis.

„In Yenibosna?“

„Nein, in Istanbul. Lange her. Ich wollte einen Matrosen retten.“ Kukutis schaute den Koch an und hörte hinter sich das halblaute, lebhafte und unverständliche Gespräch der anderen Gäste, sie sprachen Türkisch.

„Und ich dachte, Yenibosna wäre Yeni Raki“, gestand Kukutis.

Der Koch drehte sich um und zeigte auf eine Flasche Raki, die im Regal stand. „Wollen Sie?“

Kukutis nickte.

„Setzen Sie sich.“ Der Koch wies dem einbeinigen Gast einen freien Tisch im hintersten Winkel des Cafés zu, neben dem Kühlschrank, in dem Bier und Limonade in Flaschen und Dosen aufgereiht standen.

Kukutis setzte sich. Der Koch servierte ihm eine kleine Karaffe Wasser und eine kleine Flasche Raki, geöffnet, ohne Verschluss. Scharfer, betörender Anisgeruch schlug ihm entgegen.

„Essen?“, fragte der Koch auf Deutsch.

„Kann ich mit alten türkischen Lira bezahlen?“, fragte Kukutis, der sich erinnerte, dass irgendwo in seinem Bein noch türkische Silbermünzen steckten, die von seiner letzten Istanbul-Reise übrig geblieben waren. ‚Wann war das eigentlich?‘, überlegte er.

„Natürlich“, antwortete der Koch. „Nehmen Sie Dürum Döner?“

„Gern.“

43. Kapitel. Anykščiai

Glücklich und beschwingt stieg Vitas aus dem Fernbus. Er umarmte Renata, die ihn am Bussteig erwartete, drückte sie an sich und gab ihr ein Küsschen.

„Jetzt kann ich mit Fug und Recht behaupten, dass mein Vater nicht umsonst gelebt hat!", sagte er stolz. „Das Startkapital haben wir! Das müssen wir begießen! Und als erstes trinken wir auf die verrückten Amerikaner!"

„Machen wir!", antwortete Renata streng, schaute Vitas liebevoll an und machte sich los. „Aber nur mit Tee! Wir fahren ins Café! Und was Süßes nehmen wir auch!"

Vitas folgte ihr. „Du kommst mir manchmal zehn Jahre älter vor als ich!", sagte er, immer noch beschwingt lächelnd.

Renata schoss einen spitzen Blick auf Vitas ab. „Sehe ich schlecht aus?", fragte sie besorgt.

„Nein." Er wischte ihren Blick und ihre Frage mit einer Bewegung weg. „Du redest manchmal mit mir wie eine große Schwester oder eine Mutter mit ihrem Sohn."

Renata holte trotzdem einen kleinen, runden Spiegel aus der Tasche und betrachtete sich. „Du schwindelst, ich habe Schatten unter den Augen. Wahrscheinlich habe ich zu wenig geschlafen."

Im Café auf der Baranauskas-Straße lief Jazz. Ihr Tisch war frei, Vitas ging schnell hin und hängte seine Jacke über die Lehne. Er schaute zum Tresen und sah im Regal Wein- und Likörflaschen.

„Willst du Tee oder Kaffee?", fragte Renata.

„Kaffee. Ich nehme einen Americano. Und einen kleinen Kognak! Zum Aufwärmen."

Renata wollte nicht streiten, nahm aber keinen Kognak. Und so konnte Vitas mit niemandem auf die verrückten Amerikaner anstoßen. Er wusste sich zu helfen und stieß zärtlich mit Renatas Nase an, ehe seine Liebste die Idee erraten hatte.

„Lass uns doch mal überlegen", flüsterte er. „Wir könnten mit dem Geld sogar einen kleinen Laden aufmachen. Wir müssen nur herausfinden, was sich lohnt. Du hast doch als Verkäuferin gearbeitet?"

„Ja." Renata freute sich. Ihr fiel ein, wie flott und ruhig ihr die Arbeit in dem kleinen Bekleidungsgeschäft von der Hand gegangen war und wie viele Bücher sie dort gelesen hatte. Aber es war selten jemand gekommen, das machte sie stutzig. Und das letzte Mal, als sie mit dem Auto an dem Geschäft vorbeigefahren war, hing ein Papierschild mit der Aufschrift *Zu verkaufen* im Schaufenster. Sie seufzte. „Vielleicht machen wir lieber was in Panevėžys?“, überlegte sie. „Da kommen mehr Leute hin, und die haben auch mehr Geld.“

„Mach dir keine Sorgen! Ich habe schon fünf Bücher zur Unternehmensgründung gelesen! Wir finden unsere Nische!“, sagte Vitas schnell, damit Renata nicht den Mut verlor.

Es wurde dunkel und fing wieder an zu schneien. Erst kam die Dämmerung und dann kam der Schnee, als wollte er ihr ein Lager bereiten. Damit sie es auf der Erde bequem hatte.

Die Scheibenwischer schoben die Schneeflocken zur Seite, aber sofort kamen tausende neue nach, und die Scheinwerfer, die das Weiß in Gelb tauchten, fanden in diesem weiß-gelben Wirbel kaum den Weg. Und das war noch die asphaltierte Straße.

Vor der Tür blieb Vitas stehen und putzte sich mit dem Besen den Schnee von den Stiefeln. Sie brachten den Rucksack und die Tasche ins Zimmer. Stolz warf Vitas zwei Päckchen Hundertdollarscheine auf den Tisch, ein bisschen von oben, so fielen sie auf die polierte Tischplatte wie ein Geschenk vom Himmel.

„Also“, seine Stimme klang frisch und entschlossen, „wir haben einen Markt von fünfzehntausend potentiellen Kunden! Wir müssen uns überlegen, was wir ihnen anbieten können.“

„Überleg du! Ich mach inzwischen Abendbrot“, sagte Renata.

„Oh!“, rief er beschwingt. „Vielleicht sollte man ihnen ein Abendessen anbieten?“

Vitas blieb im Wohnzimmer. Er nahm die beiden Bündel, hielt sie in der Hand, legte sie wieder ab, stapelte sie übereinander. Überlegte.

Im Flur quietschte die Tür. Jonas’ Schritte waren zu hören und noch ein anderes lebendes Geräusch, das wie ein Winseln klang.

Vitas schaute in den Flur. Der Großvater zog sich gerade die Stiefel an, und vor seinen Füßen wuselte der Welpe herum.

„Wow“, entfuhr es Vitas, „woher haben Sie den?“

„Hat mir meine Enkelin geschenkt. Ist einfach reingekommen und hat mir diesen Googlas in den Arm gedrückt! Ein Zappelphilipp.“

„Googlas?“, wiederholte Vitas erstaunt.

„Ja, ich habe mich auch gewundert! Einen Hund *Computer* zu nennen, was den Leuten so einfällt!“

„Das ist keine Bezeichnung für einen Computer!“, klärte er Jonas auf. „So heißt eine Suchmaschine, wo die Leute alles Mögliche suchen!“

„Das, was früher ein Spürhund war?“

„Ja.“

„Dann hätten sie ihn auch einfach *Sucher* oder *Spürhund* nennen können“, schlussfolgerte der Großvater.

„Nein, Googlas ist besser“, widersprach Vitas. „*Spürhund*, das klingt so altmodisch. Und *Sucher*, da weiß ja keiner, was gemeint ist.“

„Na gut, komm Googlas, wir gehen raus! Du musst dein Revier kennenlernen!“ Der alte Jonas öffnete die Haustür und brachte den Hund mit einem auffordernden Blick auf Trab. Googlas kullerte nach draußen wie ein Fußball. Dann blieb er stehen und reckte seine Schnauze in die Höhe.

„Was hast du dir dabei gedacht, als du dem Großvater den Welpen gekauft hast?“, fragte Vitas Renata beim Abendessen.

Renata schaute ihn verwundert an. „Ich bin meiner inneren Stimme gefolgt.“

„Hättest du mal lieber deinen Verstand eingeschaltet!“, seufzte Vitas.

Sie wollte sich rechtfertigen, öffnete den Mund, um Vitas klar und ausführlich zu erklären, was das Tier für Großvater Jonas, der schon sieben Hunde überlebt hatte und nun dem Tod entgegensah, bedeutete. Aber wie sollte Vitas das begreifen, wo er doch noch nie einen Hund besessen hatte?

Sie aßen schweigend. Vitas kaute und schaute skeptisch zu Renata, die seinem Blick auswich.

„Entschuldige bitte, aber was machen wir denn dann mit ihm?“, flüsterte er.

„Mit wem? Mit Googlas?“ Endlich schaute sie ihn an. „Was sollen wir denn mit ihm machen? Ihn füttern und auf seine Gesundheit achten. Dasselbe, was man mit einem Mann macht, auch wenn er unzufrieden ist.“

Vitas brummte, dann war wieder Schweigen am ovalen Tisch. Die zwei Päckchen mit den Hundertdollarscheinen lagen auf dem Fensterbrett und schienen niemanden mehr zu interessieren oder zu begeistern.

44. Kapitel. St. George's Hill. Grafschaft Surrey

Der Lieferwagen der Cateringfirma hupte am Donnerstag um Punkt neun vor dem verschlossenen Tor.

Klaudijus öffnete die Augen und schnellte hoch, Ingrida lag nicht neben ihm. Der Morgen draußen war hell und trocken und gerade auch wolkenlos und windstill. Die Sonne, die durchs Fenster nicht zu sehen war, schenkte dem Tag ein mildes Gelb. Der kleinste Luftzug löste ein komisches Tuten aus: Offenbar hatte man beim Einbau der Fenster außen an den Rahmen irgendwo einen kleinen Spalt oder eine Vertiefung unverputzt gelassen, und dieser Windfang wurde beim kleinsten Lüftchen zu einem natürlichen Blasinstrument, wie die Blätter, in denen der Wind auf eine vertrautere und natürlichere Weise spielte.

Nachdem der Lieferwagen auf Klaudijus' Anweisung hin zum Hintereingang, zum so genannten *Kücheneingang* der Villa, gefahren war, trugen zwei Chinesen unzählige Kisten mit Gläsern und Tellern, Päckchen mit Papierhandtüchern und Servietten ins Haus.

Klaudijus, der den Transport all der Sachen verfolgte, war neugierig, was die Cateringfirma den Gästen auftischen würde. Er tippte auf chinesische Küche. Die Mitarbeiter antworteten ihm gelassen, es sei ein italienisches Abendessen, ein französisches Frühstück, ein deutsches Mittagessen und für Samstagabend spanische Paella bestellt.

„Und zum Frühstück am Sonntag?", fragte Klaudijus.

„Wir bleiben nur bis Samstagabend. Aber keine Sorge, das reicht auch für Sonntag noch!", antwortete einer der Chinesen.

Sie kündigten an, am nächsten Morgen gegen zehn zu kommen, und fuhren ab.

Nach einem späten Frühstück gingen Klaudijus und Ingrida in die Villa und wischten das Treppengeländer und die Leisten der Holzverkleidungen feucht ab. Sie kontrollierten alle Etagen. Man konnte nicht behaupten, dass sich die Villa nach ihrer Putzaktion verändert hatte oder mehr hermachte. Sie konnte sich auch vorher sehen lassen. Wahrscheinlich hatte ihrem Vorgänger ein sauberes Haus mehr am Herzen gelegen als ein gepflegter Garten.

Am nächsten Tag, am Freitag – aus der Küche in der Villa drang geschäftiger Lärm, Männer- und Frauenstimmen plauderten munter auf Chinesisch durcheinander –, fuhren zwei identische schwarze Land

Rover am Tor vor. Klaudijus öffnete, und die Wagen rollten direkt vor den Haupteingang der Villa, als kannten die Fahrer von früheren Besuchen den Weg.

„Do you speak Russian?“, fragte ein Mann mit sportlicher Figur und Dirigentenfrisur den herbeieilenden Klaudijus. Der Eindruck rührte von seiner dichten grauen Mähne, die streng nach hinten gekämmt war. Seine weichen, sanften Gesichtszüge harmonierten weder mit der getrimmten Figur noch mit der wilden, entschlossenen Frisur.

„Ja“, antwortete Klaudijus.

„Oh! Einer von uns!“, sagte der Grauhaarige erfreut zu seinen Begleitern. Drei jüngere Männer und eine Frau mittleren Alters in hohen braunen Stiefeln mit Ziersporen, Jeans und Fuchspelz waren gerade ausgestiegen. „Na los, zeig uns das Haus!“, sagte der Grauhaarige zu Klaudijus und klopfte ihm jovial auf die Schulter.

Die Männer holten ihre Reisetaschen aus dem Kofferraum. Sie waren alle aus Leder, als wären sie aufeinander abgestimmt. Flott lief die Frau zum Kofferraum des zweiten Autos, da erwachte in Klaudijus der Gentleman. Er sprintete zur geöffneten Heckklappe des Land Rovers und nahm der Frau die Tasche ab, die ziemlich schwer, aber nicht aus Leder, sondern aus einem festen Gewebe war, irgendein veredeltes Material, Segeltuch vielleicht.

Sie ließ die Henkel los und vertraute Klaudijus mit einem breiten amerikanischen Lächeln die Tasche an. „Danke!“, hauchte sie und folgte ihrem freundlichen Gehilfen zum Haupteingang.

Als Klaudijus auf der Marmortreppe voranging, hörte er die Begeisterung der Gäste und sah aus den Augenwinkeln heraus, wie sie sich begierig umschauten, die Gemälde an den Wänden, die Nischen mit den Vasen und kleinen Büsten, die Lampen und Leuchter mit ihren Blicken verschlangen.

„Hier sind die Zimmer, in jedem gibt es ein Bad.“ Klaudijus blieb an der ersten Tür mit der Aufschrift *Elizabeth* stehen.

„Das nehme ich“, rief der Grauhaarige fröhlich. „Meine erste Frau hieß Jelisaweta! Wir sehen uns in einer Stunde unten.“ Hinter dem ältesten und vielleicht extravagantesten Gast schloss sich die Tür.

„Und welches Zimmer ist das schönste?“, fragte die Brünette Klaudijus flüsternd und hauchte ihm die Worte förmlich ins Ohr. Der Duft von teurem Parfüm schwang mit.

„Das hinterste, *Beatrice*“, erwiderte Klaudijus ebenfalls flüsternd und sah, wie ihn die drei Männer angrinsten.

„Zuerst kriegt die junge Frau ihr Zimmer!“, rief die Brünette den Männern zu.

Klaudijus brachte sie mit ihrer Tasche zu dem blauen Zimmer mit den Sternen und Planeten. Als er in den Flur zurückkam, sah er, dass die anderen Gäste die restlichen Zimmer schon unter sich aufgeteilt hatten. Der Flur war leer.

Klaudijus schaute noch einmal ins *Beatrice*. „Ich arbeite im Garten hinterm Haus“, sagte er kokett. „Wenn Sie was brauchen, fragen Sie ruhig, nur keine Scheu.“

„Und was arbeiten Sie da?“, fragte sie ebenso kokett zurück.

„Ich mache die Beete.“

„Gut, arbeiten Sie.“

Am Himmel, der am Morgen noch überwältigend klar und überirdisch blau gewesen war, zogen gegen drei Uhr nachmittags weiße Wolkenfetzen auf, die, von einem Höhenwind getrieben, Richtung London, Richtung Osten wanderten. Unten im Garten ging kein Wind. Klaudijus klapperte mit der Gartenschere und schnitt von den Büschen im Irrgarten überstehende Seitentriebe ab. Die Zweige, so dünn sie auch waren, leisteten der Schere erbitterten Widerstand. Dem ungeübten Gärtner taten schon bald die Hände weh. Er legte die Schere weg, lief den Irrgarten ab und inspizierte die kahlen Stellen. Dann arbeitete er noch eine halbe Stunde weiter und kehrte ins Haus zurück, wo er zu seiner Verwunderung Ingrida am Laptop vorfand.

„Renata und Vitas lassen dich grüßen!“ Sie drehte sich um. „Sie sind eingeschneit. Sitzen da auf ihrem einsamen Gehöft.“

„Grüße zurück! Willst du einen Tee?“

„Gern“, sagte Ingrida. „Ich hab ihnen ein paar Fotos von unserem Grundstück geschickt. Vom Garten, von der Villa, von unserem Häuschen. Sollen sie ruhig neidisch werden, diese Stubenhocker.“

„Was machen die Gäste? Sind sie schon angekommen?“, fragte sie beim Tee.

„Ja, vier Männer und eine Dame.“

„Bisschen komisch, hier nicht allein zu sein“, seufzte sie.

„Sie bleiben doch nur bis Sonntag. Und dann ist wieder alles wie immer.“

„Alles wie immer?“, wiederholte Ingrida nachdenklich. „Hmm.“

Die Gedanken an Renata und Vitas, die auf ihrem Gehöft im Wald von Anykščiai eingeschneit waren, beflügelte Klaudijus irgendwie. Die Arbeit ging ihm plötzlich flott von der Hand und strengte ihn nicht an. Obwohl sich die Zweige der immergrünen Sträucher immer noch der Schere widersetzten, bekam der Irrgarten langsam einen akkuraten geometrischen Schnitt. Und wenn es erst mal nur von einer Seite war. Wenn die fertig war, würde sich Klaudijus die andere Seite vornehmen.

Klaudijus schaute zur Villa rüber. Ihm fiel ein, dass ihn die Gäste möglicherweise beobachteten. Also richtete er seinen Rücken auf, die Handbewegungen wurden zielgerichteter und professioneller. Die Heckenschere klackerte gleichmäßig.

Zwanzig Minuten später war sein Arbeitseifer wieder erlahmt. Klaudijus legte die schwere Schere auf den Boden und prüfte auf seinem Handy die Uhrzeit – fünf Uhr. Er musste bei den Gästen nach dem Rechten schauen, sich erkundigen, ob alles in Ordnung war.

Als hätte sie seine Gedanken gehört, kam die brünette Frau im Fuchspelz um die Ecke und lief geradewegs auf ihn zu. „Ich glaube, die Chinesen haben Sie gesucht“, erklärte sie.

„Ich geh gleich mal hin und frag nach“, antwortete Klaudijus geschäftig.

„Ach, lassen Sie sich Zeit! Die warten schon!“ Sie winkte theatralisch ab. „Ich heiße übrigens Anžela. Zeigen Sie mir lieber den Garten! Meine Männer sind mit sich beschäftigt und haben für mich gar kein Auge.“

Sie liefen zu zweit die Alleen und Wege entlang und kamen zum Haupteingang, wo die braunhaarige Frau interessiert das zweistöckige Ziegelhaus betrachtete.

„Wie klein und niedlich!“, rief sie und klatschte gerührt in die Hände. Sie schaute das Haus mit einem Entzücken an, als wäre es ein Kätzchen.

„Ja, da wohnen wir!“, antwortete Klaudijus und sah im Erdgeschossfenster Ingrida, die auf den Hof hinausblickte.

„Ist das Ihre Frau?“

„Ja.“

„Wie heißt sie?“

„Ingrida oder einfach Ida.“

„Sieht nett aus. Und woher kommen Sie?“

„Aus Litauen.“

„Ah, aus dem Baltikum. Da haben Sie es gut. Die Länder sind klein, haben nicht so viele Einwohner, die Namen klingen schön ... Und was hat Sie von zu Hause fortgetrieben?“ In Anželas Stimme schwang ehrliche Besorgnis mit.

„Na ja, wir brauchen ja kein Visum. Und solange wir jung sind, wollen wir ein bisschen rumkommen und was verdienen.“

„Ja, das Glück liegt nicht hinter den Bergen, so steht's ja auch auf dem Schild auf der Promenade in Perm“, seufzte sie, „eher hinter dem Hügel.“

Anžela winkte Ingrida. Die nickte.

„Kommen Sie, sonst machen wir Ihre Frau noch nervös!“ Die Brünette hakte sich bei Klaudijus unter und schaute in Richtung Villa. „Lieben Sie Ihre Frau?“

„Natürlich.“

„Das ist gut. Ich mag Leute, die zur Liebe fähig sind. Ist es hier immer so windig?“

Klaudijus wand sich nach allen Seiten um. Sein Blick blieb an den reglosen Wipfeln der Lebensbäume hängen.

„Nein, da!“ Anžela wies mit der Hand auf den Himmel, an dem die weißen Wolkenfetzen noch immer Richtung Osten zogen.

„Ja, oft“, sagte der junge Gärtner und nickte. „Aber der Wind weht meistens weiter oben und selten hier unten!“

Vor dem Abendessen wollten die Gäste noch eine kleine Spritztour machen.

„Finden Sie auch zurück?“, fragte Klaudijus besorgt und schaute den Grauhaarigen an, der in den Jeep gestiegen war. „Um acht gibt's Abendessen.“

„Keine Sorge“, beruhigte ihn der Grauhaarige, „wir haben die Adresse ins Navi eingegeben.“

Als Klaudijus das Tor hinter den Autos geschlossen hatte, lief er durch die dunkle Allee zur Villa. Er schaute in die Küche: Zwei Männer und zwei Frauen arbeiteten zügig. Vier verschiedene Antipasti warteten auf einem Beistelltisch darauf, aufgetragen zu werden. Ein Chinese zauberte grünen Salat. Rechts von dem Brett, auf dem er die kleinen Blätter zupfte, standen Flaschen mit verschiedenen Olivenölen und Essigsorten. Irgendwann warf er Klaudijus einen fragenden Blick zu.

„Entschuldigen Sie“, hob der Gärtner an. „Ich wollte einfach fragen ... Es hieß, ich solle nur ein Zimmer für die Dienstboten zurechtmachen, jetzt sind Sie aber zu viert ...“

„Wir übernachten nicht hier“, antwortete der chinesische Salatkünstler in makellosem Englisch. „Wir wohnen hier ganz in der Nähe, in Walton-on-Thames. Wir kommen, machen unsere Arbeit und fahren wieder heim.“

Klaudijus ging in den ersten Stock hinauf, in den Speisesaal, wo Ingrida ein weiteres Mal mit einem grünen Lappen Staub wischte. „Die Chinesen übernachten hier gar nicht“, sagte er. „Wer braucht dann eigentlich das Dienstbotenzimmer?“

Ingrida holte ihr Handy raus, wählte Achmeds Nummer und reichte Klaudijus das Telefon. „Frag ihn!“

„Wie, habe ich das etwa nicht gesagt?“, wunderte sich der Pakistani. „Dann muss ich es vergessen haben. Entschuldigen Sie! Das Zimmer ist für Sie. Wenn Gäste im Haus sind, müssen Sie auch dort übernachten. Für alle Fälle. Falls die Gäste nachts etwas benötigen!“

„Für uns?“, brummelte Ingrida. „Da gibt’s doch nur ein Bett und einen Nachttisch.“

Klaudijus fiel plötzlich ein, dass er das Dienstbotenzimmer noch gar nicht gesehen hatte. Und auch keine Lust hatte, es zu sehen. Seine Laune sank, als ihm klar wurde, dass er und Ingrida für die Dauer des Besuchs die Diener spielen sollten. Ihm kamen ein paar stammverwandte Wörter in den Sinn: Dienstleistung, Bedienung, Verdienst ... Ingrida bemerkte sein dümmliches Lächeln, das von dem Wortspiel kam.

„Woran hast du denn gerade gedacht?“, fragte sie.

„Ach, nur so ein komisches Gefühl, nichts weiter. Es gibt hier gar niemanden, der bedient werden will. Die Gäste sind ganz normal! Aber so ein Haus verlangt natürlich einen Diener oder wenigstens einen Butler.“

Er schaute sich um und wunderte sich, wie gut die kugelsicheren Sessel zu dem langen Tisch passten. Auch Krawez’ Porträt, das den Richter in der weißen Perücke ersetzt hatte, fügte sich tadellos ein.

„Weißt du, was mich am allermeisten wundert?“ Ingrida hatte sich auch umgeschaut. „Dass es hier keinen Fernseher gibt! Ist dir aufgefallen, dass die Zimmer total spartanisch eingerichtet sind? Da gibt es nicht mal einen Wasserkocher!“

„Wozu auch ein Fernseher, wenn sowieso keiner da ist, der fernsieht?“ Klaudijus zuckte mit den Schultern.

45. Kapitel. Paris

Am dritten Tag im Krankenhaus hörten die Kopfschmerzen auf. Andrius lag in einem Metallbett. Sein linkes Bein war eingegipst und in einer Hängevorrichtung hochgelagert.

In diesem Zimmer lagen nur Gipspatienten. Sein rechter Nachbar, ein Bärtiger mit Locken, hustete und drehte immerzu seinen Kopf, aber nicht, um sich umzusehen, sondern weil ihn seine Halskrause störte. Seine dauernden Bewegungen und Geräusche nervten Andrius. Als er genauer hinschaute, sah er, dass der ganze obere Teil des Brustkorbs, der unter der grauen Bettdecke hervorschaute, und ein Stück Hals eingegipst waren.

Am Vormittag kam eine schlanke Maghrebinerin in einem blauen Diensthemd und ebensolchen gebügelten Hosen mit einem kleinen Koffer herein. Sie zog einen Stuhl ans Bett des bärtigen Nachbarn, öffnete auf den Knien ihren Koffer, entnahm einen leichten grünen Umhang und schob ihn dem Patienten unters Kinn. Die oberen Ecken zog sie hoch, dann machte sie sich ans Rasieren.

Dieser Anblick lenkte Andrius ab und brachte ihn auf andere Gedanken. Er vergaß das gebrochene Bein und die Kopfschmerzen, die er doch früher nie gehabt hatte. Andrius schaute zu, wie sich die flotte und geschickte junge Frau nach dem Bart die Haare vornahm. Gewaschen waren die Haare, aber die Friseuse in der Krankenhauskleidung konnte sie nicht ordentlich kämmen. Und so schnitt sie einfach jeden Fitz heraus, auf den ihr breitzinkiger Kamm stieß.

„Und, wie geht es Ihnen?“, sprach Andrius jemand von der anderen Bettseite her an.

Andrius drehte sich um. Neben ihm saß auf einem anderen Stuhl ein Arzt in einem blütenweißen Kittel. Er hielt einen Stift und ein Klemmbrett in der Hand, auf dem ein Formular befestigt war. ‚Wieso habe ich ihn übersehen?‘, überlegte Andrius.

„Ich hoffe, es geht Ihnen schon besser?“, fragte der Arzt.

Andrius verzog die Lippen zu so etwas wie einem schiefen Lächeln. Er wusste, wie er aussah, wusste, dass sein Gesicht von blauen Flecken nur so wimmelte, dass die genähte Oberlippe weiter angeschwollen war und so weit überstand, dass sie fast die Nasenlöcher verdeckte. Er wusste, dass sich die Wunde an der Schläfe rot-violett verfärbt hatte. Dass jeder Versuch, die Muskeln im rechten Bein anzuspannen, mit einem stechenden Schmerz oberhalb des Knies endete. Und weil er das alles wusste, tat er sich schwer, dem Arzt eine ehrliche Antwort zu geben. Der sah ihn freundlich an. Andrius wollte ihn nicht mit unpassenden Worten kränken.

„Geht so", sagte Andrius nach einer Pause.

„Verstehe", sagte der Arzt nickend. „Es ist schon ein bisschen mehr als ein kleiner Stress für den Organismus. Eine Gehirnerschütterung, Quetschungen im Gesicht, Quetschungen am Brustkorb, an den Rippen, ein Riss im Schienbein ... Aber das verheilt alles wieder. Jetzt mal zu den Formalitäten." Er zeigte auf das Klemmbrett mit dem Formular. „Wie heißen Sie?"

„Andrius Janušavičius."

Der Arzt notierte den Vornamen, zeigte ihn dem Patienten.

„Mit einem ‚i' nach dem ‚r'."

Der Arzt korrigierte den Fehler und bat ihn, den Familiennamen zu wiederholen. Als er ihn noch einmal gehört hatte, schüttelte er den Kopf. „Können Sie den Namen selbst schreiben?" Er gab Andrius den Stift und hielt ihm das Klemmbrett so hin, dass Andrius bequem schreiben konnte, zeigte ihm, wo er den Namen eintragen musste. „Und hier die Adresse." Er zeigte auf die nächste Zeile.

„In Litauen oder in Paris?"

„Und wo wohnen Sie?"

„Jetzt in Paris."

„Dann tragen Sie die Pariser Adresse ein. Dann Ihr Geburtsjahr."

„1985", sagte sich Andrius auf Litauisch vor und füllte das Formular weiter aus.

„Was für eine Krankenversicherung haben Sie?"

„Keine", antwortete der Patient.

„Hmm." Der Arzt nickte nachdenklich. Er schwieg ein paar Sekunden, dachte nach. „Gut, dann habe ich Ihnen diese Frage nicht gestellt, und Sie haben sie nicht beantwortet. Ich trage Sie dann vielleicht besser als obdachlos ein? Wie Ihren Zimmerkollegen?" Er deutete auf den Bettnachbarn, der fertig frisiert war und nun friedlich vor sich hin schnarchte.

Andrius zuckte mit den Schultern. In seinem verletzten Gesicht wirkte sein ratloser Blick traurig.

„Machen Sie sich keine Sorgen", beruhigte ihn der Arzt. „Kann Sie jemand mit dem Taxi abholen?"

„Wann?"

„Morgen."

„Morgen schon?“

„Aus ärztlicher Sicht ist alles getan. Jetzt ist es nur noch eine Frage der Zeit, wann die blauen Flecken verschwinden und die Wunden nicht mehr wehtun. Das Bein dürfen Sie zwei Wochen nicht belasten. Gehhilfen zum Herumlaufen in der Wohnung können Sie in jeder Apotheke kaufen.“

„Gut“, hauchte Andrius, der nicht wusste, ob er sich über diese überraschende Neuigkeit freuen sollte.

Der Arzt ging weg, und Andrius holte sein Handy aus dem Nachttisch. Er sah mehrere verpasste Anrufe von Paul und einen von Barbora. Er wählte ihre Nummer. Sie machten aus, dass sie ihn am nächsten Tag gegen Mittag abholen und sie ein Taxi nach Belleville nehmen würden. Dann rief er Paul an.

„Wo bist du denn? Warum gehst du nicht ans Telefon?“, fiel der Junge mit der Tür ins Haus.

„Ich bin selbst krank“, antwortete Andrius. „Ich liege im selben Krankenhaus wie du, nur auf der Station für die Erwachsenen.“

„Und was ist mit dir passiert?“

„Bin zusammengeschlagen worden.“

„Schlimm?“

„Keine Ahnung. Das war das erste Mal. Ich habe keinen Vergleich. Ziemlich schlimm, ja. Ich bin zusammengetreten worden.“

„Und wer war das?“

„Clowns“, sagte Andrius, lächelte bitter und spürte, wie die Narbe an seiner Oberlippe pochte.

Die Gesichter der albanischen Brüder kamen ihm in den Sinn, graue Gesichter mit einem grauen Blick. Er konnte sich nicht erinnern, dass sie je gelächelt hatten und dass sie je von irgendwem engagiert worden waren. ‚Wer hat ihnen eigentlich gesagt, dass sie Clowns sind?‘, ereiferte er sich insgeheim.

„Papa ist gerade da. Soll er mal bei dir vorbeikommen? In welchem Zimmer liegst du denn?“

Hannibal kam herein und hatte eine Banane dabei. Er legte sie auf Andrius’ Nachttisch.

„In dem Krankenhaus hier gibt es ein gutes Café, gar nicht teuer“, sagte er, „aber die Auswahl an Obst ist mies.“

Andrius nickte und betrachtete den eleganten und sicher sehr teuren Mantel. Sein Blick fiel auf das Schild mit dem italienischen Firmennamen, das auf den rechten Ärmel genäht war. Er erinnerte sich an den Anzug von Hugo Boss mit einem ähnlichen Schild, ebenfalls auf dem Ärmel. Und daran, wie er Barbora davon erzählt hatte, die zu seiner Verwunderung nur ein einziges Wort sagte: „Afrika!"

„Wer hat dich denn so ...?" Pauls Papa sah wirklich erschüttert aus. Er ging näher an den Verletzten heran und musterte sein entstelltes Gesicht.

„Die Albaner. Sind auch Clowns aus dem Café." Andrius nickte Richtung Fenster, als läge das genannte Café da unten. „Sicher wegen der Konkurrenz ..."

„Immigrantenschweine! Fuck them!", fluchte der elegante Besucher laut. Im Nachbarbett hustete der frisch frisierte Obdachlose. Sein Blick, der Verwunderung oder Verärgerung ausdrückte, galt dem Diplomaten aus Kamerun. Pauls Vater bemerkte das. „Do you speak English?" Hannibal machte einen vorsichtigen Schritt auf den frisierten Patienten zu.

„Nein, spricht er nicht", antwortete Andrius anstatt seiner. „Ich habe ihn schon gefragt. Ich bin übrigens auch ein Immigrant ..."

„Nein", Hannibal lächelte verschmitzt, „du bist hier in Europa zu Hause. Ich habe mich im Internet belesen über Litauen ... Nettes Land. Schade, dass Kamerun keine Botschaft dort hat. Sonst könnte ich auch mal zu euch nach Vilnjas kommen."

„Vilnius", verbesserte ihn Andrius.

„Willst du, dass diesen Albanern mal die Beine weggehauen werden?", fragte Pauls Vater, als er Andrius' hängendes Gipsbein sah.

Diese Frage brachte Andrius in Verlegenheit. Er wusste nicht, was er sagen sollte. Hannibals diplomatischen Status, seine teure Kleidung und den Vorschlag, den Albanern die Beine zu brechen, brachte er in seinem Kopf nicht zusammen.

„Kostenlos natürlich", fügte Hannibal hinzu. „Das ist Ehrensache. Wegen denen muss mein Sohn leiden, wegen denen hat er keine Ablenkung. Paul hat geweint, als du nicht gekommen bist."

„Lieber nicht", sagte Andrius schließlich langsam und matt. Der Tonfall ließ Zweifel an dem Gesagten erkennen.

„Wir haben hier eine nette kamerunische Community, und als einmal Weiße einen von uns ..." Hannibal sprach nicht zu Ende. Er schwieg und wechselte das Thema. „Du kommst doch wieder zu Paul, wenn du wieder laufen kannst?"

„Natürlich!", rief Andrius, erfreut, dass das Thema beendet war.

Nach einer kurzen Pause stand Hannibal auf. Er versprach, am nächsten Tag wiederzukommen.

„Morgen werde ich schon entlassen“, erklärte ihm Andrius. „Aber ich versuche, so schnell wie möglich wieder zu Paul zu kommen. Bis dahin werde ich ihn erst mal anrufen. Mehrmals pro Tag.“

„Hier“, Hannibal gab ihm zwanzig Euro, „für die Anrufe. Eine gute Idee. Paul telefoniert gern. Die Krankenschwester schimpft immer. Sie sagt, sie könne ihm den Hörer nicht so lange ans Ohr halten!“

Als er gegangen war, trat Stille ein. Eine beruhigende, sterile Stille. Aber sie hielt nicht lange an.

„Bloody hell!“, krächzte der frisierte Obdachlose plötzlich auf Englisch.

Andrius zuckte zusammen. Drehte sich um. „Dann sprechen Sie also doch Englisch?“, entfuhr es ihm.

„Ja, verdammt, klar. Wieso sollte ich kein Englisch sprechen, wo ich doch aus Schottland komme.“

Der Mitbewohner biss die Zähne zusammen und jaulte leise, drehte den Kopf mal mehr nach rechts, mal mehr nach links. Wieder versuchte er, den Hals aus dem Gipskorsett herauszuschieben.

„Und wie sind Sie hierhergekommen?“, fragte Andrius und griff sich gleich an den Kopf, weil er merkte, dass die Frage doppeldeutig war. „Nach Paris“, ergänzte er.

„Bin geflohen“, krächzte der Obdachlose und hörte auf, den Kopf zu drehen. „Ich hatte einen Bauernhof. Habe einen Kredit aufgenommen. Konnte ihn nicht zurückzahlen. Die Bank hat mir den Hof weggenommen und versteigert. Irgendein Isländer hat ihn für ’n Appl und ’n Ei gekauft. Ich hatte noch so tausend Pfund. Bin ich hierher. Das Geld war nach zwei Monaten alle. Arbeit hatte ich keine. Hier wirst du schnell obdachlos.“ Er seufzte und biss wieder die Zähne zusammen, dieses Mal lautlos. Offenbar war es mit dem Gipskorsett nicht möglich, ohne Schmerzen tief einzuatmen. „Aber du wirst kostenlos behandelt“, fügte er nach einer Pause hinzu.

46. Kapitel. Pienagalys. Bei Anykščiai

Kurz nachdem es aufgehört hatte zu schneien, zog der alte Jonas seinen Pelz an, klappte den Kragen hoch, der den Kopf von hinten und von der Seite fast vollständig abschirmte, schlüpfte in seine Stiefel, nahm Googlas auf den Arm und trat hinaus.

„Hat’s uns aber eingeschneit!“ Er wackelte mit dem Kopf.

Der Alte setzte den Welpen ab, und Googlas rannte los, rollte die drei Stufen hinunter, versank bis zum Bauch im Schnee und schaute sich nach seinem Herrchen um.

„Keine Angst, du gehst schon nicht unter!" Großvater Jonas lächelte und stieg die Treppe hinab. „Komm, ich zeige dir deine Hütte!"

Jonas ging ein paar Schritte, drehte sich um und sah, dass der Welpe im Schnee feststeckte wie ein Eisbrecher zwischen den Schollen. Er machte kehrt und nahm ihn wieder auf den Arm. Der Alte trug ihn bis zur Hütte, trampelte den Schnee davor fest, ging zur Seite und setzte Googlas ab. Nicht auf der verschneiten Erde, sondern in der Hütte, mit der Schnauze zum Eingang.

„Na, wie gefällt's dir hier?", fragte er und beobachtete den verdatterten Welpen.

Googlas steckte seine Schnauze nach draußen, schaute den Großvater an und schlüpfte wieder zurück. Der Großvater hockte sich hin und schaute zu ihm hinein. Der Welpe beschnupperte das Heu auf dem Boden.

„Na los!", ermunterte Jonas den Hund. „Vor dir hat Barsas hier gewohnt. Das war ein feiner Hund! Ganz hell hat er gebellt, als hätte er Trompete gespielt! Na, schnuppere ruhig! Du musst den Geruch deiner Vorgänger kennen! Komm, ich zeige dir, wo Barsas jetzt ist."

Jonas' Hände hoben den Welpen heraus. Vor Barsas' verschneitem Grab ging der Alte ächzend in die Hocke. „Hier ist unser Barsas jetzt!", sagte er und schaute auf den länglichen Hügel. „Ganz in der Nähe. Und da drüben", er lehnte sich an den alten Apfelbaum und ließ seinen Blick über die Gräber schweifen, „da liegen seine Vorgänger: Sargis, Rexas, Aras, Partisanas, Mikis und Brüsselis! An Brüsselis kann ich mich noch erinnern, der hatte rotes Fell! Eine Promenadenmischung, aber lustig. Er wurde im selben Jahr geboren wie ich. Als ich vierzehn war, ist er gestorben. Ich habe meinen Vater gefragt: ‚Warum habt ihr ihn nach einer Stadt benannt? Nach einer fremden noch dazu?' Mein Vater hat mir geantwortet: ‚Damit ich nicht vergesse, woher der letzte Brief von meinem Bruder kam!' Und dann hat er noch gesagt, er habe gehört, Brüssel sei eine lustige und tölpelhafte Stadt, ganz so wie unser rothaariger Brüsselis."

Googlas lauschte seinem alten Herrchen aufmerksam, aber nicht den Worten, sondern der Stimme und der Intonation. Die ganze Zeit versuchte er, die Schnauze zu heben, um das Gesicht des Großvaters abzulecken.

„Hör auf mit dem Geschlecke!“ Der Großvater wich ein weiteres Mal dem Versuch des Welpen aus, an sein Kinn zu gelangen. „Schau dich um und gewöhn dich ein! Das ist jetzt dein Hof! Ab jetzt musst du ihn bewachen und beschützen, damit hier niemand etwas stiehlt: weder Renatas Auto noch unsere Scheune, noch den Besen vorm Haus! Los, beschnuppere deine neues Leben!“

Großvater Jonas setzte den Welpen an Barsas’ Grab ab. Googlas rannte einen Meter, drehte seine Schnauze nach allen Seiten und hüpfte drollig zu dem Alten zurück.

Es blies ein kalter Wind, er kam vom Wald, und der Welpe streckte dem Wind seine Schnauze entgegen. Er schaute genauer hin. Vielleicht dachte er, der Wind wäre ein Atem, und versuchte herauszufinden, von wem dieser kalte Atem kam?

„Komm wir gehen zu deiner Hütte“, rief Großvater Jonas, drehte sich nach seinem Gefährten um und lief zu dem Holzhäuschen, in dem fast anderthalb Jahrzehnte der gutmütige und bisweilen schweigsame Barsas gelebt hatte.

Googlas holte sein Herrchen ein, sprang vor den Eingang und schaute Jonas an, als wollte er fragen: Was soll ich jetzt weiter machen? Reinkriechen oder draußen bleiben?

Jonas musste an die fünfjährige Jūratė denken. Er erinnerte sich, wie sie Rexas in Milch eingeweichtes Brot gebracht hatte. Da war Rexas auch fünf, fünf Hundejahre. Nach menschlicher Rechnung hätte er ihr Vater sein können, ihr erwachsener Vater! Rexas war, mit Verlaub gesagt, der dümmste von allen sieben Hunden, die Jonas überlebt hatte. Vielleicht sollte man so nicht über Hunde denken, aber Jonas dachte so. Hauptsächlich, weil er vor Rexas’ Hütte mehrmals ein totes Huhn oder ein totes Eichhörnchen gefunden hatte. Die Tiere mussten irgendwo bei der Hundehütte umgekommen sein, und der Hund hatte sie, wenn er sein Revier ablief, gefunden und zu seiner Hütte geschleppt, um sie zu fressen. Vielleicht spielte er auch nur mit ihnen, aber jeder Fund hatte schlimme Folgen. Mal würgte er am Fell und brauchte zwei Wochen, ehe er das Fell wieder ausgespuckt hatte, mal quälte er sich mit dem Magen. Jonas passte natürlich auf, ein paar Mal ließ er auch einen befreundeten Tierarzt kommen, der sich allerdings besser mit Kühen und Pferden auskannte als mit Hunden. Der Tierarzt war der erste, der sagte, mit dem Hund sei es nicht weit her und Jonas solle ihn besser nicht von der Kette lassen. Jonas fand zwar auch, dass der Hund keine große Leuchte war, aber er tat ihm leid, und so hakte er ihn abends von der Kette und ließ ihn bis zum Morgen frei. Schließlich brauchte ein Hund, wenn er sein Revier gut bewachen sollte, Freiheit. Für Jūratė stand fest, dass der Hund von Natur aus schwach war und Hilfe brauchte. Er war für sie wie eine Puppe, er war ein echtes Kind und gleichzeitig ein Spielzeug für das kleine Mädchen. Rexas hing so sehr an ihr, wie ein Kind, das die Welt noch nicht kannte, an seiner Mutter hing. Er wartete auf sie, sprang an der Kette so hoch, dass die Hinterpfoten über die Schnauze hinaus stoben, weil die Kette die Schnauze einengte. Er fraß das eingeweichte Brot mit einem solchen Appetit, als wäre es Fleisch. Das litauische Schwarzbrot war ja genauso schwer wie Fleisch. Rexas fraß so gierig, dass Jūratė wie hypnotisiert vor ihm stand, dann mit der leeren Schüssel ins Haus rannte, um noch mehr Brot zu holen, und dabei eine Miene aufsetzte, als rette sie den Hund vorm Hungertod.

„Ein Dummerchen", seufzte Jonas und schaute Googlas an. Er seufzte zärtlich und traurig. Und an wen er dabei dachte – an Googlas, Rexas oder an seine missratene Tochter –, wusste man nicht.

Googlas sprang mit dem Bauch auf den Rand des Eingangs und blieb ulkig mit den Hinterpfoten hängen. Dann schlüpfte er hinein, verschwand drinnen und steckte eine Sekunde später die Schnauze wieder heraus.

„Na, los, gewöhn dich ein!", flüsterte Jonas. Und dann flüsterte er Gedanken, die nicht dem Welpen galten. „Was will sie denn in Italien? Genauso hat Jūratė von England geredet! Geredet, geträumt, erzählt! Und dann sind Rimas und sie weggegangen und nie wieder gekommen ... Der Apfel fällt nicht weit vom Stamm ... England, Italien ..."

Jonas schwitzte. Der warme Pelz mit dem riesigen hochgeklappten Kragen, der den Hals und den Kopf bis über die Ohren verdeckte, war zu warm. Er wollte ihn gern ausziehen, sich ein bisschen abkühlen, Frische spüren.

„Na, was ist, Googlas, gehen wir zurück?" Er schaute den Hund an. „In ein paar Wochen ziehst du in deine Hütte! Du wirst größer, lernst reinzuspringen, zu bellen und dein Herrchen zu begrüßen. Jetzt gehen wir rein. Du frierst, und ich schwitze."

47. Kapitel. Irgendwo zwischen Jena und Fulda. Thüringen

Die Leute erfinden ja gern Sachen über ihre Nachbarn. Was die Polen, seit Kukutis denken kann, nicht alles über die Deutschen zusammenfantasiert haben. Sie würden ja nie Gäste einladen, und wenn doch, dann bekäme jeder Gast genau ein Kotelett und keinesfalls einen Nachschlag, und einen Fremden würden sie nie einlassen, und wenn der Fremde ein zweites Mal klopfte, würden sie gleich die Polizei holen. Und die Polizisten in Deutschland wären fett und gemein wie die russischen Gendarmen und würden gleich drauflos knüppeln und erst dann fragten, was los sei.

Ja, Kukutis erinnerte sich, dass er irgendwann zwischen dem Ersten und dem Zweiten Weltkrieg an einem deutschen Tisch tatsächlich nur ein Kotelett bekommen hatte. Aber die Gastgeber hatten jeder auch nur eins gegessen. Es waren schwere Zeiten, nach der Mahlzeit schmeckte es auf der Zunge nicht nach Essen, sondern nach Hunger. Um den Hunger von der Zunge zu spülen, brauchte man vor dem Zubettgehen immer ein paar Gläser Schnaps. Mit Schnaps waren die Deutschen ihm gegenüber freigebig. Und sich selbst gegenüber auch. Schnaps hatten sie genug. Und so gut wirkte der Schnaps, dass Kukutis danach tief und traumlos schlief. Er schlief, wie nur jemand schlafen konnte, der zu viel gegessen und getrunken hatte.

Und jetzt lag er in einem frischen Bett bei fremden Leuten im altvertrauten Thüringen in einem schicken zweistöckigen Ziegelsteinhaus, in einem Zimmer, das die Spuren einer fremden Kindheit trug. Es gab noch drei weitere kleine Zimmer. In einem anderen Kinderzimmer – dem unmittelbar angrenzenden, das eine hellblaue Tapete mit weißen Wolken und Flugzeugen hatte – schlief jetzt ein zwölfjähriger Junge, spitzbübisch wie ein Litauer, neugierig wie ein Norweger, sommersprossig wie ein Finne. Er war aber Deutscher und hieß Wolfgang wie Mozart. Vor zwei Stunden hatte er Kukutis beim Abendessen, das sie gemeinsam mit seinen gastfreundlichen Großeltern eingenommen hatten, erzählt, wie er eine Nähmaschine für Koffer erfunden hatte. Die Großeltern hörten ihm aufmerksam zu, mit lächelnden Gesichtern und einem stolzen Blick auf den Enkel aus weisen, von Falten umrandeten Augen.

„Für diese Maschine muss aber immer Strom da sein." Kukutis' Gedächtnis wiederholte Wolfgangs Worte.

„Es muss alles immer da sein", hatte der Großvater erwidert.

‚Warum kann ich eigentlich nicht schlafen?', überlegte Kukutis ärgerlich.

„Weil du über die guten Deutschen nachdenkst", gab ihm ein ruhiger, leicht schläfriger Gedanke ein.

„Über wen soll ich denn nachdenken?“, fragte Kukutis den Gedanken.

„Über niemanden!“, riet der Gedanke.

Kukutis befolgte den Rat und schlief sofort ein.

Am nächsten Morgen klopfte es.

„Frühstück“,* rief der alte Hausherr freundlich.

„Na, das ist ja was“, wunderte sich Kukutis und stand auf. „Sie frühstücken nicht ohne mich.“

Wolfgang saß schon an dem quadratischen Tisch im ordentlichen Wohnzimmer. Die grauhaarige Hausfrau hatte eine Wurst- und Käseplatte aufgetragen, Brötchen – helle und dunkle – lagen wie Brotäpfel in einem geflochtenen Korb. Aus der geöffneten Butterdose strahlte ein Stück leckere gelbe Butter.

Der Junge holte aus einer Schüssel, die mit einem niedlichen Stepptuch bedeckt war, ein gekochtes Ei und schälte es.

„Er macht uns so viel Freude! Schade, dass er morgen schon nach Hause muss! Die zwei Wochen sind vergangen wie im Flug“, sagte die Gastgeberin, die trotz ihrer grauen Haare keine alte Frau und sicher gut zehn Jahre jünger als ihr Mann war.

„Ja, unser Sohn holt ihn ab. Die Schule geht ja wieder los“, fügte der Mann hinzu. Jetzt lächelte er anders, als hätte er ein schlechtes Gewissen. „Entschuldigen Sie, beinahe hätte ich es vergessen! Unser Nachbar fährt heute Nachmittag nach Fulda. Er nimmt Sie mit.“

„Liegt das auf dem Weg nach Paris?“, erkundigte sich Kukutis.

„Ja. Es ist vielleicht nicht ganz der direkte Weg, aber auf jeden Fall die richtige Richtung.“

Nach dem Frühstück holte Wolfgang Kukutis in sein Zimmer. Auf dem Schreibtisch lag eine große, die ganze Tischplatte einnehmende technische Zeichnung der Koffer-Nähmaschine. Aus einem schwarzen Plastikbecher ragten akkurat gespitzte Bleistifte. Rechts lagen drei technische Ratgeber und ein Rechenschieber.

„Ich dachte, heutzutage wird alles am Computer gemacht!“, wunderte sich Kukutis.

„Zu Hause mache ich auch alles am Computer, aber hier hat es Opa verboten. Er hat mir sogar verboten, mein Smartphone mitzunehmen, aber ich habe es trotzdem dabei“, vertraute sich Wolf-

* Im Original auf Deutsch.

gang Kukutis an und holte sein Handy unter dem Kopfkissen hervor. „Was hier alles drauf ist. Spiele und verschiedene Programme! Im Museum haben wir die ersten Telefone gesehen, die konnten ja gar nichts."

„Na ja", Kukutis lächelte breit, „die ersten Telefone waren nur zum Telefonieren."

„Trotzdem, früher war alles einfach und langweilig, heute ist alles ganz anders!", sagte der Junge souverän.

Kukutis runzelte die Brauen. „Was ist das, was glaubst du?", fragte er und zog das weite Hosenbein über seinem Holzbein nach oben.

„Eine alte Prothese", antwortete der Junge flott.

„Und wozu ist die da, was meinst du?"

„Damit man laufen kann."

„Ja, klar", sagte Kukutis und lächelte verschmitzt. „Und jetzt sieh mal her! Ich setze mich mal hin." Er setzte sich auf einen Stuhl, bückte sich, schnallte das Holzbein ab und legte es vorsichtig auf die Zeichnung der Koffer-Nähmaschine. „Was siehst du?"

„Ein Holzding", sagte der Junge salopp.

„Richtig." Kukutis' Hand griff nach einem winzigen Ring. Zwei Finger zogen einen kleinen, runden Bolzen heraus, darunter kam ein Loch von zwei Zentimetern Durchmesser zum Vorschein. Kukutis drehte das Bein zu sich, die Öffnung zeigte nach unten, und zwei Ringe, ein Dutzend Nähnadeln, die mit einem Gummi zusammengehalten wurden, und zwei große Stopfnadeln fielen heraus.

„Wow", rief der Junge erstaunt, „und wofür sind die hier?" Mit zwei Fingern griff er nach einer dicken Stopfnadel.

„Damit kann man einen Koffer nähen oder reparieren oder eine kaputte Sohle wieder annähen", erklärte der Alte.

„Gibt's da noch mehr Geheimfächer?"

„Natürlich. Hier sind Dokumente drin, hier eine Flasche, hier Geld, hier Gebäck oder Zwieback." Kukutis öffnete die Fächer nicht, sondern fuhr nur mit dem Finger über das Bein und tippte auf die winzigen Silberringe, an denen er leicht hätte ziehen können.

Begeistert strich der Junge über das Holzbein. „Und wo werden die hergestellt? In Korea?", fragte er.

Kukutis drehte das Bein auf die andere Seite und zeigte dem Jungen das kleine Bronzeschild, das mit winzigen Silbernägeln am oberen Teil des Beines befestigt war und auf dem in Reliefbuchstaben die Aufschrift *Made in Lithuania* prangte.

„Lithuania“, rief Wolfgang fasziniert. „Kann ich vielleicht mal in ein paar Kästchen hineinschauen?“

„Gerne“, sagte Kukutis bereitwillig. „Aber leg alles wieder an seinen Platz zurück! Damit ich dann nichts verwechsle. Vor allem, wenn du Medikamente rausholst.“

Zuerst zählte der Junge die Silberringe. Er kam auf über dreißig. Dann zog er hier und da ein Kästchen auf, dort einen Deckel raus und schaute darunter.

Kukutis gefiel die Neugier des Jungen. Zuerst beobachtete er ihn, dann tauchte er in seine eigenen Gedanken ab. Er saß da, senkte den Blick und dachte an früher.

So ging es eine ganze Weile, bis sich irgendwann die Tür öffnete und Wolfgangs Großvater Kukutis mitteilte, dass der Nachbar losfahren wolle und das Auto schon bereitstünde.

Dem Jungen war sofort klar, dass er das Holzbein nun in Ruhe lassen musste. Er bedankte sich bei Kukutis und schaute zu, wie schnell und geschickt der Alte das Bein wieder anschnallte. Zum Abschied gab er Kukutis wie ein Erwachsener die Hand und setzte sich wieder an seine Koffer-Nähmaschine.

Der Nachbar – ein jung aussehender, kurzhaariger Mann in Anzug und Krawatte, die unter einer schwarzen Daunenjacke hervorschaute – brachte Kukutis zu seinem alten, aber gepflegten braunen Mercedes.

„Haben Sie kein Gepäck?“, wunderte er sich, als er seinen Mitfahrer sah.

„Ich habe alles am Mann“, versicherte Kukutis.

„Dann fahren Sie nicht für lange?“, vermutete der Mercedes-Besitzer.

„Nein, nicht für lange. Und eigentlich muss ich auch ganz woanders hin, noch weiter.“

Der Mann schaute Kukutis verblüfft an, setzte aber sogleich einen höflich-gleichgültigen Blick auf. Er öffnete die Fahrertür und wies Kukutis die Tür auf der anderen Seite zu.

Wolfgangs Großvater winkte dem abfahrenden Nachbarn und dem Gast, der ihm, weil er ein Herz hatte und mit sicherer Intuition redliche Fremde von unredlichen unterscheiden konnte, in der hiesigen Kneipe aufgefallen war und den er nach zwei Gläsern Bier und einem vierzigminütigen Gespräch mit zu sich nach Hause genommen hatte.

Das Auto verließ das gemütliche Städtchen, das wie ein in Winterstimmung gerahmtes altes Bild aussah. Der Fahrer schaute auf die

Straße und schwieg. Kukutis wurde schläfrig – wieder war die vom Schnee geräumte Straße unglaublich eben. „Fahren wir lange?“, fragte er gähnend.

Der Mann nahm die rechte Hand vom Lenkrad und streckte sie zu einem quadratischen Gerät aus, das mit einem Saugboden an der Frontscheibe befestigt war. Er drückte einen Knopf. „Die Reisezeit beträgt zwei Stunden und dreizehn Minuten“, verkündete eine mechanische Frauenstimme. „Die Außentemperatur beträgt minus zwei Grad. Die Luftfeuchtigkeit liegt bei sechsundvierzig Prozent.“

„Danke“, sagte Kukutis und wurde unsicher, ob es richtig war, sich zu bedanken. Vielleicht gab es irgendwo vorn auf dem Armaturenbrett einen Knopf, den man drücken musste, damit eine andere mechanische Stimme, eine Männerstimme wahrscheinlich, „Vielen Dank“ sagte?

Kukutis musste über seine eigene Fantasie lachen. Der Mensch hatte sich, so überlegte er, mit der Erfindung verschiedenster Vorrichtungen und Maschinen, Roboter und anderer Geräte, die ihm physische Anstrengungen abnahmen, so viel Mühe gegeben, die Hände freizubekommen, würde er jetzt etwa daran gehen, den Mund zu ersetzen? Und wofür? Um zu schweigen? Damit es in der Natur weniger Geräusche gab?

Der Wanderer schloss die Augen, damit die vorüberziehenden Bilder ihn nicht ablenkten. Lächelnd widmete er sich wieder seinen Überlegungen zum überflüssigen menschlichen Lärm. Ihm fiel auf, dass in der Natur wirklich immer weniger menschliche Stimmen zu hören waren. Früher konnte es vorkommen, dass jemand auf der einen Straßenseite lief und ihm auf der anderen Seite ein alter Bekannter entgegenkam. Man rief sich etwas zu, unterhielt sich über die Straße hinweg, ohne die Seite zu wechseln, dann setzte jeder seinen Weg fort. Heute würde auf jeden Fall einer von beiden die Straße überqueren, und sie würden sich im Flüsterton unterhalten, als wären ihnen Straße und Bürgersteig fremd. Und sie würden sich auch flüsternd verabschieden. Außerdem, dachte Kukutis, hatten die Leute aufgehört zu singen. Chöre waren in den Städten und auf den Dörfern nicht mehr zu hören und Lieder auch nicht. Als hätte sie jemand verboten. Vielleicht gab es tatsächlich eine europäische Verordnung, die überflüssige menschliche Geräusche untersagte? Sicher schloss das Verbot laute Unterhaltungen, Singen, Freudenschreie und Klagelieder ein.

Mit diesen Gedanken nickte Kukutis auf der ebenen Straße ein. Ihm fiel gerade noch auf, dass er den Motor überhaupt nicht hörte. Das

Auto rollte beinahe lautlos, als hätten auch die Autos die Anweisung bekommen, geräuschlos zu fahren.

Der Mercedes chauffierte den schlummernden Wanderer weiter, und dieser verpasste die hübschen Kirchen und Kneipen am Straßenrand, verpasste die hohen Marktmasten, an denen im Frühjahr aus Spaß Stiefel und andere Preise aufgehängt wurden, damit in den Männern die Lebenslust erwachte. Auch der Fahrer verpasste das alles, denn die Straßenverkehrsordnung schrieb vor, dass er nur auf die Straße und auf die Schilder über der Straße und am Rand zu achten hatte. So fuhr er reglos und korrekt, befolgte die geltenden Regeln, und diese Regeltreue bildete das Fundament für die Stabilität in seinem Leben und im Leben überhaupt.

Plötzlich schrillte mit einem vertrauten Halbklingeln irgendwo bei Kukutis der Wecker. Vielleicht sogar in der Hosentasche. Kukutis hatte die Augen noch nicht geöffnet, suchte aber schon mit den Händen seine Taschen ab. Da war kein Wecker, obwohl Kukutis irgendwann vor langer Zeit ein deutsches Fabrikat in seiner Hosentasche hatte.

Das Klingeln ging weiter. Kukutis öffnete die Augen. Er fing den schrägen, missmutigen Blick des Fahrers auf.

„Ein Anruf, gehen Sie doch mal ran", sagte er streng.

„Ich habe kein Telefon", antwortete Kukutis verwirrt und lauschte auf den merkwürdigen mechanischen Ton, der von ihm, quasi unter ihm hervorkam. „Vielleicht ist Ihr Telefon unter meinen Sitz gerutscht?"

„Mein Telefon klingelt anders", antwortete der Fahrer gelassen. „Mein Telefon sagt mit der Stimme meiner Frau: ‚Heb den Hörer ab!'"

Kukutis beugte sich vor und ein Stück nach links, zu seinem echten Bein hin. Er versuchte, die Hand unter den Sitz zu schieben und dort zu tasten. Seine Finger wanderten über den rauen Mercedes-Boden, aber dort war nichts.

Das Klingeln ging weiter.

Der Fahrer knirschte mit den Zähnen und starrte verbissen geradeaus.

‚Was will der denn da sehen? Ist doch auch so alles gut zu erkennen!', dachte Kukutis verärgert.

Da bremste der Fahrer ab und fuhr an eine Tankstelle. Allerdings nicht zu den Zapfsäulen, sondern auf den Parkplatz. Er stellte den Motor ab, stieg aus, ging um das Auto herum und öffnete die Beifahrertür. Ein kalter Wind blies dem Alten ins Gesicht.

„Steigen Sie doch mal aus!", bat ihn der Mercedes-Besitzer.

Kukutis kroch hinaus und begriff, dass das merkwürdige halbsonore Scheppern mit ihm ausgestiegen war. Er machte drei Schritte vom Auto weg, das Geräusch ging mit.

Der Fahrer trat ganz dicht an seinen Mitfahrer heran, lauschte, hockte sich hin, ging langsam in die Knie, als wollte er während des Klingelns herausfinden, von wo genau das Geräusch kam.

„Das kommt aus Ihrem Bein", sagte er schließlich verblüfft und klopfte mit dem gebeugten Zeigefinger der rechten Hand gegen Kukutis' Holzbein.

„Was ist denn das für Quatsch!" Kukutis bückte sich. Er hob das Hosenbein hoch, fuhr mit der Hand über das glatt polierte Holz und zog an einigen Silberringen. Der Alte spürte eine Vibration, die mit dem Klingelrhythmus übereinstimmte, und fand eine Stelle, an der die Vibration stärker war. An dieser Stelle zog er einen Deckel heraus, unter dem er irgendwann einmal zwei Tafeln Schokolade verstaut hatte. Und da wurde das Klingeln lauter. Kukutis hielt sein Bein so, dass die Öffnung zum Boden zeigte. Er schüttelte das schwere Bein, und in die Hand, die er darunter gehalten hatte, fiel ein Handy – das Handy, das Wolfang ihm gezeigt hatte. Zuerst wollte Kukutis es einfach wegschmeißen, als wäre es Müll. Er fand es unangenehm, etwas Zitterndes, Lebloses in den Händen zu halten.

„Hier" Kukutis hielt dem Fahrer das Telefon hin. „Ich weiß nicht, wie man das ausmacht."

Der Mercedes-Fahrer hielt das Handy vors Gesicht und drückte zielsicher mit dem rechten Daumen auf einen Knopf. Und in die Welt um die beiden Männer auf dem Parkplatz kehrten Stille und Harmonie zurück. Nebenan auf der Straße quietschten Autoreifen.

„So ein Bengel!", lächelte Kukutis. „Hat der mir doch sein Handy ins Bein geschmuggelt. Dachte, ich bin gegen den Fortschritt. Bin ich aber gar nicht. Ich hab einfach in meinen Taschen keinen Platz für den Fortschritt. Und in meinem Bein auch nicht ... Obwohl, wenn ich's recht bedenke, war da ja ein freier Platz. Weil ich die Schokolade aufgegessen und keine neue gekauft habe."

Der Fahrer schaute Kukutis mit einem merkwürdigen, etwas verärgerten Blick an. Wahrscheinich bedauerte er es schon, dass er sich bereit erklärt hatte, den Gast bis nach Fulda mitzunehmen.

„Bitte geben Sie es Wolfgang zurück", bat Kukutis und deutete auf das Telefon.

„Natürlich", antwortete der Mann und ging auf die Fahrerseite.

Kukutis stieg ebenfalls ein. Fast lautlos sprang der Motor an, und der braune Mercedes rollte zurück auf die Straße.

Der einbeinige Wanderer seufzte erleichtert und ertappte sich bei dem Gedanken, dass ihm jetzt die Stille auch gefiel, dass er jetzt auch wollte, dass es still blieb, der Fahrer schweigend weiterfuhr und sie kein weiterer Ton oder Lärm belästigte.

48. Kapitel. St. George's Hill. Grafschaft Surrey

Klaudijus war fasziniert von dieser Stille am Samstagmorgen. Er öffnete die Augen und betrachtete die weiße Zimmerdecke und den gelben Lampenschirm. Draußen strahlte die Sonne. Er wollte raus, in den Park, in die Sonne, aber eine missliche Zerschlagenheit, eine körperliche Erschöpfung hielt ihn in dem hohen, weichen Bett.

Er drehte sich zum Fenster, in seinem Kopf rauschte es. Wie gestern Abend in der Küche, als die Chinesen das Essen auf den Tellern anrichteten.

Die Gäste hatten am letzten Abend verlangt, dass Ingrida und Klaudijus die Kellnerpflichten übernahmen. Die Chinesen fanden die Idee gut. Das junge Paar durfte auch von dem essen, was die Chinesen für die Gäste zubereitet hatten: Spaghetti del Mare mit leckeren Tintenfischen und Garnelen, die zwischen den Zähnen knackten.

Als das Abendessen allmählich zu Ende ging, bat der grauhaarige Roman Klaudijus, sich ihrer *intimen Männerrunde* anzuschließen. Anžela ging schlafen. Plötzlich standen mehrere Whiskyflaschen auf dem Tisch. Klaudijus brachte die dickwandigen, quadratischen Gläser. Er wollte in die Küche gehen, um Eis zu holen.

„Im Winter? Nicht nötig", hielten ihn die Gäste zurück.

Der Grauschopf stellte die Flaschen in einer bestimmten Reihenfolge auf. „Wir schwimmen hinauf", erklärte er. „Von der Insel zum Hochgebirge!"

Er schenkte jedem einen Schluck ein. Dann ließ er den Whisky langsam über die Zunge rinnen wie bei einer Verkostung. Die drei jungen Männer versuchten, ihn nachzuahmen. Langsam führten sie die Gläser zum Mund, aber im Unterschied zu ihrem älteren Freund verriet ihr Gesicht keinen Genuss, sondern nur Neugier.

„Kennen Sie Herrn Krawez gut?", fragte Klaudijus nach einer Weile, als er spürte, dass der Whisky ihn von Minute zu Minute mutiger machte.

„Nein“, antwortete Roman und schüttelte den Kopf. „Ich habe nur über Skype mit ihm gesprochen. Aber ich glaube, der ist in Ordnung. Er zahlt immer pünktlich. Und unsere Reise hierher ist so eine Art Bonus.“

„Und was machen Sie für ihn?“, wollte der junge Litauer wissen.

„Dies und das“, sagte Roman und winkte ab, „wir betreuen seine Geschäfte. Und wie bist du hierhergekommen?“

„Durch meine Frau. Sie hat in einer Anzeige gelesen, dass sie hier jemanden suchen.“

„Ja, deine Frau ist flott“, sagte der Grauschopf und nickte. „Auf die musst du ein Auge haben!“ Er zwinkerte Klaudijus zu.

Klaudijus hatte keine Lust mehr, die Unterhaltung fortzusetzen, aber es wäre unhöflich gewesen, die Runde zu verlassen. So trank er einfach Whisky, in langsamen Schlucken, ließ ihn auf die Zunge wirken und wartete darauf, dass die Runde sich auflöste. Doch anstatt auseinanderzugehen, baten die Männer Klaudijus, Anžela zu wecken und sie herunterzuholen.

Die Tür zum *Beatrice* war offen. Anžela schlief in demselben Bett, in dem ein paar Nächte zuvor Ingrida und er sich verlustiert hatten. Die Erinnerung spielte Klaudijus einen bösen Streich, vielleicht war auch der Whisky schuld. Als er jedenfalls versuchte, die junge Frau zu wecken, indem er ihr über die nackte Schulter strich, packte sie seine Hand und führte sie zu ihrer Brust. Er knickte ein, gab nach und geriet an ihren glühenden Körper unter dem warmen Federbett. Elektronen, Moleküle, weiß Gott, was das war, was ihm diesen Stoß versetzte, die Kraft indes, die Klaudijus’ Körper plötzlich erfüllte, brach sich so leidenschaftlich Bahn, dass Anžela winselnd aufstöhnte, sich eng an den stürmischen nächtlichen Liebhaber schmiegte und ihn mit Armen und Beinen umschlang. Diese Kraft überrollte ihn wie ein Tsunami, schaltete seine Gedanken aus. Erst eine halbe Stunde später ebbte sie ab, verschwand und ließ Klaudijus in süßer Erschöpfung zurück. Die Gedanken kamen wieder. Und mit ihnen die Angst, einer der Gäste könnte unverhofft durch die offene Tür eintreten. Eintreten und fragen, warum Klaudijus und Anžela nicht in den Speisesaal gekommen waren.

Klaudijus hielt Anžela noch im Arm, aber seine Gedanken zerrten ihn weg, drohten, flehten, forderten. Und er gab ihnen nach. Gut, dass Anžela ihn losließ. Entweder schlief sie oder befand sich in demselben Zustand süßer Erschöpfung, der – wären da nicht die Gedanken gewesen – Klaudijus noch lange Genuss bereitet hätte.

Auf Zehenspitzen lief er die Holztreppe hinunter und versuchte, nicht zu quietschen oder zu rascheln. Im ersten Stock blieb er vor der geschlossenen Tür stehen und lauschte. Das ruhige Männergespräch, das drinnen vor sich hin plätscherte, ließ Klaudijus annehmen, dass sie ihn vergessen hatten. Auch er wollte vergessen, alles vergessen, den Abend und Anželas heiße Hände. Die Tür zum Dienstbotenzimmer war ebenfalls offen. Klaudijus ging hinein und schloss sie. Er stand ein paar Minuten neben dem Bett, einem gewöhnlichen Doppelbett, nicht so betörend wie das im *Beatrice*. Er stand da und schaute mit einem ruhigen und zunehmend nüchternen Blick auf die reglose Ingrida. Ein Weilchen blieb er stehen, dann zog er sich aus und schlüpfte zu ihr unter die Decke.

49. Kapitel. Paris

Der Parc des Buttes-Chaumont, das grüne Kleinod in Belleville, füllte sich im matten Licht der Wintersonne schnell mit Leben und lockte Dutzende rastlose Rentner, Mütter und Au-pair-Mädchen mit Kinderwagen und Damen mit Hündchen in seine Alleen. Sie spazierten zum Teich und über die Brücke, die zu einem künstlichen, vor hundert Jahren aufgeschütteten felsigen Hügel mit einem romantischen Pavillon auf der Kuppe führte. Die Rentner, die Mütter und die Kindermädchen stiegen nicht hinauf, sie bestaunten den Pavillon von unten. Er kam ihnen fern und unerreichbar vor wie der erste Kuss. Es waren die Verliebten und die jungen Leute, die über den kurzen, verschlungenen Pfad den Hügel mit dem Pavillon erklommen.

Barbie war einmal mit dem Bernhardiner hinaufspaziert und hatte beschlossen, den Pavillon nicht noch einmal aufzusuchen. Von da oben übersah man den ganzen Park und seinen Zaun, man sah, dass der Park klein war und zwischen typischen Pariser Sechs- und Siebengeschossern mit winzigen Wohnungen und winzigen Fenstern eingezwängt lag.

Wenn sie hingegen durch die Alleen spazierte, war von Paris nichts zu sehen. Nichts zu sehen und nichts zu hören. Man konnte abschalten und sich vorstellen, man wäre an einem anderen Ort, in einem anderen Park. Irgendwo zu Hause in Vilnius.

Barbora war jedes Mal wütend auf sich, wenn sie an Vilnius dachte. Weniger wegen Vilnius, sondern weil sie in ihrer Vorstellung, egal wo genau sie in der Lieblingsstadt ihrer Kindheit herumbummelte, letztlich immer im *Coffee Inn* auf der Vokiečių-Straße landete. Sie stand davor und schaute hinein, drinnen saß Boris. Er saß da und wartete auf sie. Und sie wettete gegen sich selbst: Wenn er in der nächsten Minute von seinem iPhone aufschaute und sie sah, würde sie hineingehen. Wenn nicht, dann nicht. Jedes Mal schaute er auf und lächelte sie an, bevor die eine Minute um war, von der Barboras Schicksal abhing.

Nein, sie würde nie wieder dorthin gehen. Da war sie sich sicher. Es gab in Vilnius genügend Plätze, die sie aufsuchen konnte, wenn sie irgendwann zurückging oder eine Woche Urlaub machte.

Der Bernhardiner François, der brav und träge neben Barbie her lief und nie an der Leine zog, blieb stehen. Barbora blieb auch stehen und schaute sich um. François schaute zu einem anderen Bernhardiner in einer parallelen Allee. Der andere Bernhardiner lief brav neben seinem Herrchen und zog nicht an der Leine. Er drehte sich lediglich im Laufen ein paar Mal um, als spürte er François' Blick.

‚Und wenn wir zu zweit nach Vilnius kommen, gehen wir erst recht nicht in dieses Café.' Barbies Gedanken wanderten zurück. ‚Oder doch, wir gehen gerade zu zweit dorthin! Damit er uns sieht!'

‚Komm zurück nach Paris!', rief sich Barbora verärgert zur Ordnung.

Ihre Gedanken beruhigten sich. Die Erinnerungen verschwanden. Es blieben der Park, die Sonne und eine winzige Mutter mit Lockenkopf und Kinderwagen, die im Vorbeigehen lächelte und ihr mit heller, halblauter Stimme zurief: „Salut! Ça va?"*

Zehn Meter weiter erinnerte sich Barbora an sie, an das Café am Père-Lachaise. Sie drehte sich um.

‚Wir sehen uns noch', dachte sie und schaute den Hund an. ‚Wir sehen uns am Nachmittag, wenn ich auch mit dem Kinderwagen unterwegs bin und nicht mit dir!'

Zu Hause erwarteten Barbora ein warmes Mittagessen und ein Andrius auf Krücken.

„Noch eine Woche, und dann kann der Gips ab!", sagte er und schöpfte Hühnersuppe mit Nudeln in die Teller. „Was macht der Hund?"

„Dem fehlt nichts", witzelte Barbora und schaute Andrius an. „Die blauen Flecken sind schon weg! Tut dir noch was weh?"

„Die Rippen ein bisschen. Und das Bein, wenn ich stehe. Aber sonst ist alles gut. Morgen fahre ich zu Paul!"

---

* Hallo! Wie geht's? (frz.)

Gegen zwei, als Barbie zum Bäcker auf der Rue de Belleville ging, um von Leila den Wagen mit Walid zu übernehmen, wurde die Sonne von Wolken verdeckt.

Anstatt Barbie einfach den Wagen zu übergeben und ihr zu zeigen, wo die Milchflasche stand, erzählte Leila ihr was von einem Großcousin, Raschid, der gegen drei an der Ecke Rue Clavel, Rue Fessart auf sie warten und ein Päckchen von Verwandten aus Beirut aus dem Wagen nehmen sollte.

Barboras Laune war dahin. Sie hatte sich die ruhigen Alleen im Parc des Buttes-Chaumont ausgemalt und nicht die schmalen Bürgersteige der Straßen in Belleville und den Lärm der vorbeifahrenden Autos und Busse.

„Sie haben ziemlich viele Verwandte", sagte sie ungehalten und erntete von Leila einen pikierten Blick.

„Jeder, der aus Beirut kommt, hat eine große Familie. Sie kennen einfach Beirut nicht! Und interessieren sich auch nicht dafür", polterte Leila auf Englisch los. In ihren Augen glitzerte Wut. Doch die kleine Araberin hatte sich schnell wieder im Griff. Aus einem auffälligen chinesischen Portemonnaie holte sie dreißig Euro und gab sie Barbora. „Liefern Sie das Päckchen ab, und gehen Sie danach bis fünf im Park spazieren."

Der Anblick der drei roten Zehneuroscheine konnte Barbora vielleicht nicht ganz die Aufregung nehmen, veranlasste sie jedoch, sich zusammenzureißen und Leilas *Beiruter Ausbruch*, der ganz offensichtlich nicht gegen Barbora persönlich, sondern gegen alle, die nicht aus Beirut kamen, gerichtet war, unkommentiert zu lassen. Für einen kurzen Moment ballte sich ihre Hand zu einer Faust. Dann nahm sie das Geld, nickte abwesend und schob den Kinderwagen die Rue de Belleville hinab.

Die Straße dröhnte, heulte vor Motorrollern, vibrierte vor PKW-Fahrern, die ungeduldig den Lieferwagen zuhupten, weil sie angehalten hatten, um Waren auszuladen. Ein quirliger Menschenstrom kam ihr entgegen, aber alle gingen behände und geübt zur Seite, um die junge Frau mit dem Kinderwagen vorbeizulassen. Manche wichen sogar auf die Fahrbahn aus, damit Barbora ungehindert weiterlaufen konnte. Auf der anderen Straßenseite ging es genauso lebhaft zu. Im Unterschied zu den Alleen im Parc des Buttes-Chaumont gingen hier alle so schnell, wie es ihr Alter zuließ. Selbst ältere Frauen mit großen Trolleys, die eher wie Mülltonnen aussahen, rollten diese Taschen so entschlossen zu ihren Lieblingssupermärkten, als fühlten sie sich um vieles jünger, als sie tatsächlich waren.

Aus den Augenwinkeln heraus sah Barbora, wie sich auf dem Bürgersteig gegenüber ein großgewachsener junger Mann mehrmals nach ihr umdrehte, ein echter Franzose offenbar und nicht einfach nur ein Bewohner von Paris. Dunkler, kurzer Mantel, gebügelte Hosen, schicke Frisur, passend zu seinem schmalen Gesicht. Er hatte nichts in der Hand. Dieses Nichts irritierte Barbora. Er lief etwas schneller und in ihre Richtung. Wieder drehte er sich um und schaute sie an. Vielleicht trafen sich ihre Blicke, aber Barbora war sich nicht sicher, denn er drehte sich genau in dem Moment weg, als er merkte, dass sie ihn gesehen hatte, und lief schneller.

Barbora zuckte mit den Schultern. Warum sollte ein junger Mann ein Auge auf eine Frau mit Kinderwagen werfen, auch wenn sie jung war und gut aussah? Sie lächelte und kicherte. Er dachte ja sicher, es sei ihr Kind.

Ihre Laune besserte sich. Das unangenehme Gespräch mit Leila war vergessen. Der Anlass für den Spaziergang und das Päckchen mit den Mitbringseln aus Beirut, die neben dem schlafenden Walid im Wagen lagen, auch. Und was war der Grund für diesen Ausbruch an übermütiger Freude, der alle unangenehmen Gedanken und Sorgen verdrängte? Die simple Neugier eines Mannes gegenüber einer fremden, hübschen Frau, die sich in einem unverwandten und zugleich verstohlenen Blick äußerte?

Barbora fand das lustig. Nein, Paris war besser als Vilnius. Nicht nur größer und schöner, sondern auch besser. In Vilnius hätte sie nie solch ein Wechselbad der Gefühle erlebt wie hier. In Vilnius hatte sie sich nie Sorgen um die nahe Zukunft gemacht, dort fühlte sie sich geborgen wie ein Kind im Mutterleib. Hier? Hier war sie zur Welt gekommen und musste nun laufen und sprechen lernen.

Sie bog auf die Rue Clavel ein. Bis zu der beschriebenen Ecke, an der sie Leilas Großcousin Raschid treffen sollte, waren es noch zehn Minuten.

50. Kapitel. Pienagalys. Bei Anykščiai

Renata träumte von einem Schneesturm. Wahrscheinlich weil es gerade geschneit hatte und sie sich Sorgen machte, denn sie musste Vitas am nächsten Morgen nach Anykščiai auf den Busbahnhof bringen. Er hatte sich für ein Existenzgründer-Seminar im heimatlichen Kaunas angemeldet. Die Teilnahmegebühr war nicht von Pappe, dreihundert Litas, aber das Seminar wurde von einem „Gründerguru aus den Staaten“ durchgeführt, der – wenn man der Werbung Glauben schenken durfte – in ganz Europa ein gutes Dutzend Firmen gegründet und viele junge Existenzgründer in ganz Osteuropa und Südasien gecoacht hatte.

„Was kann der denn schon von Geschäften in Litauen verstehen?“, fragte Renata, als sie vor fünf Tagen zum ersten Mal von Vitas etwas über ihn hörte.

„Ein zivilisiertes Unternehmen ist überall gleich“, antwortete ihr Vitas. „Und unzivilisierte Unternehmen sind überall verschieden, aber für ein unzivilisiertes Unternehmen brauchst du auch kein Seminar.“

Renata war so weit von der Geschäftswelt entfernt wie die Erde vom Mond oder Litauen von Korea. Vitas hingegen hatte eine geschäftliche Ader, die so dick war wie ein Tau. Und je länger Renata darüber nachdachte, umso mehr fiel ihr die praktische Veranlagung ihres Liebsten ins Auge. Zuerst führte sie das darauf zurück, dass Vitas – im Gegensatz zu ihr – in einer Großstadt aufgewachsen war. Aber nicht jeder Stadtmensch hätte es geschafft, sieben neue und zugleich alte sowjetische Flugschreiber für eine Summe zu verkaufen, von der man hier im Bezirk Utena, im Wald von Anykščiai, gut und gerne zwei, drei Jahre leben konnte.

Der Schneesturm in ihrem Traum tobte und jaulte. Ein schauerlicher, zarter Ton mischte sich darunter, wie das Weinen eines Säuglings. Renata steckte den Kopf unters Kissen, schob das Kissen beiseite, an die Bettkante, kroch wieder drunter. Der Schneesturm wollte nicht aufhören, und das Weinen, das den heulenden Wind übertönte, wurde immer gepresster. Renata wurde angst und bange, sie stand auf. Der Schnee glitzerte, flimmerte vor ihren Augen, der kalte Wind heulte in ihren Ohren. Barfuß lief sie über die kalte, unter den Schritten einbrechende, scharfkantige Schneekruste auf das Weinen zu, weil sie dachte, irgendwer hätte einen Kinderwagen draußen stehen gelassen, in dem ein Kind dem Erfrieren preisgegeben war. Sie rannte, blieb stehen und konnte nicht begreifen, woher dieser Ton, dieses Weinen kam. Von hinten oder von der Seite.

Renata schwitzte vor Angst, Schweiß trat ihr auf die Stirn. Oder waren es Schneeflocken, die auf ihrer heißen Stirn schmolzen?

Sie erwachte, öffnete die Augen – der Wind hatte sich gelegt. Auch der Sturm in ihrem Kopf hatte nachgelassen. Die Dunkelheit vor ihren

Augen wich. Sie sah Vitas Hinterkopf. Er schlief auf der Seite, hatte ihr den Rücken zugedreht. Reglos lag er da. Sie versuchte, auf seinen Atem zu hören, und plötzlich war da wieder dieses Wimmern, dieser Ton, der wie ein Weinen klang. Sie fuhr zusammen. Es war kein Traum.

Vorsichtig, um Vitas nicht zu wecken, ließ sie die Füße auf den kalten Boden gleiten und ging zur Tür.

„Ach, Googlas ist das!", rief sie, als sie es wieder jaulen hörte. „Was hat er denn?"

Sie ging in den Korridor, schaltete das Licht ein und blinzelte. Googlas saß vor Großvater Jonas' vielmals überstrichener Tür.

„Hat er dich rausgesetzt?", fragte Renata lächelnd. „Recht so, du bist ja kein Schoßhund! Sei froh, dass er dich nicht gleich in die Hütte auf dem Hof gesteckt hat."

Sie hockte sich vor den Hund und streichelte ihn. Er leckte Renata die Hand und jaulte, zur verschlossenen Tür gewandt, wieder los.

„Aus, Googlas", sagte Renata und drohte mit dem Finger. „Das Herrchen schläft, und du willst ihn mitten in der Nacht wecken. Das macht ein braver Hund nicht."

Sie schaltete das Licht aus. Der Welpe hörte auf zu jaulen und legte sich vor die grüne Tür.

Renata ging zurück ins Schlafzimmer. Googlas jaulte wieder los, dieses Mal leiser.

Sie schlüpfte unter die warme Decke und schlief so fest ein, dass kein Laut mehr zu ihr durchdrang. Nur ihr Handywecker bekam sie wach, aber auch das dauerte eine Weile.

„Renata! Steh auf!", flüsterte Vitas in das Klingeln. „In einer Stunde geht mein Bus!"

Immer noch schlaftrunken wusch sich Renata mit kaltem Wasser und ging schnell in die Küche. Sie schaltete die Kaffeemühle ein und unter ihrem mahlenden Rattern wurde Renata endgültig wach.

Sie tranken Kaffee, aßen ein Frühstücksbrot und gingen in den Flur. Der Welpe lag vor Großvater Jonas' Tür und war mucksmäuschenstill.

„Sieh mal!" Vitas zeigte auf den zerkratzten unteren Türrand, die abgeblätterte grüne Farbe und die dunkelblauen Stellen dazwischen. Wahrscheinlich hatte der Welpe, das Dummerchen, versucht, mit den Pfoten die Tür zu öffnen.

Renata klopfte. Ohne eine Reaktion abzuwarten, zog sie die Tür zu sich heran und öffnete sie. Drinnen war es still.

Sie schaute ins Wohnzimmer und ging ins Schlafzimmer, dessen Tür der alte Jonas nie schloss.

Großvater Jonas lag im Bett mit dem Kopf auf dem Kissen. Die geöffneten Augen starrten an die Zimmerdecke, die Arme lagen längs neben dem Körper. Sein Mund war leicht geöffnet, als wäre er mitten im Wort steckengeblieben: Ein halbes Wort war gesagt, die andere Hälfte lag noch im Mund.

„Großvater! Mach keinen Quatsch!", flüsterte Renata und blieb vor ihm stehen. „Bist du etwa gestorben? Du hast doch immer gesagt, ein Jonas stirbt nicht?"

„Renata, wir müssen los!", rief Vitas von draußen.

Renata schüttelte den Kopf. Sie wollte irgendwas zurückrufen, brachte aber keinen Ton heraus. Ihre Augen füllten sich mit Tränen.

„Wo bist du denn?" Vitas' Stimme kam näher, seine Schritte auch. „Was ist denn los?"

„Großvater ist tot", flüsterte Renata, ohne sich nach Vitas umzudrehen, den Blick weiter auf Jonas' Gesicht gerichtet.

Vitas stellte den gepackten Rucksack auf dem Boden ab.

„Na, sehr schön!", seufzte er. „Wir müssen die Polizei anrufen."

„Wozu das?", fragte sie abwesend.

„Na, weil er tot ist ... Man muss doch jemanden informieren!"

„Vielleicht lieber den Notarzt?"

„Wieso denn den Notarzt?", wunderte sich Vitas.

Renata zuckte mit den Schultern.

„Gut, ich ruf den Notarzt", sagte er, ließ den Rucksack stehen und ging hinaus.

Eine halbe Stunde später saßen sie an Großvaters kleinem rundem Tisch und tranken Tee. Schweigend. Die Tür zu seinem Schlafzimmer war verschlossen. Renata hatte sie zugemacht. Wenn der Arzt käme, würde sie sie öffnen. Im Flur jaulte Googlas.

„Wahrscheinlich hat er Hunger!" Den Hund hatte sie ganz vergessen. Doch sie stand nicht auf.

„Wir müssen jemanden für ihn finden", sagte Vitas. „Bloß gut, dass er noch klein ist und sich noch nicht so sehr an den Alten gewöhnt hat."

Renata schaute Vitas an, sagte aber nichts.

Draußen neben Renatas Fiat hielt der Notarztwagen.

Der Arzt trampelte mit den Stiefeln auf der Schwelle, um sich den Schnee abzutreten. Er ging ins Schlafzimmer und ließ die Tür offen, dann kam er zurück.

„Na, Sie haben sich ja vielleicht verkrochen! Wir haben kaum hergefunden!", jammerte er. „Ich stelle Ihnen den Schein aus, aber mitnehmen können wir ihn nicht. Rufen Sie ein Bestattungsinstitut an, die holen ihn ab!"

Renata nickte.

„Sie brauchen nicht zufällig einen Welpen?", fragte Vitas den Arzt.

Der Arzt – ein Mann um die vierzig mit einer Brille auf der schmalen Nase und in einem langen Mantel, den er über den weißen Kittel gezogen hatte – schaute ihn verwundert an. „Nein, danke. Ich bin allergisch gegen Hundehaare!"

Renata und Vitas gingen raus an die kalte Luft und warteten dort auf das Auto vom Bestattungsinstitut. Renata machte ein paar Schritte auf die Hundehütte zu und lauschte auf den Schnee, der unter ihren Füßen knirschte. Sie musste lächeln, als ihr einfiel, wie ihr der Großvater vor vielen Jahren gezeigt hatte, wie man aus Schnee und Konfitüre Fruchtsaft kochen konnte. Irgendwo gleich hier im Hof hatten sie ein Feuer gemacht, einen dreifüßigen Untersetzer hineingestellt, dann hatte der Großvater frischen Schnee genommen, ihn in einen Kessel geschüttet und Kirschkonfitüre dazugegossen. Ein ganzes Literglas hatte er geleert.

Der Welpe kullerte zur Tür. Sie war angelehnt, und er konnte sie nicht aufstoßen. Googlas schüttelte sich und schaute sich um. Er blickte Vitas und Renata an, rannte zu seiner Hütte und sprang hinein.

„Ich hol ihm mal was zu fressen", sagte Renata.

Der schwarze Kleinbus mit dem hübschen weißen Logo des Bestattungsinstituts war nach anderthalb Stunden da. Eine Frau in einem langen schwarzen Mantel stieg aus und ging ins Haus. Den angebotenen Tee lehnte sie ab. Sie holte ein Formular und einen Stift heraus, trug den Vor- und Zunamen des Verstorbenen, sein Geburtsjahr und die genaue Adresse ein und nahm den Totenschein an sich, den der Arzt ausgestellt hatte.

Renata schaute ab und an aus dem Fenster, vor dem zwei weitere Mitarbeiter des Bestattungsinstituts standen und rauchten. Sie waren ganz in Schwarz gekleidet und sahen aus wie Beamte oder Politiker.

„Haben Sie schon Kleidung ausgewählt?", fragte die Frau.

„Kleidung?" Renata schaute sie irritiert an.

„Natürlich." Die Dame im Mantel nickte. „Die Sachen, in denen er von Ihnen scheidet." Ihr letzter Satz klang wie eine Gedichtzeile, sie sprach sie rhythmisch und gefühlvoll aus.

„Ich soll ihn anziehen?" Renatas Stimme klang erschrocken.

„Nein, das machen wir. Sie suchen nur die Sachen aus und geben sie uns mit."

Renata öffnete Großvaters Kleiderschrank. Sie war erstaunt, als sie sah, dass Großmutter Severiutės alte Kleider und Kleiderröcke die Hälfte der Bügel einnahmen. Schließlich riss sie ihren Blick los und strich über Großvater Jonas' Anzüge und Jacketts. Ihr fiel ein, dass er den grauen Anzug am liebsten mochte. Sie holte ihn heraus. Unter dem Anzug hingen das fast weiße, leicht ins Grünliche gehende Hemd und die schleifenförmig gebundene blassblaue Krawatte.

Als der Kleinbus abgefahren war, wurde es still im Haus. Renata ging, die Hände auf die Ohren gepresst, in Großvaters Schlafzimmer. Sie sah ein Buch auf dem Nachttisch und darauf die Brille. Wie von selbst wanderte ihre Hand zum Schubfach des Nachtschränkchens und zog an dem Holzknauf.

Renata schaute in das Fach, eher müde und zu Tode erschrocken als neugierig. In der linken Ecke lagen ein paar Zwanziglitasscheine und ein Haufen Münzen, daneben der Pass und der Rentnerausweis, rechts ein Notizheft und ein Stift, etwas weiter hinten ein kleiner silberner Bilderrahmen mit einem Foto der jungen Severiutė. Renata holte das Notizheft heraus, blätterte darin herum. Auf einigen Seiten standen ein paar Wörter in einer krakeligen Schrift, auf anderen Seiten ein paar Zeilen. Sie schlug den letzten Eintrag auf, bis auf ein paar Seiten war das Heft voll.

„Wenn ich zu Asche werde, sollen die Gräber meiner Hunde damit bestreut werden", las Renata.

Jonas' Enkelin hatte keine Tränen mehr. Sie waren ihr ausgegangen wie einem armen Teufel das Geld. Sie musste an die vergangene Nacht und an Googlas' Jaulen denken. Der Welpe hatte also gespürt, dass es mit seinem Herrchen zu Ende ging. Er wollte hinein, um Abschied zu nehmen, und sie hatte ihn nicht gelassen ...

„Weißt du, er wollte eingeäschert werden", sagte Renata zu Vitas bei einem späten Mittagessen.

„Dann müssen wir ihn einäschern“, sagte Vitas.

Er rief im Bestattungsinstitut an und hatte offenbar dieselbe Frau am Apparat, die gegen Mittag bei ihnen gewesen war. Dann ging er zu Renata in die Küche – die spülte langsam und konzentriert das Geschirr.

„Es gibt in Litauen kein einziges Krematorium, kannst du dir das vorstellen?“, sagte Vitas.

„Und wo werden die Toten dann eingeäschert?“, wunderte sich Renata.

„Entweder gar nicht oder im Ausland. In Kėdainiai wird gerade eins gebaut. Das nächste ist in Riga.“

„In Lettland?“ Renata überlegte. „Und was machen wir jetzt?“

„Halb so schlimm. Die Frau vom Bestattungsinstitut hat gesagt, es wär kein Problem, ihn nach Lettland zu schaffen, das kostet natürlich, aber wir haben ja Geld! Wenn wir das wollen, brauchen wir aber seinen Pass. Für alle Fälle.“

„Der Pass liegt im Nachtschrank, im Schlafzimmer“, sagte Renata und schaute verschreckt zur Zimmerdecke. Sie schien zu schwanken. Doch die Lampe, die an einem kurzen schwarzen Draht hing, bewegte sich nicht.

Renata wollte nach draußen. Zum ersten Mal in ihrem Leben fand sie es in ihrem Haus ungemütlich und kalt.

„Lass uns in die Stadt fahren!“, bat sie Vitas.

„Genau das sollten wir jetzt tun! Nimm den Pass, wir bringen ihn hin.“

Der Winterdämmer hüllte Anykščiai in einen Schleier, durch den die erleuchteten Fenster und Dachluken noch schöner als sonst, richtig märchenhaft aussahen.

Als erstes schauten sie im Bestattungsinstitut vorbei. Die Dame in Schwarz erwies sich als fähige Beerdigungsmanagerin, sofort rief sie in Riga an und meldete Großvater Jonas für den übernächsten Morgen um elf Uhr zur Einäscherung an. Den Pass des Alten legte sie in die Mappe zu den übrigen Begleitdokumenten.

„Sie müssen nicht mitkommen. Wir bringen immer mal wieder Verstorbene nach Riga. Die Asche kriegen wir dann per Post zugeschickt. Wir rufen Sie an, wenn sie eingetroffen ist. Was die Bezahlung angeht, hier sind unsere Kontodaten.“ Sie schob ihnen einen Zettel hin. „Sie können per Überweisung oder übers Internet bezahlen!“

„Übers Internet“, sagte Vitas.

Ihr Tisch im Café auf der Baranauskas-Straße war frei, und sie verbrachten gut zwei Stunden dort, tranken zuerst Kaffee, dann Tee, aßen jeder zwei Stück Kuchen, die Renata die Laune jedoch nicht versüßten.

„Sie brauchen nicht zufällig einen Hund?", fragte Vitas die junge Kellnerin, als sie schon im Aufbruch waren. „Es ist ein Schäferhundwelpe, reinrassig, niedlich."

„Er meint es nicht ernst", ging Renata vergnatzt dazwischen und warf Vitas einen scharfen Blick zu. Die blonde Kellnerin in der flotten Schürze war irritiert.

„Das Gehöft und den Hund habe ich geerbt", fuhr sie Vitas an, als sie im Auto saßen, „und ich entscheide, was aus beidem wird."

Vitas schwieg. Zu Hause kam Renatas Stimmung wieder ins Lot. Sie holte aus Großvaters Anrichte eine angebrochene Flasche Likör und zwei Gläser.

„Auf dich, Großvater", sagte sie und schaute auf die Flurtür. „Das Ausland war dir nichts, und jetzt musst du trotzdem nach deinem Tod nach Lettland ..."

Vitas nippte schweigend am Likör.

„Googlas bleibt hier", sagte Renata irgendwann.

„Also bleiben wir auch?", fragte Vitas vorsichtig.

„Wir auch." Renata nickte. „Zumindest ich."

„Gut." Vitas schenkte ihr einen versöhnlichen Blick. „Dann bleiben wir. Warum auch nicht."

51. Kapitel. St. George's Hill. Grafschaft Surrey

Den ganzen Samstag versuchte Klaudijus, Anžela aus dem Weg zu gehen. Ein paar Mal ging er auf einen Tee ins Torhäuschen, ein paar Mal schloss er sich in der Dienstbotenkammer ein, die vorübergehend zu ihrem Schlafzimmer geworden war. Er überredete Ingrida, die Gäste beim Mittagessen allein zu bedienen. Ingrida war einverstanden. Während sie im Saal auftrug, bewirteten ihn die Chinesen mit Speisen, die sie für sich selbst gekocht hatten: Schweinsohren in Honig und Reis mit schwarzen Morcheln.

Klaudijus fühlte sich miserabel, als Ingrida, nachdem sie die schmutzigen Teller auf dem Tischchen neben der großen Spülmaschine abgestellt hatte, zu ihm kam und ihm ins Ohr flüsterte: „Die Männer wollen, dass du ihnen dann ein bisschen Gesellschaft leistest."

Klaudijus blieb der Bissen im Halse stecken. Das Wort „Männer" munterte ihn allerdings auf. Sie hatte ja nicht „Gäste" gesagt. Und auch das Wörtchen „dann" deutete darauf hin, dass Anžela sich zu diesem Moment zurückziehen würde. Entweder zu einem Spaziergang oder in ihr Zimmer. Wahrscheinlich würde sie nicht spazieren gehen. Schon seit dem Morgen war es feucht, es fiel Sprühregen, der wohl erst gegen Abend aufhören würde.

„Wo hast du dich denn verkrochen?", fragte ihn Roman, als er eintrat.

Klaudijus nickte den vieren zu und setzte sich.

„Wir haben ein kleines Problem", sagte der kurzhaarige blonde Dima ernst. „Kannst du zum Supermarkt fahren und Whisky holen? Du sprichst doch super Englisch."

„Ich hab keinen Führerschein ... Ich kann ehrlich gesagt überhaupt nicht Auto fahren."

„Und wie machst du das dann hier? Gehst du zu Fuß zum Einkaufen?"

„Nein, das erledigt meine Frau."

„Na gut, dann fahren wir zusammen, und du übersetzt."

Sie machten sich zu dritt auf den Weg. Senja und Walik blieben sitzen.

Zehn Minuten später waren sie in Weybridge.

Die kleine Straße rechter Hand, die den Anfang des Ortes bildete, machte quasi ein paar Schritte rückwärts und führte zu fünf kleinen Verkaufseinrichtungen, unter denen ein Lebensmittelgeschäft wegen seiner Obst- und Gemüsekisten vor der Tür auffiel.

Roman stellte das Auto ab. In der Lebensmittelbude – Geschäft war zu viel gesagt – saß gleich links neben dem Eingang ein bärtiger Inder.

„Frag ihn, ob er Whisky hat!", sagte Roman und schaute Klaudijus an.

Klaudijus drehte sich zu dem Inder um, kam aber nicht zu seiner Frage. Der Verkäufer hatte das Wort „Whisky" herausgehört und zeigte auf die Regale über seinem Kopf, wo in einer Höhe, zu der nur er Zugriff hatte, die hochprozentigen Getränke standen.

Roman hatte sie ebenfalls entdeckt. Er trat näher, studierte die Etiketten. „Nicht grade üppig", seufzte er.

„Wir können zu Waitrose fahren, dort gibt es eine große Auswahl", schlug Klaudijus vor.

Roman winkte ab. Langsam dirigierte er den Verkäufer mit der rechten Hand, indem er auf die ausgewählten Whiskyflaschen zeigte und ihre Namen buchstabierte.

„Ja-mes-on, Ca-na-dian Club, La-ga-vu-lin, La-phroaig."

Der Inder hörte dem Kunden mit geöffnetem Mund zu und nahm nach jeder Bestellung die entsprechende Flasche aus dem Regal. Bei Laphroaig stockte er allerdings.

„No Laphroaig", sagte er bedauernd. „Maybe Balvenie?"

„Na, dann her mit deinem Balvenie", rief Roman.

Eine Stunde später versuchte Klaudijus, den Unterschied zwischen Balvenie und Jameson herauszuschmecken. Es war einfacher als gedacht. Noch einfacher war es, den Lagavulin von den anderen drei Sorten zu unterscheiden. Zwischen Jameson und Canadian Club konnte Klaudijus jedoch keinen großen Unterschied feststellen, obwohl er es mehrmals versuchte. Roman hatte es aufgegeben, ihm zu erklären, auf welche Nuancen im Geschmack und Abgang er achten musste. Der Grauschopf war schon etwas müde geworden, verunsichert schaute er zu seinen jungen Freunden hinüber und suchte in ihren Gesichtern nach einer Bestätigung dafür, dass sie Spaß an der Whiskyverkostung hatten. Eigentlich zeigte nur Klaudijus echtes Interesse, und so schaute Roman immer häufiger zu ihm als zu seinen mitgereisten Landsleuten, die den Whisky jetzt wie Wodka oder Rum schluckten.

„Irgendwie ist mir kalt", sagte der Grauschopf. „Du bist doch hier quasi der Gastgeber", wandte er sich an Klaudijus. „Zünd mal den Kamin an!"

Romans Blick ging zu der schwarzen und zwei mal anderthalb Meter großen Kaminecke unter Krawez' Porträt.

Klaudijus hockte sich hin, lehnte ein paar Scheite gegeneinander, schob ein großes graues Stück Feueranzünder dazwischen und riss ein Kaminstreichholz an, das aussah wie ein Stäbchen aus einem chinesischen Restaurant. Der Feueranzünder hüllte sich in blaue Flammen. Sie wurden langsam größer und kurz darauf züngelten sie an den Holzscheiten.

„Ja, so ein Kamin frisst gut und gerne zwei Kubikmeter Holz pro Abend", seufzte Roman.

„Steht doch genug davon rum hier im Garten", mischte sich Dima ein. „Da kann man schnell noch was fällen."

Dimas Holzschlag-Idee stand glücklicherweise nur kurz im Raum und löste sich schnell auf. Niemand wollte das Thema vertiefen. Roman schenkte sich Whisky nach und ging zum Kamin, schaute auf das brennende Holz.

Am Sonntagmittag fuhren die Gäste ab. In der Villa wurde es mit einem Mal ungemütlich. Vielleicht weil es plötzlich so still war?

Ingrida klagte über Kopfschmerzen und bat Klaudijus, die Villa allein in Ordnung zu bringen. Klaudijus hatte es alles andere als eilig, immerhin war Sonntag. Sie saßen in ihrer Küche, tranken Tee und sagten nichts. Plötzlich lächelte Ingrida verschmitzt und zog fünf Einhundertdollarnoten aus der Hosentasche. Sie fächerte sie auf und wedelte damit herum.

„Hier“, sagte sie fast stolz, „Trinkgeld aus Perm.“

Klaudijus legte seine zwei Hunderter dazu. „Ich habe weniger.“

„Kein Wunder“, Ingrida zuckte mit den Schultern, „sie haben doch gesehen, wer gearbeitet hat und wer nicht!“

„Ich hab’s ja nicht für die Arbeit gekriegt, sondern weil ich ihnen Gesellschaft geleistet habe. Und ich hab beim Whisky-Holen gedolmetscht. Na ja, das hätten sie auch ohne mich hingekriegt.“

„Ist eigentlich von dem Whisky noch was da?“

„Ja. Soll ich ihn holen?“

Ingrida schüttelte den Kopf. „Kannst du selbst trinken, wenn du mit dem Aufräumen fertig bist!“

Die Erwähnung der Arbeit trieb Klaudijus dieses Mal hoch.

Im Speisesaal roch es feucht und verqualmt. In der Nacht, als der Kamin brannte, hatte der Geruch des Feuers das Whiskyaroma perfekt ergänzt. Die Fenster waren geschlossen. Die Heizung hatte sich zwei Uhr nachts automatisch abgeschaltet und war morgens um acht wieder angesprungen. In der Zwischenzeit war die Temperatur in der Villa gefallen, die kalte Nachtluft war durch den Schornstein gekrochen und hatte sich in der Kaminecke eingenistet.

Klaudijus fröstelte, sein Blick fiel auf den Tisch, auf dem die vier Whiskyflaschen mit den unterschiedlichen Etiketten standen: zwei leere und zwei angebrochene. Er blieb standhaft, lehnte die restlichen Scheite gegeneinander und zündete sie an.

Im Abstellraum fand er Velourslappen für die Möbel, und als er die Flaschen und Gläser vom Tisch geräumt und neben den Kamin gestellt hatte, nahm er sich die edle, mit Intarsien verzierte Tischplatte vor.

Irgendwann kam Ingrida. „Ich fahre kurz nach Weybridge", sagte sie und verschwand.

Als Klaudijus in das rote Backsteinhaus zurückkehrte, lagen die Hundertdollarnoten noch immer auf dem Tisch.

Die Uhr zeigte halb acht. Ingrida war noch nicht da. Und Abendessen gab es auch nicht. Klaudijus schaute in den Kühlschrank, fand aber nichts Brauchbares und so machte er sich einen Tee.

In der Dunkelheit vor dem Fenster bewegte sich etwas. Er schaltete das Licht aus und sah, dass wieder Schnee fiel – elegant segelten dicke Flocken auf die unsichtbare Erde herab. Klaudijus nahm einen Schluck Tee. Die Dunkelheit ließ ihn stärker wirken.

‚Wo ist eigentlich Ingrida?', fragte er sich. ‚Ich werde sie mal anrufen.'

Zwar nahm er es sich vor, rief jedoch nicht an. Er wollte noch warten.

Der heiße Tee ließ den Geschmack des heute ausgetrunkenen Lagavulin wieder aufleben. Als er mit dem Saubermachen fertig war, die Flaschen, Gläser und die Schälchen für Nüsse und Oliven in die Küche gebracht und in die Spülmaschine geordnet hatte, gönnte sich Klaudijus eine Pause. Die Küche in der Villa war um einiges geräumiger als ihre kleine Küche im Torhaus. Auf dem Arbeitstisch in der Mitte hätte man problemlos ein Schwein zerteilen können. Heute jedoch lagen hier keine Brettchen, Messer oder anderen Küchengeräte. Der Tisch konnte ebenso gut für die Mahlzeiten des Gesindes, der Dienerschaft bestimmt sein. Klaudijus setzte sich, stellte eine Flasche Whisky, ein Glas und einen Teller vor sich hin und füllte ihn mit Frühstücksspeck, den er in einer Plastikschüssel in dem riesigen, zweitürigen Kühlschrank gefunden hatte. ‚Ob das die Chinesen übrig gelassen haben oder die Gäste?', überlegte Klaudijus. ‚Danke jedenfalls.' Er lauschte, wie das kalte gebratene Fleisch zwischen seinen Zähnen knackte.

Klaudijus trank und nahm dazu einen englischen Imbiss, dann kamen die Sorgen um Ingrida zurück. Er ging vors Haus und horchte in die Februardunkelheit. Nichts.

‚Das Wochenende zieht sich ja ewig hin', dachte er.

Klaudijus wurde müde. Er ging zurück ins Ziegelsteinhaus, stieg ins Schlafzimmer hoch und legte sich angekleidet auf die Bettdecke. Er nickte ein, riss vierzig Minuten später erschrocken die Augen auf und schaltete das Licht an.

„Ingrida“, rief er, „bist du da?“

Keine Antwort.

Klaudijus ging in die Küche hinunter. Die Uhr zeigte halb elf.

‚Ob da was passiert ist? Ein Unfall? Draußen regnet es, und heute Morgen hat es geschneit. Sie ist mit dem Auto unterwegs! Wo sie hier in England das ganze Jahr mit Sommerreifen fahren. Mit Sommerreifen durch den Schnee?‘

Klaudijus wurde nervös, er rief Ingrida auf ihrem Handy an. Ein langes Tuten war die Antwort.

‚Ich muss was unternehmen‘, sagte er sich.

Er zog die Jacke an, stieg in die Stiefel und ging hinaus.

Der Regen war mittlerweile in nassen Schnee übergegangen. Durch den Schnee war nichts zu sehen und auch nichts zu hören. Es war die normale gedämpfte Stille der Nacht, in der man, wenn man ganz genau hinhörte, einzelne entfernte Geräusche ausmachen konnte: das Surren der etliche Meilen entfernten Autobahn, die Züge, die die Stille passierten, manchmal als Schnellzüge dahinflogen, manchmal über alle Haltepunkte bis zum Bahnhof Guildford dahinkrochen, das Heulen der Flugzeuge, die zur Landung auf dem Flughafen Heathrow ansetzten, Dutzende und Hunderte anderer Töne, weit entfernt und verschwommen.

Nervös lief Klaudijus zur Garage. Das schien ihm am logischsten. Ingrida war mit dem Auto weggefahren, also musste er beide suchen – sie und das Auto. Wo das Auto war, musste auch Ingrida sein.

Die Stiefelsohlen hinterließen im Schnee dunkle, nasse Abdrücke. Klaudijus spürte, wie der Schnee jeden Schritt abfederte, wie er nicht zuließ, dass die Füße in direkten Kontakt mit dem festen Boden kamen. Klaudijus ging rechts um die Villa herum – der Weg war kürzer.

Das hintere Tor – ein normales, schwarz gestrichenes Metalltor – war verschlossen. Auf dem verschneiten Pfad vom Tor zur Garage waren zwei dunkle Fahrspuren zu sehen – sie mussten von den Reifen stammen.

‚Es hat doch gar nicht geschneit, als sie losgefahren ist‘, fiel Klaudijus ein, als er an das verschlossene Garagentor trat. Er blieb stehen und überzeugte sich noch einmal davon, dass die Reifenspuren zur Garage führten, dann ging er verdutzt ein paar Schritte zur Seite und dachte nach. Aufmerksam untersuchte er den verschneiten Boden. Wenn Ingrida zurückgekommen war und sich nicht in der Garage eingeschlossen hatte, musste sie von hier ins Haus gegangen sein. Also mussten hier auch irgendwo ihre Fußabdrücke zu sehen sein.

Zweimal donnerte er mit der Faust gegen das Metalltor. Die Tür vibrierte.

„Ida! Bist du hier?", rief er.

Wieder trat er zurück, hockte sich hin und untersuchte den Schnee. Es kam ihm so vor, als hätte er eine Spur gefunden, die schon wieder zugeschneit war.

Er holte sein Handy heraus und wählte noch einmal ihre Nummer. Lange Klingeltöne drangen an sein Ohr, gleichzeitig hörte er einen anderen Ton, der wie ein gedämpftes Klingeln klang. Er nahm das Handy vom Ohr, und der entfernte Ton wurde lauter. Drinnen in der Garage klingelte es.

„Ida?", rief Klaudijus wieder und wummerte noch einmal mit der Faust gegen das Metall.

Es kam keine Antwort. Völlig verwirrt versuchte er sich zu erinnern, ob sie einen Ersatzschlüssel für die Garage hatten.

Ja oder nein – das musste er überprüfen. Er musste alle Schlüssel, die im Haus waren, nehmen und durchprobieren, vielleicht passte einer. Vielleicht hatte sie einen Nervenzusammenbruch und saß im Auto in der Garage und hatte sich eingeschlossen. Sie war nicht gut drauf gewesen, das hatte Klaudijus gesehen. Sie hatte über Kopfschmerzen geklagt, war aber ins Auto gestiegen und nach Weybridge gefahren.

Klaudijus lief entschlossen zurück zum Haus, dieses Mal aber auf der anderen Seite entlang. An der Ecke drehte er sich zu dem hinteren Tor um, das von hier kaum noch zu sehen war. Auch für dieses Tor gab es einen Schlüssel. War der eigentlich am selben Bund wie der Garagenschlüssel? Und die Garage hatte außer den beiden Toren auch noch die Tür, für alle benötigte man Schlüssel.

Als Klaudijus am Haupteingang der Villa vorbeikam, warf er einen Blick auf die Stufen, auf denen weniger Schnee lag als auf der Erde. Auf dem glatten Stein schien sich der Schnee weniger gut zu halten.

Klaudijus blieb stehen. Er schaute genauer hin und glaubte Spuren zu sehen. Er blickte nach oben. Plötzlich starrte er perplex auf das äußerste linke Fenster im zweiten Stock. Dort oben brannte Licht. Nicht besonders hell. Es quälte sich förmlich durch die lässig vorgezogenen Vorhänge. Aber es brannte.

‚*Beatrice*', dachte Klaudijus. Schnell nahm er die Stufen bis zum Eingang und drückte auf die schwere Klinke. Die Tür war nicht verschlossen. Undurchdringliches Dunkel empfing Klaudijus. Er schaltete das Licht ein und nahm im Laufschritt die Marmortreppe in den ersten Stock, dann die Holztreppe in den zweiten mit den Gästezimmern.

„Was fällt dir ein?", schrie er, als er die Tür zum *Beatrice* aufgestoßen hatte und Ingrida reglos vorm Frisierspiegel sitzen sah.

Ingrida schaute ihn verwundert und müde an. „Geh schlafen", sagte sie. „Ich bleibe hier. Die ganze Nacht."

Klaudijus öffnete den Mund, brachte aber kein Wort heraus. Er schaute sie nur immer weiter an.

„Du siehst schlecht aus, geh schlafen! Wahrscheinlich bist du auch müde." Diese Worte klangen zärtlicher und sanfter.

Klaudijus ging. Schweigend verließ er das Zimmer und schloss die Tür.

„Wahrscheinlich bist du auch müde", sagte er sich immer wieder, als er die Treppen hinunterstieg.

Erst in ihrem roten Backsteinhaus, als er das Schlafzimmer betreten und sich ins Bett gelegt hatte, wurde ihm kalt. Er lag da und fror, lag wach, bis er trotz der Kälte, trotz seiner seelischen Verstimmung einschlief. Seine whiskyschwere Müdigkeit gewann die Oberhand.

Am nächsten Morgen briet Ingrida Rühreier mit Speck und rief Klaudijus zum Frühstück, als ob nichts gewesen wäre.

„Ich fand's toll da, im *Beatrice*. Hat mich doch mal interessiert, ob ich es in so einem großen Haus alleine aushalte!"

„Und?", fragte Klaudijus verschlafen.

„Hab ich geschafft." Ingrida nickte und lächelte stolz, offenbar sehr zufrieden mit sich.

52. Kapitel. Fulda. Hessen

Die Zeit fliegt immer in Zeitgeschwindigkeit. Viel langsamer als ein Flugzeug oder selbst ein Auto. Die Geschwindigkeit beträgt sechzig Sekunden pro Minute. Eine Minute in der Minute also. Die Zeit bewegt sich so schnell, wie die Zeit vergeht – sechzig Minuten in der Stunde. Warum also hetzen?

Kukutis zuckte mit den Schultern und bestellte bei der jungen Frau hinterm Tresen noch einen Tee. Draußen fiel feuchter Schnee. Dieser Schnee hatte Kukutis veranlasst, das nächste Café aufzusuchen.

‚Ob ich mir einen Schluck Weinbrand genehmige?', überlegte der Wanderer.

Der Gedanke gefiel ihm. Er holte aus seinem Bein den silbernen Flachmann hervor, schraubte den Deckel ab und goss etwas Weinbrand in die leere Tasse. Bald darauf brachte die Kellnerin dem Gast eine neue Kanne Tee. Kukutis verlängerte den Weinbrand mit Tee und nahm einen Schluck.

„Oh! Das ist doch gleich ganz was anderes", flüsterte er genüsslich.

Plötzlich spielte das Handy der Kellnerin eine Melodie. Der einzige Gast zuckte zusammen und schaute erschrocken an sich hinunter: Wollte sich sein Holzbein einen neuerlichen Scherz mit ihm erlauben?

Aber die Melodie war schon verstummt, und die junge Kellnerin meldete sich halblaut und melodiös zu Wort.

Kukutis lächelte. Wolfgang und sein Streich mit dem Handy im Holzbein fielen ihm ein. „Tja", sagte er nachdenklich, „da könnten mir ja praktisch auch andere heimlich was ins Bein stecken! Womöglich eine Granate! Ich müsste mal eine Inventur machen, wie es früher zu Sowjetzeiten üblich war! Vielleicht hat da wirklich jemand noch was reingeschmuggelt. Oder rausgezogen! Aber wo ist der richtige Platz für so eine Inventur? Doch nicht hier am Tisch!" Er schaute sich um und schüttelte betrübt den Kopf.

„Darf ich Ihnen noch etwas bringen?", fragte die Kellnerin und unterbrach ihr Telefonat.

„Nein, nein, danke", antwortete Kukutis.

Wieder nippte er an seinem Weinbrandtee. Wieder tauchte dieser Ton zwischen Klingeln und Knattern aus dem Gedächtnis auf.

Das Gedächtnis förderte aus den über lange Zeit gespeicherten und abgelagerten Geräuschen und Gerüchen einen weiteren Ton zutage – das Klingeln eines echten Weckers, der mit Kukutis fast den ganzen Ersten Weltkrieg durchgestanden hatte. Der Wecker war nicht größer als eine Taschenuhr an einer Kette, etwas dicker natürlich, mit einer glänzenden Glocke auf dem Gehäuse. Der Soldat Kukutis trug ihn mal in der linken, mal in der rechten Hosentasche. Das war unangenehm, aber was hatte der Krieg schon für Annehmlichkeiten? Hauptsache, Kukutis wusste immer, wo sich der Wecker befand. Und selbst wenn er angezogen schlief, lag er immer auf der Seite, deren Hosentasche leer war, und spürte dann den Wecker in der anderen. Seine Kameraden lachten zunächst über ihn: So was aber auch, andere holten sich, wenn sie einen Feind getötet hatten, eine Taschenuhr als Trophäe, und ihm, der einen abgebrochenen Riesen mit dem Bajonett getötet hatte, fiel ein Wecker zu. Aber den Wecker bei dem Toten zu lassen, war ja vollkommen sinnlos. Den würde sowieso nichts und niemand mehr aufwecken! Und in den Wochen danach zog Kukutis in den Angriff oder schoss einfach aus dem Schützengraben heraus und erfreute sich an seinem Wecker, las die Zeit ab oder stellte ihn, damit er um sechs Uhr klingelte, wenn der Feldwebel ihm morgens um vier gestattet hatte, sich für zwei Stunden hinzulegen. Doch dann durchlöcherte er in einem anderen Angriff mit seinem Bajonett wieder so ein armes Schwein von der Gegenseite, und in dessen Tasche fand er eine Taschenuhr mit einem Silberdeckel, der das Uhrenglas vor Kratzern schützte. Auf der Innenseite waren die Initialen des Gefallenen und der Spruch *Komm als Sieger zurück!*[*] eingraviert. „Mach ich, versprochen", flüsterte der junge Soldat Kukutis und schob sich die tickende Trophäe in die leere Hosentasche. Von da an besaß Kukutis zwei Arten von Zeit: eine, die sich selbst zeigte, und eine, die auch wecken konnte. Und seine Kameraden machten sich nicht länger über ihn lustig, verzogen aber immer das Gesicht, wenn sein Wecker klingelte, weil ihnen die zivilen Geräusche in Kriegszeiten nicht gefielen. So interpretierte Kukutis die Sache. Doch die Klingel ließ sich nicht leiser stellen.

Als neben Kukutis ein Geschoss detonierte und die Explosion ihm das rechte Bein samt Hose abriss, war auch der Wecker passé. Und seitdem hatte Kukutis nur noch die Taschenuhr mit dem Silberdeckel, der das Uhrenglas vor Kratzern schützte und auf der Innenseite die Gravur *Komm als Sieger zurück!* trug. Leider stand unter den eingravierten Initialen des unbekannten Soldaten und dem Spruch keine Adresse. Die Detonation hatte Kukutis das Bein abgerissen und ihm eine Verletzung mit partiellem Gedächtnisverlust beschert. Wo sein Haus stand, wusste er nicht mehr, aber an die Mühle, in der seine Liebste wohnte, erinnerte er sich sehr wohl. Und nach seiner Odyssee durch

* Im Original auf Deutsch

die Krankenhäuser führte ihn sein zweiter Weg zu ihr, genauer gesagt zu ihrem Vater, dem Müller. Bei ihm hielt er um die Hand der buckeligen Schönheit an. Zuallererst hatte er sich natürlich mit seinem provisorischen Holzbein auf die Suche nach einem maßgeschneiderten Bein begeben. Als Kukutis in Memel aus dem letzten Krankenhaus entlassen wurde, begleitete ihn der dortige Tischler, ein junger, stumpfnasiger Kurländer, hinaus. Der wollte sehen, ob der einbeinige Soldat mit seiner, des Tischlers, Kreation überhaupt vom Fleck kam. Als Bein wollte Kukutis diese schwere und klobige Stütze nicht bezeichnen. Weder damals noch später. Dem stumpfnasigen Kuren gab er daran keine Schuld, war er doch der einzige Tischler im ganzen Krankenhaus, während Hunderten Soldaten ein oder sogar beide Beine fehlten. Diejenigen, die beide Beine verloren hatten, bekamen einen Wagen und Stöcke, um sich vom Boden abzustoßen wie beim Skilauf. Die Einbeinigen bekamen einen Holzklotz, der aus einem Ast oder aus dem Stamm eines mittelstarken Baums auf einer primitiven Werkbank zurechtgedrechselt wurde. Am oberen Ende wurde eine Aussparung für den Beinstumpf hineingefräst, die uneben und rau war. So rau, dass man sich, wenn man den Stumpf nicht zuvor mit einem Fußlappen umwickelte, gleich zehn Splitter einzog. Der Tischler hatte Kukutis einen der besseren Klötze gegeben. Er winkte ihm zum Abschied und wusste gleich, dass Kukutis mit dem Holzklotz seinen Weg schaffen würde. Noch in Memel sah Kukutis zwei Stunden später zwei gut gekleidete Männer in der Herbstsonne sitzen. Bei einem schaute unter der Hose ein schönes poliertes Holzbein auf einem Gummiabsatz hervor. Die Männer unterhielten sich, plötzlich hieß der Einbeinige seinen Gesprächspartner mit einer Geste warten, bückte sich, schob das Hosenbein ein Stück hoch, zog ein Kästchen aus dem Bein, holte ein Notizheft hervor, das von einem Gummi zusammengehalten wurde, und schob das leere Kästchen zurück.

Kukutis, der sich auf der gegenüberliegenden Bank niedergelassen hatte, starrte die beiden wie gebannt an. Als sie aufstanden, um wegzugehen, lief er schnell und ungelenk zu ihnen hin, so ungelenk, dass sie ihn mitleidig lächelnd anschauten.

„Haben Sie sich das in Deutschland machen lassen?", fragte Kukutis und deutete auf das polierte Bein, das unter der Hose hervorschaute.

„Nein, wie kommen Sie denn darauf! Die gibt's nur in Litauen!", antwortete der Mann freundlich.

„Und wo in Litauen?"

„In Pienagalys, in Vitas' Schreinerei."

„Pienagalys", wiederholte Kukutis, um sich den Namen einzuprägen.

Der Mann mit dem schönen Bein vermutete, dass der Name dem einbeinigen Soldaten nicht geläufig war. „Das ist bei Anykščiai, in der Nähe von Utena", verriet er. „Aber das Ding kostet ein bisschen was! Für die Summe könnten Sie sich auch eine Geige kaufen!"

„Eine Geige?", wunderte sich Kukutis. „Wer spielen will, soll sich eine Geige kaufen, aber ich will laufen."

Und da machte sich der junge einbeinige Kukutis auf den Weg von Memel über Kaunas und Vilnius Richtung Utena. Mal ging er zu Fuß, mal nahm ihn ein Fuhrwerk mit, mal fand er Platz auf einer Draisine, die zwei junge Eisenbahner auf zwei Beinen fuhren, denen der Beruf oder besondere Umstände eine Einberufung und das große Gemetzel erspart hatten. Er legte den Weg in weniger als einem Monat zurück und hatte sich in dieser Zeit so an seine hölzerne Stütze gewöhnt, dass er sie bisweilen vergaß. Doch als Kukutis nach Pienagalys kam und ein alter Mann, der ihm auf dem Weg zwischen drei flachen Hügeln, bestanden von Kiefern und Grabkreuzen, Vitas' Gehöft am Waldrand zeigte, missfiel ihm sein Klotz wieder. Er zählte die aufgeriebenen Stellen und Blasen an seinem geschundenen Beinstumpf und rügte sich, weil er den Fußlappen nachlässig um den Stumpf gewickelt und mit dem amputierten Bein zu fest aufgetreten war, um endlich den provisorischen Klotz gegen ein Holzbein zu tauschen, das so teuer und so schön war wie eine Geige.

Vitas, ein junger, starker Mann mit einem packenden, fernrohrscharfen Blick, empfing Kukutis argwöhnisch. Doch kaum waren sie auf dem Hof zwischen dem Haus und der großen Scheune ins Gespräch gekommen, bat Vitas den Gast auf einen Tee ins Haus und ging danach mit ihm in die Scheune, in der sich seine Schreinerwerkstatt befand und Kukutis kein einziges landwirtschaftliches Gerät entdecken konnte, sondern nur Schreinerwerkzeug. Vitas zeigte ihm Stühle und eine Kredenz, die er selbst angefertigt hatte, und führte ihn in einen abgetrennten Verschlag, in dem ein halbfertiges Holzbein zwischen die Gummibacken eines Schraubstocks gespannt war.

„Es war für einen befreundeten Händler aus Anykščiai gedacht, aber er holt es nicht mehr ab. Er ist gestorben. Er war genauso groß wie du", sagte Vitas zu Kukutis, während er ihn mit einem Blick vom Scheitel bis zur Sohle maß. „Vielleicht passt es. Es ist sogar schon bezahlt. Ich gebe dir ein Jahr Garantie, und wenn mal was Kleineres kaputt ist, repariere ich das kostenlos, wenn du in der Nähe wohnst“, fügte der Werkstattinhaber nach einer kurzen Denkpause hinzu.

Vitas’ Großzügigkeit verschlug Kukutis den Atem. Gierig schnappte er nach Luft, in der Scheune war die Luft stickig vom Strohstaub. Er musste husten, gequält krümmte er sich, starrte auf den spanübersäten Boden. Der Hustenanfall war vorüber, aber er traute sich nicht aufzublicken, so abstoßend fand Kukutis seinen Husten. Irgendwann richtete er sich doch auf.

„Ich bin Ihnen so dankbar, so dankbar“, hob er an und überlegte fieberhaft, wie er Vitas seine Dankbarkeit noch bezeugen könnte. „Falls Sie mal eine Tochter bekommen und sie findet – was Gott verhüten möge – keinen Mann, dann nehme ich sie! Egal unter welchen Umständen ...“

„Ich habe einen Sohn“, erwiderte Vitas verwundert. „Er ist jetzt zwei Monate. Meine Frau bringt gerade eine fertige Frisiertoilette mit dem Fuhrwerk zu einem Kunden nach Anykščiai. Da hat sie ihn mitgenommen, um ihn unterwegs zu stillen.“

„Na, Gott sei Dank“, schnaufte Kukutis, der es schon bereute, dass er von der Tochter angefangen hatte. Er schaute Vitas schuldbewusst an. „Ich hatte eine Explosionsverletzung. Manchmal rede ich Sachen, die ich selbst nicht verstehe. Wie ein Politiker.“

Vitas musste lachen. „Ich mach dir hier in der Scheune ein Lager. Es ist noch nicht so kalt. Du kannst hier übernachten, bis ich das Bein fertig habe. Zwei Tage noch und dann noch zwei, bis der Lack getrocknet ist. Wo kommst du eigentlich her?“

„Aus Samogitien.“

„Oh, so weit sind meine Beine bislang noch nicht gelaufen“, sagte Vitas lächelnd.

„Und ob, und ob!“, widersprach Kukutis. „Ich habe ein Bein von Ihnen in Ostpreußen gesehen, in Memel. Bei einem ehrbaren Herrn unter der Hose. Er hat auf einer Bank gesessen.“

„Ach ja?“, fragte Vitas erstaunt. „Das ist gut. Na, komm, ich mach dir erst mal ein Schlafplätzchen zurecht! Ich hab noch ein Feldbett, das hat mir mal ein Bauer vom Nachbarhof als Bezahlung für drei Hocker überlassen.“

„Wollen Sie nicht doch was essen?“, hörte er neben sich eine Frauenstimme auf Deutsch sagen. „Jetzt sitzen Sie hier schon drei Stunden bei dem Tee, ohne etwas zu essen. Wenn Sie kein Geld haben, bringe ich Ihnen eine Erbsensuppe, die kostet nichts."

Kukutis fuhr zusammen und hob den Kopf. Er merkte, dass er noch immer in dem Café saß und dass die junge Frau, die ihm den Tee serviert hatte, neben ihm stand und die Teekanne schon wieder leer war.

„Ja, natürlich, eine Erbsensuppe wäre nicht schlecht", sagte er.

‚Meine Güte, wohin haben mich meine Gedanken bloß entführt?', fragte er sich verwundert. ‚In die Tiefen meines Gedächtnisses! Und dabei hatte alles so harmlos angefangen, mit dem Wecker, mit der Zeit!'

Kukutis zog die Taschenuhr an der Kette, die nirgends befestigt war, sondern einfach nur als Schmuck an der Uhr baumelte, aus der Manteltasche. Er ließ den Deckel aufspringen und schaute erst auf die Gravur *Komm als Sieger zurück!*, dann auf die Zeit.

‚Ich esse die Suppe, und dann mache ich mich auf den Weg!', beschloss er und schaute ungeduldig in Richtung Tresen, hinter dem ihm die junge Frau eine Tonschüssel mit Suppe füllte.

53. Kapitel. Paris

„Lass mal sehen", bat Paul, den Blick auf Andrius' Alukrücke gerichtet.

Das freudige Lächeln, das Andrius mit seinem Erscheinen vor zehn Minuten ausgelöst hatte, stand noch immer auf Pauls Gesicht.

Andrius, der auf einem Stuhl neben dem Bett saß, nahm die leichte Krücke und reichte sie Paul. Erwartungsvoll schaute er auf dessen Arme unter der Zudecke. Er fuhr zusammen, als ihm die glänzenden Metallkonstruktionen einfielen, mit denen Pauls Arme über dem Bauch fixiert waren. Er stand auf und hielt dem Jungen die Krücke vors Gesicht. Paul versuchte sogar, sich leicht vorzubeugen, aber in seiner Position – halb sitzend mit zwei Kissen im Rücken – war das nicht möglich.

„Ist das Aluminium?", fragte er.

Andrius nickte.

„In Kamerun haben wir viel Aluminium! Es wird exportiert. Vielleicht ist diese Krücke auch aus Kameruner Aluminium?"

„Ja?", fragte Andrius erstaunt.

„Ja, Frankreich kauft von uns Aluminium. Und Italien auch." In Pauls Stimme schwang Stolz auf sein Land mit. „Denkst du etwa auch, dass wir nur Bananen exportieren?"

„Wieso auch?“

„Na ja, in Europa denken doch alle, in Afrika gibt’s nur Bananen.“

„Nein, das denke ich ganz sicher nicht“, beschwor Andrius Paul. „Aber das mit dem Aluminium habe ich nicht gewusst.“

„Spielen wir Dame?“

Andrius zog den Rolltisch heran, holte die Spielsteine raus und stellte sie auf. „Nimmst du wieder die Schwarzen?“

Paul nickte.

„Dann bist du als Erster dran.“

Als er die Kinderstation verließ, schaute Andrius zu dem Gebäude hinüber, in dem er selbst gerade erst gelegen hatte. Er dachte an den Arzt und an seinen Zimmerkollegen, den schottischen Bauern, der nun ein Pariser Obdachloser war. Was hatte er zum Abschied gesagt? Dass man in Paris schnell obdachlos werden konnte?

Andrius wollte hineingehen, den Arzt aufsuchen und sich bei ihm bedanken, aber die Uhr auf seinem Handy zeigte halb eins, also aßen die Patienten und Ärzte jetzt gerade zu Mittag, und sie abzuhalten, selbst wenn man sich ehrlichen Herzens bedanken wollte, war nicht angebracht.

Als Andrius sich dem Torbogen näherte, fiel sein Blick auf die rote Fassade des Cafés, in dem er zehn Tage lang nicht gewesen war. Mit den zwanzig Euro, die er Pauls Umschlag im weißen Nachtschrank entnommen hatte, wollte er nicht nach Hause fahren. Hier zu warten, hatte allerdings auch keinen Sinn: Wer würde ihn mit seinen Krücken denn anheuern, um ein krankes Kind aufzuheitern? Und wenn doch, wie sollte er das anstellen, wo er sich weder hinhocken noch hochspringen konnte? Doch die Gedanken und Zweifel hielten ihn nicht von seinem gewohnten Weg ab. Er überquerte den Zebrastreifen auf der Rue de Sèvres und stand vor dem Café. Wie angewurzelt stand er da und überlegte: Was, wenn die albanischen Brüder drin saßen, die ihn um seine Engagements gebracht hatten? Andrius öffnete die Tür und trat ein. Wieder stand er wie angewurzelt da, als er ihren Blicken begegnete. Sie saßen an ihrem Stammplatz. Die Tasche, aus der die Clownsstiefel und der knallgelbe Ärmel des Kostüms hervorschauten, stand ebenfalls wie gewohnt auf dem Boden. Links hinter ihnen leuchtete Céciles rote Mähne. Er hätte sich gern mit ihr unterhalten, aber dafür musste er am Drachen vorbei. Die Rolle des schrecklichen und blutrünstigen zweiköpfigen Drachens fiel den Albanern zu.

Andrius wollte schon einen Schritt zurück machen und das Café verlassen. Nach dem, was vor zehn Tagen passiert war, würde er den beiden keinesfalls den Rücken zudrehen.

Plötzlich nickten ihm, anstatt zu grüßen, erst der eine und dann der andere Albaner zu. Ohne Lächeln und ohne Wut. Gleichgültig. Anstatt hinauszugehen, machte Andrius einen Schritt nach vorn und grüßte nickend zurück, als er an ihnen vorbeiging.

Cécile freute sich, als sie ihn sah. „Wie geht's dir? Wo bist du gewesen? Ist etwas passiert?" Sie warf einen Blick auf die Krücke.

Andrius deutete in Richtung Krankenhaus. „War krank. Die zwei da haben mich zugerichtet. Zusammengetreten."

Sie wurde ernst.

„Und jetzt sitzen sie da, als ob nichts gewesen wäre", fuhr Andrius verbittert fort. „Sogar gegrüßt haben sie mich. Wie kann man nur? Das verstehe ich nicht."

„Wir leben in einer Welt, in der Wölfe und Hasen am selben Tisch essen, solange genug für beide da ist", sagte Cécile, blickte aus dem Fenster und wandte sich wieder Andrius zu.

„Dann bin ich der Hase und sie sind die Wölfe?"

„Sieht so aus. Nimm's nicht krumm, du musst einfach lernen, die Gefahr zu wittern. Hasen spüren die Gefahr sehr genau, weil sie überleben müssen, Wölfe nicht. Deswegen kommen sie manchmal in die Bredouille. Willst du einen Espresso?"

Andrius nickte.

„Deux cafés!", rief Cécile dem Barkeeper zu.

Eine Minute später kam er mit zwei Tassen zu ihrem Tisch, in einem dunklen, legeren Pullover, den Andrius schon viele Male an ihm gesehen hatte. Bekümmert schaute er auf die Krücke und sah Cécile an. „Pauvre gars!"* Seufzend ging der Barkeeper zurück an seinen Tresen. Kurz darauf kam er wieder und stellte Andrius einen Kognak hin. „Offert par la maison", sagte er auf Cécile blickend. „A votre santé!"**

„Für dich. Damit du schnell wieder gesund wirst!", übersetzte Cécile. „Geht aufs Haus."

Andrius lächelte dem Barkeeper freundlich zu. Er nippte am Kognak. Ein angenehmes Brennen erfüllte seinen Mund.

---

* Der arme Kerl. (frz.)

** Geht auf Kosten des Hauses. Auf Ihr Wohl! (frz.)

Ein Paar betrat das Café – ein dunkelhäutiger Mann und seine Frau mit einer Tüte aus dem Spielzeugladen. Ein Pappkarton schaute aus der Tüte.

Cécile richtete sich auf und schien den Kopf zu recken, damit sie besser zu sehen war.

Der Mann blickte tatsächlich in ihre Richtung, aber nicht auf sie, sondern auf Andrius. Dann schwenkte er auf die Albaner um, ging zu ihrem Tisch. Die Frau blieb am Tresen stehen, der Barkeeper servierte ihr einen Espresso.

Ein paar Minuten später folgten die Albaner mit ihrer Tasche dem Paar und ließen Cécile und Andrius erstaunt und sprachlos zurück.

„Ich kann sie mir so gar nicht als Clowns vorstellen. So griesgrämig und muffelig, wie die sind", sagte Cécile schulterzuckend.

„Ich fühle mich jetzt auch griesgrämig und muffelig", gestand Andrius. „Zehn Tage ohne Verdienst ... Ich fürchte, wir werden die Miete schuldig bleiben ..."

Cécile wurde steif, als befürchtete sie, dass er sie gleich um Geld angehen würde. Aber Andrius brummelte bitter als Antwort auf seine eigenen Gedanken und Ängste und nippte wieder am Kognak.

54. Kapitel. Pienagalys. Bei Anykščiai

Nach dem Tod des alten Jonas konnte Renata zwei Nächte lang nicht schlafen. Sie stand immer wieder auf, ging in den Flur und schaute in die verwaiste Haushälfte. Dort, hinter der grünen Tür, war alles wie immer, sogar der Geruch. Alles beim Alten, nur der Hausherr war fort.

Vitas, der wegen Renatas Hin und Her ständig aufwachte, verlor in der ersten Nacht kein Wort, doch nach der zweiten unruhigen Nacht empfahl er ihr Schlaftabletten.

„Ich verstehe, dass das für dich schwierig ist", sagte er, als er aus dem Bad kam, wo er lange und erfolglos versucht hatte, mit kaltem Wasser die Spuren der schlaflosen Nacht zu tilgen. „Dein Großvater war ja nun nicht mehr der Jüngste. Und er hat ständig vom Tod geredet. Tagsüber kannst du weinen und traurig sein, aber nachts musst du schlafen."

Renata wollte ihm eine ruppige Antwort geben, aber als sie seine roten Augen sah, biss sie sich auf die Lippen.

Sie fütterte den Hund, dann ging sie zurück ins Haus und suchte Vitas. „Ich glaube, bei Großvater drüben ist nachts jemand unterwegs", flüsterte sie. „Ich habe Schritte gehört."

„Die Tür hat doch ein Schloss!", erwiderte Vitas. „Ich hole den Schlüssel. Der hängt, glaube ich, da bei ihm an einem Nagel. Wir suchen alle Ecken ab, schließen die Fenster und sperren die Tür zu. Dann weißt du genau, dass da keiner ist, und kannst wieder schlafen."

Renata war einverstanden. Der Schlüssel für das alte Schloss hing tatsächlich an einem Nagel in Großvaters Küche. Er war schwer und lang, mit den mickrigen Schlüsseln von heute nicht zu vergleichen. Vitas musste ein paar Mal gegen die Tür schlagen, damit sie sich möglichst gut in den Türstock fügte und die Stahlzunge in die Aussparung rutschte.

Die dritte Nacht verlief ruhiger. Endlich konnte Vitas durchschlafen. Er wusste nicht, dass Renata die halbe Nacht an die Decke starrte und in die Stille horchte, hoffte und bangte, Großvaters entfernte, von den Türen gedämpfte Schritte zu hören.

Vitas überkam zärtliches Mitleid, als er am nächsten Morgen ihre aufgedunsenen Wangen sah. Er nahm sie in den Arm, drückte sie an sich und tröstete sie, dass schon bald Jonas' Asche aus Riga käme, sie die Asche gemeinsam über den Gräbern der Hunde ausstreuen würden, wie es sich der alte Jonas gewünscht hatte, und sie dann sicher fester und ruhiger schlafen würde.

Als sie allerdings nach Anykščiai gefahren waren und die dunkelgrüne Urne aus Malachitimitat geholt hatten, die die Asche des Großvaters enthielt und mit einem ebensolchen runden, mit Klebeband befestigten Deckel verschlossen war, ließ Renata Vitas wissen, sie werde Großvater nicht auf den Schnee kippen.

„Mach, wie du denkst. Es ist dein Großvater!", sagte Vitas. Als er sich vorstellte, wie die graue Asche auf den weißen Schnee fiel, musste er ihr Recht geben.

Sie stellten die Urne mit der Asche auf das Nachtschränkchen neben Großvaters Bett und sperrten die Haushälfte wieder zu.

Wenn Renata nicht an den Großvater dachte, dachte sie an Vitas. Es schien ihr, als sei er in der letzten Zeit eingefallen. Der Glanz war aus den Augen verschwunden. Nicht einmal vor dem Computer hielt er es noch lange aus. Er klickte ein paar Seiten an und sprang sofort wieder auf.

‚Es gefällt ihm hier nicht', schlussfolgerte Renata. ‚Sicher hat er gedacht, dass mich nichts mehr hält, wenn Großvater erst tot ist. Aber ich kann das doch nicht alles aufgeben: das Haus, den Hund ...'

Wenn sie nur daran dachte, bekam sie einen Kloß im Hals und konnte keinen klaren Gedanken fassen.

Renata brachte Vitas einen Tee – gerade hatte er sich wieder an den Computer gesetzt –, dann ging sie vor die Tür. Der Frost war schwächer geworden, der Winter ging zur Neige, hatte sich genug abgemüht. Da bellte Googlas, hell und fröhlich. Renata lächelte. „Fein gemacht", rief sie.

Sie ging zur Hundehütte und hockte sich hin. Der Welpe sprang heraus und leckte ihr die Hände.

„Genug, es reicht!" Sie zog die Hände weg. „Du bist doch kein Schoßhund!"

Als sie zurück war, saß Vitas immer noch vor dem Computer, dieses Mal glänzten seine Augen, er schrieb etwas in sein Notizheft. „Ich habe noch ein anderes Seminar für Start-up-Unternehmer gefunden! Das geht morgen los!", erklärte er ihr begeistert. „Für eure Provinz hier muss man sich schon ein paar neue Ideen holen!"

„Und wo ist das Seminar? In Kaunas?"

„Nein, in Vilnius. Ist auch billiger als das, was ich verpasst habe. Macht allerdings kein Amerikaner, sondern ein Pole. Was meinst du?" Sein fragender Blick traf auf Renatas gelassenen Blick.

„Ist sicher gut, wenn du hinfährst."

„Ich google ihn gleich mal!" Vitas Fingerspitzen fuhren über die Tastatur. „Ganz okay. Kein Betrüger, wie's aussieht! Ich lese mal noch die Kommentare zu seinen früheren Seminaren."

Am nächsten Morgen brachte Renata Vitas nach Anykščiai, winkte, als der Bus abfuhr. Dann fuhr sie in ihrem kleinen roten Fiat in die Baranauskas-Straße und ging ins Café. Sie trank einen Tee und überlegte, ob sie sich nicht eine Arbeit suchen sollte. Die Weinkellerei hatte sie nicht angerufen, also wurde sie dort wohl nicht gebraucht. Und wo dann? Und von wem?

Renata wurde schwermütig, blies Trübsal. Sie erinnerte sich, wie Vitas sich an diesem Morgen nach ihrem Haus umgedreht hatte, als sie abgefahren waren. Wie nach etwas Vergangenem, das man so schnell wie möglich hinter sich lassen wollte. Sollte sie vielleicht die Wände streichen, damit das Haus mehr hermachte? Oder die Fensterrahmen? Es gab hier in Anykščiai solche Häuser, und sie gefielen Renata: naturbelassene Holzwände und blaue oder gelbe Fensterrahmen.

‚Nein', drängte sich ein rebellischer Gedanke dazwischen. ‚Farbe hin oder her, wenn der Typ in Kaunas aufgewachsen ist, kann er sich noch so sehr anstrengen, um vorzugaukeln, es würde ihm auf diesem einsamen Gehöft bei Anykščiai gefallen, früher oder später tickt er aus. Je später, umso schlimmer.‘

Sie hatte ja ihre Zunge nicht im Zaum und fuhr ihn immer gleich an, wenn ihr was nicht passte. Weil sie's nicht anders gewohnt war. Und er schwieg. Er schwieg und schwieg, und irgendwann würde er abhauen, wenn er die Nase voll hatte von dem Gehöft und von der Art, wie Renata mit ihm umging.

Renata war erschrocken, starrte besorgt durchs Fenster auf ihr Auto, das sie am Straßenrand abgestellt hatte. Sie versuchte, gar nichts zu denken und nur auf das Auto zu schauen. Es schien zu funktionieren. Doch schon kam ein neuer Gedanke und verdarb ihr die Laune: ‚Ein Mann will immer wieder in Freude und Erstaunen versetzt werden, dann bleibt er. Welche Anlässe bietest du ihm, dass er staunt und sich freut?‘

„Was für ein Unsinn!“, ärgerte sich Renata. „Wo habe ich das denn aufgeschnappt?“

Dann fiel ihr ein, wo. Vor ein paar Monaten beim Friseur. Viola, die Friseuse mit den unglaublich langen Fingern und sehr spitzen künstlichen Nägeln hatte ihr den Pony geschnitten und von ihrer Beziehung erzählt. Dass sie knallbunte Slips und BHs gekauft und sich ein witziges Tattoo auf dem Hintern hatte stechen lassen, dass sie die Nägel mit Phosphorlack angemalt hatte, damit sie nachts im Bett leuchteten. Junge Friseusen, das war ein Völkchen für sich, die trauten sich was. Renata war anders. Renata war still. Sie traute sich andere Dinge. Dinge, die zu einem einsamen Gehöft passten. Sie traute sich, allein durch den Wald zu gehen, traute sich, hundertdreißig zu fahren. Sie traute sich noch viele andere Sachen. Aber sich aufreizend anzuziehen und sich Tattoos stechen zu lassen, das war nichts für sie. Sie erregte nicht gern Aufmerksamkeit. Aber vielleicht sollte sie das überdenken? Zumindest, wenn es um Vitas ging?

Zurück in Pienagalys, fütterte sie Googlas. Sie stellte ihm den Napf in den Flur, stand vor der verschlossenen grünen Tür, musterte die Kratzer, die die Pfoten des Welpen in der linken unteren Ecke hinterlassen hatten. Hätte sie in jener Nacht die Tür geöffnet, wäre Googlas hineingelaufen, und sie wäre ihm gefolgt. Sicher wäre er zum Bett gerannt, als der Großvater noch lebte. Vielleicht hätte sie schnell den Notarzt rufen und ihn retten können?

Renata war erstaunt, wie sehr diese Nacht, in der Großvater Jonas starb, ihre Fantasie anregte. Aber sie hatte keine Schuldgefühle. Sie erinnerte sich an ihre letzten Gespräche, erinnerte sich an das müde Lächeln und die traurigen Augen. Langsam dämmerte ihr, dass der Großvater nicht an einer Krankheit, sondern am Alter und an Erschöpfung gestorben war. Und auch wenn er immer wieder betont hatte „Ein Jonas stirbt nicht!“, lag doch ein Klagen in seiner Stimme. Als wollte er sterben, wusste aber, dass es nicht ging, dass er es nicht konnte. Deswegen schien es Renata jetzt, als wäre für ihn mit dem Tod ein Traum in Erfüllung gegangen. Als hätte er es viele Male erfolglos probiert, und endlich hatte es geklappt, und er hatte ein letztes Mal zufrieden gelächelt. Hatte er gelächelt, als sie ihn am Morgen gefunden hatte? Der Mund hatte halb offen gestanden, als wäre er mitten im Satz unterbrochen worden, aber sein Gesicht war weder griesgrämig noch ernst gewesen, also konnte es nichts Wichtiges gewesen sein. Und in seinem Blick lagen weder Angst noch Schmerz.

Als Renata in ihrer Haushälfte war, hörte sie einen unerwarteten und seltsamen Ton. So als hätte ein großes Geschöpf direkt nebenan geseufzt. Ein Elefant oder ein Elch oder ein noch größeres Wesen mit riesigen Lungen, die einen richtigen kleinen Wind erzeugen konnten. Sie lauschte, aber es war schon wieder still.

‚Vielleicht hat das Haus geseufzt?‘, überlegte Renata. Sie sah zur Deckenlampe hinauf. Die schaukelte unmerklich. ‚Es ist das Haus‘, schlussfolgerte Renata und wurde traurig, ‚ich bin ja jetzt allein hier, in dem Haus. Außer uns beiden ist keiner da. Nur ich und das Haus …‘

Sie war müde. Gähnte. Hörte in sich hinein, um herauszufinden, ob sie Angst hatte, allein in dem Haus zu übernachten. Wann hatte sie das je getan? Noch nie! Es war das allererste Mal.

Aber sie hatte keine Angst. Das Haus war zwar für sie allein viel zu groß, doch Jonas’ Hälfte war abgeschlossen, und ihre Hälfte war nur halb so groß wie das ganze Haus. Genau halb so groß. Deswegen war es ja eine Hälfte!

Sie löschte das Licht und legte sich hin.

„Gute Nacht, Haus“, flüsterte sie und schlief schnell ein.

55. Kapitel. St. George’s Hill. Grafschaft Surrey.

„Zum Chinesen oder zum Inder?“, fragte Ingrida und schaute Klaudijus an, der neben ihr stand.

„Zum Inder natürlich! Du gehst doch lieber indisch essen!“, sagte er und betrachtete ihr parkendes Auto.

Wie gern hätte er diesen herrlichen Morris Minor Travel mit seinen lackierten Holzrahmen – ein Auto wie in *Alice im Wunderland* – selbst gelenkt. Er fuhr natürlich auch gern mit, aber Beifahrer zu sein, wenn Ingrida hinterm Steuer saß, war ein zweifelhaftes Vergnügen. Eine Frau am Steuer war gut, wenn sie allein unterwegs war. Oder mit den Kindern. Aber mit einer Frau am Steuer hatte man als Mann auf dem Beifahrersitz doch irgendwie Minderwertigkeitskomplexe.

Das Schild des *Bombay Palace* leuchtete in grellem Blau. Drinnen herrschte reges Treiben. Im chinesischen Restaurant nebenan war noch nichts los.

„Such dir was aus, ich lade dich ein“, rief Ingrida und schob Klaudijus die in Leder gebundene Speisekarte hin.

„Und warum lädst du mich ein?“, fragte er mit gespieltem Ärger.

„So ist es doch üblich, oder? Der eine lädt den anderen zum Essen ein. Und wenn du mich nicht einlädst, muss ich dich einladen. Schließlich war es meine Idee, essen zu gehen. Also lade ich dich ein.“

Klaudijus studierte die Speisekarte. Sie waren schon zweimal hier gewesen und hatten es nicht bereut. Früher hatte die Frage, wer wen einlädt, allerdings keine Rolle gespielt. Denn eigentlich teilten sie ja alles: das Leben, das Bett, das Geld.

„Haben Sie sich schon entschieden, oder brauchen Sie Hilfe?“, fragte der junge Inder in einem eleganten Englisch.

„Wir wissen schon, was wir nehmen.“ Ingrida schaute ihn an. „Zwei Naan, zwei Roti, Pakora und ein Chicken Tikka.“

Klaudijus bestellte scharfes Hammelfleisch in Nusssoße und Reis.

„Ist dir aufgefallen, dass sie Rind auf der Speisekarte haben?“, flüsterte Ingrida verwundert, als der Kellner weggegangen war.

„Na und?“, erwiderte Klaudijus schulterzuckend.

„Wie – na und? In Indien gelten Kühe als heilige Tiere. Man darf sie weder töten noch essen, und auf der Straße weichen ihnen die Autos aus.“

„Ja, in Indien“, sagte Klaudijus lachend. „Dort gibt es indische Kühe und hier englische. Die indischen Kühe werden verehrt, die englischen werden verzehrt.“

Ingrida schlug die Speisekarte auf und blätterte darin herum. Auf einer Seite hielt sie inne. Klaudijus las Verwunderung in ihrem Gesicht.

„Was hast du denn noch gefunden?“, wollte er wissen.

„Das glaubst du nicht!“, rief sie und schüttelte erstaunt den Kopf. „Aber echt.“

„Doch“, versprach Klaudijus.

„Dann hör mal: Herkunftsländer unserer Lebensmittel: Huhn – Großbritannien, Hammel – Neuseeland, Rind – Litauen.“

Klaudijus traute tatsächlich seinen Ohren nicht. Er schlug seine Speisekarte auf, suchte die entsprechende Seite, las. „Jetzt weiß ich, wo unsere Kühe hin sind“, sagte er und brummelte griesgrämig. „Deswegen sieht man auf dem Land keine Tiere mehr, kein Geflügel, keine Rinder ...“

„Ist das dein Ernst?“ Ingrida schaute ihn sarkastisch an. „Ich habe mich jedenfalls gefreut! Litauen handelt mit England! Dann ist bei uns doch nicht alles so schlecht ... Wenn ich das eher gelesen hätte, hätte ich mir litauisches Rindfleisch bestellt.“

„Stimmt, die einheimischen Produzenten muss man unterstützen“, sagte Klaudijus lächelnd. „Das nächste Mal bestellen wir beide Curry vom litauischen Rind.“

„Pfff.“ Ingrida winkte ab.

Der Kellner brachte zwei Gläser Bier und indisches Brot.

Klaudijus’ Laune kam wieder ins Lot.

Den Weg von Esher bis zu Krawez’ Villa fuhren sie schweigend. Umso besser war zu hören, wie der tauende Schnee unter den Rädern schmatzte.

„Ich übernachte heute im *Beatrice*“, verkündete Ingrida, als sie die Garagentür verschloss.

„Kann ich mitkommen?“, fragte Klaudijus.

„Nein, in einer halben Stunde hast du Skype, und einer muss im Torhaus bleiben. Sei nicht sauer!“

Er begleitete Ingrida bis zum Haupteingang der Villa. Dort blieb er stehen und lauschte, wie sie die Tür von innen schloss. Erst wollte er noch warten, um zu sehen, wie im *Beatrice* das Licht anging, aber die Beine trugen ihn wie von selbst zum roten Ziegelhaus, in die relative Gemütlichkeit und die genauso relative Wärme.

Unterwegs stellte er verwundert fest, dass er auf Ingrida nicht sauer war. Ganz und gar nicht.

56. Kapitel. Paris

Andrius schmeckte noch die Schokoladencreme, in die Barbie und er jeden Morgen ihre Croissants tauchten. Sie war ins Krankenhaus gefahren. Cécile hatte Andrius gestern erklärt, dass sie mit einem europäischen Pass kostenlos behandelt würden und sich keine Sorgen zu machen brauchten. Das hatte er Barbie gleich erzählt, und nun machte sie sich keine Sorgen mehr. Vielleicht würde sie dann in der nächsten Nacht auch besser schlafen?

Der blaue Himmel – von kleinen Wolkenfetzen übersät – wirkte fröhlich und frühlingshaft. Die Sonne schenkte der Stadt ihr warmes Gelb und zog eine scharfe Trennlinie zwischen Licht und Schatten. Auf der Rue de Belleville, die Andrius mit seiner Aluminiumkrücke flott hinunterging, verlief die Grenze zwischen Licht und Schatten so ziemlich genau in der Fahrbahnmitte. Die Straße, belebt wie immer, beflügelte Andrius auch heute mit ihrem Treiben, mit der Bewegung der Menschen und Fahrzeuge.

Er hätte noch nicht losgehen müssen. Hätte noch ein Weilchen liegen oder sitzen bleiben, aus dem Fenster schauen können, das in den Hof hinaus ging. Noch zwei Tassen Tee trinken oder sich einen Kaffee machen. Aber in zwei Wochen war die Miete fällig, kurz darauf Strom und Wasser, und obwohl er wusste, dass er kaum eine Chance hatte, am Vormittag engagiert zu werden, hatte er dennoch das Haus verlassen und sich in die Rue de Sèvres aufgemacht. Cécile kam ja auch meist gegen elf, und die Albaner schienen sich immer schon gleich nach der Öffnung im Café einzufinden. Jeans-Jack kam nicht mehr. Ob er ein anderes Krankenhaus gefunden hatte, in dem die Konkurrenz geringer war oder in dem es gar keine anderen Clowns gab?

Als Andrius an der Métro-Station Belleville angekommen war, blieb er kurz stehen und überlegte, welche Route er nehmen sollte. Auf dem direkten Weg über Montparnasse musste man zweimal umsteigen und war unwesentlich kürzer unterwegs als auf der Strecke Richtung Charles de Gaulle-Étoile. Dafür sah man von der längeren Route aus, auf der man nur von der zweiten auf die Linie 6 umzusteigen brauchte, die Seine und den Eiffelturm und passierte das Viadukt über dem Boulevard. Dann konnte man, während man in dem lautlosen Zug über der Stadt schwebte, für ein paar Minuten das Pariser Leben von oben verfolgen und amüsante Details studieren.

Nachdem Andrius sich einmal mehr für die längere Strecke entschieden hatte, begab er sich auf seine kleine alltägliche Reise. Alle anderthalb Minuten hielt die Métro. Auf jedem Bahnsteig saßen oder lagen Obdachlose. Wahrscheinlich lebten sie in diesen Bahnstationen. Niemand jagte sie weg, niemand behelligte sie. Und niemand sprach mit ihnen.

Andrius musste an den schottischen Farmer denken. Wo der sich wohl vor dem Krankenhaus aufgehalten hatte?

Die Gedanken an die Obdachlosen verschwanden, kaum dass der Zug auf den Pont de Bir-Hakeim fuhr. Im Waggon wurde es unglaublich hell. Die Sonne gab sich Mühe. Der Eiffelturm zog vorüber und tauchte zwischen den Dächern der Pariser Wohnhäuser unter. Andrius' Blick ging hinunter, zu dem geerdeten Leben auf dem Boulevard, zu den um diese Zeit spärlichen Passanten.

Im Café war er der Erste aus der Clowngilde. An der Wand lief wie immer der Fernseher ohne Ton, aber anstatt Fußball wurde heute ein Wettkampf im Trampolinspringen gezeigt. Und an diesem Morgen gab es dankbare Zuschauer, die sich extra zum Fernseher gedreht hatten: zwei Männer und drei Frauen. Franzosen aus der Provinz. Neben dem Tisch stand hochkant ein Koffer auf Rädern mit einem Griff, den der Rest eines Gepäckanhängers zierte, was darauf schließen ließ, dass der Koffer kurz zuvor mit dem Flugzeug geflogen war. Die Männer tranken Bier, die Frauen grüne Limonade. Sie schlugen die Zeit tot oder warteten auf jemanden. Sie saßen hinter Andrius.

Céciles Tisch hatte der Barkeeper wie immer vorsorglich „reserviert". Der Barkeeper plauderte halblaut mit einem jungen Mann, der am Tresen einen Espresso trank. Die Miniwelt des Pariser Cafés ließ sich mühelos in weitere kleine Miniwelten unterteilen. Auch Andrius fühlte sich plötzlich als Minikosmos, der mit vielen anderen winzigen Universen, sichtbaren und unsichtbaren, verbunden war. In einem Minikosmos saß oder lag Paul aus Kamerun in seinem Metallbett. In einem anderen lebte der Arzt, der ihm kostenlos den Gips angelegt und ihn als obdachlos registriert hatte.

Andrius bückte sich und betrachtete den Gips. Die Aluminiumkrücke knallte zu Boden, und die Truppe, die den Trampolinwettkampf verfolgte, drehte die Köpfe.

Das Bein tat nicht mehr weh. Er sollte demnächst den Gips abnehmen lassen.

Der Barkeeper kam und riss Andrius aus seinen Gedanken. Er stellte ihm einen Espresso hin, lächelte und ging.

‚Ich hab noch gar nicht bestellt', überlegte Andrius. ‚Hätte ich aber gemacht. Das weiß er.'

Andrius setzte seine Clownsnase auf und trank einen Schluck.

Er konnte locker eine ganze Stunde an der kleinen Tasse trinken, aber kalter Espresso schmeckte nicht. Der Mann an der Bar war vernünftig. Er würde ihn nicht rausschmeißen, wenn er zwei Stunden vor einer leeren Tasse saß.

Ein grauer Pudel an einer Leine kam ins Café gelaufen, gefolgt von einer älteren Dame in einem karierten, grünen Wollmantel, dessen Muster an eine Bettdecke erinnerte. Es sah so aus, als hätte der Pudel sein betagtes Frauchen ins Café gezogen. Sie sprach mit dem Barkeeper. Andrius, der das Geschehen an der Bar beobachtete, merkte, dass sie zu ihm blickten. Als ob sie über ihn sprächen. Die alte Frau lief an dem Tisch vorbei, an dem sonst die Albaner saßen, blieb stehen, musterte misstrauisch die Alukrücke, die Andrius mit dem Achselpolster gegen den Stuhl gelehnt hatte. Sie sprach ihn auf Französisch an, verstummte aber sofort, als sie Andrius' traditionelles „pas français" hörte. Sie schwieg, blieb aber stehen. Andrius fühlte sich unbehaglich. Seine auswendig gelernte Formulierung entsprach längst nicht mehr der Wirklichkeit. Viele häufig gehörte Wörter und Wendungen verstand er nicht nur, er konnte sie auch wiederholen. Jetzt hatte die Frau gerade etwas von ihrem Haus erzählt, „la maison". Und „pouvez-vous" hatte sie gesagt, was „könnten Sie" bedeutete. Trotzdem reichten die bekannten Wörter nicht aus, den Grund zu verstehen, warum sich die betagte Pariserin an ihn gewandt hatte.

Aber sie gab nicht auf. Sie versuchte es mit Gesten, und Andrius verstand, dass die alte Frau ihn irgendwohin mitnehmen wollte. ‚Vielleicht ins Krankenhaus? Zu einer kranken Freundin?', überlegte er und stand auf. Sie gingen hinaus. Aber sie führte ihn nicht zum Zebrastreifen, sondern nach links, die Straße hinab. Dann bogen sie noch einmal nach links, und die alte Frau öffnete, nachdem sie den Code eingegeben hatte, die Haustür. Ein ehrwürdiger Paternosteraufzug brachte sie und den Hund in den fünften Stock.

Die alte Frau wohnte in einer Mansardenwohnung. Andrius blieb in der Tür stehen, weil er nicht wusste, ob er die Schuhe ausziehen sollte. Doch sie zog ihre Schuhe nicht aus und legte auch den Mantel nicht ab, sie drehte sich nach ihm um und hieß ihn mit einem Nicken, ihr zu folgen.

Das winzige Zimmer mit der zum Fenster hin abgeschrägten Decke empfing Andrius mit einem seltsam würzigen Geruch und Tapeten in einer merkwürdigen, an das letzte Jahrhundert erinnernden Farbkombination. Die beigen Papiertapeten, die sich an einigen Stellen am Übergang zur Zimmerdecke gelöst hatten, zeigten abwechselnd Köpfe von Elefanten mit aufgerichteten Rüsseln und den Kopf eines Afrikaners im Tropenhelm, der mit einem Riemen unter dem Kinn fixiert war. Die Elefantenköpfe und Tropenhelme waren elfenbeinfarben. Die ungewöhnliche Kombination von beige, schwarz und elfenbeinweiß ließ das winzige Zimmer größer wirken, es schien den Betrachter zu fliehen.

Auch die Wände der Fensternische waren tapeziert, es war die einzige Stelle, an der die Decke nicht bis zum Dachrand ging und von wo aus man, ohne sich zu bücken, auf die Straße hinunterschauen konnte. Der runde Tisch mit einem weißen Spitzendeckchen, der diese Nische fast vollständig ausfüllte, ließ darauf schließen, dass die Bewohnerin kaum aus dem Fenster schaute. Nein, allem Anschein nach saß sie gern an dem Tisch auf einem Stuhl aus Bugholz, auf dessen lackiertem Sperrholzsitz ein Kissen lag, ebenfalls elfenbeinfarben. Wenn sie saß, sah sie vermutlich nur das Mansardenfenster im Haus gegenüber.

„Monsieur, Monsieur, ici!“* Die Stimme der Gastgeberin riss Andrius aus seinen Überlegungen zur Fensternische.

Er drehte sich um. Die alte Frau stand vor dem kirschroten Kleiderschrank, der ebenfalls aus dem letzten, womöglich sogar aus dem vorletzten Jahrhundert stammte. Auf dem Schrank lag ein verstaubter Koffer.

Die Besitzerin des Pudels bat Andrius mit einer Geste, den Koffer herunterzuholen. Andrius seufzte. Zum gegenwärtigen Zeitpunkt war es so ziemlich die unpassendste Bitte, die er sich vorstellen konnte. Hatte denn der Barkeeper, der die alte Dame offenbar an ihn verwiesen hatte, seinen Gips und die Krücke nicht gesehen?

Wie dem auch immer war, Andrius ließ seinen Blick durchs Zimmer schweifen auf der Suche nach einem Gegenstand, mit dessen Hilfe er den Koffer herunterholen konnte. Ohne Fußbank oder Stuhl reichte er nicht hinauf. Der Bugholzstuhl am runden Tisch sah ziemlich wackelig aus.

---

* Herr, Herr, hier! (frz.)

Andrius erklärte der alten Frau – wiederum mit einer Geste –, dass er eine Erhöhung benötigte. Sie brachte einen Küchenhocker und eine zwanzig Zentimeter hohe Fußbank, die eher wie eine abnehmbare Schwelle oder Stufe aussah.

Der Koffer war leicht. Die alte Frau öffnete ihn mit einem kleinen Schlüssel und zog eine dicke Mappe mit roten ausgefransten Schnüren hervor. „Acte de naissance“,* erklärte sie, dann verschloss sie den Koffer wieder und bat ihren Gast mit einem Blick, ihn wieder zu verstauen.

Als Andrius vom Hocker gestiegen war, seufzte er erleichtert. Nicht, weil der Koffer leicht gewesen war, sondern weil sein Gipsbein ohne Schmerz auf die unerwartete körperliche Anstrengung reagiert hatte.

Andrius wollte gleich gehen, aber die Gastgeberin hielt ihn zurück und bat ihn, an dem Tisch mit der Spitzendecke Platz zu nehmen.

„Quel dommage que vous ne parlez pas le français!“,** sagte sie, und Andrius begriff, dass sie diesen Satz mindestens schon fünf Mal gesagt hatte.

Während Andrius den Tee trank, den ihm die alte Frau angeboten hatte, blickte er ins Fenster der gegenüberliegenden Mansardenwohnung. Irgendwann öffnete sich ein Fensterflügel, und ein älterer Mann schaute heraus. Er sah zu ihm, zu Andrius, herüber. Mit einem erstaunten, fragenden Blick, als hätte Andrius ihm etwas gestohlen. Andrius amüsierte sein Erstaunen.

Als Andrius aus dem Haus trat, bog er – geschickt seine Krücke schwingend – nach rechts und ging zurück ins Café. Als er an die Kreuzung Rue de Sèvres kam, sah er einen Jungen mit einem Teleskopstab in der rechten und einer flachen schwarzen Tasche in der linken Hand die Straße überqueren. Andrius blieb stehen. Vor seinem Auge blitzte, wenn auch sehr vage, der Tag auf, als er auf der Straße vor dem Café von den albanischen Brüdern von den Beinen geholt und beinahe zu Tode getrampelt worden war. Als er da lag, weder Arme noch Beine spürte, und das erste, was er im Aufwachen wahrnahm, der merkwürdige sanfte Stich in die Seite war, dann der fremde Arm und irgendwann die fremde Hand in seinem Gesicht. Das war der Junge, der ange-

* Geburtsurkunde (frz.)

** Wie schade, dass Sie kein Französisch sprechen! (frz.)

halten und jemanden genötigt hatte, ins Krankenhaus hinüberzulaufen und für Andrius einen Arzt zu holen. Das war er.

Andrius stürzte los und rannte dem blinden Jungen hinterher, mit der Krücke weit ausgreifend, sodass er fast stolperte. Vor dem Café *Le Sèvres* hatte er ihn eingeholt. „Sorry, can I speak to you?"*

Der Junge blieb stehen. „To me?", ** fragte er, und Andrius erkannte seine Stimme.

„Ja", fuhr er auf Englisch fort. „Du hast mir vor drei Wochen geholfen. Ich hab hier gelegen, rechts neben der Tür da!", erinnerte ihn Andrius und schaute auf die Stelle.

„Ach!", rief der Junge, sah Andrius an und zugleich durch ihn hindurch. „Ich erinnere mich. Wie geht's Ihnen denn?"

„Ganz gut, ich kann sogar schon rennen!", antwortete Andrius und wunderte sich selbst über sein passables Empfinden. „Kann ich dich auf einen Espresso einladen?"

„Ich trinke keinen Espresso", sagte der Junge. „Ich mag lieber Tee mit Canelés."

„Womit?"

„Mit Canelés aus Bordeaux. Aber jetzt habe ich keine Zeit. Ich muss zum Unterricht."

„Kommst du auf dem Rückweg wieder hier vorbei?"

„Ja, in einer Stunde und zwanzig Minuten."

„Dann warte ich hier auf dich! Okay? Und dann trinken wir Tee und essen Canelés."

„Gut", willigte der Junge ein und lächelte. „Ich komme."

„Und wie heißt du?"

„Philippe."

Eineinhalb Stunden später saßen sie im Café *Le Sèvres* an Andrius' Tisch, tranken Tee und aßen normale Petits Fours.

„Hier haben sie keine Canelés und in der Konditorei nebenan auch nicht", teilte Andrius Philippe traurig mit. „Ich weiß gar nicht, wie die Dinger aussehen."

„Zimtkekse sind das", erklärte der Junge. „Kommen aus Bordeaux. Die Petits Fours sind auch lecker, nur ein bisschen zu viel Creme."

---

* Entschuldigung, kann ich dich mal sprechen? (eng.)

** Mich? (eng.)

Unterdessen kam Cécile, nickte Andrius zu und ging gleich darauf mit einer Auftraggeberin wieder hinaus. Dann kreuzten die albanischen Brüder auf, vertieft in ein Gespräch in der für Andrius unverständlichen Sprache. Auch sie grüßten. Einer schien sogar unmerklich zu lächeln, als er den blinden Jungen mit dem Törtchen in der Hand sah.

„Arbeitest du hier in der Nähe?", fragte Philippe.

„Ja, manchmal gleich hier im Café, manchmal über die Straße, im Krankenhaus."

„Und was machst du da?"

„Ich bringe die Patienten zum Lachen. Vor allem Kinder. Ich bin doch ein Clown."

„Kannst du mich auch zum Lachen bringen?"

Andrius überlegte und schüttelte den Kopf. Dann fiel ihm auf, dass Philippe seine Antwort gar nicht sehen konnte. „Wahrscheinlich nicht", sagte er.

„Mich hat einmal eine Katze zum Lachen gebracht", erinnerte sich Philippe.

„Und wie?"

„Die war so rund. Ich habe sie zehn Minuten lang befühlt und gestreichelt und dabei gelacht. Ich hatte vorher noch nie so eine runde Katze angefasst."

Philippes Gesicht wurde plötzlich ernst. Er holte ein seltsames, massives Handy aus seiner Tasche, legte es auf den Tisch, fuhr mit den Fingerspitzen über die Tastatur, hielt inne und drückte eine Tastenkombination. Eine Frauenstimme sagte einige Worte auf Französisch.

„Ich muss los", sagte Philippe. „Es ist schon halb drei, und um drei haben wir im Lyzeum unsere Probe."

„Was für eine Probe denn?"

„Orchesterprobe. Ich wohne hier in der Nähe und gehe auch hier zur Schule, auf dem Boulevard des Invalides. Es ist eine Blindenschule. Und dort haben wir ein Orchester. Ich spiele die Tasteninstrumente. Wenn ich groß bin, werde ich mal Klavierstimmer. Oder ich mache bei meinen Eltern mit. Mal sehen."

„Komm, wir tauschen Telefonnummern", schlug Andrius vor und musterte das ungewöhnliche Handy.

„Ja, klar", freute sich Philippe. „Diktier mir mal deine Nummer! Immer paarweise."

Philippe hielt sich das Telefon vor den Mund und sprach die von Andrius diktierten Zahlen auf Französisch hinein. Dann tippte er mit seinen schlanken Musikerfingern schnell und geübt eine Tastenkombination ein und wartete lächelnd. In der Tasche von Andrius' Jacke, die über der Stuhllehne hing, klingelte das Handy.

„Das bin ich", rief Philippe erfreut. „Speichere meine Nummer! Aber ruf am besten immer erst nach vier an, wenn der Unterricht vorbei ist."

Das zweite Treffen mit dem blinden Jungen brachte Andrius Glück. Bevor er zu Paul ging, wurde er noch zweimal engagiert, um auf der Kinderstation kleine Patienten aufzuheitern. So kam er in ausgezeichneter Stimmung bei Paul an, und sie plauderten eine ganze Stunde. Als er den Jungen verließ, wurde ihm klar, dass er für Paul längst nicht mehr der Clown war. Schon seit Längerem hatte er nicht mehr versucht, Paul zum Lachen zu bringen, ja, nicht einmal seine rote Nase setzte er noch auf. Sie unterhielten sich einfach über alles Mögliche. Paul erzählte ihm von seiner Großmutter, die den besten Fufu machte. Dessen Geschmack konnte sich Andrius beim besten Willen nicht vorstellen, da der Brei neben Hammelfleisch, Auberginen, Bohnen und Tomaten auch Nüsse und Bananen enthielt. Paul ging es genauso, als Andrius von einer süßen litauischen Suppe erzählte, die aus getrockneten Pflaumen, Zimt und Klößchen bestand. Aber vielleicht war auch Andrius' Englisch an Pauls mangelndem kulinarischem Vorstellungsvermögen schuld, denn er scheiterte daran, das Wort „Klößchen" auf Englisch zu erklären. Sie hätten an diesem Tag noch endlos weiterplaudern können, blieben aber bei den Suppen hängen, weil die Krankenschwester eintrat, die ihre Unterhaltung schon einige Mal beendet hatte, um Paul zu einer Behandlung zu bringen.

„Kommst du morgen?", fragte Paul.

„Natürlich", antwortete Andrius.

Er nahm aus dem Umschlag im Nachtschrank die ihm zustehenden zwanzig Euro, winkte zum Abschied und verließ mit der Krücke in der Hand den Raum. Im Flur schob er das Achselpolster unter den Arm, um weiterzulaufen. Das Bein schmerzte nicht und protestierte nicht gegen die wenigen Schritte, die er eben ohne die Gehhilfe gemacht hatte. Er fuhr mit dem Fahrstuhl nach unten, und als er aus der Kinderstation herauskam, bog er zu dem Gebäude ab, in dem er vor Kurzem einige Tage gelegen hatte.

Der Arzt, der ihn als Obdachlosen registriert hatte, führte ihn in den Behandlungsraum, und fünf Minuten später war der Gips ab.

„Rennen würde ich an Ihrer Stelle noch nicht“, sagte der Arzt. „Die Gehstütze brauchen Sie jedenfalls nicht mehr. Die können Sie hier lassen, die gebe ich einem körperbehinderten Obdachlosen. Ein, zwei Wochen werden Sie noch einen Stock brauchen, damit der Knochen nicht voll belastet wird. Kommen Sie mal mit, den kriegen Sie für die Gehhilfe.“

Der Arzt führte Andrius in einen Lagerraum, in dem aus einer hohen Sperrholzkiste zwei gute Dutzend Stöcke und kurze Gehhilfen mit Plastikarmstützen ragten.

Andrius entdeckte einen Stock mit einem Holzgriff. Er zog ihn heraus und betrachtete ihn.

„Prüfen Sie mal die Länge, stützen Sie sich mal auf!“, riet ihm der Arzt.

Der Stock passte perfekt, und Andrius – sehr zufrieden mit dem Tausch der sperrigen, wenngleich leichten Gehhilfe gegen den eleganten Stock – dankte dem Arzt und ging seiner Wege.

Draußen wurde es dunkel. Ein weiß-grüner Zug der Pariser Métro brachte Andrius auf der Hochbrücke über den Boulevard Garibaldi. Noch fünf Minuten, und rechter Hand würde der Eiffelturm auftauchen, ganz in Lichter getaucht, wie der tausendfach vergrößerte Weihnachtsbaum auf dem Domplatz in Vilnius letztes Jahr, als Andrius sich nicht hätte träumen lassen, dass er ein gutes Jahr später in Paris sein würde.

Er stand an der Tür, hielt sich mit der linken Hand an einer Lehne fest, in der rechten hatte er den Stock, den er auf den glatten, aber nicht rutschigen Belag stützte.

Jemand streifte seine Schulter, und Andrius drehte sich um. Eine junge Frau zeigte auf einen freien Platz. Andrius nickte dankbar und ging hin, wobei er sich etwas übertrieben stark auf den Stock stützte. Im Gehen fiel ihm ein, dass sich mit dem Stock tolle Kunststücke vorführen ließen. Er musste an Charlie Chaplin denken.

57. Kapitel. Irgendwo zwischen Würzburg und Stuttgart. Baden-Württemberg

Kukutis fror. Die heiße Suppe, die er kurz zuvor gegessen hatte, lag ihm kalt im Magen. Sein Blick, der auf die näherkommenden, aber nicht abbremsenden Scheinwerfer geheftet war, zitterte und rutschte auf den Schnee unter seinen Füßen, denn sein Kopf und sein Hals machten schlapp. Alles zog ihn zu Boden – die Kälte, die Erschöpfung und das Dunkel, das der Schnee mit seinem Weiß ein wenig zurückdrängte. Hätte es diesen Schnee unter seinen Füßen nicht gegeben, hätte Kukutis nichts gesehen und in seiner eingebildeten unnützen Entwurzelung hätte es ihn noch mehr nach unten gezogen. Dank des Schnees fühlte er sich nicht entwurzelt, höchstens unfreiwillig getrennt von seiner litauischen Heimat.

In seinem rechten Ohr summte ein Schlaflied aus seiner fernen Kindheit: „Schlaf, mein Murmel! Tief und fest!" Kukutis erschrak und begriff, dass seine Reise heute nicht mehr weitergehen würde. Er schaute auf die Straße, die Richtung Süden lief. Sein Blick heftete sich auf die erleuchtete Tankstelle. Er seufzte und ging los.

Je näher er kam, umso wärmer wurde ihm, als wäre er auf dem Weg zur Sonne.

Trotz ihrer verlockenden Lichter war die Tankstelle klein und provinziell. Wie auch die Straße, an der sie stand. Zwei Tanksäulen mit Zapfpistolen, ein winziges Geschäft, an der Ladentheke eine Kasse und ein Hotdog-Grill. An der Wand hinter der Verkäuferin, die zwischen Kasse und Grill gähnte, ein kleiner Glasschrank mit Zigaretten.

Kukutis trat ein. Die Frau nickte. Mit der Hand schirmte sie das nächste Gähnen ab und schaute durch die Scheibe hinter Kukutis, sah, dass der späte Gast nicht mit dem Auto gekommen war.

„Kann ich mich bei Ihnen ein bisschen aufwärmen?", fragte Kukutis und klappte den Kragen seines grauen Mantels um, damit die warme Luft, die aus der Klimaanlage über der Eingangstür kam, an seinen Hals dringen konnte.

„Brauchen Sie einen Stuhl oder bleiben Sie stehen?", fragte die Frau, ehe sie das Holzbein entdeckte.

Sie brachte dem Alten einen Stuhl mit Metallbeinen. Kukutis setzte sich. Als verspätete Antwort auf das Gähnen der Frau gähnte auch er.

Die Frau entschwand durch eine schmale Ecktür. Jetzt war es fast still. Nur die warme Luft strömte weiter über Kukutis' Kopf hinweg und blies ihm die letzte Kälte von draußen aus dem Haar.

Von der Behaglichkeit, die sich in seinem Inneren ausbreitete, fielen Kukutis die Augen zu. Doch da quietschte die Ecktür erneut, und die Frau kam zurück, morgendlich munter und nicht mehr abendlich abgespannt. Frischer irgendwie.

‚Ach, sie hat nur Lippenstift nachgelegt.' Kukutis erkannte den Grund für die Veränderungen in ihrem runden Gesicht.

Die Angestellte ging hinter die Ladentheke zurück und lächelte ihn nun freundlicher an. „Haben Sie sich verlaufen?“, fragte sie Anteil nehmend. „Mein Vater ist siebenundachtzig, und manchmal geht er Brot oder Milch holen, und dann fragt er im Laden nach einem Stuhl und sagt: ‚Entschuldigung, ich habe mich verlaufen!‘ Dabei weiß er einfach nicht mehr, wie er nach Hause kommt. Das ist das Alter. Zum Glück wissen in unserem kleinen Ort alle, wo er wohnt, und rufen mich an, dann hole ich ihn ab oder schicke meinen Sohn.“

„Nein, ich habe mich nicht verlaufen“, antwortete Kukutis. „Ich fahre in den Süden. Wenn mich jemand mitnimmt. Wenn nicht, gehe ich zu Fuß.“

„Nach Stuttgart?“

„Nein, weiter. Nach Paris.“

„Da wohnen wohl Ihre Kinder? Was wollen Sie sonst dort?“, fuhr sie fort. „Manchmal tanken hier Franzosen. Wenn Sie Glück haben, nimmt Sie vielleicht einer von denen gleich bis Frankreich mit.“

„Und wie lange muss ich da warten?“, fragte Kukutis und unterstrich mit einem kecken Lächeln, dass er keine ernsthafte, exakte Antwort erwartete.

„Vielleicht einen Tag, vielleicht auch eine Woche.“

„Arbeiten Sie die ganze Nacht?“ Plötzlich wurde der Blick des einbeinigen Wanderers ernst.

„Ja, bis acht Uhr.“

„Und wenn ich einschlafe, werden Sie mich auch nicht wecken und raus in die Kälte jagen?“

„Natürlich nicht!“ Die Frau wunderte sich über die Worte des einbeinigen Wanderers. „Wie kommen Sie denn darauf? Schlafen Sie ruhig!“

Auf diese Worte hatte Kukutis nur gewartet. Sofort fielen ihm die Augen zu.

Die Frau kam hinter ihrer Ladentheke hervor und blieb neben dem Alten stehen. Sie rüttelte an seiner Schulter.

„Was gibt’s?“, brabbelte Kukutis schläfrig und widerwillig.

„Sie können ruhig schlafen! Hören Sie?“, rief sie lauter.

Kukutis nickte. Bei der letzten Bewegung blieb sein Kopf unten. Er schlief wieder ein.

Die Angestellte blieb noch eine Minute stehen, betrachtete den Schlafenden und überlegte, wie sie ihm den Schlaf bequemer machen konnte. Im Sitzen und ohne Kissen, das war doch kein Schlafen. Da konnte er leicht auf den Boden stürzen.

Sie ging noch einmal in ihr Kabuff, holte ein kleines Kissen und legte es ihm auf das linke Knie. Darüber bettete sie seine willenlosen Hände. Als sie sah, dass sie nun nichts weiter tun konnte, um den Schlaf des Alten tiefer oder erquicklicher zu machen, kehrte sie an ihren Platz hinter der Ladentheke zurück, setzte sich auf einen bequemen Polsterstuhl und drehte Däumchen.

Zwanzig Minuten später fuhr ein Auto an der Tankstelle vor. Zwei junge Männer orderten in einem Deutsch mit französischem Akzent Zigaretten und tankten. Dann fuhren sie wieder ab.

„Vielleicht muss er doch nicht nach Paris? Vielleicht hat er sich doch verlaufen und schämt sich, es zuzugeben?“, flüsterte die Frau und schaute den Alten fürsorglich an.

Danach schaltete sie den Hotdog-Grill ein und steckte eine lange, grellrosa Wurst auf den Spieß.

58. Kapitel. Pienagalys. Bei Anykščiai

An diesem Morgen tobte sich die Sonne mit ihren Strahlen so über dem Wald von Anykščiai aus, dass Renata dachte, der Frühling sei da. Grelles Licht fiel durchs Fenster, und vom Bett aus beobachtete Renata die Sonnengeometrie. Eine unregelmäßige Sonnenfigur kroch zu ihr heran.

Als Renata aufgewacht war, freute sie sich nicht nur über die Sonne. Mit dem Nachmittagsbus würde Vitas aus Vilnius kommen, und dann gingen sie zusammen in das Café auf der Baranauskas-Straße. Er würde ihr von seinem Seminar erzählen und verschiedene Geschäftsideen vorbringen, die sie dann einer Prüfung unterzog.

Renata hatte drei Tage allein im Haus verbracht, und ihr war klar geworden, dass sie nicht für das Alleinsein gemacht war. Drei Tage Stille und ein Welpe als einziger Gesprächspartner. Natürlich war das keine Marter. Vier Tage wären auch kein Problem gewesen, aber mit Vitas machte es einfach mehr Spaß.

Sie schaute auf ihr Handy. Bis der Bus kam, blieben noch fünf Stunden. Diese fünf Stunden wollte sie nicht im Haus herumsitzen.

‚Ich fahre in die Stadt‘, beschloss sie. ‚Vielleicht entdecke ich was Neues? Oder finde Arbeit?‘

Draußen blieb sie am Auto stehen und warf einen Blick auf die Hundehütte, aus der Googlas hervorschaute. „Nehme ich dich mit?“, fragte Renata laut. Und schüttelte den Kopf. „Nein", sagte sie, „du bist ja kein Promenadenhündchen, sondern ein Wachhund. Du bleibst hier und bewachst das Haus."

Renata kurbelte das Fenster herunter, um den Schnee unter den Reifen knirschen zu hören. Sie lauschte, während sie über den unbefestigten Weg fuhr. Auf der Asphaltstraße kurbelte sie das Fenster hoch und stellte die Heizung an. Damit sie sich nicht erkältete.

Als sie in die Stadt kam, bog sie zur Weinkellerei ab und fuhr dort vorbei. Sie warf einen Blick auf das Hauptgebäude und auf das dazugehörige Weingeschäft und seufzte. Dann fuhr sie durch zwei weitere Straßen und prüfte, ob dort nicht vielleicht etwas Neues eröffnet hatte: ein Geschäft oder ein Wäschereparaturservice. Aber außer Wohnhäusern und einem Tante-Emma-Laden fand sie nichts.

Auf der Baranauskas-Straße hielt sie, parkte das Auto am Straßenrand und ging ins Café. Sie bestellte einen Cappuccino und setzte sich an einen Fenstertisch. Dann rief sie Vitas an – der war gerade aufgestanden und noch nicht einmal unterwegs zum Busbahnhof. Warum auch, es war ja noch viel zu früh! Renata überlegte, wie lange sie noch warten musste, und wurde traurig. Warten war ja auch eine Beschäftigung. Natürlich hätte sie auch zu Hause warten können, aber dort war es ohne ihn noch grauer. Hier konnte sie wenigstens ein bisschen spazieren gehen. Sie konnte zum Fluss laufen und zur Kirche, konnte das andere Café aufsuchen, obwohl ihr das nicht besonders gefiel. Sie konnte auch hier sitzen bleiben und hinaus auf die sonnendurchflutete Straße schauen.

Sie trank ihren Cappuccino und blickte aus dem Fenster. Ihre Gedanken zog es in den Frühling, obwohl er noch weit war. Er war noch weit, aber nicht in unendlicher Ferne. Heute hatte die Sonne schon Kraft. Sogar Eiszapfen, die vom Fenster aus nicht zu sehen waren, brachte sie zum Schmelzen, denn es tropfte gleichmäßig. Oder war das der Schnee auf dem Dach des Cafés, der unter den Sonnenstrahlen taute?

Renata dachte über das kommende Wochenende nach. Sie mussten endlich einmal nach Panevėžys fahren. Ein bisschen spazieren gehen. Vielleicht war die Schmalspurbahn schon in Betrieb? Mit dem alten Bummelzug durch die Felder und Wälder zu fahren, das wäre toll! Das gefiel Vitas sicher.

Draußen wurde es plötzlich noch heller. Renata blinzelte zuerst, begriff aber dann, dass es nicht die Sonne war, denn die stand höher.

Also musste es etwas anderes sein. Vielleicht ein Lichtfleck, den ein vorüberfahrendes Auto warf?

Sie öffnete die Augen und riss sie gleich noch weiter auf – auf dem Bürgersteig stand eine junge Frau mit knallgelben, eher goldgelben Haaren. Sie stand da und telefonierte. Auch das Handygehäuse glänzte metallic gelb. „Alle Achtung!", rief Renata begeistert. Begeistert darüber, was das Mädchen sich traute. „Klasse!"

Zwei junge Männer, die an der Gelbhaarigen vorbeigingen, blieben stehen und musterten sie verblüfft, zugleich fasziniert und neugierig. Einer sagte etwas und lächelte freundlich, die Frau winkte mit der freien Hand ab, ach, kommt, dann drehte sie sich weg und telefonierte weiter, das Gesicht direkt dem Fenster zugewandt, hinter dem Renata ihren Kaffee trank.

‚Von wo ist sie gekommen?', überlegte Renata. ‚Von rechts, glaube ich ... Genau, von rechts.'

Diese Erkenntnis brachte sie wieder auf Viola, die junge Friseuse, die irgendwo da rechts, um die Ecke ihren Friseursalon hatte. War die junge Frau mit den goldgelben Haaren vielleicht direkt aus ihrem Salon gekommen? Und hatte sich von Viola die Haare färben lassen?

‚Wohl kaum', mutmaßte Renata, ‚das kriegen sie in Anykščiai doch gar nicht so perfekt hin ... Sicher ist sie in Vilnius gewesen ...'

Automatisch drehte ihre Hand das auf dem Tisch liegende Handy um und drückte auf einen Knopf, damit das Telefon die exakte Zeit anzeigte. Bis Vitas kam, blieben noch fast vier Stunden.

‚Na, ich kann ja mal bei ihr reinschauen und ein bisschen mit ihr schwatzen', beschloss Renata. ‚Vielleicht schneidet sie mir den Pony nach.'

Im Frisiersalon musste Renata warten, aber das Warten war angenehm, sie saß in einem tiefen, weichen Kunstledersessel. Außerdem verströmte der Pelzmantel, der an der Garderobe hing, einen süßen Pfefferminzduft, als würde seine Besitzerin – eine etwa fünfzigjährige Frau, die gerade von Viola mit ihrer Schere umtanzt wurde – jedes Mal, bevor sie das Haus verließ, ihren Pelz mit einem speziellen Parfüm besprühen. Die Frau, die im Frisierstuhl saß und einen bordeauxroten Poncho trug, hatte die ideale Kopfform – und so gut wie keine Haare. Der Hinterkopf war mit der Maschine geschnitten, die Schläfen ebenfalls. Nur am hohen Pony schnippelte Viola noch herum.

Renata studierte den Spiegel gegenüber dem Frisierstuhl. Jetzt erriet sie, welche Frisur Viola ihrer Kundin zauberte: Tim mit der Haartolle aus *Tim und Struppi*.

„Und einen leichten Grauton an den Spitzen!", bat die Kundin.

Viola nickte, zog einen Papierhandschuh über die linke Hand und nahm den Ballonzerstäuber in die rechte. Mit der linken Hand deckte sie die Stirn unter der Tolle aus blonden, unscheinbaren Haaren ab. Der Zerstäuber zischte. Viola beugte sich zu den Haarspitzen der Kundin hinunter, betrachtete sie aufmerksam, kämmte sie durch.

Kurz darauf entzog die Kundin Renatas Nase den süßen Pfefferminzduft: Sie nahm den roten Pelzmantel – Fuchsfell wahrscheinlich – vom Haken und schlüpfte hinein.

„Die hatte Brustkrebs, stell dir das mal vor", schnatterte Viola los, als sie allein waren und Renata sich auf den Frisierstuhl vor dem Spiegel gesetzt hatte. „Sie hat's überstanden. Während der Bestrahlung sind ihr alle Haare ausgefallen! Da hat sie sich bei mir eine Perücke geliehen. Die braucht sie jetzt gar nicht mehr. Ist alles nachgewachsen!"

„Eine geliehene Perücke?"

„Ja, wieso denn nicht? Besser, als mit Glatze rumzulaufen! So wie bisher oder mal was Neues?"

Renata antwortete nicht. Sie schaute auf das Diplom, das in einem Rahmen rechts neben dem Spiegel hing: *Mit diesem Diplom wird bestätigt, dass Viola Viruskaite den Lehrgang zum Färben der Haare mit Produkten der Firma Nebullo erfolgreich absolviert hat.*

„Was machen wir denn nun?", fragte Viola noch einmal.

„Warum färben sich die Leute eigentlich die Haare?" Renata schaute die junge Friseuse an.

„Wie meinst du das – warum?" Viola verstand die Frage nicht. „Wenn jemand keine Lust mehr auf braune Haare hat, lässt er sie eben blond färben! Immer gleich aussehen, das geht gar nicht. Wenn du immer den gleichen Look hast, übersehen dich die Leute. Deswegen habe ich mir High Heels gekauft. Wenn ich will, bin ich größer als mein Liebster, wenn nicht, bin ich kleiner. Weißt du, wie ihn das aufregt und erschreckt, es ist so witzig, das zu sehen, dass er am Ende selber lachen muss. Und mit den Klamotten ist es genauso! Haare färben ist natürlich ein bisschen krasser, aber dafür ein echter Hingucker."

„Und wenn man keine natürliche Farbe nimmt?", fragte Renata vorsichtig.

„Was ist da schon dabei? Völlig normal! Zu mir kommt eine Oma, die lässt sich schon seit zwei Jahren die Haare lila färben. Nur für sich. Sie lebt allein. Andere wollen ihre Männer oder die Männerwelt in ihrem Umfeld schockieren. Wenn die dann die grünen oder roten Haare sehen, stehen sie da wie angewurzelt. Kapieren nichts und glotzen ohne Ende."

Renata lächelte. Schloss die Augen. Stellte sich mit grünen Haaren vor. Sie fand das interessant, aber nicht gerade attraktiv. „Grade eben habe ich ein junges Mädchen gesehen, die hatte quietschgelbe Haare", erinnerte sich Renata. „Hast du sie gefärbt?"

Viola schüttelte den Kopf. „Nein, ich hab noch niemanden gelb gefärbt! Meine gelbe Tube ist noch zu." Sie hockte sich hin und schaute unter ihren Arbeitstisch, unter dem in einem Regal dicke und grelle verschiedenfarbige Plastiktuben standen.

„Und was für Farben hast du?"

Viola drehte sich um, ohne aufzustehen. „Alle möglichen! Sieben Grüntöne, fünf Blautöne, zwei gelbe und noch drei verschiedene Kupfertöne."

„Und rot?"

„Rot habe ich auch fünf oder sechs verschiedene Farbvarianten. Willst du etwa rot?"

Renata zögerte die Antwort hinaus. Sie dachte an ihren roten Pullover und bedauerte, dass sie ihn heute nicht angezogen hatte. Der hatte ja dieselbe Farbe wie ihr Fiat.

„Warum nicht", sagte Renata. „Muss aber derselbe Farbton sein wie mein Auto."

„Und wo steht das?"

Renata nickte Richtung Tür.

„Dann schauen wir es uns doch mal an", schlug Viola vor.

Sie stellte sechs Tuben auf den Boden, eine war eher ziegelbraun als rot. „Die kannst du gleich zurückstellen", sagte Renata. Sie nahmen die übrigen fünf und gingen hinaus zum Auto.

„Das passt am besten", sagte Viola, als sie eine der Tuben an die Motorhaube hielt. „Ist praktisch derselbe Farbton."

„Hält das lange? Wäscht sich das auch nicht aus?"

„Wenn du alles so machst wie vorgeschrieben, hast du drei Monate Garantie, dann musst du nachfärben. Oder den Farbton ein bisschen ändern! Nach drei Monaten haben sich alle schon an dein Rot gewöhnt, und dann sind deine Haare – tataa! – plötzlich orange!"

„Na gut“, sagte Renata und nickte entschlossen, „dann probieren wir es mal mit dem Rot hier.“

Der Bus aus Vilnius kam eine halbe Stunde später, und Vitas stieg schlechtgelaunt aus. Aber kaum hatten sie sich angesehen, war seine schlechte Laune wie weggeblasen.

„Hallo!“ Er umarmte Renata und küsste sie aufs Ohr. „Seit wann hast du denn eine Baskenmütze?“

„Habe ich grade gekauft“, gestand Renata. „Eigentlich wollte ich eine rote, es gab aber nur weinrote.“

Die Baskenmütze kam Renata riesig vor. Sie lenkte das Auto mit doppelter Vorsicht über die vereiste Schneespur im Schotter, da sie fürchtete, die Baskenmütze könnte ihr in die Augen rutschen. Aber sie saß und verdeckte die Haare, die ihr jetzt, nachdem sie die Farbe geändert hatte, fremd vorkamen. Renata musste sich erst einmal selbst daran gewöhnen.

„Wie war dein Seminar?“, fragte sie und zupfte hastig die Mütze zurecht.

Vitas zuckte mit den Schultern. „War schon einiges Interessantes dabei, aber mehr für die Leute, die in den New Yorks oder Warschaus dieser Welt leben. Nach der Einwohnerzahl hier im Kreis ist das kein Markt, sondern eine Nische. Also kann man hier auch nur ein Nischenbusiness aufziehen. Und das wirft nicht viel ab. Reicht dann gerade mal so fürs Essen und für den Strom. Ziemlich trübe Aussichten. Eine halbe Stunde hat der Coach mich beraten. Wir haben hin und her überlegt. Tourismus, hat er gesagt, käme noch am ehesten in Frage. Ein kleines Hotel oder Ökotourismus auf dem Gehöft. Die zweite Idee war ein Lieferservice für Essen. Aber das ist langweilig! Noch langweiliger als das Minihotel. Ich überlege noch weiter! Mir fällt ganz bestimmt was ein!“, versprach Vitas, der die Sorge in Renatas Blick bemerkt hatte.

Während Vitas im Flur herumfuhrwerkte und die langen Schnürsenkel an seinen Stiefeln aufknüpfte, ging Renata ins Schlafzimmer und zog ihren roten Pullover an. Dann setzte sie die Baskenmütze wieder auf.

„Ist dir kalt?“, wunderte sich Vitas, als er ins Wohnzimmer kam.

Lächelnd und mit beiden Händen nahm Renata die ungewöhnliche Kopfbedeckung ab und gab den Blick auf die grellroten Haare frei, die das Licht des Deckenleuchters spiegelten.

Vitas war baff. Renata schielte auf die Schulter, um zu prüfen, ob der Farbton der Haare zum Pullover passte. Sie war zufrieden.

„Bist du verrückt?“, fragte Vitas in einem merkwürdigen Tonfall und schaute erschrocken drein, als hätten ihn seine eigenen Worte verschreckt.

„Wie?“ Renatas Augen glitzerten wütend.

„Nein, du bist nicht verrückt“, sagte er und schüttelte versöhnlich den Kopf. „Auf die Idee kommst nur du – die Haarfarbe nach dem Pullover zu wählen!“

„Und nach dem Auto!“, fügte sie gekränkt hinzu. Sie versuchte zu lächeln, spürte aber, wie sich die Lippen dem aufgezwungenen Lächeln widersetzten. Noch immer war sie sauer auf Vitas’ erste Reaktion.

„Schon gut!“, er winkte ab. „Entschuldige. Hab ich einfach nicht erwartet! Was gibt’s zum Abendessen?“

Nachts, als Renata schon schlief, hob Vitas den Kopf, stützte sich mit dem Ellenbogen auf und betrachtete lange ihr Haar. Das Rot leuchtete im Dunkeln. Er beugte sich vor und tauchte seine Nasenspitze in die Haare. Dann schob er seinen ganzen Körper heran, umarmte die schlafende Renata und drückte sie an sich. Und schlief ein.

59. Kapitel. St. George’s Hill. Grafschaft Surrey

Das Brummen eines Motors, lästiger als das Surren einer Mücke, störte Klaudijus’ Schlaf. Er öffnete die Augen. Das Brummen kam von draußen.

Ihm tat der Kopf weh, er hatte ja auch nur ein paar Stunden geschlafen. Fast die ganze Nacht hatte er sich herumgewälzt, sich mal auf die rechte, mal auf die linke Seite gedreht, ein Bein auf die Bettseite geworfen, wo sonst Ingrida schlief. Wahrscheinlich würde er sich bald an den idiotischen Rhythmus gewöhnen: eine Nacht mit Ingrida, eine Nacht ohne sie. Sie schlief wieder im *Beatrice*, war wieder „allein in dem großen Haus und unglaublich glücklich“. Klaudijus war allein im roten Ziegelhaus und fand es schrecklich ungemütlich. Er konnte ohne Ingrida nicht einschlafen, als wäre sie sein einziges Schlafmittel. Warum war sie jede zweite Nacht weg? Und warum lag in der letzten Zeit in ihrem Blick immer häufiger Spott und immer seltener Zärtlichkeit? Er verstand es nicht.

Er schwang sich aus dem Bett. Berührte mit den Fußsohlen den gewohnt kalten Boden. Hörte das Klicken, das das Abschalten der Heizung signalisierte. Das Klicken war ein Zeitzeichen: genau acht Uhr.

Das Brummen war immer noch da. Vor dem Tor stand offenbar ein Fahrzeug mit laufendem Motor. Aber warum hupte der Fahrer nicht, damit Klaudijus kam und nachsah, wer da vor dem Tor stand und warum?

„Ach, was“, brummelte er, „der kann ruhig warten.“

Im Idealfall würde der Fahrer so lange warten, bis sich Klaudijus' Benommenheit verflüchtigt hatte, eine Benommenheit, die vom Schlafmangel kam, die Gedanken verwirrte und die Reaktionen verlangsamte.

Als Klaudijus sich angezogen hatte, trat er vor die Tür und schaute wie immer zum Himmel hinauf. Ein normaler englischer Morgen, ein normaler, leuchtend blauer Himmel, über den kleine Fetzen einer über dem Meer aufgerissenen Wolkendecke in Richtung London zogen. Warum immer in diese Richtung? Weil London die Hauptstadt war? Weil es immer alle in die Hauptstadt zog? Wie auch Ingrida und er das Glück in London gesucht hatten? Welches Glück? Waren sie vorher, in Litauen, etwa nicht glücklich gewesen? Warum mussten sie unbedingt weggehen? Und warum hatten sie geglaubt, London werde sie glücklicher machen? London, aber auch Paris und New York hatten nicht so viel Glück zu verteilen, wie Menschen kamen, um es dort zu finden.

Klaudijus konnte sich nicht vom Himmel losreißen. Die wandernden Wolkenfetzen faszinierten ihn.

Nein, Ingrida und er waren nicht hergekommen, um ihr Glück zu finden, sondern weil sie sich nach dem sehnten, was in der trockenen Journalistensprache „ein sicheres Morgen“ hieß.

„Morgen ...“ Flüsternd formulierte Klaudijus diesen halben Gedanken.

Der morgige Tag würde, wenn nicht gerade das Ende der Welt eintrat, so verlaufen wie der gestrige. Still und ruhig, das Rauschen der Landstraße, die Flugzeuge, die zur Landung in Heathrow ansetzten, Ingrida, die eine Nacht mit ihm im Torhaus verbrachte, um ihn in der nächsten Nacht allein zu lassen und drüben in ihrem geliebten *Beatrice* das Licht anzuschalten.

Etwas lenkte Klaudijus auf einmal ab. Er schaute zwar immer noch zum Himmel hinauf, sah noch immer dieses wunderbare Blau – einen solchen Himmel hatte Litauen nicht –, sogar ein Flugzeug, das den

Himmel querte und zur Landung ansetzte, sah er. Und er hörte es auch, bis es kurz darauf verstummte. Als es still wurde, merkte er, dass das Brummen des Motors aufgehört hatte. Es kam ihm so vor, als wäre der Motor eine ganze Stunde gelaufen. Aber so lange hatte es natürlich nicht gedauert.

Klaudijus ging ans Tor. Draußen stand niemand, weder ein Auto noch Menschen. Es war weg, das Auto. Der Schnee war längst geschmolzen, auch Regen war in den letzten Tagen nicht gefallen. Deswegen hatte das Fahrzeug, das hier eben noch gebrummt hatte, keine Spuren hinterlassen.

‚Auch gut!', sagte sich Klaudijus und wollte schon ins Haus zurückgehen. Im Umdrehen fühlte er, dass sich etwas verändert hatte, dass draußen etwas anders war, dass sich etwas in seinen Blick schob, die Stabilität störte und die rote Warnlampe aufleuchten ließ.

Er drehte sich noch einmal zum Tor um und hielt inne, um herauszufinden, was sich an dem vertrauten Bild geändert hatte. Und sah ein Schild an einer hohen Stange, die rechts neben dem Tor in den Boden gerammt worden war.

Er holte den Schlüssel und ging hinaus.

„For sale", las er auf dem Schild. Darunter standen ein Name, eine Mailadresse und eine Telefonnummer.

„Verdammt noch mal." Mehr konnte Klaudijus nicht sagen.

Er rang nach Luft und machte instinktiv ein paar Schritte zurück, weg von dem Schild, als würde das Schild mit seinem giftigen Text die Luft verpesten.

„Wie das?", flüsterte er, den Blick auf die Tafel geheftet. „Was soll das heißen – ‚for sale'?"

Ein weiteres Flugzeug zog im Landeanflug auf Heathrow über ihn hinweg, aber Klaudijus, gelähmt von der plötzlich aufkeimenden Angst, der Angst vor dem Morgen, überhörte die heulenden Turbinen.

Die kalte Dusche tat an diesem Morgen eine doppelte Wirkung: Sie wusch die Reste der schlaflosen Nacht weg und löste, obwohl das etwas länger dauerte, das unsichtbare, in Klaudijus' Vorstellung aber dennoch existierende rosa Wölkchen eines ersehnten Wohlstandes auf. Nach den ganzen schlecht bezahlten Gelegenheitsjobs in London war die Stabilität, die sie mit dem Umzug hierher erreicht hatten, zu einer gewissen Konstante geworden, zu etwas Selbstverständlichem. Ingrida und er genossen Ruhe und Komfort auf einem angenehmen Niveau.

Kaum waren sie hier eingezogen, gehörte alles Prekäre der Vergangenheit an: London und auch Litauen. Und nun würde dieses Märchen, das eigentlich kein Zaubermärchen war, zu Ende gehen. Und wie jedes richtige Märchen endete es mit einer Lehre für diejenigen, die daran geglaubt hatten. In diesem Fall ließ sich die Moral in wenigen Worten zusammenfassen: „Sei nicht naiv und glaube nicht an Märchen!"

„Habe ich das Frühstück verschlafen?", fragte Ingrida, als sie ins Haus kam und die Jacke an die Garderobe hängte. „Oder hat mein treuer Diener verschlafen?" Kokett schaute sie Klaudijus in die Augen.

„Ich habe selbst noch nicht gefrühstückt", gestand Klaudijus. Er schaute auf den Wasserkocher. „Ich habe schlecht geschlafen, und dann hat mich auch noch ein Auto geweckt. Die Verkäufer sind gekommen ..."

„Die Verkäufer von was?", fragte Ingrida träge und füllte den Wasserkocher.

„Die Verkäufer des Grundstücks. Ich habe sie zwar nicht gesehen, aber jetzt steht das alles hier", sein Blick umfing die Küche des roten Ziegelhäuschens, „zum Verkauf. Alles ‚for sale'."

Ingrida hielt inne. Der Wasserkocher lief über, das Wasser plätscherte in die Spüle.

„Geh raus vors Tor, da siehst du's!", rief Klaudijus.

Sie ging hinaus, warf sich die Jacke über und lief am Fenster vorbei zum Tor.

„Und?", fragte er Ingrida höhnisch, als sie zurück war.

Ingrida blickte fassungslos. Sie biss sich auf die Unterlippe, schaute aus dem Fenster und drehte sich zum Wasserkocher. Sie wich Klaudijus' Blick aus. „Nein", flüsterte sie dann und sagte mit normaler Stimme, aber ziemlich laut: „Alles wird gut. Ein Krawez verkauft, ein anderer kauft! Hier zieht doch keiner her, das Haus ist eine Investition. Und irgendwer muss ja alles in Schuss halten. Unser Krawez gibt uns sicher eine Empfehlung für die neuen Besitzer ..."

„Unser Krawez hat uns nicht mal mitgeteilt, dass er das Haus verkaufen will", sagte Klaudijus und nahm zwei Teetassen aus dem Hängeschrank. „Möchtest du Rührei?"

Ingrida nickte. Sie setzte sich an den Tisch, auf ihren Platz. Noch war es ihrer. „Hast du gestern mit ihm geskypt?"

„Hab's versucht, hat aber keiner abgenommen."

„Wir rufen heute an. Es muss doch jemand da sein, Artur vielleicht? ... Achmed? Achmed muss es wissen." Sie war elektrisiert. „Wir rufen Achmed an und laden ihn auf einen Whisky ein! Ach nein, er ist ja Moslem. Auf einen Tee."

Achmed kam abends um acht. Er freute sich über den Tee, ein Abendessen bekam er nicht angeboten, denn der junge Gärtner und die Haushälterin hatten bereits gegessen.

„Ihre englische Ruhe möchte ich haben!", rief Ingrida. Achmeds eindeutige und einsilbige Antworten ödeten sie bald an. „Wussten Sie, dass das Haus verkauft werden soll?"

„Ja."

„Haben Sie keine Angst vor der Zukunft?"

„Nein. Das ist meine pakistanische Gelassenheit", antwortete Achmed in makellosem Englisch. „Es liegt alles in Allahs Hand. Wenn er will, dass die neuen Besitzer Sie übernehmen, werden Sie übernommen! Sie müssen sich keine Sorgen machen! Alles geschieht nach Allahs Willen. Wenn er will, dass auch ich bleibe, werde ich bleiben!"

Klaudijus legte das Handy auf den Tisch und tippte immer mal wieder aufs Display, um zu sehen, wie spät es war.

Um zehn Uhr abends – Achmed war eine halbe Stunde zuvor gegangen – setzten sich Ingrida und Klaudijus zusammen vor den Laptop, schalteten Skype ein und wählten Krawez an. Eine reichliche Minuten drang das Klingeln in die angespannte Stille, doch auf einmal tauchte Arturs Gesicht in dem kleinen Fenster auf dem Bildschirm auf.

„Guten Abend", begrüßte er sie. „Wie geht es Ihnen? Ist alles in Ordnung?"

„Ja", sagte Klaudijus nickend. „Alles in Ordnung."

„Guten Abend", ging Ingrida gleich dazwischen. „Sie haben uns gar nicht gesagt, dass das Haus zum Verkauf steht! ... Wir sind hier ..."

„Zum Verkauf?", fragte Artur. „Moment mal, von wo rufen Sie an? Sie ..."

„Das Haus ist in England, in der Nähe von Esher", half ihm Klaudijus. „Sie haben uns vor zwei Monaten eingestellt."

„Weniger." Ingrida warf Klaudijus einen missbilligenden Blick zu. „Ist noch keine zwei Monate her."

„Ah", sagte Artur. „Genau, genau! Jetzt weiß ich! Das Anwesen steht tatsächlich zum Verkauf!"

„Und was sollen wir machen?", wollte Ingrida wissen. Arturs gleichgültiges Gesicht brachte sie auf.

Krawez' Gehilfe zuckte mit den Schultern.

„Solange das Haus nicht verkauft ist, können Sie bleiben. Bis der Eigentümer wechselt, wird Ihnen das Gehalt weiter gezahlt. So steht es im Vertrag. Wir sind doch zivilisierte Menschen!"

„Könnten Sie uns vielleicht ein Empfehlungsschreiben für die neuen Eigentümer geben, damit wir bleiben können?", bat Klaudijus.

Artur zögerte mit der Antwort, er fühlte sich überrumpelt. „Wie stellen Sie sich das denn vor, wenn Sie noch nicht einmal zwei Monate gearbeitet haben? Wahrscheinlich läuft die Probezeit noch. Ein Empfehlungsschreiben? Das haben wir noch nie gemacht ..."

„Dann können Sie doch jetzt damit beginnen." Ingrida war den Tränen nahe. „Dann sind wir eben die Ersten."

Artur seufzte und lenkte seinen müden Blick von der jungen Frau auf den Mann. „Gute Nacht", sagte er trocken. Und legte auf.

60. Kapitel. Paris

„Wie findest du meinen Stock?" Andrius drehte sich zu Barbie, die in der Küchennische ihrer winzigen Wohnung Tee kochte.

Der Stock, den er aus einer gewöhnlichen hölzernen Gehhilfe in ein glitzerndes und betörendes Zirkusaccessoire verwandelt hatte, bereitete Andrius sichtlich Freude. Die Goldfolie hatte er in einem chinesischen Laden *Alles für einen Euro* gefunden. Wahrscheinlich kam sie direkt aus China, denn der Goldton war rötlicher und leuchtender als das matte europäische Gold. Geschlagene zwei Stunden hatte Andrius gebraucht, um die Folie zurechtzuschneiden und so zusammenzukleben, dass die Nahtstellen nicht zu sehen waren. Der Griff ließ sich wegen seiner figürlichen Wölbung nicht bekleben, das musste Andrius gleich nach dem ersten Versuch einsehen.

„Und wo willst du damit rumwedeln?", fragte Barbora lächelnd. „Am Karussell?"

„Nein, die Zeit am Karussell ist vorbei, ich bin aufgestiegen", sagte er durchaus selbstbewusst und lehnte den Stock gegen die Wand. „Ich bin jetzt ein Krankenhausclown, der zwanzig Euro die Stunde nimmt ..."

„Und zwei Stunden am Tag arbeitet", fügte Barbora spöttisch hinzu. „Jetzt stell dir mal vor, wenn unser Kind in der Schule irgendwann mal gefragt wird: ‚Und was macht dein Papa?', und das Kind sagt dann leise und verschämt: ‚Er ist Clown.'"

„Bis unser Kind gefragt wird“, Andrius schaute liebevoll auf Barbies Bauch, ein Bauch, über den Jeans und Pullover gestreift waren und der nicht im entferntesten etwas von einer Schwangerschaft verriet, „bis dahin sieht unser Leben ganz anders aus! Wir haben ein großes zweistöckiges Haus mit Garten. Ich ... Ich arbeite beim Zirkus. Wir sind doch am Zirkus vorbeigekommen, als wir zur Bastille unterwegs waren, erinnerst du dich? Deine Agentur für Kindermädchen und Hundebegleiter ist so renommiert, dass wir Filialen in Marseille und Cannes eröffnen!“

Eine Stunde später, als Barbora mit dem Bernhardiner François bei kühlem Sonnenwetter im Parc des Buttes-Chaumont spazieren ging, rief Leila an und teilte Barbora mit, sie solle Walid nicht um zwei, sondern erst um fünf ausfahren und sie könne nicht mit ihm in den Park, sondern müsse durch die Stadt, da wieder einmal „etwas an jemanden zu übergeben“ war.

Barbie blieb stehen, während sie mit Leila sprach. Auch der Hund machte halt, setzte sich und drehte seine Schnauze zu ihr. Er schaute Barbora wartend an, die hatte ihr Handy schon wieder verstaut und stand nun aufgelöst und missmutig da. Stand da und spürte, wie der Ärger in ihr hochkochte, wie ihre Finger in den Wollhandschuhen zitterten. Nicht wegen der Feuchtigkeit, die im Kampf gegen die schwachen Sonnenstrahlen heute die Oberhand behielt, sondern wegen ihrer Nerven. Weil sie das Gefühl hatte, dass sie genauso schwach war wie die Sonnenstrahlen, dass sie gegen dieses unwägbare und unabsehbare Unheil nicht ankam, das sich früher in Leilas orientalischen, mit Feuchtigkeitscreme oder Öl gepflegten Augen nur vage angedeutet hatte, jetzt aber in ihrer Stimme, in ihrer Intonation immer deutlicher zutage trat. „Du gehst auf die Rue de Malte. Das ist ja nicht weit.“ Leilas Worte klangen so, als müsse Barbie jede Route unwidersprochen hinnehmen und könne das Baby nicht, wie zu Anfang vereinbart, im Park ausfahren. Wie oft war Barbie, anstatt in den Park zu gehen, durch Bellevilles laute Straßen oder sogar in einen anderen Stadtteil gelaufen, um irgendwelche „Verwandte“ von Leila zu treffen, damit sie Päckchen aus dem Wagen nehmen konnten! Was enthielten diese Pakete? Warum konnte Leila, die ihr Kind nicht spazieren fahren musste, ihrer zahllosen Sippschaft die „Mitbringsel aus Beirut“ nicht selbst zustellen? Barbie war doch nicht Leilas Lieferdienst! Was, wenn in den Päckchen Drogen waren?

Barbora wurde angst und bange. Sie holte ihr Handy heraus.

„Andrius! Wann kommst du heute zurück?“, fragte sie, das Telefon ans Ohr gepresst.

„Ist etwas passiert?“, fragte Andrius erschrocken.

„Nein, nein“, sagte sie so nervös, dass Andrius auch gleich nervös wurde.

„Wann soll ich denn kommen? Wenn du willst, komme ich sofort. Geht's dir nicht gut?“

„Nein, es ist alles in Ordnung. Du brauchst nicht zu kommen. Ich wollte es nur wissen. Wollte deine Stimme hören. Bis heute Abend! Küsschen!“ Barbora beendete das Gespräch schnell, behielt aber das Handy in der Hand, als fragte sie sich, wen sie noch anrufen könne. Schließlich steckte sie das Handy ein.

Das kurze Gespräch mit Andrius brachte sie seltsamerweise wieder ins Gleichgewicht. Liebevoll blickte sie den braven Bernhardiner an, der mittlerweile, den Kopf zwischen den Pfoten, auf dem Weg lag und geduldig wartete, dass es weiterging.

„Komm, los, entschuldige“, flüsterte Barbie. Der Hund begriff, dass er gemeint war, und stand gemächlich auf.

Der goldene Stock mit dem hölzernen Griff weckte bei dem Cafébesitzer kindliche Freude. Gestikulierend bat er, ihn in die Hand nehmen zu dürfen, betrachtete ihn und murmelte fröhlich etwas auf Französisch in seinen Bart hinein. „Un café?“, fragte er nett und gab den Stock zurück.

Andrius nickte.

Als er sich an seinen „Arbeitsplatz“ setzte, sah er mit einem halben Auge das Schild *Réservé* auf Céciles Tisch und wusste, dass die rothaarige Pariserin jeden Moment kommen musste. Die Albaner waren noch nicht da. Sie würden später kommen, aber der Barkeeper war nicht besorgt, dass jemand ihren Tisch besetzen könnte. Ihnen gegenüber hegte er offenbar keine guten oder sonstigen Gefühle. Sie waren ihm egal, trotzdem zeigte er sich tolerant und sagte nichts, wenn sie viele Stunden dasaßen, ohne etwas zu bestellen.

Andrius hängte den Stock mit dem Griff so an die Tischplatte, dass er über dem Boden schwebte und jedem auffiel, der hereinkam. Seine rote Nase legte er daneben. Er musste an Barboras Anruf denken. Vielleicht war ihr wegen der Schwangerschaft übel?

Sein Handy klingelte. „Philippe?“, rief Andrius erfreut. „Wie geht's?“

„Bist du im Café?“, fragte der blinde Junge.

„Ja, ich bin schon da."

„Kann ich vorbeikommen? Ich bin in der Nähe. Wir haben zwei Stunden Ausfall."

Zehn Minuten später stand Philippe in der Tür. Andrius sprang auf und begleitete ihn zum Tisch. „Was möchtest du?", fragte er, während der Junge geschickt seinen Teleskopstock zusammenklappte.

„Diabolo menthe", sagte er. „Limonade mit Pfefferminzsirup", übersetzte er ins Englische.

„Hab ich auch so verstanden", sagte Andrius lächelnd. „Teufelspfefferminz."

„Mein Vater holt mich am Wochenende nach Hause", erzählte Philippe, als er auf sein Getränk wartete. „Ich freue mich wahnsinnig!"

Andrius schaute den Jungen fragend an. „Und was machst du dann zu Hause?", erkundigte er sich zaghaft.

„Ich gehe in die Pilze", hauchte der Junge und lächelte, als stellte er sich die Pilzwanderung in Gedanken schon vor.

„Gibt es da bei dir zu Hause etwa Wald? Und viele Pilze?"

„Wir wohnen mitten im Wald", sagte Philippe und sog die grüne Limonade durch den Trinkhalm. „Bei uns wachsen die teuersten Pilze. Damit verdienen wir auch unser Geld!"

„Trüffel?", riet Andrius.

„Genau, der französische Nationalpilz!", fuhr der Junge stolz fort. „Und was habt ihr in Litauen für einen Nationalpilz?"

„Keine Ahnung", sagte Andrius schulterzuckend, „ich kenne mich mit Pilzen nicht aus."

„Komm doch mit am Wochenende", schlug Philippe vor. „Dann gehen wir zusammen Pilze sammeln. Das macht dir bestimmt Spaß. Hast du schon einmal Trüffel probiert?"

„Nein."

„Na, dann erst recht."

Andrius überlegte. Wenn er Barbie mitnehmen konnte, war es eine gute Idee, mal ein bisschen aus Paris rauszukommen. „Kann ich denn noch jemanden mitbringen? Meine Freundin Barbie?"

„Natürlich. Meine Eltern haben bestimmt nichts dagegen. Ihr seid doch meine Freunde."

Sie hätten wahrscheinlich noch lange über Pilze schwadroniert, aber Andrius fiel ein, dass er zu Paul musste. „Brauchst du Hilfe?", fragte er Philippe, während er Münzen abzählte.

„Nicht nötig", sagte der Junge lächelnd. „Ich sehe hier alles! Noch ein Tisch, und drei Meter weiter ist die Tür." Er lief sicheren Schrittes, an der Tür drehte er sich um und winkte Andrius mit seiner freien Hand zu.

„Oh!", freute sich Paul, als er Andrius sah, und blickte sofort auf den goldenen Stock. „Ich dachte, du kommst später. Und wozu brauchst du den? Was kannst du damit machen?"

Andrius ging zur Tür und ließ den Stock auf dem Finger kreisen.

„Och, toll!", rief Paul. „Wie der glänzt! Wie die Sonne!"

„Mehr kann ich noch nicht", gestand Andrius und schnappte sich mit der anderen Hand den kreisenden Stock. Er setzte sich. „Dame?"

„Nein, lass uns *Geheimnis* spielen", schlug Paul flüsternd vor. „Das hat mir Benoît beigebracht, mein neuer Mitbewohner." Der Junge zeigte auf das bezogene Bett neben ihm. „Du erzählst mir dein Geheimnis und ich dir meins. Du fängst an."

Andrius überlegte. „Also gut", sagte er eine Minute später. „Ich versuch's mal: In einer dunklen Winternacht wehte der Schnee das Haus meines Großvaters zu ..."

„Du hast mich nicht verstanden", unterbrach ihn Paul. „Ich hab doch nicht gesagt, dass wir uns gegenseitig Märchen erzählen. Ich habe von Geheimnissen gesprochen. Von echten Geheimnissen!"

Andrius zuckte mit den Schultern.

„Benoît hat zum Beispiel erzählt, wie er heimlich seine ältere Schwester beobachtet hat, als sie unter der Dusche stand", fuhr Paul fort. „In seiner Wohnung gibt es nämlich unter der Decke ein kleines Fenster zwischen Küche und Bad. Er hat eine Leiter hingestellt und von dort aus gekiebitzt. Und als seine Mutter in die Küche gekommen ist und mitgekriegt hat, was er da macht, hat sie die Leiter weggestoßen. Da ist er runtergefallen und hat sich den Arm gebrochen! Deswegen ist er hier." Paul schaute zum Bett seines Nachbarn hinüber. „Jetzt ist er beim Röntgen."

„Das soll ein Geheimnis sein?", widersprach Andrius. „Da ist doch überhaupt nichts Geheimnisvolles dran."

„Ein Geheimnis ist was, das man sich nicht traut zu erzählen! Verstehst du? Wenn man ein echtes Geheimnis erzählt, muss das wehtun. Wenn es nicht wehtut, dann ist es kein Geheimnis."

Andrius schaute Paul ratlos an. Der Junge war heute in einer komischen Stimmung. Vielleicht lag das an seinem neuen Bettnachbarn, diesem Benoît mit dem gebrochenen Arm?

„Was ist nun? Erzählst du ein Geheimnis?"

Andrius seufzte. Zum ersten Mal fühlte er sich hier ausgesprochen unwohl.

„Na gut, ich fange an, und dann bist du dran!", sagte Paul. „Ich erzähle dir von meinem Papa. Das ist ein echtes Geheimnis! Außer mir und ihm weiß in Frankreich niemand etwas davon. Aber du darfst es auch niemandem weitererzählen."

Andrius nickte.

„Mein Onkel in Kamerun handelt mit Aluminium. Er hat Papa den Posten bei der Botschaft verschafft, damit er mich hierherbringen und behandeln lassen kann. Bei uns gibt's so gut wie keine Ärzte! Wenn ich gesund werde, dann bleibe ich für immer hier. Bis ich sterbe. Meinem Papa gefällt es hier sehr gut! Er hatte früher nie einen Mercedes, jetzt sitzt er jeden Tag am Steuer. Schon seit drei Monaten! Früher ist er am Hafen LKW gefahren. Wir haben in Douala einen Hafen, der ist riesig, halb so groß wie Paris."

„Wie, dein Vater war LKW-Fahrer und hat dann auf Diplomat umgesattelt?", fragte Andrius neugierig.

„Nein, er ist gar kein Diplomat. Er ist Fahrer bei der Botschaft."

Andrius öffnete den Mund, aber es war, als wären die Worte steckengeblieben, als weigerten sie sich, ausgesprochen zu werden. „Wie das?" Andrius musste sich erst mal sammeln. „Und woher hat er dann den Hugo-Boss-Anzug und all das andere? Oder verdienen in der Botschaft auch die Fahrer so viel Geld?"

Paul lächelte so zärtlich, als dachte er an seinen Vater. „Il est un sapeur."[*] Unvermittelt war er ins Französische gewechselt.

Andrius schaute den Jungen fragend an.

„Ich weiß nicht, wie das auf Englisch heißt", sagte Paul, jetzt wieder in ihrer gemeinsamen Sprache. „So was wie Angeber! Er ist doch Mitglied der Société des ambianceurs et des personnes élégantes.[**] Und die geben ihr ganzes Geld für teure Kleidung aus. Das ist für sie sogar wichtiger als Essen."

„Lässt er deswegen die Etiketten dran?"

„Ja, damit alle sehen, dass die Kleidung nicht nur teuer, sondern auch neu ist und nicht aus einem teuren Secondhandladen."

---

* Er ist ein Aufschneider (frz.)

** Gesellschaft der Unterhalter und eleganten Personen (frz.)

„Verstehe“, sagte Andrius und nickte. Er war baff. „Und deine Mama sagt nichts, wenn er so viel Geld für Kleidung ausgibt?“

„Ich habe keine Mama“, antwortete Paul ruhig und bat Andrius, die grüne Decke, die etwas hinuntergerutscht war, wieder nach oben zu ziehen.

Andrius beugte sich über den Jungen und zog fürsorglich die Decke zurecht. „Und was ist mit ihr passiert, mit deiner Mama?“

„Das ist ein anderes Geheimnis“, sagte Paul ernst. „Aber jetzt bist du dran.“

„Gut.“ Andrius nickte nachdenklich.

Wie von selbst gingen seine Gedanken auf Zeitreise, führten ihn in die Kindheit, zu den Sommern in Palanga. Er sah seine Mutter, jung, mit einer neuen Frisur, ihre strohblonden Haare fielen auf die nackten Schultern, die Haarspitzen waren nach oben gebogen. Sie wollte so aussehen wie die Schauspielerin in einem angesagten Film. Deswegen diese Frisur. Er sah sich nackt an der Hand seiner nackten Mutter den nackten Strand entlang laufen, wo nackte Frauen modische Kleidung, Jeans und Taschen verkauften und sich in der milden Ostseesonne bräunten. Seine Mutter hatte auch immer eine Tasche dabei. In der lagen das Portemonnaie und die Sachen, die sie in den Dünen zwischen den Kiefern ausgezogen hatten: sie das Trägerkleid und er ein T-Shirt und eine kurze Hose.

Andrius hatte gar nicht bemerkt, wie er ins Erzählen gekommen war. Er erzählte vom Strandmarkt, auf dem Frauen aus ganz Litauen zusammenkamen, vom Meer, von den liebevoll auf dem Sand ausgebreiteten Jeans und davon, wie er manchmal zwischen den ausgebreiteten Waren Bernsteinstücke fand und einsammelte.

Paul hörte gebannt zu. „Waren da wirklich alle nackt, die Verkäufer und die Kunden auch? Ist es denn bei euch so heiß?“ Er unterbrach Andrius nur ein einziges Mal.

Andrius erklärte ihm lachend, dass die Menschen früher keine neuen Sachen verkaufen durften. Nur Geschäfte durften das. Und da hatte sich jemand diesen FKK-Verkaufsstrand ausgedacht, wo sich die Polizei nicht hin traute. Wahrscheinlich weil die Polizisten Angst vor den nackten Frauen hatten. Außerdem hätten die Frauen sicherlich, wenn man versucht hätte sie festzunehmen, behauptet, die auf dem Sand ausgebreiteten Sachen, das sei ihre Kleidung, die sie gerade im Meer gewaschen hätten und die jetzt in der Sonne trocknete. Die Ostseesonne trocknete langsam.

Als Andrius zu Ende erzählt hatte, schwieg er. Er holte sein Handy hervor und schaute, wie spät es war.

„Hat dir das Geheimnis-Spiel gefallen?“, fragte Paul, der fühlte, dass sich der Clown gleich verabschieden würde.

„Ja, es macht Spaß“, antwortete Andrius. „Wenn mir noch ein Geheimnis einfällt, dann erzähle ich es.“

Auf der Rue de Sèvres tröpfelte es. Hell und verlockend leuchteten die Caféfenster, aber Andrius, der immer noch über Pauls Geheimnis nachdachte, bog nach links und lief Richtung Métro.

61. Kapitel. Pienagalys. Bei Anykščiai

„Weißt du, mit dem blauen Pullover sehen deine Haare noch besser aus!“, rief Vitas am Morgen, als er mit dem Handtuch aus dem Bad kam. „Kannst du mich in die Stadt fahren?“

„So wie gestern? Hinfahren und nach ein paar Stunden wieder abholen?“, fragte Renata. Sie lächelte schmal.

„Ja.“ Vitas nickte treuherzig. „Ich rufe dich an, und dann fährst du mich wieder nach Hause.“

Renata war ganz ergriffen, so sonor und positiv kam Vitas der Ausdruck „nach Hause“ über die Lippen.

„Gut“, sagte sie.

Wahrscheinlich sucht er heimlich in Anykščiai Arbeit, dachte sie. Hat begriffen, dass das mit dem Business hier nichts wird. Wieso eigentlich heimlich? Schließlich hatte er sie gebeten, ihn hinzubringen und dann wieder abzuholen. Trotzdem war das irgendwie Geheimniskrämerei, denn er wollte sie nicht dabeihaben, sondern für sich sein!

„Ich könnte ja auch in der Stadt bleiben“, überlegte Renata. „Fragen, ob jemand eine Stelle frei hat.“

Er hatte noch nicht geantwortet, da sah sie schon an seinem Blick, dass ihm die Idee nicht gefiel.

„Ich gehe nicht mit dir zusammen“, fügte sie hinzu.

„Anykščiai ist so klein, dass wir uns sowieso an irgendeiner Straßenecke über den Weg laufen.“

„Und was ist daran schlimm?“, wunderte sich Renata.

„Ich würde einfach gern allein sein“, erwiderte er zögerlich.

„Schon gut!“ Sie winkte ab und ging in die Küche.

Dort schaute sie in den Spiegel und zupfte ihre Haare zurecht.

Während sie Kaffee kochte, dachte sie dankbar an Viola, die junge Friseuse, ohne die sie sich nicht getraut hätte, ihre Haare rot zu färben. Komisch, dass Mut so verschieden sein konnte! Viola traute sich bestimmt nicht, allein durch den Winterwald zu laufen, Renata hingegen machte das sogar Spaß. Dafür machte es Viola nichts aus, ihr Aussehen und sogar ihre Größe zu verändern. Renata war früher allein bei dem Gedanken, die Haare blond zu färben, heiß und kalt geworden. Das war jetzt vorbei. Jetzt hatte sie keine Angst mehr vor fremden Blicken und auch nicht vor ihrer neuen Haarfarbe.

Im Wohnzimmer hörte sie Vitas' Handy klingeln. Als sie zwei Tassen Kaffee hineintrug, telefonierte er. Seine Stimme klang betont seriös, er vereinbarte einen Termin.

„Zur Kirche?", fragte Renata, als sie nach Anykščiai hineinfuhren.

„Ja, dahin."

Renata hatte keine Lust, nach Hause zurückzufahren. Vitas war schon fünf Minuten weg, und sie saß immer noch im Auto. Um irgendwas zu machen, holte sie ihren Taschenspiegel raus. Sie nahm die Baskenmütze ab, zupfte die Haare zurecht und schaute nach oben, dahin, von wo vielleicht Gott jetzt auf sie herabblickte.

‚Ob ihm meine neue Haarfarbe gefällt?', dachte sie kokett und wurde verlegen, als wäre sie bei einer verfänglichen Beschäftigung ertappt worden. Wie damals, als sie klein war und aus Neugier in der Handtasche ihrer Mutter gewühlt hatte. Genau in dem Moment, als sie ein Päckchen Zigaretten herauszog, war ihr Vater ins Zimmer gekommen, dem die Mutter versprochen hatte, mit dem Rauchen aufzuhören.

Renata verfiel ins Nachdenken. Die Erinnerung kam ihr merkwürdig und nicht ganz plausibel vor. Sie versuchte, sich die Gesichter ihrer Eltern ins Gedächtnis zu rufen. Nicht jene, die sie immer zu Weihnachten auf den Fotos sah, sondern die echten. Die Fotogesichter ihrer Eltern passten nicht zu diesen Erinnerungen, und sie kam darauf, dass es Aufnahmen aus einem Film waren, den sie vor zehn Jahren bei einem Klassenkameraden im Fernsehen gesehen hatte. Zu dieser Zeit stand sie auf Filme, in denen die Hauptfiguren eine kleine Tochter hatten. Damals dachte sie öfter an ihre Eltern, die weggegangen und dann verschollen waren. Wahrscheinlich weil die Mitschüler und Lehrer dauernd nach ihnen fragten. Weil ihre Eltern nie zu den Elternabenden kamen. Nur Großvater Jonas ging manchmal hin, kam zurück und schwor, es sei das letzte Mal gewesen. Doch wenn er drei oder vier

Versammlungen versäumt hatte, raffte er sich auf und lief durch den Wald bis nach Andrioniškis, in die Schule.

Renata hatte Lust auf heißen Ingwertee und Wärme. Im Café auf der Baranauskas-Straße würde sie mit Sicherheit beides finden.

Sie ließ das Auto an der Ziegelmauer vor der Kirche stehen und ging zu Fuß. Ihr fiel ein, dass Violas Friseursalon auf dem Weg lag. ‚Ich schaue kurz vorbei und wir schwatzen ein bisschen, wenn sie gerade keine Kundin hat', dachte sie.

Renata stand schon auf der vorletzten Treppenstufe vor dem Eingang, als sie erschrocken stehenblieb. Viola saß in einem Frisiersessel, den Rücken zum Frisiertisch und zum Spiegel gewandt. Sie saß da und unterhielt sich angeregt mit Vitas. Das heißt, er erzählte ihr etwas, während sie nickte und lächelte.

Damit Renata nicht entdeckt wurde, ging sie eine Stufe hinunter. Sie spitzte die Ohren, konnte aber nichts verstehen. Und auch die Autos, die hinter ihr die Straße entlangfuhren, kamen ihr auf einmal schrecklich laut vor und gingen ihr auf die Nerven.

„Gehen Sie hinein oder nicht?", hörte sie hinter sich eine resolute Frauenstimme.

Renata trat zur Seite und ließ eine korpulente Dame in einem langen blauen Mantel und einem blauen Hut durch. Sie machte Platz und ging die Treppe hinab, damit Viola und Vitas sie nicht sahen, wenn die Frau eintrat.

‚Sicher kommt er gleich raus', dachte Renata aufgeregt. ‚Und ich stehe hier ... Wieso? Ist doch nichts dabei! Ich bin einfach spazieren gegangen.' Nervös blickte sie zur Eingangstür. Aber die blieb zu. Vitas kam nicht heraus. ‚Komisch', dachte Renata, ‚will er etwa warten, bis Viola die Kundin frisiert hat, und danach weiter mit ihr reden? Worüber reden die eigentlich? Warum ist er überhaupt hier? Er kennt sie doch gar nicht! Nicht? Doch! Sie waren ja ins Gespräch vertieft. Wie sie an seinen Lippen hing! Und dieser schmachtende Blick! Woher kennen sie sich? Ich gehe rein und frag sie!' Entschlossen stieg sie auf die erste Treppenstufe – und genauso entschlossen blieb sie stehen. Sie war hin- und hergerissen. ‚Nein, ich frage ihn später! Und wenn er schwindelt, weiß ich Bescheid.'

Im Café auf der Baranauskas-Straße war an diesem Tag viel los, und alle Tische – alle vier Tische! – waren besetzt. Renata setzte sich zu einer älteren Frau, die nichts dagegen hatte. Sie bestellte sich einen Ingwertee und kurz darauf einen Kognak.

Sie legte die Jacke und die Baskenmütze ab, richtete die Haare, die auf den roten Pullover fielen. Die Frau an ihrem Tisch vergaß ihre Gedanken und ihren Cappuccino. Sie betrachtete die junge Frau ganz in Rot. Und lächelte.

‚Sie findet es gut', registrierte Renata, und ihre Laune besserte sich.

Eine Stunde später rief Vitas an. „Du kannst kommen. Ich bin fertig", teilte er ihr mit.

„Ich bin gar nicht weggefahren. Ich bin im Café", sagte Renata. „Wo soll ich dich abholen?"

„Ich komme zu dir, bin in fünf Minuten da."

Die Strecke vom Friseur bis zum Café schaffte man zu Fuß locker in fünf Minuten.

Zehn Minuten später war Vitas da. Er bestellte sich einen Kaffee und setzte sich auf den Platz der alten Dame, die kurz zuvor gegangen war. „Und wo steht das Auto?", wollte er wissen.

„Immer noch dort, an der Kirche."

Als sie zum Auto gingen, schneite es leicht. Die Flocken glitten senkrecht herab, schräg fielen die Sonnenstrahlen dazwischen. Der kurze Wintertag ging bereits zur Neige. Es war windstill und nicht kalt.

„Wie waren deine Unternehmungen?", fragte Renata vorsichtig.

„Ganz in Ordnung." Vitas hatte es nicht eilig ihr zu erzählen, was er die zwei Stunden in Anykščiai gemacht hatte.

„Hast du einen Job gesucht?" Renata versuchte, eine etwas gezieltere Frage zu stellen.

Vitas warf ihr einen merkwürdigen, leicht verwunderten Blick zu. „Einen Job suchen die, die für andere schuften wollen. Ich will für mich, für uns schuften. Deswegen suche ich Ideen."

„Und?"

„Hab schon fast was. Wenn ich hundertprozentig sicher bin, dass es das Richtige ist, dann erzähle ich's dir", sagte Vitas ungewohnt streng und gab damit zu verstehen, dass er sich nicht weiter äußern würde.

‚Vielleicht will er Viola den Friseursalon abkaufen?', dachte Renata erschrocken.

„Du hast doch hoffentlich keine Katzenallergie?", fragte Vitas plötzlich.

„Ich glaube nicht", antwortete Renata und schaute auf ihr eingeschneites Auto an der Kirchenmauer.

62. Kapitel. Irgendwo zwischen Ettlingen und Offenburg. Baden-Württemberg

Je größer das Fahrzeug, umso netter der Fahrer. Das dachte Kukutis, als er neben sich ein lautes, ein schweres und metallisches Geräusch hörte, das von oben und von unten zugleich kam.

Kukutis musste den Kopf in den Nacken legen, so groß und hoch war das Fahrzeug. Ein riesiger weißer Sattelzug, das Führerhaus zwei Mann hoch, mehrere leistungsstarke Scheinwerfer auf der verchromten Querstrebe über der Frontscheibe. Ein langer Sattelauflieger. Drei Hinterachsen am Trailer, zwei Vorderachsen und eine weitere unterm Führerhaus.

Der Wanderer trat ein paar Schritte zurück um hineinzuschauen. Er sah einen jungen Mann hinterm Steuer, viel zu jung für so einen Brummi. Der Blondschopf trug einen dichten, ebenfalls blonden Schnurrbart. Um seriöser zu wirken wahrscheinlich. Jetzt winkte er Kukutis heran und forderte ihn auf, zu ihm in die Kabine zu klettern. Der junge Mann lächelte, aber der Schnurrbart absorbierte das Lächeln, weswegen es nur an den Augen abzulesen war.

Der Alte nickte, trat ans Fahrerhaus und zögerte, als er in der weißen Metallwand neben den beiden senkrechten verchromten Griffen Vertiefungen entdeckte, über die man wie auf einer Leiter hinaufsteigen konnte.

„Nein", sagte Kukutis kopfschüttelnd. „Da komme ich mit meinem Holzbein nicht hoch."

Er trat ein paar Meter zurück, machte sich bei dem Fahrer bemerkbar und zeigte auf die Straße. Fahr weiter!

Der Fahrer wunderte sich. Und Kukutis, der sich innerlich schon von ihm verabschiedet hatte, wartete, dass der Sattelschlepper weiterfuhr und die Straße freigab, damit er nach anderen Fahrzeugen Ausschau halten konnte. Nach Fahrzeugen, an denen man einfach die Tür aufziehen und sich auf den Sitz fallen lassen konnte.

Oben klappte mit einem metallischen Laut eine Tür. Der junge Mann kletterte auf der Fahrerseite herunter. Er war nicht groß. Neben dem Führerhaus sah er aus wie ein lieber Zwerg. „Wo müssen Sie hin?", fragte er.

„Nach Frankreich."

„Sie haben Glück! Steigen Sie ein! Ich fahre über Frankreich nach Spanien!"

„Ich würde schon einsteigen", sagte der Alte gelassen, „aber mit meinem Holzbein schaffe ich es nicht da hoch." Er zeigte auf die Tür.

„Ich helfe Ihnen!", bot der junge Mann an.

Ein paar Minuten später saß Kukutis tatsächlich im Fahrerhaus – es war geräumig, und es wimmelte vor glänzenden Geräten wie in einer Zahnarztpraxis. Er erinnerte sich an die Angst, die er beim Zahnarzt hatte. An die Praxis und an den lächelnden, schnurrbärtigen Zahnarzt. Nur dass dessen Schnurrbart grau war, grau wie er selbst. Hier jedoch, in diesem Fahrerhaus, empfand er keine Angst, sondern Scham. Obwohl der junge Mann schon wieder auf dem Fahrersitz saß und einen aufgeschlagenen Autoroutenatlas studierte.

„Wollen Sie etwa, wenn ich aussteige, wieder Ihre Schultern und Ihren Kopf unter meinen alten Hintern schieben, damit ich nicht auch noch runterstürze?", fragte er halb im Scherz und halb gekränkt. Er wollte dieses unangenehme Gefühl so schnell wie möglich loswerden, sonst würde er sich vollkommen schlapp fühlen und konnte gleich alles sein lassen!

„Runter geht es leichter", sagte der junge Mann und sah von der Karte hoch. „Sie haben doch starke Arme, oder?"

Kukutis nickte.

„Dann halten Sie sich an den Griffen fest und stützen sich mit dem linken Bein in den Vertiefungen ab."

Der Alte stellte sich diese Prozedur vor und sie erschien ihm völlig akzeptabel und schmerzfrei.

„Na, dann mal los!" Der junge Mann gab sich selbst den Startschuss, dann drehte er sich um. „Ich heiße Joachim."

„Kukutis", stellte sich der Alte vor und spürte, wie sich das riesige Fahrzeug in Bewegung setzte und ohne Bodenhaftung zu fahren schien.

Er beugte sich vor, um die Straße zu sehen. Doch die Straße lag drei Meter tiefer! Und war noch dazu irgendwie abschüssig.

Kukutis schwankte zurück und presste sich gegen die gepolsterte Rückenlehne. Er spürte, wie ihm unter dem Mantel und dem Pullover, unter dem karierten Hemd und dem Unterhemd kalte Schweißtropfen über den Rücken hinabliefen. „Ist mir heiß", flüsterte Kukutis erschrocken.

„Ja?", wunderte sich Joachim. „Wir machen's gleich kühler. Ich hab sicher die Heizung zu weit aufgedreht."

„Nein, das liegt an mir!" Kukutis knöpfte seinen grauen Mantel auf und klappte den Kragen um. „Ist ja wie in einem Flugzeug hier!"

„Ja!" Der Blick des Fahrers, den er seinem Mitfahrer schenkte, sprühte vor Stolz.

„Ich habe aber Angst vor Flugzeugen!", gestand Kukutis und schämte sich überhaupt nicht.

Wenn es einen Grund für die Angst gibt, braucht man sich nicht zu schämen. Wenn es keinen Grund gibt, muss man zum Arzt. Kukutis hatte einen Grund für seine Angst. Sogar mehrere. Vor vielen Jahren, in den 1930ern, hatte er mit Tausenden anderen Zuschauern, die auf dem Flughafen in Kaunas zusammengekommen waren, eine ganze Nacht lang auf seinem gesunden Bein und auf seiner Prothese gestanden und gewartet. Aufgeregt erwartete das ganze Land die Ankunft eines kleinen Flugzeugs, das von Amerika aus den Ozean überqueren und ohne Zwischenlandung nach Litauen fliegen sollte. Es hatte die Zukunft des Landes an Bord. So viel Zukunft, dass es für jeden Litauer bis ans Ende seiner Tage gereicht hätte. Aber es kam nicht. Gegen Morgen, als die meisten Menschen den Flughafen bereits verlassen hatten, hieß es, das Flugzeug mit der Zukunft Litauens an Bord sei irgendwo über Preußen abgestürzt. Nicht einmal bis Polen war es gekommen. Weiter hieß es, mit der Zukunft sei alles in Ordnung, doch der nationale Stolz Litauens habe die Heimat verfehlt. So ersetzte am nächsten Tag die Staatstrauer den nationalen Stolz. Ein paar Monate später wurden die Flugzeugtrümmer nach Kaunas gebracht und die Leute gingen hin und nahmen Abschied wie von einem Verstorbenen. Die abgestürzten Piloten wurden auch nach Litauen überführt, aber früher. Und wie Helden bestattet.

Kukutis seufzte tief und beugte sich noch einmal ängstlich nach vorn, um die Straße in den Blick zu nehmen. „Von Natur aus kann Eisen nicht fliegen", sagte er plötzlich. „Ich setze mich in kein Flugzeug!"

„Sind Sie denn schon mal geflogen?"

„Nein."

„Ich schon. Ein paar Mal als Passagier und einmal als medizinischer Helfer."

„Fliegen denn medizinische Helfer anders als normale Passagiere?"

„Ja, natürlich." Joachim lächelte, und für einen Moment wurde sein Schnurrbart länger. „Die normalen Fluggäste landen und steigen aus. Der medizinische Helfer fliegt hin und wieder zurück. So ist das bei der Luftrettung. Das Flugzeug ist klein, wie ein Notarztwagen. Nur ohne Blaulicht und Martinshorn. Ich habe das zwei Monate lang gemacht und gleich gewusst: Das ist nichts für mich. Die Luftrettung ist ja für den äußersten Notfall. Wenn das Leben eines Menschen am seidenen Faden hängt. Du sitzt dann in dem Flugzeug, da liegt einer neben dir auf der Bahre, und du weißt nicht, ob er noch lebt oder schon tot ist. Und nachsehen willst du lieber nicht, damit du nicht dauernd an den Tod denken musst."

„Ach so!", rief Kukutis, er machte große Augen. „Haben Sie denn viele Menschen mit diesem Flugzeug gerettet?"

Joachim überlegte, versuchte sich zu erinnern. „Nicht sehr viele", sagte er schließlich. „Vielleicht fünf Personen in den zwei Monaten. Weiß ich aber nicht genau. Fünf habe ich lebend im Krankenhaus abgeliefert, so viel ist sicher, aber ob sie überlebt haben, hat mir keiner gesagt."

„Menschen zu retten ist eine ehrenhafte Sache", sagte Kukutis und nickte, dann seufzte er. „Aber irgendwie ist diese Rettung falsch organisiert! Sie haben ja wahrscheinlich nur Deutsche gerettet?"

„Nein, nur Tschechen."

„Wieso Tschechen?"

„Weil ich Tscheche bin und die Luftrettung zu Tschechien gehört, also haben wir Tschechen gerettet. Was ist denn daran falsch?"

„Waren Sie in ganz Europa unterwegs?", fragte Kukutis aufgeregt.

„Nein, nur in Tschechien. In den anderen Ländern müssen die anderen die Tschechen retten. Wir sind schließlich in der EU!"

Kukutis' Miene verfinsterte sich. „Dann sollte Europa auch die Litauer retten", sagte er halblaut. „Tut es aber nicht. Europa rettet die Leute nicht, und ich komme überhaupt nicht hinterher."

„Sie sind aus Litauen?", fragte Joachim interessiert. „Ich dachte, Sie seien Deutscher. Ihr Mantel sieht so deutsch aus."

„Litauisch", korrigierte ihn Kukutis. „Ist nur schon sehr alt. Ich habe übrigens auch gedacht, Sie wären Deutscher. Warum hört man denn den Motor nicht? Und die Räder surren nicht. Als würden wir auf dem Wasser schweben!"

„Der Motor ist ganz weit unten, und die Räder sind noch weiter weg!", erklärte der Fahrer. „Die Schallisolierung ist so gut, dass es hier oben ganz ruhig ist! Haben Sie denn auf dem Meer keine Angst?"

„Nein, auf dem Meer nicht. Obwohl ich einmal fast ertrunken wäre", sagte Kukutis. „Aber mein Holzbein hat mich gerettet. Das geht ja nicht unter und hat mich über Wasser gehalten, bis der herbeigeeilte Ägypter mich ins Boot gehievt hatte. Das gesunde Bein hatte einen Krampf. Hätte ich zwei gesunde Beine gehabt, würde ich jetzt hier nicht neben Ihnen sitzen."

Joachim riss seinen Blick von der Straße los und schaute auf seine Knie, zuckte mit den Schultern. „Stimmt schon", sagte er. „Hätten Sie zwei gesunde Beine gehabt, hätte ich nicht angehalten. Wie ich das gesehen habe, dass da ein Behinderter steht und winkt und keiner anhält, dachte ich, ich zeig mal Mitleid. Es gefällt Ihnen wahrscheinlich nicht, wenn die Leute Mitleid mit Ihnen haben?"

„Warum nicht?", meinte Kukutis lächelnd. „Und ob! Besonders, wenn mich jemand übernachten lässt und mit einem warmen Abendessen versorgt."

„Haben Sie etwa Hunger? In zwei Stunden kommt eine Tankstelle, wo ich immer tanke. Dort gibt es gute Hotdogs. Da kauf ich Ihnen eins."

Kukutis hörte dem Fahrer nur noch mit halbem Ohr zu und schaute durchs Fenster in die erste Etage der Häuser und auf die Dächer. Sie fuhren eine Kleinstadt an. Gleich würde Joachim die Geschwindigkeit drosseln, und das Fahrzeug würde in den Kreisverkehren schwanken wie ein Schiff bei leichtem Seegang. Das Schwanken würde Kukutis einschläfern. Und er würde schlummern, bis die Zeit für das leckere Hotdog gekommen war, das ihm ein junger Tscheche aus Mitleid, aus Höflichkeit, aus all dem Guten, was in einem Menschen steckte, dann kaufte.

63. Kapitel. St. George's Hill. Grafschaft Surrey

Die nächsten Tage waren belastend, denn jeden Abend saßen Ingrida und Klaudijus vor dem Computer und lauschten auf das lange, das endlos lange Skype-Tuten, das bestätigte, dass da, am anderen Ende der virtuellen Leitung, niemand mit ihnen sprechen wollte. Ingrida schlief jetzt im *Beatrice*. Ihr Handy ließ sie über Nacht auf dem Küchentisch im Ziegelhaus liegen – zur Erinnerung für Klaudijus, falls der sie mal wieder mitten in der Nacht anrufen wollte. Er hatte das eigentlich nur ein einziges Mal getan, in der ersten Nacht, nachdem sie mit Artur, Krawez' Assistenten, gesprochen hatten. Es war wirklich sehr spät – oder besser gesagt sehr früh – gewesen, gegen drei. Klaudijus konnte in dieser Nacht überhaupt nicht einschlafen. Nachdem er sich zwei Stunden im Bett herumgewälzt hatte, ging er hinunter und holte aus dem Wandschrank in der Halle die geöffnete Flasche Bell's, die noch von einem Vorgänger stammte. Im untersten Regal des Wandschranks, in das man nur hineinschauen konnte, wenn man kniete oder auf dem

Boden saß, stand ein gutes Dutzend angebrochener Flaschen. Klaudijus hatte diesen Getränkevorrat erst vor Kurzem entdeckt, obwohl er auch früher schon einmal einen Blick in den Schrank geworfen hatte. Und in dieser Nacht, als er sich ein Glas Whisky eingeschenkt hatte, musste er an Krawez' Gäste mit dem grauhaarigen Roman als Wortführer denken, die ihm als kleine Erinnerung vier oder fünf angebrochene Flaschen Whisky dagelassen hatten. Er hatte gerade mal ein halbes Glas getrunken, als ihn die Einsamkeit wie ein Kälteschauer überkam. Und da hatte er zum Telefon gegriffen. Hatte Ingrida angerufen, sie mit seinem Anruf geweckt und sich etliches anhören müssen, was seine Chance, in dieser Nacht überhaupt ein Auge zuzutun, gegen null gehen ließ.

Am nächsten Morgen hatte sich Ingrida für ihre Worte entschuldigt, zugleich aber angekündigt, sie zu wiederholen, sollte Klaudijus es noch einmal wagen, sie zu einer solchen Unzeit wecken. Und da es ihr wichtiger war, den eigenen Schlaf zu schützen, als Klaudijus' Nerven zu schonen, fand sie ein probates Mittel, sich ihre Nachtruhe zu sichern, und legte schon am nächsten Abend, bevor sie in die Villa ging, ihr Handy demonstrativ auf den Küchentisch.

Die Tage vergingen, und es gab keine positiven oder negativen Veränderungen, wenn man mal vom Kalender absah. Der englische Frühling begann. Die Strahlen der unsteten Märzsonne erwärmten die Luft manchmal auf bis zu fünfzehn Grad. Das Gras, das unter den sporadischen Schneefällen grün geblieben war, richtete sich auf und erwachte zum Leben. Die kurzen Regenschauer fühlten sich etwas wärmer und angenehmer an als die Niederschläge im Winter. Und selbst die räudigen Büsche des lässig gestutzten Irrgartens hatten violette Knospen angesetzt. Einige waren schon so prall, dass nicht mehr viel fehlte, bis die Blätter zum Vorschein kamen.

In grünen Gummistiefeln, die zu einem fremden, größeren Fuß gehörten, lief Klaudijus mit der Heckenschere die kahlen Büsche des Irrgartens ab. Aus lauter Langerweile tat er das und schnitt die überstehenden Zweige voller praller Knospen ab. Der Morgen wollte einfach nicht anbrechen, obwohl die Sonne von einem traumhaft wolkenlosen Himmel schien und hin und wieder ein vielfacher Flügelschlag über Klaudijus ertönte, wenn ein Schwarm von Piepmätzen von Baum zu Baum flog.

Klaudijus' Morgen brach erst an, wenn Ingrida kam. Das war mal gegen neun, mal gegen zehn. Dann frühstückten sie und tranken Kaffee, als wäre alles wie immer, redeten über irgendetwas Belangloses, über das Wetter oder über ihr vergangenes Leben in Litauen.

Quietschend öffnete sich die Tür. Klaudijus drehte sich um und holte automatisch sein Handy aus der Jackentasche. Zehn Uhr vierundvierzig.

Ingrida blieb oben vor der Tür stehen, und ehe sie die Stufen zwischen den beiden Säulen am Haupteingang hinunterging, winkte sie Klaudijus zu. Er nickte, drehte sich um und lief zum Torhaus.

„Weißt du, ich habe geträumt, dass wir unser nächstes Silvester hier feiern!", sagte sie und setzte sich an den Tisch. „Oh! Gratuliere!" Ihr Blick fiel auf die leere Whiskyflasche.

„Schlafmittel", antwortete Klaudijus gelassen und holte Eier und Schinken aus dem Kühlschrank. „Hat fünf Tage gereicht. Jeden Abend vorm Schlafengehen ein halbes Gläschen! ... Soll ich vielleicht mal nachsehen, was da noch übrig ist?"

„Nein, danke! Das hat Zeit bis heute Abend. Vielleicht haben wir wirklich einen Grund anzustoßen."

„Und worauf?", wollte Klaudijus wissen.

„Na, die Villa steht schon seit einer Woche zum Verkauf, und noch hat uns keiner vor die Tür gesetzt."

Der morgendliche Dialog voll bitterer Ironie erhielt am Abend eine unerwartete Fortsetzung. Ingrida wollte gern ausgehen. Gegen zehn versuchten sie drei Mal, per Skype Kontakt mit Krawez oder seinem Assistenten aufzunehmen, am anderen Ende zeigte man allerdings wieder kein Interesse an einem Gespräch. Die Unterhaltung kam nicht zustande, aber dieses Mal nahmen die beiden das Desinteresse von Krawez und seinen Leuten, mit der Haushälterin und dem Gärtner auf dem Anwesen in den Hügeln des Heiligen Georg zu sprechen, nicht weiter tragisch. Wer waren sie denn schon, diese zwei aus Litauen, dass man mit ihnen reden musste? Die Situation war klar: Wie es ihnen ging, interessierte keinen. Nur sie selbst. Sie waren zwei Spielsteine, die man hoch in die Luft geworfen hatte. Das Schicksal spielte mit ihnen, und sie versuchten, mit dem Schicksal zu spielen.

„Es reicht! Lass uns fahren!", sagte Ingrida zu Klaudijus und klappte den Laptop zu. „Trinken wir auf ein glückliches Ende! Ich lade dich ein!"

„Nein", widersprach er überraschend resolut, „ich fahre nur mit, wenn ich bezahle!" Der scharfe Ton passte überhaupt nicht zu Klaudijus' Gesichtsausdruck, er strahlte vor Freude, als hätte er ein Wunder vollbracht oder erlebt.

„Na gut, hol dich der Teufel!“ Ingrida winkte ab.

„Die Teufel sind in Kaunas, ich habe einen Engel!“

„Die Engel sind in Anykščiai, und du hast mich, ich bin auch ein Engel! Noch bin ich ein Engel. Ich kann aber schnell zu einem Teufel werden, wenn du ...“

„Wenn ich was?“

„Lass uns an der Bar weiterreden.“ Mit diesem Satz war das Gespräch für Ingrida beendet.

Zehn Minuten später waren sie in Esher, aber auf der Suche nach einem netten Ort wurde Ingridas Tatendrang empfindlich gebremst. Im *Bombay Palace* war schon Küchenschluss. „Die Küche ist schon zu, es gibt nur noch Nachspeisen!“, sagte der junge Inder höflich zu Klaudijus, kaum dass dieser eingetreten war.

„Danke, aber ich wollte ja nur was fragen: Gibt es hier irgendwo in der Nähe einen Klub?“

Der Restaurantangestellte überlegte. „Das *Rocksalt* auf der Church Street.“ Er war froh, das ihm etwas eigenfallen war. „Aber dort ist es laut.“

„Und wo ist es nicht so laut?“

„Im Pub! Aber die Pubs schließen auch bald“, sagte er, als er auf die Uhr sah. „Die meisten haben bis elf geöffnet! In East Molesey gibt es einen Pub in einem Hotel, der hat bis Mitternacht geöffnet, aber bis dahin ist es eine halbe Stunde ...“

Damit hatte Klaudijus nicht gerechnet. „Ich dachte, die Klubs hätten die ganze Nacht geöffnet.“

„In London, ja, aber auch nicht die ganze Nacht, sondern bis zwei! Sonst gehen Sie doch ins *Bear Inn*, das ist hier gleich um die Ecke! Da haben Sie wenigstens noch eine halbe Stunde!“

Das *Bear Inn* war auch in einem Hotel, das sich in einem langgestreckten, zweistöckigen Gebäude aus dem 19. Jahrhundert befand. Es hatte nur einen Eingang, der zwar von einem Portikus mit zwei Säulen gerahmt wurde, für die langgezogene Fassade jedoch etwas klein wirkte. Die Aufschrift über dem Portikus lautete: *Eat, drink, sleep*. Hinter dem Slogan prangte statt einem Punkt eine Bärentatze.

Sie setzten sich ans Fenster, hinter dem gelbe Lichtkegel von Scheinwerfern im weichen Dunkel vorüberzogen.

„Also, was wolltest du sagen?" Klaudijus nahm den in der Küche abgerissenen Gesprächsfaden wieder auf.

„Ich?" Ingrida nippte an einem dunklen Bier, auf dem brauner Schaum stand. „Ich wollte sagen, dass es Zeit wird, dass du dich änderst!" Mit einem freundlichen, aber sehr festen Blick schaute sie Klaudijus in die Augen. „Du bist und bleibst ein Einfaltspinsel."

„Und was ist daran schlimm?"

„Wenn du in Litauen geblieben wärst, wäre das nicht schlimm! Überhaupt nicht schlimm. Dort kommen die Tölpel irgendwie durch. Aber hier", sie schaute sich in der geräumigen Schankstube um, „hier musst du dich verändern! Musst deinen Platz suchen."

„Du kriegst das besser hin", gab Klaudijus zu.

„Und was kriegst du besser hin?" Ingrida schaute ihn spöttisch an.

Klaudijus schwieg. Gut, dass er ein Glas Bier vor sich hatte und er das Glas ab und an zum Mund führen und einen Schluck nehmen konnte.

Nach ein paar Minuten winkte Ingrida ab, sie hatte das Schweigen satt. „Mit dir ist nichts los. Ich kümmere mich erst mal um mich. Nicht jetzt natürlich, sondern wenn klar ist, ob wir im Haus bleiben oder nicht."

„Ja, klar", brachte Klaudijus nur hervor und nahm den nächsten Schluck Guinness.

Vom Tresen her kam ein kräftiges Läuten, das an eine Schiffsglocke erinnerte. „Last orders!", rief der Barkeeper, ein bärtiger Mann um die fünfzig in einer roten Weste über einem dunkelgrünen Hemd.

64. Kapitel. Paris

Das Schaufenster der Bäckerei spiegelte sich als verwaschener heller Fleck auf dem nassen Asphalt. Vor zwei Stunden, als es noch hell war, hatte es zu tröpfeln begonnen, und noch immer trommelte der Regen eintönig und gleichmäßig auf die aufgespannten Regenschirme der Passanten. Barbora war ohne Schirm aus dem Haus gegangen. Was sollte sie auch mit einem Schirm, wenn sie den Kinderwagen schieben musste?

Leila stand schon vor dem Hauseingang neben der Bäckerei. Sie trug Kopfhörer, das weiße Kabel führte in die Innentasche der dunkelblauen Windjacke. Als sie Barbora entdeckte, nahm sie die Stöpsel aus den Ohren, öffnete die Eingangstür und schob den Kinderwagen mit der Regenplane leichthändig auf die Straße. „Die Rue de Belleville hinauf", erklärte Leila und zeigte nach rechts. „Immer geradeaus bis zur Station Mairie des Lilas, dann auf dem Boulevard de la Liberté bis zum Restaurant *Le Gymnase*. An der Ecke vor dem Restaurant wartet Raschid um sechs Uhr auf Sie, Sie kennen ihn schon. Es ist eine halbe Stunde zu laufen, mehr nicht." Leila gab Barbora dreißig Euro, verschwand ohne ein weiteres Wort im Haus und schloss die Tür.

Barbora lenkte ihren Blick von der Tür auf den Kinderwagen, wiederholte für sich die Route „Boulevard de la Liberté. Restaurant *Le Gymnase*" und lief die Rue de Belleville hinauf. Die Räder des Kinderwagens rollten über die trüben Spiegelbilder der Schaufenster auf dem nassen Bürgersteig.

Bis zu dem Treffen mit Raschid war noch eine Stunde Zeit. Der Weg dauerte eine halbe Stunde. Also konnte Barbora ruhig noch für zwanzig Minuten in ein Café gehen und sich aufwärmen. Vom bloßen Gedanken an das Café wurde ihr wärmer. Sie beschloss, die Hälfte des Weges zurückzulegen, um dann zügig zum vereinbarten Treffpunkt zu gelangen, Raschid das x-te Mitbringsel aus Beirut – oder was auch immer Leila dem ewig schlafenden Walid in den Wagen gelegt haben mochte – zu übergeben und sofort den Rückweg anzutreten. Dann musste sie allerdings noch eine halbe Stunde totschlagen, bis es sieben war und Leila aus der Tür schauen würde, um Walid und den Kinderwagen wieder in Empfang zu nehmen. Aber die restliche Zeit konnte sie auch in einem Café verbringen. Konnte sich einfach ausruhen und an etwas Angenehmes denken, an die nahe Zukunft, die auf jeden Fall anders werden würde und in der sich alles um ihr Kind drehen würde, denn Barbora würde keine Kindermädchen und andere Helferinnen engagieren. Um ihr Kind würde sie sich selbst kümmern! Sieben Monate musste sie noch warten, vielleicht sogar weniger.

Die Rue de Belleville zog sich viel länger hin, als Barbora gedacht hatte. Die Häuser mit den Zweihunderter-Nummern waren schon vorüber, jetzt kamen die Dreihunderter. Immer wieder tauchten auf der einen oder der anderen Straßenseite Ziegelzäune und sterile zweistöckige Bauten auf, die von Baugerüsten oder riesigen Reklametafeln verdeckt wurden. Diese sterilen Häuserzeilen machten Barbie Angst, und sie lief schneller. Erst als sie an Häusern mit erleuchteten Fenstern vorbeikam, kehrte sie zu ihrem Spaziergehtempo zurück.

Die Straße führte sie auf einen weitläufigen Platz, den plötzlich eine lange Straßenbahn querte und der mit fröhlichen Lichttupfern aus den Fenstern beschienen wurde. Barbora blieb stehen. Rechts auf der Fußgängerinsel war das einstöckige Gebäude der Métro-Station Porte des Lilas zu sehen, dahinter zog ein großes Eckcafé mit dem grellgelben Licht seiner Schaufenster die Blicke an.

Beim Näherkommen entpuppte sich das Café mit der roten Fassade als Konditorei, was Barbora noch besser gefiel. In der Vitrine lagen die verschiedensten Croissants und Gebäckstücke: von einfachen Rosinen- und Zimtschnecken bis hin zu raffinierten Törtchen mit Cremeröschen und Streuseln weißer Schokolade. An der rechten Wand standen Barhocker vor einer Tischplatte, die sich über die gesamte Wandlänge erstreckte. Sie waren nicht besonders bequem. Barbora schob den Kinderwagen in die hinterste Ecke zwischen der Auslage und dem ersten Hocker hinter der Vitrine und ging zur Ladentheke. Sie nahm einen Pfefferminztee und ein Törtchen mit Backpflaumen, setzte sich auf den Hocker und schaute aus diesem süßen Aquarium, in dem es nach Vanille und frischem Brot duftete, auf die nasse Straße. Sie fühlte sich glücklich. Aber dieses Gefühl war so kurz, dass Barbora es eine halbe Minute später, als sie einen Blick unter die Regenplane warf, schon wieder vergessen hatte. Sie hatte Leila nicht einmal gefragt, ob sie die Milchflasche in den Wagen gelegt hatte für den Fall, dass der Kleine wach wurde.

Barbie hob die Plane hoch und schob sie über das Verdeck am Kopfende – und traute ihren Augen nicht: Sie schnappte nach Luft, als sie statt des Babys in seinem Schneeanzug rechteckige Pakete im Wagen liegen sah. Ihre Hände zitterten, erschrocken blickte sie sich um – zur Theke, zur Verkäuferin, die gerade eine alte Dame mit einem Pudel an der Leine bediente. Ihr Blick ging zurück zu den Paketen, zitternd zerrte sie die Plastikplane vom Verdeck und versteckte den Kinderwagen darunter, ihr Blick war starr.

Barbora fühlte ein Stechen in der Brust, das Blut schoss ihr in den Kopf. Sie schwitzte und knöpfte die Jacke auf, holte ihr Handy raus und rief Andrius an. „Kannst du ganz schnell kommen?“, fragte sie mit bebender Stimme.

„Ja“, antwortete er erschrocken. „Wohin? Wo bist du?“

Als Andrius eine halbe Stunde später in die Konditorei kam, erwachte Barbora aus ihrer Erstarrung. Sie drehte sich um und schaute Andrius verweint an.

„Was ist passiert?“, fragte er leise. „Was ist denn mit dir?“

Barbie beugte sich schweigend zum Kinderwagen und hob die Plastikplane an.

„Was ist das?", fragte Andrius, als er die Pakete sah.

Sie zuckte mit den Schultern.

„Und wo ist das Kind?"

Wieder zuckte sie mit den Schultern und drehte sich zur Wand, wo der kalt gewordene Tee vor ihr stand.

„Wo wolltest du hin?"

Barbora unterdrückte das Weinen und erzählte von Leila und dass die Mutter des Jungen sie schon ein paar Mal geschickt hatte, um Päckchen zu überbringen. Aber das Kind hatte immer im Wagen gelegen, daneben die kleinen Pakete. Aber jetzt fehlte das Kind! Und sie wusste nicht, was die Pakete enthielten! Sie sollte sie zu einem Restaurant auf dem Boulevard de la Liberté bringen, hier ganz in der Nähe.

Andrius beugte sich über den Kinderwagen und befühlte die Pakete, hob das oberste an.

„Fühlt sich an, als wär Papier drin", flüsterte er. „Ich sehe mal nach!"

Die Papierverpackung raschelte.

„Was ist das?", fragte Barbora flüsternd.

„Irgendwelche Talons, ganze Bögen ... Vielleicht Fußballkarten? Halb so wild ... Gott sei Dank keine Drogen!", sagte er halblaut. „Ich nehme ein paar von den Dingern mit, zu Hause sehen wir sie uns an."

Andrius rollte zwanzig, dreißig Bögen zusammen und schob die Rolle in die Innentasche seiner Jacke. Dann wickelte er die restlichen Bögen wieder in das Einschlagpapier und verstaute alles.

„Los, gehen wir. Du lieferst die Dinger ab, und wir gehen heim."

Der Regen tropfte feiner und dichter auf die Plastikplane auf dem Wagen. Schweigend liefen sie durch die leere Straße, die sich an die Rue de Belleville anschloss. Sie führte über Belleville – den Stadtteil, der Barbora vertraut war – hinaus. Hier standen andere Häuser, sie waren neuer und irgendwie grau. Auch die Fassaden der kleinen Cafés sahen unscheinbarer und weniger attraktiv aus.

Barbora schaute konzentriert nach vorn und lief so sicher wie jemand, der seinen seit Kindertagen vertrauten Nachhauseweg zurücklegt. Und den Wagen eskortierte sie eher, als dass sie ihn schob. Andrius fand, dass die Spaziergänge mit dem Kinderwagen für Barbie gar nicht so verkehrt waren, denn bald kam ihr eigenes Kind zur Welt, und dem würden sie auf jeden Fall einen komfortablen Kinderwagen kaufen, wahrscheinlich so einen ähnlichen wie diesen oder sogar einen besseren. Und dann würden sie das Kind zusammen im Park ausfahren, schweigend den Wagen schieben und sich Blicke zuwerfen aus Angst, das schlafende Kind zu wecken.

„Ich gehe allein", sagte Barbora, als sie auf den Boulevard de la Liberté eingebogen waren. „Das muss hier irgendwo in der Nähe sein. Du kannst auf die andere Straßenseite gehen und einfach warten, bis ich komme."

„Gut", willigte Andrius ein. „Bis gleich!", rief er und rannte über die Straße.

Er lief langsamer als Barbora und ließ sie nicht aus dem Blick, sah, wie sie vor der Tür eines kleinen Restaurants stehenblieb.

Auch Andrius blieb stehen und harrte zwischen einem Baum und einem schmutzigen grauen Minivan in einer Parknische aus. Er sah, wie ein Auto vor dem Restaurant hielt und ein junger Mann in einer Lederjacke ausstieg. Der nickte Barbora zu, schob den Kinderwagen an den Kofferraum und lud die Pakete um.

Andrius beobachtete das Auto und wollte zu Barbora hinübergehen, doch irgendetwas hielt ihn ab. Ein Ton, als würden Sohlen über den feuchten Asphalt schlurfen. Andrius schaute sich um und sah einen Mann in etwa zehn Metern Entfernung unter einem Baum stehen. Rechts von ihm parkten nebeneinander mehrere Motorroller mit blauen Warmhalteboxen zur Auslieferung von Pizza. Wie ein Pizzakurier sah der Mann nicht aus. Er beobachtete das Restaurant und Barbora.

Barbie konnte Andrius nicht entdecken, also wendete sie den Kinderwagen und schob ihn gemächlich zurück in Richtung Belleville.

Andrius wählte ihre Nummer. „Geh heim, ich hole dich unterwegs ein!", sagte er.

„Bist du schon losgegangen?" Barboras Stimme klang erstaunt.

„Ja. Ich erkläre es dir später. Geh einfach auf demselben Weg nach Hause."

Seufzend setzte Barbora ihren Weg fort. Sie fand es ungewohnt und unangenehm, den leeren und leichten Kinderwagen vor sich her zu schieben.

Andrius behielt Barbora im Blick und sah auf seiner Straßenseite eine Bushaltestelle. Er lief an den geparkten Autos vorbei und versuchte, unbemerkt bis zu dem Bushäuschen zu kommen. Unter dem Plastikdach blieb er stehen und tat so, als hielte er ungeduldig Ausschau nach dem Bus.

Dem Mann, der vorüberging, fiel Andrius nicht auf. Aber Andrius sah sein Profil. Am markantesten waren die Nase mit einem kleinen Buckel und der gerissene, blinzelnde Blick, den er weiterhin auf Barbora richtete.

Unterwegs blieb Barbora noch ein paar Mal stehen und sah sich um. Den Mann, der sie beschattete, bemerkte sie seltsamerweise nicht. Andrius kam es so vor, als versuchte der Mann nicht mehr, ungesehen zu bleiben, als folgte er ihr ganz offen, wenn auch auf der anderen Straßenseite. Andrius blieb ihm auf den Fersen, ebenfalls ohne sich zu tarnen, er hielt etwa dreißig Meter Abstand.

Eine halbe Stunde später hatten sie die stillen und ausgestorbenen Straßenzüge hinter sich gelassen und waren in den normalen Stadtlärm eingetaucht. Die kleinen Läden und Cafés fluteten die Bürgersteige mit ihrem Licht. Unzählige Fußgänger liefen über den nassen Asphalt. Andrius fiel auf, dass es noch gar nicht so spät war. Er versuchte zu ergründen, warum dort, rings um das Restaurant, alles so verlassen gewirkt hatte. Und auch das Restaurant war geschlossen gewesen. ‚Wahrscheinlich ein Schlafbezirk', dachte er. ‚Die Bewohner waren unterwegs oder noch auf dem Heimweg.' Andrius nutzte die belebten Straßen und schloss zu dem Mann auf, der Barbora verfolgte. Ein paar Mal war er beinahe auf gleicher Höhe mit ihm. Er ließ sich aber immer wieder zurückfallen, um nicht in seinen Blickwinkel zu geraten. Das Porträt des verdächtigen Unbekannten wurde ergänzt um einen Ring im rechten Ohr, der Andrius noch mehr verblüffte. Wer war er? Was wollte er von Barbora?

Als Andrius merkte, dass sie in ein paar Minuten ihr Viertel erreichen würden, rief er Barbora noch einmal an. „Bring den Kinderwagen zurück und geh heim! Ich bin gleich da!", sagte er und legte auf.

Wieder drehte sich Barbora im Gehen um, als fühlte sie, dass Andrius ganz in der Nähe war. Mitfühlend sah er ihren ratlosen Blick.

Leila wartete unter einem durchsichtigen Regenschirm vor der Bäckerei. Sie nahm den Kinderwagen und schob ihn in den Hauseingang, dann drehte sie sich noch einmal zu Barbora um. Sie gerieten in Streit. Ein paar Mal fuchtelte Leila drohend mit der Hand, dann drehte sie sich abrupt um und schlug krachend die Tür hinter sich zu.

Auch der Mann mit dem Ohrring hatte den Streit zwischen den beiden jungen Frauen verfolgt. Als Leila im Hauseingang verschwunden war, konzentrierte er sich auf Barbora. Die überquerte die Straße und ging einen Straßenzug nach oben. Sie schloss die Tür auf und ging ins Haus.

Der Mann stand auf der gegenüberliegenden Straßenseite und schaute auf die Tür, hinter der Andrius' Freundin verschwunden war. Dann hob er den Kopf und fixierte die Fassade. Plötzlich gingen im obersten Stock gleichzeitig zwei Lichter an. Der Mann lächelte. Nickte. Telefonierte mit jemandem. Das Gespräch dauerte keine Minute. Eine Minute später hielt ein weißer Renault, der Mann stieg ein, das Auto fuhr ab.

„Hihi", freute sich Andrius und warf ebenfalls einen Blick auf die beiden Fenster im vierten Stock, in denen soeben das Licht angegangen war. ‚Knapp daneben, Bruder Ohrring, unser einziges Fenster ist eine Etage darunter und geht auf den Hof hinaus', dachte er gehässig.

65. Kapitel. Pienagalys. Bei Anykščiai

Gegen Morgen erwachte Renata von einem seltsamen Gefühl der Kälte und Leere. Als hätte jemand ihre Bettdecke ein klein wenig angehoben, sodass sie nun, obwohl sie da war, nicht mehr wärmte. Renata fror nicht, nein, aber die gewohnte und behagliche „enge" Wärme fehlte. Sie tastete, die Augen noch geschlossen, nach der linken Betthälfte und merkte, dass Vitas nicht neben ihr lag. Sie öffnete die Augen und lauschte. Vielleicht war er in der Küche gegangen und richtete ein Überraschungsfrühstück. Überraschung nannte sie das für sich, weil Vitas in der Küche zwei linke Hände hatte.

Im Haus war es still. Der späte Wintermorgen brach gerade erst an.

Verwirrt stand Renata auf. Sie schaute in die Küche, dann in den Flur. Stille und Leere. Sie wurde nervös.

‚Ist der etwa abgehauen? Weil ich mir die Haare gefärbt habe? Denkt der vielleicht, ich bin ein dummes Landei?' Völlig abwegige Gedanken machten sich in ihrem Kopf breit. Sie versuchte, die Gedanken zu unterdrücken. ‚Dummes Landei, was du dir zusammenspinnst. Warum soll er denn abhauen, wo es uns doch hier mehr als gut geht? Oder geht's nur mir gut mit ihm? Vielleicht ist er zu Viola abgehauen, zu dieser Friseurtusse? Warum sonst ist er zu ihr ins Geschäft gegangen? Obwohl er sich die Haare nicht hat schneiden lassen!'

Renata schüttelte missbilligend den Kopf. Was für absurde Gedanken! Er konnte nicht Auto fahren, und zu Fuß würde er nicht weit kommen. Er war ein Drinnen-Mensch und keiner, den es ständig fortzog.

Aber die Sache ließ Renata keine Ruhe. Sie zog sich an, schlüpfte in ihre Jacke und stieg in Großvaters große Stiefel, die wie seine anderen Schuhe noch immer im Flur standen.

Sie öffnete die Tür und trat hinaus. Das leise Säuseln des Windes drang von den nahen Bäumen herüber, und hinter dem Auto, das zwischen Googlas' Hütte und dem Haus stand, hörte Renata den verharschten Schnee knirschen.

„Vitas? Bist du da?", rief Renata.

„Ja, bei der Hütte." Vitas schaute hinter dem Auto hervor. „Ich spiele hier mit Googlas."

„Idiot!", entfuhr es Renata und sie fing an zu weinen. Laut und hemmungslos.

„Was hast du denn?" Vitas kam angerannt, sprang zur Tür hoch und umarmte die zitternde Renata. „Was ist denn mit dir? Hast du schlecht geträumt?"

„Ich bin erschrocken", sagte Renata. „Und einen Albtraum hatte ich außerdem. Ich bin aufgewacht, und du warst nicht da."

„Ist grade mal eine halbe Stunde her, dass ich rausgegangen bin. Ich wollte ein bisschen mit Googlas spielen. Der langweilt sich hier total."

„Erst warst du gegen den Hund und jetzt willst du auf einmal mit ihm spielen! Wie ein bockiges Kind", zeterte Renata ihm halblaut ins Ohr. Ihr Ärger verklang. Sie wischte die Tränen an seiner Wange ab. Er drückte sie fester an sich, dann ging er mit ihr ins Haus.

Beim Frühstück hatte Vitas immer noch ein schlechtes Gewissen.

„Weißt du, ich habe mich mit dem Hund angefreundet", sagte er, während er sein Rührei aß. „Ich brauche heute seine Hilfe."

„Googlas' Hilfe?", fragte Renata erstaunt.

„Ja, Googlas kann mir helfen. Und du mir auch. Wenn du willst. Ich möchte eine Geschäftsidee überprüfen."

„Und wie kann ich helfen?"

„Wie immer. Du spielst die Chauffeurin!", sagte er lächelnd. „Du bringst mich und Googlas in die Stadt. Heute Abend, so gegen acht."

„Und wann soll ich euch wieder abholen?", wollte Renata wissen.

„Du kannst mitkommen. Das würde ich an deiner Stelle auch machen."

„Warum denn?"

„Na, weil wir zu deiner Bekannten fahren! Sie freut sich sicher, dich zu sehen."

„Zu meiner Bekannten?“ Renata überlegte fieberhaft, welche Bekannte sie in Anykščiai hatte. Enge Bekannte, denen sie einen spontanen Besuch abstatten könnte, hatte sie keine. Höchstens das Pärchen aus ihrer alten Klasse in Andrioniškis, das irgendwann nach Anykščiai gezogen war. Aber seit sie aus der Schule waren, hatten sie sich, wenn überhaupt, immer nur zufällig auf der Straße getroffen.

„Schon gut“, unterbrach Vitas ihre Grübelei, „wir fahren zu Viola! Zu deiner Friseuse!“

„Zu Viola? Abends um acht? Mit Googlas? Woher kennst du sie überhaupt?“ Renata feuerte die Fragen wie eine Gewehrsalve ab.

„Über dich natürlich. Wie viele Friseusen gibt es in Anykščiai? Anderthalb. Und eine einzige, die dir die Haare gefärbt hat. So bin ich auf sie gekommen. Damit deine und meine Haare von derselben Frau gefärbt werden.“ Vitas lächelte doppeldeutig.

Renata schaute Vitas skeptisch an und versuchte herauszufinden, ob das ein Witz war oder ob er sich über sie lustig machte. „Willst du dir wirklich die Haare färben lassen?“

„Ja, schneiden und färben lassen“, rief Vitas. „Abgestimmt auf dich! Damit alles in diesem Haus zu deinem geliebten Rot passt!“

„Rot ist nicht meine Lieblingsfarbe! Dass du es bloß weißt! Meine Lieblingsfarbe ist Grün!“

„Dein Auto ist rot, dein Lieblingspullover ist rot?“ Vitas warf einen triumphierenden Blick auf den erwähnten Pullover, den Renata gerade trug.

„Der Pullover stimmt, die Farbe nicht“, erklärte sie. „Es gibt so gut wie keine grünen Autos. Du verstehst mich nicht!“

„Was gibt’s denn da zu verstehen?“, sagte er schulterzuckend. „Klug, hübsch, kreativ, geheimnisvoll, immer den eigenen Kopf durchsetzen, und du streitest lieber als du küsst ... Stimmt doch, oder?“

„Witzbold!“, rief Renata mit gespielter Kränkung.

Den ganzen Tag saß Vitas am Computer und schrieb etwas aus dem Internet in sein Heft. Als Renata vorbeiging, warf sie einen neugierigen Blick in das geöffnete Heft, sah aber nichts weiter als ein gutes Dutzend Telefonnummern mit irgendwelchen Kommentaren. Als es dunkel wurde, erinnerte Vitas Renata an die Fahrt nach Anykščiai.

Googlas, der auf den Rücksitz verfrachtet worden war, wirbelte aufgeregt hin und her und versuchte, auf den Vordersitz zu springen und sich auf Vitas’ Schoß zu legen.

Renata war es nicht gewöhnt, im Dunkeln zu fahren, angespannt starrte sie auf die Fahrrinne im gelben Scheinwerferlicht. Das Auto schaukelte wie ein Boot auf einem Waldsee mit leichtem Wellengang.

Als sie die Asphaltstraße erreichten, seufzte Renata erleichtert. Sie musterte Vitas und seine dunklen, zerzausten Haare. ‚Ein Friseurbesuch würde ihm wirklich nicht schaden', dachte sie. ‚Aber warum muss der Hund mit?' Sie schaute in den Rückspiegel, aber Googlas war nicht zu sehen. Sie drehte sich kurz um – er lag ruhig auf dem Rücksitz hinter ihr.

Der Friseursalon war hell erleuchtet. Das erste, was Renata auffiel, als sie hereinkam, war die beige Babybadewanne. Sie stand unter der Garderobe. Viola nickte Renata freundlich zu, schien sich jedoch über Vitas' Erscheinen weitaus mehr zu freuen.

„Der Welpe ist im Auto", teilte Vitas Viola als Erstes mit. „Und? Wie besprochen?"

Viola nickte. Renata beobachtete die junge Friseuse mit Argusaugen und registrierte Zweifel und Unsicherheit in ihrem Blick, aber keinerlei Unbehagen oder Befangenheit.

Viola rollte den Frisierstuhl in die Ecke des Salons und bat Vitas, mit ihr das Schränkchen mit den Schubfächern für die Frisierutensilien vor den Spiegeltisch zu schieben, dann setzten sie die Wanne darauf.

Vitas trug Googlas herein. Der Welpe wackelte mit der Schnauze und beäugte den hellen Raum mit den zahllosen Spiegeln. Vitas setzte den Hund in die Wanne und kraulte ihm den Nacken. Googlas leckte Vitas die Hand und schaute neugierig in den Wandspiegel. Irgendwann war er so fasziniert von seinem Bild, dass er die kraulende Hand vergaß.

„Hat er sich etwa noch nie im Spiegel gesehen?", fragte Vitas lächelnd.

„Natürlich nicht", sagte Renata. „Hat er vielleicht einen Spiegel in seiner Hütte?"

Viola ging um die Wanne herum und taxierte den Hund mit einem professionellen Blick.

„Also los, aber halt ihn bitte unbedingt fest!", bat sie Vitas, ging zum Waschbecken und drehte den Hahn auf.

Googlas hörte das fließende Wasser, spitzte die Ohren und knurrte.

„Du Dummerchen!" Vitas gab ihm ein paar Stupser auf die kalte Nase. „Hier wird nicht gebellt und auch nicht geknurrt."

Viola drückte unterdessen den Hebel am Wasserhahn nach unten, und das Plätschern hörte auf. Dann gab sie Vitas den Duschkopf mit einem beweglichen Schlauch.

„Halt ihn drüber, ich drehe jetzt langsam das warme Wasser auf."

Googlas zuckte erstaunt zusammen, als plötzlich von oben Wasser kam. Er hielt die Schnauze in die Spritzer, steckte die Zunge in den Strahl, leckte. Wehren wollte er sich offensichtlich nicht.

„Du musst ihn richtig nass machen", sagte Viola. Sie nahm die Shampooflasche und drückte sich einen Streifen breiiges, grünes Gel in die hohle Hand. „Na, dann mal los", flüsterte sie, ging zur Wanne und fing an, Googlas' feuchten Rücken einzuseifen. Ihre Hand wanderte vom Schwanz zur Schnauze und wieder zurück. Auf ihrem Gesicht lag ein angespanntes Lächeln. „Ist das erste Mal, dass ich einem Hund den Kopf wasche", flüsterte sie und prustete los.

„Konzentrier dich!", rief Vitas und musste lachen. „Du wäschst ihm grade nicht den Kopf. Guck doch hin!"

Viola schaute hinab und musste auch lachen. Ihre Hände rieben gerade den Schwanz und den Hintern ein.

Renata brachte nicht einmal ein Lächeln hervor. Sie überlegte, warum Viola, anstatt Vitas die Haare zu schneiden, Googlas shampoonierte. Er war doch sauber und natürlich schön.

Googlas – über und über mit Schaum bedeckt – heulte einmal kurz auf, wahrscheinlich weil ihm Shampoo in die Augen gekommen war.

Als der Schaum abgespült war, föhnte Viola den Welpen trocken und kämmte ihn mit einer Haarbürste mit dichten Borsten.

Vitas stand daneben und strich Googlas hin und wieder über den Rücken.

‚Und dafür sind wie hierhergefahren?', dachte Renata und schaute den Hund an, der auf sie traurig und mitgenommen wirkte. ‚Hätte ich das nicht einfach zu Hause machen können?'

„Jetzt kommt das Schwierigste." Viola schaltete den Föhn ab und legte ihn auf den Frisiertisch. „Ich binde euch am besten einen Umhang um, damit ihr nicht vollgespritzt werdet!"

Sie holte leichte Wachstuchumhänge, die ihre Kunden während des Frisierens vom Hals abwärts schützten. Einen Umhang bekam Vitas. Renata schien es, als zupfe Viola extra lange die Papierkrause glatt, die die groben Ränder des Umhangs von Vitas' Hals fernhalten sollte. Aber mit Renata gab sie sich genauso viel Mühe. Dann holte sie aus dem Schubfach unter dem Tisch die Tube mit der roten Haarfarbe – dieselbe, die sie für Renata verwendet hatte – und zog blaue Gummihandschuhe an. Sie drückte sich Farbe in die Hand und ging zu Googlas.

„Moment mal!", rief Renata. „Was macht ihr denn da? Wieso wollt ihr ihn färben? Und noch dazu in meinem Rot!"

„War seine Idee." Viola nickte Vitas zu. Sie war verwirrt.

„Wieso das? Willst du dich über mich lustig machen? Weil ich mir die Haare gefärbt habe?" Renata war den Tränen nahe. Sie ging zum Spiegel und starrte hinein.

„Hast du sie noch alle?", fuhr Vitas sie erschrocken an. „Natürlich nicht! Niemand macht sich über dich lustig! Du hast mir einfach eine Idee geschenkt! Wenn sie funktioniert, sind wir alle Geldsorgen los und können seelenruhig weiter auf deinem geliebten Hof bleiben und uns ab und zu einen Urlaub auf Mallorca leisten!"

Dann war es still. Renata schaute Vitas schweigend an. Seine Worte waren nicht im Ganzen bis zu ihr vorgedrungen, sondern nur silbenweise. Jetzt fügte sie die einzelnen Silben zusammen und hörte sie sich noch einmal an. „Hast du sie noch alle?" war Vitas' erster Satz, den sie vollständig erfasste. Wie ein Echo klang das kürzlich gehörte „Bist du verrückt?" aus der Erinnerung herauf. In ihren Augen glitzerten Tränen.

„Was wollt ihr denn nun: Soll ich den Hund färben oder nicht?", brummte Viola verärgert. Sie schaute Vitas durchdringend an. „Aber so oder so kriege ich hundert Litas von dir! Du denkst doch nicht, dass ich mich hier für dich umsonst hinstelle!"

„Ja, natürlich", sagte er. „Warte kurz. Bin gleich zurück."

Er nahm Renata bei der Hand und ging mit ihr raus in die Kälte.

‚Jetzt frieren mir gleich die Tränen in den Augen fest', dachte sie. Sie fühlte sich willenlos und ausgeliefert.

„Renata, mein Schatz, jetzt hör mir mal zu!" Vitas umarmte sie und flüsterte ihr mit einem heißen Hauch ins Ohr: „Du musst mir glauben! Wenn ich dir meine ganzen Ideen und Pläne erzähle, lachst du mich aus! Du tickst einfach anders. Du bist an einem anderen Ort aufgewachsen! Vertrau mir bitte! Wenn alles schiefgeht, dann nenn mich ruhig einen Idioten, einen Volltrottel! Aber bitte lass mir erst mal freie Hand. Ich erkläre dir und zeige dir alles, wenn's so weit ist! Und dann wirst du entweder mit mir zusammen reich oder jagst mich zum Teufel, zurück nach Kaunas!"

„Warum sollte ich dich denn zum Teufel jagen?", flüsterte Renata unter Tränen.

„Weil du ein Kind bist! Weil du dich zurückgesetzt fühlst! Aber du musst mir glauben! Meine Idee kann funktionieren! Du hast über meine Flugschreiber gelacht – und ich habe sie verkauft! An einen anderen Verrückten, an einen amerikanischen Verrückten habe ich sie verkauft! Die gibt's überall, sogar in Amerika!"

„Und was du dir jetzt ausgedacht hast, ist das auch was für Verrückte?"

„Nein, nicht ganz. Du brauchst keine Angst zu haben, Googlas bleibt doch nicht rot. Die Farbe verblasst sowieso."

Renata nickte. Sie begriff, dass das, was in Vitas' Kopf vorging, für sie genauso rätselhaft blieb wie das Innenleben des Flugschreibers. Der Flugschreiber konnte die Vorgänge in seinem Innern nicht erklären. Vitas hätte es gekonnt, versuchte es aber gar nicht erst. Auch jetzt nicht. Immer nur Versprechungen. Kam das tatsächlich davon, dass sie über seine Flugschreiber gelacht hatte?

Sie gingen zurück in den Frisiersalon. Viola saß auf dem Frisierstuhl, den sie weggeschoben hatte, und trank Kaffee aus einer kleinen Porzellantasse. „Ebenfalls ein Kaffee gefällig?", fragte sie verärgert und schnippisch.

„Gern", sagte Vitas. „Aber erst, wenn wir fertig sind!"

„Der Kunde kann nicht mehr stehen." Viola deutete auf Googlas, der jetzt in der Wanne lag.

Erst nach Mitternacht kamen sie los, müde und irgendwie deprimiert. Googlas lag gefärbt und geföhnt auf einer Wachstuchdecke von Viola auf der Rückbank. Er döste, Herrchen und Frauchen hatten ihn kurz vergessen.

Als das Auto an der Scheune hielt, schaltete Renata das Kabinenlämpchen ein und drehte sich zum Welpen um. Googlas' Fell leuchtete tatsächlich in demselben Rot wie ihre Haare, ihr Pullover und ihr Auto.

„So ein Affenzirkus!", rief Renata und knipste das Licht wieder aus.

66. Kapitel. St. George's Hill. Grafschaft Surrey

Noch nie hatte der Wind so heftig an den Schlafzimmerfenstern gerüttelt wie in dieser Märznacht. Klaudijus war gerade erst eingeschlafen, nachdem er das Bett mit einer Wärmflasche vorgewärmt hatte. Diese Wärmflasche, die unbenutzt unter dem Bett lag, hatte Klaudijus' Interesse gefunden, seit Ingrida zum Schlafen ins *Beatrice* ging.

Klaudijus erinnerte sich, wie er lachen musste, als er in ihrem Zimmer in der Londoner Souterrain-Wohnung mit der Gemeinschaftsküche und der Schlange vorm Bad eine Wärmflasche unter dem Bett entdeckt hatte. Als er klein war, hatte seine Großmutter eine solche Wärmflasche benutzt, und auch das nur in ihren letzten Lebensjahren. Sie fror ständig, weder tagsüber noch nachts war es ihr warm genug. Immerzu hatte sie einen Wasserkessel auf dem Gasherd stehen, kippte das kalte Wasser aus und füllte heißes nach, presste die Wärmflasche an sich, nahm sie auf den Schoß wie eine Katze oder wärmte sich damit den Bauch. Abends ging sie mit der Wärmflasche ins Bett. Seitdem war eine Wärmflasche für Klaudijus ein komisches Relikt aus der Vergangenheit, wie ein Grammophon oder ein Drahtfunkempfänger. Nun jedoch war der Moment gekommen, wo auch er den Nutzen dieser alten Erfindung anerkennen musste. Den Nutzen und die Effizienz. Denn was war abends für den Körper am wichtigsten? Dass er es beim Einschlafen warm hatte. Wenn man morgens von der Kälte aufwachte, war das nicht so schlimm, als wenn es mitten in der Nacht passierte.

Als der Sturm in dieser Nacht wie ein Vogel gegen die Scheibe schlug, war das Wasser in der Wärmflasche noch heiß, Klaudijus war gerade erst eingeschlafen. Aber der Sturm war stärker als der Schlaf.

Verdrossen, weil ihn der Lärm geweckt hatte, ging Klaudijus in die Küche, schaltete den Wasserkocher ein und setzte sich im Dunkeln an den Tisch. ‚Sie tut doch sicher auch kein Auge zu', dachte er beim Anblick von Ingridas Handy, das sie wie immer auf dem Tisch zurückgelassen hatte.

Er ging in den Flur und machte die Tür einen Spalt breit auf. Ein Windstoß fuhr ihm ins Gesicht, drang ins Haus, spielte in den Gardinen. Der Wind kam Klaudijus warm vor. ‚Wahrscheinlich aus Afrika', dachte er. ‚Ein Golfstrom aus Luft!'

Barfuß schlüpfte er in die Stiefel, ließ die Schnürsenkel offen und trat in Hemd und Unterhose hinaus ins nächtliche Dunkel. Die Tür zog er zu, schloss aber nicht ab. Vor wem sollte er sich hier fürchten, wenn alle Tore und Pforten geschlossen waren?

Auf dem Weg zur Villa spürte er das ungestüme Wirbeln der warmen Luft. Zwanzig Schritte vor dem Haupteingang blieb er stehen, mitten im Garten, den er ungenügend gepflegt hatte. Im Dunkeln sah die Villa massiver und geheimnisvoller aus. Er schaute zum äußersten linken Fenster im zweiten Stock hoch. In diesem Zimmer lag Ingrida. Konnte sie bei diesem Sturm tatsächlich schlafen?

Als wäre es Gedankenübertragung, ging Licht im Zimmer an. Es war nicht hell und drang nur an den Rändern durch, dort, wo die Vorhänge das Fenster nicht ganz verdeckten.

‚Vielleicht hat sie die Tür offen gelassen?' Klaudijus' Blick wanderte zu den Säulen am Haupteingang. Er stieg die Stufen hinauf und rüttelte an der Klinke, aber die Tür gab nicht nach.

Wieder zurück im Torhaus, setzte er sich an den Tisch, schaute den schwarzen Wasserkocher an und überlegte, ob er sich einen Tee machen sollte. Seufzend ließ er es sein. Seine Gedanken gingen wieder zu Ingrida. Sie hatten es hier doch so gut gehabt. Bis vor Kurzem noch. Mit jedem Tag entfernte sich Ingrida mehr von ihm. Obwohl sie niemanden hatte, für den sie Klaudijus verlassen konnte. Es war ja niemand weiter da. Irgendetwas passte ihr an ihm nicht. Es war also sein Problem. Nicht umsonst hatte sie unlängst gesagt: „Wenn du nicht ..." Das war eine Drohung gewesen! Ingrida hatte den Satz nicht zu Ende gesprochen. Aber Klaudijus hatte ihn auch so verstanden. Sie würde weggehen, wenn er sich nicht änderte. Wenn er seine Einstellung zum Leben nicht überdachte ... Wo würde sie hingehen? Wann? Jetzt war sie nur nachts fort. Und wenn sie sich ganz von ihm trennte?

Diese Gedanken machten Klaudijus Angst. Er holte die Wärmflasche von oben, füllte heißes Wasser ein und ging wieder hinauf ins Schlafzimmer.

„Ich konnte die ganze Nacht nicht schlafen", jammerte er beim Frühstück. „Das war vielleicht ein Sturm!"

„Ich hab geschlafen wie tot", sagte Ingrida lachend und stach mit der Gabel das Weiße vom leuchtend orangen Eigelb an ihrem Spiegelei ab. „Dafür ist es jetzt herrlich still und sonnig!" Sie warf einen Blick aus dem Fenster.

Der ruhige und sonnige Morgen, der auf diese stürmische Nacht folgte, wurde von Achmeds Ankunft getrübt. Er kam nicht allein, sondern mit einem feschen jungen Araber.

„Der Fotograf", stellte Achmed ihn vor, ohne den Namen des Gastes zu nennen.

Der junge Mann nickte und stellte einen schwarzen Lederkoffer auf dem Boden ab.

„Der potentielle Käufer hat ihn beauftragt, Fotos vom Grundstück zu machen.“

„Und wo kommt der Käufer her?“, wollte Klaudijus wissen. „Etwa aus Moskau?“

„Aus Katar.“

Klaudijus und Ingrida sahen sich schweigend an.

„Ich nehme die Schlüssel von allen Gebäuden“, sagte Achmed und lief entschlossen zum Torhaus.

Der Fotograf holte seine Kamera aus dem Koffer und begann mit der Arbeit. Zuerst fotografierte er das Torhaus von außen, dann ging er hinein. Achmed ging in den Hof, klimperte mit dem Schlüsselbund und wartete auf den Fotografen. Ingrida und Klaudijus fühlten sich beide überflüssig, obwohl sie gar nicht darüber gesprochen hatten. Klaudijus ging auf Ingrida zu und nahm sie bei der Hand. Sie standen vor dem roten Ziegelbau wie vor einem Krankenbett, in dem ihr Kind lag.

„Sie brauchen uns jetzt nicht?“, fragte Klaudijus, als die beiden Männer aus dem Haus kamen und zur Villa gingen.

„Im Moment nicht“, antwortete Achmed im Umdrehen.

„Sie brauchen uns auch hier nicht“, flüsterte Ingrida.

„Hör mal, wir haben ewig keine Fotos von uns gemacht!“ Klaudijus schaute in Ingridas traurige Augen. „Komm, wir machen ein Fotoshooting! Zur Erinnerung!“

„Mit dem billigen Handy?“, fragte Ingrida spöttisch.

„Nein, im Koffer liegt eine gute Olympus. Ich hab sie ausprobiert, sie funktioniert.“

„In welchem Koffer?“

„In der Abstellkammer. Unten. Spielt doch keine Rolle, zeige ich dir später! Soll ich sie holen?“

Das spontane Fotoshooting lenkte Ingrida etwas ab und hob ihre Laune. Aus ihren Augen verschwand die Traurigkeit, ein Lächeln trat auf ihre Lippen. Klaudijus fotografierte sie im Irrgarten, der immer noch verwildert aussah, auf der Treppe vor der Villa und vor ihrem Ziegelsteinhaus.

Als Achmed und der junge Mann mit dem Koffer aus der Villa kamen, bat Klaudijus den Fotografen, von ihm und Ingrida eine Aufnahme zu machen.

„Gute Kamera“, sagte der Fotograf und gab Klaudijus die Olympus zurück.

„Na, die werde ich sicher nicht vergessen!“, rief Kukutis ungehalten, als er aus der Apotheke kam. „Hol sie der Teufel!“

Er schaute sich um. Eine Kleinstadt, nichts Besonderes. Und auch kein besonderer Name: Offenburg! Städte mit solchen Namen gab es in Deutschland Dutzende, wenn nicht gar Hunderte. Aber diese war kurz vor der französischen Grenze, einmal über den Rhein, und dahinter lag schon Strasbourg.

Hier hatte ihn Joachim, der Tscheche, abgesetzt und war mit seinem Sattelschlepper allein weitergefahren. Auf den deutschen Straßen mache ihm das Fahren mehr Spaß als auf den französischen, hatte er gesagt. Obwohl die Straße jenseits der Grenze, die den Rhein hinab führte, eigentlich nicht anders war.

Kukutis entdeckte vis-à-vis der Apotheke eine echte deutsche Kneipe, unscheinbar, nicht darauf aus, mit einem Schild oder der Fassade zum wichtigsten Etablissement der Straße zu werden. Die Glasscheibe in der Tür zeigte einen silbernen Profilkopf mit Mephisto-Bart und Hut sowie eine Hand, die ein Bierglas hielt. Über der Tür hing ein Schild mit dem gleichen Profilkopf, dem gleichen Glas und dem Namen *Zum Teufel.**

Kukutis musste lächeln und vergaß die Apothekentante, die ihn verärgert hatte. ‚*Beim Teufel* oder *Auf den Teufel*?‘, überlegte er. Seine Beine – das gesunde und das hölzerne – lenkten ihn zur Tür.

Drinnen war es warm, anders aus draußen. Das kam davon, dass die warme, schwere Kulisse drinnen die Kälte von draußen stoppte und nicht hereinließ. Anders als die Menschen, die vor der Kälte flüchteten. Eigentlich reichte es auch langsam mit der Kälte. Immerhin war schon März! Frühling!

Dunkle, klobige Tische, schwere Bänke und Stühle. Ein paar Gäste – alles Männer, alle mit einem Bier, aber nicht alle beim Essen. Gedämpftes Licht. Von Kukutis nahm niemand Notiz.

Er setzte sich an einen freien Tisch. Sein Magen war leer, seine Kehle trocken. ‚Das passt doch bestens‘, dachte er. ‚Ich nehme noch mal Würstchen mit Sauerkraut, denn drüben, hinter der Brücke, ist

---

* Im Original auf Deutsch.

schon Frankreich, und dort gibt es französisches Essen. Die Franzosen mögen keine Würstchen. Sie haben andere Leckerbissen!'

„Was wollen Sie?“, erklang neben ihm eine angenehme und freundliche Frauenstimme.

Eine Kellnerin um die dreißig mit einer weißen Schürze und in einem flotten Dirndl ließ den Gast ihre blendend weißen und ebenmäßigen Zähne bestaunen.

Kukutis war schon kurz davor zurückzulächeln, besann sich aber im rechten Augenblick. Der inoffizielle Wettbewerb *Wer hat mehr Zähne?* hätte ihm keine Chance gelassen.

Er bestellte das, was er sich gewünscht hatte: Wiener Würstchen mit Sauerkraut und ein Glas Bier. Und fragte wegen des Namens.

„Ist vor hundert Jahren auf Betreiben der Offenburger Ehefrauen umbenannt worden. Früher hieß die Kneipe *Zur Quelle*. Damals wollten die Frauen ihre Männer vom Saufen abbringen. Die Kneipe wurde so genannt, damit die Frauen die Frage: ‚Und wo ist dein Mann?' besser beantworten konnten, wenn er nicht zu Hause war.“

„Dann also *Beim Teufel*“, schlussfolgerte Kukutis.

Das Sauerkraut war dieses Mal noch leckerer. Und die Würstchen auch. Kukutis wunderte sich, wie sehr sich seine Zunge – alt und müde vom Essen – über diesen Schmaus freute und diese Freude an das Gehirn weiterleitete, wo sie sich in gute Laune verwandelte. ‚Deutschland will mich tatsächlich nicht weglassen!', glaubte Kukutis und musste an Joachim, den jungen Tschechen, denken. ‚Siehst du, den haben die deutschen Straßen gehalten und dazu gebracht, den Grenzübertritt möglichst lange hinauszuschieben, und mich wollen Sauerkraut und Würstchen aufhalten. Vielleicht bleibe ich noch ein bisschen in Deutschland? Und gehe erst weiter flussabwärts rüber nach Frankreich?'

Kukutis schüttelte den Kopf und schalt seine Gedanken eine launische Koketterie vor einem leckeren Essen. Essen hin oder her, bis nach Paris war es noch ein ganzes Stück. Und dort war ein Mensch in Not. Oder kurz davor, in Not zu geraten. Nein. Er musste los. Nicht sofort natürlich, sondern wenn er das Sauerkraut und die Würstchen aufgegessen, das Bier ausgetrunken und alles bezahlt hatte. Ob das allerdings mit der jungen Kellnerin reibungslos klappte? Sicher hatte sie keine Ahnung von der Kraft der Silbermünzen. Sie würde kaum wissen, dass das, was er jetzt verzehrte, nicht mehr als zehn russische Silberkopeken kostete. Aber sie war ja auch nur eine Kellnerin, sie würde sicher bei der kleinsten Gelegenheit den Besitzer holen oder jemanden, der über ihr stand. Höher stehen oder älter sein, das kam fast aufs selbe raus. Denn je älter ein Mensch war, umso klüger war er auch. Und ein kluger Mensch nahm die Münze in die Hand und wusste gleich, woraus sie gemacht war und wie viel Bier Kukutis noch trinken konnte, damit es mit dem Wechselgeld hinkam. Auf Silber gab man früher Kupfergeld heraus, aber die Kneipen und Bäckereien hielten heutzutage kein Kupfer als Wechselgeld mehr vor.

Plötzlich fiel ihm die Apothekentante von gegenüber wieder ein, und seine Stimmung war hin. „Blöde Kuh", rief Kukutis und zog den Kopf ein wie ein erschrockener Truthahn. Er hatte Angst, es könnte ihn jemand gehört haben. Aber die Angst war unbegründet.

‚Wie geht man denn mit so jemandem um?', überlegte er weiter und ließ das unangenehme Ereignis noch einmal Revue passieren, hielt aber den Mund geschlossen und redete nur in Gedanken. ‚Da sag ich zu ihr: Geben Sie mir was gegen die Erinnerung, und sie bringt mir irgendwelche Tabletten gegen Gedächtnisschwund! Ich sage ihr, dass mir mein Gedächtnis Sorgen bereitet, dass ich nicht vorwärts komme, weil ich mich an alles und jedes erinnere: an das, was achtzig Jahre zurückliegt, genauso wie an das, was gestern war. Ich erkläre ihr, dass ich alles vergessen will oder wenigstens die Hälfte. Sie guckt mich an, als wäre ich verrückt, und sagt, ich solle erst zum Psychologen gehen und dann in die Apotheke kommen. Dabei gibt es solche Tabletten. Mit denen man das Gedächtnis ruhigstellen kann. Eine blaue Schachtel mit roten Streifen, *Memorin* steht drauf. Das letzte Mal hab ich sie vor zehn Jahren in Polen gekauft. Hätte ich doch nur mehr genommen! Vielleicht hab ich irgendwo in meinem Bein noch einen Streifen? Aspirin ist da und Baldrian auch!'

Kukutis bückte sich, zog das Hosenbein hoch, schielte auf die Silberringe. Er zog ein Kästchen heraus. Da lagen in Stoff gewickelte Münzen drin. Er zog ein zweites Kästchen heraus, das enthielt Streichhölzer und polnische Briefmarken. Im dritten lag eine Mundharmonika mit einem Metalldeckel. *Liebling* stand darauf in Reliefbuchstaben. Kukutis nahm die Mundharmonika zur Hand, und schwupp – hatte die Hand das Instrument zum Mund geführt. Kukutis juckten die Lippen. Er blies und hörte einen weit entfernten und zugleich vertrauten Ton. Er setzte das Instrument ab. Doch der Ton verschwand nicht, er wurde nur langsam leiser.

Die anderen Gäste drehten sich um. Auch die Kellnerin, die am Nachbartisch das schmutzige Geschirr aufs Tablett räumte, sah auf. Sie warf Kukutis einen angespannten, nervösen Blick zu.

Lange hielt er es nicht aus. Wieder berührten Kukutis' Lippen die Mundharmonika.

Eine traurige und zugleich vergnügliche Melodie, als erzählte man einem lebensgefährlich Verletzten einen Witz, klang durchs Lokal.

Mit schnellen Schritten, die die Mundharmonikamusik konterkarierten, klackerte die Kellnerin in der weißen Schürze und mit dem Tablett Richtung Küche. Bevor sie die Küche betrat, drehte sie sich noch einmal um. Sie stellte das Tablett ab und ging zurück an den Tresen, dort klemmte sie den Telefonhörer ans Ohr und drückte drei Knöpfe. „Polizei? Bitte schnell *Zum Teufel*!"*

„Alles verstanden, in drei Minuten",* antwortete eine militärisch zackige Männerstimme. Die Kellnerin legte auf.

Kukutis' Melodie erklang weiter. Die Gäste – alle außer dem Alten mit dem Holzbein – hielten inne und hörten auf zu essen und zu trinken. Als warteten sie darauf, dass es wieder still wurde.

68. Kapitel. Paris

Unter lautem Vogelgezwitscher brach ein trüber Pariser Morgen an. Andrius schob die Vorhänge beiseite, um kein Licht machen zu müssen, damit Barbora weiterschlafen konnte.

Er setzte sich an den Tisch, nahm eins von den Blättern zur Hand, die er gestern aus dem Päckchen im Kinderwagen gezogen hatte, und betrachtete die aufgedruckten Talons oder Tickets. Sie waren alle gleich: Auf den blau-rosa Scheinen stand *Ticket Restaurant* und daneben der Betrag von *7,50 €*. Rechts oben das Jahr: *2008*. Ganz unten war eine endlose Zahlenreihe und rechts ein senkrechter Strichcode.

„Essensgutscheine", mutmaßte Andrius. „Wie viele werden das insgesamt gewesen sein?"

Auf einem Blatt waren zehn Talons – zwei Reihen à fünf. Andrius zählte seine Beute. Zweiundzwanzig Bögen! Zweihundertzwanzig Restaurantgutscheine! Wie viele das wohl insgesamt waren? Tausende

---

* Im Original auf Deutsch.

wahrscheinlich oder sogar Zehntausende! Bei sieben Euro fünfzig pro Gutschein ging es um Zehntausende Euro.

„Bist du schon auf?" Barbora hob den Kopf vom Kissen und schaute ihn mit schläfrigem Blick an. „Wieso warst du denn gestern Abend auf einmal weg?"

„Ich hab's dir doch erklärt, aber du hast mir nicht zugehört! Hast gleich losgeweint! Tee oder Kaffee?"

„Tee!", rief Barbora. Sie schlug die Decke zurück, angelte sich ihre Hausschuhe und warf sich den Hausmantel über.

Der Wasserkocher sprudelte im Duett mit der Dusche.

„Stell dir das mal vor", stotterte Barbora nervös, während sie sich setzte und das Handtuch über die Beine legte. „Da sage ich zu ihr: ‚Das Kind war gar nicht drin!', und sie: ‚Walid ist erkältet. Ich hab ihn zu Hause gelassen! Und wo haben Sie sich herumgetrieben? Raschid hat eine halbe Stunde auf Sie gewartet!' Ich wusste einfach nicht, was ich sagen sollte. Hab kein Wort rausgebracht. Da gehe ich nicht mehr hin."

„Natürlich nicht, nein." Andrius versuchte sie zu beruhigen. „Du darfst dich nicht aufregen. Das schadet dir! Du hast doch selbst gesagt, dass du lieber mit dem Hund spazieren gehst als mit dem Baby! Also vergiss sie einfach! Guck mal, was wir hier haben." Er zeigte Barbora einen Bogen mit Gutscheinen.

„Und was ist das?"

„Restaurantgutscheine, würde ich sagen! Deine Leila handelt wahrscheinlich mit den Dingern. Hätte ich das gewusst, hätte ich mehr genommen!"

„Restaurantgutscheine – wie funktionieren die denn?", überlegte Barbie laut.

„Ich weiß es auch nicht so genau! Aber das werden wir schon rausfinden! Du führst doch heute den Hund aus? Dann schneide ich einen Talon ab, und du zeigst ihn der Hundebesitzerin und fragst sie! Sie ist von hier, sie muss es wissen."

Barbora nickte. „In drei Tagen ist die Miete fällig", erinnerte sie. „Uns fehlen noch vierzig Euro."

„Keine Angst, das machen wir heute klar!" Andrius schaute zur Tür, neben der sein goldener Stock lehnte. „Ich gehe in einer halben Stunde los. Vielleicht klappt's heute wieder so gut wie vor drei Tagen. Weißt du noch, da habe ich achtzig Euro verdient." In Andrius' Augen glänzte Stolz.

Andrius hatte den Stock mit Zeitung umwickelt und ging los. Er trug ihn wie einen Schirm. Der Stock mit der Goldfolie sollte keine unnötige Aufmerksamkeit erregen. Andrius lief zehn Schritte Richtung Métro und blieb stehen. Etwas irritierte ihn. Er blickte sich um und beschleunigte den Schritt, fünfzehn Meter weiter überquerte er die Straße und machte erst dort, wo er sich zwischen den vielen dahineilenden Passanten sicher fühlte, kehrt, um im Schutz der Hauswände entgegen dem Menschenstrom, der dem Eingang der Métro-Station Jourdain zustrebte, wieder zurückzugehen.

Eine Minute später wusste er, dass er sich nicht getäuscht hatte: Der Mann mit der buckeligen Nase und dem Ohrring stand wieder vis-à-vis von ihrem Haus auf der gegenüberliegenden Straßenseite und observierte die blaue Tür. Schwarze Jacke, schwarze Jeans, genau wie gestern. An diesem Morgen trug er außerdem noch einen leichten dunkelblauen Schal, den Andrius am Abend zuvor nicht an ihm gesehen hatte.

Andrius lief hinter ihm vorbei. Er schlüpfte durch die offene Tür in ein Café, von dem aus er ihr vierstöckiges Haus und die blaue Eingangstür im Blick hatte. Am Tresen bestellte er einen Espresso, und während der Mann an der Bar entspannt zusah, wie der dünne braune Strahl in die Tasse floss, holte Andrius sein Handy heraus.

„Barbie", rief er ins Telefon, bemüht, seine Stimme zu beherrschen und keine Aufregung zu verraten. „Barbie! Hörst du mich? Bleib erst mal zu Hause! Geh jetzt nicht raus!"

„Warum?", wunderte sich Barbora.

„Ich erkläre es dir später. Ich ruf dich noch mal an!"

Als Andrius das Handy wieder in seiner Jacke verstaut hatte, bemerkte er den neugierigen Blick des Barkeepers. „Quelle langue vous avez parlé?", fragte er freundlich.

„Pas français, anglais, s'il vous plaît",* antwortete Andrius stereotyp und ebenfalls freundlich.

„Welche Sprache haben Sie da gerade gesprochen?" Der Barkeeper wiederholte seine Frage auf Englisch mit einem starken französischen Akzent.

„Litauisch", sagte Andrius und nippte an seinem Kaffee.

„Klingt interessant", erwiderte der junge Mann, „hab ich noch nie gehört."

---

* Kein Französisch, Englisch bitte! (frz.)

Andrius lächelte höflich. Er ging zur Tür und schaute auf die Straße hinaus. Der Mann mit dem Ohrring stand immer noch da. ‚Das schmeckt mir nicht, das schmeckt mir ganz und gar nicht', dachte Andrius und kehrte an den Tresen zu seinem halbleeren Espresso zurück.

„Dann sind Sie also aus Litauen?", fragte der Barkeeper.

Andrius nickte, aber seine Augen blickten besorgt.

Ein paar Minuten später hatte Andrius seinen Espresso ausgetrunken und schlenderte in Richtung Métro. Der Mann mit dem Ohrring war weg. Im Gehen musterte Andrius die Passanten auf dieser und auf der anderen Seite der Rue de Belleville. Der Mann war verschwunden.

Er rief Barbora noch mal an und teilte ihr mit, dass alles in Ordnung sei und sie ihrer Wege gehen könne. Erst an der Métro fiel ihm ein, dass er ihr weder gestern Abend noch heute Morgen von diesem mysteriösen, sie beschattenden Typen erzählt hatte. Gestern Abend hatte es auch keinen Sinn gehabt. Wer weint, kann nicht hinhören und nicht zuhören. Und heute früh war er so in die Restaurantgutscheine vertieft gewesen, dass er den verdächtigen Mann ganz vergessen hatte. Bis der sich wieder in Erinnerung brachte, kaum dass Andrius die Straße betreten hatte.

Der Zug der Linie 6 rollte schon auf den Pont de Bir-Hakeim, links tauchte der Eiffelturm auf und zog Andrius in seinen Bann.

Barbora wollte gerade mit dem Bernhardiner zum Spaziergang aufbrechen, als ihr Handy klingelte. Leilas Name blinkte auf.

„Ich will dich sprechen!", gellte die unangenehme, wütende Stimme von Walids Mutter in Barbies Ohr. „Jetzt sofort."

„Nein", rief Barbora.

„Wie – nein? Du bist eine Diebin. Ich erwarte dich in fünf Minuten an der Bäckerei."

„Nein", wiederholte sie und drückte Leila weg.

Vor dem Café, in dem er an diesem Morgen einen Espresso getrunken und den jungen Mann mit dem Ohrring belauert hatte, beobachtete Andrius am Abend die Passanten. Der Mann war nicht da. Zumindest stand er nicht auf dem Fußweg, um die blaue Haustür zu observieren.

Trübsinnig saß Barbora am Tisch vor dem Fenster. Sie hatte drei Stapel Geldscheine vor sich liegen: Zwanziger, Zehner und Fünfer. Offenbar hatte sie kurz vor Andrius' Eintreffen noch einmal das Geld gezählt, das sie für die Miete zurückgelegt hatten.

„Hast du schon Abendbrot gegessen?“, fragte Andrius.

Barbie schüttelte den Kopf.

„Gehen wir?“

Sie schüttelte wieder den Kopf, ohne auch nur den Blick in seine Richtung zu wenden.

„Wir können doch mal versuchen, mit diesen Gutscheinen zu bezahlen!“, schlug Andrius vor und deutete auf das Fensterbrett. Ihr Nein, dachte er, kam sicher von dem Wunsch, Geld zu sparen.

Irgendwann hob Barbora den Kopf. „Die Talons kann man nur mittags einlösen, abends werden sie nicht angenommen“, sagte sie. „Ich habe alles in Erfahrung gebracht.“

„Schade“, seufzte Andrius und legte fünfzig Euro zu den drei Stapeln. „Ich wollte dir nämlich was erzählen ...“

„Ich muss dir auch was erzählen.“ Barboras Stimme verhieß nichts Gutes.

„Dann gehen wir vielleicht doch?“, bohrte er weiter.

Unten schaute Andrius aus der Tür, und erst als er sich vergewissert hatte, dass der Typ mit dem Ohrring nicht wieder vor ihrem Haus herumscharwenzelte, trat er hinaus. Er nahm Barbora bei der Hand, und sie liefen Richtung Métro-Station Jourdain, bogen aber vorher nach rechts in eine kleine Seitenstraße ab. Dort, am Ende der Straße, fanden sie ein gemütliches Bistro.

„Weißt du, dich hat gestern ein Typ beschattet. Vom Restaurant auf dem Boulevard de la Liberté bis vors Haus. Und heute früh stand er wieder da.“

Barbora nahm einen Schluck Tee und seufzte. „Ich versteh das alles nicht“, sagte sie mit müder Stimme. „Heute früh war Leila am Telefon und hat mich angeschrien! Sie wollte sich unbedingt mit mir treffen. Ich habe mich geweigert. ‚Diebin‘ hat sie mich genannt!“

„Aha.“ Andrius lächelte bitter. Er schaute auf sein Glas Bier. „Dann haben sie die Blätter also nachgezählt ... Der Dieb bin ich und nicht du!“ Er schaute Barbora zärtlich an. „Keine Angst, minus mal minus gibt plus. Was man Dieben oder Betrügern geklaut hat, ist nicht mehr gestohlen. Und das sind mit Sicherheit Diebe oder Betrüger, wieso sollten sie dich sonst bitten, die Dinger heimlich mit dem Kinderwagen auszuliefern?“

„Schon möglich.“ Barbora überlegte. „Ich habe Angst“, flüsterte sie. „Leila weiß, wo wir wohnen. Sie ist mal bei uns gewesen. Hat gesagt, sie könnte keinem Kindermädchen ihr Kind anvertrauen, ohne deren Adresse zu kennen."

„Dann ist dieser Typ mit dem Ohrring nicht von Leila!" Andrius ging auch zum Flüstern über, obwohl um sie herum wohl kaum jemand Litauisch verstand.

„Denkst du, der ist von der Polizei?" Angst saß in Barboras Augen.

„Keine Ahnung", flüsterte Andrius und spürte, wie Barbies Angst auch seine Gedanken erfasste. „Keine Ahnung", wiederholte er abwesend. „Wir müssen uns was einfallen lassen ..."

Sie saßen lange da und schwiegen. Dachten nach. Tee und Bier waren ausgetrunken. Die ungewohnte Stille drückte aufs Gemüt. Das Bistro war nicht mehr behaglich. Sie bezahlten und gingen.

„Halt!", flüsterte Andrius, als sie noch dreißig Meter von ihrem Haus entfernt waren. „Er steht wieder da."

Sie drehten um und blieben an der Métro-Unterführung stehen.

„Und was machen wir jetzt?", fragte Barbora aufgeregt.

„Wir müssen umziehen", erwiderte Andrius vorsichtig.

„Wohin? Und wann?" Sie schaute ihn an, in ihrem Blick lag Angst.

„Wohin? Keine Ahnung", sagte Andrius verdrossen. „Wann? Am besten heute ..."

69. Kapitel. Pienagalys. Bei Anykščiai

Am nächsten Tag wirkte Vitas von früh an aufgeregt und besorgt. Nach dem Frühstück ging er mehrmals nach draußen. An seinen Gesten, seinem Gang, seiner Mimik erriet Renata seine Gedanken. Von Großvaters Haushälfte aus beobachtete sie ihn heimlich und machte sich Sorgen: Was, wenn er an sie dachte und eine Entscheidung traf, die ihre Beziehung veränderte? Vielleicht wollte er doch lieber weggehen? ‚Mit Sicherheit', dachte sie. ‚Natürlich will er das. Die Stille hier ist ihm fremd.'

Seufzend ging sie in ihre Haushälfte zurück. Auf dem ovalen Tisch sah sie seinen eingeschalteten Laptop. Bevor er hinausgegangen war, hatte er am Computer gesessen. Renata schaute auf die geöffnete Seite: ein Tierheim, Fotos von Katzen und Hunden, es lag am Rand von Anykščiai oder eigentlich schon außerhalb. Die Strecke war ihr bekannt, sie begann als normale Straße am Stadtrand und wurde kurz danach zu einer Landstraße. Hinter dem Ortsausgangsschild kamen noch fünf oder sechs Gehöfte. Genau genommen waren es nur zwei, sie lagen etwas abseits, die anderen waren normale Häuser, die man direkt von der Straße aus anfahren konnte.

Renata fiel ein, dass Vitas sie vor Kurzem gefragt hatte, ob sie auch keine Katzenallergie habe. Wollte er tatsächlich noch Katzen anschaffen? Wozu? Wie viele?

Sie zuckte mit den Schultern. Plötzlich kam ihr der irgendwann mal aufgeschnappte Satz in den Sinn: „Schizophrene kriegen oft im Frühjahr einen akuten Schub."

„Um Gottes willen!", flüsterte sie. „Es ist ja tatsächlich schon Frühling. Zwar nicht in der Natur, sondern nur auf dem Kalender ... Was, wenn er wirklich krank ist?"

„Lass uns in die Stadt fahren!", schlug Vitas vor, als er wieder hereinkam. „Zuerst machen wir einen Abstecher ins Tierheim."

„Um uns Katzen zu holen?", fragte Renata. Sie schenkte ihm einen strengen und nicht gerade freundlichen Blick.

„Eine nehmen wir, eine weiße! Und fahren mit ihr zu Viola."

Dass Vitas die Katze gleich zu Viola schaffen wollte, beruhigte Renata etwas. „Na, schön", rief sie, verstummte und fügte dann hinzu: „Dann lass uns fahren!"

Die Sonne war heute wärmer als an den Tagen zuvor. Vielleicht hatte Renata deshalb den Eindruck, als würde ihre „eingleisige" Straße tauen. Schnee und Eis knirschten und zischten zwar noch immer unter den Rädern, aber in beiden Fahrrinnen glitzerte Wasser.

„Im Frühling ist es hier so schön!", sagte Renata und schielte zu Vitas hinüber. „Wenn die Apfelbäume blühen, wenn die Felder grün werden ..."

„Wir werden es sehen, wenn es so weit ist ... Wenn der Frühling nur endlich käme!"

„Ich will ein bisschen was anbauen. Hilfst du mir? Damit wir eigene Kartoffeln, eigene Gurken, eigene Kräuter haben ..."

Vitas schaute Renata verwundert an. „Und Blumen?", fragte er spöttisch. „Landfrauen pflanzen doch immer Blumen vors Haus."

„Blumen auch", erwiderte sie und ignorierte seinen Tonfall. „Die Blumen kommen vors Haus, den Garten lege ich vorm Waldrand an."

Eine halbe Stunde später waren sie im Tierheim, das sich im Hof eines alten Hauses bereits außerhalb von Anykščiai befand. Renata blieb im Auto. Vitas stieg aus. Er war etwa zehn Minuten weg, dann kam er mit einem Plastikkorb für den Transport von Kleintieren in der rechten Hand zurück. An der Pforte verabschiedete er sich von einer Frau. Dünn und blass sah sie aus, sie blickte unsicher und nervös.

„Nun zeig schon her", sagte Renata, als er mit dem Korb auf den Knien eingestiegen war.

„Ein weißer Kater", antwortete Vitas und hob den Korb an, damit Renata besser hineinsehen konnte.

„Und der ist für Viola? Ein Geschenk?", fragte sie, als sie den Friseur ansteuerten.

„Nicht ganz", antwortete der junge Mann ausweichend. „Warte kurz, ich bring ihn schnell rein."

Er ging die Treppe hoch. Fünf Minuten später kam er ohne Korb zurück, wollte aber nicht einsteigen.

„Renata-Schätzchen, ich bleibe erst mal hier. Viola und ich wollen den Kater färben, aber Viola hat noch zu tun. Da warten noch zwei Kundinnen!"

„Und wann soll ich dich abholen?", fragte sie und versuchte ihre Stimme so gleichgültig wie möglich klingen zu lassen.

„Ich ruf dich an."

„Und Viola willst du nicht färben?", entfuhr es Renata. Sie griff nach der geöffneten Tür, zog sie zu und ohne Vitas eines weiteren Blickes zu würdigen trat sie aufs Gas. An der St.-Matas-Kirche wendete sie. Sie fuhr bis zur Baranauskas-Straße und dachte, ihr Fuß würde an ihrem Lieblingscafé vielleicht von selbst auf die Bremse treten. Aber er blieb auf dem Gas, und schon war Renata aus der Stadt hinaus.

Als sie aus dem Auto stieg, das vom Ende der Fahrrinne gebremst wurde, rief Googlas sie bellend zu sich. Renata, immer noch deprimiert, ging zu seiner Hütte, hockte sich hin und streichelte seine drollige rote Schnauze.

„Wieso bist du denn immer noch so rot?", fragte sie traurig und kokett zugleich. „Wir beide sind jetzt wie Verwandte, wie aus einer Familie ... Wieso eigentlich ‚wie'?", fragte sie sich. „Wir sind ja auch aus einer Familie. Sogar unsere Haare sehen gleich aus! Das kommt wahrscheinlich vom akuten Schub. Nur dass du nichts dafür kannst! Du bist normal." Renata kraulte Googlas den Nacken und stand auf.

Im Haus herrschte eine bedrückende Stille. Wäre Renatas Laune besser gewesen, hätte sie diese Stille gar nicht wahrgenommen. Sie hätte sie einfach nicht bemerkt, denn Stille war hier die übliche Melodie. Ihre Gedanken gingen immer wieder zu Vitas und Viola. Es spielte keine Musik, die sie hätte ablenken können. Es wehte kein Wind, es rauschte kein Regen. Plötzlich fiel ihr auf, dass die Anfangsbuchstaben der beiden übereinstimmten! Sie sprach sie aus und betonte dabei jeden einzelnen Buchstaben: „Vitas und Viola". Hörte auf den Klang. Dann sagte sie genauso klar und deutlich: „Vitas und Renata". Sie lauschte auf die eigene Stimme und seufzte. *Vitas und Renata* schien ihr besser, harmonischer zu klingen. *Vitas und Viola* hörte sich eher wie der Name eines Duetts an, das Play-back sang wie die Gruppen auf dem Festival im letzten Sommer.

Die Zeit war wie angestemmt. Als ob die Stille im Haus sie am Vergehen hinderte. Renata wurde schwermütig. Sie holte ihr Handy raus und machte Musik an – eine französische Sängerin, deren Namen sie immer wieder vergaß. So verging die Zeit etwas schneller, und auf einmal war es draußen dunkel. Renata wurde nervös. Zum einen fuhr sie nicht gern im Dunkeln, zum anderen hatte Vitas noch nicht angerufen. Außerdem wusste sie, wo er war, was sie nicht erfreute, sondern verdross. Und es verdross sie, dass sie zum ersten Mal in ihrem Leben so etwas wie Eifersucht empfand. Sie erschrak. Renata begriff, dass sie auf die junge Friseuse eifersüchtig war und ihm die Hölle heiß machen würde, sollte er einen Anlass liefern.

Das Wort „Anlass" fesselte ihre Aufmerksamkeit, und sie dachte genauer darüber nach. Eigentlich hatte er ihr bereits einen Anlass geliefert: Sie hatte ihn im Frisiersalon gesehen, hatte gesehen, wie Viola ihn anhimmelte. War das etwa kein Anlass?

Sie schüttelte den Kopf. „Das ist kein Anlass", sagte sie sich, obwohl sie noch zweifelte.

Dass Viola und Vitas zusammen Googlas gefärbt hatten, war auch kein Grund, ärgerte sie aber sehr. Denn eigentlich sollten nur Mann und Frau – ob sie verheiratet waren oder einfach so zusammenlebten, spielte keine Rolle – etwas zusammen machen! Vier Stunden war Vitas jetzt schon bei Viola! Nein, natürlich nicht bei ihr zu Hause! Sie hatte ja selbst erzählt, dass sie zu Hause diesen Zwergenmann sitzen hatte.

Aber trotzdem! Sie waren zusammen, auch wenn da noch Kunden im Laden waren! Und der Kater!

‚Vielleicht ist der Kater ein Geschenk für sie? Vielleicht steht sie wirklich total auf Katzen?', dachte Renata und wackelte traurig mit dem Kopf, während sie immer mehr der Idee zuneigte, einfach loszufahren und vor dem Friseursalon auf Vitas zu warten. Wenn sie ihn nicht verlieren wollte! Oder lieber anrufen? Fragen, wann sie ihn abholen soll? Dann würde er sofort wissen, dass sie an ihn dachte, dass sie nervös, ja, vielleicht sogar eifersüchtig war. Wollte sie, dass er das wusste?

Renata ging ins Bad und stellte sich vors Waschbecken – der Spiegel am Hängeschrank zeigte traurige Augen in einem traurigen Gesicht.

„Und was machst du jetzt?", fragte sie ihr Spiegelbild.

Das Spiegelbild schwieg.

Dafür klingelte im Wohnzimmer das Telefon. Daneben lief halblaut ein nettes französisches Lied. Sie konnte kein Französisch und wusste lediglich, dass es die Sprache der Liebe war.

„Renata! Du brauchst mich nicht abzuholen! Viola fährt mich!", rief Vitas.

Renata schluckte. Biss die Zähne zusammen. „Na gut", sagte sie zögerlich. „Und wann kommt ihr?"

„In einer Stunde. Haben wir was zu essen da?"

„Ja."

„Kannst du was kochen? Dann machen wir uns zu dritt einen netten Abend."

„Zu dritt?" Renata traute ihren Ohren nicht. „Bist du sicher?"

„Wieso? Sie hat dir doch die Haare gefärbt und dir wer weiß wie viele Male die Haare frisiert! Sie ist doch eine gute Bekannte."

Renatas vor Schreck starren Blick konnte Vitas zum Glück nicht sehen. ‚Gute Bekannte?', wiederholte sie in Gedanken. Sie wiegte verwundert den Kopf. „Gut, ich koche was!", versprach sie und drückte auf *Aus*.

Sie wurde wehmütig, suchte Ablenkung.

„Erst mal mach ich Googlas was zu essen", beschloss sie, stellte Graupen auf und gab einen Schweineknochen mit einem Stück Fleisch hinzu. Dann setzte sie sich auf den Stuhl und schaltete ab. Renata war selbst verwundert, wie gut ihr das gelang. Sie rührte die Suppe mit einem Holzlöffel um und gab Salz hinzu. Während sie für Googlas kochte, vergaß sie Vitas und Viola.

Als die Graupen aufquollen, weich und klebrig wurden, riss Renata mit zwei Gabeln das Fleisch vom Knochen, gab es zum Brei und trug den Topf hinaus in den Hof. Sie stellte ihn vor dem Auto in den Schnee und beobachtete, wie der heiße Topf in dem angetauten Schnee versank. Freudig winselte Googlas neben ihr. Die feine Hundenase hatte in der kalten, aber nicht mehr allzu frostigen Luft das Abendessen gewittert.

„Nun warte doch! Gleich!“, rief sie sanft.

Eine Viertelstunde später brachte sie den Topf zur Hütte und kippte alles in den großen Fressnapf. „Verbrenn dir nicht die Schnauze!“, warnte sie Googlas, und der schaute sie aufmerksam an. Anders als sonst sprang er nicht mit einem Satz zum Napf, sondern näherte sich vorsichtig. Der Welpe schnupperte und stieß die Nase in den dicken, erkaltenden Brei, ohne sich zu verbrennen. Er legte die Schnauze schräg und schnappte mit der rechten Seite des Fangs Fleisch und Graupen.

Weit entfernt war ein Auto zu hören. Renata blickte zum Schotterweg, der vom Haus ins Dunkel der Felder und Hügel führte. Dort, von wo der Autolärm kam, schien es heller zu werden.

Fünf Minuten später kamen tatsächlich zwei Scheinwerfer wie zwei helle Sonnen aus der Nacht gerollt.

„Oh!“, rief Renata, als ihr das Abendessen einfiel, das sie Vitas versprochen hatte.

Sie stürzte ins Haus. In der Küche setzte sie Wasser auf. Dann überlegte sie, was sie hineingeben wollte, wenn es kochte. Wenn sie in Großvaters Hälfte wohnen würde, hätte sie gesehen, dass die Scheinwerfer von Violas Smart den abendlichen Hof schon erhellten. Aber ihre Fenster gingen nicht auf den Hof hinaus. Erst als Renata die Tür aufgehen hörte, wusste sie, dass sie da waren: Vitas und sein Gast.

Während sich die beiden Schuhe und Jacken auszogen, ging Renata schnell ins Bad und warf noch einen Blick in den Spiegel. Sie trug wieder ihren roten Pullover. Die Haare fielen auf die Schultern und flossen mit dem Pullover farblich ineinander. Die Jeans rundeten das Bild ab. „Na, fast ein Filmstar“, spottete sie.

„Hallo!“, rief Vitas, als er mit dem Katzenkorb ins Zimmer trat.

Viola folgte ihm und schaute sich neugierig um. Sie war heute schlicht gekleidet: weißer Pullover, schwarzer knielanger Rock, dicke schwarze Strumpfhosen.

„Augen zu!“, bat Vitas Renata.

Obwohl sie eigentlich nicht zu Spielchen aufgelegt war, schloss sie die Augen. Vitas zog den rot gefärbten Kater aus dem Korb, er konnte ihn aber nicht halten. Der Kater entwischte ihm.

„Augen auf!“, rief er.

Ungläubig starrte Renata den roten Kater an. Der hockte auf dem Boden und betrachtete verdrossen seinen roten Schwanz.

Renata warf einen Blick zu Viola, die müde aussah. „Wieso das?“

„Warum hast du dir denn die Haare gefärbt?“, antwortete Vitas betont selbstsicher.

„Ich hab’s gemacht, damit du hinsiehst!“, sagte Renata mutig und war selbst erstaunt. „Aber warum musstest du Googlas färben und dieses arme Wesen? War das etwa ihr Wunsch?“

„Ich erzähle dir alles beim Abendessen!“, versprach Vitas und schaute Viola an, als erhoffe er sich von ihrer Seite Unterstützung. „Aber zuerst macht Viola ein Foto von uns!“

„Von uns beiden?“, fragte Renata.

„Von uns mit Googlas und dem Kater! Ich hole mal den Hund.“

Das Fotoshooting, das Renata eher lästig als interessant fand, dauerte fast eine halbe Stunde. Sie saßen Arm in Arm auf dem Sofa mit dem roten Kater auf Renatas Schoß und dem roten Schäferhund zu ihren Füßen. Dann gingen sie nach draußen und machten im Scheinwerferlicht von Violas Smart ein Foto vor der Stirnseite der Holzscheune.

„Und wofür das alles?“, fragte Renata wieder.

„Nun warte doch mal einen kleinen Moment! Wir schenken ein, und du erfährst alles! Und dann wirst du es verstehen und gut finden!“, versprach Vitas.

Lustlos aß Viola ihre Spaghetti. Auch Renata aß ohne großen Appetit, frohlockte aber innerlich über die betrübliche Tatsache, dass es im Kühlschrank keinen Ketchup für eine normale Soße gab.

Nur für Vitas war die Welt in Ordnung. Er öffnete die aus Anykščiai mitgebrachte Flasche 999 und achtete darauf, dass Viola und Renata die kleinen geschliffenen Gläser immer mal wieder zum Mund führten.

Irgendwann tilgte der Likör den Missmut aus Violas Gesicht und die Häme aus Renatas Gedanken. Sie kam auf ihre Fragen zurück, die Vitas beim Abendessen beantworten wollte.

„Ich glaube, ich habe eine ganz gute Geschäftsidee. Dank dir. Sie sollte sogar hier in der tiefsten Provinz funktionieren! Wir werden Haustiere färben! Viola hat mir alles gezeigt und beigebracht. Guck mal, wie gut wir den Kater hingekriegt haben!“ Er schaute nach unten auf den Kater.

Renata folgte Vitas’ Blick. „Und wie heißt er?“

„Merkel!“

„Was soll denn das?“, rief Renata. „Der ist doch männlich.“

„Den Namen haben sie sich im Tierheim ausgedacht. Weil sie aus Deutschland eine fette Förderung bekommen haben. Und da wollten sie sich irgendwie revanchieren! Wir können ihn auch anders nennen! Außerdem ist Merkel ein Familienname und kein Vorname. Das passt zu einer Katze genauso gut wie zu einem Kater! Ach so, wir müssen noch ein Einzelfoto von ihm machen!“ Vitas drehte sich zu Viola um. Die Friseuse nickte. „Hat der sich vielleicht gegen das Färben gesträubt. Ein echter Mann, das merkt man gleich!“, sagte er und warf noch einen Blick auf den Kater, der faul auf dem Boden lag. „Hat sich bis zuletzt gewehrt! Hat mir die Hände zerkratzt, das Miststück! Halb so wild, für die gemeinsame Idee leide ich gerne!“

Als sie die Flasche 999 ausgetrunken hatten, grub Vitas noch eine Flasche Anykščiaier Beerenwein aus. Renata trank widerwillig, sie war müde. Auch Viola gähnte. Vitas wirkte noch frisch, nur sein rotes Gesicht verriet seine tatsächliche Verfassung.

„Ich fahre nicht mehr nach Hause!“, rief Viola, als sie ihren Wein ausgetrunken hatte.

„Natürlich nicht! Du kannst doch gar nicht mehr fahren! Wir haben hier genug Platz, das halbe Haus steht leer!“, sagte Vitas, ohne Renata – die Besitzerin – eines Blickes zu würdigen.

„Ja, genau“, sagte Renata und fing den angespannten und leicht beunruhigten Blick der Friseuse auf. „Ich beziehe gleich das Bett, ihr könnt ja noch kurz sitzenbleiben.“

Sie schloss die grüne Tür auf, zog mit beiden Händen, mit aller Kraft an der Klinke. Die Tür quietschte und sprang auf.

Der kleine runde Tisch mit Rūpintojėlis in der Mitte, der Zeuge des letzten Weihnachtsfestes mit Großvater Jonas gewesen war, warf das Licht der Deckenlampe weich zurück. Renata ging ins Schlafzimmer. Sie blieb vor Großvaters Bett stehen. Nach Jonas’ Tod hatte sie es frisch bezogen, die Kissen- und Bettbezüge und die Laken gewechselt. Als hätte sie geahnt, dass jemand in dem alten Holzbett übernachten würde, das dem Großvater viele Jahrzehnte lang treue Dienste geleistet hatte. Natürlich wäre sie nicht im Traum darauf gekommen, dass das Viola sein könnte! Aber vor zwei Wochen hätte sie sich auch nicht vorstellen können, dass Viola sie besuchte oder gar mit ihnen zu Abend essen und Likör und Wein trinken würde.

„Was soll's", sagte sich Renata und verscheuchte die ärgerlichen Gedanken, die die Anwesenheit der irgendwie mutigen, zugleich aber vulgären und primitiven jungen Frau in ihr weckte.

Renata ließ das Licht eingeschaltet und holte Viola, zeigte ihr das Zimmer und die Lichtschalter, damit sie sich einrichten, ausziehen und die Lampe ausschalten konnte. Für einen kurzen Moment schaute Vitas herein. Mit einer fremden, aufgekratzten Stimme rief er: „Gute Nacht!"

Viola schien sich zu freuen, dass sie getrennt von den Gastgebern in der anderen Haushälfte schlief.

„Und was macht sie?", fragte Vitas im Schlafzimmer. Er lag schon im Bett, als Renata zurückkam.

„Sie geht schlafen", antwortete Renata und löschte das Licht. Sie wollte sich nicht vor Vitas ausziehen. Das machte sie immer so, denn sie war der Meinung, dass man sich nur für sich selbst und nicht für jemanden anders auszog.

Ein paar Minuten später war Vitas eingeschlafen und fing an zu schnarchen.

‚Wo hätte sie auch sonst hin sollen, angetrunken, wie sie ist?', dachte Renata noch, ehe sie die Augen schloss. ‚Morgen früh fährt sie, und dann sind wir wieder zu zweit!'

Drei Uhr nachts ging Vitas' und Renatas Schlaf in Scherben wie ein Christbaumanhänger aus dünnem Glas. Ein gellender Schrei, gedämpft durch Wände und Türen, schreckte sie auf.

Vitas fuhr aus dem Bett hoch und stützte sich auf die Ellenbogen. „Was ist da los?", rief er genervt.

Der verworrene Schrei, ein lautes Wimmern, kam näher. Die Tür zu Renatas Haushälfte klappte.

Viola kam ins Schlafzimmer gelaufen. Schön und ebenmäßig wie eine Vase für eine einzelne Rose zeichnete sich ihr nackter Körper im Nachtlicht ab, das durch die unverhüllten Fenster fiel.

„Ich habe Angst!" Violas Stimme zitterte. Zum Schreien war ihr die Kraft ausgegangen. „Dort drüben habe ich Angst!"

Vitas stand auf, nahm die Tagesdecke vom Stuhl und warf sie ihr über die Schulter. Als wollte er vermeiden, dass Renata Viola nackt sah.

Renata blieb liegen. „Was ist passiert?", fragte sie.

„Da ist wer. Der flüstert ..."

„Da ist keiner", sagte Vitas bestimmt. „Wir haben einfach ein bisschen zu viel getrunken!"

„Da ist wer! Und nicht nur einer. Der eine flüstert, der andere antwortet – ich hab's doch gehört! Ich gehe nicht wieder zurück!" Viola schaute auf die geöffnete Zimmertür.

‚Das fehlte noch', dachte Renata, ‚will die etwa hier bei uns schlafen?' Sie musste was unternehmen. Sie schwang die Beine aus dem Bett, stand auf und zog sich an. Dann schaltete sie das Licht ein. „Ich gehe mal nachsehen", sagte Renata zu Viola.

„Da gehe ich trotzdem nicht wieder hin!", antwortete sie stur. Ihre Panik hatte nachgelassen.

Renata ging zum Großvater rüber. Sie trat ans Bett, sah die Urne mit der Asche auf dem Nachtschränkchen stehen. ‚Ein Glück, dass sie die Urne nicht aus Versehen runtergestoßen hat, als sie aufgesprungen ist! Ich muss sie woandershin stellen', dachte Renata. Sie streichelte die Urne, schaltete das Licht aus und ging wieder rüber zu sich.

Im Schlafzimmer brannte Licht. Vitas saß in seinem Hausmantel auf dem Bett, neben ihm Viola, in eine grüne Satindecke gewickelt. Renata glaubte, er habe den Arm um sie gelegt, aber das war eher Angst als Realität. In Wirklichkeit stützte sich sein rechter Arm hinter Violas Rücken aufs Bett.

„Gut", sagte Renata, „ich mach dir hier auf dem Sofa im Wohnzimmer das Bett, die Tür lassen wir sowieso offen."

Viola nickte.

„Du hast vielleicht eine Phantasie", sagte sie leicht verärgert.

Die Besucherin schwieg. Ihre geröteten Augen erregten Renatas Mitleid.

Am nächsten Morgen fühlte sich Renata zerschlagen, aber im Spiegel war von dieser Verfassung nichts zu sehen. Viola sah unglücklich und mitgenommen aus und fühlte sich wahrscheinlich auch so.

„Entschuldigt, vielleicht war es wirklich nur Einbildung!", rechtfertigte sie sich matt und kleinlaut wie ein Kind. „Ich schlafe wahrscheinlich nur zu Hause gut! In fremden Betten träume ich immer schlecht. Aber einen solchen Albtraum wie letzte Nacht habe ich noch nie gehabt ..."

Renata und Vitas gingen nach draußen. Sie verabschiedeten Viola, die irgendwie ungelenk und zögerlich in ihren gelben Smart stieg. Aber kaum hatte sie den Motor angelassen, kam auch sie auf Touren: Ihr Gesicht wurde konzentrierter, ihre Bewegungen sicherer. Viola wendete und glitt in die Fahrrinne, die sonst nur Renatas Fiat befuhr. Sie stieg kurz aus und verabschiedete sich von der Hofbesitzerin und von Vitas. „Bis bald!", rief sie und setzte sich energischer als beim ersten Mal ans Steuer.

„Du bist schuld", sagte Renata, ohne Vitas anzuschauen. „Warum musstest du sie auch so abfüllen?"

Er schwieg. Der Smart schaukelte langsam über das verschneite Feld. Die Fahrrinne war nicht zu sehen, und als das Auto hinter dem nächsten Kiefernhügel abbog, war es verschwunden.

70. Kapitel. St. George's Hill. Grafschaft Surrey

Das gelbe DHL-Auto, das in der hellen Märzsonne glänzte, fuhr am Haupteingang der Villa vor.

Gestern Abend hatte Artur überraschend den Anruf angenommen und Klaudijus mitgeteilt, dass morgens gegen elf ein Kurier käme, um Herrn Krawez' Porträt abzuholen. Der Kurierdienst, so informierte er ihn, werde das Gemälde selbst verpacken und versenden. Wohin, das sagte er allerdings nicht.

Und so stieg der freundliche Chinese in der gelb-roten Firmenjacke mit den drei Großbuchstaben auf dem Rücken mit Klaudijus die Marmortreppe in den ersten Stock hinauf. Von oben, aus dem zweiten, kam gerade Ingrida die Holztreppe herunter, in Jeans und einem blauen Flauschpullover. Der Kurier drehte sich um, als er die Holztreppe knarren hörte. „Guten Morgen, Lady!", sagte er und deutete eine Verbeugung an.

Beim Wort „Lady" verzog sich Klaudijus' Gesicht zu einem flüchtigen Grinsen. Es war sofort verschwunden, aber Ingrida hatte es gesehen. Klaudijus wollte ihr etwas Nettes sagen, aber sie lief schon die Marmortreppe hinab auf den Ausgang zu.

Krawez' Porträt in dem massiven Rahmen mussten die beiden Männer gemeinsam abnehmen.

Als es gegen die Holzvertäfelung gelehnt auf dem Boden stand, holte der chinesische Kurier sein Tablet raus und schaltete es ein. Klaudijus sah mit einem halben Auge, wie der Chinese die Icons durchging, ehe er eins davon anklickte. Auf dem Bildschirm tauchte ein Foto des

Gemäldes auf. Der Kurier nickte zufrieden und verstaute das Gerät wieder in der Seitentasche seiner Jacke.

„Und wohin verschicken Sie das jetzt?“, wollte Klaudijus wissen.

„Nach Montenegro. Das ist irgendwo bei Albanien.“

Klaudijus sah dem Auto nach, das das Porträt fortbrachte, und kehrte in den Speisesaal zurück. Er schaute sich um und heftete seinen Blick auf die Stelle, von der aus an diesem Morgen noch Krawez von seinem Ölgemälde herunter auf den langen Tisch mit den kugelsicheren Sesseln geblickt hatte. Vor Krawez hatte das Porträt des Richters dort gehangen. Jetzt klaffte eine große, rechteckige Lücke.

‚Ich hänge das Porträt des Richters wieder hin‘, dachte Klaudijus, aber plötzlich hatte er eine andere Idee. „Genau!“, flüsterte er und lachte vor Begeisterung. „So mach ich's!“

Sein Lachen schwang durch den Raum, und zum ersten Mal hörte Klaudijus sein sonores Echo. Er sah zur Decke, zu den Leuchtern, betrachtete die Wände und die Fenster. Er war viel zu klein für diesen Raum. Wahrscheinlich erschreckte ihn das eigene Echo deswegen so, ließ ihn innehalten und ungeduldig auf die Rückkehr der Stille warten, die er so leichtfertig verletzt hatte.

Kaum war das Lachen verklungen, blitzte in Klaudijus' Blick wieder dieses frohe Flämmchen auf. Er lief um den Tisch herum, blieb kurz vor der Lücke stehen und lief flotten Schrittes hinaus.

Eine halbe Stunde später war er schon in Esher und sah sich mit einem Mitarbeiter des Copyshops die Fotos von der Speicherkarte der Olympus an.

„Das da!“, sagte er, als das Bild von ihm und Ingrida vor der Villa auf dem Bildschirm erschien.

„Wie groß?“, fragte der junge Mann mit einem hörbaren polnischen Akzent. Er trug ein kleines Schild mit dem Namen Adam.

„Was ist das größte Format?“

„Unser Plotter schafft anderthalb Meter.“

„Nein, das ist zu groß! Und achtzig mal hundert?

„Natürlich“, nickte der Mitarbeiter. „Jetzt gleich oder morgen?“

„Jetzt gleich.“

Nachdem Klaudijus achtzehn Pfund bezahlt hatte, drehte er eine kleine Runde zu Fuß, um eine halbe Stunde später wiederzukommen und das fertige Foto in Plakatgröße abzuholen. Mit dem Wetter besserte sich seine Laune. Die Sonne meinte es gut. Übermütig jagte der Wind winzige Wölkchen über das blanke Firmament. Hier unten war es windstill und ruhig. Auch die vorbeiknatternden Autos konnten Klaudijus nicht von seinen Gedanken und Plänen ablenken. Leichte und frohe Pläne waren das, zu leicht, um die Zukunft zu beeinflussen. Vielleicht würde das, was er sich für den heutigen Abend ausgedacht hatte, Ingrida in eine angenehme Stimmung versetzen. Und wenn ja, würde er der Nutznießer sein. Denn außer ihm war ja niemand weiter da.

Derselbe Taxifahrer, der ihn eine Stunde zuvor abgeholt hatte, brachte ihn auch wieder zurück. Er hatte einen dunklen Teint und trug einen Schnurrbart, ein Grieche oder Türke, nicht sehr gesprächig. Als Klaudijus mit dem gerollten Plakat vorsichtig ausstieg, gab ihm der Taxifahrer seine Visitenkarte.

„Danke, ich habe doch Ihre Nummer."

„Nein, Sie haben in der Firma angerufen, das ist meine Privatnummer. Beim nächsten Mal können Sie mich direkt anrufen. Der Preis ist der gleiche."

Ingrida war damit einverstanden, an diesem Abend noch einmal ein Candle-Light-Dinner in der Villa zu veranstalten. Sie entschieden sie sich für den Chinesen, auch weil der – anders als der Inder – nicht nur das Essen lieferte, sondern eine Flasche Wein gratis dazugab, wenn der Bestellwert über fünfzig Pfund lag.

Gemeinsam studierten sie die Speisekarte und markierten die Gerichte, die sie bestellen wollten, mit einem Sternchen. Dann wählte Klaudijus die angegebene Nummer und gab die Speisen und die Adresse durch.

Eine Stunde später schon brachte Klaudijus den heißen Pappkarton in den ersten Stock hinauf, Ingrida trug die Flasche billigen Wein.

Der Pappkarton wirkte auf dem massiven, langen Tisch, der für das fürstliche Abendessen gedeckt war, so deplatziert, dass Klaudijus schnell die Plastikbehälter auspackte. Außer den Schälchen mit den Speisen lagen vier Paar Stäbchen im Karton.

‚Dann habe ich also für vier Personen bestellt?', resümierte Klaudijus den Gedankengang des Chinesen, der die Bestellung aufgenommen hatte.

Zügig richtete er das Essen auf den Tellern an und schenkte den Wein aus, zündete die Kerzen an und löschte das Licht. Gleich schrumpfte der

Saal und wurde gemütlich. Auch die Sessel mit den riesigen Lehnen und abschirmenden Seitenwänden hatten ihren Schrecken verloren. Das Dunkel hatte eine lichtundurchlässige Mauer an den Lehnen hochgezogen.

Säuerlich-scharfer Duft stieg auf. Die Kerzen flackerten wie von einem plötzlichen Luftzug.

„Und, bleiben wir oder nicht?", fragte Klaudijus.

„Ganz ehrlich?" Ihr trauriger Blick sagte alles.

Klaudijus nickte. Er dachte genauso. Aber sie saßen ja hier nicht bei einer Abschiedsfeier, um den im großen und ganzen sorglosen Wochen nachzutrauern, die sie auf den Hügeln des Heiligen Georg, auf dem Anwesen von Krawez verbracht hatten, der kein einziges Mal gekommen war. Klaudijus hatte sich dieses Fest ganz anders vorgestellt. Er wollte Ingridas Traurigkeit vertreiben und sie auf andere Gedanken bringen! Alles war bereit, doch die Kerzen beschränkten das Sichtfeld.

Ingrida und Klaudijus nahmen einen Schluck Wein.

„Ich mach mal kurz das Licht an!", rief Klaudijus.

„Ach, lass mal", bat Ingrida. „Später. Hier ist es so schön bei Kerzenschein!"

Klaudijus, der schon aufgestanden war, setzte sich wieder.

Sie speisten in einer gemütlichen, intimen Stille. Diese Stille, die von drei Leuchtern erhellt wurde, flehte förmlich darum, bewahrt und nicht von Worten zerrissen zu werden. Und Klaudijus genoss das wunderbare Gefühl, Teil eines romantischen Bildes zu sein, das er sich am Morgen ausgemalt hatte und das am Abend Wirklichkeit geworden war. Das war allerdings noch nicht alles. In dem Bild ihres mittelalterlichen Mahls fehlte wegen des kleinen Lichtkegels der Kerzen noch ein wichtiges Detail. Der passende Moment dafür würde schon noch kommen. Davon war Klaudijus überzeugt.

Der Moment ließ allerdings etwas auf sich warten. Ein paar Mal war Klaudijus schon drauf und dran das Licht anzuschalten, aber Ingrida hielt ihn zurück, als wünschte sie sich, dass dieser Abend bei Kerzenschein nie zu Ende ginge.

Gegen halb zehn wurde Klaudijus nervös. In einer halben Stunde musste er zum abendlichen Skype-Termin. Der Wein war ausgetrunken. Die Gerichte aufzuessen schafften sie beim besten Willen nicht, obwohl alles – das Huhn, die Shrimps und die Pekingente – auf der Zunge zergingen.

Endlich erlaubte Ingrida Klaudijus, das Licht einzuschalten. Als der Leuchter anging, kniff sie die Augen zusammen.

„Komm mal hierher!", forderte Klaudijus sie auf und blieb zwischen dem Tisch und der Flügeltür stehen.

Ingrida folgte ihm.

„Fällt dir nichts auf?"

Schnell fanden ihre Augen das, was Klaudijus meinte. Sie trat zum Kamin und blieb vor dem riesigen Foto stehen, das an der Stelle hing, von der aus gestern noch Krawez seinen Blick durch den Saal hatte schweifen lassen.

„Keine schlechte Idee", flüsterte sie, „aber das wird nicht passieren ..."

„Was wird nicht passieren?"

„Dass wir dieses Anwesen besitzen."

„Das nicht, aber irgendwann haben wir unser rotes Ziegelsteinhaus. Wenn wir fest dran glauben!"

Ingrida schwieg. Sie brummelte unglücklich lächelnd, als wollte sie einen unangenehmen Gedanken verscheuchen. Dann legte sie Klaudijus die Hände auf die Schultern, drückte ihn an sich und gab ihm einen Kuss.

„Du bist ganz lieb! Danke! Aber was machen wir mit dem Foto? Das geht doch kaputt, wenn wir umziehen!"

„Das bleibt hier", sagte Klaudijus verschmitzt. „Vielleicht kommen wir ja irgendwann zurück?"

Ingrida prustete los und trat einen Schritt zurück. „Wenn du es nicht abnimmst, reißt es Achmed runter und schmeißt es in den Müll!"

Klaudijus ging weg und kam kurz darauf mit dem Gemälde des Manns mit der weißen Perücke zurück, das vor Krawez an dieser Stelle gehangen hatte.

„Sieh mal", sagte er und lächelte schlitzohrig. Er trat an die Wand und hängte das Gemälde, das für ihn unter dem Titel *Porträt des Richters* firmierte, an den Haken. Das Bild überdeckte die Aufnahme von Klaudijus und Ingrida vor der Villa. „Irgendwann entdeckt jemand unser Bild und wird glauben, dass wir hier auch mal Besitzer waren", rief Klaudijus fröhlich und stolz.

„Weißt du, wie spät es ist?", flüsterte sie ihm ins Ohr.

„Wie spät denn?"

„Viertel nach zehn."

Klaudijus zuckte zusammen, als ihm der Skype-Termin einfiel.

„Halb so wild. Die brauchen uns sowieso nicht. Aber ich brauch dich noch. Ich weiß zwar nicht warum, aber es ist so! Ohne dich ist meine Welt irgendwie grau ... Komm mit!“

„Wohin?“, fragte Klaudijus ahnungslos.

„Zu mir, ins Schlafzimmer“, flüsterte sie. „Sei’s drum, heute darfst du mit.“

71. Kapitel. Paris

Weder Andrius noch Barbora waren je in die Verlegenheit gekommen, in einem Buchladen zu übernachten. Und nicht nur zu übernachten, sondern auch zu frühstücken. Zu dritt saßen sie auf einem schwarzen Ledersofa vor einem quadratischen Couchtisch, von dem sie einige Dutzend Fotobände über Russland geräumt hatten. Sie frühstückten mit François, dem Ladenbesitzer, einem jugendlich wirkenden, kurzhaarigen Franzosen, der fließend Russisch sprach und wegen seiner Liebe zur russischen Kultur die ganzen Mühen dieses risikobehafteten Geschäfts auf sich nahm und mitten in Paris an der Place de la Bastille mit russischen Büchern und ihren französischen Übersetzungen handelte.

„Greift ruhig zu.“ François deutete auf den Teller mit den Croissants.

Barbora lehnte sich auf dem weichen Sofa zurück, auf dem sie die letzte Nacht verbracht hatte. Sie wollte diese Nacht am liebsten so schnell wie möglich vergessen. Aber alles ringsum, angefangen vom Frühstück mit dem Espresso und den Croissants bis hin zu ihrem Rücken, den sie sich auf dem nicht ausziehbaren, wulstigen Sofa verlegen hatte, erinnerte sie pausenlos daran. Erinnerte sie an die Nacht und an den Abend davor, der noch viel schlimmer hätte enden können.

Barbora versuchte zu lächeln, aber es ging nicht. Zum wiederholten Mal streckte sie ihren Rücken und griff nach dem nächsten Croissant, schaute François an. Sie wollte ihm etwas Nettes sagen, nicht nur ein dürres „Danke“. Aber sie war viel zu aufgeregt, um einen zusammenhängenden Satz zu formulieren. Wann sie ihre innere Ruhe zurückerlangte, stand in den Sternen. Andrius hatte auf dem Boden geschlafen und die Decke, die François ihm gegeben hatte, als Unterlage und Zudecke zugleich verwendet. Er sah nicht so zerschlagen aus. Munter plauderte er mit dem Inhaber des Buchladens. Barbora war übel, sie wollte das Gespräch nicht verfolgen, und das schaffte sie auch. Aber nicht etwa, weil sie ein besonderes Talent besessen hätte, das Geschehen ringsum auszublenden, sondern weil sie Kopfschmerzen hatte. Mal wurden sie schlimmer, was zu einem unangenehmen dumpfen Rauschen in ihren Ohren führte, mal waren sie kurz weg und kamen dann wieder.

Sie versuchte sich abzulenken, indem sie an den gestrigen Abend dachte. Schloss die Augen. Sah sich und Andrius zum Parc des Buttes-Chaumont mit seinem schon verschlossenen Tor laufen und von dort auf die Rue de Belleville zurückkehren, sah, wie sie vor dem Haus stehenblieben, in dem der Bernhardiner mit seinen jungen und vielbeschäftigten Besitzern wohnte. Gegen Mitternacht kehrten sie zu ihrem Haus zurück, und als sie sich vergewissert hatten, dass niemand die blaue Haustür observierte, gingen sie hinein. Schweigend und in Grabesstimmung packten sie ihren Rucksack und die Tasche. Andrius stand schon abmarschbereit in der Tür, da verlor sie die Nerven, schrieb der Vermieterin einen Brief. „Komm jetzt! Was willst du mit dem Brief?“ Andrius beugte sich über ihre Schulter und las ihre gestochene Schrift. „Was soll die Französin denn mit einem litauischen Brief? Wer soll das übersetzen? Und warum entschuldigst du dich?“ „Ich kann nicht anders!“, antwortete Barbora und schrieb weiter. Sie fühle sich schrecklich schuldig, dass sie ihr nur hundert Euro hinterlegen könne, schrieb sie. Irgendwann werde sie den Rest vorbeibringen und hoffe, sie würde sie nicht allzu streng beurteilen. Die Umstände seien einfacher stärker als Anstand und Moral.

Kurz darauf, es muss schon nach Mitternacht gewesen sein, brachen sie auf. In derselben Grabesstimmung. Schweigend. Liefen die Rue de Belleville entlang, dann die Rue du Faubourg-du-Temple bis zur Place de la République. Und von dort trugen ihre Beine sie wie von selbst in Richtung Bastille. Sie gingen nicht bis auf den Platz, sondern blieben ein paar Straßen früher vor dem russischen Buchladen *Le Globe* stehen, den sie irgendwann mal entdeckt hatten. Es fing an zu nieseln. Der Himmel weinte. Sie suchten Zuflucht in der Telefonzelle gegenüber dem Laden. Hier hatte sich vor ihnen schon jemand untergestellt. Oder sogar übernachtet. Jemand, der genauso unglücklich und getrieben war wie sie. Auf dem Boden lag ein zusammengerollter Schlafsack und verströmte einen unangenehmen Geruch. Andrius setzte den Rucksack ab und schob ihn hochkant zwischen den Telefonapparat und den stinkenden Schlafsack. Barbora setzte sich erschöpft nieder, Andrius blieb mit der Tasche in der Hand stehen. Es war zu eng.

Barbora erinnerte sich, wie ihr die Augen zufallen wollten und wie nur der Gestank des fremden Schlafsacks sie vom Schlafen abhielt. Um sich von dem Geruch abzulenken, blickte sie durch die nasse Scheibe auf den großen Samowar im Schaufenster des Buchladens. Und sah, wie sich drinnen etwas bewegte. Trotz der späten Stunde lief jemand durch den Laden. Sie bat Andrius hinzugehen und zu klopfen. Die Person im Laden öffnete ihm komischerweise und ließ die beiden verwundert ein.

„Wir mussten aus unserer Wohnung raus. Wir dachten, wir finden noch ein Hostel", erklärte Andrius dem Ladenbesitzer. „Und wie sind Sie drauf gekommen, dass wir Russisch sprechen?"

Tatsächlich hatte François, als er die Tür öffnete, Andrius zuerst angesprochen. Er fragte auf Russisch: „Wo kommt ihr her?", und als er hörte, dass sie aus Litauen kamen, wunderte ihn das nicht, und er ließ sie ein.

„Ein Bekannter von mir hatte mal einen kleinen polnischen Buchladen", sagte er, als er hinter den beiden unerwarteten Besuchern die Tür geschlossen hatte. „Bei dem standen immer Polen vor der Tür, denen irgendwas passiert war. Und zu mir kommen die Russen. Oder Leute, die Russisch sprechen."

Er hatte ihnen noch Tee angeboten, aber sie wollten nur eins – schlafen. Und so wurde zuerst für Barbora auf dem Sofa, das im hintersten Winkel des Ladenlokals stand, ein Lager errichtet, und dann gingen sie hinunter ins geräumige Untergeschoss, wo François für Andrius eine Decke ausbreitete und sich auf seine Klappliege legte.

Sie erwachten alle drei früh und fast gleichzeitig. Barbora und Andrius wegen der unbequemen Umstände und François aus Gewohnheit. Um sechs, halb sieben stand er auf. Er übernachtete oft im Laden. Meist dann, wenn es über der Buchhaltung und den Aufträgen spät geworden war.

„Ich fang dann mal an zu arbeiten, ihr könnt euch ja noch ausruhen. Der Laden öffnet erst in zwei Stunden", sagte François und ging ins Untergeschoss, wo sich außer dem großzügigen Verkaufsraum auch sein kleines Büro befand.

„Was machen wir denn jetzt?", fragte Barbora, als sie allein waren.

„Keine Ahnung", sagte Andrius. „Du bleibst vielleicht erst mal hier im Laden. Hier ist es warm. Und ich fahre in die Rue de Sèvres. Zu Paul. Vielleicht krieg ich noch ein, zwei Aufträge."

Barbora wiegte bekümmert den Kopf. „Und dann? Denkst du, er lässt uns jetzt in seinem Buchladen wohnen?"

„Heute ist Dienstag." Andrius schaute an die Decke, als würde er laut denken. „Wir müssen bis Freitag durchhalten. Dann wird alles gut!"

„Bis Freitag?“ Ihr Blick war eine Mischung aus trauriger Ironie und Misstrauen.

Andrius erriet ihre Gedanken. „Ich verspreche es dir“, sagte er bestimmt. „Alles wird gut. Glaub mir!“

„Was bleibt mir weiter übrig?“, seufzte Barbora.

François bot ihnen an, den Rucksack und die Tasche in das Büro im Untergeschoss zu bringen. Sie könnten den ganzen Tag im Laden bleiben, wenn sie wollten.

„Barbora sollte hier bleiben“, sagte Andrius auf François’ Angebot. „Ich muss jetzt weg und bin gegen sechs zurück!“

Barbora, der zwei Männer, die sich kaum kannten, die Entscheidung abgenommen hatten, holte sich eine illustrierte Geschenkausgabe von Gogol aus dem Regal, ließ sich auf dem Sofa nieder und schaute sich vergnatzt die Bilder an.

Andrius bat François um eine Schere, und bevor er losging, schnitt er die gestohlenen Bögen mit den Essensgutscheinen auseinander.

Als er an diesem Morgen das Café *Le Sèvres* betrat, nahm er zum ersten Mal das Schild mit der roten, apfelsinenförmigen Kugel und der Aufschrift *Ticket Restaurant* wahr, das an der Eingangstür klebte. Mechanisch schlug er sich auf die Brust, als wollte er prüfen, ob die Brieftasche wie immer in der Jacke steckte. Die Brieftasche, dieses Mal dicker als sonst, war an ihrem gewohnten Platz.

An ihrem gewohnten Platz, genauer gesagt an ihrem gewohnten Tisch, saß auch Cécile und trank Espresso. Am Tisch der albanischen Brüder saßen andere Gäste, die ganz offensichtlich mit dem Krankenhaus gegenüber nichts zu tun hatten, und tranken ebenfalls Espresso.

Andrius hängte den goldenen Stock an die Tischplatte, die Jacke über die Stuhllehne und setzte sich zu Cécile.

„Wie geht’s dir?“ Cécile beugte sich erfreut zu ihm hinüber, um ihm wie immer ein Küsschen zu geben.

„Ganz gut.“ Andrius nickte.

Er fühlte sich wirklich ganz gut, als hätte er Kummer und Sorgen draußen vor der Tür gelassen und auch das ungewohnte Ziehen im Rücken, das von der Nacht auf dem Boden herrührte.

„Monsieur?“, ertönte hinter ihm der Bariton des Barkeepers, der mit einem Espresso am Tisch stand. Andrius schaute auf und sah, dass der Herr des Hauses seine Bestellung einmal mehr erraten hatte.

Der Barkeeper fragte wortlos, auf welchen Tisch er den Espresso stellen solle: auf den, wo Andrius' Jacke über dem Stuhl hing, oder auf den, an dem er jetzt saß.

Andrius legte seine Hand neben Céciles Espresso, und der Barkeeper wusste Bescheid. „Et un cognac."

„Gestern haben sie die Albaner festgenommen", erzählte Cécile kurz darauf. „Die Polizei hat eine Razzia gegen illegale Ausländer gemacht. Hast du deinen Pass dabei?"

In ihrem Blick las Andrius ehrliche Sorge. Er nickte.

Das Gespräch versickerte. Lächelnd zog sich Andrius an seinen Tisch zurück und nippte mal am Espresso, mal am Kognak. Er dachte an den heutigen Abend. Die Sorgen kamen zurück. Er war allein, allein mit seinen ganzen Problemen. Niemand schaute herein, niemand suchte einen Clown, niemand wollte seinen Lieben, die sich zum Gesundwerden in der Klinik befanden, etwas Ablenkung verschaffen.

Er hätte gern mit Philippe gesprochen, aber ihm fiel die Bitte des blinden Jungen ein, nicht vor vier anzurufen. Jetzt saß er in der Schule und musste lernen.

Sein Rücken meldete sich. Andrius führte die Schultern zurück, machte eine Art Übung, aber die Verspannung blieb. Er wollte sich ein bisschen die Beine vertreten, also schlüpfte er, nachdem er die Münzen inklusive Trinkgeld auf den Tisch gelegt hatte, in seine Jacke, nahm den Stock und ging hinaus. Im Gehen nickte er dem Barkeeper zu und gab ihm mit einer Geste zu verstehen, dass er nicht lange wegblieb.

Der graue Himmel stimmte nicht gerade optimistisch, kündigte aber auch keinen Regen an. Die Rue de Sèvres war leerer als sonst. Es gab kaum Passanten. Andrius blickte sich nicht mehr um und lief los. Bei jedem Schritt mit dem rechten Bein drückte er sich mit dem Gummiende des Stocks vom Boden ab. Er hielt den Blick gesenkt und dachte an Barbora. An der Kreuzung angekommen, schrak er auf. Er schaute in die Straße, die nach links ging, entdeckte mehrere Läden und Bistros und steuerte diese kleine Verkaufsoase an. An einem chinesischen Imbiss fiel ihm das Schild auf, das darauf hinwies, dass man hier mit den Restaurantgutscheinen bezahlen konnte. Er trat ein, holte einen Voucher heraus und zeigte ihn dem Chinesen, der hinter der Theke stand. Der nickte. Andrius studierte die Auslage und entschied sich dann für Hühnchen in süßsaurer Soße und Reis. Der Chinese beugte sich über das Warmbuffet. Er füllte Huhn und Reis auf einen Teller, wog es ab und schob es in die Mikrowelle.

Als Andrius ins *Le Sèvres* zurückkam, blieb er erstaunt vor seinem Tisch stehen. Sein Blick fiel auf das Schild *Réservé*, das er häufig auf Céciles Tisch in ihrer Abwesenheit gesehen hatte. Cécile war auch jetzt nicht da, und das Schild hielt ihr den Tisch frei. Aber für wen war Andrius' Tisch reserviert?

„Oh, monsieur est de retour!",* rief der Barkeeper hinter ihm. Er kam in den Gastraum und trocknete sich die feuchten Hände an seinem schwarzen, sackförmigen Pullover ab. Er nahm das Schild vom Tisch und lud Andrius mit einer Geste ein, sich auf seinem Stammplatz niederzulassen. „Un café?", fragte er freundlich.

Andrius nickte und hängte den glänzenden Stock an die Tischplatte.

Eine halbe Stunde später kam eine blonde Frau um die dreißig in einem grünen Mantel und einer ebenfalls grünen, wasserfesten Baskenmütze aus Wachstuch und nahm Andrius mit auf die Kinderstation zu ihrem Sohn, einem rothaarigen Pummelchen mit unzähligen Sommersprossen auf der Nase und auf den aufgedunsenen Wangen. Der fünfjährige Knirps war so fasziniert von dem Clown, dass er nur auf dessen rote Flauschnase starrte und von den Kunststücken kaum Notiz nahm. Nur mit dem goldenen Stock konnte Andrius den Blick des Kindes von der Nase loseisen: Der Kleine schaute fasziniert auf den kreisenden Stock in der Hand des Clowns, der sich ab und zu in eine runde, goldene Sonne verwandelte.

Als er seine Vorstellung im Zimmer des rothaarigen Jungen beendet und von der dankbaren Mutter sein Honorar in Empfang genommen hatte, ging Andrius ein Stockwerk höher zu Paul.

„Du bist ja wieder früher da!", freute der sich und hob den Kopf.

„Besser früher als später", antwortete Andrius und setzte sich. „Ist Benoît schon entlassen?", fragte er, als er auf das glatte Nachbarbett blickte.

Paul nickte.

„Was wollen wir denn spielen?", fragte Andrius. „Vielleicht wieder *Geheimnis*? Ich könnte dir was Neues erzählen ..."

---

* Ah, Sie sind zurück! (frz.)

Paul war ganz Ohr. „Hast du was ganz Schlimmes gemacht?“, fragte er flüsternd.

„Nein. Ich bin obdachlos. Barbie und ich haben kein Dach überm Kopf mehr. Wir mussten ausziehen.“

„Das ist doch nicht für immer“, sagte Paul beruhigend.

„Natürlich ist das nicht für immer“, erwiderte Andrius. „Aber ich hab so was noch nie erlebt. Das fühlt sich ganz schrecklich an. Als hättest du alles verloren! Als steigst du aus der Straßenbahn und bist in der Wüste. Und keiner ist da. Und es gibt keine Straßenbahn mehr und keine Gleise, keine Straße ... Du musst losgehen, und überall ist nur Sand.“

Paul lächelte nachdenklich. „Paris ist doch keine Wüste“, sagte er. „Hier leben ganz viele Leute. Da hilft dir bestimmt jemand.“

„Das war ja auch nur ein Bild.“ Andrius nickte. „Natürlich leben hier viele Leute. Und es haben auch schon welche geholfen. Weißt du, wo wir letzte Nacht geschlafen haben? In einer Buchhandlung! Ich musste auf dem Fußboden übernachten. Jetzt tut mir der Rücken ein bisschen weh.“

„Du hast in einer Buchhandlung geschlafen?“ Pauls Augen leuchteten. „Ist das spannend?“

„Ja“, sagte Andrius, „richtig spannend.“ ‚Warum mute ich dem Jungen das zu?‘, fragte er sich. ‚Wo er mich doch sowieso nicht versteht.‘ „Wollen wir Dame spielen?“, schlug er Paul vor.

„Gern“, rief der Junge.

Sie spielten drei Partien, und alle drei gewann Paul, ohne dass er auch nur einen Finger bewegt hatte. Vielleicht konnte er die Finger wirklich nicht bewegen. Andrius wusste es nicht. Er schielte hin und wieder nach der Bettdecke, unter der die Arme in den Metallkonstruktionen zu erahnen waren. Natürlich ließ Andrius ihn gewinnen. Er mochte den Glanz in Pauls Augen, wenn einer seiner Steine zur Dame befördert wurde und Andrius’ Steine an den Rand des Bretts kamen, auf den vorübergehenden *Friedhof*.

Bevor Andrius ging, öffnete er wie immer das Schränkchen und nahm sich zwanzig Euro aus dem Umschlag.

„Nimm ruhig mehr“, sagte Paul zu ihm. „Nimm alles, da sind doch bestimmt hundert drin! Dann nimmst du eben nächstes Mal nichts! Damit du nicht mehr obdachlos bist.“

Andrius hielt inne. Er war verlegen. Wie von selbst ging die Hand noch einmal zum Umschlag und nahm alles Geld. „Hier, für dich!“

Andrius hielt Paul seinen goldenen Stock hin. „Den schenk ich dir. Du kannst ihn bestimmt gut gebrauchen."

„Danke." Das blendend weiße Lächeln in dem schwarzen Gesicht entlockte auch Andrius ein kleines Lächeln. „Stell ihn da hin." Paul deutete auf den Platz zwischen dem Kopfende und dem weißen Schränkchen. „Damit ich ihn sehen kann."

„Vielleicht werde ich mir den Stock ab und zu für ein Stündchen ausleihen, solange du hier bist", fuhr Andrius fort und lehnte den Stock an das Schränkchen. „Um andere Kinder zum Lachen zu bringen! In Ordnung?"

„Natürlich", sagte Paul.

Als Andrius durch den Torbogen ging, rief er Philippe an. Er wollte ihn gern treffen.

„Ich habe heute Nachhilfe", antwortete Philippe mit trauriger Stimme. „Wie wär's mit morgen?"

„Gut. Und deine Pläne fürs Wochenende haben sich nicht geändert?"

„Nein. Alles bleibt so, wie wir es vereinbart haben. Du kommst doch mit, oder?"

„Ja, natürlich. Barbie und ich möchten dich sehr gern besuchen."

„Ausgezeichnet. Wo sollen wir euch am Freitag abholen? Meine Mutter kommt mit dem Auto."

„Im Café *Le Sèvres*."

„Gut. Dann am Freitagnachmittag im Café!"

„Und morgen?", fragte Andrius. „Hast du morgen Zeit für Tee und Kuchen?"

„Ja, morgen gern. Nach zwei habe ich Zeit."

Andrius steckte sein Handy in die Jackentasche und trat durch den Bogen hinaus auf die Straße. Die leichte Müdigkeit verriet ihm, dass der Arbeitstag zu Ende war und er nach Hause fahren konnte. In ein Haus, das es nicht gab. Er lief ein Stück in Richtung Métro und blieb stehen. Es kam ihm so vor, als hätte er etwas vergessen oder verloren. Wie von selbst ging der Blick zu seinem rechten Arm. Er musste lächeln. Die Hand, die sich so schnell an den Stock gewöhnt hatte, „beklagte" sich über sein Fehlen.

Im Buchladen teilte ihm François mit, dass Barbora gegen elf weggegangen und bislang noch nicht zurückgekommen war. Andrius wunderte sich nicht. Er rief sie an. „Wo bist du denn?"

„In Belleville", sagte ihre Stimme traurig und gelassen.

„Und was machst du da?“

„Erst habe ich den Hund ausgeführt und dann im Park eine Bekannte gesucht.“

„Ich wusste gar nicht, dass du da Bekannte hast“, sagte Andrius zurückhaltend, als wäre er unsicher, wie er auf ihre Worte reagieren sollte. „Und hast du sie gefunden?“

„Ja.“

„Und was machst du jetzt? Es ist doch schon dunkel!“ Andrius ließ seine Stimme weicher klingen, Barbora sollte hören, dass er sich Sorgen machte.

„Jetzt? Jetzt sitze ich im Café gegenüber von unserem Haus.“

„Von unserem früheren Haus“, korrigierte sie Andrius.

„Ich kann mich nicht dran gewöhnen, dass es nicht mehr unseres ist“, sagte Barbie bitter.

„Musst du aber“, rief Andrius belehrend und fügte weniger resolut, eher bittend hinzu: „Du musst dich schnell dran gewöhnen. Fahr da lieber nicht mehr hin. Sonst sieht sie dich noch.“

„Sie?“, fragte Barbora gleichgültig. „Na und?“

„Kannst du jetzt herkommen, in den Buchladen?“ Andrius schien es sinnlos, das Gespräch fortzusetzen. „Ich warte.“

„Gut. Ich gehe zu Fuß. Ich weiß ja den Weg noch.“

„Nein, bitte nicht! Nimm die Métro! Du musst nur einmal umsteigen!“

„Na gut“, gab sie nach, „an welcher Station muss ich raus?“

„Was ist das hier für eine Métro-Station?“, rief Andrius dem Besitzer des Buchladens zu, der gerade mit dem Rücken zum Schaufenster an der Kasse stand.

„Chemin Vert“, antwortete François. „Übersetzt: Grüner Weg. Linie 8 von der Place de la République Richtung Bastille!“

Andrius wiederholte Barbora die Wegbeschreibung wortwörtlich und versprach, sie am Métro-Ausgang abzuholen.

François wollte an diesem Abend nicht im Laden übernachten. Barbora hielt Wort und kam kurz vor Ladenschluss mit der Métro an. Müde und einsilbig. Sie fragte Andrius nur: „Hast du eine Idee?“

„Noch nicht“, erwiderte er.

In dieser Nacht schliefen sie besser. Im Untergeschoss, wo es dunkel und still war, legte sich Barbora auf François’ Feldbett und Andrius neben sie auf den Boden.

Sechs Uhr morgens läutete oben das Telefon. Das Klingeln riss Andrius aus dem Schlaf wie der Ton eines klugen Weckers, der so lange schrillt, bis er sein Ziel erreicht hat: dass der Schlafende nicht nur aufwacht, sondern aufsteht. Das Klingeln kam aus dem Verkaufsraum.

Andrius lief nach oben, getrieben eher von dem Verlangen, es möge schnell wieder still werden, als mit dem Ziel, den Anruf anzunehmen. Kaum war er jedoch an der Kasse angelangt, an der das Telefon stand, hörte es auf zu klingeln.

Mit nichts als einer Unterhose bekleidet stand Andrius zwischen den Bücherborden und Regalen und fühlte sich wie ein Außerirdischer, der in eine andere Welt geraten war. Hier war es wirklich kühler. Und das Heer von Büchern, die sich im Dunkeln abzeichneten und deren fahl und eintönig wirkende Buchrücken und Einbände Andrius mit seinen nunmehr wachen und an das Dunkel gewöhnten Augen erkannte, flößte ihm Ehrfurcht ein, brachte ihn in Verlegenheit und gab ihm noch mehr das Gefühl, fehl am Platz zu sein.

An der Wand neben der Treppe, die ins Untergeschoss führte, entdeckte Andrius einen Lichtschalter. Er drückte einen Knopf.

Direkt über ihm gingen zwei Lampen an und beleuchteten den Bereich von der Eingangstür bis zu der Ecke, in der die Kaffeemaschine und ungeöffnete Bücherpakete standen. Als er die zwei anderen Knöpfe drückte, ging das Licht im ganzen Raum an. Andrius schaute sich um. Die nunmehr vom Licht angestrahlten Einbände und Buchrücken kamen ihm jetzt nicht mehr wie eine einförmige und gesichtslose feindliche Armee vor. Die Welt war wieder in Ordnung, und auch Andrius fühlte sich, obwohl er in der Unterhose dastand, für einen Moment am rechten Platz.

Der Moment dauerte allerdings nicht lange. Ein dreifaches Klopfen gegen die Eingangstür machte ihm ein Ende.

‚Vielleicht François?', dachte Andrius und ging zur Ladentür. Draußen stand eine Frau in einem abgetragenen Mantel und ausgetretenen Männerstiefeln. Sie hatte zwei große, prall gefüllte Plastiktüten auf dem Boden abgestellt. Ihre Lippen bewegten sich, als sagte sie etwas, aber Andrius hörte nichts. Wieder krümmte sie den rechten Zeigefinger und klopfte gegen die dicke Scheibe, dann schaute sie Andrius verärgert und zugleich bittend an.

Andrius geriet in Panik. Erschrak. Rannte zur Treppe und schaltete das Licht aus. Der Buchladen versank wieder im dunklen Grau der morgendlichen Dämmerung. Es klopfte erneut, aber Andrius sah die Klopfende nicht mehr. Er sah gar nichts. Also konnte auch sie ihn nicht mehr sehen.

Mit eiskalten Füßen lief Andrius die Treppe hinab und schlüpfte zurück unter seine Decke.

Der Inhaber kam gegen neun. Andrius hörte seine Schritte, hörte, wie er unten stehenblieb und nach oben ging, weil er – so nahm Andrius an – gesehen hatte, dass seine Gäste noch schliefen.

Als Barbora und Andrius sich gewaschen hatten, setzten sie sich zu François an den Couchtisch.

„Ihr wollt doch jetzt nicht weg? In einer Stunde kommt ein Freund von mir, der will euch helfen! Er ist Franzose, Schauspieler. Er kann auch Russisch!"

„Sie kennen so viele Leute, die Russisch sprechen, wie kommt das?", fragte Andrius.

„Viele würde ich nicht gerade sagen, aber einige!" Das kommt von der gemeinsamen Geschichte. Die Vorfahren von vielen Franzosen standen mit Napoleon vor Moskau. Und später, nach der Russischen Revolution, hat sich die Hälfte der Moskauer Aristokratie in Paris mit einfachen Tätigkeiten über Wasser gehalten. Da hatte man Zeit, sich zu beschnuppern ... Also ihr habt jetzt nichts weiter vor?"

„Nein", antwortete Andrius für sich und Barbora.

„Super, dann bleiben wir hier sitzen und warten. Croissants gibt's genug!"

François' Freund Michel kam nach einer halben Stunde. Er packte ein frisches, duftendes Baguette, drei Büchsen marokkanische Sardinen mit Paprika und eine Flasche französischen Wodka aus.

„Ihr seid da also in so eine Geschichte reingeschlittert?", fragte er in einem seltsamen, fast lustigen Ton, schüttelte Andrius die Hand und schaute Barbora an.

„Wieso Geschichte?", fragte Andrius verwirrt.

„Also, sie haben euch aus der Wohnung geschmissen?", fragte Michel noch einmal und zog einen schwarzen Lederhocker an den Tisch.

„Ja, schon." Andrius warf François einen Blick zu. „Wir haben unsere Wohnung verloren."

„Seid ihr schon lange in Paris? Was macht ihr?" Michel überschüttete seine neuen Bekannten unverdrossen mit weiteren Fragen.

„Ich bin Clown, und Barbie hat als Kindermädchen gearbeitet."

„Clown? Klasse! Dann sind wir ja Kollegen! Ich bin Schauspieler! *Comédien* auf Französisch. Ich liebe Gogol. Hab im *Revisor* mitgespielt."

„Wir sind nicht aus Russland", wagte Andrius einen Einwand. „Wir sind aus Litauen."

„Ich weiß. François hat es mir erzählt! Aber ich weiß nichts weiter über Litauen, außer dass ihr früher mal zu Russland gehört habt, das heißt zur Sowjetunion. Und wie ist es da bei euch so mit dem Theater?"

Andrius drehte sich zu Barbie. Die zuckte mit den Schultern.

„Na, egal." Michel winkte ab. „Hol uns mal Gläser und Gabeln!", wandte er sich an François.

Der Ladenbesitzer brachte Einwegbecher aus Plastik. Michel öffnete den Wodka und die Paprikasardinen. François und Barbie wollten keinen Wodka. Nur Andrius nickte, als Michel ihn fragend anschaute.

„Ich hab hier in der Nähe eine Jacht liegen", sagte Michel nach dem zweiten Glas. „Nicht groß, aber gemütlich. Hab ich von meinem Vater geerbt! Dort könntet ihr erst mal wohnen. In der Kajüte. Bis ihr was Passendes gefunden habt. Kostenlos natürlich. Als ich mich von meiner Frau getrennt hatte, habe ich zwei Jahre auf der Jacht gelebt!"

Das erste Mal seit zwei Tagen lächelte Barbora. Andrius drehte sich zu ihr, und er hätte am liebsten selbst vor Freude einen Luftsprung gemacht, als er dieses unerwartete und großzügige Angebot hörte. Auf einer Jacht wohnen? Davon hätte Andrius nicht einmal zu träumen gewagt.

„Macht's gut!", verabschiedete François die drei und hielt die Tür auf, als Barbora und Andrius mit ihren Sachen und Michel mit der Tüte, in die ein halbes Baguette, die noch zu zwei Dritteln gefüllte Flasche Wodka und eine Büchse Sardinen zurückgewandert waren, den Buchladen verließen.

Ihre Sohlen patschten über den nassen Boulevard Beaumarchais. Reifen von Autos und Motorrollern quietschten an ihnen vorüber. Den Wolken über Paris ging das Wasser aus, und die Tropfen fielen immer spärlicher. Einer würde in Kürze der letzte sein.

„Ach, ich muss ja die Hundebesitzer anrufen!", rief Barbora und blieb stehen. „Ich komme doch heute später."

„Sprecht ihr denn nicht russisch miteinander?", wunderte sich Michel.

„Nein", sagte Andrius, „wir sprechen litauisch."

Michel drehte sich zu Barbora um, die auf das Display ihres Handys schaute.

Auf einmal nahm Andrius Barbie das Handy weg, zog die SIM-Karte heraus und gab ihr das Gerät zurück. „Tut mir leid", sagte er. „Du fährst nicht mehr nach Belleville. Ich kaufe dir eine neue SIM-Karte, und du suchst dir einen neuen Hund, den du ausführen kannst, irgendwo in der Nähe der Bastille."

Barboras Blick erstarrte. So verärgert und aufgelöst hatte Andrius sie noch nie gesehen.

„Kommt jetzt", trieb Michel sie an. „Ich muss heute noch zur Probe."

Bis zum Canal Saint-Martin liefen sie schweigend, aber als sie zu den Anlegestellen hinabstiegen, an denen die Jachten ankerten, kam Bewegung in Barboras Gesicht, ihre Augen glitzerten neugierig. Sie musterte die Schiffe, große, mittlere und kleine, blaue, gelbe, mit Namen, die oft an Frauennamen erinnerten.

Auch Andrius betrachtete im Gehen die aufgereihten Jachten und Boote, registrierte aus der Ferne die schönsten und größten und hoffte, dass eine von ihnen zu ihrer vorübergehenden Bleibe werden könnte. Doch an den großen Jachten liefen sie vorbei. Auch zwei altmodische Ausflugsschiffe, mit denen vor zwanzig Jahren vielleicht noch Touristen die Seine befahren hatten, blieben zurück. Die freudige Erwartung eines Wunders wurde gedämpft und verschwand vollkommen, als sie einige Minuten später vor einem unscheinbaren Boot mit dem Namen *Nadezhda*[*] stehenblieben.

„Da wären wir schon!", rief Michel fröhlich. Er betrat das Heck, und das kurze Seil, mit dem die *Nadezhda* am Metallsteg vertäut war, straffte sich. Michel nahm das Hängeschloss von der kleinen Tür und drehte sich zu seinen Begleitern um. „Darf ich bitten?", rief er theatralisch.

Sie stiegen drei Stufen hinab und befanden sich im einzigen Raum, den das kleine Schiff besaß. Links auf dem Küchenschrank stand eine Mikrowelle, daneben ein Wasserkocher. Rechts unter dem Bullauge war eine Spüle. In der Mitte stand ein Holztisch mit einer Bank auf jeder Seite, die jeweils einen halben Meter breit war.

„Ihr könnt eigentlich hier auf den Bänken schlafen, aber da", Michel zeigte zum Bug, auf eine Nische, die als Koje diente, „ist es bequemer und die Matratze ist weicher. Rechts sind die Toilette und die Dusche."

---

* Hoffnung (russ.), zugleich Frauenname (Anm. der Übersetzerin)

Er deutete in die Richtung. „Meine Handynummer steht auf einem Zettel an der Mikrowellentür. Hier – falls ihr euch aufwärmen wollt oder Hunger bekommt.“ Er stellte die mitgebrachte Tüte auf der Mikrowelle ab. „Richtet euch ein! Ich bring euch heute im Laufe des Tages noch eine Heizdecke vorbei.“

Michel legte den Schlüssel für das Vorhängeschloss auf den Tisch, verabschiedete sich und ging.

Andrius schaute auf den Rucksack und die Tasche, die an der Treppe lagen, blickte zu Barbora, die wie gebannt auf das Bullauge starrte. „Also mir gefällt’s“, sagte er und versuchte, seine Freundin damit aufzumuntern. „Die Franzosen sind spitze! Die helfen sogar Fremden!“

Barbora nickte. Sie setzte sich auf eine Bank. „Ich muss aber jetzt trotzdem los“, sagte sie stur. „Und eine neue SIM-Karte kaufe ich mir selbst.“

Andrius seufzte. „Wer nimmt den Schlüssel?“, fragte er.

„Lieber du!“, sagte sie ruhig. „Ich komme gegen sechs. Dann bist du doch da, oder?“

Er nickte.

72. Kapitel. Offenburg. Baden-Württemberg

„Sind Sie deutscher Staatsbürger?“, fragte der Polizist, der Kukutis aufs Revier gebracht hatte, streng, aber freundlich.

„Nein“, antwortete der Alte.

„Und welche Staatsbürgerschaft haben Sie?“

„Die europäische.“

„Ach?“ Der Polizist schmunzelte. „Na, dann zeigen Sie mal Ihren europäischen Pass!“

Kukutis stand vor dem Schreibtisch des Polizisten und schielte auf den Stuhl am Fenster. „Im Stehen kann ich Ihnen gar nichts zeigen“, sagte er lakonisch.

„Oh, entschuldigen Sie! Setzen Sie sich!“, rief der Polizist betreten.

Der Wanderer war aufgebracht und frustriert von den Geschehnissen an diesem Tag, angefangen von dem Streit mit der penetranten und dummen Apothekerin bis zu dem Moment, als die zwei Polizisten mit dem Diensthund in die Kneipe gekommen waren und ihm die Mundharmonika entrissen hatte. Er warf seinen grauen Mantel auf den Boden, setzte sich, zog das Hosenbein hoch und wollte die Schnallen der beiden Riemen, die seine Prothese am Stumpf befestigten, lösen. Dazu musste er die Riemen noch fester anziehen, die saßen allerdings ohnehin schon sehr straff, weswegen Kukutis sein Holzbein als fest integrierten Teil seines Körpers empfand.

Der Polizist beugte sich mit zusammengekniffenen Augen über den Tisch und verfolgte die Handgriffe des Inhaftierten. „Brauchen Sie Hilfe?"

„Nicht nötig", brummte Kukutis. „Vorher hätte ich Hilfe gebraucht."

„Wann vorher?", wunderte sich der Polizist.

Kukutis gab keine Antwort. Endlich war es ihm gelungen, die Riemen ausreichend zu dehnen, um den verchromten Dorn der Schnalle aus dem Loch zu ziehen. Dann schob Kukutis den Stumpf aus dem Prothesenschaft. Die Riemen hinterließen rote Striemen. Mühsam hob er das abgeschnallte Bein hoch und blickte auf den Schreibtisch des Polizisten, der vor Papieren überquoll. Er lehnte sich mit dem ganzen Körper nach vorn und ließ das Bein auf den Tisch fallen.

„Was machen Sie denn da?" Der Beamte starrte verdutzt auf das Holzbein, einen schönen und zugleich seltsamen Gegenstand, poliert wie ein antikes Möbelstück und mit matt glänzenden Silberringen verziert, deren Funktion dem Polizisten schleierhaft war.

„Ich hole meinen Pass raus", antwortete Kukutis beleidigt.

Mit dem natürlichen Bein und dem gegen den Stuhl gepressten Hintern schob der Alte sich und den Stuhl näher zum Tisch. Er drehte das Holzbein so, dass der Schaft in seine Richtung und der Gummiabsatz auf den Beamten zeigte, woraufhin dieser auf seinem Stuhl zurückrollte und die Lehne mit dem Rücken gegen die Wand drückte. Kukutis fuhr mit der Hand in den Schaft und zog eine rechteckige Sperrholzplatte heraus, die halb so groß war wie eine Handfläche. Wieder griff seine Hand in den Schaft. Er sah angespannt und verzweifelt aus, bekam das Gewünschte nicht zu fassen. Schließlich drehte Kukutis das Bein mit dem Absatz zur Decke und mit dem Schaft nach unten. Und schüttelte. Er schlug das Bein mehrmals gegen den Tisch. Plötzlich purzelten nacheinander ein paar alte Pässe heraus: drei mit festem Einband, in verschiedenen Farben, und drei primitive, doppelt gefaltete Pappkarten.

Der Polizist schaute finster, wie ein Roboter fuhr er seine Hand aus und griff nach den Pässen. Er nahm sie in Augenschein. „Dann sind Sie also Russe?", fragte er, als er die ominösen kyrillischen Buchstaben auf dem Umschlag des obersten Passes sah.

„Zweimal wollten sie mich zum Russen machen, hat aber nicht geklappt", antwortete Kukutis. „Es gibt Länder, die sind so penetrant mit ihrem Pass, dass du gar keine Wahl hast! Erst zwingen sie dir den Pass auf, und dann schicken sie dich in den Krieg! Der Pass des Russischen Reiches wurde mir noch vor dem Ersten Weltkrieg aufgenötigt! Entweder nimmst du den Pass, oder wir lochen dich ein wegen Landstreicherei, hieß es. Und sie haben sich einen Dreck drum geschert, dass ich schon zwei Pässe hatte: einen von Montenegro und einen vom Königreich Preußen!"

Der Polizist riss seinen Blick von dem abgegriffenen grauen Heft los und schaute den Alten misstrauisch an. Er warf den Pass auf den Tisch und vertiefte sich in die mit verblasstem Gold geprägten Lettern und das Wappen auf dem zweiten Dokument. Oben hielten zwei auf den Hinterbeinen stehende, einander mit ihren Schnauzen zugewandte Löwen das Wappen, auf dem zwei übereinandergesetzte Kreuze von einer Krone überwölbt wurden. Unter dem Wappen stand der Name des Staates, der das Dokument ausgestellt hatte: Freie Stadt Danzig.

„Sie wollen sich wohl über mich lustig machen?", fragte der Beamte und schaute den einbeinigen Festgenommen argwöhnisch an. „Freie Stadt Danzig – was soll das denn sein? Einen solchen Staat hat es nie gegeben."

„Meinen Sie?", fragte Kukutis lächelnd. „Tja, die Bildung ist heute in Europa auch nicht mehr das, was sie mal war!" Er zog eine kleine Kiste aus dem Bein, in der eingeschlagene Münzen lagen, wickelte sie aus, nahm eine Münze und hielt sie dem Polizisten hin.

„Und was ist das?", fragte der.

„Ein Danziger Gulden!"

Der Polizist studierte drei geschlagene Minuten lang die Münze. Dann gab er sie Kukutis zurück. „Das sind also alles Ihre Pässe?", fragte er und reihte die Dokumente vor sich auf. „Und welcher ist der neueste?"

„Der hier." Kukutis tippte auf den Pass der Republik Litauen, der vielleicht etwas neuer als die anderen aussah, aber auch alt und abgegriffen war.

Der Polizist schlug ihn auf, warf einen Blick auf das alte Schwarz-Weiß-Foto des Besitzers und dann auf den Besitzer selbst, der ihm gegenüber saß. „Der wurde ja 1938 ausgestellt!", rief der Polizist.

„Na und? In dem Feld *Gültig bis* ist ein Strich. Das heißt, er ist unbegrenzt gültig“, erklärte Kukutis.

Es klopfte. Ein zweiter Polizist trat ein, der, der im Café den Hund geführt hatte. Er trat ein und schüttelte, dem Beamten zugewandt, den Kopf. Der Polizist nickte dem Kollegen zu, und der verschwand wieder.

„Wir haben nichts über Sie im System“, sagte er und wandte sich wieder Kukutis zu. „Und Ihre Fingerabdrücke sind auch sauber ...“

„Dann lassen Sie mich jetzt gehen“, seufzte Kukutis müde. „Ich muss nach Frankreich.“

„Immer langsam. Wir brauchen noch ein psychiatrisches Gutachten.“

„Und wo ist der, Ihr Psychiater?“ Kukutis’ Blick verriet mehr Verärgerung als seine Stimme.

„Hier. Er kommt gleich!“, versprach der Beamte.

Eine Frau in einem weißen Kittel und mit einem harten, schier aus Granit gemeißelten Gesicht trat ein und bat den Polizisten, sie mit Kukutis allein zu lassen.

Sie setzte sich auf den Platz des Polizisten und schaute Kukutis mehrere Minuten durchdringend an, ab und zu blickte sie auf seine Hände, als wollte sie überprüfen, ob sie zitterten.

„Wie wär’s mit einem Gespräch?“, schlug der einbeinige Alte schließlich vor.

„Ja“, sagte sie mit einem resoluten Nicken. „Aber reden werde ich, und Sie beantworten meine Fragen zügig und präzise. Fangen wir an: Wie nennt man ein Hundejunges?“

„Welpe“, antwortete Kukutis deutlich.

„Und der Nachwuchs vom Pferd heißt wie?“

„Fohlen.“

„Glauben Sie an das internationale Bankensystem?“

„Nein.“

„Und woran glauben Sie?“ Die Stimme der Frau war bar jeder Intonation.

„An Gott, an das Gute und daran, dass das Ziel jeder Reise darin besteht, einen in Not geratenen Menschen zu retten.“

Das Granitgesicht der Psychiaterin sah zuerst verstört, dann gelangweilt aus. „Hans!“, rief sie, und im selben Moment kam der Beamte, den Kukutis schon kannte, zurück ins Zimmer.

„Wie sieht’s aus?“ Der Polizist deutete auf den Festgenommenen.

„Es gibt Abweichungen, die liegen aber im Geist und nicht in der Psyche begründet“, sagte sie und stand auf. „Vor zwanzig Jahren hätte man ihn behandelt, aber heute wird diese Form der Schizophrenie noch zum Normbereich gezählt.“ Grußlos ging die Psychiaterin hinaus.

„War's das?“, fragte Kukutis, nachdem er eine Höflichkeitspause hatte verstreichen lassen.

„Sie können gehen“, brummte der Polizist, ohne seine schlechte Laune zu verhehlen.

„Nein, so einfach werden Sie mich nicht los!“, rief der Alte auf einmal. „Geben Sie mir eine Bescheinigung, dass gegen mich nichts vorliegt. Mit Stempel und Unterschrift!“ Die saure Miene, die der Polizist aufsetzte, ließ Kukutis schmunzeln. „Mit Ihrem missmutigen Blick erinnern Sie mich an einen alten polnischen Bekannten!“

Der Polizist, der seinem Äußeren nach um die dreißig sein musste, erschrak und setzte sofort eine andere Miene auf. „Warten Sie kurz“, sagte er und ging hinaus.

Während er weg war, sammelte Kukutis seine Dokumente zusammen und schob sie zurück in die Aussparung im Prothesenschaft. Als der Polizist mit der Bescheinigung zurückkam, blies Kukutis ein paar Minuten auf den feuchten blauen Stempel, damit er trocknete. Erst dann faltete er das Dokument zweimal zusammen und schob es zu den übrigen Unterlagen.

„Wenn Sie nach Frankreich müssen“, sagte der Polizist, der Kukutis hinausbrachte, „gehen Sie links bis zur Kreuzung, wieder links und dann geradeaus bis zur Brücke. Hinter der Brücke ist schon Frankreich!“

„Danke!“ Kukutis schaute den jungen Mann frei von jeglicher Kränkung, ja sogar etwas mitfühlend an.

„Und noch was!“, rief der Beamte. „Wenn ich Ihnen einen guten Rat geben darf: Spielen Sie an öffentlichen Orten in Deutschland nicht Mundharmonika! Bei manchen Mitbürgern ruft das unschöne Erinnerungen wach!“

„Das habe ich schon bemerkt“, sagte Kukutis und nickte.

Er trat ein paar Mal mit dem Holzbein auf dem mit Platten ausgelegten Bürgersteig auf, um zu prüfen, ob er die Prothese mit den beiden kurzen Riemen und Schnallen ordnungsgemäß am Stumpf befestigt hatte. Das Bein saß. Er schlug den vom Polizisten empfohlenen Weg in Richtung Kreuzung ein, wo er nach links abbiegen musste, um nach Frankreich zu kommen.

73. Kapitel. Pienagalys. Bei Anykščiai

Es war ein Heidenspaß, für den roten Kater einen Namen zu finden. Mit einem leckeren Früchtetee, einem Blatt Papier und einem Stift saß Renata eine gute halbe Stunde an dem großen ovalen Tisch, auf ihrer Seite, die frei war von Vitas' Computer und seinen Papieren. Sie nahm immer zwei, drei Schlucke Tee, anfangs vorsichtig und nicht zu groß, damit sie sich den Mund nicht verbrannte, und schrieb dann einen, manchmal auch zwei oder drei Katzennamen hin. Die ersten Namen waren sehr traditionell: Mizjus, Pukas, Rainis. Renata strich sie wieder durch, denn sie kamen ihr primitiv vor. „Vielleicht Tulpytė", flüsterte sie und probierte den Namen an dem roten Kater aus, der im Zimmer herumstreunte und ab und zu kläglich maunzte. „Tulpytė", rief sie energischer, denn sie dachte, sie hätte gefunden, wonach sie suchte.

„Wir haben genau den richtigen Moment erwischt, um Googlas zu fotografieren!", rief Vitas, der gerade von draußen hereinkam. „Ich glaube, die Farbe lässt schon wieder nach."

„Ich hab einen Namen für unseren Kater gefunden. Damit er sich ein bisschen sicherer fühlt."

„Und welchen?", wollte Vitas wissen.

„Tulpytė", verkündete die Hausherrin voller Stolz.

Vitas beeindruckte der Namensvorschlag überhaupt nicht. „Wo siehst du in ihm denn eine Tulpe?", fragte er zweifelnd. „Schau ihn doch an!"

„Eine rote Tulpe", erklärte Renata.

Vitas schüttelte den Kopf. „Ruf doch mal *Tulpytė*", riet er.

Renata rief ihn zärtlich, fast singend.

„Und nun stell dir mal vor, er ist ausgerissen und du rennst über den Hof und rufst ununterbrochen diesen Namen. Viel zu viele Silben! Da hast du einen Knoten in der Zunge, ehe du ihn wiederfindest! Und überhaupt klingt das viel zu zärtlich. Er ist ein Rabauke, sieh dir doch bloß die Schnauze und die Augen an! Wo ist denn da die zarte Tulpe? Wir brauchen was Kürzeres und Moderneres. Heute Abend warten nämlich Abenteuer auf ihn."

Renata schaute Vitas argwöhnisch an. „Was denn für Abenteuer?"

„Keine Ahnung." Vitas zuckte mit den Schultern. „ Lustige oder weniger lustige. Aber spätestens morgen ist er in aller Munde, sonst wird unser Geschäft noch zäh wie ein chronischer Schnupfen."

Renata wiegte verwundert den Kopf. „Immer erzählst du mir nur die Hälfte! Wieso eigentlich?“, fragte sie und schaute ihn an.

„Ich habe Angst“, gestand der junge Mann offen. „Ich habe Angst, dass du mich für einen Idioten hältst. Wär was anderes, wenn ich alles, was ich denke, gut formulieren könnte. Aber ich habe andauernd tolle Ideen im Kopf, und wenn ich sie erzähle, kommt es konfus und verworren rüber ... Zeigen ist manchmal leichter als erzählen.“

„Na, dann zeig's mir, damit ich's verstehe“, erwiderte Renata resolut.

„Super Idee!“, sagte Vitas. „Aber lass uns zuerst einen anderen Namen finden! Einen, der sich einprägt! ... Ich glaube, ich hab was.“ Seine Augen sprühten. „Googlas haben wir schon. Und was kann Google für den Tod nicht ausstehen?“

„Googlas oder Google?“, hakte Renata nach.

„Na, wenn wir Googlas nach Google benannt haben, müssen wir den Kater nach etwas benennen, was Google nicht mag. Schließlich können Hunde Katzen nicht ausstehen!“

Renata seufzte. Sie verstand nicht, worauf Vitas hinauswollte, aber jetzt wusste sie, dass mit seinen Gedanken alles in Ordnung war und er sie einfach nicht richtig erklären konnte.

„Google mag keine Viren“, überlegte Renata. „Willst du ihn vielleicht *Virus* nennen?“

„Am wenigsten mag Google Spam!“ Vitas schaute sie mitleidig an, als hätte sie eine kinderleichte Prüfung verhauen. „Lass uns den Kater *Spammas* nennen!“

„Aber das ist doch ein Hundename!“, widersprach Renata. „So nennt man Köter, die lange und grundlos kläffen!“

„Sieh es doch mal anders! Stell dir das Bild vor: Der Hund jagt den Kater! Googlas jagt Spammas! Das hat was, oder?“

Jetzt musste Renata wirklich lachen. „Nenn ihn, wie du willst! Es ist deiner!“, sagte sie und winkte ab. „Googlas ist mein Hund und Spammas dein Kater. Manchmal bist du selber wie Spam!“

„Jetzt übertreibst du aber!“ Kokett drohte er Renata mit dem Zeigefinger. Dann küsste er sie. „Jetzt, wo der Kater einen Namen hat, mache ich mich an die Arbeit!“

„Du wolltest mir doch was zeigen?“, erinnerte ihn Renata.

„Gib mir eine Stunde! Ich muss einen Entwurf machen, dann drucke ich ihn aus und zeig ihn dir.“

Er holte den Farbdrucker, den er vor Kurzem gekauft hatte, aus dem Schlafzimmer, schloss ihn an den Laptop an und klickerte los.

Bald darauf summte der Drucker und spuckte mehrere Seiten dickes Papier aus. Neugierig angelte sich Renata ein Blatt.

„Oje!", rief sie. Sie hatte schon viele solche Annoncen gesehen, und jedes Mal hatte sich ihr entweder ein Seufzer oder ein mitleidiges „Oje" entrungen.

Mitten auf dem A4-Blatt prangte wie eine grelle Zielscheibe die rote Katerschnauze. Darüber stand in riesigen Lettern: *Bitte um Mithilfe! Kater entlaufen.* Unter dem Foto stand ebenfalls in großen Buchstaben: *Hört auf den Namen* Spammas. *200 Litas Finderlohn.* Darunter Vitas' Telefonnummer.

„Wann ist er denn verschwunden?", fragte Renata alarmiert und schaute sich überall nach dem Kater um.

„Bist du vielleicht naiv!", kicherte Vitas. „Der Kater ist doch noch gar nicht entlaufen. Das passiert erst heute Abend."

„Und warum?"

„Das muss so sein. Er läuft weg, und wir hängen überall in der Stadt Suchanzeigen aus. Die Leute suchen den roten Kater, weil sie die zweihundert Litas haben wollen, das ist doch ein hübsches Sümmchen. Und wenn wir übermorgen unser Angebot, Haustiere zu färben, ins Netz stellen, wundert sich keiner mehr, weil alle den roten Kater schon kennen! Klar?", schloss Vitas stolz.

Diesmal verstand Renata Vitas' Idee. „Wie du dir das ausgedacht hast! Auf so etwas wäre ich nie gekommen!"

„Du bist ja auch nicht in Kaunas aufgewachsen!", prahlte er.

Abends gegen acht wurde Spammas in den vergitterten Katzenkorb gesperrt und auf den Rücksitz des Fiat verfrachtet. Er schien zu ahnen, dass da etwas nicht stimmte: Sein Maunzen wurde immer lauter.

„Keine Angst", sagte Vitas und drehte sich zu ihm um. „Ein Mann ohne Biografie ist eine Null. Wir verschaffen dir eine Biografie, mit der du es zu einem Wikipedia-Eintrag bringst."

Das abendliche Anykščiai empfing sie mit verschlafenen, menschenleeren Straßen und vielen erleuchteten Fenstern. Zum ersten Mal seit mehreren Tagen leuchteten kalte Sterne am Himmel. Die schmale Mondsichel stand über der St.-Matas-Kirche. Sie hing so tief, als wollte sie sich mit ihrem gebogenen Ende das Kreuz angeln.

„Wir setzen ihn bei der Kellerei aus!", wies Vitas Renata an.

Renata bog zur Weinkellerei ab und hielt vor dem Haupteingang.

„Nein, doch nicht hier! Hier sind doch Wachleute. Fahr ein Stück weiter, dahin, wo die Wohnhäuser sind!"

Ein unangenehmer, eisiger Wind wehte. Es fühlte sich um fünf bis zehn Grad kälter an.

„Erfriert er auch nicht?", fragte Renata besorgt.

„Katzen erfrieren nicht", versicherte Vitas. Er stellte den vergitterten Tragekorb auf den Boden und öffnete die Plastiktür. „Du bist frei, Spammas! Komm raus!", sagte Vitas und richtete sich auf.

Der Kater saß im Tragekorb und machte nicht die geringsten Anstalten herauszuschlüpfen.

„Willst du mich ärgern?" Vitas war sauer. Er wollte möglichst schnell zurück ins Auto, raus aus der Kälte.

Er steckte die Hand in den Korb und wollte den Kater am Nacken herausholen.

„So ein Biest!", rief er und zog seine blutig gekratzte Hand aus dem Käfig. „Deine *zarte Tulpe* hätte mir beinahe die Hand abgerissen!"

Vitas griff nach dem Tragekorb, hob ihn hoch, drehte ihn mit der geöffneten Tür zum Boden und schüttelte kräftig, damit der Kater herausfiel. In dem glatten Plastikkorb fand Spammas nichts, an dem er sich festkrallen konnte, und so purzelte er schließlich auf den kalten Asphalt. Er kam auf, schüttelte sich und schaute Vitas missmutig und fragend an.

„Na, mach dich weg!", schrie der junge Mann.

Aber der Kater saß auf dem kalten Asphalt und tat nichts dergleichen. Vitas und Renata, die auch ausgestiegen war, konnten das nur zu gut nachvollziehen.

„Dann verschwinden wir eben! Komm!", wandte Vitas sich verdrossen und in derselben Intonation, mit der er soeben den Kater angeblafft hatte, an Renata.

Als das Auto losfuhr, gab Renata nur langsam Gas. Sie glaubte, Spammas würde ihnen nachlaufen. Oder sie hoffte es insgeheim. Aber er blieb sitzen. Die Menschen hatten also vor dem Kater Reißaus genommen. Der rührte sich nicht von dem Fleck, an dem er *verraten* worden war. Genau dieses Wort kam Renata plötzlich in den Sinn.

„Halt", rief Vitas.

Renata bremste und warf einen Blick auf die Aushänge und auf die Rolle Klebeband, die Vitas in der Hand hielt.

Über eine Stunde fuhren sie durch Anykščiai und hielten alle zwanzig Meter an, damit Vitas aussteigen und einen knalligen Aushang an einen Pfosten oder eine Hauswand kleben konnte. Als der Platz für das letzte Plakat gefunden war – nicht irgendein Platz, sondern die Wand rechts neben dem Eingang zu Violas Friseursalon –, atmete Renata erleichtert auf. Sie wollte schon lange nach Hause. Und nicht nur nach Hause fahren, sondern auch Spammas mitnehmen. Es kam ihr so vor, als hätte sie ihn ein paar Mal im Scheinwerferlicht gesehen, aber das hatte sie sich natürlich nur eingebildet. Auf den Straßen der zur Ruhe gehenden kleinen Stadt, die sich rund um die St.-Matas-Kirche und zu beiden Seiten des Šventoji erstreckte, sah sie nirgends eine Katze oder einen Hund. Anykščiai kam ihr in dieser abendlichen Dunkelheit genauso schutzlos und stolz vor wie der gefärbte Kater Spammas, der von den Menschen, die ihn aus dem Tierheim geholt und gefärbt, also gezähmt hatten, auf dem frostkalten Asphalt ausgesetzt worden war.

Traurig lächelte sie ihren merkwürdigen Gedanken zu.

Sie waren schon fast aus der Stadt heraus. Die Häuser blieben zurück, immer seltener war ein erleuchtetes Fenster zu sehen, und irgendwann erfasste der Scheinwerferkegel nur noch die Straße. Wer es vorhatte, war in die Stadt zurückgekehrt, und wer es vorhatte, hatte die Stadt verlassen. Renata und Vitas, sie beide, waren wahrscheinlich die letzten, die jetzt noch unterwegs waren.

„Essen wir heute nicht mehr zu Abend?“, fragte Vitas, ohne zu insistieren, als Renata das Licht im Wohnzimmer anschaltete.

„Schon Mitternacht“, sagte sie, „zu spät!“

Kaum hatte Vitas seinen Kopf auf das Kissen gelegt und die Augen geschlossen, war er auch schon eingeschlafen. Der Schlaf zog ihn in seine Arme, wie der Morast ein fehlgegangenes Pferd schluckte.

Renata konnte nach diesem aufregenden Abend nicht einschlafen. In der Dunkelheit des Zimmers, das von einer anderen, weniger tiefen Dunkelheit draußen „erhellt“ wurde, betrachtete sie Vitas’ gerade und wohlgeformte Nase, seine Stirn, sein kurzes Haar.

Ihre Neugier am Profil des geliebten Menschen war erwacht. An schlafen war nicht mehr zu denken. Obwohl die Müdigkeit noch da war. Doch die war nicht einschläfernd. Renata streichelte Vitas mit ihren Augen, berührte mit den Fingerkuppen Nasenspitze, Stirn und Schläfen, zog dann aber die Hand weg, weil sie Angst hatte, ihre Berührungen könnten ihn wecken. Sie entzog Hand und Blick und kroch so unter die Bettdecke, dass sie Vitas' Wärme spürte, seinen Körper aber nicht berührte. Um ihn eben auf keinen Fall zu wecken.

Sie lag auf dem Rücken und starrte an die Decke, die im Dunkeln nicht zu sehen war. Sie sah den Leuchter, obwohl sie ihn nicht erkennen konnte, und wusste, wo er hing und wie er aussah. Aber ihre Gedanken waren woanders, ihr Blick fixierte zwar die Zimmerdecke, ging aber in eine andere Richtung. Er drang in ihre Gedanken.

Die Gedanken schoben Vitas weg und sprangen zu Viola, ohne irgendwelche Gefühle auszulösen. Jetzt kam es Renata seltsam vor, dass sie so aufgebracht war vom nächtlichen Schrei Violas, die ein Albtraum oder etwas anderes in Angst und Schrecken versetzt hatte.

Dieses *andere* war wahrscheinlich auch da. Renata schloss die Augen, damit sie besser nachdenken konnte und die Augen nicht zufällig ihre Gedanken verrieten. In den Augen kann man ja oft lesen, woran ein Mensch denkt, wen er liebt und wen nicht.

Viola ließ Renata nicht los. Renata durchlebte die Nacht, als Vitas und Viola den rot gefärbten Kater mit Namen Merkel anbrachten, noch einmal. Wie konnte man nur auf die Idee kommen, einem Kater einen weiblichen Namen zu geben? Wieder stand ein Lächeln in Renatas Gesicht, das niemand sah. Aber ihre Augen blieben geschlossen. Sie sah – nicht mit ihren Augen, sondern in ihrer Erinnerung – die nackte Viola im dunklen Schlafzimmer stehen. Hörte ihre verstörte Stimme, die zum Flüstern abflaute.

„Das Flüstern", erinnerte sich Renata. „Sie hatte gesagt, sie hätte ein Flüstern und noch jemanden oder etwas anderes gehört! Sie hatte etwas gehört, wo niemand war! Niemand außer Jonas' Asche in einer Urne auf dem Schränkchen neben dem Bettgiebel.

Renata biss sich auf die Lippen. Der Gedankengang gefiel ihr.

‚Was, wenn ich jetzt in Großvater Jonas' Schlafzimmer gehe und mich in sein Bett lege? Und so tue, als wäre ich Viola, die schöne, mutige Viola, die, als sie in einem fremden Haus übernachtete, wie von der Tarantel gestochen aufgesprungen war.'

Renata stand leise auf, warf noch einen Blick auf den schlafenden Vitas und lief durch die offene Tür ins Wohnzimmer. Nackt schaute sie auf den Flur hinaus. Draußen war es viel kälter. Sie schaltete das Licht an und nahm das Schloss von der grünen Tür. Wie immer drückte sie mit beiden Händen auf die alte Metallklinke und zog sie mit einem Ruck zu sich heran. Mit einem vertrauten Quietschen sprang die Tür aus dem engen Rahmen. Kindheit, der Geruch nach Kindheit schlug Renata entgegen. Erst wollte sie Licht machen, merkte aber gleich, dass das unpassend war. Licht verscheuchte die Engel, plötzliches Licht jedenfalls. Ob es nun Engel gab oder nicht. Damit Jonas' Wohnzimmer in seine normale Nachtwelt zurückfand, lehnte sie die Korridortür an. Das gedämpfte, ruhige Flurlicht blieb draußen.

Renatas Fußsohlen spürten den kalten Boden. Ihre Ohren vernahmen die Stille der verlassenen Haushälfte. Es war nun ihr Haus, aber das „mein" brachte sie nicht über die Lippen. Sie war einfach daran gewöhnt, das Haus mit Jonas zu teilen. Jetzt könnte sie es mit Vitas teilen, aber dafür mussten sie sich zusammenraufen, sich besser aneinander gewöhnen, sich näherkommen, näher, als sie es waren, wenn sie sich liebten.

Nachdem sie ein Weilchen in der magischen Stille gestanden hatte, die aus der Vergangenheit herüberzukommen schien, betrat sie Großvaters Schlafzimmer. Das Bett war bezogen, sie hatte das Laken, den Bezug und das Kissen nicht gewechselt, nachdem Viola zweimal für eine Nacht darin geschlafen hatte – im Schlafzimmer des Großvaters und auf dem Sofa im Wohnzimmer in Renatas Hälfte. Sie hatte das Bettzeug einfach vom Sofa genommen und wieder auf Großvaters Bett gelegt.

Jetzt fand es Renata dumm, dass eine fremde Frau in Großvater Jonas' Bett geschlafen hatte. Das Bett bewahrt die Erinnerung an die, die darin gelegen haben. Wenn es nicht irgendwer x-Beliebiges war. Was bei Viola der Fall war, denn sie hatte rein zufällig bei ihnen übernachtet. Es gab nur eine Person, die nicht zufällig hier war – Renata! Nur sie hatte das Recht, hier, auf dem Laken und unter der Decke, die sich noch an Großvater erinnerten, auf den Kissen, die Jonas und Severiutė berührt hatten, zu liegen.

‚Vielleicht hat sie das Bett erschreckt?', dachte Renata plötzlich. ‚Ein Bett spürt einen Fremden! Genau, es liegt am Bett, wenn man unruhig und schlecht schläft. So vertreiben Betten die Schlafgäste, die sie nicht mögen oder die fehl am Platze sind!'

Renata setzte sich auf Großvaters Bett, schlug die Decke zurück und legte sich hin. Das Laken brannte sich eisig in ihren Körper, auch die Decke war kalt. Selbst die Kissen schienen Renatas Kopf wegzustoßen.

Sie rührte sich nicht, ihr Körper hörte in das Bett hinein, um herauszufinden, ob ihr wärmer wurde. Ihre Körperwärme sammelte sich unter der Decke, sie mischte sich nicht mit der Luft. Und langsam wurde es wärmer und behaglicher. Eine Viertelstunde später gähnte

Renata und freute sich, dass der Schlaf kam. Die dunkle Zimmerdecke sank herab, sie war mit der Hand zu greifen. Renata schloss die Augen.

Im Schlaf setzte die Zeit aus. Renata wusste nicht, wie lange sie geschlafen hatte, als plötzlich ein vages Flüstern an ihr Ohr drang, verzerrt, wie das Rieseln von Sand, wie der Lauf tausender Sandkörner. Sie flossen nicht gleichförmig, sondern mal schneller, mal langsamer, weswegen dieses Sandflüstern eine eigene Melodie, einen eigenen Rhythmus hatte, der an menschliches Flüstern erinnerte, vom Wind und anderen Geräuschen in Unruhe versetzt, und deswegen wie eine Tonfolge und nicht wie eine Aneinanderreihung klar formulierter Wörter klang.

Sie dachte, der Ton erschiene ihr im Traum. Er gefiel ihr und erinnerte sie an Sand, Strand, an den kühlen Geschmack der Ostsee auf den Lippen, an gelbe Bernsteintupfer im blassgelben Sand.

Und auf einmal war Viola wieder da. Genauer gesagt, ihr Schrei in jener Nacht. Das erste Mal hatte sie hier geschrien, dann war sie aufgesprungen, hatte voller Angst die Korridortür aufgedrückt und war zu ihnen ins Zimmer gekommen. Die ganze Zeit hatte sie geschrien. Und schließlich gesagt: „Ich habe Angst!" Oder? Und von einem Flüstern hatte sie gesprochen und von jemandem, der auf das Flüstern antwortete.

Je länger Renata an Viola dachte, umso mehr wurde ihr bewusst, dass sie nicht mehr schlief. Zu schwer waren die Gedanken, die ihr im Kopf herumgingen.

Das Flüstern verstummte. Renata öffnete die Augen und schaute zur Decke, die sich wieder entfernt hatte. Mit der Hand reichte sie nicht hinauf.

‚Ich muss wieder rüber', dachte sie.

Gerade wollte sie aufstehen, als das merkwürdige Sandflüstern erneut einsetzte. Renata war wie gelähmt. Jetzt hatte sie Angst vor dem Flüstern. Sie lag ganz still, rührte sich nicht vom Fleck. Der Kopf wollte sich nicht nach rechts drehen, von wo das Flüstern kam. Renata starrte an die Decke und lauschte. Auf ihre Angst. Und auf das Flüstern.

Ein paar Minuten später war es wieder still. Renata nahm ihren ganzen Mut zusammen und ballte unter der Decke die Fäuste. Irgendwo ganz in der Nähe, unter dem Bett vielleicht, fiepte es kläglich und leise. Wäre es ein Piepsen gewesen, hätte Renata gewusst, dass sich eine Maus eingenistet hat. Aber der Ton war kein Piepsen, wie das Flüstern von eben auch kein Flüstern gewesen war.

Am liebsten wäre sie schreiend weggerannt. Sie presste die Fäuste noch fester zusammen und drückte sie gegen die Matratze, damit sie die Zudecke nicht zurückwarf. Großvaters Decke erschien ihr der letzte Schutz.

‚Ich warte, bis es still wird, und renne raus!', sagte sie sich.

Plötzlich erschrak sie vor ihrem Gedanken. Denn der Gedanke war bar jeder Logik. Das Etwas, das die Töne hervorbrachte, konnte schweigen oder Töne produzieren. Wenn die Töne verschwunden waren, hieß das noch lange nicht, dass die Schallquelle weg war.

‚Nein, ich kann hier nicht einfach so tatenlos rumliegen', dachte Renata. Sie überwand ihre Angst, öffnete die Fäuste, fasste die oberen Enden der Decke, hob den Kopf und schaute sich um.

Dann hörte sie wieder das Sandflüstern, zwei kurze Rieselsätze diesmal. Erneut folgte das Fiepen.

Renata sprang aus dem Bett und rannte zur offenen Wohnzimmertür. Die Hand tastete nach dem Schalter. Ein Klick – und in Großvaters Schlafzimmer ging das Licht an. Nackt, wie sie war, hockte sich Renata hin und schaute unters Bett. Dort war nichts. Sie lauschte auf ihren Herzschlag und schaute sich um. Sah Großvaters Urne. Hörte wieder das Fiepen. Dann fiel ihr Blick auf den Flugschreiber, der in einer Schlafzimmerecke auf dem Boden stand, links neben dem Bett, anderthalb Meter vom Schränkchen entfernt.

Sie stellte sich davor und lauschte, war sich mehr als sicher, dass das Fiepen von da kam.

Plötzlich war es still. Renatas Blick lief über das Textilkabel, das vom Flugschreiber bis zur Steckdose ging. Der Stecker steckte.

„Schrecklich", rief Renata. Sie sprang zur Wand, zog den Stecker und starrte ängstlich auf die Black Box, als wollte sie prüfen, wie sie reagierte.

Die Sache mit dem Fiepen war geklärt. Und was war mit dem Flüstern? War es etwa auch kein Produkt ihrer Vorstellung oder ihres Traumes?

Wieder schaute sie sich um. Ihr Blick fiel auf die Urne mit Großvaters Asche.

„Zum Teufel", rief sie bestürzt, „vielleicht ..."

Sie nahm die Urne in die Hand – sie kam ihr warm vor. Renata hob sie hoch, kippte sie vorsichtig und lauschte. Das Sandflüstern war wieder da.

Der Kopf tat ihr weh, Tränen stiegen auf. Sie stellte die Urne an ihren Platz zurück. Das Wort „Platz" saß in ihren Gedanken fest wie ein Kloß im Hals.

‚Das ist der falsche Platz', dachte sich Renata. ‚Großvater Jonas gefällt es hier nicht! Seine Asche rebelliert ... Tote soll man nicht zu Hause aufbewahren! Ich lass ihn nur noch bis zum Frühjahr, bis der Schnee geschmolzen ist! Es taut ja schon ...'

Aus dem Flugschreiber fiepte es wieder, aber das Fiepen wurde von einem anderen schrillen Ton unterbrochen, als wäre irgendwo hinter einer Wand die hohe E-Saite einer Gitarre gerissen.

Renata schaltete das Licht aus und schloss – zum ersten Mal seit mehreren Wochen – die Tür zwischen Großvaters Wohnzimmer und dem Schlafzimmer. Sie schloss Großvater Jonas und seine Asche im Schlafzimmer ein, zusammen mit dem schwarzgrünen Kasten, dessen Aufgabe es war, in einem Flugzeug mitzufliegen und alles, was passierte, bis hin zu einem Absturz, aufzuzeichnen, anstatt in einem normalen Haus fiepend auf dem Fußboden herumzustehen und Gott weiß was mitzuschneiden.

74. Kapitel. Saint George's Hill. Grafschaft Surrey

Der Morris Minor Travel fuhr durch das Hintertor des Anwesens hinaus und blieb stehen.

„Mach zu!", bat Ingrida.

Klaudijus stieg aus. Er zog das Metalltor zu, schloss ab und starrte auf den Schlüsselbund in seiner Hand. Sie würden nicht zurückkommen. Zumindest nicht in der nächsten Zeit. Also hatte es auch keinen Sinn, die Schlüssel mitzunehmen.

Er zielte und warf den Bund so, dass er am Rand des Einfahrtswegs aufkam. Damit er gefunden wurde.

„Was ziehst du denn für ein Gesicht?" Ingrida warf Klaudijus einen flüchtigen Blick zu, bemüht, sich von der kurvenreichen, einspurigen Straße nicht ablenken zu lassen. Der Lichtkegel des Scheinwerfers fiel ständig auf den Wald, rutschte in jeder Kurve von der Straße.

Der schwarze Wald wirkte auf Klaudijus beklemmend und irreal, wie eine Kulisse. Klaudijus gefiel die Nacht nicht. Der dunkle Himmel hing tief, die Luft war unangenehm feucht und reizte den Hals – Klaudijus musste husten.

„Warum sagst du nichts?" Ingrida warf ihm einen kurzen Blick zu.

„Es geht mir nicht besonders“, gestand er. „Unsere Flucht gefällt mir nicht ...“

„Unser Umzug“, wies Ingrida ihn grob zurecht.

„Flucht“, beharrte Klaudijus. „Keiner hat uns vor die Tür gesetzt, wir hätten noch mindestens zwei Wochen bleiben können!“

„Es bringt nichts, unausweichliche Dinge aufzuschieben“, sagte Ingrida und seufzte erleichtert. Endlich war die Serpentinenstrecke zu Ende, das Auto bog auf eine gerade Straße, zu beiden Seiten standen zweistöckige Häuser, die – so wirkte es zumindest im Dunkeln – alle gleich aussahen.

„Wir haben das Auto gestohlen ...“, fing Klaudijus an, sprach aber nicht weiter.

„Wir haben das Auto genommen. Wenn wir angekommen sind, lassen wir es irgendwo stehen. Und du hast im Übrigen einen fremden Koffer genommen!“

„Ich habe einen herrenlosen Koffer mit herrenlosen Sachen genommen.“

Ein sarkastisches Lächeln huschte über Ingridas Gesicht. „Deine Naivität ist wirklich grenzenlos.“

„Wieso denn naiv?“

„In unseren ersten Tagen im Torhaus haben wir ständig fremde Sachen gefunden, weißt du noch? Zuerst die Pantoffeln und den Hausmantel, dann das Radio und die angebrochenen Whisky- und Rumflaschen. Du hast den Koffer mit der Kleidung und dem Fotoapparat gefunden. Hast du dich nie gefragt, warum die Person, die vor uns auf dem Anwesen gearbeitet und in dem Haus gewohnt hat, diese ganzen Sachen zurückgelassen hat? Na?“

Klaudijus zuckte mit den Schultern. „Was nicht alles passiert. Vielleicht ist derjenige auf ein anderes Anwesen übersiedelt, und alles musste schnell gehen. Vielleicht ist er bei Nacht und Nebel getürmt, so wie wir, und hat alles dagelassen, damit Achmed seine Flucht nicht gleich bemerkt? Weißt du noch, das Pärchen in London, das nachts abgehauen ist? Die haben Eier und Bier im Kühlschrank gelassen.“

„Eier und Bier sind was anderes als ein teurer Fotoapparat und Kleidung!“

„Stimmt. Und was könnte ihm zugestoßen sein?“

„Du sagst es selbst. Ihm ist etwas zugestoßen. Da bin ich mir fast sicher. Vielleicht hatte er einen Unfall? Oder was anderes?“

„Einen Unfall?“, fragte Klaudijus und verzog die Lippen. Er wollte das Gespräch nicht fortsetzen.

„Vielleicht wurde er umgebracht“, überlegte Ingrida. „Umgebracht und auf dem Grundstück verscharrt! Irgendwo am Zaun oder im Irrgarten!“

„Du bist verrückt!“, rief Klaudijus. „Das kommt davon, wenn man mitten in der Nacht abhaut.“

„Wir hauen nicht ab“, beharrte Ingrida. „Wir wechseln den Arbeitgeber! Im Westen ist das ganz normal. Hier wechseln die Leute so lange die Arbeit, bis sie eine feste Stelle haben, und an dem Ort lassen sie sich dann nieder.“

„Von einer neuen Arbeit hast du nichts gesagt!“ Klaudijus drehte sich zu Ingrida um.

„Das sieht dir ähnlich! Wenn ich jetzt nicht von der Arbeit angefangen hätte, hättest du wahrscheinlich gar nicht gefragt, wohin wir fahren!“

Links und rechts der Straße zogen Felder vorbei, dunkle Felder. Vor ihnen tauchten die Lichter des nächsten englischen Städtchens auf.

„Und wohin fahren wir?“, fragte Klaudijus.

„Nach Kent. In die Grafschaft Kent. Der Garten Englands.“

„In einen Garten? Als Gärtner?“

„Genau.“ Ingrida musste lachen. „Die Grafschaft wird der *Garten Englands* genannt! Das Klima ist angenehm, überall wachsen Blumen!“

„Dann werden wir also keine Gärtner, sondern Floristen?“ Klaudijus wollte lächeln, aber er schaffte es nicht. Zu seiner traurigen Stimmung gesellte sich Müdigkeit.

„Morgen früh erfährst du alles!“ Ingridas Stimme bekam plötzlich einen mütterlich-zärtlichen Klang, als spräche sie mit einem neugierigen Kind. „Jetzt ist mit dir sowieso nichts anzufangen. Mach die Augen zu und schlaf! Ich bringe dich an Ort und Stelle.“

Brav schloss Klaudijus die Augen. Die monotone Motorenmusik drang lauter in sein Ohr. Und schläferte ihn ein.

75. Kapitel. Paris

Eigentlich schaukelte die Jacht nicht. Erst als Andrius – bemüht, Barbora nicht zu wecken – unter der leichten Heizdecke hervorkroch und seine Füße auf den Kajütenboden setzte, taumelte er kurz.

Die Bullaugen waren dunkel. In der Kajüte war es kalt. Andrius zog sich an und setzte sich auf eine Bank. Aber wärmer wurde ihm nicht. Er streckte die Hand zum Bett aus und tastete nach der Decke. Tatsächlich, er hatte sich nicht getäuscht – die mäßig warme Decke war feucht.

Gern hätte er einen Tee oder Kaffee getrunken, aber er fürchtete, Barbora mit dem plötzlichen Krach zu wecken, also blieb er still am Tisch sitzen. Im Dunkel erkannte er die stehengelassenen Folienbehälter vom gestrigen Abend, in denen er das Abendessen aus dem chinesischen Restaurant geholt hatte.

Die feuchte Kälte zwang ihn irgendwann, die Jacke anzuziehen. Eine Viertelstunde später machte sich Andrius doch einen Tee und stieg mit der Tasse in der Hand die Stufen nach oben, hinauf zum Deck. Einen Temperaturunterschied zwischen drinnen und draußen konnte er nicht feststellen. Es schien ihm sogar, als wäre es draußen, überm Wasser, nicht so feucht wie drinnen. Hinter den Anlegestegen, an denen die Jachten ankerten, erhob sich eine ungefähr sieben Meter hohe Betonwand, die mit einem Metallzaun endete. Auf der anderen Kanalseite waren Häuser zu sehen, und in einigen brannte schon Licht. Licht brannte auch in einer großen Jacht auf der gegenüberliegenden Kanalseite. Das schwarze Wasser des Canal Saint-Martin spiegelte träge die spärlichen Lichter des anbrechenden Tages.

Andrius wurde traurig. Er erinnerte sich an sein Versprechen, „sich etwas einfallen zu lassen." Bislang war ihm dieses *etwas* noch nicht eingefallen. Immerhin war der kommende Freitag mit dem versprochenen Besuch bei Philippe ein Hoffnungsschimmer. Und dann? Selbst wenn es ein sorgloses Wochenende werden würde, käme danach der Montag. Wie lange konnten sie auf Michels Boot bleiben? Eine Woche? Zwei? Um eine neue Wohnung zu mieten, mussten sie über tausend Euro verdienen, denn beim Einzug wurden gleich zwei Monatsmieten fällig! Andrius wollte auf andere Gedanken kommen. Er dachte an Vilnius, an seine Wohnung in der Altstadt. Dachte an die warme Küche und den Teekessel aus Emaille, der auf dem Gasherd stand. Dachte an seine Mutter.

Andrius nahm einen Schluck Tee, der in der nächtlichen Luft von Paris schon ein wenig abgekühlt war. ‚Wir müssen zurück', dachte er mit einem schwermütigen Blick auf die Kajütentür, hinter der Barbora schlief. ‚Wir müssen zurück. Aber wie soll ich ihr das beibringen?' Er seufzte. Seufzte wegen der kühlen Brise. Betastete seine Wange. Sie war feucht. „Da erübrigt sich das Waschen." Andrius lachte bitter und ging zurück in die Kajüte.

Barbora erwachte von ihrem eigenen Husten. Das Morgenlicht, das durch die Bullaugen der *Nadezhda* fiel, erfüllte die ganze Kajüte bis zum letzten Winkel. Im Halbschlaf sprang Barbora unter die Dusche – sie hatte vergessen, dass es auf der Jacht kein warmes Wasser gab. Andrius rieb sie danach mehrere Minuten mit einem Handtuch ab, nötigte sie, einen Schluck von dem Wodka zu trinken, den Michel dagelassen hatte, und flößte ihr Tee ein.

„Es ist hier so feucht", sagte Barbora mit zitternder Stimme, während sie die Hände an der Teetasse wärmte. „Strom gibt es, aber keine Heizung!"

„Ich rufe Michel an und frage ihn!", versprach Andrius und blickte auf den Zettel mit Michels Nummer an der Mikrowellentür.

„Lass uns ins Café gehen und uns aufwärmen!", bat Barbora. Sie zog zwei Pullover übereinander und holte ihren Wollschal aus der Tasche, den sie in Paris noch kein einziges Mal getragen hatte.

Im Café auf der Place de la Bastille wurde ihnen schnell warm, denn der Tisch neben dem hohen alten Wandheizkörper, der in grellem Rot leuchtete, war frei. Während sie Kaffee tranken, lehnten sie sich in ihren Jacken an die warmen gusseisernen Rippen der Heizung. Andrius mit der rechten Seite, Barbora mit der linken.

„Übermorgen fahren wir fürs Wochenende weg. Da können wir richtig ausschlafen", versprach Andrius.

„Wohin?"

„Überraschung", antwortete er lächelnd.

Barbora bohrte nicht weiter nach. Vielleicht war eine Überraschung genau das, was sie jetzt brauchte. Eine nette, angenehme Überraschung.

Gegen zehn wurde sie nervös. Sie dachte an François, den Bernhardiner, der im Parc des Buttes-Chaumont ausgeführt werden wollte. Barbora und Andrius verließen das Café und verschwanden zehn Meter weiter in der Métro. Sie fuhren zusammen zur Place de la République, wo sich ihre Wege trennten: Trotz Andrius' zaghafter Proteste fuhr Barbora nach Belleville und er in die Rue de Sèvres.

Das Schild mit der Aufschrift *Réservé* auf seinem Tisch besserte seine Laune. Er fühlte sich auf seiner Arbeit, an seinem Arbeitsplatz angekommen. Eine Minute später nahm der Barkeeper in einem smaragdgrünen, legeren Pullover das Schild vom Tisch und stellte eine Tasse Espresso vor Andrius hin.

„Ça va?“,[*] fragte er freundlich.

„Bien“, antwortete Andrius spontan. „Et vous?“[**]

Der Barkeeper zuckte die Schultern und lächelte. „Ça va, mais on a connu mieux“,[***] sagte er und ging zum Tresen zurück.

Irgendetwas kam Andrius komisch vor. Als hätte er etwas vergessen, was eigentlich noch gemacht werden musste. Dann fiel es ihm ein: Er hatte seinen goldenen Stock nicht an die Tischplatte gehängt. Lächelnd legte er stattdessen seine rote Flauschnase mit dem Gummiband auf den Tisch. Jetzt konnte der Arbeitstag beginnen. Wer einen Clown suchte, würde ihn sofort entdecken. Ihn entdecken und engagieren. Ihn für eine Stunde mieten wie ein Fahrrad oder ein Boot auf dem Galvėsee.

Andrius verscheuchte die traurigen Gedanken. Er versuchte, positiv zu denken. Das Glück war eindeutig auf ihrer Seite. Es hatte einfach zu wenig Zeit, sich um sie kümmern. Aber immer dann, wenn sie kurz davor waren zu straucheln, war es zur Stelle. Kam und legte ihnen Stroh unter, damit sie weicher fielen.

Durch die halbverglasten Caféfenster kam die Sonne. Gefolgt von einer merkwürdig gekleideten Frau um die fünfzig. Sie trug Jeans und einen milchkaffeebraunen Mantel und hatte eine grüne Wachstuchtasche in der Hand.

„I don’t speak French, only English“, sagte sie zu Andrius und setzte sich entschlossen neben ihn.

Als Andrius seinen Lieblingssatz aus einem anderen Mund hörte, hätte er beinahe laut losgelacht.

Die Dame war Engländerin und fragte, ob er mit ihrem Mann, der auf der Kardiologie lag, Bridge spielen könne. Leider entging Andrius dieser Verdienst. Karten spielte er nicht. Dafür kassierte er kurz darauf für zwei Vorstellungen auf der Kinderstation vierzig Euro. Dann ging er zu Paul.

„Oh“, freute sich der Junge. „Nimm mal mein Telefon und ruf Papa an!“, bat er und deutete mit einem Nicken auf das Handy auf dem Nachtschrank. „Bei den letzten Anrufen steht auf Französisch *Papa*!“

---

* Wie geht’s? (frz.)

** Gut. Und Ihnen? (frz.)

*** Es geht, aber es war schon mal besser. (frz.)

Andrius wählte und hielt Paul das Telefon ans Ohr. Das Gespräch auf Französisch dauerte ein paar Minuten.

„Und jetzt sprich du mit ihm!", sagte der Junge.

Andrius nahm das Telefon ans Ohr. „Hallo? Hannibal?"

„Ich bin gleich da! Tschüs!", rief Pauls Vater auf Englisch.

Andrius legte das Telefon an seinen Platz zurück.

„Was hat er gesagt?", wollte Paul wissen.

„Dass er gleich kommt."

„Hat er sich etwa nicht entschuldigt?", wunderte sich der Junge.

„Wofür sollte er sich denn bei mir entschuldigen?" Andrius schaute erstaunt.

„Er hat gesagt, dass du bestimmt nicht mehr kommst! Weil ich dir das ganze Geld aus dem Umschlag gegeben habe. Wenn ein Mensch sein Zuhause verliert, verliert er auch sein Gewissen und ist nicht mehr ehrlich, hat er gesagt."

Andrius setzte sich auf einen Stuhl neben dem Bett. Er seufzte müde. „Hast du es ihm etwa erzählt? Weiß er, dass wir obdachlos sind?"

Paul nickte.

„Aber das war doch ein Geheimnis!"

„Entschuldige. Das hab ich vergessen. Gestern Abend hat Papa nach dem Geld im Umschlag gefragt. Da habe ich ihm alles erzählt. Er hat mich ausgelacht. ‚Den siehst du nie wieder! Höchstens in einer Métro-Station oder unter einer Brücke', hat er gesagt."

Andrius' bestürztes Lächeln verschwand. Er wurde nachdenklich. „Wir kommen nicht unter die Räder", sagte er und wunderte sich über den metallischen Klang, den seine Stimme angenommen hatte. „Vorläufig leben wir auf der Jacht von einem Bekannten, auf dem Canal Saint-Martin. Aber wir finden bald eine neue Wohnung."

Der Junge bekam große Augen. „Das ist ja toll!", rief er begeistert. „Auf einer Jacht?"

Andrius schaute auf seinen goldenen Stock, den er Paul geschenkt hatte. Er stand noch am selben Platz zwischen Nachtschrank und Bett.

Der Junge drehte sich um. „Papa gefällt er auch", sagte er, als er sah, wohin Andrius' Blick ging.

Hannibal kam eine halbe Stunde später, als Paul und Andrius gerade die dritte Partie Dame zu Ende spielten. Paul lag wie gewöhnlich vorn. Sie spielten immer drei Partien, Pauls Reaktion auf seine Siege rührte Andrius. Paul freute sich unbändig über den ersten Sieg, auch über den zweiten freute er sich, aber weniger enthusiastisch, und nach dem dritten Sieg war er immer ein bisschen enttäuscht. Als ahnte er, dass Andrius ihn gewinnen ließ.

Hannibal hängte seinen neuen mausgrauen, taillierten Mantel an den Haken. Am rechten Ärmel prangte das mit einem Goldfaden aufgenähte Label. Darunter trug er schwarze, matt scheinende Röhrenhosen und einen grauen Wollpullover mit großen violetten Knöpfen.

„Welcome back!", begrüßte er Andrius munter.

‚Was soll das denn?', regte sich Andrius innerlich auf. ‚Das klingt ja so, als ob ich abgehauen wäre!'

Pauls Papa stellte einen zweiten Stuhl neben das Bett und setzte sich dazu.

„Andrius, sag ihm, wo du jetzt wohnst!", bat Paul mit heller Stimme.

„Wozu denn?" Andrius zuckte mit den Schultern.

„Dann sage ich es! Es ist doch kein Geheimnis!" Paul starrte Andrius an, dann schaute er zu seinem Vater. „Er wohnt jetzt auf der Jacht von einem Bekannten auf dem Canal Saint-Martin!", rief er.

Hannibal wiegte vielsagend den Kopf. Und schwieg. „Ich kann heute nicht lange bleiben", sagte er nach einer Pause. „Wir haben ein wichtiges Treffen im Handelsministerium."

„Ich gehe dann mal." Andrius stand auf, er wollte die beiden nicht stören.

Als es dunkel wurde, kehrte Andrius auf die Jacht zurück. Die *Nadezhda* schaukelte im leichten Wellengang. In der Küchenecke der Kajüte, für die es nur eine einzige, nicht gerade helle Lampe über der Spüle gab, stand ein Karton mit einer auseinandergebauten Heizlampe. Michel war tagsüber hier gewesen und hatte ihnen außer dem Heizgerät zwei Büchsen grüne Erbsen und eine Packung Nudeln gebracht.

Als erstes, noch bevor er die Jacke auszog, baute Andrius die Heizlampe zusammen und schaltete sie ein. Anschließend machte er sich einen Tee. Er befestigte die Lampe links, fast genau über dem Tisch, sodass sie die Wärme nach unten, zu der Stelle hin abstrahlte, wo er saß.

In die kühle, feuchte Luft mischte sich plötzlich der Geruch nach Wärme, ein merkwürdiger, krankenhausähnlicher Geruch. Er erinnerte Andrius an die Kindheit, an das Sprechzimmer im Ärztehaus, in dem kleine, ulkig wirkende Geräte zur Behandlung von Schnupfen standen. Der Form nach ähnelten sie kleinen Staubsaugern und dicken Spielzeugrobotern. Sie waren aus Metall und hatten eine eingebaute Lampe und ein kegelförmiges, rüsselartiges, sich zum Ende hin verjüngendes Rohr, durch das Licht von der Lampe bis zum Nasenloch strömte.

‚Mit dem Ding erfrieren wir wenigstens nachts nicht', dachte Andrius.

76. Kapitel. Pienagalys. Bei Anykščiai

Noch nie war Renata in ihrem bis dato ruhigen Leben in einen solchen Tumult und Stress geraten wie in den vier Tagen, nachdem Spammas verschwunden war.

Vitas' Handy klingelte pausenlos, alle paar Minuten. Mit den ersten Anrufern unterhielt er sich freundlich und ausführlich. Aus den Wortwechseln schloss Renata, dass die Neugierigen anriefen, die wissen wollten, warum der Kater rot sei, und die engagierten Stadtbürger, die mitteilten, in welcher Straße sie den Kater gesehen hatten. Aber niemand meldete sich, um den Kater gegen die ausgesetzte Belohnung zurückzubringen. Vitas wunderte das, Renata hingegen überhaupt nicht. Die Bewohner von Aukštaitija, dieser waldreichen Gegend von Litauen, in der das überschaubare Anykščiai als Kleinod an den blauen Wassern des Šventoji lag, hatten weder die Angewohnheit noch die Lust, jemandem hinterherzulaufen. Erst recht nicht einem Kater. Würde der Kater zu jemandem aufs Grundstück laufen oder um einen Unterschlupf betteln, würden sie anrufen und fragen, ob man kommen und den Kater abholen könne.

Auf dem Bildschirm des Laptops war die Seite der lokalen Internetzeitung geöffnet. Ab und an schaute Vitas drauf, dann ging er weg, um zu telefonieren. Er rief irgendwelche Handwerker, irgendwelche Firmen an. Renata hörte die Fragen, die er seinen unsichtbaren Gesprächspartnern stellte, und mit jeder neuen Frage, deren Antwort sie nicht erfuhr, wurde sie panischer. „Haben Sie das erledigt? Alles fertig? Und wann können Sie liefern? Wieso nur bis zur Schotterstraße? Die Straße hierher ist tadellos."

Schließlich nahm sie ihren Mut zusammen. „Was machst du eigentlich?"

„Alles in Ordnung, wir können loslegen mit der Sache, von der ich dir, glaube ich, schon erzählt habe!", beschwichtigte sie Vitas. „Wir färben Haustiere."

„Und wen rufst du dauernd an? Was wird geliefert?"

„Die Geräte, die Farben, die Ausstattung fürs Studio. Na, das alles. Ach so, und dann kommen noch zwei Kumpel aus Kaunas, die alles montieren. Für paar Tage. Sie wohnen hier, während sie arbeiten. Du hast doch nichts dagegen?“

„Hast du mich denn gefragt?“, rief Renata verärgert. Wieder fühlte sie sich von Vitas wie ein Dummerchen behandelt, das man nicht zu fragen brauchte.

„Ich hab dir doch gesagt, dass es für mich leichter ist, was zu zeigen, als drüber zu reden“, erwiderte er ebenfalls verärgert. „Das sind doch nur zwei, drei Tage, und dann ist alles fertig. Ich mach das alles für uns! Du wolltest doch nicht weg von hier! Also muss ich mir was einfallen lassen, wie man von hier aus Geld verdienen kann!“ Vitas schaute Renata an. Der nächste Anruf kam. „Ja, der Aushang ist von mir!“, sagte er entnervt. „Wo haben Sie ihn gesehen? Bei der Apotheke? Danke! Vielen Dank! Ich fahre gleich hin, vielleicht ist er ja noch da!“ Vitas sah wieder zu Renata, seine Stimme wurde netter, freundlicher: „Keine Angst! Ein bisschen Trubel, aber in zwei, drei, allerhöchstens vier Tagen ist alles fertig! Die Handwerker kommen heute gegen drei mit dem Bus aus Kaunas. Wir müssen sie abholen!“

Renata nickte. Sie schlüpfte in ihre Jacke und ging nach draußen.

„Na, wie geht’s dir?“, fragte sie und blieb vor der Hundehütte stehen.

Googlas kam schwanzwedelnd in den Schnee gesprungen.

Zärtlich kraulte Renata ihm den Nacken. „In einer halben Stunde bringe ich dir was zu fressen“, versprach sie, nahm die Hundeschnauze zwischen die Hände und drehte sie zu sich.

Ergeben schaute Googlas sie an.

„Heute kommen Fremde“, sagte Renata streng. „Du brauchst keine Angst zu haben! Sie bleiben nicht lange!“

Beim Mittagessen erzählte Vitas endlich genauer von seinen Plänen. Renata erfuhr, dass das Schönheits- und Farbstudio für Haustiere in die Scheune ziehen soll. Modern eingerichtet, mit Spiegeln und Laminatboden, mit Beleuchtung und einem Waschbecken und einem Elektroboiler für fließendes Wasser, das Vitas mit einer Pumpe vom Brunnen in die Scheune leiten wollte.

„Und das Holz?“, fragte Renata, als ihr einfiel, dass in der Scheune ein ordentlicher Holzvorrat lagerte, den Großvater Jonas angelegt hatte.

„Wieso Holz? In der Scheune ist genug Platz. Ich habe das Holz schon ein bisschen zur Seite geschoben!“ Die Tasse in der Hand, schaute Vitas ein weiteres Mal auf seinen Laptop und rief erfreut: „Hurra! Es funktioniert!“

„Was funktioniert?“, fragt Renata, des Wunderns müde.

Er winkte sie heran. Auf der lokalen Nachrichtenseite kam die aktuelle Meldung *Rätselhafter roter Kater am Stadtrand von Anykščiai gesichtet.* „Jetzt geht's los“, kommentierte Vitas zufrieden. „In ein paar Tagen kennt uns der ganze Kreis.“

Renata wollte ihm ein paar spitzfindige, ironische Fragen stellen, riss sich aber zusammen. Ihr fiel ein, dass sie in einer Stunde losfahren und den Bus aus Kaunas abpassen mussten, um die Handwerker, die Großvaters Scheune nach Vitas' Vorstellungen umgestalten würden, abzuholen.

Die jungen Männer, die für zwei Tage auf Montage nach Pienagalys gekommen waren, mussten ihre schweren Rucksäcke auf dem Schoß halten. Im Kofferraum hatte der Platz nur für die beiden Werkzeugtaschen gereicht. Die spitzen Knie von einem der beiden bohrten sich in Renatas Rückenlehne.

„Unser Haus hat zwei Hälften, ihr übernachtet in der leeren Hälfte“, erklärte Vitas ihnen unterwegs.

Renata warf ihm einen verärgerten Blick zu. Wieder war er vorgeprescht und hatte sie nicht um Erlaubnis gefragt. Schließlich war es ihr Haus, und die Hälfte, die er leer genannt hatte, gehörte ihr, ihr und Großvater Jonas.

Als sie angekommen waren, bezog Renata Großvaters Bett frisch.

Die Männer standen beim Auto und rauchten. Googlas, der sie still von seiner Hütte aus beobachtete, sahen sie gar nicht. Rauchend musterten sie das Haus, blinzelten und wechselten Worte, die Renata hinter dem Fenster in Großvaters Hälfte nicht hören konnte. Ihre Gesten und Blicke verrieten jedoch eine gewisse Geringschätzung und Ironie.

„Warum musstest du sie unbedingt aus Kaunas holen? Haben wir etwa hier in Anykščiai keine Handwerker?“, regte Renata sich auf.

Verärgert drehte sie sich weg. Ihr Blick fiel ins Schlafzimmer mit dem frisch bezogenen Bett. Sie ging zurück und blieb vor der Urne stehen. Ihr fiel ein, dass sie sie woandershin stellen wollte. Sie schaute auf das schmale Fensterbrett, das von einer dicken, abschirmenden Gardine verdeckt wurde. Dort stand Großvaters alter Wecker, stand in doppeltem Sinn: Es war ein mechanischer Wecker. Wahrscheinlich hatte der Großvater einfach keine Lust mehr gehabt, ihn aufzuziehen, und ihn einfach hinter die Gardine geschoben. Oder war der Wecker kaputt? Jedenfalls hatte Großvater Jonas ihn auf dem Fensterbrett abgestellt, und Renata traute sich nicht, ihn von dem Platz zu entfernen, den Jonas ausgesucht hatte. Die Urne neben den Wecker zu stellen, fand sie auch unpassend.

„Na, egal, dann bleibt sie eben erst mal stehen!", beschloss Renata und drehte sich zum Nachtschrank.

Aber es juckte sie in den Fingern. Sie wollte unbedingt etwas machen, etwas verändern. Warum? Damit sich die zwei jungen Männer aus der Stadt mit den Teufeln nicht über sie lustig machten!

Ihr Blick fiel auf den Boden. Die grüne Black Box mit dem alten Kabel und dem alten Stecker weckten in Renata keine negativen Gefühle. Der Kasten schwieg, wie es sich für einen Kasten gehörte.

„Und? Hast du die Betten bezogen?" Sie hörte Vitas' Stimme, der vom Flur aus ins Wohnzimmer schaute.

„Ja, alles fertig!", antwortete sie, hockte sich hin, griff nach dem schwarzen Plastikstecker und schob ihn in die Dose. Sie lächelte verschmitzt und verließ Jonas' Hälfte. Beim Hinausgehen zog sie die grüne Tür fest zu.

Vitas telefonierte wieder. Er sprach genervt, wurde laut.

„Komm, wir müssen dem Lieferwagen entgegenfahren. Er ist nicht von hier und findet den Weg nicht!", bat er.

Renata und Vitas überließen die beiden Handwerker Googlas' Obhut und fuhren zur Asphaltstraße. Auf Vitas' Bitte hin schaltete Renata die Warnblinkanlage ein. Zehn Minuten später hielt neben ihnen ein großer Transporter. Der kleine rote Fiat wurde zum Lotsenboot, das das große Schiff in den Hafen brachte. Gemächlich schaukelte der Fiat in der Spur in Richtung Gehöft. Hinter ihnen holperte der Transporter, dessen Räder nicht in die Fahrrinne passten, sodass er schräg fuhr: auf der linken Seite in der Spur, auf der rechten Seite auf dem Schnee.

Als die Kaunasser Handwerker den Lieferwagen entladen hatten, türmten sich auf dem Hof zwei Berge gut verpackter Baumaterialien.

Abends setzte Renata den drei Männern Nudeln mit Käse vor und schickte die Jungs schnell rüber in Großvater Jonas' Hälfte.

„Haben Sie gut geschlafen?", fragte Renata beim Frühstück. In ihren Augen glomm ein ironisches Flämmchen. Sie frohlockte in Vorfreude darauf, wie die beiden sich gleich über ihren schlechten Schlaf beklagen und dennoch versuchen würden, höflich zu bleiben, da sie ja sonst nirgends hin konnten.

„Ausgezeichnet! Wir haben geschlafen wie tot!“, antwortete einer für beide.

Renata wunderte sich, tauschte ihre verwunderte Miene aber schnell gegen ein Lächeln.

Die Handwerker wirkten ausgeruht. Man sah ihnen an, dass sie nicht nur so taten, sondern dass sie – obwohl sie sich Jonas’ Bett teilen mussten – tatsächlich gut geschlafen hatten. Renata musterte sie aufmerksam, und jetzt schienen sie ihr nett und sympathisch. Sie waren höflich, stellten keine Fragen, bedankten sich pausenlos und lobten das Rührei – obwohl, was gab’s da eigentlich groß zu loben? Dass jeder drei Eier auf dem Teller hatte?

Nach dem Frühstück legten die Handwerker richtig los. Vitas bat Renata hin und wieder, Tee zu machen, und trug die Tassen eigenhändig in die Scheune, wo ununterbrochen Baulärm ertönte.

Um die Mittagszeit musste sich Renata wieder ans Steuer setzen, um ein weiteres Auto bis zu ihrem Hof zu geleiten – diesmal einen Pick-up aus Panevėžys. Die gelieferten Waren – die Einrichtung fürs Farbstudio, das Waschbecken für den Friseur und anderes Zubehör – luden sie und Vitas aus. Vitas wollte die Handwerker nicht von der Arbeit abhalten. Danach setzte er sich wieder an den Laptop.

„Und ich dachte, die ganze Stadt macht sich auf die Socken, um den Kater einzufangen!“, sagte Vitas enttäuscht. „Stattdessen erzählen sie mir nur, an welcher Ecke sie ihn gesehen haben! Der arme Spammas. Ist sicher total ausgehungert, weil keiner in Anykščiai zweihundert Litas verdienen will.“

77. Kapitel. Mittelbronn. Département Moselle

‚Wie viele Kilometer muss man sich eigentlich vom Rhein entfernen, dass die Franzosen kein Deutsch mehr verstehen?‘, überlegte Kukutis.

Hinter der Brücke, wo Frankreich begann, hatte ihn ein langhaariger Typ in einem Kleinbus mitgenommen. Als er hörte, dass der Alte nach Paris wollte, sagte er – auf Deutsch –, er führe erst mal Richtung Paris, würde später jedoch abbiegen. An dem Abzweig, an dem die eine Straße nach Paris führte und die andere in den Süden, ließ er Kukutis raus. Das war eine Kleinstadt oder ein Dorf. Die Straßennamen waren deutsch, die Schilder auch, doch in den Fenstern hingen französische Fahnen.

„Wo kann man denn hier etwas essen?“, fragte Kukutis auf Deutsch eine alte Frau mit einem Trolley, in dem sie ihre Einkäufe transportierte.

„Da vorne!“ Sie wies die Straße hinunter und fuhr mit ihrem Einkaufswägelchen weiter.

Als Kukutis die Brücke zwischen Deutschland und Frankreich überquert hatte, kam er sich gleich um zehn Kilo leichter vor. Und da er abgenommen hatte, auch wenn er sich das nur einbildete, verspürte er Hunger. Eigentlich hatte er direkt hinter der Brücke einkehren wollen, um seinen Hunger zu stillen, aber dann war der junge Mann im Kleinbus gekommen, dem schon von Weitem anzusehen war, dass er anhalten würde, wenn man ihn darum bat. Also hatte Kukutis die Hand gehoben und war weitergefahren anstatt einzukehren.

Jetzt war es aber nun wirklich Zeit für eine Rast. Schnellen Schrittes lief er in die Richtung, die ihm die alte Frau gewiesen hatte. Die Straße war von gleichförmigen zweistöckigen Häusern gesäumt, die so sauber und ordentlich aussahen, dass es Kukutis schien, als hätte er Deutschland gar nicht verlassen, sondern wäre nur von dem einen deutschen Ufer des Rheins an das andere deutsche Ufer gewechselt.

„Was wollen Sie?“, fragte der Kellner in einem Café, das sich in nichts von einem deutschen Café unterschied, Kukutis freundlich.

„Irgendwas Französisches, aber bitte viel!“, bat Kukutis und erinnerte sich daran, wie er einmal, vor langer Zeit, in einem Pariser Café drei Salate auf einem Teller anstelle von drei Tellern Salat bekommen hatte.

„Sürkrüt?“, empfahl der Kellner fragend.

Der Name des Gerichts klang vertrauenserweckend.

„Und Bier“, bat Kukutis.

Als ein großer Teller mit einem Berg Sauerkraut vor ihn hingestellt wurde, aus dem verschiedene Fleischstücke ragten – Rippchen, eine pralle rosa Bockwurst und noch etwas anderes –, lachte Kukutis das Herz im Leibe, und er schenkte dem Kellner einen dankbaren Blick. Er beugte sich vor und sog den heißen, säuerlichen Duft ein.

„Und hier ist wirklich nicht Deutschland?“, fragte er und blickte den Kellner an, der noch immer am Tisch des entzückten Gastes stand.

„Elsass. Frankreich“, antwortete er freundlich.

„Ist das denn kein deutsches Sauerkraut?“

Der Kellner schüttelte den Kopf. „Die Deutschen essen einfach Kraut und Würstchen", erklärte er. „Und wir Franzosen essen es mit Schweinefleisch, Wurst, Rindfleisch und sogar", er nahm die Gabel, schob das weißgoldene Kraut zur Seite und zeigte auf ein Stück dunkelrotes Fleisch, „mit geräucherter Ente! Sehen Sie den Unterschied?"

Kukutis verließ das Café um zehn Jahre verjüngt. Bezahlt hatte er mit einer schwedischen Silberkrone. Mit der Begründung, er misstraue dem heutigen Geld. Weil man sich nicht drauf verlassen könne. Der Kellner hatte die Münze angenommen und sich bei ihm – ehrlichen Herzens oder um ihm eine Freude zu machen – bedankt. Der französische Franc, fügte er hinzu, sei auch stabiler gewesen als der Brüsseler Euro.

Der Kellner war so nett gewesen, dass Kukutis gern noch ein paar Tage geblieben wäre, um dem Café noch ein, zwei Besuche abzustatten und mit dem Kellner nicht nur über Essen und Geld, sondern auch über das Leben ins Gespräch zu kommen. Aber auf der Landkarte in seinem Herzen stach es an der Stelle, wo Paris lag. Das Stechen erinnerte ihn daran, dass in Paris jemand auf seine Hilfe wartete. Wo genau? Und wer? Ein Litauer natürlich. Wo genau, das würde ihm das Herz schon verraten, wenn er vor Ort war.

78. Kapitel. Margate. Grafschaft Kent

An diesem frühen Sonntagmorgen schaute die Sonne extra zwischen den Wolken hindurch. Die beiden Ungarn schliefen noch. Einer still, der andere mit einem leisen, schmatzenden Schnarchen.

Klaudijus trat ans Fenster und schaute aufs Meer. Er sah ein Stück leeren Sandstrand. In ein paar Monaten, wenn der Sommer begann, würde er morgens in der Badehose von diesem ehemaligen Hotel, das jetzt ein billiges Arbeiterwohnheim war, zum Strand hinunterlaufen und schwimmen gehen, bevor er zur Arbeit fuhr. Und an den Sonntagen konnte er am Strand bleiben und in der Sonne liegen, solange er wollte. Die Sonne war zwar nicht so heiß wie in Afrika, aber das brauchte Klaudijus auch gar nicht. Er war die litauische Sonne gewöhnt, auch sie schaffte es im Sommer nicht immer, den Sand am Strand von Palanga zu erwärmen.

Er ging eine Etage tiefer und klopfte an dem Zimmer, in dem Ingrida wohnte.

Die Tür wurde von Mira geöffnet, einer hellblonden Tschechin im rosa Trainingsanzug, die mit ihnen zusammen in der Käfigmanufaktur arbeitete. Die Manufaktur hieß aus unerfindlichen Gründen *Fabrik*, und nicht einfach nur Fabrik, sondern *Royal Rabbit Cage Factory Limited*. Diese Bezeichnung sagte alles über den Charakter und den Ehrgeiz von Piotr, dem polnischen Besitzer. Piotr kam in einem alten braunen Mercedes zur Arbeit und trug Anzug und Krawatte. Er war mittelgroß und dürr und ging leicht gebückt. Seine kurzen hellblonden Haare glänzten, als hätte er sie mit Haarlack eingesprüht. Die Enden seines gleichfalls hellblonden Schnurrbarts waren nach oben gezwirbelt. Nach dem ersten Treffen hatte Klaudijus gleich einen Spitznamen für ihn parat: Szlachcic. Klaudijus gewann bei diesem Treffen den Eindruck, als setze dieser Pole – dem Aussehen nach so um die dreißig – alle Hebel in Bewegung, um ihm und Ingrida zu helfen. Er sprach gleich von einer Arbeit und davon, dass sie in einem schicken ehemaligen Hotel am Meer unterkämen, in dem bezaubernden Städtchen Margate, wohin sich auch Queen Victoria gern zur Sommerfrische zurückgezogen hatte. Dass Klaudijus und Ingrida mit dem Bus zur Arbeit fahren würden. Und dass für die Unterkunft ein lächerlich kleiner Betrag vom Gehalt einbehalten werden würde. Dass sie keine Verträge abschließen würden und damit Steuern sparten. Eigentlich hätte dieses Treffen in Piotrs Büro mit einem Sektumtrunk enden müssen. Aber Piotr bot ihnen keinen Sekt an, sondern bat stattdessen Mira, seine Buchhalterin, ihnen die *Fabrik* zu zeigen. Die Fabrik befand sich in zwei geräumigen Backsteingebäuden, ehemaligen Kuhställen einer Farm. Szlachcic hatte sein Büro in einem kleinen Nebengebäude, das früher das Kontor der Farm beherbergt haben musste. Dort saß in einem Nebenraum auch die blonde Mira mit ihrem feinen Näschen und den winzigen Sommersprossen auf Nase und Wangen. Im ersten Kuhstall schaltete und waltete ein griesgrämiger älterer Rumäne, der für die Abnahme und Lagerung der fertigen Erzeugnisse zuständig war. In einer Ecke hatte er eine kleine Werkstatt, in der er, wenn die Lagerarbeiten erledigt waren, Meerschweinkäfige zusammenbaute. Klaudijus reihte sich in das Arbeitskollektiv im zweiten Kuhstall ein. Zwei junge Ungarn – Tibor und László – und der kräftige, etwa fünfzigjährige Bulgare Georgi, das war die ganze Arbeiterschaft der Fabrik. Klaudijus war für Georgi eingestellt worden. Der musste in Familienangelegenheiten zurück in die Heimat. So schnell würde er nicht nach England zurückkehren. Hals über Kopf wollte er allerdings auch nicht abreisen. Szlachcic gab ihm zwei Tage, um den Gesellen Klaudijus zum Meister zu machen. Die Arbeit war nicht kompliziert, aber eintönig und stachelig. Die Ungarn fertigten den Holzunterbau von drei verschiedenen Kaninchenkäfigformen: Zweierkäfig mit Füßen, Zweierkäfig ohne Füße, Doppelstockkäfig ohne Füße. Sie bohrten in die Holzstreben Dutzende Löcher, in die Klaudijus elastische Speichen zu schieben hatte. Georgi, dessen Körperkraft sich an seinem groben, pockennarbigen Gesicht ablesen ließ, bog die Speichen, wenn er sie mit den Enden in die Holzaussparungen schob, wie weichen Draht. Klaudijus gelang es lediglich, ein Speichenende reibungslos in das Loch einzuführen. Um das zweite einzustecken, musste er seinen ganzen Körper anspannen. „Keine Panik, das lernst du schon!", beruhigte ihn Georgi am ersten Tag, als Klaudijus sich alle Fingerkuppen an der rechten Hand blutig gestochen hatte. Zwei Wochen war Georgi nun schon in Bulgarien. Und noch immer hatte Klaudijus den Bogen nicht raus, wie sich der Holzunterbau flott und einfach „übergittern" ließ. Er arbeitete langsam, und Gott sei Dank trieb ihn niemand an. Das Einzige, was ihn manchmal anödete, war die monotone Tätigkeit. Ein und derselbe Arbeitsgang musste tagtäglich tausend Mal ausgeführt werden: die Speiche aus biegsamem Metalldraht mit dem einen Ende in das eine Loch in der Holzstrebe stecken, das andere Ende festhalten und in das zweite Loch an der gegenüberliegenden Strebe einführen.

„Hallo, MacKlaud!", sagte Mira lächelnd.

„Kannst du Ingrida holen?", bat Klaudijus.

„Sie duscht grade!", antwortete die Tschechin und drehte sich in den Raum hinein. „Bist du bald fertig, Bea?"

„In fünf Minuten", rief Ingrida.

„Wie hast du sie genannt?", wunderte sich Klaudijus.

„Bea, Beatrice, so möchte sie genannt werden", sagte Mira schulterzuckend.

„Dann bist du jetzt also Beatrice?", fragte Klaudijus spöttisch, als sie zu einer Strandwanderung aufbrachen.

„Ja", sagte sie, als wäre nichts dabei. „Du kannst mich auch so nennen!"

„Und wenn ich nicht will?"

„Dann werde ich auf *Ingrida* einfach irgendwann nicht mehr reagieren."

Klaudijus wechselte das Thema. Sie liefen auf die Innenstadt, auf den verfallenen Vergnügungspark zu. An einer Bude direkt am Meer war ein Fenster mit dem Schild *Fish and Chips*, wo man für zweieinhalb Pfund Pommes und gebackenes Dorschfilet in der Tüte kaufen konnte.

Die Sonne schien, wärmte aber nicht. Sie saßen im trockenen Sand, aßen mit Plastikgabeln die Pommes und den Fisch und schwiegen. Die Stadt in ihrem Rücken war merkwürdig still, noch nicht erwacht. Nur das Meer zwanzig Meter vor ihren Füßen rauschte leise, rollte in einer sanften Welle auf den Sand, um sich sofort wieder zurückzuziehen.

„Gefällt's dir hier?", brach Klaudijus irgendwann das Schweigen.

„Ja, nicht ganz so gut wie in George's Hill, aber auch nicht übel. Mehr los, mehr Leute, eine größere Stadt ..."

„In der die Hälfte der Schaufenster auf der Hauptstraße kreuz und quer mit Papierstreifen überklebt sind. Wie in Kriegsfilmen!", ergänzte Klaudijus.

„Gefällt's dir etwa nicht?" Ingrida rempelte Klaudijus aus Spaß an. Als wollte sie ihn aufmuntern.

„Die Finger tun weh, ansonsten ist es okay", antwortete er versöhnlich.

„Die Fingerkuppen verhornen und dann tun sie nicht mehr weh. Spielen wir eine Runde Minigolf?"

Die hinter dem Meer aufsteigenden Hügel von Cliftonville blieben zurück. Ingrida und Klaudijus wanderten ein paar Kilometer in Richtung Westbrook Bay, und als sie vom Minigolf genug hatten, stiegen sie in den Bus und fuhren mit einem Tagesticket zuerst zu ihrem Morris Minor Travel, den sie auf dem Parkplatz vor dem *Morrisons* in Herne Bay abgestellt hatten.

Der Morris Minor war noch da, von Staub überzogen, den der Regen auf die Scheiben getrieben hatte.

„Ist der dreckig!", rief Klaudijus.

Sie standen zwanzig Meter entfernt vom Auto, als trauten sie sich nicht, näher heranzugehen.

„Wir sollten ihn wirklich mal putzen", sagte Ingrida und nickte. „Damit er nicht herrenlos aussieht."

Der Morris Minor stand zwischen einem blitzblanken dunkelblauen Land Rover und einem genauso blitzblanken dunkelroten Jaguar, und zwischen diesen beiden wirkte er noch dreckiger, als er in Wirklichkeit war.

„Ich lass mir was einfallen! Warte mal kurz!", rief Klaudijus entschlossen und lief in sportlichem Schritt über die Straße zum Supermarkt hinüber.

Zurück kam er mit einem neuen Plastikeimer, einer Autoreinigungsbürste, Duschgel und einem Fünf-Liter-Kanister Mineralwasser.

Er goss das Wasser in den Eimer, schüttete die kleine Flasche Duschgel hinein und machte sich ans Werk. Ein älteres vietnamesisches Ehepaar, das in diesem Moment mit einem vollen Einkaufswagen an dem Land Rover vorfuhr, stutzte, als es Klaudijus sah, der sein neben ihrem Jeep parkendes Auto wusch. Sie tauschten einen kurzen Blick, verstauten ohne weiteres Aufheben ihre Einkäufe und fuhren davon.

„Und?", fragte Klaudijus, als er fertig war.

„Gleich was ganz Anderes!" Ingrida lächelte und deutete auf den Eimer in seiner Hand. „Und was machst du jetzt mit dem guten Stück?"

„Kann man immer gebrauchen. Wo fahren wir hin?"

„Wie wär's mit Canterbury?", fragte sie.

„Na los! Ob die mich mit dem Eimer in die Kathedrale reinlassen? Was meinst du?"

Ingrida tat so, als würde sie nachdenken. „Am Eingang hängen kleine Bildchen", sagte sie, „dass man in Shorts und auf Inlinern nicht rein darf und dass man nicht telefonieren soll. Von Eimern steht da nichts."

„Dann hängen sie sicher heute Abend ein neues Bildchen auf: einen rot durchgestrichenen Mann mit einem Eimer in der Hand!"

Der Bus kam exakt nach Fahrplan, pünktlich auf die Minute. Klaudijus und Ingrida waren die einzigen Fahrgäste. Wahrscheinlich deswegen lächelte der dunkelhäutige Busfahrer, als er sie durch die Vordertür einließ, und sagte den legendären englischen Satz, an den sich Klaudijus noch aus dem Unterricht erinnerte: „Isn't the weather wonderful today?"

"Yes, it is", antworteten Klaudijus und Ingrida wie aus einem Mund und prusteten los.

79. Kapitel. Irgendwo zwischen Dijon und Beaune

Um vier Uhr nachmittags hielt an der Ecke der Rue de Sèvres gegenüber dem bogenförmigen Eingang zum Klinikum *Necker* ein silberfarbener Peugeot. Die Frau am Steuer – eine schmale brünette Frau um die vierzig, sportlich gekleidet, in einem weißen Skianzug mit roten Streifen – schaltete die Warnblinkanlage ein und betrat das Café.

„Andres?", rief sie laut, musterte die Besucher und hoffte, dass jemand auf ihren Ruf reagierte.

„Andrius!", verbesserte sie Andrius, der auf seinem Stammplatz saß, nur diesmal mit Barbora.

Zusammen verließen sie das Café.

„Sie setzen sich vorn hin", sagte Philippes Mutter und wies auf den Beifahrersitz, dann wandte sie sich an Barbora: „Und Sie setzen sich neben Philippe."

Philippe saß auf der Rückbank. Er grüßte und bat Barbora, obwohl er sie nicht sehen konnte, sich anzuschnallen.

Barbora hustete.

Philippes Mutter, die schon von der Rue de Sèvres auf die Rue du Général-Bertrand abgebogen war, warf der Mitfahrerin neben ihrem Sohn kurz einen fragenden Blick zu, dann schaute sie wieder auf die Straße und bremste an einer Kreuzung. „Ich heiße Suzanne", sagte sie auf Englisch.

„Meine Frau heißt Barbie, und mein korrekter Name lautet Andrius!" Er betrachtete das schöne, ebenmäßige Profil von Philippes Mutter und fand, dass sie wenig Frauliches, Sanftes und Anmutiges hatte.

„Barbie", sagte Suzanne laut, wahrscheinlich, um sich den Namen einzuprägen. „Und Andrius. Andrius ... Interessanter Name. Im Sommer war ein Ungar bei uns zu Besuch, András ... Haben die Ungarn und die Litauer was gemeinsam?"

Andrius fing ihren kurzen Blick auf und las darin ehrliche Neugier. ‚Immerhin versucht sie, freundlich zu sein. Wie würde ich mich fühlen, wenn ich die fremden und erwachsenen Freunde meines minderjährigen blinden Sohnes mit zu mir nach Hause nehmen würde?', dachte er. „Nein, die Ungarn sind mit den Esten und Finnen verwandt, die leben auch bei uns da oben, in der Nähe von Litauen."

Suzanne nickte und blickte weiter konzentriert auf die Straße.

Barbora hustete wieder.

Dieses Mal war der Blick, den Philippes Mutter der Mitfahrerin über den Rückspiegel zuwarf, ernst und besorgt. „Sie haben doch nicht etwa die Grippe?", fragte Suzanne.

„Nein, ich bitte Sie!", mischte sich Andrius hastig ein. „Wir wohnen im Moment auf einer Jacht von Freunden auf dem Canal Saint-Martin. Dort ist es sehr feucht. Erst seit gestern Abend haben wir ein Heizgerät."

„Auf einer Jacht?" Aus der Sorge in Suzannes Stimme wurde Neugier. „Eine Jacht ist was für den Sommer. Wenn schon Winter, dann höchstens in Marseille oder an der Côte d' Azur."

„Das ist nur vorübergehend", fuhr Andrius fort. „Bis wir eine neue Wohnung gefunden haben. Wir haben vorher in Belleville gewohnt, sind aber weggezogen."

„Wie haben Sie es denn dort ausgehalten?", wunderte sich Philippes Mutter. „Dort gibt's doch so gut wie keine Franzosen. Nur Chinesen und Araber."

„Wir haben drei Chinesen in der Schule", mischte sich Philippe ein, „die sind ganz nett. Der eine will nach der Schule Wetteransager im Fernsehen werden."

„Ich hab ja nicht gesagt, dass sie schlecht sind." Suzanne lächelte. „Ich hab nur gesagt, dass sie keine Franzosen sind, und wenn man mit ihnen Tür an Tür wohnt, kriegt man von Frankreich nichts mit. Die schaffen sich doch überall ihre eigene Welt, ihre ganzen Aushänge sind auf Chinesisch. Dein Klassenkamerad hat doch beim Fernsehen gar keine Chance! Was der sich zusammenfantasiert!"

„Bei uns sind Leute vom Fernsehen dagewesen", erzählte Philippe weiter. „Sie haben mögliche Berufe für diejenigen vorgestellt, die wenig oder gar nichts sehen. Da gibt's viel Arbeit. Sie haben sogar so einen Moderator in ihrem Morgenmagazin."

„Na, Gott sei Dank", rief Suzanne. „Haben Sie schon ein bisschen was von Frankreich gesehen?", wollte sie von Andrius wissen.

„Nein, wir kennen nur Paris."

„Dann wird es Ihnen bei uns gefallen. Bei uns ist das echte Frankreich, ohne billige Touristenfallen."

Je weiter sie sich vom Stadtzentrum entfernten, umso mehr Stockwerke büßte Paris ein. Zuletzt ließen sie die zweistöckigen Vorstadthäuser hinter sich. Irgendwann fuhr der silbergraue Peugeot auf die A6 und reihte sich in den Strom Richtung Süden ein. Nach fünf Minuten Stille, die auf die ersten lockeren Gesprächsversuche zwischen den Gästen und der Fahrerin des Autos gefolgt war, schaltete Suzanne das Radio ein. Nicht sehr laut, aber laut genug, um das Brummen der überholenden Autos zu übertönen.

Der Himmel senkte sich, es wurde Abend. Wegweiser flimmerten vorüber, die auf die Möglichkeit verwiesen, die Autobahn zu verlassen, auf eine Landstraße zu fahren, um nach Ivry-sur-Seine, Melun oder in ein anderes französisches Nicht-Paris zu gelangen, wo alles anders war, in dem es einfach Franzosen gab, die da einfach lebten und arbeiteten. Allerdings hatte Andrius nicht genügend Fantasie, um die fremden und ihm nichts sagenden Namen der Städte und Ortschaften, an denen sie vorbeifuhren, lebendig und bunt vor sich zu sehen. Das war aber auch nicht schlimm. Den Ort, zu dem sie jetzt unterwegs waren, kannte er auch nicht. Wenn er ankam, würde er sehen, wohin es ihn verschlagen hatte. Wenn er alles gesehen hatte, würde er sicher verstehen, worin der Unterschied zwischen Paris und dem restlichen Frankreich bestand.

Die Gedanken, die leise Musik, die immer wieder von der angenehmen Stimme des Radiomoderators unterbrochen wurde, die glatte Straße und die gleichförmige Bewegung des Autos, all das schläferte Andrius ein, und er erwachte erst wieder, als der Wagen die Autobahn verließ und nach links abbog. Andrius hatte die Augen noch geschlossen, wusste aber, dass es nicht mehr weit sein konnte.

Das Scheinwerferlicht streifte Baumstämme. Zu beiden Seiten der Straße wuchs Wald. Vor ihnen war es dunkel, hinter ihnen auch. Keine Autos, weder auf ihrer Seite noch aus der entgegenkommenden Richtung.

Suzanne bremste, fuhr von der Straße ab und bog nach rechts, auf einen noch schmaleren Fahrstreifen. Im Scheinwerferlicht glänzte ein Tor. Zu beiden Seiten schloss sich ein schmiedeeiserner Zaun an.

Philippes Mama richtete die Fernbedienung nach vorn auf die Frontscheibe, und das Tor ging langsam nach innen auf. Das Auto fuhr an und hielt eine Minute später auf einem Parkplatz zwischen zwei schwach beleuchteten Häusern. Im linken brannte Licht. Das zweite Haus, etwas kleiner als das erste, ließ kein Innenleben erkennen.

„Herzlich willkommen im Burgund! Und jetzt waschen wir uns die Hände und setzen uns zu Tisch!", befahl Suzanne und schlug die Autotür zu.

Philippe war ausgestiegen und klappte seinen Teleskopstock aus. Er machte zwei Schritte auf die Treppe zu, und als er die erste Stufe berührt hatte, hob er den Stock hoch und stieg ohne Hilfe die Treppe hinauf. Seine musikalischen Finger griffen zielsicher nach der schweren Messingklinke und zogen die Tür auf. Nach ihm traten Andrius und Barbora ins Haus.

Suzanne führte die beiden als Erstes ins Gästezimmer im ersten Stock und bat sie, in zehn Minuten herunterzukommen.

Das junge Paar war beeindruckt von den Jagdtrophäen an den dunklen Wänden, die im Halbdunkel einen schauerlichen Anblick boten. Als der auf antik gemachte Deckenleuchter anging, hielt Andrius die beiden Wildschweinköpfe mit den Hauern, den Wolfskopf und den Rehkopf, die sich mit den Händen berühren ließen, für Attrappen aus Pappmaschee.

Barbora hustete.

„Ich frage nachher nach einem Tee mit Honig“, versprach Andrius.

In dem für das Esszimmer überproportional großen Kamin knisterte Holz. Der lange Tisch mit der grob behauenen, aber akkurat dunkel lackierten Tischplatte war bäuerlich und üppig gedeckt. Die schweren, dickwandigen Weingläser passten ausgezeichnet zu den braunen Keramiktellern. In der Mitte stand ein Krug aus der gleichen Keramik. Weingeruch lag in der Luft, Bratenduft, der aus der unmittelbaren Nähe heranzog, mischte sich darunter.

Aus dem Türbogen rechts neben dem Kamin kam ein Mann mit einem runden Gesicht, der eine Kochschürze über den Jeans und ein dunkelblau-grün kariertes Hemd trug.

„Bonsoir, bonsoir!“[*] Im Gehen setzte er ein Lächeln auf, stellte die Keramikform mit einem Braten, den ein fester Faden zusammenhielt, auf einen Holzuntersetzer. Er zog die dicken Ofenhandschuhe aus und begrüßte Andrius. „Charles, père de Philippe!“[**]

Andrius stellte sich und Barbie auf Englisch vor, und Charles wechselte ebenfalls ins Englische.

„Und wie haben Sie Philippe kennengelernt?“, fragte er.

Andrius erzählte Charles in wenigen Worten, wie er auf der Rue de Sèvres zusammengeschlagen worden war und wie Philippe die Passanten dazu gebracht hatte, aus dem Krankenhaus gegenüber einen Arzt zu rufen. Er glaubte, Philippes Vater müsse die Geschichte kennen, denn Suzanne und er hatten ihren Sohn doch sicherlich über die Gäste befragt, die Philippe fürs Wochenende zu sich nach Hause einladen wollte. Anders konnte er es sich nicht vorstellen! Aber natürlich wollte der Vater die Geschichte noch einmal hören.

Der Dampf, der über dem Braten aufstieg, duftete nach Rosmarin. Andrius bekam Hunger.

„Sie sind doch nicht etwa Vegetarierin?“, fragte Philippes Vater Barbora.

---

* Guten Abend, guten Abend! (frz.)

** Ich bin Charles, der Vater von Philippe! (frz.)

„Nein, wo denken Sie hin! Bei uns zu Hause ist Fleisch sehr beliebt", antwortete sie, als wollte sie das Gespräch aus dem Auto fortsetzen.

„Bei Ihnen zu Hause?", fragte Charles nach.

„Bei uns in Litauen. Wir essen gern Fleisch und Kartoffeln."

„Wir auch." Charles nickte und musterte das Arrangement auf dem Tisch.

Suzanne und Philippe betraten das Zimmer.

Andrius kam das Abendessen endlos lang vor, und als eigentlich schon alle satt waren, schenkte Charles noch einmal Wein aus dem Krug in die dickwandigen, schweren Römer aus grünem Glas und fragte Philippe nach dem Leben in Paris und nach der Schule und Andrius nach der Jagd in Litauen, nach dem Angeln und nach der Kriminalitätsrate. Die Frauen am Tisch ignorierte er zwar nicht, löcherte sie aber auch nicht mit Fragen. Wenn er selbst erzählte – von der Jagd oder von einem benachbarten Winzer, bei dem er seine Weine kaufte –, dann ruhten seine Augen hin und wieder auf Barbora, die schon ein paar Mal gegähnt und ihren Husten geschickt mit einem Schluck Wein oder Wasser unterdrückt hatte.

„Und? Wie fanden Sie das Wildschwein?", fragte Charles seine Gäste stolz, als sie sich endlich von dem schweren Holztisch erhoben. „Geschossen habe ich den Keiler natürlich nicht. Das war ein Freund von mir! Aber ich habe ihn zubereitet. Ich koche gern."

Als Andrius und Barbora den Braten ausgiebig und ehrlich gelobt hatten, gingen sie nach oben.

„Schlafen Sie sich aus! Frühstück gibt's um halb elf! Bon nuit!",* rief ihnen Suzanne hinterher.

In dem massiven alten Bett, das auf geschnitzten Bärentatzen stand, waren sie im Nu eingeschlafen.

Andrius erwachte als Erster. Mit angehaltenem Atem lag er da und versuchte, hinter dem dichten Vorhang der morgendlichen Stille Lebenszeichen im Haus zu erhaschen. Doch er hörte nichts.

Das Frühstück am Samstagmorgen überzeugte Andrius endgültig davon, dass Frankreich anders lebte als Paris. Und natürlich auch anders frühstückte. Auf dem Tisch, der noch die gebackene Wildschwein-

* Gute Nacht! (frz.)

schulter mit Rosmarin atmete, drängten sich eine große Teekanne und eine Kaffeekanne, in der Mitte stand eine leckere Zitronentorte.

„Wir haben heute wichtige Kunden", erklärte Suzanne. Wieder trug sie einen Trainingsanzug, keinen Skianzug allerdings, sondern einen Laufdress. „Aber Philippe verbringt den Tag mit euch! Nicht wahr, Philippe?"

Der Junge, der ein bisschen gedankenverloren dasaß, drehte sich zielsicher zu seiner Mutter und nickte. „Ja, ja! Wir gehen heute auf die Jagd! Können wir Aschka haben?", fragte er.

„Natürlich! Aber übertreibt es nicht! Und kommt zurück, ehe es dunkel wird. Ich gebe euch Picknick mit. Wir treffen uns zum Abendessen." Das Wort *Abendessen* sprach sie so vieldeutig aus, als sollte es nicht nur einen großen Anfangsbuchstaben haben, sondern nur aus Großbuchstaben bestehen.

„So", wies Charles die Gäste an, als er vom Tisch aufstand, „kurz sammeln, und dann holen wir die Ausrüstung!"

In grünen Gummistiefeln, festen Handschuhen, mit einem winzig kleinen Korb und zwei Gartenschaufeln in der Hand kamen Andrius und Barbora auf den Hof. Sie schauten sich an und hätten beinahe laut losgelacht. Im großen Haus waren Hundegebell und Charles' Stimme zu hören, die etwas auf Französisch sagte. Philippe antwortete ihm, das Bellen übertönend. Andrius folgte den Stimmen, Barbora schloss sich an.

Charles und Philippe standen vor der geöffneten Tür zum Hundezwinger. Dort, hinter dem Maschendrahtzaun standen in separaten Boxen vier Hundehütten. Vier Hunde – zwei Terrier, ein Retriever und eine deutsche Schäferhündin – schauten ihr Herrchen und dessen Sohn gespannt an. Sie ahnten wohl, dass nur einer Glück haben würde. Sie waren ungeduldig. Aber Charles, mit einer grünen Jägerjacke und ziemlich deplatziert wirkenden Mokassins bekleidet, schaute nicht einmal in ihre Richtung.

„Aschka, Aschka", rief Philippe, der vor dem Käfig stand.

Die Schäferhündin sprang jaulend hoch.

Charles ließ sie heraus. Zwar kam sie wie der Blitz aus ihrer Box, blieb aber sofort stehen und setzte sich mit einem ergebenen und wartenden Blick vor den Vater des Jungen hin.

Das Herrchen hakte am Halsband eine Rollleine ein. „Hier." Charles gab Philippe die halbrunde Rolle mit der Leine in die Hand. „Hast du die Brote und das Wasser eingepackt?"

Philippe tastete nach dem Rucksack auf dem Rücken.

„Na, dann, viel Erfolg bei der Jagd!", wünschte ihnen Charles.

Philippe beugte sich zu der Schäferhündin hinunter, die schon begriffen hatte, wer heute der Führer war, und streichelte ihr raues Fell. „Vas, vas, Achka, en avant!",* befahl er dem Tier.

Die Hündin sprang auf und lief auf einen Pfad zu, der vom Haus wegführte. Sie zog etwa drei Meter Leine aus der Rolle, hielt kurz inne, drehte sich um und rannte hastig weiter.

Philippe lief sicher und schnell – ohne den gewohnten Teleskopstock – hinter Aschka her. Andrius und Barbora folgten ihnen mit dem Körbchen. Der Pfad führte zu einer Pforte im schmiedeeisernen Zaun und dann weiter in einen alten Wald hinein, in dem sich ehrwürdige Eichen mit Nussbäumen und jungen Rot- und Hainbuchen abwechselten. Ein warmer, feuchter Wind blies ihnen ins Gesicht und bot ihnen ein Bouquet verschiedenster Düfte. Der Wald roch nach Moder und Kalk, nach feuchter Eichenrinde. Der Wind, so schien es Andrius, trug auch den Duft von Nadelbäumen heran, obwohl nirgends eine Kiefer oder Fichte stand.

Eine Viertelstunde später hielt Philippe an. „Achka, ici",** kommandierte er die Hündin, und sie kam angerannt und schaute den Jungen erwartungsvoll an. „Piste!",*** folgte das nächste Kommando.

Die Schäferhündin hob die Schnauze, als schnupperte sie. Das tat sie vielleicht wirklich, denn fast im selben Moment verließ sie den Weg und führte die drei forschen Schrittes hinter sich her.

Andrius musste sich alle Mühe geben, mit Philippe Schritt zu halten, und staunte nicht schlecht, wie schnell und behände der blinde Junge lief, gehalten nur von der Hundeleine. Und dabei er lief ja nicht auf einem ebenen Weg, sondern durch Gras und welkes Laub!

Ein Eichhörnchen, das über einen Wiesenstreifen zwischen zwei Bäumen hüpfte und flink an einer Buche hinaufkletterte, erregte Andrius' Aufmerksamkeit. Etwas Fern-Vertrautes wehte zu ihm herüber.

„Hast du das gesehen?" Er drehte sich zu Barbora um und zeigte auf den Baum, an dem gerade eben das quirlige rotbraune Wesen hinaufgeklettert war.

---

* Los, komm, Aschka, vorwärts! (frz.)

** Aschka, hierher. (frz.)

*** Such! (frz.)

„Nein“, antwortete sie, aus ihren Gedanken gerissen.

„Wie in Litauen! Genau der gleiche Wald!“ Andrius schaute sich noch einmal zu den mächtigen Bäumen um, die in gebührendem Abstand voneinander standen.

„Nein“, widersprach Barbora und schüttelte den Kopf. Dann lächelte sie. „Du hast einfach Heimweh!“

„Du nicht?“

„Ich? Ich schaue nicht in die Vergangenheit, ich denke an die Zukunft.“

Andrius bemerkte, dass er zwanzig Meter hinter Philippe zurück war. Er lief schneller und sah, dass die Hündin wie wild an der Leine zog und am liebsten mit aller Kraft davongeprescht wäre. Auch Philippe lief schneller, allerdings leicht gebückt und nicht mehr so trittsicher wie eben.

Andrius hatte Angst, der Junge könnte stürzen, und rannte hin. „Ich bin hier, bei dir“, rief er Philippe zu.

„Brav, Aschka!“, lobte der Junge die Hündin. Andrius beachtete er gar nicht.

Unterdessen zerrte die Schäferhündin wieder an der Leine und spannte sie auf die volle Länge an, blieb einen Meter vor einer Buche stehen und steckte ihre Nase in die weiche, aus welkem Laub und Eicheln gewebte Erddecke.

Mit schnellen Schritten holte Philippe Aschka ein und berührte mit der freien Hand ihren Nacken, kniete sich hin, stützte sich mit der Leine in der Hand ab, beugte sich vor und schien ebenfalls seine Nase in das herabgefallene Eichenlaub zu stecken. Dann drehte er sich um.

„Kommt mal her“, rief er. „Riecht mal!“

Andrius hatte sich danebengehockt und verfolgte befremdet das identische Verhalten der beiden. Unter den wiederholten Rufen „Braves Mädchen, braves Mädchen!“ schob Philippe Aschka, die sich dem Jungen nur widerwillig unterordnete, beiseite und vertiefte das Loch im Laub, das die Hündin zuvor mit ihrer Nase gebohrt hatte. Als Philippe ein Stück Erde freigelegt hatte, beugte er sich noch einmal vor und schnupperte.

„Jetzt hört man es ausgezeichnet“, sagte er.

„Du meinst, man riecht es ausgezeichnet. Hören kann man Töne, aber keine Düfte.“ Andrius versuchte, Philippes Englisch zu verbessern.

„Nein, man hört es“, beharrte Philippe. „Töne hört man mit den Ohren und Düfte mit der Nase!“

Andrius beugte sich ebenfalls hinab und schnupperte. Der eigentümlich süßliche Geruch war tatsächlich da, und Andrius suchte krampfhaft nach Worten, mit denen er sich beschreiben ließ. „Riech mal“, forderte er Barbora auf. „Mich erinnert das an was, aber ich komm nicht drauf!“

„Ich habe Schnupfen“, sagte sie halblaut. „Ich rieche nichts!“

„Versuch’s doch wenigstens!“, bat Andrius.

Widerwillig kniete sich Barbie mit ihren Jeans auf den weichen Boden und beugte sich zaghaft vor. „Tatsächlich“, wunderte sie sich. „Interessanter Geruch.“

„Nachts ist er noch viel stärker!“, rief Philippe dazwischen.

„Ach, komm!“, erwiderte Andrius. „Warst du etwa auch nachts schon auf Trüffelsuche?“

„Ja“, sagte der Junge. „Nachts ist es interessanter.“

„Entschuldige, aber für dich ist doch immer Nacht“, rutschte es Andrius heraus. „Ich wollte dich nicht verletzen!“, setzte er hinzu, weil er das Gesagte schon bedauerte.

„Ich bin nicht verletzt.“ Philippe zuckte mit den Schultern. „Für dich bedeutet Nacht, dass es dunkel ist. Für mich nicht! Die Dunkelheit ist nicht das Wichtigste an der Nacht. Das Wichtigste sind die Stille und die anderen Töne. Die anderen Töne und Gerüche. Die Hälfte der Gerüche vom Tag verschwindet in der Nacht. Der Trüffelduft nicht. Er bleibt und wird sogar stärker.“ Philippe beugte sich noch einmal zu dem freigelegten Stück Erde hinunter. „Halt mal.“ Er drückte Barbora die Rollleine in die Hand, dann machte er sich daran, mit seinen dünnen Fingern die oberste Erdschicht abzukratzen. Schnell war das Loch unter seinen Händen zehn Zentimeter größer geworden, da hielt er inne und drehte sich wieder um. „Wer möchte ihn ausgraben?“, fragte er.

„Barbora“, antwortete Andrius.

„Tasten Sie mit der linken und graben Sie ihn mit der rechten Hand mit der Schaufel heraus“, wies Philippe sie an.

Barbora zog ihren linken Handschuh aus. Vorsichtig steckte sie ihre Hand in das Loch, die Finger ertasteten die kühle, ungewöhnlich weiche Erde. Nach ein paar Zentimetern stießen ihre Finger auf etwas Rundes, Raues. „Ist er das?“ Verwundert musterte Barbora den runden, lebendigen Stein, den sie ausgegraben hatte.

„Ja“, sagte Philippe, leicht vorgebeugt. „Riechen Sie mal!“

Der Trüffel duftete so stark, dass Andrius sich nicht einmal über Barboras Hand beugen musste.

„Riecht gut! Ich mag den Geruch!“ Sie hob den Pilz vors Gesicht und hätte ihn fast mit der Nasenspitze berührt. Ihr Gesicht verriet Verwunderung und Glück, ihre Augen strahlten vor Freude.

‚Wenn sie doch nur immer so wäre‘, dachte Andrius.

Der erste Fund stachelte nicht nur in Barbora den Trüffeleifer an. Auch Philippe wurde ganz aktiv. Er wollte den Trüffel in die Hand nehmen. Zärtlich drehte er ihn zwischen den Fingern. Dann gab er ihn Barbora zurück. Aschka war einen Meter weiter schon wieder am Wühlen.

„Sie wachsen gesellig“, erklärte Philippe. „Wir können hier gut und gerne noch drei, vier Stück finden.“

Mit vier kleinen Trüffeln im Korb machten sie Picknick und aßen jeder ein Brot mit Entenpastete. Danach erhielt die Schäferhündin erneut die Anweisung „Such!“ und führte sie weiter durch den Wald. Andrius schaute zum Himmel, um abzuschätzen, wie lange es noch hell sein würde. Ein großer Vogel schlug mit den Flügeln, aber Andrius konnte ihn nicht entdecken. Die Baumkronen waren dicht und ausladend.

Aschka lief ruhig, manchmal blieb sie stehen und hob die Schnauze – sie schnupperte. Vierzig Minuten später wurde sie wieder aktiv und zwang die drei Trüffeljäger, einen Schritt zuzulegen. Wieder wühlte sie mit der Schnauze im Laub und machte Philippe nur widerwillig Platz, der die Blätter und Eicheln beiseiteschob und so die von Aschka gefundene Stelle freilegte. Die Ehre, den nächsten Trüffel auszugraben, fiel Andrius zu, er war richtig begeistert, als er an der essbaren Trophäe roch. Es kam ihm so vor, als unterschiede sich seine freudige Begeisterung wenig von Aschkas ausgelassener Reaktion, wenn ihre Nase einen Trüffel ausgemacht hatte.

„Das sind Perigord-Trüffel“, erzählte Philippe im Gehen, als sie, nachdem sie unter derselben Eiche drei weitere kleine Pilze gefunden hatten, ihren Weg fortsetzten. „Früher hatten wir hier nur weiße Trüffel. Sie wachsen auch irgendwo, aber ihr Duft ist schwächer. Die schwarzen haben meine Eltern hier gesetzt, vor zehn Jahren.“

„Gesetzt – was heißt das?“, wollte Barbora wissen.

„Die wachsen hier normalerweise nicht“, erklärte der Junge. „Sie wachsen in Perigord, im Süden. Und meine Eltern sind mit dem Auto dorthingefahren und haben mehrere Säcke Eichenerde geholt, also Erde mit Eicheln und Laub vermischt. Und die haben sie hier, in unserem Wald, ausgeschüttet. Die schwarzen Trüffel riechen und schmecken intensiver! Und sie ernähren uns!“

„Ihr esst jeden Tag welche?“, fragte Barbora neugierig.

„Nein, nicht jeden Tag, wir verkaufen sie doch! Und es kommen auch viele Touristen, die unsere Hunde mieten und mit ihnen nach Trüffeln suchen.“

„Toll“, rief Barbora. „Das ist ein Geschäft! Ein leckeres Geschäft!“

„Sehr lecker“, stimmte Philippe zu. „Heute Abend könnt ihr kosten!“

Der Spaziergang von der zweiten zur dritten „Trüffeleiche“ dauerte eine gute Stunde. Und als der winzig kleine Korb mit einem Dutzend Pilzen gefüllt war, merkte Andrius, dass die Luft nicht mehr ganz klar war. Der Abend kam.

„Sind wir weit weg von deinem Haus?“, fragte er den Jungen.

„Wahrscheinlich so an die vier Kilometer. Aschka läuft normalerweise im Kreis!“, antwortete Philippe. „Wird's etwa schon dunkel?“ Instinktiv hob er den Kopf und holte sein Handy aus der Jackentasche.

Er befragte das Handy auf Französisch, und eine klare mechanische Frauenstimme antwortete.

„Viertel vor fünf“, übersetzte Philippe und stellte dem Handy eine weitere Frage. Er streckte die Hand mit dem Telefon aus und drehte sich langsam nach rechts.

„Cette orientation est correcte“,* beschied dieselbe mechanische Stimme.

„Au pied“,** befahl der Junge der Hündin, und die machte sofort Sitz. Philippes Hand berührte den Nacken der Hündin. „Nous rentrons à la maison! Vas, en avant!“***

Aschka hatte wohl nicht sofort begriffen, dass die Trüffeljagd zu Ende war. Sie schnupperte immer noch, aber Philippe hielt sich genau an die Richtung, die das Handy vorgegeben hatte, und schließlich hörte die Hündin auf, den Kopf zu drehen und die Schnauze zu recken und führte die drei in die richtige Richtung, als hätte sie ihren Geruchssinn von den Trüffeln auf das Zuhause umgestellt.

Eine halbe Stunde später, als sie wieder auf dem Wanderweg waren, klingelte in Andrius' Jackentasche das Handy.

„Ich kann Barbora nicht erreichen, aber ich muss sie sprechen!“, drang Ingridas aufgeregte Stimme an sein Ohr.

---

* Diese Richtung ist korrekt. (frz.)

** Sitz! (frz.)

*** Wir gehen nach Hause! Vorwärts, los! (frz.)

„Für dich!“ Andrius reichte seiner Freundin das Telefon.

„Nein, ich habe jetzt eine andere Nummer!“ Er hörte das vertraute Litauisch hinter sich. „Wir sind zu Besuch, hier ist es wundervoll! Ein Schloss für eine einzige Familie. Im Burgund. Lauter antike Sachen. Wir waren gerade den ganzen Tag Trüffel sammeln mit einer speziell abgerichteten Trüffelhündin. Ihr Geruchssinn ist phänomenal! Wir haben mehr als zehn Stück gefunden. Die lassen wir uns heute Abend schmecken! Der Gastgeber kann wunderbar kochen!“

Barbora überschüttete Ingrida mit ihrer Begeisterung, Andrius lief vor ihr und hörte zu. Er war froh und besorgt zugleich. Froh, weil Barbies gute Stimmung anhielt, besorgt, weil er wusste, dass sie morgen Abend wieder in Paris sein würden und sie ihn wieder löcherte: „Und? Hast du dir was überlegt?“ Und was würde er ihr dann antworten? Vielleicht sollte er diese Nacht aufbleiben und sich was überlegen? Wenigstens in Gedanken mögliche Varianten für ihr weiteres Leben in Paris durchspielen? Wenn er Französisch könnte, wäre alles leichter. Warum war er nicht früher, in Litauen noch, darauf gekommen? Weil er gedacht hatte, in Europa würde er mit Englisch schon durchkommen? Die Sorge verdrängte die Freude, und Andrius stoppte die Gedanken. Schnell und entschlossen. Er setzte einfach einen Punkt hinter seine letzte Feststellung: ‚Bis Montag muss ich mir was einfallen lassen!‘ Punkt.

„Hier!“ Barbora gab Andrius das Telefon zurück.

„Was hat sie denn erzählt? Wie geht’s ihnen?“

„Nichts. Sie hat mir einfach zugehört.“

„Aber sie hat doch gesagt, dass sie unbedingt mit dir reden muss?“

„Nein. Sie hat zugehört, und dann hat sie gesagt, sie müsse weg, und sich verabschiedet.“

„Beinahe wärt ihr zu spät gekommen“, rief Charles, als sie nach Hause kamen. Seine Schürze erklärte, wozu die Wanderer Andrius, Barbora und Philippe beinahe zu spät gekommen wären. „Das hier nehme ich mal an mich!“ Er nahm Barbora den Korb mit den schwarzen Trüffeln ab. „Und ihr zieht euch schnell um, wascht euch die Hände und kommt zum Essen!“

An diesem Abend erschien Suzanne als Letzte am Tisch. Sie sah elegant und sehr zufrieden aus. Andrius, der sie bislang nur in zwei verschiedenen Trainingsanzügen gesehen hatte, dachte zuerst, er hätte eine andere Frau vor sich, die Philippes Mutter ähnlich sah, ihre

Schwester vielleicht. Ein elegantes dunkelblaues Kleid mit einem perlmuttweißen Muster und einem kleinen Ausschnitt. Ein in Gold gefasster Bernsteinanhänger an einer goldenen Kette. Geschickt umspielte das Kleid Suzannes sportliche Figur und ließ sie weiblicher und attraktiver wirken. Ihre vielleicht klassische, vielleicht altmodische Frisur, die die Ohrläppchen mit den Bernsteinohrringen gut zur Geltung brachte und das ovale Gesicht leicht veränderte, wirkte auf Andrius ebenfalls anziehend.

„Stimmt etwas nicht?", fragte Suzanne ihren Gast alarmiert, nachdem sie seinen leicht ungläubigen Blick bemerkt hatte.

„Ich habe Sie nicht erkannt", gestand Andrius. „Haben Sie heute Geburtstag?"

„Nein, aber nicht doch", sagte sie lächelnd. „Es war einfach ein gelungener Tag. Im Moment ist keine Touristensaison, deswegen lässt sich auch nicht jedes Wochenende was verdienen! Und heute haben Touristen und ein Kunde aus Dijon je ein Pfund Trüffel gekauft!" Sie strahlte wieder. „En gros. Für mehrere Restaurants vor Ort. Tausend Euro liegen nicht auf der Straße herum! Sie wachsen unter unseren Eichen und Buchen. Sie wissen ja nun, wo sie zu finden sind."

In der tiefen Höhle des antiken Kamins knisterte das Holz. Statt des Weinkrugs stand ein geöffneter Rotwein auf dem Tisch und atmete. Aber die Gläser rechts neben den Keramikschüsseln waren wieder dieselben: die schweren, dickwandigen Römer aus grünem Glas.

Aus dem Türbogen rechts vom Kamin, durch den Charles am Abend zuvor die Schweinsschulter in Rosmarin gebracht hatte, waren Schritte zu hören. „Also", Charles ließ einen vielsagengen Blick über die Anwesenden schweifen, „zuerst teilen wir Fettuccine aus, und dann ..."

Mit einem speziellen Hornlöffel hob Charles Knäuel von dünnen, gedrehten Streifen von italienischer Pasta aus einem Keramiktopf und gab sie in die Schüsseln. Dampf stieg auf. Andrius beugte sich vor, um den Duft einzusaugen.

Charles trug den leeren Topf in die Küche und kam mit einem kleinen Teller zurück, auf dem vier Trüffel lagen, die mit ihrer schwarzen, körnigen Oberfläche verführerisch glänzten. Für Andrius sahen sie aus wie Meteoriten. Zumindest hatte er sich die schwarzen Steine aus dem All immer so vorgestellt.

Mithilfe eines scharfen Messers mit einer kurzen Klinge zog Charles einem Pilz die schwarze Haut ab. Dann holte er einen Trüffelhobel. Er nahm den geputzten Trüffel, hielt ihn über Suzannes Schüssel und fuhr ein paar Mal mit dem Hobel darüber. Hauchdünne Trüffelblättchen fielen auf die Fettuccine. Jeder einzelnen hauchdünnen Scheibe schickte Charles ziemlich laut und melodiös ein eigenes Wort hinterher: „Vingt, trente, quarante!“* Eine Minute später schwebten seine Hände über Barboras Schüssel, und Andrius hörte wieder dieses „Vingt, trente, quarante!“*

Der nächste glückliche Empfänger von hauchdünnen Trüffelblättchen auf der Pasta war Philippe. Er lebte auf, fester umklammerten seine Finger den Griff der Gabel.

Die Trüffelblättchen, die auf Andrius’ Fettuccine gefallen waren, sahen nicht aus wie Pilze. Ihr Muster erinnerte ihn eher an einen Schweinsbraten, der frisch aus dem Ofen kam. Die warme Pasta brachte das Aroma der Trüffel voll zur Entfaltung.

„Zu einem guten Essen gehört ein guter Wein“, verkündete Charles und griff nach der geöffneten Flasche, die inzwischen gut geatmet hatte.

„Das war das schönste Wochenende in meinem ganzen Leben!“, flüsterte Barbora dankbar, als sie unter der Decke lag und sich an Andrius kuschelte.

„Na, das wollen wir doch nicht hoffen“, flüsterte Andrius im Spaß. „Da kommen noch bessere. Das verspreche ich dir!“

Unter der Daunendecke wurde ihnen schnell warm. Nur in den Fersen hielt sich hartnäckig die Kälte vom Kachelboden im Bad.

„Weißt du“, fuhr Barbora fort, sie flüsterte Andrius direkt ins Ohr, „das Wort *Trüffel* duftet mehr als der Pilz selbst.“

„Aber du hast doch Schnupfen!“, widersprach Andrius lächelnd.

„Ist doch nur Spaß! Der Schnupfen ist weg! Und ich habe heute kein einziges Mal gehustet! Das machen die Pilze! Trüffel sind also gut gegen Schnupfen, und ab heute lass ich nichts anderes mehr gelten! Kapiert?“ Ihre Lippen und Augen lagen auf gleicher Höhe. „Ich liebe dich und werde dich heiraten!“, flüsterte Barbie, und Andrius sah sogar im Dunkeln das glückliche Lachen in ihren Augen.

„Bevor das Kind kommt oder danach?“, fragte er.

„Danach natürlich!“ Sie lächelte weiter. „Sonst denken die Leute noch, du hast mich wegen dem Kind geheiratet.“

---

* Zwanzig, dreißig, vierzig! (frz.)

Andrius schlief noch nie so glücklich ein wie in dieser Nacht. Nicht vor Müdigkeit oder wegen der Dunkelheit, sondern vor Glück. Es übermannte ihn, entführte ihn in den Schlaf, in die Imagination, in eine irreale Welt, erfüllt von süßen Vogelrufen, die es im wirklichen Leben nicht gab, getränkt von wundersamen Düften, von denen nur ein einziger echt war, ein erdiger Duft, der alles durchdrang und sich in den Mittelpunkt schob – der Duft des Trüffels.

Barbora war als Erste eingeschlafen. Aus süßer Müdigkeit, in einem überbordenden Glücksgefühl. Im Einschlafen wollte sie Andrius noch etwas zuflüstern, aber die Augen fielen ihr zu. Nur das Lächeln, das auf ihren Lippen lag, verriet Andrius, was Barbora sagen wollte.

80. Kapitel. Pienagalys. Bei Anykščiai

Das Gehöft Pienagalys konnte nur kurz vom Baulärm verschnaufen. Die Handwerker, die in der Scheune das *Hundestudio* installiert hatten, wie Renata es nannte, fuhren zufrieden ab. Im Auto, auf dem Weg zum Busbahnhof, holten sie die verdienten Dollarscheine heraus und zählten sie nach. Das Knistern lenkte Renata vom Fahren ab. Vitas war, so schlussfolgerte sie, zu großzügig gewesen – hätte er weniger bezahlt, hätten sie leiser mit den grünen Scheinen geknistert. Als Renata wieder zurück war, wollte sie sich ein bisschen ausruhen, doch Vitas rief sie zum Computer, um ihr stolz seine Internetseite zu zeigen, die „coole Webdesigner" aus Kaunas, ebenfalls Freunde von ihm, gebaut hatten.

Renata blieb fast das Herz stehen, als sie den ersten Blick auf den Bildschirm warf. „Warum hast du unsere Adresse angegeben?", fragte sie mit bebender Stimme. „Lösch sie wieder!"

Noch nie hatte sie Vitas so schockiert gesehen. Sie erschrak richtig. Doch bald schon ersetzten seine zitternden Lippen die Gesichtsstarre. Er fing an zu lachen, erst leise, dann lauter, ein seltsames, explosives Lachen war das, als wollte er sich im Lachen verausgaben.

„Was hast du denn?" Renata war beleidigt, in ihren Augen glitzerten Tränen.

„Wie bring ich's dir nur bei?" Er hob die Arme. „Vielleicht gehst du an die Uni? Studierst ein bisschen?"

„Ich bin kein Landei!", sagte Renata stur. „Ich weiß alles über moderne Musik und über Mode! Und was macht's, dass mich Musik und Mode nicht weiter kümmern?"

„Darum geht's doch gar nicht." Vitas hatte aufgehört zu lachen und schaute Renata mitleidig an. „Versteh mal, wenn wir ein Unternehmen haben, das Dienstleistungen anbietet, dann brauchen wir Kunden, um Geld zu verdienen! Und die müssen wissen, wo sie diese Dienstleistungen bekommen! Ich kann doch die Hunde und Katzen nicht im Internet färben!"

Renata atmete tief durch. Sie nahm einen neuen Anlauf mit der Webseite, die oben ein Regenbogen zierte. „Lass mich noch mal schauen", bat sie, zog einen Stuhl heran und setzte sich. „Rosa Elefant?", las sie die größten Buchstaben auf der Seite.

„Ja, genau." Vitas nickte. „Wir sind jetzt der *Rosa Elefant* aus Pienagalys."

„Und warum rosa?"

„So nennt man das doch. Wenn ein Traum unerfüllt bleibt. Und wir erfüllen ihn."

Mit ihrer Erfahrung als Verkäuferin interessierte Renata das Wort *Preisliste*, sie fuhr mit dem Kursor darüber und klickte es an. „Hamster, weiße Maus – zehn Litas", las sie laut. „Graue Maus, weiße Ratte, Meerschweinchen – fünfzehn Litas, Katze – vierzig Litas, kurzhaarige Hunde – fünfzig Litas, langhaarige – sechzig. Exoten – ab siebzig Litas."

„Und?" Vitas' Stimme klang ungeduldig, er wollte unbedingt ihre Meinung hören.

„Warum sind die Hamster denn so billig?", fragte Renata ernst. „Das ist doch sicher unrentabel?"

„Das ist ein Lockangebot! Niemand kommt auf die Idee, einen Hamster färben zu lassen, die leben doch gar nicht so lange!", erklärte Vitas. „Aber wenn man ein Geschäft ordentlich aufziehen will, muss man eine breite Palette an Dienstleistungen anbieten – von billig bis teuer."

Renata hatte verstanden und nickte. „Die kommen doch nicht zu uns ins Haus, oder?"

„Wer? Die Kunden? Natürlich nicht, die gehen ins Studio. Ich habe zwei Elektroheizer aufgestellt, eine Kaffeemaschine, alles vom Feinsten! Es gibt sogar eine Biotoilette!"

„Ich glaube, dass keiner sein Haustier umfärben will", sagte Renata eigensinnig und schaute Vitas mitleidig an, als bedauerte sie ihn schon jetzt für seine zum Scheitern verurteilte Idee.

„Jetzt probieren wir das erst mal ein paar Wochen aus, dann sind wir schlauer", entgegnete er gelassen. „Die Seite ist schon online! In

Anykščiai und im ganzen Landkreis haben alle vom roten Kater Spammas gehört!“

„Gehört haben sie von ihm, aber einfangen will ihn keiner“, bemerkte Renata spitz.

„Er ist einfach zu schlau und kann sich gut verstecken“, antwortete Vitas und wollte gerade noch etwas hinzufügen, als sein Handy klingelte. „Hallo? Ja! Ja, das bin ich!“, sagte er. „Ja. Frühestens in drei Tagen! Gut, ich trage Sie ein!“ Angespannt beobachtete Renata Vitas und seine Hand, mit der er wie ein Dirigent verspielt Bögen beschrieb, die aber keinen Stift hielt, was hieß, dass er nicht vorhatte, irgendetwas einzutragen. „Freitag, 12:00 Uhr, Toma. Welche Farbe? In Ordnung! Die Anfahrtsskizze finden Sie auf der Seite! Auf Wiederhören!“

Vitas verstaute sein Handy, hielt kurz inne und schlug donnernd mit der Faust auf den Tisch. Renata schrak zusammen. „Hurra!“, rief er. „Wir haben den ersten Kunden!“

„Und wen will Toma färben lassen?“, fragte Renata vorsichtig.

Vitas drehte sich um. „Du wirst lachen: drei Hamster in rosa! Ein Geschenk für seine dreijährige Tochter. Das sind natürlich nur ein paar Kopeken und kein richtiger Verdienst! Aber die Hamster gehören genauso zum Angebot wie die Exoten!“

„Und was machst du, wenn sie dich aus dem Zirkus in Vilnius anrufen und einen Elefanten rosa färben lassen wollen?“, frotzelte Renata.

„Den Auftrag übernehmen, was sonst?“, antwortete Vitas fröhlich. „Allerdings nicht hier, sondern beim Kunden vor Ort! Das ist aber erst der nächste Schritt in unserem Businessplan.“

Vitas schlief. Sein Gesicht war so glücklich und entspannt, wie es nur das Gesicht eines verstorbenen Engels sein konnte. Renata betrachtete seine Nase, seine Lippen. Sie hätte ihn gern geküsst, wollte ihn aber nicht wecken.

Als Renata am nächsten Morgen erwachte, war Vitas verschwunden. Die Uhr zeigte zehn, und draußen lachte die Sonne. Die Fensterscheibe ließ das Licht nur widerwillig herein, ein dichtes, feines Netz aus Spinnweben schirmte das Zimmer ab.

‚Ich muss die Fenster putzen‘, dachte Renata. ‚Der Frühling ist schon da! Oder soll ich lieber noch warten, bis die Regenfälle vorbei sind?‘

Sie zog ihren Hausmantel an, ging ins Wohnzimmer. Das Erste, was sie sah, war ein Teller mit einem angebissenen Brot. Daneben eine Kaffeetasse.

„Das Fernsehen kommt!“, sagte Vitas so pathetisch, wie eine Frau ihrem Mann mitteilt, dass sie ein Kind erwartet.

„Wozu?“, wunderte sich Renata.

„Das LRT hat eine Sendung über erfolgreiche junge Geschäftsleute. Irgendwer hat ihnen unseren Link geschickt!“

„Aber du hast doch noch gar nichts gemacht!“

„Sie kommen, wenn wir uns vor Aufträgen nicht mehr retten können! In einer Woche!“

„In einer Woche werden wir uns vor Aufträgen nicht mehr retten können?“ Renata war baff.

„Ja. Es sind schon über zwanzig“, sagte Vitas und deutete auf den Laptop. „Ich brauche einen Assistenten, damit ich nichts durcheinanderbringe!“

„Und für mich ist das nichts?“ Renata erschrak, weil sie gleich daran dachte, dass der Assistent mit Sicherheit eine Assistentin wäre, und eine Assistentin hieße eine weitere Frau in ihrem behaglichen Zwei-Raum-Reich, das nur dann behaglich war, wenn sie zu zweit waren.

„Doch.“ Vitas umarmte und küsste sie. „Wenn du mich ein bisschen ernster nimmst und deine spitze Zunge im Zaum hältst!“, fügte er flüsternd hinzu.

„Ich nehme dich sehr ernst“, flüsterte sie zurück. „Ich bin nur nicht so geschäftstüchtig wie du!“

„Das ist wahr“, sagte er nickend. „Aber du hast einen festen Griff! Schließlich liegen solche wie ich in Kaunas nicht auf der Straße herum.“

„Stimmt.“ Renata lächelte. „Denn die Mädchen von den Gehöften schnappen sie sich gleich und entführen sie in die Wälder von Anykščiai!“ Plötzlich verschwand das Lächeln von ihren Lippen. Ihr Blick wurde traurig. „Keiner hat Spammas zurückgebracht!“, seufzte sie.

„Nicht so schlimm, vielleicht kommt er von selbst“, versuchte Vitas sie zu trösten. „Und wenn nicht, dann haben wir immerhin zweihundert Litas gespart.“

81. Kapitel. Margate. Grafschaft Kent

Dieses merkwürdige, einfache Café im Zentrum von Margate hatte Klaudijus zufällig entdeckt, und er kehrte dort nun schon zum dritten Mal auf dem Rückweg von der Arbeit in sein *Wohnheimhotel* ein. Die Stühle waren alt und bunt zusammengewürfelt, die Tische auch, ganz so, als wären die Cafébesitzer die Straßen abgefahren und hätten ausrangierte Sperrmüllmöbel eingesammelt. Nur die Ecke mit dem Tresen sah gepflegter und sauberer aus. Hinter der Theke standen zwei junge Hippietypen – Serben oder Kroaten. Die wuchtige Steinzeitkaffeemaschine glänzte wie neu, und der Kaffee, den sie fabrizierte, war stark und schmeckte gut. Die Wurst- und Käsesandwiches kosteten ein Pfund das Stück. Die Tasse Kaffee kostete ebenfalls ein Pfund, der Espresso die Hälfte.

Klaudijus nahm einen Cappuccino. Er steckte das Restgeld, das er für seine Fünfpfundnote bekommen hatte, in die Jackentasche und setzte sich an einen gusseisernen Gartentisch.

Natürlich wäre es schöner, jetzt mit Ingrida hier zu sitzen. Aber sie war noch in der Arbeit – beim Chef im Büro. Das letzte Mal, als sie zusammen nach Margate zurückgekehrt waren und Klaudijus ihr das Café zeigte, hatte sie sich geweigert hineinzugehen. „Café? In den illegalen Schuppen bringt mich keiner!“, sagte sie und rümpfte die Nase. Sie mussten etwas Vornehmeres suchen.

‚Und wenn schon‘, dachte Klaudijus und betrachtete die alten Zeitungsausschnitte, mit denen die schwarz gestrichenen Wände beklebt waren. ‚Dann ist es eben ein illegaler Schuppen, aber der Kaffee ist gut, und die Atmosphäre und die Preise stimmen!‘

Als Klaudijus noch einen Schluck Kaffee genommen und die Tasse abgestellt hatte, betrachtete er die Finger an seiner rechten Hand, mit denen er eben den Henkel gehalten hatte. Er wunderte sich, wie schnell der Schmerz in den zerstochenen Fingerkuppen vergessen war. Jetzt ging ihm das Einsetzen der Drahtenden in die Käfigleisten leicht von der Hand. Genauso wie seinem bulgarischen Vorgänger. Die Finger verheilten, die Haut an den Fingerspitzen war dicker geworden und verhornt.

Er dachte über die Arbeit nach. Noch immer erschien sie ihm ausgesprochen blödsinnig, man könnte doch einfach fertige Metallgitter kaufen, sie auf die Käfiggröße zurechtsägen und an die Holzleisten nageln. Er hatten Szlachcic gegenüber diesen Vorschlag auch einmal geäußert, doch dieser hatte nur spöttisch gelacht und gesagt: „Dann unterscheiden sich unsere Kaninchenställe nicht mehr von den chinesischen. Und die chinesischen sind zehn Pfund billiger!“ Man müsse, hatte er gesagt, dem Produkt die körperliche Arbeit ansehen, schließlich war jeder Käfig mit einem Metallschild versehen, in das *Made in Britain* gestanzt war.

„Made in Britain!“, wiederholte Klaudijus laut und musste lachen, als ihm einfiel, dass kein einziger Engländer auch nur im Entferntesten bei der Fertigung Hand anlegte, aber das Metallschild log nicht – hergestellt wurden die Käfige tatsächlich in England.

Fünf junge Männer betraten lärmend das Café und gingen zum Tresen. Sie gaben in einer für Klaudijus unverständlichen Sprache ihre Bestellung auf und setzten sich an zwei zusammengeschobene Plastiktische. Der Barkeeper brachte ihnen ein paar Flaschen Bier und Schnapsgläser. Einer zog eine mitgebrachte Flasche Rum aus der Tasche. Ihr lautes und fröhliches Geplapper ließ Klaudijus in Gedanken die Zeit zurückdrehen. Ihm stand vor Augen, wie sie zu sechst letzten Herbst ausgelassen und fröhlich auf dem Festival gefeiert, in einem Zeltcafé 999 getrunken und mit Bier nachgespült hatten. Unbeschwert waren sie gewesen und hatten alle anderen ignoriert. Die Jungs waren hier zusammen hereingeschneit, und er saß allein da. Wenn sie nun damals, an diesem 20. Dezember, in der verschneiten Winternacht bei Renata auf dem Gehöft mit dem ulkigen Namen beschlossen hätten, gemeinsam in ein anderes Land, in eine andere Stadt aufzubrechen? Dann wäre vielleicht alles viel besser und mit Sicherheit auch lustiger! Warum hatten sie sich eigentlich getrennt? Warum wollte unbedingt jeder in „sein“ Land, in „seine“ Stadt gehen? Warum waren sie nicht wenigstens auf den Gedanken gekommen, zusammen loszuziehen? Etwa nur, weil sie Litauer und keine Bosnier oder Serben waren? Weil die Litauer gern Abstand hielten? Weil sie gern allein und unabhängig waren? Weil sie sich nicht nur der Aufmerksamkeit von Fremden, sondern auch der Aufmerksamkeit von Freunden und Verwandten am liebsten entzogen? Nein, ganz bestimmt nicht. Es hatte sich einfach so ergeben. Schließlich waren sie ja alle mit einem Partner fortgegangen.

Wäre er jetzt mit Ingrida hier, würden ihm diese Gedanken nicht kommen! Er wäre glücklich und würde sich von dieser lärmenden Truppe gestört fühlen.

‚Hätte ich mich gefreut, wenn sie hereingekommen wären und laut litauisch gesprochen hätten?‘, fragte er sich und stutzte, weil er nicht sofort eine Antwort wusste.

Nein, eigentlich gefiel ihm die „litauische“ Einsamkeit, die Reserviertheit, der Abstand, den er unbewusst zu seiner Umwelt hielt, indem er ihr auf die feine englische Art unbeteiligt und höflich zulächelte. Doch so ganz allein hatte er es sich nicht vorgestellt. Ohne

Ingrida wäre er nie hierhergekommen. Ohne sie wäre er überhaupt nicht weggegangen. Ohne Ingrida war er wie ein Fallschirmspringer ohne Fallschirm. Sie gehörten einfach zusammen!

Klaudijus wurde traurig. Er ging hinaus. Hinaus in die feuchte und kühle Meeresluft, hinaus ins Dunkel des Abends, in das die Häuser von Margate hineinstrahlten. Hinaus in den dezenten Stadtlärm. Und der Umstand, dass mitten im Stadtzentrum der Lärm fehlte und nichts los war, bewies nur, dass Margate genauso weit vom Aufstieg und dem pulsierenden Leben entfernt war wie Klaudijus von Glück und Harmonie.

Fünf Minuten später stand er an der Strandturmuhr, die irgendwann mal gebaut worden war, damit die Strandbesucher die Zeit nicht aus dem Blick verloren. Halb zehn. Zeit, *nach Hause* zu gehen.

‚Nach Hause?', wiederholte er den eben in seinen Gedanken aufgetauchten Ausdruck. Er wiederholte ihn und setzte ihn in Anführungszeichen.

Vor drei Wochen stand hinter diesem „nach Hause" ein zweistöckiges rotes Ziegelhaus an der Einfahrt auf das Anwesen. Krawez' ehemaliges Anwesen. Das Torhaus. Im Dezember letzten Jahres war eine kleine Kammer in einer Londoner Souterrain-Wohnung in Islington das „Zuhause". Was würden sie wohl in einem oder zwei Monaten als „Zuhause" bezeichnen? Würden er und Ingrida endlich wieder zusammenwohnen können, selbst wenn es kein Haus oder keine Wohnung war, sondern nur ein Zimmerchen? Ruhig auch ein Zimmer in diesem ehemaligen Hotel, aber ein gemeinsames.

Er ging zum Meer. Die Abendflut hatte vom Strand nur noch einen schmalen Streifen übriggelassen. Morgen früh, wenn Klaudijus munter wurde, aufstand und zum Fenster ging, würde das Meer weit, weit weg sein. Die Ebbe drängte es zwei-, dreihundert Meter zurück. Die Flut brachte der Stadt das Meer zurück. Und trotzdem lebte es sein Leben, genauso wie Klaudijus sein Leben lebte, obwohl er doch ein gemeinsames Leben, ein Leben mit Ingrida leben wollte. Aber immer wieder zog es sie, trug es sie von ihm fort. Sie war wie das Meer – mal Flut, mal Ebbe. Er hingegen stand immer an derselben Stelle, wie dieser Uhrturm am Strand, dem die Meeresbewegungen der Gezeiten gleichgültig waren.

Klaudijus wanderte über den Küstenweg durch Cliftonville. Ein paar Frauen und Männer, die ihre Schoßhunde spazieren führten, kamen ihm in dem seltsamen Halbdunkel am Ufer entgegen. Die leuchtenden Halsbänder oder die blinkenden Anhänger ließen die Hunde wie Außerirdische wirken, derer sich wohlmeinende Erdbewohner angenommen hatten und die sie nun nachts spazieren führten, um die Stadt bei Tag nicht zu verunsichern. Im Gehen versuchte Klaudijus, die jeweilige Hunderasse zu erkennen – doch vergeblich: Nur ein Flämmchen, nur ein Lämpchen, nur der Lichthof des blinkenden Halsbandes waren über dem Hundehals zu sehen.

Bald kam rechter Hand das ehemalige Hotel in Sicht, in dem Ingrida und er wohnten, ein riesiger Klotz. Riesig wirkte das fünfstöckige Gebäude nur im Dunkeln, und auch nur, weil auf der anderen Seite der Straße, die an einer flachen Klippe über dem Meer endete, zweistöckige Häuser standen.

Klaudijus lief die letzten fünfzig Meter. Er blieb stehen und blickte zum Hotel hinüber. Hinter seinem Fenster war es dunkel, doch in Ingridas Zimmer ein Stockwerk tiefer brannte Licht.

Dort angekommen klopfte er bei Ingrida. Mira öffnete: blauer Hausmantel, barfuß in Pantoffeln, die hellblonden Haare offen, ein großer Kamm in der Hand.

„Bea ist noch im Büro“, sagte sie, ohne eine Frage abzuwarten. „Piotr bringt sie mit dem Auto her.“

„Sie heißt nicht Bea, sondern Ingrida“, erwiderte Klaudijus.

Mira zuckte mit den Schultern. „Vielleicht hat sie irgendwelche unangenehmen Erinnerungen an den Namen Ingrida“, sagte Mira nachdenklich.

„Im Gegenteil“, warf Klaudijus ein, „an den Namen Beatrice hat sie besonders angenehme Erinnerungen. Na, sei’s drum!“ Er winkte ab und ging in sein Zimmer hinauf.

Das Zimmer war verqualmt. Die beiden Ungarn schliefen und schnarchten im Stereoton. Ihre Betten standen vis-à-vis seitlich vorm Fenster. Klaudijus‘ Bett war an der Tür. Gegenüber stand ein Schrank, in dem die drei ihre Sachen hatten. Dort lag auch der herrenlose Lederkoffer mit der sauberen Kleidung und der teuren Kamera, den Klaudijus mitgenommen hatte. Die fremde Kleidung hatte er unberührt gelassen und seine Sachen darübergelegt.

Das Schnarchen der Ungarn im Ohr, ging Klaudijus zum Fenster, öffnete es und atmete die frische, jodhaltige Meeresluft ein. Die Brise, die feuchte Frische ins Zimmer trug, kam immer vom Meer. Sie war überraschend warm.

Klaudijus schlüpfte unter die Decke und ließ das Fenster offen.

82. Kapitel. Irgendwo zwischen Flin und Lunéville

Gerade hatten sie Flin passiert, und es waren noch knapp zwanzig Kilometer bis Lunéville, als der kleine weiße Peugeot in einen Stau geriet. Der Fahrer, von dem Kukutis nach einer Stunde Fahrt alles wusste – dass er mautpflichtige Straßen hasste zum Beispiel –, fluchte knurrend und schaute seinen einbeinigen Mitfahrer an, als erwarte er von ihm ebenfalls eine Schimpftirade. Kukutis jedoch schwieg.

Der Fahrer fluchte weiter und schaute in den Rückspiegel. Kukutis dachte, er wolle überprüfen, ob die nachfolgenden Autos ihm den Rückweg versperrten. Doch diese Vermutung erwies sich als falsch. Der Fahrer – ein Mann um die vierzig mit einer lebendigen Mimik und einer Lackfrisur – betrachtete sich im Spiegel. Er betastete die Fältchen unter seinen Augen, schob die Haut nach unten, ließ wieder los und seufzte tief. „Sicher ein Unfall“, sagte er auf Deutsch mit französischem Akzent und starrte wieder auf die vor ihm stehenden Autos.

„Sprechen Sie doch Französisch“, bat Kukutis. „Ich spreche doch auch mit Ihnen Französisch!“

„Aber Sie sind doch kein Franzose“, maulte der Peugeot-Fahrer und schaute Kukutis in die Augen.

„Aber auch kein Deutscher“, parierte der Alte.

„Die Deutschen wollen oft nicht zugeben, dass sie Deutsche sind!“, sagte der Fahrer scharf und vorwurfsvoll. „Sie denken sich irgendwelche Nationalitäten aus. Der eine bezeichnet sich als Bayer, der nächste als Schlesier, der dritte als Schwabe. Oder etwa nicht?!“

„Ich bin Litauer!“

„Genau, und der vierte will dann ein Litauer sein!“ Der Fahrer kniff die Augen zusammen, um seinen Mund spielte ein abschätziges Lächeln.

Kukutis zuckte mit den Schultern. „Also gut“, sagte er mit einer barschen, heiseren Stimme, die seine sinkende Laune verriet, „dann sage ich Ihnen die Wahrheit: In Wirklichkeit bin ich Samogite!“

„Wer?“, fragte der Fahrer verwirrt.

„Samogite, aus Samogitien“, erklärte Kukutis ungeduldig. „Aber wenn ich in einer Kneipe mit einem Suwalken, einem Aukschtaitier, einem Tutejschen und einem Dzūkijer am Tisch sitze, dann sagen wir beim Trinken irgendwann: ‚Wir Litauer sind trinkfester als die Deutschen und singen lustiger als die Polen.‘“

„Dann sind Sie also keine Deutschen?“ Der Fahrer maß ihn mit einem enttäuschten Blick und verzog die Unterlippe.

„Ich weiß ehrlich gesagt nicht, warum Sie mich überhaupt mitgenommen haben“, sagte Kukutis nach einer Pause.

„Aus Neugier“, gab der Fahrer zu. „Es interessiert mich immer, warum Leute unbedingt das Geld für ein Bus- oder Bahnticket sparen wollen und den Daumen raushalten. Besonders Leute in einem Alter, wo sie ruckzuck im Notarztwagen sitzen!“

„Ich hab noch nie in einem Notarztwagen gesessen“, seufzte Kukutis. „Die mit Martinshorn und Blaulicht habe ich natürlich nie angehalten, aber bei denen, die nicht zu einem Notfall unterwegs waren, habe ich's schon ab und an versucht.“

Der Peugeot-Fahrer kicherte. Er schaute sich um. Als er sah, dass der Verkehr stand, stellte er den Motor ab. „Wie wär's mit Wein?“

„Wo? Hier?“ Kukutis schaute den Fahrer ungläubig an.

„Wieso nicht? Hier geht's weder vor noch zurück, und wenn wir hier einfach nur rumsitzen, ist die Stimmung hin. Und da Sie ja nun kein Deutscher sind.“

„Na, gut!“, willigte der einbeinige Mitfahrer ein.

Der Fahrer stieg aus. Die Kofferraumklappe war zu hören. Mit einer Flasche in der einen und zwei Gläsern in der anderen Hand stieg er wieder ein. Dann holte er einen Campingkorkenzieher aus seiner Jackentasche. Der Korken ploppte.

„Das ist ein Merlot, aus dem Süden!“, erklärte er und reichte Kukutis ein gefülltes Glas. „Hier wird nur weißer gekeltert, aber davon kriege ich Sodbrennen.“

Kukutis nippte. Der Wein war leicht herb, hinterließ jedoch eine zarte Note auf der Zunge.

„Und? Schmeckt er Ihnen?“, fragte der Fahrer, nachdem er zwei Schlucke genommen hatte.

„Ja, ausgezeichnet!“

„Natürlich schmeckt er ausgezeichnet.“ Er schien einen Moment lang glücklich und besänftigt. „Wenn ich den nicht hätte, hätte ich schon zwanzig Mal einen Unfall gebaut.“

„Ohne den Wein?“, fragte Kukutis.

„Ja, klar, wenn ich nichts getrunken habe, bin ich total nervös! Ich fahre auch nervös Auto, wenn ich nichts getrunken habe. Ist Ihnen das nicht aufgefallen?“

„Doch“, sagte Kukutis und warf einen Blick auf sein Holzbein, mit dessen Gummiabsatz er sich im Fußbereich abstützte. Er stemmte sich noch immer gegen die Verkleidung, obwohl das gar nicht mehr nötig war. „Wirkt bei Ihnen nur Wein?“, fragte Kukutis freundlich nach.

„Was anderes habe ich nie probiert“, gestand der Fahrer. Wieder wandte er sein Gesicht dem Spiegel zu und betrachtete sein leicht hervortretendes, scharf konturiertes Kinn. „Meine Eltern haben mir schon als Kind Wein gegeben. Und als sie nicht mehr da waren, habe ich mir selbst eingeschenkt.“

„Ich schwöre auf Weinbrand“, sagte Kukutis.

„Was für Weinbrand?“

„Litauischer. Kein deutscher.“ Kukutis lächelte. „Wollen Sie mal probieren?“

„Woher wollen Sie den denn nehmen?“, fragte der Fahrer und musterte den Alten von Kopf bis Fuß. „Ihre Manteltaschen sind doch leer, nicht so wie bei unseren Alkoholikern.“

Kukutis schob die Hose über seinem Holzbein hoch, zog an einem Ring einen ovalen Holzdeckel heraus und angelte aus der Nische dahinter einen kleinen Flachmann. Er schraubte den Deckel ab, nahm einen Schluck aus der schmalen Öffnung und reichte dem Fahrer die Flasche.

Der leerte seinen Wein in einem Zug und goss sich zwei Finger breit Weinbrand ein. Er roch, setzte an und maß Kukutis mit einem leicht misstrauischen Blick. „Ich habe gehört, Weinbrand soll auf der Zunge prickeln!“, sagte er leise, fast flüsternd. „Der hier prickelt aber gar nicht!“

„Ist ja auch litauischer Weinbrand“, erklärte Kukutis. „Er ist weich, er enthält siebenundzwanzig verschiedene Kräuter. Bei uns in Litauen ist alles weich.“

Der Fahrer zog die Augenbrauen nach oben, als er den letzten Satz hörte. „Alles ist weich?“, fragte er listig zurück. „Die Frauen auch?“

„Nein“, Kukutis schüttelte den Kopf, „die Frauen sind hart. Um genau zu sein: Erst sind sie hart, und wenn ihr Mann gestorben ist, werden sie weich! Sie lieben ihren verstorbenen Mann dann anders, nämlich zärtlich und weich.“

„Hmm“, rief der Fahrer. „Und Sie sind wirklich nie von den Deutschen regiert worden?“

„Ich nicht. Ich habe sogar gegen sie gekämpft.“ Kukutis deutete auf sein Holzbein. „Und die Frauen? Kann schon sein. Wer weiß. Die Deutschen sind doch überall gewesen. Und haben nicht immer zugegeben, dass sie Deutsche sind." Kukutis lächelte kryptisch. „Mal haben sie sich als Schwaben bezeichnet, mal als Tschechen, mal als Preußen."

„Oh! Das ist doch meine Rede!" Der Fahrer war gleich ganz bei der Sache. „Noch Wein?"

Dem zweiten Glas Merlot ließ der Fahrer noch ein bisschen litauischen Weinbrand folgen und lobte Kukutis plötzlich so sehr, dass der Alte begriff, dass es höchste Zeit war auszusteigen. Solche temperamentvollen Reisegefährten, die erst unterkühlt wirkten, dann aber so feurig wurden, dass man sich schnell verbrennen konnte, waren ihm in seinem Leben schon öfter untergekommen.

„Ich würde mir gern ein bisschen Bewegung verschaffen", sagte Kukutis höflich. „Sonst schlafen mir die Arme ein und das Bein auch. Ich laufe los, und wenn die Kolonne anfährt, sehen Sie mich und können mich wieder einsammeln."

Kukutis öffnete die Tür, dankte dem Fahrer und schwang sein Holzbein hinaus. Er stemmte es gegen den Asphalt und stieg aus. Um sich noch einmal zu bedanken, beugte er sich zur Tür hinunter, aber als er sah, dass der Fahrer schon wieder in den Rückspiegel blickte, ließ er es sein und lief am Rand der schmalen Straße weiter, vorbei an den im Stau stehenden Autos.

Zehn Minuten später sah Kukutis eine Menschenmenge und einen Polizeiwagen mit Blaulicht. Er ging auf sie zu und blieb stehen, weil er einen angeduselten Blick auf den Unfall werfen wollte, der den Stau verursacht hatte. Neben ihm wurde Polnisch gesprochen.

„Was ist passiert?", fragte er auf Polnisch eine Frau in Mantel und Hausschuhen, die mal eben kurz aus einem der umliegenden Häuser gekommen zu sein schien.

„Agata hat sich vor ein Auto geworfen!", antwortete sie unter Tränen. „So ein Dummerchen! Sich wegen dem vors Autos zu schmeißen!"

„Lebt sie noch?", wollte Kukutis wissen.

Die Frau schüttelte den Kopf. Kukutis trat ein paar Schritte zur Seite. Ein paar Minuten hörte er den aufgeregten Gesprächen der Leute zu. Trauerte ernsthaft um die Verstorbene. Er wollte schon weitergehen, als sein Blick auf einen alten Mann fiel, der etwas abseits von den anderen stand und genauso wenig dazuzugehören schien wie Kukutis. Sein versteinertes Gesicht machte Kukutis stutzig. Solche Gesichter hatte er schon gesehen. Manchmal sogar im Spiegel, wenn sein eigenes Gesicht in Verzweiflung erstarrt zu sein schien.

„Aha.“ Kukutis ahnte etwas und ging hin. „Zu spät?“, fragte er den Alten.

Nur die Augen des Alten wurden lebendig. Sie blickten Kukutis an. Tränennass. „Zu spät“, flüsterten die blutleeren, erdfahlen Lippen. „Immer bin ich zu spät.“

„Ich auch“, gestand Kukutis und seufzte tief. So tief, dass eine Frau mit einem dreieckigen schwarzen Kopftuch sich aus der Menge heraus zu ihnen umdrehte. „Ich hab's noch nie geschafft.“

Der Alte schaute auf das Holzbein des überraschenden Gesprächspartners, das unter dem rechten Hosenbein hervorschaute. Er lächelte bitter. „Geh, sonst kommst du wieder zu spät!“, sagte er gutmütig.

Kukutis nickte ihm zum Abschied zu und hastete weiter. Er schritt so schnell aus, als wollte er es auf seinen zwei Beinen – dem gesunden und dem Holzbein – in ein paar Stunden bis Paris schaffen. Seine Augen sahen immer noch den polnischen Alten vor sich. Er blieb im Gedächtnis, ließ sich nicht wegblinzeln.

‚Jedes Volk hat einen Kukutis‘, dachte der Wanderer im Gehen. ‚Aber sie teilen alle das gleiche Schicksal. Vielleicht kommt wenigstens der Schweizer pünktlich?‘

Kukutis kam an einen großen Wegweiser, der zeigte, dass sich die Straße demnächst teilte, rechts würde es nach Lunéville und Paris, links nach Nancy gehen.

Der Alte blieb kurz stehen, als wollte er das Schild mit dem Auge fotografieren, dann lief er weiter, aus Eile schwenkte er das rechte Bein ungelenk nach vorn und zog das linke nach.

83. Kapitel. Paris

„Wollen Sie wieder in die Rue de Sèvres?“, fragte Suzanne und warf Andrius auf dem Beifahrersitz einen kurzen Blick zu.

„Nein, zur Place de la Bastille!“, bat Andrius.

Drei Stunden dauerte die Fahrt nach Paris. Draußen war nichts zu sehen – der Abend war schon über dem Burgund aufgezogen. Die Dämmerung war kurz, und die Dunkelheit, die sie ablöste, scherte sich nicht im Geringsten um den Wunsch der Autoinsassen, die vorbeiziehende Landschaft zu bestaunen.

Andrius schaute Barbora an. Sie war noch immer in dieser wundervollen Stimmung und in der heiligen Gewissheit, das „schönste

Wochenende ihres Lebens" verbracht zu haben. Er schaute zum Boden hinunter, wo in einer Plastiktüte mit dem Aufdruck *La Ferme de la Truffe* vier kleine Gläser standen. In jedem lag ein glänzender Perigord-Trüffel mit körniger Haut, die sie mit Aschkas Hilfe gefunden hatten.

Vor ihnen blinkte die Mautstelle. Suzanne bremste ab, fuhr langsamer.

Philippe döste. Schon vor der Abreise, als sie zu dritt bei Tee und Aprikosentorte saßen, hatte er gegähnt. Wahrscheinlich steckte ihm die Trüffeljagd vom Vortag noch in den Gliedern.

Andrius fiel das Gespräch beim Tee wieder ein. Vom Abendessen am Samstag war ihm die Stimme von Charles im Gedächtnis geblieben, sein flüsternder Singsang *vingt, trente, quarante* bei jeder Trüffelscheibe, die er abhobelte. Ohne Philippes Erklärung hätte Andrius nicht verstanden, was die Zahlen hier zu bedeuten hatten.

„In dem Haus mit dem Laden haben wir ein Trüffel-Restaurant", erzählte Philippe beim Tee. „Papa kocht und serviert dort. Manchmal, wenn viele Gäste da sind, hilft ihm eine Frau aus dem Nachbardorf. In der Speisekarte steht, dass der angegebene Preis für ein Gericht mit einem Trüffelspan gilt, jede zusätzliche Scheibe kostet zehn Euro extra. Deswegen flüstert Papa auch immer vor sich hin, um wie viel sich ein Gericht verteuert, wenn die Kunden sich zusätzliche Trüffelscheiben geben lassen."

Der silbergraue Peugeot beschleunigte wieder. Suzanne fuhr leicht nach vorn gebeugt, als fehlte ihr die Sicht. „Wie hat es Ihnen denn nun bei uns gefallen?", fragte sie auf einmal und schielte zu Andrius, der nachdenklich neben ihr saß.

„Sehr gut! Vielen Dank! Barbie ist völlig begeistert!", beeilte er sich zu antworten.

„Schön, dass Sie mit Philippe befreundet sind", sagte Suzanne. „Er ist zwar nicht in Ihrem Alter, aber er ist klug und scharfsinnig!" Sie warf einen Blick in den Rückspiegel auf ihren schlafenden Sohn. „Ich könnte mir sogar vorstellen ... dass er Ihnen mit Französisch hilft!"

„Gute Idee", rief Andrius. „Ohne Französisch kommt man hier ja nicht besonders weit ..."

Philippes Mutter nickte. „Das nächste Mal, wenn es wärmer ist, machen wir einen Ausflug in die Umgebung. Es gibt bei uns in der Nähe ein schönes Schloss und ein Weingut mit exzellenten Tropfen. Dort kaufen wir für uns und fürs Restaurant ein!"

Andrius war gerührt, als Suzanne „beim nächsten Mal“ sagte. Er warf einen Blick auf Barbora, um herauszufinden, ob sie es gehört hatte. Sie lag mit dem Kopf auf einem Kissen an die Innenwand gelehnt und schlief.

„Danke!“ Andrius schaute wieder Philippes Mutter an. „Vielen Dank!“

Regen schlug gegen die Frontscheibe. Suzanne schaltete die Scheibenwischer ein. Paris kam näher. Die Lichter der Stadt erhellten den dunklen Himmel noch nicht, aber der Regen nahm die Reisenden schon in Empfang.

Zu Andrius' Freude gab sie der Regen vor der Auffahrt auf den Boulevard périphérique frei. Die dunklen Wälder und Felder blieben hinter ihnen zurück. Vor ihnen leuchteten die Lichter von Paris, die Neonschilder an den Cafés und Brasserien, die Werbung für Versicherungsgesellschaften und die grünen Kreuze an den Apotheken. Das Auto verließ den Boulevard périphérique, bog nach links und fuhr nun weniger rasant durch die Avenue Daumesnil.

Auf der Place de la Bastille spiegelten sich die Scheinwerfer im feuchten Asphalt. Auch hier hatte es eben noch geregnet. Schlaftrunken torkelte Barbora neben Andrius her, als hätte sie noch nicht richtig gemerkt, dass sie wieder in Paris waren. Sie liefen Hand in Hand. Andrius trug die Tüte mit den Trüffelgläsern, die, sorgsam mit einem Plastiknetz überzogen, sanft klirrend aneinanderstießen.

Sie gingen zum Kanal hinunter und standen gleich darauf vor der kleinen Jacht *Nadezhda*. Andrius nahm das Vorhängeschloss ab.

„Ist es hier kalt!“, rief Barbora, kaum dass sie die Kajüte betreten hatten.

Andrius schaltete die Heizlampe und das Licht ein. „Setz dich!“ Er drehte sich zu Barbora. „Gleich wird uns wärmer.“

Die ganze Nacht hindurch versuchten sie, warm zu werden. Zuerst mit Tee und mit der Wärmelampe, später unter der Heizdecke. Irgendwann schliefen sie ein, aber ihre Hülle aus Schlaf war so dünn, dass sie mehrmals riss und Andrius veranlasste, den Kopf zu heben und auf dem Handy nachzusehen, wie spät es war. Als er Barbora husten hörte, konnte er nicht mehr einschlafen.

‚Ich muss mir was einfallen lassen! Nur was?‘ Andrius saß unter der Heizlampe und suchte nach einer Antwort auf die Frage, die er sich schon Dutzende Male gestellt hatte.

Auf der Jacht konnten sie nicht länger bleiben, soviel war klar. Andrius fragte sich, wie man es hier in der kalten Jahreszeit überhaupt aushalten konnte. Wie hatte Michel das geschafft? Mit Wodka und mehreren Heizlüftern? Oder war er einfach besser abgehärtet? Vielleicht ging er winters eisbaden in der Seine?

Barbora sah am Morgen aus wie das arme Aschenputtel. Sie hustete immer noch, aber nicht mehr so schlimm wie nachts. Andrius flößte ihr Tee ein, in den er unbemerkt einen doppelten Wodka gekippt hatte. Vielleicht half es ja?

„Lass uns aufbrechen!", sagte Andrius eine halbe Stunde später.

„Wohin?" Barbie schaute ihn an. „Hast du eine Idee?"

„Ja." Er nickte. „Wir gehen zu François und fragen, ob wir noch mal bei ihm unterkommen können. Wenigstens für eine gewisse Zeit. Im Buchladen schläft sich's vielleicht nicht so bequem, aber dafür ist es warm und trocken. In ein paar Tagen habe ich was anderes gefunden!"

Er schämte sich für seine letzten Worte und floh mit dem Blick durch das Bullauge über der Bank auf der anderen Tischseite.

Wortlos zogen sie mit Rucksack und Tasche über den Boulevard Beaumarchais zurück zu François. Noch nie hatte Andrius ein Schweigen als so belastend empfunden. Hin und wieder schaute er Barbora an. Seine Lippen bewegten sich und wollten die richtigen Worte für eine Rechtfertigung finden. Aber sein Kopf war leer.

Das Geschäft war noch geschlossen, aber drinnen brannte Licht, und François saß mit dem Rücken zu ihnen am Computer neben der Kasse. Auf ihr zaghaftes Klopfen gegen die Glastür hin drehte er sich um. Etwas verwundert ließ er sie ein.

Barbora hustete.

„Wir können nicht mehr!", erklärte Andrius ihre Rückkehr. „Dort ist es sehr feucht! Können wir noch für ein paar Tage hierbleiben?"

François nickte nachdenklich und bedeutete ihnen, zum Sofa in der hinteren Ecke durchzugehen.

Barbora und Andrius stellten den Rucksack und die Tasche ab und setzten sich.

Andrius fiel ein Brettspiel aus der Kindheit mit Würfeln und Spielsteinen ein. Wenn man während des Spiels zufällig auf das schwarze Quadrat kam, musste man seinen Spielstein wieder zur Ausgangsposition zurücksetzen und den Weg von vorn beginnen. So ähnlich fühlte sich Andrius jetzt – als ob er mit seinem Spielstein oder besser gesagt er als Person auf das schwarze Quadrat gekommen war. Und nun noch einmal ganz von vorn beginnen musste.

Andrius drehte sich nach François' Schritten um. Der Buchhändler brachte heißes Wasser und Tassen. Das Päckchen mit den Teebeuteln stand schon auf dem Tisch.

„Meinetwegen", sagte der Ladenbesitzer schließlich. „Aber ich fahre morgen für zwei Tage zu meiner Mutter nach Lille. In den Norden. Ich sage Swetlana Bescheid, dass ihr hier übernachtet."

„Swetlana?", fragte Andrius zurück.

„Ihr habt sie schon gesehen, sie arbeitet hier."

Andrius nickte.

„Heute bin ich auch den ganzen Tag unterwegs, aber abends komme ich zurück", fügte François hinzu.

„Wir sind dann auch bis heute Abend weg." Andrius blickte die blasse Barbora an. „Barbie bleibt vielleicht besser hier? Sie ist erkältet."

Barbora schüttelte den Kopf.

Doch der Regen, der nach einer halben Stunde stärker gegen die Scheibe klopfte, hielt sie bis zum Abend im Buchladen fest.

Sie blieben auf dem weichen, bauschigen Ledersofa sitzen, blätterten in Büchern und Fotobänden und hoben den Kopf, wenn jemand das Geschäft betrat und seinen Schirm zusammenklappte. Manche Kunden wollten auch gar nichts kaufen, sondern suchten einfach Zuflucht vor dem schlechten Wetter. Swetlana, die an der Kasse saß, brachte Andrius und Barbora mehrmals Kaffee.

François kam erst zurück, als es schon dunkel war.

„Ich muss mit euch reden", sagte er in sehr ernstem Ton.

Er redete aber nicht weiter, sondern ging zu Swetlana, um etwas mit ihr zu besprechen. Fünf Minuten später war er zurück. Swetlana verabschiedete sich und ging.

„Entschuldigt, ich musste ihr etwas erklären für die nächsten zwei Tage. Ich bin ja weg!", sagte er. „Lasst uns essen gehen! Ich lade euch ein!"

Andrius war verwundert, stand aber sofort auf.

François schloss den Laden, und sie gingen durch den Hintereingang hinaus. Sie bogen um die Ecke und betraten dreihundert Meter weiter ein typisch französisches Restaurant an der Ecke. Der Kellner, der François offenbar als Stammgast kannte, kam sofort an ihren Tisch, die Speisekarten in der Hand, die er jedoch nicht verteilte, sondern François zunächst einmal etwas erklärte.

„Er empfiehlt Parmentier de Canard“, übersetzte François, was der Kellner auf Französisch gesagt hatte, ins Russische.

„Und was ist das?“, fragte Barbora.

„Das ist sehr lecker. Entenbein in Soße an Kartoffelpüree. Im Ofen überbacken“, erklärte er.

Barbora nickte. Andrius auch.

„Ich habe mit meiner Mutter gesprochen.“ François beugte sich leicht über den Tisch, als der Kellner gegangen war. „Sie würde euch für eine Woche aufnehmen.“

Andrius und Barbora schauten sich an.

„Wozu?“, fragte Andrius.

François seufzte. Er sah zuerst Barbora, dann Andrius an.

„Jetzt hört mir mal gut zu!“, sagte er. „Ihr seid nicht die Ersten und nicht die Letzten, die in eine solche Lage geraten! Ich habe schon einige wie euch gesehen! Ich kann es beurteilen, ob es einer in Paris schafft oder nicht! Ihr werdet es nicht schaffen! Ihr seid zu ruhig ...“

Andrius sah an Barboras Gesichtsausdruck, dass François' Worte ihr sehr unangenehm waren. Er hätte ihn am liebsten unterbrochen, ihm das Wort abgeschnitten, ihm widersprochen. Widerreden waren eigentlich Barboras Part, doch sie sagte nichts. Sie schwieg, die trüben Gedanken waren auf ihrem Gesicht zu lesen.

„Ich hab ja nicht gesagt, dass ihr nach Litauen zurück sollt!“, fuhr François fort. Sein Tonfall und sein Gesichtsausdruck blieben streng. „Ich hab nur von Paris gesprochen. Lille ist auch eine Großstadt, im Norden. Das ist auch Frankreich, da gibt's auch Franzosen, aber in Lille ist das Leben viel billiger und leichter als hier. Vielleicht kommt ihr dort besser zurecht? Und wenn ihr von einem Leben in Paris geträumt habt, könnt ihr ja irgendwann zurückkommen! In der Woche bei meiner Mutter habt ihr Zeit, eine günstige Wohnung und eine Arbeit zu finden, aber ihr müsst nehmen, was euch angeboten wird! Meine Mutter ist einverstanden. Sie freut sich sogar, denn sie lebt ja allein. Und Englisch kann sie auch, das hat sie früher mal unterrichtet. Wenn ihr einverstanden seid, fahren wir morgen zusammen hin. Dann braucht ihr kein Geld für Bus oder Zug auszugeben. Abgemacht?“

Am Tisch wurde es still, von den Nachbartischen drangen die fremden Gespräche herüber. Eine Minute später nickte Andrius, Barbora schüttelte den Kopf.

„Es ist eure Entscheidung", sagte François, „überlegt es euch. Ihr könnt mir morgen Bescheid geben, wenn ich vorbeikomme. Ich fahre nicht früh, erst gegen zwölf."

Genau im richtigen Moment kam der Kellner mit den drei kleinen Pfannen. Er warnte, dass sie gerade aus dem Ofen kämen und sehr heiß seien. Das verstand Andrius auch ohne Übersetzung. Dann fiel ihm Suzannes gestrige Idee ein, dass Philippe mit ihm Französisch lernen könnte. Er wurde traurig, aber ein Blick zu Barbora genügte, um zu verstehen, dass sie es noch schwerer hatte. Sie saß reglos da und starrte auf den Dampf, der aus der Pfanne vor ihr aufstieg. Sie schien nicht einmal zu atmen.

François grub mit seinem Löffel ein Loch in das überbackene Kartoffelpüree und angelte sich mit der Gabel das Entenbein heraus.

Nach dem Essen brachte er die beiden zurück in den Laden. Wieder durch den Hintereingang. Dann ging er und ließ sie traurig, müde, von Pessimismus und Zweifeln geplagt, doch immerhin satt und in einem warmen Raum allein zurück.

Als der Morgen anbrach – was sich im Untergeschoss nur mit einem Blick aufs Handy feststellen ließ –, spürte Andrius, noch bevor er die Augen geöffnet hatte, Unruhe und Rückenschmerzen. Von oben kamen halblaute Geräusche. Er stützte sich auf die Ellenbogen und schaute zum Feldbett hinüber. Trotz der Dunkelheit entging ihm Barbies Abwesenheit nicht. Vorsichtig stand er auf.

Er schaltete das Licht ein, da machte er eine weitere beunruhigende Entdeckung: Der Rucksack und die Tasche, die sie am letzten Abend hier abgestellt hatten, waren weg.

Von oben kamen wieder Geräusche, Andrius hob lauschend den Kopf. Barfuß und nur mit einer Unterhose bekleidet lief er über den kalten Boden zur Treppe, hielt den Atem an und blieb stehen. Zwei Lichtkegel fielen von oben herab, direkt vor seine Füße.

Er ging hinauf und schaute in den oberen Raum, in dieses vom grellen künstlichen Licht durchflutete Bücheraquarium. Und sah Barbora in Jeans und Pullover konzentriert vor sich auf den Boden starren. Sie bückte sich, dann hockte sie sich hin und verschwand hinter den Büchertischen beinahe aus dem Blick.

Andrius war erleichtert. Beherzter und etwas lockerer ging er zwischen den Büchertischen hindurch zur Sofaecke, zu Barbora. Der kalte Fußboden war vergessen. Aus den Augenwinkeln heraus sah er, dass es draußen noch ganz dunkel war, man ihn also halbnackt von der Straße aus sehen konnte. Er bückte sich instinktiv, als wollte er sich wegducken, sich der Aufmerksamkeit von Fremden, die im Dunkel der Pariser Boulevards und Straßen lebten, entziehen.

Barbora hatte sich hingehockt und machte etwas, das er nicht auf Anhieb verstand.

An der Wand lagen Rucksack und Tasche, leer und ausgeweidet. Daneben ein Berg Sachen und zwei Stapel mit akkurat sortierter Kleidung: einer mit ihren Shirts und Blusen und ein anderer mit seinen Hemden, T-Shirts und Socken. Barbora hatte ihre Kleidung aufgeteilt. Langsam, ganz langsam dämmerte ihm, was da vor sich ging. Er stand geschockt daneben. Und begriff, dass sie ihn stehen sehen musste, ihn aber nicht sehen wollte – und sie wohl auch nicht mehr zusammen sah. Wie sonst sollte er sich erklären, was sie da gerade tat? Wenn sie alles sortiert hätte, würde sie den einen Stapel in die Tasche schieben, den anderen in den Rucksack und ... und ihm seine Sachen geben, geben oder einfach hinwerfen, nachdem sie ihren Stapel an sich genommen hatte.

„Barbora“, flüsterte Andrius, „was machst du da?“

Ihre Arme, die sie nach dem noch nicht sortierten Rest ausgestreckt hatte, erstarrten. Sie ließ sie sinken, ohne den Kopf zu heben.

„Barbie! Was machst du? Was hast du denn?“, fragte Andrius mit zitternder Stimme.

Barbora schwankte, sie hatte zu lange gehockt. Sie stand auf, und ohne sich zu Andrius umzudrehen, ging sie zum Sofa. Setzte sich. Ihr unglückliches, höchst angespanntes Gesicht wirkte hässlich.

Andrius setzte sich neben sie. „Also gut“, flüsterte er versöhnlich und war verlegen, weil er nicht weiter wusste.

Sie reagierte nicht. Ihr Gesichtsausdruck hatte sich keinen Deut geändert. Nur die Augen wurden noch feuchter.

„Wir müssen zurück“, flüsterte Andrius und versuchte sich zu konzentrieren. „Nach Hause, nach Litauen. Wir bleiben ein Weilchen dort, ein Jahr vielleicht. Das Kind kommt, wir lernen Französisch und verdienen ein bisschen Geld. Und dann versuchen wir's noch mal. In Paris! Wir kennen uns ja nun schon ein bisschen aus ... Haben schon Erfahrung!“

„Halt den Mund!“ Ihr Flüsterton kam Andrius wie Schreien vor. „Halt den Mund, oder ich weiß nicht ...“

Barbora sprach nicht zu Ende. Tränen strömten aus ihren Augen, sie schlug die Hände vors Gesicht. Andrius umarmte sie, drückte sie an sich und spürte, wie sie zitterte. Ihr Gesicht, von den Händen abgeschirmt, war dicht neben ihm. Sie drehte sich nicht weg. Wehrte sich nicht gegen seine Umarmung. Irgendwann ließ sie die Hände sinken und umarmte ihn auch, umfing seinen halbnackten Rücken mit ihren nassen Händen und schmiegte ihre nasse Wange an seine.

„Du verstehst das nicht", flüsterte sie. „Du verstehst nicht, warum ich nicht zurück will. Du musst es auch nicht verstehen! Entschuldige, entschuldige bitte! Ich ... ich bin im Unrecht, aber ..."

Um zwölf, als François in den Laden kam, standen die Tasche und der Rucksack neu gepackt an der Tür.

François hatte verstanden und nickte erleichtert.

„Können Sie Michel den Schlüssel und das hier geben?", fragte Andrius und reichte dem Ladenbesitzer ein Trüffel-Glas.

„Oho!", rief François. „Sieh mal einer an!" Beeindruckt betrachtete er den schwarzen, runden Pilz.

„Und der ist für Sie." Andrius reichte ihm ein zweites Glas. „Danke für alles."

„Wo habt ihr die her?", fragte François etwas verwirrt und legte den Jacht-Schlüssel neben die Kasse.

„Wir waren bei Bekannten eingeladen, die ihren eigenen Trüffelwald haben", erklärte Andrius.

„Danke. Solche Bekannte habe ich nicht", sagte François lächelnd und hatte seine Gelassenheit wiedergefunden. „Dann fahren wir also?"

„Können wir über die Rue de Sèvres fahren?", fragte Andrius.

„Eigentlich liegt das nicht auf dem Weg." François zuckte mit den Schultern. „Aber wenn's unbedingt sein muss ..."

„Ja, es muss sein", sagte Andrius, als er schließlich auf dem Beifahrersitz saß, und nickte entschlossen. „Und dort müssen Sie kurz warten. Es ist sehr wichtig. Für mich."

„Wenn es wichtig ist, dann warten wir!", sagte François.

Das Auto fuhr ab.

Kurz darauf betrat Andrius – Barbora und François warteten im Auto auf der Rue du Général-Bertrand – das Café und sah Philippe. Er saß am Tisch der Albaner, die schon lange nicht mehr gekommen waren, und trank eine Limo mit Pfefferminzsirup. Auf Andrius' und Céciles Tischen standen die üblichen Reserviert-Schilder. Der Barkeeper im legeren Pullover wurde heute von einem anderen, jüngeren Mann vertreten, der ab und zu für den Chef Dienst tat. Er nickte Andrius zu.

„Hallo!" Andrius setzte sich neben Philippe. „Entschuldige, dass ich dich hergebeten habe. Wegen mir verpasst du jetzt den Unterricht ..."

„Geometrie", sagte Philippe und nickte. „Mag ich aber sowieso nicht."

„Ich wollte dir was Wichtiges sagen." Andrius warf einen Blick auf die Eingangstür, es kam ihm so vor, als wollte jemand eintreten. Aber wahrscheinlich hatte er es sich nur eingebildet.

„Kommst du mit? Es ist gleich hier, gegenüber", fuhr Andrius fort.

„Mit ins Krankenhaus?"

„Ja, ich will dich mit einem Jungen bekanntmachen ..."

„Liegt er da?"

„Ja, ich erklär dir alles."

Sie traten hinaus in die Sonne eines neuen Pariser Tages. Als sie die Straße überquerten, warf Andrius einen verwunderten Blick auf die trockene Straße. Es kam ihm so vor, als habe er ewig keinen trockenen, regenfreien Asphalt mehr gesehen.

„Er ist mein Freund", sagte Andrius im Gehen, während sie den Torbogen zum Klinikum unterquerten. „Er ist dreizehn, heißt Paul, kommt aus Afrika. Er kann seine Arme nicht bewegen ... und seine Beine wahrscheinlich auch nicht. Ein netter Junge. Ich war jeden Tag da und hab mit ihm geredet. Er braucht einen Freund. Ich fahre weg."

„Wohin denn? Für lange?", fragte Philippe aufgeregt.

„In den Norden, nach Lille. Vielleicht nicht für lange. Ich weiß es nicht! Aber ich rufe dich an. Und du kannst mich auch anrufen."

Pauls Augen leuchteten, als Andrius hereinkam. Doch als er den blinden Jungen mit dem weißen Stock sah, der nach seinem alten Bekannten eingetreten war, schaute er verwundert.

„Wen hast du mitgebracht?", fragte Paul und musterte Philippe.

„Das ist mein Freund Philippe!", antwortete Andrius. „Ich erklär dir gleich alles." Er stellte zwei Stühle an Pauls Bett und half Philippe, sich zu setzen, dann nahm er ebenfalls Platz. „Macht euch bekannt!"

„Philippe", sagte der blinde Junge und streckte seine Hand aus.

Andrius legte seine Hand über die ausgestreckte von Philippe und legte sie dem Jungen in den Schoß. „Paul kann nicht."

Philippe nickte verständnisvoll.

„Kannst du Dame spielen?", fragte Paul Philippe skeptisch.

„Ja“, Philippe nickte wieder, „allerdings nicht sehr schnell. Wenn ich spiele, überlege ich gern ein bisschen länger.“

Pauls Gesicht wurde munter. Interessiert betrachtete er den Jungen. Plötzlich kam ihm ein Gedanke, und er schaute Andrius an. Andrius sah in ein zweifelndes Gesicht. „Papa wird ihn nicht bezahlen!“, sagte Paul bitter.

„Das muss er auch nicht“, beruhigte Andrius ihn. „Ich will einfach, dass ihr Freunde werdet! Ich muss weg. Philippe geht hier ganz in der Nähe zur Schule und ist fast jeden Tag auf der Rue de Sèvres.“

„Willst du mein Freund sein?“, fragte Paul und blickte in Philippes schwarze Augen.

„Ja“, sagte Philippe.

„Und wie findest du mein Zimmer wieder?“

„Die ersten paar Tage muss mir jemand helfen. Dann finde ich es allein. Meine Beine haben ein exzellentes Gedächtnis!“ Philippe senkte den Kopf, als schaute er tatsächlich zu seinen Knien hinunter.

Philippe und Andrius gingen zusammen wieder nach draußen. Während sie auf den Fahrstuhl warteten, wiederholte der Junge ein paar Mal die Etage und die Zimmernummer, um sie sich einzuprägen.

Sie verabschiedeten sich im Café *Le Sèvres*. Lange wollte der Junge Andrius' Hand nicht loslassen.

„Du rufst mich doch an, oder?“, fragte er noch einmal, bevor er sich umdrehte und ging.

„Ja, ja, natürlich!“, versprach Andrius.

Er folgte ihm mit dem Blick, und dann fiel ihm ein, dass François und Barbie schon ewig im Auto um die Ecke auf ihn warteten. Er rannte los.

Kaum saß Andrius im Auto, setzte er zu einer Entschuldigung an.

„Schon gut“, wehrte François ab. „Barbora hat mir alles erzählt! ... Traurige Geschichte!“

Als ihr blauer Volvo den Boulevard périphérique hinter sich gelassen hatte und Kurs auf Senlis nahm, schien über Paris noch immer die Sonne.

Die A1 war ebenso überfüllt wie die Pariser Straßen bei Tag, nur dass hier statt der Kleinwagen und Busse überwiegend Sattelzüge fuhren. Da sie nicht überholten, stellten sie kein größeres Hindernis dar.

Andrius und Barbora schwiegen. Barbora hinten, Andrius vorn auf dem Beifahrersitz.

François schaltete das Radio ein und kurz darauf wieder aus. „Keine Sorge", hob er an und schaute zu seinem Beifahrer hinüber. „Alle wollen gern im Süden leben, am Meer. In Nizza oder in Cannes, irgendwo da. Würde mir auch gefallen! Aber da gibt es keine Arbeit. Arbeit gibt's immer oder fast immer im Norden, wo's vielen nicht so gefällt, aber sie bleiben. Wenn ich flexibel wäre und Anfang zwanzig, würde ich auch in den Süden gehen, mich aufmachen, es riskieren ... Aber wahrscheinlich würde ich schnell wieder zurückkommen. Am besten tut man das, was einem Spaß macht, und zwar dort, wo man lebt!"

François suchte Barbora im Rückspiegel und fand sie. Sie schaute ungerührt aus dem Fenster.

„Meine Mutter lebt schon lange in Lille. Sie ist glücklich. Ihr gefällt es dort. Vielleicht gefällt's euch auch?"

„Gibt's in Lille viele Krankenhäuser?", fragte Andrius, als wäre er gerade aus seinen Grübeleien erwacht.

„Natürlich!" Die Frage verwunderte François. „Es gibt die große Universitätsklinik und verschiedene Privatkliniken."

Wieder versank Andrius in seinen Gedanken. Er sah einem weiteren Autozug mit Anhänger nach, den sie überholten, schaute zum Himmel – Wolken zogen auf. Weit vor ihnen, in einer Entfernung, die das Auge noch erfassen konnte, hingen schwere, bleierne Wolken.

84. Kapitel. Pienagalys. Bei Anykščiai

Am frühen Morgen wurde Renata von einem lauten Klopfen geweckt. Sie erschrak. Wie musste einer klopfen, dass der Krach durch drei geschlossene Türen drang und jemanden weckte?

„Geh mal aufmachen!", bat sie Vitas.

Widerwillig stand er auf und schlüpfte in seine Jeans.

Renata hüllte sich in ihren Hausmantel, zog den Gürtel fest und lief barfuß zur Flurtür.

Von draußen vor der Tür hörte sie Vitas' Stimme und – leiser – die Stimme eines anderen Mannes. Am liebsten hätte Renata hinausgeschaut, um zu erfahren, worum es ging, denn hier drin verstand sie kein Wort.

Auf einmal fiel ihr ein, dass heute ja das Fernsehen aus Vilnius kommen wollte. Gleich wurde sie panisch. Sie wollte ja aufräumen, die Böden scheuern und überall Staub wischen, damit sie sich vor den

Journalisten aus der Hauptstadt nicht blamierte. Ob sie das waren? Und warum denn schon so früh?

Die Tür ging auf, Vitas kam ins Wohnzimmer und hielt inne, als er sie sah.

„Wer ist das?", fragte sie. „Das Fernsehen?"

Er schüttelte den Kopf. „Eigentlich will der zu dir", sagte er schlaftrunken und etwas vergnatzt. „Ein Bekannter."

„Zu mir?", wunderte sich Renata. Sie zupfte die Haare zurecht, trat in den Flur, entdeckte die Gästehausschuhe und schlüpfte hinein. Erst danach schaute sie zur Haustür, die einen Spalt weit geöffnet war. Von dort zog es kalt herein.

In der Tür stand ein Mann Mitte vierzig in einem alten blauen Mantel mit angeknöpftem Kunstpelzkragen. Das Säufergesicht kam ihr bekannt vor. Er hatte einen Pappkarton vor sich stehen.

„Wollen Sie zu mir?", fragte sie.

„Renata! Dein Freund ist ja schräg drauf! Der hat mir gar nicht bis zum Ende zugehört!", sagte der Besucher.

„Kenne ich Sie?"

„Ich bin Ihr Nachbar, Boris! Ich bringe Ihnen den Kater zurück. Sie haben doch einen Aushang gemacht!"

„Und wo ist der Kater?" Renata schaute auf seine Hände und stellte fest, dass sie ziemlich zerkratzt aussahen und die Kratzer frisch waren.

„Da drin." Boris zeigte mit dem Finger auf den Karton. „Wildes Vieh! Können Sie den überhaupt bändigen?"

„Geht so." Renata zuckte mit den Schultern. Sie bückte sich, hob den Karton hoch und wollte mit ihm in den Flur zurückgehen.

„Und der Finderlohn?", beschwerte sich Boris.

„Welcher Finderlohn?"

„Ja, die zweihundert Litas! Ich bin doch nicht umsonst im Wald hinter dem Vieh hergerannt!"

„In welchem Wald haben Sie ihn denn gefunden?"

„Beim Haus, gleich hier in der Nähe! Also kriege ich nun das Geld?"

„Bin gleich zurück." Renata ging ins Haus, lehnte die Tür an und ließ den Besucher draußen stehen.

Im Wohnzimmer stellte sie den Karton ab und öffnete ihn. Spammas – abgemagert und dreckig – lümmelte auf dem Boden. Er schaute sie abgekämpft oder gleichgültig an. Und ließ seine Schnauze gleich wieder auf die Pfoten sinken.

„Vitas, gib mir bitte zweihundert Litas!", bat Renata.

Vitas, der sich schon an den Computer gesetzt hatte und irgendetwas abschrieb, sah auf.

„Für wen? Für diese Schnapsnase?“

„Das ist unser Nachbar. Ich hab gedacht, er wäre tot ... Aber du hast doch den Finderlohn versprochen?“

Widerwillig holte Vitas Geld und gab Renata zwei Hunderter.

Boris' Gesicht strahlte, als er die Belohnung in Empfang nahm. Seine Augen lebten auf, seine Stimme klang heller. „Vielen Dank!“, schnatterte er und steckte die Scheine in die Tasche. „Und wo ist Jonas?“

„Er ist tot“, sagte Renata.

„Wie tot?“, fragte er verdattert. „Davon weiß ich ja gar nichts. Schon lange?“

„Schon fast zwei Monate.“

„Und ist die Totenfeier schon gewesen?“

„Wir haben keine gemacht.“ Renata wollte das Gespräch beenden. „Wenn wir eine machen, lade ich Sie ein!“

„Ja, unbedingt! Wenn Sie kommen, müssen Sie laut klopfen! Manchmal bin ich fast taub!“

Als Renata ins Wohnzimmer zurückkam, telefonierte Vitas gerade. Bat jemanden, nicht heute, sondern morgen zu kommen.

„Heute kommt doch das Fernsehen, und ich habe aus Gewohnheit trotzdem Bestellungen angenommen!“, klagte er als Antwort auf Renatas fragenden Blick.

„Und wann kommen sie?“

„Gegen zwölf wollten sie da sein.“

„Ist es drüben im Studio sauber?“

„Fast! Aber gleich kommt Viola, und dann machen wir schnell zusammen Ordnung. Um halb zwölf kommt eine Frau mit einem Kaninchen, das macht sich gut fürs Fernsehen.“

„Und kommen sie auch ins Haus?“

„Natürlich!“

Schnell rannte sie ins Bad und holte den Schrubber.

Als der Boden im Flur blitzte, machte sie im Wohnzimmer weiter. Sie setze den Karton mit Spammas in einer Ecke ab. Der Kater machte keine Anstalten, sein Kartonkörbchen zu verlassen.

Eine halbe Stunde später, als Renata ihre Haushälfte geputzt hatte und ein Stück alte grüne Kameldecke unter dem Fenster im Wohnzimmer lag, das darauf wartete, dass der Kater Spammas es sich darauf gemütlich machte, war der Pappkarton leer und der Kater verschwunden. Renata suchte alle Ecken ab, schaute unter die Möbel und hinter die Vorhänge, aber er war nirgends zu sehen.

Vitas unterbrach ihre Suche, als er hereinschaute und ihr mitteilte, dass das Fernsehen gekommen sei.

Renata zog einen langen Rock an, der wie ein Teil von einem Trachtenkostüm aussah, und einen Pullover. Dann kam sie sich in dem Rock wie ein Landei vor und tauschte ihn gegen Jeans.

Sie warf von Großvater Jonas' Fenster aus einen Blick auf den Hof und war baff. Noch nie hatten dort so viele Autos gestanden: Violas Smart und zwei Autos mit dem Logo vom litauischen Nationalfernsehen LRT und ein grüner Jeep, in dem wahrscheinlich das Kaninchen zum Färben gebracht worden war.

Renatas Hände zitterten. Ihr fiel ein, dass sie den Leuten ja einen Tee anbieten musste. Und was dazu? Außer einer Rolle Kekse hatte sie nichts im Haus. Das hatte sie vorher nicht bedacht!

Für alle Fälle holte sie zehn Tassen aus der Küche und stellte sie auf den ovalen Tisch. Prüfte, wie viel Tee noch da war. Der Tee reichte immerhin!

Die Neugier trieb sie in die Scheune, ins *Hundestudio,* wie sie diesen komischen Kleintiersalon nannte. Richtig rein kam sie nicht, denn eine Fernsehkamera auf einem Stativ versperrte den Eingang. Renata schaute am Kameramann vorbei und sah Viola mit einer frappierenden frischen Frisur, eine Frau um die fünfzig, die ein weißes Kaninchen hielt, Vitas und den Fernsehmoderator, der ihn interviewte. Das Gesicht des Fernsehmoderators kam ihr fast vertraut vor, so bekannt war es. Als ob sie es jeden Tag sähe. Aber wo? Sie hatten ja gar keinen Fernseher, und in den wenigen Sendungen, die sie sich online auf dem Computer ansahen, ging es um Tiere und nicht um Politik.

„Und da habe ich beschlossen zu bleiben und hier eine Unternehmung zu starten, die nicht nur hiesige Kunden anlockt, sondern auch Interessierte aus Nachbargemeinden“, erzählte Vitas ins Mikro. Er bemühte sich, souverän zu wirken, aber sein Blick schweifte rastlos umher: erst zur Kamera, dann zum Moderator, dann aufs Mikro.

„Von wo sind Sie heute angereist?“, wandte sich der Fernsehjournalist an die Frau mit dem Kaninchen.

„Aus Panevėžys“, antwortete sie couragiert. „Ich wollte schon lange ein graues Kaninchen. Ich habe einen grauen Pelz, Chinchilla. Mein Gediminas und ich ...“

„Wie heißt es?“, fragte der Journalist nach und deutete auf das Kaninchen, das friedlich in ihrem Arm lag.

„Hab ich doch grad gesagt: Gediminas. Also, wir zwei, wir gehen oft spazieren, besonders im Winter! Wir fahren raus in die Felder, herrlich, der Schnee! Und dann lass ich ihn laufen! Aber der Schnee ist weiß und er auch! Da finde ich ihn womöglich nicht wieder!“

„Wäre es nicht billiger, sich ein graues Kaninchen zu kaufen?“, wollte der Journalist wissen.

„Das schon“, bestätigte sie. „Aber das wäre ja dann ein anderes Kaninchen, nicht so zahm, nicht so anschmiegsam!“

Renata ging hinaus.

‚Darauf muss man erst mal kommen!‘, dachte sie. ‚Ein Kaninchen *Gediminas* zu nennen!‘

Sie ging zurück ins Haus. Dort machte sie Wasser heiß und brühte Tee auf.

Lärm drang aus dem Korridor – Dutzende Füße trampelten herein. Ein Ruck ging durch Renata. Sie trug die Teekanne ins Wohnzimmer und stellte sie auf den ovalen Tisch.

Vitas kam als Erster rein, nach ihm weitere fünf Personen, darunter eine junge Frau mit einer Reisetasche in der Hand, die Renata zuvor übersehen hatte. Der Kameramann stellte sein Stativ mitten ins Zimmer und setzte die Kamera darauf.

Renata war ganz aufgelöst. Sie bat alle zu Tisch und schenkte Tee aus.

Sie hatte geglaubt, die ganze Mannschaft würde einfach gemütlich Tee trinken und plaudern, hatte geglaubt, das Interview sei schon zu Ende. Das war ein Trugschluss. Der Journalist starrte fortwährend auf ihre roten Haare. Renata bedauerte, dass sie kein Kopftuch umgebunden hatte.

„Wie sind Sie eigentlich auf Ihre Idee gekommen?“, fragte der Fernsehmoderator Vitas.

Vitas, dem das Interesse des Journalisten an Renatas Haaren aufgefallen war, seufzte und lächelte. „Also“, fing er an, „meine Renata hat ein rotes Auto und einen roten Pullover. Und dann hat sie sich die Haare in demselben Rot färben lassen. Und da habe ich mir gedacht, wenn jemand eine Lieblingsfarbe hat, dann wählt er seine Möbel oder seine Kleidung in dieser Farbe. Und wenn es die nicht gibt, macht er sich ans Färben ...“

„Das heißt, Ihre Frau hat Sie auf die Idee gebracht?“, hakte der Journalist nach.

Vitas nickte widerwillig. „Ja, das könnte man so sagen."

„Und ich habe ihr die Haare gefärbt", warf Viola ein, die sich neben Vitas gesetzt hatte.

„Kann ich Ihnen ein paar Fragen stellen?", wandte sich der Journalist an Renata.

Sie hatte bemerkt, wie sich die Kamera auf ihr Gesicht richtete, und war verärgert. „Geht's nicht auch ohne?", erwiderte sie. „Ich hab da keine Übung ... Später vielleicht!"

Renata war froh, als der Journalist nickte und sich wieder Vitas zuwandte.

Plötzlich stand Spammas im Zimmer: rot, struppig, das Fell zerzaust von Erdbrocken und Zweigen, die er im Wald gestreift hatte.

„Oh, wen haben wir denn da?", rief der Kameramann, der am Stativ stand. Er hielt sofort auf den Kater drauf, genauso wie die junge Frau – die Maskenbildnerin, wie sich herausstellte –, die das Handy herausholte und Spammas damit begeistert filmte.

„Der war uns ausgerissen", sagte Renata, aber ihre Stimme war viel zu leise, als dass sie die Gäste von dem zerzausten Kater hätte ablenken können.

Als die Gäste weg waren, fühlte sich Renata, als hätte sie den ganzen Tag Mehlsäcke geschleppt. Der Rücken tat ihr weh, sie hatte Kopfschmerzen.

Vitas verzog die Lippen. Dass Spammas aufgetaucht war, fand er gar nicht lustig. „Hoffentlich zeigen sie den nicht! Ist ja schließlich eine Sendung über erfolgreiches Business!", sagte er laut.

Er holte sein Handy raus und rief den Moderator an.

Als er mit ihm gesprochen hatte, war er beruhigt. „Sie nehmen ihn nicht in die Sendung! Das Kaninchen ist mehrmals im Bild, zuerst weiß, dann grau. Und natürlich haben sie gefilmt, wie Viola und ich es gefärbt haben! Bloß gut, dass es stillgehalten hat!"

„Ich bin so müde", klagte Renata. „Und ich weiß nicht einmal, warum!"

„Du hast dich zu sehr aufgeregt", erklärte Vitas. „Ich verstehe dich! Das sehen die Leute überall im Land."

„Wann wird das eigentlich gesendet?" Renatas Stimme zitterte.

„Übermorgen Abend, zur Primetime! Wenn alle einschalten! Wir sehen es uns auch an, online! Wo ist eigentlich dieser verdammte Spammas?"

Renata blickte sich um. Im Wohnzimmer war er nicht, die halboffene Schlafzimmertür gab die Antwort. „Dort wahrscheinlich!"

„Wir müssen ihn waschen und kämmen", rief Vitas streng. „Sonst verschreckt er uns noch alle Kunden!"

85. Kapitel. Upstreet. Kent

Am Samstag zahlte Szlachcic wie immer den Wochenlohn cash aus. Verdrossen verließen die Ungarn sein Büro. Als nächster war Klaudijus dran.

„Setz dich!", rief der Pole mit ärgerlicher Stimme und rückte seine verrutschte Krawatte zurecht.

Klaudijus machte sich auf schlechte Neuigkeiten gefasst, aber Piotrs Groll richtete sich gegen die Ungarn. Der Pole atmete kurz durch, sammelte sich und regte sich ab. Der Blick, den er dem Litauer auf der anderen Seite des Tisches zuwarf, war gleich viel versöhnlicher. Piotr schaute in das geöffnete Heft, das vor ihm lag. Er drehte es zu Klaudijus, gab ihm einen Stift und legte statt eines Lineals einen langen weißen Umschlag an, damit Klaudijus sah, wo er unterschreiben musste.

Beim Unterschreiben schob Klaudijus den Umschlag etwas nach unten, da er gesehen hatte, dass unter ihm Beatrice stand. Verwundert stellte er fest, dass sie fast doppelt so viel bekam wie er: dreihundertfünfzig Pfund. Als er die Unterschrift geleistet und seine hundertachtzig in Empfang genommen hatte, wollte Klaudijus aufstehen und hinausgehen, aber Szlachcic bedeutete ihm sitzenzubleiben.

„Magst du Tiere?", fragte er.

„Ja, schon", antwortete Klaudijus, erstaunt über die Frage.

„Ausgezeichnet. Dann habe ich eine zusätzliche Aufgabe für dich!" Piotr schob ihm einen Ring mit drei Schlüsseln hin. „Du machst das, dein Gesicht weckt Vertrauen ..."

„Was soll ich machen?", fragte Klaudijus vorsichtig.

„Wir haben hier ein kleines Zoogeschäft. Vielleicht weißt du das. Mit Kaninchen und Meerschweinchen. Manchmal bringen die Kunden ihre Kinder mit, wenn sie einen Käfig kaufen. Mira sagt ihnen dann, dass wir auch Kaninchen haben. Und die Kinder überreden den Papa, mal zu schauen. Meistens nehmen sie eins. Bis gestern hat sich László um den Verkauf gekümmert, aber sie haben's übertrieben, diese Ungarn. Haben sich da eine Bar eingerichtet und eine Raucherecke.

Eine Kundin hat ein Fass aufgemacht, sie hätte ein Meerschweinchen gekauft, hat sie gesagt, das nach Rauch stinkt. Ab jetzt übernimmst du diese Aufgabe. Dafür kriegst du zwanzig Pfund die Woche mehr. Die andere Arbeit bleibt. Wenn ein Kunde kommt, dann ruft Mira dich an, du gehst hin und zeigst ihm die Tiere. Und versuche immer, die älteren und größeren zuerst zu verkaufen! Alles klar?"

Klaudijus nickte.

Der Pole schaute den Litauer angespannt und nachdenklich an, als dachte er nicht an Kaninchen und Meerschweinchen, sondern an etwas anderes. „Ich wollte dir noch was sagen." Piotrs Blick ruhte auf Klaudijus. „Ein Freund von mir aus Krakau macht in Manchester ein Lebensmittelgeschäft auf. Nächsten Monat. Er sucht einen zuverlässigen Verkäufer. Zum Wohnen gibt's ein Zimmer direkt über dem Laden. Das Gehalt ist ordentlich. Wär das nicht was für dich?"

„Warum? Sind Sie nicht zufrieden mit mir?" Klaudijus schaute den Polen misstrauisch an.

„Wieso? Doch, schon! Aber die Geschäfte laufen so lala. Man kann nie wissen."

Klaudijus verließ Piotrs Büro deprimiert. An der Haltestelle musste er zwanzig Minuten auf den Bus warten. Dann eine halbe Stunde fahren.

Vor dem Hotel blickte Klaudijus zu den oberen Stockwerken hinauf. Ingridas und Miras Zimmer war dunkel, aber in seinem Zimmer brannte Licht. Draußen war es auch noch hell – die Tage wurden länger. Länger und wärmer.

‚Vielleicht ist Ingrida ja da?', überlegte er. ‚Und musste einfach noch kein Licht machen.'

Klaudijus blieb vor der Tür stehen, an der seit neuestem ein Emailleschild mit dem Namen *Beatrice* in blauen Buchstaben auf weißem Grund hing. Traurig schüttelte er den Kopf. Er klopfte zweimal, ging aber hoch in sein Zimmer, ehe jemand reagierte.

László und Tibor hatten schlechte Laune. Sie saßen am Fenster, zwei geöffnete Bierflaschen vor sich auf dem Tisch. Sie grüßten nicht.

Klaudijus hatte ein schlechtes Gewissen. Die Aussicht, mit zwei Leuten auf engem Raum zusammenzuwohnen, die etwas gegen ihn hatten, fand er nicht gerade erfreulich.

„Es war nicht meine Idee. Er hat mir von sich aus die Schlüssel zu den Kaninchen gegeben", sagte Klaudijus versöhnlich.

Bittersüß lächelnd schaute Tibor den Litauer an.

„Lasst uns was trinken gehen, ich lad euch ein", schlug Klaudijus vor.
László und Tibor schauten sich verwundert an und standen auf.
‚Sind doch eigentlich ganz in Ordnung, die zwei', dachte Klaudijus, als er die Treppe hinunterging und ihre Schritte hinter sich hörte.

Die zehn Minuten, die der Weg vom ehemaligen Hotel bis zum nächsten Pub dauerte, legten sie schweigend zurück. Drinnen, in dem gemütlichen, schwach beleuchteten Gastraum, in dem Golfschläger an der Wand hingen und unzählige Pokale auf Regalen oben unter der Decke aufgereiht standen, wurden die Ungarn lockerer. Die Kaninchenkäfigbauer holten sich drei Pints Guinness und setzten sich an einen Ecktisch. Sie stießen zünftig an und nahmen jeder einen kräftigen Schluck. Die Ungarn sprachen schlechter Englisch als Klaudijus, und das stärkte sein Selbstbewusstsein.

Das erste Mal, seit sie zusammen arbeiteten, redeten sie miteinander und erzählten von sich und ihren Problemen.

Tibor hatte früher in Budapest gelebt, genauer gesagt in Pest, denn Buda lag auf der anderen Seite der Donau. Gearbeitet hatte er in einer chinesischen Imbissstube. „Kannst du dir vorstellen, was die mir gezahlt haben, wenn sie selbst kaum was verdienen?", fragte er erregt und beugte sich mit seinem Glas Guinness in der Hand über den Tisch. „Zweihundert Euro im Monat! Und das, wo das Durchschnittsgehalt bei uns vierhundert ist. Hier kriege ich wenigstens um die achthundert und habe eine kostenlose Unterkunft."

László kam vom Dorf. Er beklagte sich nur darüber, dass er außer Tibor niemanden hatte, mit dem er Ungarisch sprechen konnte.

„Vielleicht habt ihr nicht richtig gesucht?", fragte Klaudijus. „Hier gibt's doch sicher viele Ungarn."

Tibor schüttelte den Kopf. „Die Ungarn gehen nicht so gern ins Ausland", sagte er. „Sie bleiben zu Hause und trinken. Und dann erhängen sie sich, weil sie Depressionen haben! Wir haben die höchste Selbstmordrate der Welt!"

„Nein, die höchste hat Litauen", widersprach Klaudijus. „Ganz sicher. Das steht bei uns dauernd in der Zeitung."

László und Tibor schauten Klaudijus ungläubig an.

„Jede Kröte lobt ihr eigenes Loch", sagte Tibor nach kurzem Schweigen.

„Und warum gibt es in Ungarn so viele Selbstmorde?", fragte Klaudijus und trank sein Bier aus.

„Die Leute wissen, dass das Leben früher, unter den Habsburgern, besser war. Und jetzt ist Krise. Die Häuser in Budapest sind alle grau, die Stadt hat kein Geld, um sie zu sanieren, sie zu streichen. Und überhaupt, wozu brauchen wir dieses verdammte Europa? Wir hätten auch so als Gastarbeiter hierherkommen können."

„Nein, es ist schon gut, dass wir zu Europa gehören", mischte sich László ein. „Schließlich wollen die Leute in Europa ja auch essen, und wir haben ja praktisch nichts mehr außer Landwirtschaft. Die Selbstmorde kommen sicher auch daher, weil unsere Nachbarn uns nicht verstehen. Die Sprache ist schuld. Kein Ausländer lernt Ungarisch, also müssen wir Fremdsprachen lernen, damit wir verstanden werden. Aber das können wir nicht so gut. Höchstens vielleicht Deutsch ..."

„Hm, euer Englisch ist wirklich nicht so", gab Klaudijus zu. „Noch eine Runde?"

Die Jungs waren einverstanden.

Der rothaarige bärtige Barkeeper zapfte ihnen noch drei Pints. Klaudijus stellte sie auf den Tisch, und das Gespräch ging weiter.

„Wir haben ja keine indoeuropäische Sprache", seufzte László. „Wenn man sie vereinfachen würde ..."

„Was heißt ‚Idiot' auf Ungarisch?", fragte Klaudijus.

„Bolond."

„Und ‚Arschloch'?"

„Faszfej. Und was heißt auf Litauisch ‚Ich liebe dich'?", fragte László.

„Aš tave myliu. Und wie heißt auf Ungarisch ‚Scher dich zum Teufel!'?"

„Menj a picsába!"

„So, so", rief Klaudijus vielsagend, seine Hand ging zum Bier. „Das muss ich mir merken!"

„Gutes Bier, solches haben wir nicht." László wechselte das Thema. „Die Engländer haben ja so einiges erfunden!"

„Ja", pflichtete Tibor ihm bei. „Ich hab hier nur leider noch nie mit einem Engländer gesprochen, mir ist noch keiner über den Weg gelaufen! Immer nur Rumänen, Polen, Bulgaren, Litauer." Beim letzten Wort schaute er Klaudijus an und ließ seinem ernsten Blick ein Lächeln folgen.

Klaudijus dachte nach und musste feststellen, dass er bis jetzt auch noch keinem einzigen Engländer begegnet war. Gesehen hatte er in London sicherlich schon welche, vielleicht im Auto, wenn sie die High

Street in Esher entlangfuhren, aber dass er einem persönlich begegnet wäre und mit ihm gesprochen hätte, das war noch nicht vorgekommen!

„Ich auch nicht", sagte er. „Wir sind seit Dezember hier. Und kein einziger Engländer!"

„Die leben alle im Norden", ließ László die anderen wissen. „Seit sich im Süden lauter Leute wie wir breitmachen, verziehen die sich in den Norden. Mit Sicherheit!"

Klaudijus sah sich um. An einem Tisch saßen gut gekleidete Afrikaner und tranken Bier, an einem anderen Tisch Koreaner oder Japaner, drei Männer, auch gut gekleidet. Die am dritten Tisch waren mit Sicherheit Slawen, man hörte sie ab und zu zünftig auf Russisch fluchen, ihr Akzent verriet, dass sie sich des Vokabulars auf Lizenz bedienten, es war nicht ihre Muttersprache. Klaudijus' Blick fiel auf den Barkeeper. Der rothaarige Mann mit dem roten Bart, dem breiten Gesicht und der massiven Nase war sicher Engländer.

„Los, kommt, jetzt reden wir endlich mal mit einem richtigen Engländer", rief Klaudijus übermütig und zeigte auf den Barkeeper. „Wir sind immerhin in England."

Die drei standen auf, nahmen ihr Bier und und setzten sich an die Bar, vor den Barkeeper.

„Können wir mit Ihnen sprechen?", fragte Klaudijus höflich. „Sie sind doch Engländer?"

„Wieso zum Teufel soll ich Engländer sein?", regte sich der Mann hinter dem Tresen auf. „Ich bin Ire, aus Cork. Und worüber wollt ihr sprechen?"

Klaudijus war die Lust zu reden vergangen. Aber die Ungarn wollten sich trotzdem gern weiter unterhalten, mit wem, war ihnen egal.

„Was gibt's noch für dunkles englisches Bier außer Guinness?", fragte Tibor.

„Guinness ist irisches Bier", korrigierte ihn der Barkeeper. Aber dann empfahl er überaus freundlich zwei andere Sorten dunkles irisches Bier.

86. Kapitel. Lille

Der zweite Morgen bei François' Mutter Nicole war noch süßer als der erste. Und das nicht nur, weil sie diesmal zum Frühstück zwei Gläser Konfitüre auf den Tisch stellte statt eins wie am Tag zuvor. Sie hatten ein kleines, gemütliches Zimmer, warm und still. Still wie die ganze Straße, die Rue Pierre Farine, in der das unscheinbare zweistöckige Ziegelsteinhaus stand, neben einem und weiteren Häusern, die an ihren Stirnseiten miteinander verwachsen schienen wie siamesische Zwillinge. Alle Häuser in dieser Straße sahen gleich aus. Außer einem vielleicht, das die Bauarbeiter später links neben Nicoles Haus gesetzt hatten, mit einer weißen Stuckfassade und einem Dach, das steiler aufragte und höher hinauf reichte.

Als sie angekommen waren, hatte Andrius leise zu sich gesagt: „Das ist nicht Paris!“ Und dann war ihm die Porte des Lilas oberhalb von Belleville eingefallen, wo er und Barbora mit dem leeren Kinderwagen ohne Baby unterwegs gewesen waren. Dort hatte er auch solche stillen Straßen mit tristen Zweigeschossern gesehen. Und das war Paris oder seine Fortsetzung gewesen. ‚Vielleicht ist Lille auch eine Fortsetzung von Paris?‘, überlegte er.

„Tee oder Kaffee?“, fragte Nicole, setzte ihre Brille auf und warf Barbora, die im Wohnzimmer am Fenster stand, einen strengen Lehrerblick zu.

„Kaffee, bitte“, antwortete Barbora.

Das Frühstück nahmen sie in der Küche ein. In einer Holzschüssel lag ein von Hand in Stücke gebrochenes frisches Baguette. Nicole nahm ein Stück und bestrich es über ihrem Teller dick mit Aprikosenkonfitüre.

„Ist heute Morgen jemand dagewesen?“, fragte Andrius, weil er sich erinnerte, dass ihn die Türglocke geweckt hatte.

„Bernard, der Nachbar von gegenüber“, sagte Nicole. „Der ist auch Rentner, aber er wird immer zeitig munter. Dann geht er zum Bäcker. Der ist ziemlich weit weg, zu Fuß zehn Minuten. Und dann bringt er mir alle zwei Tage was mit.“ Sie deutete auf die Schüssel mit dem Baguette.

„Es ist gut, wenn es solche Nachbarn gibt“, sagte Andrius. Er schaute Barbora an. „Schade, dass François schon wieder weg ist.“

„Er kommt immer so für ein, zwei Tage.“ Nicole wiegte den Kopf. „Er hätte ruhig noch bleiben, Ihnen die Stadt zeigen können. Es ist ziemlich weit von hier bis ins Zentrum, so um die fünf Kilometer ...“

„Nicht so schlimm“, beschwichtigte sie Andrius. „Wir kriegen das allein hin. Wir sind ganz Paris zu Fuß abgelaufen.“

Barbora schaute, obwohl sie noch verschlafen aussah, Andrius durchdringend und beinahe erbost an. Er verlor den Faden.

„Ja", setzte er nach einer kurzen Pause fort. „Wir sind ja keine Touristen ... Wir müssen ja eine Wohnung und eine Arbeit finden."

Später gingen sie zur Grand-Place. Tief und regenschwer hing der Himmel über der Stadt. Drückte aufs Gemüt. Schürte Ängste. Aus vereinzelten Satzfetzen entspann sich kein Gespräch. Andrius erzählte, wie sie, nachdem sie Paris verlassen hatten, am Parc Astérix vorbeigekommen waren, wie die Abraumhalden der stillgelegten Bergwerke aufgetaucht waren, als sie sich Lille näherten, wie der Himmel immer tiefer sank, je näher die Abraumhalden kamen. Dieser tiefe, schwere Himmel hinderte Barbora daran, ihre Probleme loszulassen, sich zu entspannen und ein belangloses Gespräch mit Andrius zu führen.

Er holte den Stadtplan heraus, den Nicole ihm gegeben hatte, und faltete ihn auf. Als er das von François' Mutter eingezeichnete Kreuz fand, war ihm klar, dass sie das Ziel ihres Fußmarschs erreicht hatten und sich jetzt im Zentrum der französischen Hauptstadt des Nordens befanden. Trotz des regen Treibens auf dem glatten Pflaster wirkte der Platz auf Andrius kalt.

Sie standen am Rand der Grand-Place neben einem hohen, weißen Haus mit einem breiten, bogenüberwölbten Durchgang. Hinter diesem Bogen von zwei Etagen Höhe begann eine Straße. Sie schien unter dem Haus entlang zu gehen: vom Platz durch den Bogen und weiter. Ziemlich schmal, aber gepflastert.

Andrius musterte den Platz. Er sah kein einziges Karussell und auch keinen Straßenkünstler, der versuchte, die Aufmerksamkeit der Passanten zu erregen.

‚Wahrscheinlich das Wetter', sagte er sich und schaute wieder zum Himmel – ein einziges kaltes Grau. Andrius fand in den Wolken mehr Farbtöne von altem, zerkratztem Aluminium als Töne von Blei. Wieso war er gerade auf Aluminium gekommen? Er überlegte. Ihm fiel das alte Feldbett ein, das ein Klappgestell aus Aluminiumrohren hatte, mit Segeltuch bespannt und von spiralförmigen Federn gehalten, darauf eine schmale Matratze. Immer, wenn sich seine Eltern gestritten hatten, holte sein Vater die Liege vom Balkon und stellte sie in der Küche auf, um dort zu nächtigen. Auseinandersetzungen in dieser Schärfe waren selten, und immer endeten sie mit einem beleidigten Schweigen, das keiner brechen wollte: weder seine Mutter noch sein Vater. Andrius versuchte in solchen Situationen, sich zu still zu verhalten, um die Eltern beim Schweigen nicht zu stören. An solchen Tagen – oder genauer gesagt Abenden, denn zu solchen Eskalationen kam es immer abends – legten sie sich früher hin, schliefen ausgiebig und standen am nächsten Tag frisch und ausgeruht auf, als wäre nichts gewesen.

„Wollen wir einen Espresso trinken?“ Andrius nahm Barboras Blick auf und lenkte ihn zu einem kleinen Café links von der Straße mit dem Bogen.

In dem stillen, gemütlichen Lokal besserte sich Barboras Laune. Wahrscheinlich, weil der schwere Nordhimmel draußen vor der Tür geblieben war. Drinnen brannte weiches, unaufdringliches Licht, das von einer nicht allzu massiven Deckenlampe kam.

„Lass uns einen Schlachtplan machen“, sagte Barbora.

Andrius atmete auf. Er hatte befüchtet, sie könnte wieder diese Frage stellen, auf die er immer noch keine Antwort wusste.

„Ich habe eine Idee.“ Andrius wollte ihr unbedingt eine Freude machen.

„Das ist gut“, sagte sie lächelnd und schaute ihn zärtlich und hoffnungsvoll an. „Wir können doch Nicole nicht noch länger als eine Woche zur Last fallen ... Ich frage sie, ob ich mal an ihren Computer kann und suche mir übers Internet Arbeit als Babysitterin.“

„Und ich gehe zum größten Krankenhaus in Lille und fange wieder an zu arbeiten“, versicherte ihr Andrius.

Als Nicole Baboras Bitte hörte, ihren Computer benutzen zu dürfen, lächelte sie schuldbewusst und erklärte ihr, dass sie keinen Computer, ja nicht einmal ein Handy besitze. „Ich mag die echten Stimmen“, sagte sie. „Ich hab doch bis zu meiner Pensionierung schwer erziehbare Kinder unterrichtet. Ich kann einfach nicht mit Menschen reden, wenn ich ihre Augen nicht sehe. Ein Computer hat keine Augen. Selbst mit einem gewöhnlichen Apparat telefoniere ich nicht gern.“ Sie deutete auf das altmodische Telefon, das auf dem Tisch am Fenster stand. „Aber gleich um die Ecke gibt’s eine Bibliothek mit Computern und kostenlosem Internet. Ich muss jetzt für zwei Stunden weg, ich gebe Französisch für Migranten in kostenlosen Kursen. Wär das nicht auch was für euch?“

Andrius zuckte bei diesem unerwarteten Vorschlag zusammen und schaute Barbora an. Sie hörte Nicole gebannt zu. Andrius verstand nicht, was sie an den Worten von François’ Mutter so faszinierte. Ja, sie war ein Mensch der „alten Schule“, auch in Litauen gab es viele solche Rentner, viele sympathische, gebildete Frauen, ehemalige Lehrerinnen mit sorgsam frisierten grauen Haaren, dezent gekleidet, die auf sich achteten und sich, soweit es ihre Kräfte zuließen, für die Gesellschaft engagierten. Das war doch normal!

„Wir müssen erst mal ankommen", sagte er, weil er sah, dass Barbora nicht in der Lage war, auf Nicoles Vorschlag zu reagieren, „eine Arbeit finden, eine Wohnung mieten ..."

„Ja, natürlich", Nicole nickte verständnisvoll, „aber dann könnt ihr immer gern zu mir zum Unterricht kommen. Wir trinken Tee, und ich bringe euch Französisch bei."

„Danke, vielen Dank." Andrius wurde nervös, als hätte er Angst, Nicole könne sofort mit dem Französischunterricht beginnen. „Und wo ist die Bibliothek mit dem Internet?"

François' Mutter trat mit ihnen ans Fenster und erklärte den Weg.

Sie brachen gemeinsam auf. Barbora ging in die Bibliothek, Andrius zum Krankenhaus, das er auf dem Stadtplan gefunden hatte. Sie liefen ein paar Minuten zusammen, ein kalter Wind blies ihnen ins Gesicht. Dann trennten sich ihre Wege.

Das Universitätsklinikum, das Andrius auf der Karte gefunden hatte, lag am Stadtrand wie auch Lambersart, der Stadtteil, in dem Nicole wohnte. Andrius brauchte eine halbe Stunde bis zur Métro-Station Rihour. Von dort waren es sechs Haltestellen bis zum Klinikum, ohne Umsteigen. Andrius staunte, als er den Mini-Métro-Zug mit ganzen zwei Wagen sah, aber noch mehr staunte er, als sich der Zug in Bewegung setzte: Er hatte keinen Fahrer. Andrius schaute in den heranfliegenden Tunnel, plötzlich verschwand das Dunkel, der Zug kam heraus und fuhr auf eine Hochbrücke, was Andrius' Gedanken in eine andere Richtung lenkte. Zuerst dachte er an die Métro-Linie 6 in Paris, die hinter dem Tunnel über den Pont de Bir-Hakeim und dann über die Hochbrücke mit dem Blick auf den Eiffelturm führte. Dann dachte er an die Abraumhalden der stillgelegten Bergwerke, die sie auf ihrer Fahrt nach Lille gesehen hatten. Die Abraumhalden bildeten die Grenze zwischen ihrem früheren und noch greifbaren Pariser Leben und dem neuen, vagen und instabilen Leben in Lille.

Die Blicke, die sich hinter den Métro-Fenstern boten, waren enttäuschend: keine Türme, keine attraktiven Häuser. Fabrikgebäude, triste zweigeschossige Wohnhäuser, Brachen und Schnellstraßen voller Lastwagen. Weder rechts noch links entdeckte Andrius auch nur das kleinste Stückchen Frankreich, das Frankreich, das er aus Paris kannte.

‚Philippes Mutter hat gesagt, Paris sei nicht Frankreich', fiel ihm ein. Aber dieses Frankreich abseits von Paris machte ihn schwermütig, selbst wenn er den Blei-Alu-Himmel ignorierte.

Andrius verfolgte die öde Landschaft vor dem Fenster und merkte auf einmal, dass er am Klinikcampus entlangfuhr. Diesen riesigen Campus mit seinen Dutzenden, zwischen Alleen, Wiesen und Parkplätzen verstreuten Gebäuden – von unscheinbaren Zweigeschossern bis zu kantigen, in futuristischen Stufen ansteigenden Hochhäusern – bezeichnete Andrius für sich gleich als *Krankenstadt*. Seine Laune besserte sich etwas. Ein so großes Klinikum hatte sicher eine viel größere Kinderklinik als das *Necker* auf der Rue de Sèvres. Er musste sie nur noch finden und dann den versteckten oder offenen Markt für die Freelancer-Clowns am Krankenhaus ausfindig machen. Natürlich würden sie ihn nicht mit offenen Armen empfangen, aber auf der Rue de Sèvres hatte er ja auch seinen Platz gefunden. Irgendwann hatte er dazugehört, auch wenn er zunächst schiefe Blicke und albanische Flüche und sogar einen Überfall mit Krankenhausfolgen über sich ergehen lassen musste. Aber Paris war die Hauptstadt. Dort war das Leben härter. Hier in der Provinz würden vielleicht gar keine Konflikte entstehen, und er konnte endlich wieder eine Tätigkeit aufnehmen und Geld verdienen. Seine Lieblingstätigkeit?

Andrius überlegte. Als Kind hatte er immer gern andere zum Lachen gebracht. Besonders seine Freunde. Seine Eltern konnten über diese Verrenkungen und Faxen, die er für lustig hielt, nie lachen. Seine Mutter freute sich schon, lächelte und billigte seine Späße. Von seinem Vater hingegen erntete der kleine Andrius, wenn er ein Ferkel spielte, nur einen verständnislosen oder sogar argwöhnischen Blick.

Er hatte schon die Schranke passiert, die den Autos die Zufahrt zum Klinikgebäude versperrte, als sein Handy klingelte.

„Hallo!" Es war Pauls Stimme. „Ich sitze hier mit Papa. Er lässt dich grüßen."

„Grüß ihn zurück!" Andrius freute sich über den Anruf. Er blieb stehen. „Wie geht's dir?"

„Geht so." Pauls Stimme klang auf einmal traurig. „Ich hab jetzt auch an den Beinen diese Schutzröhren ... Muss sein, hieß es ... Ich kann gar nicht richtig liegen. Und wie geht's dir?"

„Ich bin jetzt im Norden, in Lille." Er schaute sich um, als suchte er etwas Auffälliges, was er Paul beschreiben konnte. Er fand aber nichts Lohnenswertes. „Weißt du, was es hier für eine Métro gibt?"

„Was denn für eine?"

„Die Züge sind kurz, nur zwei kleine Wagen und ohne Fahrer!"

„Echt?"

„Ja, echt. Und die Züge fahren zum Teil über Hochbrücken, wie in Paris auf dem Boulevard de Grenelle oder auf dem Boulevard Garibaldi."

„Interessant!" Frohe Neugier kam in Pauls Stimme.

„Kommt Philippe bei dir vorbei?"

„Ja, alle zwei Tage. Gestern hat er im Damespiel gegen mich gewonnen."

„Wie das?", wunderte sich Andrius.

„Keine Ahnung", gestand Paul. „Er hat ein sehr gutes Gedächtnis. Papa war auch da und hat die Steine gerückt, wenn er oder ich dran war. Vielleicht, weil er mit den schwarzen gespielt hat? Ich habe doch gegen dich auch immer gewonnen, wenn ich die schwarzen hatte."

„Du hattest immer die schwarzen! Und hast immer den ersten Zug gemacht!"

„Das nächste Mal nehme ich wieder schwarz!", entschied der Junge laut. „Papa gibt mir ein Zeichen, er kann den Hörer nicht mehr halten. Ich rufe dich bald wieder an! Tschüs!"

Andrius brauchte noch eine halbe Stunde, ehe er mit der Hilfe von Passanten, die Englisch verstanden, den Weg zur Kinderklinik gefunden hatte. Er stand vor dem Gebäude und war wie gelähmt. Die futuristische Architektur der Klinik, die einen ganz anderen Namen trug – Hôpital Jeanne de Flandre – verschlug ihm die Sprache: Der fünfstöckige stahlgraue Schiffsbug mit einem vorgelagerten, links über dem Boden schwebenden Schießschartenraum, durchgängig verglast, der eine Bewegung andeutete, in ein imaginäres „Vorwärts" wies, das den anderen Fenstern verwehrt blieb, versetzte Andrius in irritiertes Staunen. Der Bug ging in einen gewaltigen Schiffskörper über, der im weiteren Verlauf abflachte und zu einem anderen Gebäude mit einer ebenfalls ungewöhnlichen Form wurde.

Andrius wollte links am Bug des Gebäudes vorbeigehen. Vorn links war der Eingang mit einem breiten und langen Vordach. Er merkte nicht gleich, dass er über den Rasen lief, über welkes Gras, das in der winterlichen Kälte sein frisches Grün verloren hatte, er lief über weiche, blanke Erde. Als er auf den Asphalt der Zufahrtsstraße kam, stampfte Andrius mit den Stiefeln auf, um sich die festgeklebte Erde abzutreten.

Ein roter Kleinwagen, der Andrius beinahe umgefahren hätte, raste auf den Eingang zu. Er hielt vor den Metallpfeilern, die den Platz unter dem Vordach von der schmalen Autozufahrt trennten. Der Fahrer sprang heraus, öffnete die hintere Tür, hob ein Kind aus dem Kindersitz und rannte mit ihm auf die Glastür zu.

Andrius blieb vor dem Auto stehen. Die Fahrertür stand offen. Mit einem kleinen Schubs warf er sie zu. Er schaute zu den drei Ärzten in Weiß hinüber, die mit Einwegbechern in der Hand unter das Vordach getreten waren. Einen Kaffee hätte er jetzt auch gern gehabt. Oder keinen Kaffee, sondern einen Platz, wo er sich setzen und in Ruhe nachdenken konnte. Nachdenken darüber, was ihn an der Klinik irritierte und ihm sogar Sorgen machte. Die Erklärung war schon im Entstehen, aber er würgte sie ab, verschob sie auf später.

Er betrat das weitläufige Foyer. Sah einen Wegweiser zu den Fahrstühlen. Und den Kaffeeautomaten an der Wand.

Andrius warf einen Euro ein und drückte auf Espresso. Mit dem Plastikbecher in der Hand ging er hinaus. Als er einen Schluck genommen hatte, ließ er die Erklärung für seine innere Unruhe zu.

Die Klinik war falsch. Völlig falsch. Natürlich waren ihre Größe und ihre supermoderne Architektur beeindruckend. Und von der Ausstattung her entsprach sie mit Sicherheit den neuesten Erkenntnissen der modernen Medizin. Aber warum hatte man sie hier gebaut, abseits der Stadt, abseits der Wohnviertel? Warum hatte man sie an den Stadtrand verlegt, wie man es normalerweise nur mit Friedhöfen tat?

Andrius stand mit dem Rücken zum Eingang. Er schaute auf die beiden Fahrwege mit einem ein Meter breiten Grünstreifen in der Mitte, der zu beiden Seiten in Stein eingefasst war: die Zufahrt zur Kinderklinik, zum Hôpital Jeanne de Flandre, und die Ausfahrt, die in die städtische Straße mündete, auf der gerade der Linienbus vorbeigefahren war. Dahinter lag das Gebäude der medizinischen Fakultät, Treppen, die die Studenten hinauf- und hinabliefen. Kein Wohnhaus, kein Café, kein türkischer Imbiss.

‚Und wo sitzen die Clowns?', fragte sich Andrius. ‚Wo haben sie ihren Platz? Wo werden sie von den Eltern der kranken Kinder abgeholt?'

Auf seine Verunsicherung folgte Ratlosigkeit. Der Automatenkaffee schmeckte nicht. Andrius warf den Becher mit dem Espressorest in den Müll.

‚Es gibt zwei Möglichkeiten.' Er versuchte sich zu konzentrieren. ‚Entweder ich gehe in die Straßen, die an die Krankenstadt angrenzen, und klappere alle Cafés und Restaurants ab, oder ich warte hier, bis ein Clown mit seinem Auftraggeber die Klinik betritt. Dann warte ich, bis er wieder rauskommt, und folge ihm.‘

Die zweite Variante ließ langes Warten und Auf-der-Stelle-Treten befürchten, gefiel Andrius aber trotzdem besser als die erste. Wahrscheinlich auch deshalb, weil er weder vom Vordach des Haupteingangs aus noch auf seinem Weg von der Métro hierher auch nur ein einziges Wohnhaus gesehen hatte. Und auch von der oberirdischen, auf die Hochbrücke „verbannten“ Endstation der Métro aus hatte er nichts dergleichen entdeckt: keine Straßen, keine Häuser, keine Cafés. Vielleicht befand sich das alles hinter der Krankenstadt, auf der anderen Seite?

Er blickte zum schweren, tiefhängenden Himmel hinauf, der schien griesgrämig zu nicken und seine Entscheidung zu billigen.

Andrius blieb also stehen und wartete, dass ein Clown kam. Der rote Kleinwagen mit dem Fahrer und dem leeren Kindersitz auf der Rückbank fuhr ab. Andrius wartete. Es kam ein kurzer Schauer, der höchstens fünf Minuten dauerte. Andrius wartete und wunderte sich, dass der bleierne Himmel zu mehr nicht imstande war. Eine Frau trat verweint aus der Tür, nicht größer als ein Teenager, in blauen High Heels, Röhrenjeans in derselben Farbe und in einem dunkelblauen Mantel, der über dem Knie endete. Sie stand zehn Minuten vor dem Eingang, bis ein Taxi kam. Andrius wartete immer noch. Er holte sich noch zweimal einen Automatenkaffee. Nun schmeckte er ihm schon besser als beim ersten Mal.

Der Abend kam näher. Die Dämmerung ließ die Autoscheinwerfer und die Lichter in den Klinikfenstern angehen. Das Foyer hinter der Glastür leuchtete hell und verlockend, Andrius ging hinein. Nicht, um Kaffee zu holen, sondern um dort weiter zu warten. Drinnen war es trocken und warm. Die Feuchtigkeit unter dem bleiernen Himmel blieb draußen. Dem offenen folgte ein geschlossener, aber wesentlich angenehmerer Raum. In der ganzen Zeit war kein einziger Clown an Andrius vorbeigelaufen. Er tastete alle Vorübergehenden mit einem geschulten Blick ab, schaute auf die Taschen der Besucher, weil er hoffte, Clownsutensilien zu entdecken. Vergeblich.

Er war schon im Begriff zu gehen, als drei Clowns in bunten Kostümen, mit Luftballons und Clownsnasen – fast so wie die, die Andrius in der Tasche hatte – ins Foyer gestürmt kamen: zwei Männer und eine Frau, etwas älter als er. Sie steuerten sofort den Fahrstuhl an.

Der Fahrstuhl ging zu, doch Andrius schaute immer noch hin. Er änderte seinen Plan. Das heißt, er musste auf sie warten, ihnen heimlich und unauffällig folgen und herausfinden, wo sie zusammenkamen, wo sie Espresso oder Bier tranken.

Andrius schöpfte Hoffnung, und mit der Hoffnung kamen die Zweifel, ob sie zu so später Stunde, wenn sie den Besuch bei dem kranken Kind absolviert hatten, noch in ein Café oder Restaurant gehen und auf den nächsten Auftrag warten würden. Würden sie nicht einfach nach Hause fahren?

Sie kamen so plötzlich zurück, wie sie aufgetaucht waren. Der Fahrstuhl ging auf, und die drei traten heraus, in ihren Kostümen, aber ohne die Luftballons und ohne die Clownsnasen, und gingen zum Kaffeeautomaten. Frisch, fast fröhlich unterhielten sie sich auf Französisch. Andrius hörte zu und verstand kein Wort. Sie tranken Kaffee und redeten weiter. Er wollte schon hingehen und auf Englisch den Namen und die Adresse des Cafés oder Bistros erfragen, aus dem sie hierhergekommen waren. Vielleicht würden sie es ihm sagen?

Das Handy der Clownin klingelte. Sie ging ein paar Schritte zur Seite.

Andrius beobachtete sie angespannt. Der Kaffee war ausgetrunken, die drei gingen zum Ausgang.

‚Komisch, dass sie keine Taschen dabei haben', dachte Andrius.

Die Clowns gingen nach rechts zum Parkplatz. Vor einem Kleinbus blieben sie stehen.

Andrius befürchtete, sie könnten gleich abfahren, und rannte hin. „Entschuldigung, sprechen Sie Englisch?", fragte er japsend.

„Ja", antwortete einer.

„Ich bin ein Kollege von Ihnen", fuhr Andrius stockend fort. „Meine Frau und ich sind nach Lille gezogen ... Ich wollte fragen, wo Sie sich treffen?"

„Wie meinen Sie das?" Der Mann im Clownskostüm sah Andrius verdutzt an.

„Wo treffen sich hier die Clowns?", wiederholte Andrius seine Frage mit anderen Worten.

„In der Stadt, wir haben ein kleines Büro ..."

„Ein Büro?", fragte Andrius zurück. „Kein Café?"

„Früher haben wir uns im Café getroffen, aber seit einem halben Jahr haben wir ein Büro. Wir müssen ja die Sachen irgendwo lassen ..."

„Ja, klar." Andrius hatte Herzklopfen. „Und kann ich mal bei Ihnen vorbeikommen?"

Der Clown drehte sich zu seinen Kollegen, deutete auf Andrius und fragte sie etwas auf Französisch. Die Frau lächelte, der zweite Mann zuckte mit den Schultern und antwortete etwas. „Eigentlich sind wir schon zu zwölft“, sagte der Erste nun wieder auf Englisch. „Ich geben Ihnen mal unseren Flyer.“ Andrius’ Gesprächspartner öffnete die Vordertür und holte eine Werbepostkarte aus dem Handschuhfach. Auf der Postkarte war ein lustiges Gruppenfoto: zwölf Clowns und Clowninnen mit bunten Luftballons. „Da sind die Adresse und die Telefonnummer drauf“, erklärte er.

Andrius steckte die Postkarte ein. „Und wie viel wird hier für die Stunde gezahlt?“, fragte er.

„Wem gezahlt?“

„Den Clowns.“

Der Gesprächspartner schüttelte den Kopf, als hätte er eine Erscheinung gehabt. „Gezahlt? Nein, hier wird niemandem was gezahlt. Das ist ehrenamtlich!“

„Sie arbeiten kostenlos?“, wunderte sich Andrius.

„Natürlich. Wir kommen jede Woche hierher auf die Kinderkrebsstation ...“

„Ach so ...“ Andrius wollte noch eine weitere Frage stellen und kam aus dem Takt. Er schaute auf seine Füße, als hätte er den Gesprächsfaden auf dem Parkplatzbeton verloren. „Und gibt es auch noch andere? Ich meine Clowns, die gegen Bezahlung im Krankenhaus auftreten?“

„Hab ich noch nicht gehört“, erwiderte der Mann im Clownskostüm. „Ich glaube nicht.“

„Aber es muss welche geben“, beharrte Andrius. „In Paris gibt es sie doch auch.“

„Na, in Paris gibt es vieles“, sagte der Gesprächspartner lächelnd, aber seine Augen blieben ernst. „Paris ist nicht Frankreich.“

„Und Lille ist Frankreich?“, fragte Andrius mit leichtem Spott, der von dem in ihm aufkeimenden Ärger herrührte.

„Natürlich“, antwortete der ehrenamtliche Clown. „Lille ist Frankreich unterm kalten Himmel“, fügte er hinzu und warf einen Blick nach oben. „Kommen Sie vorbei, schauen Sie mal rein!“, rief er zum Abschied. Er setzte sich auf den Beifahrersitz und hatte Andrius schon vergessen. Die Frau zog die Tür zu. Die Scheinwerfer gingen an, drängten die Dunkelheit zurück, der Motor heulte auf. Der Kleinbus fuhr ab.

Andrius blieb zurück. Mitten auf dem Parkplatz. Er schaute auf das *Hôpital Jeanne de Flandre* und lief die Zufahrt hinab bis zur Straße, auf der hin und wieder ein Linienbus kam.

Dem Kalb am Spieß, das Nicole im Backofen zubereitet hatte, konnte zu ihrer Verwunderung weder Barbora noch Andrius etwas abgewinnen. Sie saßen mit saurer Miene am Tisch, und der Anblick des saftigen Fleisches, das Nicole mit Bratkartoffeln auf einer schönen alten Platte angerichtet hatte, konnte ihre Laune nicht heben.

„Das Wetter ist bei uns oft so, deprimierend." Nicole versuchte den Grund für ihre gedrückte Stimmung herauszufinden. „Aber manchmal ist es noch schlimmer, da regnet's eine ganze Woche durch." Sie stand noch, obwohl sie die Platte mit dem Fleisch und den Kartoffeln bereits serviert hatte. Neben der Platte lag ein Tranchierbesteck. Zögerlich griff Nicole nach dem Messer.

„Lassen Sie mich mal!" Andrius kam zu sich. Er versuchte, seine innere Verfassung nicht zu zeigen. „Duftet herrlich!", sagte er und schaute die Hausfrau an.

Das mit Oliven gespickte Fleisch war lecker. Erst nach dem ersten Bissen fiel Andrius ein, dass er nichts zu Mittag gegessen hatte.

Nicole holte eine Flasche Likör aus dem Schrank, erklärte, dass er aus Blüten gemacht wurde, aber wie sie auf Englisch hießen, fiel ihr nicht ein. Sie trank nicht, füllte aber für die Gäste zwei Gläser.

Barbora genoss den Likör. Ihre Züge wurden weicher. Während sie aß, beobachtete sie Nicole verstohlen, als wollte sie sie belauern, doch keinesfalls entdeckt werden. Andrius konnte sich keinen Reim auf ihr Verhalten machen. Er war kurz vor dem Abendessen zurückgekommen und hatte noch keine Gelegenheit gehabt, Barbora von seiner merkwürdigen Erfahrung zu erzählen. Und auch sie hatte ihm noch nichts erzählt.

„Wie war Ihr Tag?", fragte Nicole.

„Nicht besonders", gab Andrius zu. „Was die Arbeit angeht, Fehlanzeige. Ich habe ja in Paris mein Geld als Clown verdient. Im Krankenhaus."

„Ja, hat mir François erzählt", sagte Nicole und nickte.

„Und hier ist alles ganz anders. Ich habe Clowns getroffen, aber die machen das alles ehrenamtlich."

„Als ich vor vielen Jahren aus Toulouse hierhergezogen bin, habe ich mich auch gewundert." Nicole lächelte und dachte an früher. „Die

Leute waren netter und haben sich gegenseitig geholfen. Der Sozialismus war in Mode. Auf den Straßen lauter Polnisch und Italienisch. Und natürlich der hiesige Dialekt, den ich damals gar nicht verstanden habe."

„Toulouse, das ist doch im Süden?" Barbora prüfte ihre Geografiekenntnisse.

„Ja! Da wachsen Palmen!" Nicole taute endgültig auf. „Und hier ... Das ist eine ganz andere Welt. So geht das Leben! Mein Mann hat mich hergeholt." Sie verstummte, als sei ihr etwas eingefallen, was sie nicht erzählen wollte.

„Könnten Sie mir das hier bitte übersetzen?", fragte Barbora und hielt der Gastgeberin einen zusammengefalteten Zettel hin. „Ich hab im Internet nach Arbeit gesucht, aber hier ist natürlich alles auf Französisch. Ich hab versucht, was zu übersetzen, ein paar Mails geschrieben, aber nur eine Antwort bekommen. Und die kann ich nicht lesen."

Nicole faltete den Zettel mit dem ausgedruckten Text auseinander. Sie las ihn durch, verzog die Lippen und dachte nach.

„Was steht da?", fragte Barbora.

„Unhöfliche Leute." Missbilligend schüttelte sie den Kopf. „Da steht, dass Sie lieber zu Hause nach Arbeit suchen sollen und nicht im Ausland ... Das müssen Sie nicht so ernst nehmen!" Sie streckte ihre Hand aus und strich Barbora über die Schulter. „Morgen bin ich dran mit meinem Dienst im *Restaurant de la Cœur*, da geben wir kostenlos Essen an Kranke und Obdachlose aus, meine Freundinnen kommen auch. Ich frage sie. Sie sind besser als das ganze Internet, denn sie wissen auch Dinge, die nicht im Netz stehen ..." Nicole lächelte, und da musste auch Barbora lächeln. „Sie nehmen doch erst mal jede Arbeit, oder?" Sie schaute Barbora an. „Putzen, Hilfe im Haushalt? Ja?"

Barbie nickte.

87. Kapitel. Irgendwo zwischen Lunéville und Saint-Dizier

Es regnete schon seit mehr als zwei Stunden. Kukutis saß in einem türkischen Café, schaute auf die Straße hinaus und kaute an einem Dürüm-Kebab herum. Dazu trank er Ayran. Er überlegte, ob er einen Raki nehmen sollte, der den Geschmack von kaltem Anis auf der Zunge hinterließ. Aber er überlegte nur um des Überlegens willen und nicht, um eine Entscheidung zu treffen. Raki bei dem Wetter? Im Sommer, wenn es heiß war, wie damals in Spanien und Istanbul, war kalter Anis auf der Zunge ein Hochgenuss! Jetzt würde Kukutis einfach die Erinnerung an diesen Geschmack und an die Sonne am Himmel genießen. Mit dem Ayran, der den Geschmack nach Knoblauchsoße und grob gemahlenem roten Pfeffer von der Zunge tilgte, war er mehr als zufrieden. Auf Alkohol konnte er getrost verzichten, zumal es in dem Café warm und gemütlich war. Er hatte sogar seinen grauen Mantel ausgezogen und über die Stuhllehne gehängt.

‚Wenn nur der Regen endlich vorbei wäre!', dachte der Alte.

Kukutis wollte nicht im Regen am Straßenrand stehen und vorbeifahrende Autos anhalten. Vor allem, weil er dazu erst mal zum Ortsausgang gehen musste. In der Stadt reagierten die Fahrer überhaupt nicht auf einen hochgereckten Daumen. Dass der Mensch am Straßenrand womöglich dringend nach Paris oder Marseille musste, lag außerhalb ihrer Vorstellung.

Noch ein Schluck Ayran. Kukutis' kräftige Zähne bissen einen weiteren Zentimeter von der Kebab-Rolle ab.

Er lächelte, lächelte ein kauendes Lächeln. Weil ihm der Junge in der polnischen Stadt einfiel, den ihm die Frau über den Tag in Obhut gegeben hatte. Er dachte daran, wie er dem Jungen beigebracht hatte, alles, was sich rollen ließ, einzurollen und erst dann zu essen.

‚Wann war das eigentlich? In welchem Jahr?', überlegte der Alte. Und wunderte sich gleich darauf über seine fragenden Gedanken. ‚Diesen Winter! Vor Kurzem erst! Eigentlich ist der Winter ja schon vorbei', er schaute aus dem Fenster, ‚und jetzt ist Frühling. Der kalte Regen wird wärmer, dann hört es auf zu regnen, und es wird heiß wie in Marokko!'

‚Woher weiß ich denn was über Marokko?', unterbrach Kukutis seine eigenen Gedanken. ‚Bin ich etwa dort gewesen?'

‚Und ob', antwortete sich der Alte selbst. ‚Du alter Esel hast dich völlig in deinem Gedächtnis verheddert. Weil du keine Ordnung hältst. Weil du es mit Tausenden unnützen und nebensächlichen Kleinigkeiten zumüllst!'

Erst wollte Kukutis seinen inneren Monolog fortsetzen, aber dann winkte er innerlich ab und setzte den Becher mit Ayran an die Lippen. Er hatte es satt, mit sich selbst zu streiten. Als er sich umschaute, sah er hinter sich einen fünfzehnjährigen Jungen sitzen, dunkler Teint, wahrscheinlich auch ein Türke. Kukutis drehte sich richtig zu ihm um und tippte ihn an. „Junger Mann, wissen Sie vielleicht, wie man unnütz Gespeichertes entfernen kann?", fragte er auf Französisch.

Der Junge freute sich, dass der Alte ihm eine Frage gestellt hatte. „Ganz einfach“, sagte er. „Entweder man verschiebt es in den Papierkorb oder man nimmt die alte Speicherkarte raus und setzt eine neue ein.“

„Das ist ja das Problem, dass mein Gedächtnis keine Karte hat. Alles liegt unsortiert rum, mal kommt das eine ungefragt zum Vorschein, mal was anderes!“, sagte Kukutis und seufzte.

Der Junge kicherte und drehte sich um. Er hatte begriffen, dass der Alte und er aneinander vorbei redeten.

Vor dem regennassen Fenster hielt ein teurer Wagen. Der Fahrer – ein hochgewachsener und schlanker Mann in sportlichen dunkelbauen Hosen und in einem schwarzen Mantel – betrat das Café. Er nahm eine Suppe und eine Cola, setzte sich an einen freien Tisch und fing sofort an zu essen.

‚Der hat's eilig‘, schlussfolgerte Kukutis. ‚Dann ist er wohl unterwegs. Und wenn er unterwegs ist, fährt er vielleicht in meine Richtung?‘

„Entschuldigen Sie“, sprach Kukutis ihn an. „Sie sind nicht von hier, oder? Sonst würden Sie doch sicher zu Hause essen oder in einer Brasserie?“

Der Mann schaute den Alten verwundert an. Er hielt im Essen inne. „Wieso?“, fragte er angespannt.

„Ich muss nach Paris“, erklärte Kukutis. „Dringend. Und da habe ich gedacht, vielleicht wollen Sie auch dahin?“ Er deutete mit seinem Blick zum Fenster, vor dem das teure Auto stand.

„Nein, will ich nicht.“ Der Mann wurde lockerer. „Ich muss nach Saint-Dizier. Aber das liegt auf dem Weg. Ich kann Sie mitnehmen!“

Kaum waren sie aus der Stadt raus, hörte der Regen auf. Oder er war in der Stadt geblieben und wollte ihnen nicht hinterherstürzen.

Der Mann war Militärpilot, aber nicht sehr gesprächig. Wahrscheinlich hatte er Angst, ein Militärgeheimnis zu verraten. Er sagte nur, dass es in Saint-Dizier einen großen Luftfahrtstützpunkt gebe. Dort lebe er und von dort starte er, egal wohin er müsse.

„Ich mag keine Flugzeuge“, gestand Kukutis.

„Sie haben sicher Angst vor der Höhe?“, mutmaßte der Pilot.

„Vor der Höhe und auch vor der Geschwindigkeit“, sagte Kukutis und nickte.

„Dann sind Sie wahrscheinlich auch noch nie mit einem Fallschirm gesprungen?“, fragte der Mann lächelnd.

„Wozu auch?“ Kukutis zuckte mit den Schultern. „Ich bleibe lieber auf dem Boden. Aber Piloten haben meinen Respekt! Besonders die abgestürzten!“

Der Fahrer schaute ihn verdutzt an und schwieg.

Wieder fiel Kukutis die Julinacht auf dem Kaunasser Flughafen ein. „Sie haben nicht zufällig schon mal was von Steponas Darius und Stasys Girėnas gehört?“, fragte er den Fahrer.

„Nein, wer ist das?“

„Auch Piloten, aus Litauen.“

„Nein, hab ich nie getroffen.“

Kukutis lächelte traurig und nickte. „Wie weit ist es denn von Saint-Dizier bis nachParis?“, wollte er wissen und ließ seine Gedanken ruhen.

„Zweihundertfünfzig Kilometer“, antwortete er exakt. „Acht Minuten Flugzeit!“, fügte er lächelnd hinzu. „Aber keine Sorge. Ich lasse Sie an der Tankstelle beim Luftfahrtstützpunkt raus. Von dort nimmt Sie jemand bis Paris mit. Dauert natürlich ein bisschen länger als acht Minuten ...“

88. Kapitel. Pienagalys. Bei Anykščiai

Als Vitas Renata mitteilte, dass Viola zum Abendessen käme, war ihre Laune hinüber. Sie stand in der Küche und starrte auf die Lebensmittel, die sie eingekauft hatte: auf die Pastinaken und die afrikanischen Süßkartoffeln, aus denen sie Stampf machen wollte, auf das Hammelfleisch, auf das Gemüse für den Salat. Die Lust, dieses Essen zuzubereiten, war ihr vergangen. Einnehmen wollten sie das Menü vor dem aufgeklappten Laptop und sich dabei die Sendung über Pienagalys anschauen, in der ihr Gehöft, ihr Haus und auch sie selbst vorkamen. Viola würde natürlich auch zu sehen sein, aber musste sie dafür extra hierherkommen? In ihrem Friseursalon hing ein Fernseher, und zu Hause hatte sie, wie sie sagte, einen riesigen Flachbildschirm.

Aber nur weil Viola kam, würde sie doch nicht auf das Essen verzichten! Renata zuckte mit den Schultern, schnaufte. Auf einmal hatte sie eine Idee. Sie ging ins Wohnzimmer. Vitas saß am ovalen Tisch und klickerte am Laptop, beantwortete Mails.

„Sie könnte doch ihren Mann mitbringen, oder?“, fragte Renata.

Vitas seufzte, er drehte sich um. „Bei denen stimmt’s, glaube ich, nicht so richtig“, sagte er nach einer kurzen Pause. „Eine dämliche Beziehung irgendwie! Sie leben zusammen, gehen aber nie zusammen weg. Wahrscheinlich, weil er kleiner ist! Oder genauso groß!“

„Was ist denn das für ein Grund?“, wunderte sich Renata.

„Na, du hast doch gesehen, wie gern sie Stöckelschuhe trägt!“

„Na und?“

Vitas zuckte mit den Schultern. „Frag sie doch am besten selbst, so von Frau zu Frau kriegst du das sicher raus!“

„Und warum ist sie für die Fernsehaufnahmen hergekommen?“ Endlich wurde Renata die Frage los, die ihr schon die ganze Zeit auf den Nägeln brannte. „Damit sie überall in Litauen gesehen wird?“

„Wir arbeiten ja nun mal zusammen. Sie ist die Spezialistin fürs Färben, und ich lerne es erst. Von ihr. Außerdem ist sie so was wie das Gesicht unserer Firma!“

„Das Gesicht? Wieso?“, fragte Renata beleidigt. „Gefallen dir etwa die anderen Gesichter nicht so gut?“

„Jetzt legst du wieder die Worte auf die Goldwaage!“, regte sich Vitas auf. „Ihr Gesicht ist ein ideales Firmengesicht! Hübsch und ausdruckslos! So wie die Gesichter der Mädchen in der Autowerbung! Sie ziehen zuerst die Aufmerksamkeit an, aber dann vergessen die Leute die Gesichter und merken sich die Autos!“

„Hab ich denn ein hässliches Gesicht?“, fragte Renata gekränkt.

„Du hast ein ganz anderes Gesicht! Du hast ein schönes und sehr ausdrucksstarkes Gesicht! Wenn man dich neben einem Auto sieht, ist es umgekehrt – das Gesicht, vor allem die Augen, bleiben im Gedächtnis, und das Auto ist sofort vergessen!“

„Warum?“

„Weil du mit deinem Blick jeden an die Wand nagelst! Besonders wenn du dich ärgerst! Hast du dir mal deinen Blick im Spiegel angeschaut? Wenn du mich wütend ansiehst, kriege ich Gänsehaut!“

„Hört sich ja so an, als würde ich mich andauernd aufregen“, sagte Renata sanfter und überlegte für sich: ‚Vielleicht bin ich wirklich zu streng?‘ „Gibt es neue Aufträge?“, fragte sie, dieses Mal ganz freundlich.

„Und ob! Ich beantworte gerade die Anfragen. Du hattest im Übrigen versprochen, dich als Assistentin zu betätigen!“

„Natürlich! Ich habe schon eine Terminliste angelegt! Wenn du willst, kann ich sie jetzt aktualisieren“, sagte sie und deutete auf den Laptop.

„Jetzt nicht.“ Renatas Stimmungswechsel ließ ihn aufatmen. „Um zwölf kommt Viola, halb eins der erste Kunde, dann kannst du immer mal wieder zum Laptop gehen und die neuen Auftraggeber eintragen!“

Renata schloss sich im Bad ein, um in dem kleinen Spiegel, der über dem Waschbecken hing, ihr Gesicht zu betrachten. Sie schaute ein paar Mal wütend und ein paar Mal nett. Und tatsächlich gelang ihr *wütend* locker beim ersten Versuch, während *nett* irgendwie traurig und unsicher wirkte.

‚Was soll's‘, dachte Renata. ‚Viola hin oder her. Vitas hat recht, sie hat ein völlig ausdrucksloses Gesicht! Und was, wenn sie wieder hier übernachtet?‘

Dieses Mal löste die Vorstellung, Viola könnte bei ihnen übernachten, bei Renata keinen Protest aus. Sie wollte nicht länger über die Friseuse aus Anykščiai nachdenken.

Renata brachte Googlas sein Futter. Dann öffnete sie eine Dose Katzenfutter und hockte sich vor Spammas' Schälchen. Dort lag noch seine Portion vom Abend zuvor. „Spammas, Spammas!“, lockte sie den Kater und schaute sich nach allen Seiten um. „Miez, miez, miez! Hier ist dein Futter!“ Im Wohnzimmer war der Kater nicht. Im Schlafzimmer auch nicht.

„Wahrscheinlich ist er draußen!“, sagte Vitas, ohne seinen Blick vom Bildschirm zu wenden.

Renata versuchte sich zu erinnern, wann sie den Kater zum letzten Mal gesehen hatte. Gestern mit Sicherheit nicht, aber sie hatte ihm morgens Katzenpastete in sein Schälchen gefüllt, und die war am Abend weg gewesen. ‚Eigensinniges Vieh‘, dachte sie. ‚Von wegen Haustier, der ist wild!‘

Am Abend lag das Katzenfutter noch immer unberührt im Schälchen. Renata schaute ein paar Mal auf den Hof, rief Spammas, schaute zu Violas gelbem Smart, zu ihrem roten Fiat und zu den wechselnden, stets teuren Autos der Kunden, die jetzt mit Hilfe von Google und den Hinweisschildern, die Vitas an der Schotterstraße aufgestellt hatte, mühelos den Weg nach Pienagalys fanden.

Gegen sechs fuhr der an diesem Tag letzte zufriedene Kunde mit seinem weiß-blauen Kater in einem weißen Land Rover davon. Sein Fell war nicht gefärbt, sondern blau getönt, wie sich Viola ausdrückte, als sie Vitas ins Haus folgte. Die beiden sahen müde aus, und Renata bedauerte sie im Stillen. Sie machte ihnen einen Tee und ging zurück in die Küche, um nach dem Braten zu sehen.

Viola ging mit und bot ihre Hilfe an. Renata trug ihr auf, das gekochte Gemüse zu schälen und zu stampfen.

„Kann ich vielleicht bei euch übernachten?“, fragte die Besucherin vorsichtig.

„Ja, natürlich!“ Renata nickte. „Kannst du dich aufs Sofa legen?“

„Ja.“

„Und, was macht dein Mann?“, erkundigte sich Renata, während sie die Gurken für den Salat schnippelte.

Renata erriet an Violas Blick, dass ihr die Frage missfiel. „Zu schwer zum Tragen und zu schade zum Stehenlassen“, rief sie und schaute Renata an. „Ich warte noch ein bisschen, vielleicht geht er ja von selbst“, fügte sie vertraulich hinzu.

„Olivenöl und Pfeffer müssen noch dran“, sagte Renata, als sie sah, dass Viola die gestellte Aufgabe schon fast erledigt hatte.

Um Viertel vor sieben setzten sie sich zum Abendessen. Während sich die Frauen in der Küche zu schaffen machten, hatte Vitas den Laptop aufgestellt, eine Flasche 999 geholt und die Gläser gefüllt, die jetzt zusammen mit den im Halbkreis aufgestellten Stühlen die Sitzplätze der Fernsehzuschauer markierten.

Als die Sendung begann, brachte Vitas einen Toast auf den Erfolg der Firma aus und bestand darauf, dass die Frauen ihr Glas auf ex leerten. Im ersten Beitrag berichtete der Moderator von einem erfolgreichen Programmierer, der aus Vilnius in ein Dorf übergesiedelt war und dort mit der Zucht einer seltenen französischen Schafrasse begann. Der sympathische junge Mann im Trainingsanzug – ebendieser Programmierer – ging zusammen mit dem Moderator von seinem modernen und geräumigen Haus übers Feld bis zum Bauernhof und rief die Schafe mit französischen Namen. Renata musste lachen, als die Schafe, die auf Monique und Bernard gehört hatten, zielgerichtet zu ihrem jenseits des Zauns stehenden Hirten liefen.

Der zweite Teil der Sendung – es ging um Pienagalys, um Vitas, Viola und die Dame mit dem Kaninchen – ließ die zum Abendbrot Versammelten Augen und Ohren aufsperren. Der Bericht über Vitas dauerte fast zehn Minuten, deutlich länger als der Beitrag über den schafzüchtenden Programmierer. Renata lächelte, als ihre Scheunenwand und ihr roter Fiat ins Bild kamen. Ihr Lächeln verschwand allerdings, als die Kamera das gemeinsame Teetrinken im Wohnzimmer und die verlegene und fast verschreckte Renata zeigte. „Das war, als ich gebeten habe, mir keine Fragen zu stellen", erinnerte sich Renata.

In der Zwischenzeit kam Viola ins Bild, in einem wahren Flöten erzählte sie, dass für das Fell von Tieren dieselbe Farbe verwendet wurde wie für die Haare von Menschen und dass man, falls es gewünscht war, die natürliche Fellfarbe bei Tieren wesentlich leichter und schneller wieder herstellen konnte als bei einem Menschen, dem man die Haare gefärbt hatte.

Renata schien, dass der Beitrag zu lang war, dass man nun Schluss machen könnte, dass ihr Gehöft und ihr Haus unangemessen lange dem ganzen Land präsentiert wurden.

Und plötzlich verkündete der Fernsehjournalist, derselbe, der zu ihnen gekommen war und vorher den schafzüchtenden Programmierer besucht hatte, sie würden sich nun zu einem jungen Paar nach Druskininkai begeben, das sich der Zucht und dem Export von Brieftauben verschrieben hatte.

Vitas stand auf, nahm den Laptop und klappte ihn zu. Im Wohnzimmer wurde es still. Still und unheimlich.

Renata schaute nach dem Schälchen mit dem Katzenfutter. Es stand immer noch unberührt da. „Spammas ist verschwunden", sagte sie.

„Hol ihn der Teufel", erwiderte Vitas gutmütig.

„Da fällt mir ein, der Aushang, dass er gesucht wird, hängt noch vor meinem Salon!", sagte Viola.

„Hat dein Salon jetzt geschlossen?", fragte Renata. „Ich meine, weil du doch jetzt hier bist."

„Nein. Morgens bin ich da, und um zwölf kommt Laima, mein Lehrling."

In der Nacht wachte Renata ein paar Mal auf und prüfte tastend, ob Vitas neben ihr lag und fest schlief. Sie lauschte in die nächtliche Stille. Sie glaubte das Atmen von Viola zu hören, die auf dem Sofa im Wohnzimmer lag. Die Tür zwischen Schlaf- und Wohnzimmer hatte Renata angelehnt gelassen. Eigentlich eher für Spammas, falls der plötzlich Hunger bekam. Obwohl es besser gewesen wäre, für Spammas alle Türen offenzulassen, die Korridortür und auch die Haustür. Denn im Haus war er mit Sicherheit nicht. In dieser Nacht sorgte sich Renata weniger um die anwesende Viola als vielmehr um den verschwundenen Kater.

89. Kapitel. Upstreet. Kent

Das schwarze Kaninchen war am dicksten oder ältesten. Das hatte Klaudijus auf den ersten Blick gesehen. Alle anderen waren kleiner und flinker. Sie teilten sich zu zweit oder zu dritt einen Käfig, das schwarze war allein.

Natürlich hatte Piotr Klaudijus nicht gesagt, dass er auch die Ställe zu säubern und für Futter zu sorgen hatte. Das war aber nicht schwer und machte sogar Spaß. Auf jeden Fall war es besser, als Drahtenden in Käfigstreben zu stecken.

Der Bund mit den drei Schlüsseln, den Szachcic Klaudijus gegeben hatte, war ein netter Grund für ihn, immer mal wieder eine kurze Pause einzulegen. Jetzt wusste er, wohin sich László früher ab und zu verkrümelt hatte. Manchmal waren er und Tibor auch zusammen für eine halbe Stunde verschwunden. Aber Glück ist flüchtig. Jetzt hatte es die Ungarn verlassen und war dem Litauer hold.

Klaudijus erinnerte sich an seinen ersten Besuch hier. Wie ein Kind hatte er sich gefühlt. Hatte die Kaninchen und Meerschweinchen betrachtet, die Käfige geöffnet, die Tiere gestreichelt. Die kleineren Kaninchen hatten sich in die Ecke gedrängt. Die Meerschweinchen zeigten sich unbeeindruckt davon, dass sie gestreichelt wurden.

Damals hatte er die Namen an den Käfigen gesucht. Aber außer dem ovalen Blechschild mit dem ausgestanzten Schriftzug *Made in Britain* war nichts zu finden. Zurück in seiner Werkstatt im Kuhstall, hatte er László gefragt, wie die Tiere hießen. Der hatte zuerst die Frage nicht verstanden und dann gelacht. „Sie heißen gar nicht", sagte er. „Wozu soll man ihnen einen Namen geben, wenn die Käufer sie sowieso wieder umbenennen?!" Lászlós Worte hatten eine gewisse Logik – da sprach der rationale Mann vom Dorf. Und so blieben die Kaninchen und Meerschweinchen namenlos. Klaudijus fütterte und streichelte sie, er versuchte sie zu verkaufen, was ihm manchmal gelang.

„Wir sollten immer mindestens sieben Kaninchen und fünf Meerschweinchen vorrätig haben", sagte Piotr bei einer zusätzlichen Einweisung. „Mehr brauchen wir nicht, denn wenn sie krank werden, müssen wir sie aussetzen. Wir holen doch nicht extra einen Tierarzt."

Eine Konsultation beim Tierarzt kostete fünfzig Pfund, ein Kaninchen verkauften sie für zwanzig und ein Meerschweinchen für zehn.

Szlachcic gab Klaudijus die Telefonnummer von irgendeinem Felix, der bei Bedarf neue Meerschweine und Kaninchen lieferte. Szlachcic warnte ihn, dass Felix versuchen könnte, ihm mehrere Tiere von einer Farbe aufzuschwatzen: schwarze oder graue. Er solle immer von beiden eins nehmen. Mehr nicht. „Gleichfarbige Kaninchen verkaufen sich nicht! Wenn alle fünf Kaninchen schwarz sind, nimmt der Kunde keins. Aber wenn es ein graues gibt und vier schwarze, nimmt er höchstwahrscheinlich das graue!"

Seinen kleinen Markt hatte Piotr im Griff, das musste man ihm lassen.

Felix verlangte für die Kaninchen zehn Pfund und für die Meerschweinchen fünf.

Und so eignete sich auch Klaudijus die Grundlagen des Handelsgeschäfts an, wenn es auch ein sehr kleiner Handel war. Das Geschäft interessierte ihn, aber es blieb ihm fremd.

Anders als die Kaninchen, die ihm sehr vertraut wurden. Zu dem schwarzen fühlte er sich besonders hingezogen. Wahrscheinlich weil es das größte war und allein in einem Käfig saß, also genauso einsam war wie Klaudijus. Auch er saß allein in einem Käfig – die zwei ungarischen Kaninchen zählten nicht –, dieser Vergleich belustigte ihn. Er war allein, seine Zibbe war ihm weggehoppelt.

„Ach, ich nenn dich mal Ingrida", sagte Klaudijus eines Tages, als er vor dem Käfig hockte.

Das schwarze Kaninchen zeigte keine Reaktion auf seine Taufe. Es hatte sich schon an den jungen Litauer gewöhnt, und wenn es seine Hand durch das Käfigtürchen auf sich zukommen sah, machte es einen Satz nach vorn, auf das Türchen zu. Vielleicht weil die Hand ihm ab und zu eine Möhre hinhielt.

„Was denkst du, Ingrida", fragte er und streichelte das Kaninchen. „Was soll ich jetzt machen?"

Das Kaninchen schwieg.

Klaudijus streichelte das weiche Fell und grübelte weiter. „Wir sind doch zu zweit weggegangen. Alle unsere Freunde und Verwandten wissen das. Da wäre es doch komisch, allein zurückzugehen. Obwohl ich gern zurückgehen würde ... Aber das ist nur Heimweh, einfach Heimweh. Hier ist es besser, hier gibt's Chancen ... Was für Chancen eigentlich? Weiß der Himmel, irgendwas tut sich immer auf. Ich hätte nie gedacht, dass ich mal Gärtner werden oder Käfige bauen würde für solche wie dich. Ohne Ingrida wäre ich auch kein Gärtner geworden. Aber Ingrida ist nicht mehr bei mir. Obwohl sie da ist und wir manchmal zusammen ans Meer gehen. Wir laufen, wie ich früher mit meinen

Freundinnen am Strand von Palanga oder an der Kurischen Nehrung entlanggebummelt bin. Aber sie ist jetzt nicht mehr Ingrida! Sie ist jetzt Beatrice. Und was heißt das? Heißt das, dass es die Ingrida, mit der ich vor ein paar Monaten hierhergekommen bin, nicht mehr gibt? Was denkst du?"

Plötzlich kraulten Klaudijus' Finger das Kaninchen gegen den Strich, und das gefiel ihm nicht. Es hoppelte in die hinterste Ecke seines Stalles.

„Schon gut, schon gut, entschuldige!" Klaudijus besann sich. Er bekam Angst, er könnte seine treue Zuhörerin, die besser als jeder Mensch ein Geheimnis zu bewahren wusste, durch diese Gedankenlosigkeit verlieren.

Klaudijus nahm eine Möhre, hielt sie dem Kaninchen hin, aber das rührte sich nicht vom Fleck.

Seufzend schaute er auf sein Handy, um zu sehen, wie spät es war. Der Arbeitstag war zu Ende. Er konnte zum Bus gehen und nach Hause fahren. Nach Hause oder *nach Hause*? Er lächelte. Dann formten seine Lippen ein zweites Lächeln: Ihm war eingefallen, dass morgen Sonntag war. Und sonntags machten sie immer einen Ausflug, fuhren durch Kent, ganz so, als ob sich in ihrer Beziehung nichts geändert hatte.

Am nächsten Morgen klopfte er gegen zehn an der Tür mit dem Schild *Beatrice*. Die hellblauen Buchstaben auf dem weißen Grund ließen ihn ans Meer denken, mit Ingrida brachte er sie überhaupt nicht in Verbindung.

„Bea liegt noch im Bett", sagte Mira.

„Aber sie schläft doch nicht mehr?" Klaudijus wollte sich nicht abwimmeln lassen.

„Nein. Stehst du auf, Bea?", rief die junge Tschechin in den Raum hinein.

„Ist es MacKlaud?" Ingridas Stimme drang durch die halbgeöffnete Tür. „Er soll mal laut nach mir rufen!"

„Beatrice", rief Klaudijus, und es kam ihm so vor, als hätte er sich die Zunge gebrochen. So schwer kam ihm der Name über die Lippen.

„Noch mal!", rief Ingrida.

„Lass uns einen Ausflug machen, Beatrice!"

„Gut, überredet! In fünfzehn Minuten unten!", tönte es hinter Miras Rücken.

Mira lächelte und schloss die Tür.

Der Himmel gab dem Meer etwas von seinem sonntäglichen Blau. Und die Sonne lockerte das Blau mit ihrem Gelb auf. Alles schien hell und froh. So sollte es an einem jeden Sonntag sein. Das dachte Klaudijus, während er auf der Klippe über dem Strand, über dem Meer stand, das sich gegenüber der Flutlinie um einhundert Meter zurückgezogen hatte.

Klaudijus wusste, dass die Flut schon begonnen hatte, dass das Meer auf die Stadt zukam und bis zum Abend auf dieser Linie verharren würde. Um sich dann langsam wieder zurückzuziehen.

Manchmal, wenn er sehr früh wach wurde, ging Klaudijus hinaus und lief mit aufmerksamem Blick über den freiliegenden Meeresboden. Mehrere Teile von Seemannspfeifen aus Keramik hatte er schon gefunden. Er hob sie auf und trug sie in sein Zimmer. Jetzt zierten sie das schmale Fensterbrett. Zwischen den weißen Keramikscherben des einstigen Fischeralltags lag auch eine alte Eisengabel, die er gefunden hatte. Ihre Zinken waren rostig, aber der geschnitzte Horngriff mit seinem zarten und feinen Relief war gut erhalten.

„Und? Erst mal zum Morris?“, fragte Ingrida.

Klaudijus nickte.

Sie nahmen den Bus zur Herne Bay. Plastikeimer und Putzbürste lagen jetzt im Kofferraum. Die holzgerahmte Hecktür des Morris Minor öffnete sich wie eine Schranktür. Klaudijus goss eine halbe Flasche Wasser in den Eimer und putzte das Auto. Ingrida ging ein paar Schritte weg und machte unbemerkt ein Foto. Dort, in zwanzig Meter Entfernung, blieb sie stehen, bis das Auto glänzte und die Hecktür zuklappte.

„So, das war’s, das Ritual ist beendet“, teilte ihr Klaudijus mit und betrachtete das blitzblanke Auto.

„Du würdest keinen schlechten Vater abgeben“, witzelte Ingrida.

Klaudijus versuchte herauszufinden, ob es lustig oder ernst gemeint war. Es gelang ihm nicht. „Wo fahren wir hin?“, fragte er.

„Lass uns nach Morecambe fahren! Dort soll es eine schöne Uferpromenade geben.“

In der oberen Etage des Doppeldeckers studierte Klaudijus das Busliniennetz von Kent und überlegte, was sie in diesem Garten Englands noch alles gemeinsam unternehmen, welche Entdeckungen sie in dieser wirklich zauberhaften, halbmagischen Grafschaft noch machen konnten. Er schaute auf die Küstenlinie, auf als Punkte eingezeichnete Städte und Dörfer und hoffte, dass auf dieser Karte noch längst nicht alles eingetragen war, was sie erkunden, wohin sie zusammen fahren konnten. Bis Morecambe waren es noch sechzehn Meilen. Ingrida schaute konzentriert aus dem Fenster. Er wollte ihre Aufmerksamkeit auf sich lenken.

„Weißt du, wie ich das schwarze Kaninchen genannt habe?"

„Wie?"

„Ingrida."

„Und was machst du, wenn es jemand kauft?", fragte sie lächelnd.

„Dann kriegt ein anderes Kaninchen den Namen."

„Mit dem Klonen von Namen kann man sich unbeliebt machen!", kicherte Ingrida. „Aber das ist deine Sache. Deine Kaninchen und deine Sache. Bist du eigentlich sicher, dass das schwarze ein Weibchen ist?"

Klaudijus schüttelte den Kopf. „Ist doch egal", sagte er schulterzuckend. „Dem Kaninchen ist das doch egal, wie es heißt."

„Ich glaube, da hast du recht", sagte Ingrida mit gespieltem Ernst.

90. Kapitel. Lille

Andrius war schon den zweiten Tag nicht aus dem Haus gegangen. Er hatte einfach keine Lust. Ihre erste Woche in Lille ging zu Ende. Barbie hatte in den letzten zwei Tagen fünfzig Euro verdient, aber es war mühsam gewesen. Nicole hatte wohl drei ihrer Rentnerfreundinnen überredet, der jungen Frau gegen Entgelt das Putzen ihrer Wohnungen zu überlassen. Zweimal pro Woche drei Wohnungen für sieben Euro die Stunde. Zwei waren ganz normal, mit ihrem gemütlichen Interieur hoben sie sogar die Stimmung. Die dritte war total heruntergekommen und zugemüllt und bildete einen krassen Gegensatz zu ihrer Bewohnerin, der achtzigjährigen Anne, die zwar leicht gebückt lief, aber auf sich achtete und sogar Parfums und Cremes auflegte. Die Luft in Annes Wohnung war so stickig, dass Barbora gleich in die Küche ging, weil sie den Herd im Verdacht hatte. Sie hatte das Gefühl, dass es nach Gas roch. Doch Anne hatte einen Elektroherd. Barbora machte das Küchenfenster auf und wollte auch die Wohnzimmerfenster öffnen, aber die alte Dame machte das Fenster sofort wieder zu und bedeutete ihr, sie hätte Angst vor Zugluft. Wenn Barbora sich vornahm, die Wohnung in Ordnung zu bringen, alles abzustauben und den überflüssigen Kram wegzuschmeißen, wäre sie ein paar Wochen beschäftigt. Diesen Gedanken fand sie alles andere als erfreulich.

Barbora sah beim Frühstück am nächsten Morgen immer noch genauso erschöpft aus, wie sie am Abend zuvor heimgekommen war. Andrius kaute schweigend an seinem Baguette mit Kirschkonfitüre und spülte mit Tee nach. Nicole, die erfolglos versucht hatte, ein lockeres Gespräch über das Wetter in Gang zu bringen, tauchte irgendwann in ihre eigenen Gedanken ab.

Andrius beobachtete sie verstohlen. Sie schien sich Sorgen zu machen und schaute dabei immer wieder Barbora an.

„Ich koche uns heute Abend was Leckeres", versprach Nicole und klang dabei wie eine strenge Lehrerin. „Und dann unterhalten wir uns!"

Andrius fiel ein, dass Nicole ihr Leben lang in einer Schule für verhaltensauffällige Kinder gearbeitet hatte. Daher dieser Tonfall. Die Gastgeberin sah in ihnen verhaltensauffällige Kinder, mit denen man arbeiten musste. Und das tat sie eigentlich schon seit François' Abreise. Sie hatte in all den Tagen ziemlich unverblümt gute Ratschläge und Erklärungen gegeben, aus denen Andrius die entsprechenden Schlüsse ziehen sollte. Das Thema war immer ein und dasselbe: Barboras und seine Zukunft.

Eine halbe Stunde später ging Barbora zu Anne in die Wohnung, um weiterzuputzen.

Andrius war allein und verfiel in Trübsinn. Er lungerte im Wohnzimmer herum, setzte sich wieder an den Tisch, von dem das Frühstücksgeschirr bereits abgeräumt war. Ging in den ersten Stock, in ihr derzeitiges Zimmer, wo auf dem Frisiertisch die Postkarte mit der Büroadresse der ehrenamtlichen Clowns lag. Er drehte sie hin und her, zum x-ten Mal schon.

‚Warum wollen sie hier unbedingt alles kostenlos machen?', fragte er sich verzweifelt und starrte in den Spiegel. Der warf seine Verzweiflung zurück.

Der Gedanke, dass er hier in Lille nichts mit sich anzufangen wusste, hinterließ keinen bitteren Geschmack im Mund mehr. Der Gedanke war schlicht zu einer Tatsache geworden. Zu einer Tatsache, die sich offenbar verselbstständigt hatte. Die Andrius aber auch nicht ignorieren konnte. Sie folgte ihm durch den Raum, die Treppe hinunter in Nicoles Wohnzimmer und ans Fenster, hinter dem es zwar nicht regnete, es aber selbst für einen Menschen mit einer zweihundertprozentigen Sehkraft nichts Erfreuliches oder Amüsantes zu entdecken gab. Die langweilige Straße, die tristen Häuser, die trostlosen Fenster. Hinter einem davon lebte der Rentner Bernard, Nicoles treuer Freund, der immer in aller Frühe erwachte und deswegen alle zwei Tage zum zehn Minuten entfernten Bäcker lief. Andrius schien alles zu wissen, was man über diese Straße wissen konnte. Mehr interessierte ihn nicht. Er hatte keine Lust hinauszugehen. Und ebenso wenig Lust hatte er, zu Hause zu bleiben.

Andrius holte den Likör mit den unbekannten Blüten aus dem Schrank und schenkte sich ein Glas ein. Er trank und ärgerte sich über sich selbst: Wie dumm und primitiv von ihm zu glauben, der Alkohol könne seine Situation verbessern oder ihm eine Anregung geben. Das Einzige, was der getrunkene Likör anregte, war der Appetit. Gedankenlos ging Andrius in die Küche, öffnete den Kühlschrank und schaute hinein. ‚Im Kühlschrank ist genug zu essen!', hatte Nicole gesagt, bevor sie ihrer Wege gegangen war. Ja, Essen war genug da, aber sie aßen nun schon fast eine ganze Woche aus einem fremden Kühlschrank, hatten sich die ganze Zeit durchfüttern lassen, und so hielt nicht das Gewissen, sondern die Angst, sich an das Leben auf Kosten anderer zu gewöhnen, Andrius vom Zugreifen ab.

Irgendwann ging Andrius doch nach draußen und lief schnellen Schrittes in Richtung Zentrum, wo es Cafés und Läden gab, wo Busse und Autos fuhren und Fußgänger unterwegs waren.

Zwanzig Minuten später lief er langsamer und wurde lockerer. Andrius hatte sein Ziel erreicht – ein einfaches, klares Ziel, das sein Leben keinen Deut änderte. Er war auf einer belebten Straße angekommen und reihte sich in den Menschenstrom ein. Als würde er in einem trägen Fluss mit einer starken Strömung mitschwimmen, die ihn ins Ungewisse trieb und ihn vom Ufer fernhielt, damit er sich nicht niederlassen konnte.

Das Café mit der roten Fassade, das linker Hand auftauchte und dem Café *Le Sèvres* in Paris so ähnelte, hielt ihn schließlich doch auf. An der Glastür klebte neben den Bildchen mit den verschiedenen Kreditkarten auch das Zeichen, das darauf hinwies, dass hier Restaurantvoucher angenommen wurden. Wie von selbst glitt Andrius' Hand in die Jackentasche. Die Talons, die er noch in Paris sorgfältig voneinander getrennt hatte, waren an Ort und Stelle. Andrius ging hinein, und bevor er sich setzte, zeigte er dem Kellner einen Gutschein. Der nickte.

Beim Durchblättern der Speisekarte bekam Andrius endlich Lust – Lust, sich etwas zu gönnen! Die Abbildungen sahen verführerisch aus. Andrius tippte auf einen Salat und schaute den Kellner an. Der nickte.

Aber als Andrius umblätterte und auf das Lachssteak zeigte, schüttelte der Kellner den Kopf, fuhr mit der Hand über die Seite mit den Fischgerichten und strich sie mit einer Geste durch. Natürlich erklärte er dabei auch etwas auf Französisch, aber Andrius verstand ihn nicht. Er nahm noch ein Fleischgericht mit Reis und einen Tee.

Andrius blieb lange sitzen und stocherte im Essen herum. Die Lust, sich etwas zu gönnen, hatte keinen richtigen Appetit hervorgebracht, sondern war nur eine flüchtige Begierde gewesen.

Er bezahlte mit zwei Vouchern und ging weiter, in Richtung Grand-Place. Er lief, in Erinnerungen an Paris versunken, die ihm schrill und schmerzlich vorkamen. Auf dem zentralen Platz von Lille, der Place du Général-de-Gaulle, einem gigantischen Fußballfeld aus Pflastersteinen, gesäumt von alten Häusern mit steil in den kalten Himmel ragenden Dachfirsten, wie es sie in Paris nicht gab, fühlte sich Andrius farblos wie Luft und unscheinbar wie etwas Nutzloses, wie ein Penner, der um Almosen bettelte, wie ein Betrunkener unter einer Bank, auf der gleich ein adrett gekleidetes älteres Paar Platz nehmen würde.

Sein Blick wanderte zum höchsten Gebäude auf dem Platz, einem grauen Haus mit einem stufenförmigen Dach und der Aufschrift *La Voix du Nord – Die Stimme des Nordens* – in Großbuchstaben in Höhe der ersten oder zweiten Etage. Merkwürdigerweise verstand Andrius mehr und mehr Schilder auf Französisch beim ersten Hinsehen und ohne nachzudenken, aber die mündliche Rede blieb ihm trotz einzelner verständlicher Wörter weiterhin ein Rätsel.

Die kleine Bar rechts von dem Bogen in der Mitte des Nachbargebäudes, mit dem die schmale Straße begann, erinnerte ihn an ihren ersten gemeinsamen Spaziergang durch Lille. Durch diese Stadt, die sie im Unterschied zu Paris nicht leicht und geschmeidig aufgenommen, nicht verzaubert und keine Hoffnungen gesät hatte. Der Platz wirkte fremd und seelenlos. Wehmütig dachte Andrius an die Place de la République in Paris: weniger auffällig und elegant, keine Fußgängerzone, ohne dekorative Bögen und ohne einen hohen Glockenturm, der hinter dem Prachtbau der alten Börse hervorschaute. Doch auf der Fußgängerinsel inmitten des endlosen Fahrzeugstroms drehte sich ein Karussell, dort brummte und surrte Paris, ein Brummen und Surren, an das man schnell Anschluss fand. Um auch zu surren. Hier war es still. Vielleicht war ja die Stille die *Stimme des Nordens*?

Andrius drehte sich noch einmal um. Er lächelte, als ihm der kleine, intime Rathausplatz von Vilnius in den Sinn kam. Dann ging er zurück, in Richtung Lambersart, zurück in ihr zeitweiliges Refugium, in die Rue Pierre Farine.

Gegen Abend hatte Andrius das Rumliegen satt. Gleich nachdem er heimgekommen war, hatte er sich in seinen Sachen aufs Bett gelegt. Barbora war noch nicht da, und Nicole saß in ihrem Sessel am Couchtisch im Wohnzimmer und telefonierte. Sie hatte ihm zugenickt, als er ins Zimmer schaute, und weitertelefoniert. Weil er sie nicht behelligen wollte, ging er ins Zimmer hoch und blieb da. Zuerst hatte er sich hingesetzt, dann hingelegt, schließlich war er eingedöst. Der Garten mit dem großen Ahorn vorm Fenster lag jetzt im Dunkeln. Durch die geschlossene Zimmertür drang ein warmer Duft aus der Küche herauf.

Andrius ging nach unten. In der Küche bereiteten Nicole und Barbora gemeinsam das Abendessen zu und redeten. Redeten wie Freundinnen, unaufgeregt und halblaut. Um zu verstehen, worüber sie sprachen, hätte Andrius sich verstecken und die Ohren spitzen müssen. Aber die Küchengespräche der Frauen interessierten ihn nicht, er wunderte sich nur ganz nebenbei, dass die Gastgeberin Barbora in ihre Küche gelassen hatte.

Er ging ins Wohnzimmer und setzte sich in den Sessel, in dem tagsüber Nicole gesessen hatte. Er betrachtete den altmodischen Telefonapparat, seinen schweren Hörer, der wie eine Hantel aussah. Die Schwermut und das Gefühl, fehl am Platze zu sein, wichen. In diesem Haus hier fühlte er sich zumindest nicht fremd, hier war er der Gast und Freund des Sohnes.

Bald darauf setzten sie sich zu Tisch. Nicole, die über Gebühr und, wie Andrius fand, unangemessen streng gekleidet war – wie eine alte Lehrerin, die schon mit ihrem Aussehen signalisierte, dass sie während des Unterrichts weder Lärm noch Albereien duldete –, trug eine Suppenterrine aus Porzellan herein und stellte sie in die Mitte des Tisches. Barbora teilte tiefe Teller aus. Sie tat das mit einer steinernen Miene. Andrius schien ihr Blick noch müder als am Abend zuvor.

Als sie dann saßen, Nicole den Deckel von der Terrine nahm und der aufsteigende Dampf ihre Brillengläser beschlagen ließ, sie den Deckel auf einer freien Stelle am Rand des Tisches abgelegt und ihre Brillengläser mit einem Küchenhandtuch blank gerieben hatte und dann das Gericht mit dem merkwürdigen Namen *Pot-au-feu* – halb Eintopf, halb Ragout – auf die Teller gab, entspannten sich Barboras

Züge, und ihre Augen wurden lebendiger. Der Deckel kam wieder auf die Suppe, und der Selleriegeruch wurde schwächer.

„Vorsicht, das Essen ist sehr heiß!", warnte Nicole.

Andrius blies schon auf den Löffel mit der Bouillon und ließ das Fleisch und das Gemüse vorerst auf dem Teller.

„Ich habe heute fast eine ganze Stunde auf dem Arbeitsamt zugebracht." Nicole schaute Andrius an, und der fühlte sich getroffen. „Barbora und ich haben eure Situation besprochen", fuhr sie fort und machte wieder eine dieser typischen Lehrerpausen, als hätte sie einem Schüler eine Frage gestellt und wartete nun auf die richtige Antwort.

Andrius nickte. Wortlos gab er zu verstehen, dass er ihr aufmerksam zuhörte.

„Die Frau auf dem Arbeitsamt hat sich sehr bemüht, mir zu helfen, und ich glaube, die Zeit war nicht umsonst." Ihr Blick war immer noch auf Andrius gerichtet. „Sie hat im Internet alle Jobmöglichkeiten hier in der Region durchgeschaut. Und hat dann ... Esst nur, am besten essen wir erst mal, solange die Suppe heiß ist", unterbrach sie ihren Monolog.

Andrius entspannte sich. Nicoles Worte hatten ihn alarmiert, aber als er sich in der eingetretenen Stille wieder seiner Suppe widmete, verschwand die Unruhe. Er aß alles bis zum letzten Kartoffelstück und Möhrenschnitz auf.

„Und was hat die Frau auf dem Arbeitsamt gesagt?", fragte Andrius nervös und spürte, wie die Unruhe zurückkam.

„In der Nähe von Vimy wird eine Pflegekraft gesucht." Wieder schaute Nicole ihn an. „Da oben leben wenig Menschen, und die Arbeit ist nicht ohne. Aber für euch in eurer Situation", sie drehte sich zu Barbora, und es schien Andrius, als ob Barbora ihr zunickte, „ist das eine ganz gute Übergangslösung ... Ich habe ihn angerufen, mit ihm gesprochen, mit diesem Christopher. Er ist neunzig. Er ist ganz normal, hat keine Macken. Er kann aufstehen und sich im Haus frei bewegen. Die Pflegekraft muss für ihn einkaufen, putzen und Essen kochen. Vielleicht gibt es noch ein paar andere kleine Pflichten. Christopher ist bereit, euch ein Zimmer in seinem Haus zur Verfügung zu stellen. Er lebt allein, und das Haus ist ziemlich groß. Und er würde vierhundert Euro im Monat dazuzahlen. Das gleiche bekäme Barbora von der Pflegeversicherung. Und das Wichtigste:", ihr Blick ging wieder zu Andrius, „Er ist kein Franzose, er ist Kanadier, lebt aber schon lange hier. Sprachprobleme dürfte es also nicht geben! Überlegt es euch, ich mache inzwischen Tee!"

Nicole brachte erst die Teller, dann die Suppenterrine in die Küche. Sie wollte die beiden absichtlich ein paar Minuten allein lassen. Damit sie sich beraten und zu einer Entscheidung kommen konnten. Aber Barbora schwieg. Sie schien Andrius' Blick auszuweichen. Er hatte sie ein paar Mal angeschaut, sie konnte es unmöglich übersehen haben.

„Und? Wie habt ihr euch entschieden?", fragte Nicole, als sie aus der Küche zurückgekehrt war und Tee ausschenkte.

Barbora nickte und schaute verwundert zu Andrius, der den Kopf schüttelte. Schließlich trafen sich ihre Blicke. Ihr verwunderter und sein verwirrter.

„Trinken wir Tee", Nicole winkte ab, „schlaft eine Nacht drüber. Ist ja alles auch noch nicht ausgemacht. Christopher will euch erst mal in Augenschein nehmen, euch kennenlernen. Und erst dann trifft er eine endgültige Entscheidung."

Nachts, als Barbora schon schlief, stand Andrius auf und ging zum Fenster. Die Beine spürten die Wärme, die vom Heizkörper unterm Fensterbrett kam. Vom dunklen Zimmer aus sah er das Dunkel draußen. Andrius hatte sich vorgebeugt, Nase und Stirn fühlten die kühle Fensterscheibe, und er starrte auf den Ahorn, der in dem kleinen rechteckigen Hinterhof stand.

In dieser dunklen, späten Stille musste er daran denken, dass sie in Paris genauso unterschiedlich auf François' Vorschlag reagiert hatten, mit ihm zu seiner Mutter nach Lille zu fahren. Nur dass damals er genickt hatte und Barbora dagegen gewesen war. Jetzt wiederholte sich die Situation spiegelverkehrt. Aus Paris hatte es sie nach Lille verschlagen, von dem Klaudijus zuvor noch nie gehört hatte. Und nun rieten ihnen wohlgesonnene Menschen – und an Nicoles Wohlgesonnenheit konnte nicht der geringste Zweifel bestehen – weiterzuziehen. In irgendein Vimy, das wahrscheinlich noch nicht mal die Leute in Frankreich kannten, von Litauen ganz zu schweigen. Und was würde dort auf sie zukommen, wenn der neunzigjährige Greis sie tatsächlich aufnahm? Was würde werden? Sie würden einkaufen gehen, Ordnung machen, die Böden wischen, für ihn und sich kochen, seine Wäsche waschen. Aber war es das, wofür sie Vilnius verlassen hatten? Waren sie dafür nach Paris gegangen?

‚Und was ist mit dem Geld?', unterbrach eine überraschende und ganz und gar nicht pessimistisch klingende Frage seinen Gedankengang. ‚Wir werden schließlich bezahlt! Vierhundert plus vierhundert plus gratis Unterkunft!'

Andrius drehte sich zu Barbora um.

Er ließ sich die Sache mit dem Geld noch mal durch den Kopf gehen. Achthundert Euro pro Monat in einer Kleinstadt, wo sich das Geld wahrscheinlich gar nicht ausgeben ließ. Achthundert pro Monat, den größten Teil könnten sie mit Sicherheit auf die hohe Kante legen. Barbora hatte Recht. Wenn der Mann schon neunzig war, würde er sicher keine zehn Jahre mehr leben, wahrscheinlich nicht mal fünf. Vielleicht nicht mal drei. Und solange er noch lebte, würden sie ihn pflegen und sparen. Und wenn er starb, würden sie fortgehen, zurück nach Paris oder nach Vilnius.

Andrius verließ das Fenster und trat ans Bett. Wieder schaute er Barbora an. Liebevoll und zärtlich. Vorsichtig kroch er zu ihr unter die Decke, in die Reichweite ihrer gemeinsamen Wärme. Er küsste sie aufs Ohr und flüsterte: „Ich bin einverstanden."

Sie hörte ihn nicht, rührte sich nicht.

Noch einmal flüsterte er: „Ich bin einverstanden, Barbie!"

Ein zartes Lächeln trat auf ihre Lippen, das aus einem Traum oder von seinem Flüstern kam. Andrius drehte sich auf den Rücken, schloss die Augen und wünschte sich, das leise Rattern von Rädern in einem fahrenden Zug unter seinem Bett zu hören.

Am nächsten Morgen standen ihr Rucksack und ihre Tasche neben dem Couchtisch. Nicole, die in einem blassrosa Hausmantel und weichen, lautlosen Pantoffeln herunterkam, entdeckte das fertige Gepäck und nickte nachdenklich. Sie schaute aus dem Fenster und sah ihren Nachbarn mit zwei Baguettes unterm Arm – eins für sie, eins für sich – auf ihr Haus zukommen. Schnell öffnete sie die Tür, ehe die schrillende Klingel die morgendliche Stille zerstören konnte.

91. Kapitel. Pienagalys. Bei Anykščiai

„Wir müssen erweitern!", rief Vitas aufgeregt beim Morgenkaffee. „Wir schaffen es nicht, das siehst du doch! Wir können doch die Kunden nicht drei Monate auf einen Termin warten lassen! In der Zwischenzeit schnappen sie über oder es passiert sonst was ..."

Renata schaute ihn ernst an. Sie blickte zum Fenster – draußen an der Scheibe glitzerten Regentropfen in der Sonne. Langsam hielt der Frühling Einzug. „In drei Monaten kommt der Sommer“, sagte sie leise. „Dann haben die Leute andere Dinge vor. Sie fahren ans Meer ...“

„Sag ich doch.“ Vitas trank seinen Kaffee und schaute auch aus dem Fenster.

„Hast du Spammas gesehen?“

„Ich bin doch nicht sein Aufpasser! Wenn er sich rumtreiben will – bitte sehr!“ Plötzlich sagte Vitas vergnatzt: „Diese dämliche Maskentante vom Fernsehen hat ein Video mit Spammas auf Facebook gestellt! Da sieht der so was von räudig und jämmerlich aus! Wir würden Tiere quälen, hat sie druntergeschrieben. Und die Kommentare erst, die sie gekriegt hat! Schrecklich! Ich musste sie sperren!“

Renata verzog die Lippen und schwieg.

Gegen elf brachte ein kleiner Lieferwagen drei Pappkartons mit Farbe, die sie im Internet bestellt hatten. Der Fahrer beschwerte sich, dass auf der Schlammpiste hinter der Asphaltstraße überhaupt kein Durchkommen bis auf das Gehöft wäre.

Eine Stunde später hielt neben Renatas rotem Fiat ein weißer Jeep mit dem Logo einer Hundezuchtstation. Der Inhaber brachte fünf Terrierwelpen, um sie färben zu lassen und anschließend als Werbung für die Zuchtstation zu fotografieren. Es gab viel zu tun. Viola kam zu spät. Vitas wollte warten und servierte dem Kunden – einem hochgewachsenen, breitschultrigen Mann – in der Zwischenzeit Kaffee.

Um den beiden Männern nicht auf die Nerven zu fallen, ging Renata das Farbstudio putzen. Unterwegs streichelte sie Googlas, der größer geworden war, sodass niemand mehr auf die Idee kam, ihm seine Finger in den Rachen zu schieben und „Nun beiß mal schön zu!“ zu rufen.

Im Farbstudio, das Violas Frisiersalon verblüffend ähnelte, gab es nicht sonderlich viel zu putzen, aber der Farbgeruch war unangenehm. Renata öffnete beide Türen – die hölzerne Scheunentür und die weiße Plastiktür zum Studio.

Vom Hof aus wirkten die beiden Türen sehr seltsam, als würde in der alten Scheune etwas Supermodernes gebaut, eine Rakete oder ein Fahrzeug. Der Abstand zwischen den Türen betrug keine anderthalb Meter. Links neben der Plastiktür war ein schmaler Durchgang zur eigentlichen Scheune, wo das Brennholz aufgestapelt war und das Werkzeug lag, das nach Großvater Jonas niemand mehr benutzt hatte, und weiter hinten vielleicht noch mehr Holzscheite, Mistgabeln und Schaufeln lagerten.

Renata verließ die Scheune und schaute zum Himmel hinauf, in die Sonne.

Ihre Strahlen waren nun nicht mehr nur schön anzusehen. Sie brachten Wärme. Der Wald verlor seinen winterlichen Duft. Es roch nach feuchtem Moos und welkem Eichenlaub, nach vorjährigen Eicheln.

Renata fühlte eine warme, weiche Melancholie in sich aufsteigen. Die Stille verstärkte ihre merkwürdigen Empfindungen, als brachten die Sonnenstrahlen, die mit ihrer Wärme Luft und Erde belebten, den Herbst zurück. Nicht den Frühling, sondern gerade den Herbst.

Der letzte Herbst zog Renata geradezu magisch an. Ihre Erinnerungen waren genauso warm wie die Strahlen der Frühlingssonne. ‚Da hat Großvater Jonas noch gelebt', fiel ihr ein. ‚Erst hat er auf den Schnee gewartet, und als der gefallen war, hat er Eimer voller Schnee ins Haus geschleppt, sie auf den Herd gestellt, um den Schnee zum Schmelzen zu bringen. Manchmal hat er die Eimer im Flur abgestellt und manchmal bei sich in der Küche.' Sie sah das Grab von Großmutter Severiutė vor sich und wie der Großvater und sie auf den Friedhof von Andrioniškis zu ihrem Grab gegangen waren. ‚Wahrscheinlich taut der Schnee auf den Gräbern auch schon!', überlegte Renata. ‚Aber dort schmilzt er langsamer als auf den Feldern! Weil der Friedhof im Wald liegt, und der Wald liebt den Winter und lässt ihn ungern ziehen.'

Motorenlärm drang an Renatas Ohren. Er kam näher und fuhr förmlich in die Stille hinein. Sie drehte sich um. Der gelbe Fleck von Violas Smart kroch heran und wurde größer. ‚Na, Gott sei Dank', dachte Renata und freute sich, dass sie in ihrer Haushälfte gleich wieder allein war.

Sie ging ins Farbstudio und schaltete den Heizlüfter an, schloss beide Türen. In ein paar Minuten würde hier die Arbeit auf Hochtouren laufen. Eine merkwürdige Arbeit freilich, aber sie brachte immerhin etwas ein. Auf so eine Idee konnte allerdings nur jemand kommen, der in Kaunas zwischen Teufeln und Stimmrekordern aufgewachsen war.

Renata lächelte. Sie war nicht nur stolz auf Vitas, sondern auch auf sich selbst, weil sie mit ihrem Partner die richtige Wahl getroffen hatte.

Zehn Minuten später genoss Renata die Stille im Haus. Sie kochte sich einen Kräutertee, setzte sich an den Laptop, las ein paar Mails von Neukunden, trug ihre Handynummern und Namen in das Bestellbuch ein, ließ jedoch die Spalten mit dem Datum und der Uhrzeit frei. Es kam ihr komisch vor, den Kunden einen Termin in drei Monaten, für Mitte Juni, anzubieten. ‚Ich warte und spreche mit Vitas', beschloss sie. ‚Vielleicht können sie doch schon eher kommen? Vielleicht muss er bis zum Sommer das Wochenende streichen? Aber ganz ohne freien Tag?' Vitas' Worte am Frühstückstisch fielen ihr ein: ‚Erweitern? Die Scheune ist groß, Platz gibt es genug. Man könnte das Studio natürlich vergrößern. Aber können Vitas und Viola denn für vier arbeiten?'

Ein unangenehmer Geruch stieg ihr in die Nase. Sie drehte sich um. Ihr Blick fiel auf das Schälchen mit Spammas' Futter. Es stand da schon seit ein paar Tagen. Unberührt. Wieso hatte sie das Futter nicht früher weggeworfen?

Renata seufzte. Sie brachte das Schälchen in die Küche und spülte es mit Zitronenreiniger aus. Der Geruch verschwand. Ihre melancholische Stimmung war dahin. Sie dachte an den verschwundenen Kater. ‚Dem hat's hier einfach nicht gefallen.' Sie versuchte sich in den Kater hineinzuversetzen. ‚Er wurde hier drangsaliert, gefärbt ... Nein, gefärbt wurde er nicht hier. Sondern in Anykščiai bei Viola. Aber hier lebt der, der ihn gefärbt und bei Minustemperaturen ausgesetzt hat.'

Nach dem ersten Termin setzte Renata Viola und Vitas Sauerampfersuppe aus der Dose vor. Viola sagte, sie müsse heute früher weg. Vitas bat sie, sich Zeit zu lassen – sie hatten noch vier Termine vor sich. Als Renata ihnen zuhörte, kam ihr zum ersten Mal der Gedanke, sie könnte das Färben lernen, dann müsste Viola ihre Arbeit im Friseursalon nicht vernachlässigen und dauernd zu ihnen kommen! Aber als sie sich bildlich vorstellte, wie sie sich über ein armes, verschrecktes Kaninchen oder einen Welpen zwischen Vitas Händen beugte, Farbe aus der Tube auf einen feinen Kamm drückte, mit dem Kamm über den zitternden Rücken des Kaninchens oder Welpen fuhr, war ihr die Lust, Vitas zu assistieren, auch schon vergangen. „Nein", flüsterte sie, „das ist nichts für mich."

Abends sah sich Vitas erschöpft die eingegangenen Mails an. Renatas Zögern, den neuen Kunden einen Termin im Juni zu geben, konnte er verstehen. Er wusste selbst keinen Rat. Da klingelte sein Handy. Seufzend klemmte Vitas sein Handy ans Ohr. „Ja, ich", sagte er. „Wie? Nein, müssen Sie nicht. Er ist schon zurückgebracht worden, und ich habe schon bezahlt! Na und? Der Aushang ist nicht mehr aktuell. Das wird doch nicht mitgeteilt! Wieso denn Polizei? Sind Sie verrückt geworden? Vielleicht ist das gar nicht mein Kater! Wer hat das bestätigt? Viola? Und woher kennen Sie sie?“

Vitas nahm das Telefon von der rechten Schläfe und schaute Renata mit einem Leidensblick an, sein Ärger übertrug sich sofort auf sie. Er biss sich auf die Unterlippe und presste das Handy wieder ans Ohr. „Gut, liefern Sie ihn bei Viola ab. Sie gibt Ihnen das Geld, und ich erstatte es ihr!“ Und ohne sich zu verabschieden, drückte er den Anrufer weg und legte das Telefon auf den Tisch. „Der blanke Wahnsinn!“, beklagte er sich bei Renata. „Irgend so ein Typ, ein Nachbar von Viola, hat Spammas in Anykščiai gefunden und will ihn für zweihundert Litas zurückbringen.“

„In Anykščiai?“, wunderte sich Renata.

„Ja! Er sagt, die Plakate hängen noch, das heißt, dass wir ihn noch suchen! Wir müssen hinfahren und die verdammten Dinger abnehmen! Dieser Kater macht uns noch arm! Hör mal, vielleicht macht der das mit Absicht?“

„Wer?“

„Der Kater.“ Vitas’ Blick verriet fieberhaftes Nachdenken. „Er will sich rächen, weil wir ihn gefärbt haben. Jetzt rennt er andauernd weg, und jedes Mal bringt ihn jemand zurück und will zweihundert Litas haben! Sooo nicht!“, sagte er gedehnt. „Das ist das zweite und letzte Mal! Ich mache einen Aushang mit der Bitte, ihn nicht zurückzubringen!“ Ein verschmitztes Lächeln huschte über sein Gesicht. „Zweihundert Litas!“, wiederholte er und schüttelte verärgert den Kopf.

Viola brachte den vagabundierenden Spammas am nächsten Tag mit.

„Luder!“, knurrte Vitas, als er in die Bananenkiste schaute. Er trug die Kiste ins Haus, stellte sie im Wohnzimmer ab und ging in die Scheune, um sich auf seine Kunden vorzubereiten.

Renata unterbrach ihre Arbeit am Computer. Sie beugte sich über die Pappkiste und schaute mitleidig auf den Kater, der genauso räudig aussah wie zuvor, allerdings noch dünner geworden war. Sein Fell, stellenweise schmutzig und verklebt, stellenweise rotbraun, aber auf keinen Fall mehr so rot, wie er gefärbt worden war, zeugte von seinem Hang zu einem Lotterleben. „Bist du vielleicht ein Hofkater?“, fragte Renata laut. „Willst du vielleicht lieber draußen auf dem Hof leben? In einer Hütte? Mit Googlas zusammen? Ihr würdet euch schon irgendwie arrangieren!“ Renata lächelte und ging in die Küche. Dort füllte sie eine Dose Innereien vom Huhn in Spammas’ Schälchen. Sie stellte es in die Kiste, dem Kater vor die Schnauze. Als sie wieder an ihrem Laptop saß, hörte sie, wie sich der Kater gierig über die Pastete hermachte.

Kurz darauf brachte sie Schinken- und Käsebrote ins Hundestudio. Heute mussten Viola und Vitas ohne Mittagspause durcharbeiten. Vitas hatte den Terminkalender enger getaktet und den Samstag vorübergehend zum Arbeitstag erklärt. Nach intensiven Überlegungen war er zu dem Schluss gekommen, dass es zu riskant war, das Geschäft zu erweitern, denn dann müsste er neues Personal einstellen und anlernen, in Anykščiai ein Büro mieten und einen fähigen und verantwortungsvollen Manager suchen. Renata freute sich insgeheim über diese Entscheidung. Violas Anwesenheit hatte sie inzwischen akzeptiert, sie benahm sich ja auch vollkommen korrekt und hielt zu Vitas demonstrativ Abstand. Zumindest wenn Renata dabei war. Hätte Viola Ambitionen gehabt, wäre es Renata sowieso aufgefallen. Sie war doch kein dummes Huhn!

Gegen Abend fraß Spammas mit großem Appetit eine weitere Dose Katzenpastete. Der Kater lag immer noch in der Kiste, als würde ihn die Welt draußen nicht interessieren.

Nach dem Abendessen fuhr Viola nach Hause. Vitas checkte noch einmal die Mails und schaute den Terminplan durch, den Renata erstellt hatte. Er wackelte mit dem Kopf. „Irgendwie haben die Bestellungen abgenommen“, sagte er nachdenklich.

„Wir sind trotzdem für mehr als zwei Monate im Voraus ausgebucht!“, sagte Renata. „Wozu willst du denn mehr?“

„Ich will langfristige Sicherheit.“

„Ist langfristig bei uns immer nur mit Arbeit verbunden? Willst du im Sommer auch arbeiten?“

Vitas schaute Renata neugierig an. „Hast du etwa andere Pläne?“

„Wir könnten ja irgendwohin fahren. Oder fliegen! Du wolltest doch nach Italien!“

„Klar, können wir machen!“, rief Vitas. „Wir müssen uns nur entscheiden, wann. Willst du wirklich nach Italien?“

„Ja“, sagte Renata und nickte. „Ich möchte Rom und Venedig sehen!“

Vitas freute sich, in einer plötzlichen Gefühlsaufwallung umarmte er Renata und küsste sie.

„Was ist denn mit dir?", wunderte sich die junge Frau.

„Ich hatte schon Angst, dass du dich von deinem Pienagalys, von deinen *Milchwurzeln*, überhaupt nicht losreißen kannst."

„Das habe ich nie gesagt", flüsterte Renata.

Renata konnte nicht einschlafen. Wie schon etliche Male lag sie auf der Seite und betrachtete den schlafenden Vitas, sein Gesicht, seine Stirn. Einmal nur stand sie auf, um im Wohnzimmer nachzusehen, was Spammas machte.

Der Kater lag in seiner Kiste, mit der Schnauze auf dem Schälchen. Die Kiste war zu eng. Sanft hob Renata mit der rechten Hand die Schnauze des Katers an und zog mit der linken das Schälchen heraus. Der Kater öffnete die Augen und schaute Renata an.

„Denk bloß nicht, dass ich dir jetzt was zu fressen bringe!", flüsterte sie. „Es ist ungesund, nachts zu fressen. Morgen früh gibt's wieder was!"

Dann schlüpfte sie zurück ins Bett.

‚Zwei Männer im Haus', dachte sie und blickte zu Vitas hinüber. ‚Der eine gepflegt, der andere räudig! Und sie können sich nicht riechen! Was soll ich nur mit ihnen machen?'

Ehe Renata eine Antwort gefunden hatte, war sie eingeschlafen.

92. Kapitel. Irgendwo zwischen Saint-Dizier und Reims

Der dunkelhäutige junge Typ hinter dem Steuer des riesigen Sattelschleppers, der einen zweiten Anhänger mit einem weiteren Container zog, war um einiges gesprächiger als der Pilot. Er erzählte gleich, dass er im Kongo geboren wurde, aber in Marseille aufgewachsen war, wohin seine Eltern in einem ebensolchen Container – bei diesen Worten deutete er mit einem Blick hinter sich – übergesetzt hatten.

„Und was haben Sie in Ihren Containern drin?" Kukutis lebte auf. Die Unterhaltung mit diesem jungen Mann würde locker und berechenbar werden, das sah er gleich.

„Chinesisches Bier. Für England."

„Chinesisches Bier?", wunderte sich Kukutis. „Hab ich nie probiert! Trinken die Engländer das denn?"

„Wenn ich es liefere, werden sie es wohl trinken", antwortete der Fahrer heiter. „Sie wollen sicher zu Ihren Kindern? Die Kinder besuchen ihre Eltern ja heutzutage selten, das ist eben so. Meine sitzen in Marseille und beschweren sich auch andauernd! Aber wenn ich im Hafen von Marseille zu tun habe, schaue ich immer bei ihnen rein!"

„Ja, ich fahre zu den Kindern, aber nicht zu meinen eigenen", sagte Kukutis mit einem leichten Zögern. „Die haben Probleme ... Brauchen meine Hilfe."

Der dunkelhäutige Trucker nickte verständnisvoll. „Ja, viele Leute haben Probleme", sagte er zustimmend. „Alles wird teurer, es gibt keine Arbeit. Soll ja wieder eine weltweite Krise kommen, hab ich gehört, dann schafft Amerika den Dollar ab und druckt wieder britische Pfund."

„Ach was?", rief Kukutis. „Wieso denn britische Pfund in Amerika?"

„Na, Amerika ist doch mal britisch gewesen, so wie der Kongo französisch war! Bei uns gibt's viele, die gerne wieder Kolonie wären. Aber Frankreich will uns ja nicht mehr haben, da machen wir uns selbst auf den Weg." Der junge Mann lachte, dann verstummte er, als er rechter Hand einen großen Vorwegweiser sah. „Ich lasse Sie in Reims raus. Von dort sind Sie schnell in Paris. Ich muss weiter Richtung Norden, nach Calais."

Kukutis überlegte. Etwas irritierte ihn. Seine rechte Hand fuhr von selbst unter den Mantel und legte sich aufs Herz. ‚Ich habe gar nicht mehr hingehört in letzter Zeit!', stellte Kukutis fest und war böse auf sich. Er verscheuchte die Gedanken und schuf Stille. In dieser Stille richtete er sein inneres Ohr auf sein Globusherz und nahm an verschiedenen Stellen Schmerzen, Kribbeln oder unangenehmes Zittern wahr. ‚Ihr seid viele, und ich bin allein', drängte sich ein Gedanke in die Stille. ‚Hau ab', pfiff Kukutis ihn an, und es wurde wieder still.

Er schloss die Augen. Spürte seine Finger auf dem Herz zittern. Es schlug schneller. Der wohlbekannte Schmerz wurde stärker, verdrängte alle anderen Regungen. Aber jetzt stach es nicht in Paris, sondern in Südengland, in Kent. Paris schwieg. Nur irgendwo weiter nördlich, in der Nähe von Paris, versetzte ihm die Nadel eines fremden und zugleich vertrauten, eines litauischen Schmerzes einen Stich. Eine feste Hand schien diese Nadel zu führen. Fest und stark. Wenn sie zudrückte, würde sie die Nadel bis zum Öhr in Kukutis' Herz hineinschieben.

Kukutis bekam Angst. Angst, an den falschen Ort zu fahren. Paris schwieg. England schmerzte. Und dann diese Nadel in Nordfrankreich ...

„Fahren Sie direkt nach England?", fragte er den Fahrer.

„Ja, mit der Fähre."

„Kann ich dann vielleicht mit?“, bat Kukutis zögerlich.

„Bis zum Meer – ja. Aber weiter nicht. Da kommt dann der Zoll und das alles ... Die Engländer sind sehr streng. Es ist verboten, Fremde mitzunehmen, auch wenn sie einen gültigen Pass haben!“

„Und ist es weit von Calais bis nach England?“, fragte Kukutis, obwohl er die Antwort wusste, noch aus Schulzeiten. Seine Geografielehrerin hatte ein Faible für Mathe und stellte den Schülern ab und zu Aufgaben wie: „Von Panevėžys nach Šiauliai ist es doppelt so weit wie von Calais nach Dover. Wie groß ist die Entfernung zwischen Calais und Dover?“

„Mit der Fähre sind es zwei Stunden“, antwortete der Trucker. „Aber man kann auch fliegen! Allerdings nicht nach Dover, sondern weiter!“

„Nein, danke!“, sagte Kukutis kopfschüttelnd. „Dann schon lieber übers Wasser.“

93. Kapitel. Margate. Grafschaft Kent

Klaudijus' Arbeitstag endete dieses Mal hektisch, und der dramatische Schluss spiegelte in gewisser Weise das heutige Wetter: trüb, feucht, böig, windig. Eine Stunde lag dieser unangenehme Moment nun zurück, László und Tibor waren schon zur Bushaltestelle gegangen, um nach Hause zu fahren. Und er saß immer noch im Stall bei den Kaninchen und Meerschweinchen auf dem alten Stuhl an der Werkbank aus Holz, die jetzt als Tisch diente. Er saß da und schaute ab und an auf den Käfig, in dem Ingrida hockte. Schaute hin und wunderte sich über sich selbst. Wunderte sich, dass der im letzten Moment abgewendete „Verlust“ des Tieres ihm derart die Laune verdorben hatte. Denn eigentlich war ja nichts weiter passiert. Ein Käufer war gekommen – ein Rumäne um die vierzig, klein, gedrungen, in Jeans und schwarzer Lederjacke. Mit einem zehnjährigen Mädchen. Sie hatten einen Käfig gekauft und suchten nun ein Kaninchen. Das Mädchen zeigte sofort auf das schwarze. Klaudijus versuchte dem Vater zu erklären, dass das schwarze Kaninchen schon alt sei und bald sterben würde. Dass sie besser das graue aus dem anderen Käfig nehmen sollten oder das andere schwarze neben dem grauen. Die zwei seien jung und noch klein. Sie ließen sich streicheln und würden zahm werden. Doch der Rumäne verstand so gut wie kein Englisch. Er hielt nur das Geld in der Hand und schaute seine Tochter an. Zum Glück verstand er irgendwann den

Ausdruck „very old rabbit“, erklärte seiner Tochter auf Rumänisch, was los war, und schließlich zogen sie mit dem grauen Kaninchen und dem neuen Käfig von dannen. Klaudijus blieb verstört zurück. ‚Ich brauche einen Schluck‘, dachte Klaudijus und schaute zum x-ten Mal auf sein Handy, um zu sehen, wie spät es war.

Im Zentrum von Margate stieg er aus und ging in seine geliebte illegale Spelunke mit den Zeitungsausschnitten an den Wänden. Er nahm ein Bier und fragte, ob es noch was Stärkeres gebe.

Der Barkeeper nickte, und ohne weitere Fragen zu stellen, bückte er sich unter den Tresen. Klaudijus hörte das Ploppen eines gezogenen Korkens, dann ein kurzes Gluckern. Ein gefülltes Glas schwebte auf den Tresen zu ihm herab.

„Was ist das?“, wollte er wissen.

„Loza“, antwortete der Barkeeper. „So was wie Grappa“, fügte er hinzu, als er das fragende Gesicht seines Stammkunden sah.

Als Klaudijus sich an den eisernen Gartentisch gesetzt hatte, drehte er sich noch einmal zu ihm um.

‚Ich könnte mich ja ein bisschen mit ihm unterhalten‘, überlegte er, verwarf diesen Gedanken aber sofort wieder. ‚Worüber soll ich schon mit ihm reden? Darüber, wie er hierhergekommen und Barkeeper geworden ist? Und dann hört er sich meine englischen Kapriolen an? Als ob er das nötig hat!‘

Er nippte an seinem Loza und nahm einen Schluck Bier. Eine gelungene Kombination.

‚Was zu essen wäre nicht schlecht.‘ Klaudijus drehte sich wieder zur Theke um, auf der normalerweise ein Tablett mit in Folie gewickelten Sandwiches für ein Pfund stand.

Heute gab es keine Sandwiches. Davon bekam Klaudijus gleich noch mehr Hunger. In seinem Inneren fühlte es sich unwirtlich an wie in einem Haus ohne Dach. Die Aufregung nach dem Zwischenfall war noch da und drängte sich wieder ins Bewusstsein. Klaudijus wollte den Schuldigen finden. Das rumänische Mädchen kam als Auslöser für seine schlechte Laune nicht in Frage, ihr Vater gleich gar nicht. An ihrer Stelle hätte auch irgendjemand anders kommen können, jeder, der warum auch immer beschlossen hat, sein Leben um ein Kaninchen oder Meerschweinchen zu bereichern. Vielleicht hatte die ganze Geschichte mit der Rettung der schwarzen Ingrida mit seiner inneren Verfassung nichts zu tun? Vielleicht war sie einfach nur ein Katalysator für Zweifel und Kümmernisse, die sich in Klaudijus aufgestaut hatten und sich jetzt Bahn brachen? Und wenn das tatsächlich so war, gab es nur einen Grund – ihn allein. Denn „er allein“ war das, woraus sein jetziges Leben bestand und sich nicht fügte. Und das war auch Ingrida mit ihren Flausen und ihrer Resolutheit und Eigenwilligkeit. Sie wollte doch nach London und nicht er! Er hatte zu ihren Wünschen nur ja und amen gesagt. Sie war es doch gewesen, die noch vor dem Musikfestival auf ihn zugegangen war. Sie hatte ihn sozusagen bei der Hand genommen und sich zu eigen gemacht. Hatte ihn mit nach London genommen und zum Emigranten gemacht. Hatte ihn mit nach Surrey genommen und zum Gärtner gemacht. Und dann hatte sie ihn zu einem Kaninchenkäfig-Manufakturisten gemacht. Dämlich!

Klaudijus schüttelte sich. Er trank seinen Loza aus und orderte beim Barkeeper Nachschub.

„Was kostet der?“, fragte er und deutete vorsichtshalber auf das frisch gefüllte Glas.

„Ein Pfund“, antwortete der Barkeeper. „Bei uns kostet alles ein Pfund.“

Den Preis fand Klaudijus mehr als annehmbar. Der Preis verscheuchte sogar ein wenig seine Sorgen, und er vergaß Ingrida für ein Weilchen.

Aber dann, als er auf der gewohnten Strecke über dem Meer in seiner Straße angelangt war und in Ingridas und Miras Fenster Licht sah, war alles wieder da: die Gedanken von vorhin, die Verbitterung, die Wut.

Zum ersten Mal während der ganzen Zeit öffnete Ingrida persönlich. „Ich wollte mich gerade hinlegen“, sagte sie müde, ohne ihn zu begrüßen.

„Lass uns spazieren gehen, wenigstens zehn Minuten“, forderte Klaudijus energisch. „Ich will dich was fragen.“

Ingrida schaute ihn zweifelnd an, zuckte mit den Schultern. „Gut. Zehn Minuten. Aber nicht länger. Warte unten!“

Vom Meer her, das sich um diese dunkle Tageszeit zurückgezogen hatte, wehte Wind. Ein kühler, salziger, seltsam trockener Wind, der mit seinen unsichtbaren Fingern Stirn und Wangen berührte.

Klaudijus stand etwa zwei Meter vor der Klippe über dem Strand. Mit geschlossenen Augen stand er da. In seiner Vorstellung lief ein einfacher und grausamer Trickfilm ab, den eine Kinderhand mit Bleistift in die Ecken eines Notizblocks oder Buches gekritzelt hatte. Jemandes Finger bogen zum x-ten Mal die Seiten nach oben und ließen sie los, und während die Seiten raschelnd in die Ausgangsposition zurückfielen, stürzte ein Mädchen mit Zöpfen von der Klippe. Im Fallen drehte es sich und verschmolz irgendwann mit der Linie, die Erde oder Ufer markierte.

Er schüttelte den Kopf und verscheuchte den Film, öffnete die Augen und stellte sich vor, wie Ingrida von der Klippe stürzte. Schweigend, mit geschlossenem Mund und aufgerissenen Augen, starr vor Schreck. Sie fiel lange, ganz so, als wäre die Klippe nicht fünfzehn Meter, sondern einen Kilometer hoch. Sie fiel, und er sah ihr von oben zu, folgte ihr mit seinem Blick. Zum letzten Mal.

Klaudijus spürte ein Stechen im Herzen. ‚Echter Schmerz oder Einbildung?', fragte er sich und machte ein paar Schritte zurück, weg von der Klippe.

„Bist du schlecht gelaunt?" Ingridas Stimme war unvermittelt in seinen Raum eingedrungen und hatte ihn verschreckt. Wegen des Windes hatte er sie nicht kommen hören.

„Ja." Klaudijus drehte sich um. „Du hast mir heute Abend sehr gefehlt. Und gestern auch ... Überhaupt fehlst du mir ständig! Wir leben getrennt, wir arbeiten zwar zusammen, aber nach Hause, also hierher fahren wir nie gemeinsam. Wir haben kein Zuhause ... Wann können wir endlich wieder zusammenleben?"

Ingrida schwieg. Schwieg mehrere Minuten.

Der Wind fuhr Klaudijus in den Rücken, zauste seinen Hinterkopf, seinen Nacken. Im Dunkeln wurde der Wind zu einem Tier, einem Raubtier, das einen Menschen anfallen, ihn aber genauso gut ignorieren konnte.

„Vielleicht nie mehr", sagte Ingrida halblaut.

Klaudijus traute seinen Ohren nicht. Er dachte, wegen des Windes hätte er ihre Worte falsch oder nur halb verstanden.

„Nie mehr", wiederholte Ingrida jetzt lauter und entschlossener. „Wir zwei werden nie mehr zusammenleben." Ihre Augen schauten Klaudijus traurig und mitleidig an.

„Liebst du mich denn nicht mehr?", fragte Klaudijus und hörte seine eigene Stimme nicht. Wegen der nächsten Windböe, die vom Meer her kam.

„Ich habe noch nie wirklich geliebt." Ingrida blickte zur Seite. In Richtung Klippe. Zwischen ihnen und dem Rand der Klippe zerraufte der Wind das nachwachsende und noch ungemähte Gras. Es wogte.

„Du hast mir gefallen und gefällst mir auch jetzt noch." Ingrida sah Klaudijus in die Augen und senkte gleich darauf den Blick. „Ich hab gedacht, das kommt schon noch, wenn ich dich erst besser verstehe, wenn du ein fester Bestandteil von meinem Leben geworden bist. Bist du aber nicht geworden. Du hast es nicht geschafft. Man muss sich nicht unbedingt lieben, um zusammenzuleben. Was man unbedingt braucht, sind Übereinstimmung und Geduld. Wenn du meinen Charakter hättest, würden wir schon in einem eigenen Haus leben. Aber du hast überhaupt keinen Charakter. Bloß Charme ..."

„Ingrida!"

„Nenn mich Beatrice, sonst rede ich überhaupt nicht mehr mit dir."

Klaudijus erschrak, resignierte. „Gut, Beatrice", hauchte er.

„Ich sag's ja: kein Charakter!"

„Und was habe ich?", fragte Klaudijus bitter.

„Du hast Arbeit. Dank mir. Du hast ein gutes Herz und bist anpassungsfähig. Du gibst dich mit wenig zufrieden. Du bist anspruchslos. Ich nicht. Ich bin bereit, mich zu ändern, du nicht! Ich habe mich schon in vielem geändert, mich an das Leben hier angepasst. Wir sind doch nicht mehr in Litauen, wo man sich auf einem Hof in Anykščiai einrichten und aufs Alter warten kann. Wir sind in England, wir führen Krieg. Krieg um eine glückliche Zukunft. Nur dass ich jetzt meinen Krieg führe und du deinen.

„Ich bin bereit." Klaudijus' Stimme klang kleinmütig. „Ich bin bereit, mich zu ändern."

„Soll ich dir einen Rat geben?" Ingrida berührte seine Wange, fuhr über die weichen Stoppeln, die seit dem Morgen gewachsen waren. „Fang mit dem Namen an! Wenn du den Namen ändern und dich an den neuen Namen gewöhnen kannst, dann ist noch nicht alles verloren. Dann treffen sich vielleicht irgendwo mal zwei wieder: Beatrice und Claude oder Beatrice und Jonathan. Ist übrigens ein schöner Name, Jonathan!" Sie lächelte kindlich befreit, aber das Lächeln war flüchtig wie ein Blitz. „Aber wenn sich hinter dem neuen Namen nur der alte Klaudijus verbirgt, dann hat es überhaupt keinen Sinn, dass er sich mit Beatrice trifft. Sie wird nicht einmal mit ihm reden. Verstanden?"

Klaudijus hatte verstanden, nickte aber nicht und sagte auch nichts. Reglos stand er da und schaute Ingrida kalt an.

Er sah ihr bis zur Eingangstür nach. Dann ging er wieder zur Klippe, schaute nach unten.

Eine starke Böe schob ihn vom Rand weg. Er machte noch ein paar Schritte nach hinten, weil er Angst hatte, zufällig zum Helden dieses imaginierten Trickfilms zu werden, den eine Kinderhand gekritzelt hatte.

94. Kapitel. Farbus. Nord-Pas-de-Calais

In der Nacht träumte Andrius, er wäre ein Basketball. Er fühlte jedes Paar Hände, in das er geriet und das versuchte, mit ihm einen Korb zu werfen. Alle Versuche scheiterten. Und während er anfangs jedes Händepaar an den Berührungen eines vorangegangenen Spiels erkannte, war Basketball in diesem Traum plötzlich kein Spiel mehr, aber Andrius war immer noch der Ball. In Paris war er François in die Hände gefallen, und dort hatte die merkwürdige Partie begonnen. François rannte lange mit ihm – dem Ball – in der Hand und konnte sich nicht entschließen, auf einen der Körbe zu werfen, sondern spielte den Ball seiner Mutter Nicole zu, einer grauhaarigen Frau, deren Sehkraft von der langen Lehrertätigkeit erlahmt war und die die Stille und ihren kleinen Garten im Hinterhof liebte. Sie hatte gute Hände. Sie hielt den Ball vorsichtig, doch war er für ihre Hände und ihr Alter zu schwer. Also legte sie ihn in ihren alten weißen Renault Logan und brachte ihn hierher, ans Ende der Zivilisation oder ans Ende der französischen Zivilisation, nach Farbus, das an einen litauischen Weiler erinnerte und in der Nachbarschaft des etwas größeren Dorfes Vimy lag.

Eine einsame Windböe stürmte ums Haus. Oder war es ein einsam wandernder Wind, der gegen die Hauswand drückte, an den Fensterscheiben rüttelte und abließ, um das Haus von oben und von der Seite zu umkreisen? Die Scheibe im Schlafzimmer klirrte leise. Wenn man wach war, konnte man es leicht überhören, aber es drang in Andrius' Schlaf. Denn der war unruhig und flach, offen für alle Töne von außen.

Andrius schlug die Augen auf. Die Dunkelheit tat ihnen nicht weh. Die Dunkelheit schützte die Gegenstände und Wände und verschaffte ihnen eine Pause vom Zwang, gesehen zu werden.

Barbora schlief ruhig. Andrius hörte ihren Atem und konnte ihr Gesicht auf dem Dunkelgrau des eigentlich weißen Kissens fast erkennen.

Er rückte an den Rand des breiten Doppelbetts und schwang die Beine hinaus. Mit den Zehen reichte er kaum bis auf den Holzfußboden hinunter. Das Bett schien eine Spezialanfertigung für den Hausherrn zu sein, den neunzigjährigen Hünen Christopher, der sie gestern an der Haustür in Empfang genommen hatte. Mit seinen knapp zwei Metern sah er aus wie die Figur aus einem historischen Roman. Ein Tor an einer Burg mit Wehrtürmen und Schießscharten hätte sich als Empfangskulisse für ihn viel besser geeignet.

Der gestrige Tag war Andrius gegenwärtig bis ins kleinste Detail. Christopher stand in der Tür, hinter ihm der Rollstuhl. Der schien mit Christopher gar nichts zu tun zu haben, so sicher stand der Greis, als er ihnen die Tür öffnete und Andrius die Hand reichte. Er hatte einen festen Händedruck. Wie ein Mann in der Blüte seiner Jahre.

Als sie dann hineingingen, glitt er elegant in den Rollstuhl, wendete furios und fuhr voran ins Wohnzimmer. Dort stand er ebenso elegant, fast mühelos, auf, setzte sich an den Esstisch und lud die Gäste ein, sich neben ihn zu setzen. Er sprach ein schönes Englisch, und es schien ihm Freude zu machen. Dem Englisch von Andrius und Barbora hörte er interessiert zu.

„Ich bin noch nicht so kraftlos, wie man denken könnte", sagte er und deutete auf den Rollstuhl. „Ich übe noch." Sein Blick wanderte vom Rollstuhl zur Anrichte, wo hinter einer Tür, die mit einer gemusterten, geriffelten Scheibe verglast war, eine Reihe von Flaschen zu erahnen waren. „Könnten Sie mal den Whisky rausholen?", fragte er Andrius. „Die rechte Flasche. Und zwei Gläser."

Andrius nahm die Flasche aus der Anrichte, füllte zwei Gläser und kehrte zum Tisch zurück.

Christopher lächelte, als hätte Andrius soeben seine erste Prüfung bestanden, und setzte das Glas an. Er seufzte. Zwölf glückliche und fast zehn ruhige Jahre habe er in diesem Haus verbracht, erzählte er. Er sei glücklich gewesen, bis Jennifer, seine Frau, starb. Sie mochte dieses kleine Dorf nicht und vermisste Winnipeg, wo sie geheiratet und den lustigeren Teil ihres gemeinsamen Lebens verbracht hatten. Obwohl es an Winnipeg eigentlich nichts zu vermissen gab: Die Winter und der schneidende, kalte Wind schafften es, einen Menschen zum Einsiedler zu machen, der sich bis zum Sommer in eine enge und dunkle Höhle zurückzog. Selbst als Jennifer merkte, dass ihre Tage gezählt waren, bat sie Christopher nicht, sie nach Kanada zurückzubringen. Er hätte es getan, aber sie hatte ihn nicht darum gebeten. Und deswegen lag sie hier begraben, ganz in der Nähe, auf dem Friedhof von Vimy. Sie war nicht die erste Angehörige, die ihre letzte Ruhe in dieser Erde gefunden hatte. Sein großer Bruder war ebenfalls hier begraben. Der große Bruder, an den er keine Erinnerung hatte und auch nicht haben konnte, weil er erst nach seinem Tod geboren worden war. Geboren worden war er, um den im fernen Frankreich gefallenen Bruder zu ersetzen, der wie Tausende anderer kanadischer Soldaten im Feld geblieben war. Die Eltern waren schon knapp vierzig, als sie erfuhren, dass ihr einziger Sohn nicht mehr am Leben war, und sich entschlossen, ein weiteres Kind zu zeugen. Und dann hatte sich der Jüngere entschlossen, seine Tage in der Nähe des Älteren zu beschließen.

„Stellen Sie sich das mal vor", sagte Christopher plötzlich verwundert, „theoretisch könnte ich den hundertsten Todestag meines Bruders erleben!" Er lächelte traurig und schwieg, nippte wieder am Whisky. „Wollen Sie sich vielleicht einen Tee machen?" Er schaute Barbora an. „Da ist die Küche", sagte er und zeigte auf eine zweite Tür.

Gehorsam verließ Barbora den Raum. Der Alte erzählte weiter, sein Blick war auf Nicole gerichtet, die reglos dasaß und auf seine Lippen schaute, als würde sie ihm nicht zuhören, sondern von seinen Lippen ablesen.

Barbora brachte zwei Tassen Tee. So saßen sie alle am Tisch: die Männer beim Whisky, die Frauen beim Tee. Und Christopher erzählte weiter von sich und von seinem Leben, als hätte er mehrere Jahre geschwiegen und niemanden gehabt, mit dem er sich unterhalten konnte.

Vor den beiden breiten Wohnzimmerfenstern wurde das Licht schwächer, und als Christopher Andrius bat, die Deckenlampe einzuschalten, wurde Nicole unruhig. Sie sagte, sie hätte Angst, im Dunkeln zu fahren, und müsse nun los. Und dass sie erfahren wolle, wie Andrius und Barbora – ihre Schützlinge und Freunde ihres Sohnes – zurechtkamen. Und ob Christopher mit der telefonischen Vereinbarung, wonach die Pflegeversicherung Barbora als Pflegekraft bezahlte und er noch vierhundert Euro drauflegte, einverstanden wäre.

Christopher beruhigte Nicole und das junge Paar. „Die zwei kriegen das ehemalige Schlafzimmer von Jennifer und mir. Das ist das beste Zimmer im Haus. Ich brauche es nicht. Ich schlafe schon lange in meinem Arbeitszimmer. Das ist gemütlicher, wenn man allein ist. Wir können ruhig eine Woche Probezeit vereinbaren. Für Sie", er schaute Andrius und Barbora an, „und für mich. Wenn Sie mit mir als Pflegepatient klarkommen und ich mit Ihnen, dann ist es für uns alle gut."

Er begleitete Nicole nicht mit hinaus. Barbie und Andrius verabschiedeten sich von ihr vor dem Haus. Andrius schenkte ihr den dritten Trüffel, den sie weit entfernt von hier im Burgund zwischen Dijon und Beaune gefunden hatten. Sie war gerührt, lehnte ab, nahm das Glas aber schließlich doch.

In der ganzen Zeit, in der sie sich mit Christopher unterhalten hatten, war draußen kein einziges Auto vorbeigefahren. Nicoles weißer

Renault Logan verschwand, kaum dass er losgefahren war, hinter einer Kurve aus dem Blick.

Als sie ins Haus zurückgingen, verspürte Andrius Hunger. Während des ganzen langen Gesprächs hatte der Alte ihnen überhaupt nichts zu essen angeboten. Vielleicht aß er gar nichts?

Im Schein der Deckenlampe wirkte das Wohnzimmer gemütlicher und altmodischer. Die Anrichte mit der dunklen unteren und der verglasten oberen Tür glänzte im edlen Lack. Das Liegesofa und die Couch waren neu, trotz ihres altmodischen Designs. Mehrere gerahmte Fotografien an den Wänden reflektierten das Licht.

Andrius traute sich, seinem betagten Gastgeber zu sagen, dass er Hunger hätte. Christopher griff sich mit seiner breiten Hand an den Kopf und lachte ein kollerndes Lachen. „Natürlich!", rief er. „Das vergesse ich immer! Nimm dir was aus dem Kühlschrank!"

Andrius schaute in die Küche, öffnete den geräumigen Kühlschrank, fand darin aber nur drei Eier, altbackenes Brot, Butter und eine noch verschlossene Ecke Brie. „Gibt's hier irgendwo ein Café oder ein Restaurant?", fragte er, als er wieder ins Wohnzimmer kam.

„Ja, natürlich", sagte der Alte und nickte. „Fünfzehn Minuten zu Fuß, auf der Rue de la Gare direkt im Zentrum!"

„Hätten Sie was dagegen, wenn Barbora und ich für ein Stündchen weggehen?", fragte Andrius vorsichtig.

„Nein." Christopher zuckte mit den Schultern. „Ich lasse die Tür offen."

Ein feuchter, kalter Wind blies ihnen ins Gesicht. Aus den erleuchteten Fenstern fiel Licht auf die Straße. Die Häuser standen nicht in einer Reihe wie in einer Straße in der Stadt, sondern lagen so verstreut, dass keins auch nur zufällig einem anderen auf der gegenüberliegenden Straßenseite direkt vis-à-vis stand. Hinter den Zäunen und Hecken wuchsen hohe Bäume, die im Halbdunkel wie alte Apfelbäume aussahen.

„Ein Kuhdorf!" Andrius waren das Schweigen und die Stille zu viel. Er schaute Barbora an. Sie reagierte nicht.

Wie gelbe Fliegen flammte die Straßenbeleuchtung vor ihnen auf, und Andrius legte einen Schritt zu. Die Häuser rückten auf einmal näher zusammen und bildeten zwei normale Häuserzeilen. Das Licht fiel üppiger auf den Gehweg und die Straße, verschönerte den Abend, gab ihm einen heiteren und romantischen Ton.

„Und?", rief Andrius und drehte sich im Gehen zu Barbora um. „Bist du zufrieden?" Seine Stimme klang nett.

„Bis jetzt ja“, sagte sie leise. „Ich habe nur Hunger.“

„Ich auch. Gleich gibt’s was.“

Vor ihnen waren Straßenlaternen zu sehen, die sich auf einer Straßenseite aneinanderreihten. Sie liefen noch dreihundert Meter weiter, im Lichtkegel der Laternen. Ein zweistöckiges Ziegelhaus, dessen Lichtstrahl Andrius heller vorkam, lockte sie an. Sie traten näher und blieben unter dem Schild *Café Le Bistro* stehen.

Drinnen empfing sie ein Schwall warmer Luft, der von der Klimaanlage direkt auf die Eingangstür gerichtet war. Am Tresen stand ein alter Mann mit einem Glas Wein in der Hand, vor sich eine Tasse Espresso und eine karierte Mütze. Der Barkeeper war klein, hager, mit einer spitzen Nase und einem Fünftagebart, über den Wangen und am Hals sorgfältig ausrasiert. Die beiden Männer schauten Barbora und Andrius an.

„Bonjour!“, sagte Andrius freundlich.

„Bonsoir, Monsieur!“, antwortete ihm der Barkeeper.

„Vous avez quelque chose à manger?“,* fragte Andrius und wunderte sich, wie flott ihm diese Frage auf Französisch über die Lippen kam.

„Pas beaucoup· Une seconde, s’il vous plaît!”** Der Barkeeper verschwand hinter einer Tür, die wahrscheinlich in die Küche führte. Er ließ sie angelehnt, und deswegen hörten Barbora und Andrius das metallische Klappen der Kühlschranktür. Ein Klappen – die Tür war auf, einige Sekunden später ein lauteres Klappen – die Tür war zu. „Il y a un peu de saucisson et de fromage“,*** sagte er, als er in den Raum zurückgekehrt war.

Andrius nickte. Sie setzten sich an einen Tisch. Der Barkeeper ging wieder in die Küche. Der Alte am Tresen trank gemächlich seinen Wein, tastete hin und wieder nach seiner karierten Mütze und fuhr damit mal links, mal rechts über das polierte Holz des Tresens, als wollte er Staub wischen.

Der Holzkorb mit dem Brot kam mit einer Karaffe Wein und zwei Gläsern. Der Barkeeper lächelte und brabbelte irgendwas auf Französisch. Sein zweites Erscheinen bereicherte den Tisch um einen Teller mit welligen Wurstscheiben und einen mit Käse.

---

* Haben Sie etwas zu essen? (frz.)

** Nicht viel. Eine Sekunde bitte. (frz.)

*** Wir haben noch ein bisschen Dauerwurst und etwas Käse. (frz.)

„Ich habe gar nicht gehört, dass du Wein bestellt hast“, wunderte sich Barbora.

„Ich auch nicht“, sagte Andrius lächelnd. „Aber wahrscheinlich sieht man uns an, dass wir welchen wollen.“

„Na, mir auf jeden Fall.“ Barbora schnitt sich ein Stück Camembert ab und strich ihn auf ein Stück Baguette. „Wie findest du unseren Alten?“

Andrius zuckte mit den Schultern. „Ganz in Ordnung, hält sich wacker, weiter ist mir nichts aufgefallen.“

Die beiden blieben eine Stunde sitzen und hörten immer mal wieder auf das Gespräch zwischen dem Alten und dem Barkeeper, das ihre Ohren eher als Ton-, denn als Wortfolge aufnahmen. Sie erinnerten sich an Paris, und Andrius dachte im Stillen an Paul und Philippe. Sogar an die Dezembernacht in Anykščiai bei Renata und ihrem Großvater Jonas dachten sie. Und während sie sich erinnerten, stellten sie übereinstimmend fest, dass die Zeit in Frankreich tausend Mal schneller verging als in Litauen und dass es ihnen deshalb jetzt so vorkam, als würden sie schon ein paar Jahre hier im Land leben und auf der Suche nach Sicherheit und Glück von einem Ort zum anderen ziehen. Sie teilten ihre Erinnerungen und Eindrücke und verstummten. Es entstand eine Pause. Der Wein war getrunken, das Baguette, die Wurst und der Käse verzehrt.

Als sie nach Hause zurückkehrten, saß Christopher im Wohnzimmer und sah fern. Er schaltete den Fernseher aus, als die beiden kamen, und zeigte ihnen ihr Zimmer. „Ich bleibe noch ein bisschen sitzen“, sagte er, ehe er sie allein ließ. „Wenn Sie nachts Schritte im Flur hören, ignorieren Sie sie. In meinem Alter schläft man selten tief und lange.“

Vielleicht weil Christopher diesen Satz gesagt hatte oder doch eher wegen des neuen Ortes und des neuen Bettes konnte Andrius erst nicht einschlafen und träumte dann den brüchigen, flüchtigen Traum von sich als Basketball, der von Hand zu Hand ging und nicht in den Korb fiel.

Andrius schüttelte den beklemmenden Traum ab. Und mit ihm alle vergangenen Fahrten, alle Aufregungen und Gespräche. Er schüttelte sie ab, als er auf seine selig schlummernde Barbora schaute, seinen Schutzengel, unter dessen Herz ein weiterer Engel wuchs.

95. Kapitel. Pienagalys. Bei Anykščiai

An einem sonnigen Märzmorgen weckte Renata Vitas früher als sonst. Sie weckte ihn sanft, indem sie ihm eine Tasse frisch gebrühten Kaffee unter die Nase schob.

„Was ist denn los?“, brummelte er und hob den Kopf aus dem Kissen.

„Ich hab’s dir doch gestern gesagt“, Renata schaute in seine verschlafenen Augen. „Wir müssen heute Großvater Jonas begraben.“

„Und warum müssen wir dafür eher aufstehen? Seine Hunde sind doch hier, in der Nähe.“

„Wir gehen nicht zu den Hunden“, sagte Renata, „ das hab ich doch gestern gesagt! Oder hast du mir nicht zugehört?“

Vitas seufzte. Er setzte sich im Bett auf, schob sich ein Kissen hinter den Rücken und ließ sich von Renata die Tasse geben. Auf seinem Gesicht stand noch immer ein schläfriges Befremden.

„Wir bringen ihn auf den Friedhof von Andrioniškis, zu Großmutter Severiutė.

„Hatte er nicht verfügt, dass seine Asche über den Gräbern der Hunde verteilt werden soll?“

„Ja, vielleicht, aber ich weiß, wie’s besser ist. Schließlich hat er Großmutter Severiutė nicht um Erlaubnis gefragt, ob er seine Asche über den Hunden ausstreuen darf oder nicht!“ Renatas Stimme klang ungewöhnlich streng, als hätte sie sich schon seit dem gestrigen Tag auf dieses Gespräch vorbereitet.

„Und wenn ich sterbe“, fragte Vitas und trank einen Schluck Kaffee, „und dir vor meinem Tod sage, wie und wo du mich begraben sollst, machst du es dann doch so, wie du willst?“

„Natürlich“, antwortete Renata. „Männer sind Egoisten. Sie denken nie an andere.“

„Na, dann verspreche ich dir, dass ich nie sterbe und dich als Witwe zurücklasse“, sagte Vitas schmunzelnd.

„Ach, dann willst du wohl, dass ich eher sterbe?“ Renata machte große Augen. „Versprich so was lieber nicht. Der Mann muss als Erster sterben, damit er das schönste Grab auf dem Friedhof hat.“

Vitas schaute Renata an und wurde nicht schlau: War das ein Witz? Oder hatte sie es ernst gemeint? Dann lächelte sie, als wäre ihr gerade etwas ganz anderes und Komisches eingefallen.

Sie gingen zu Fuß durch den Wald zum Friedhof von Andrioniškis. Ihre Füße sanken durch den tauenden Schnee ins feuchte vorjährige Laub. Kläglich knackte hier und da das aufgeschwemmte Reisig. Oben über ihren Köpfen rauschte der Kiefernwald, unten am Boden ging nicht das kleinste Lüftchen. Renata trug eine Gartenschaufel, Vitas die Tasche mit der Urne. Beide schauten zu den Baumwipfeln empor – Renata neugierig, Vitas ängstlich.

„Oh, wie kahl", rief Renata, als sie an Großmutter Severiutės Grab standen.

Vitas betrachtete das ovale Foto mit der Verstorbenen, das in den Granit eingelassen war. Dann schaute er Renata vielsagend an.

„Ja", sagte Renata und nickte, als hätte sie Vitas' Gedanken gelesen, „ich bin ihr ähnlich. Und nicht nur im Gesicht." Sie hockte sich hin und schippte mit der Metallschaufel die Schneereste vom Grab.

Vitas holte die dunkelgrüne Urne aus der Tasche und stellte sie in den aufgeweichten Schnee. „Soll ich sie aufmachen?", fragte er.

„Warte noch", hielt Renata ihn zurück, die Augen auf den länglichen Grabhügel gerichtet, der jetzt schneefrei war. „Wo ist ihr Herz?", fragte Renata eher sich selbst, setzte die Schaufel am oberen Ende des Hügels an und wanderte das Grab hinab. „Das Herz ist irgendwo hier", sagte sie und grub ein kleines Loch. „Jetzt gib her."

Vitas riss das durchsichtige Klebeband ab, öffnete den Deckel und gab ihr die Urne.

Vorsichtig legte Renata die breite Öffnung an die Kante des Loches und schüttete die Asche hinein. Das Loch war gefüllt. Renata stellte die Schaufel weg und häufte mit der Hand feuchte braune Erde darüber. Dann strich sie die Oberfläche glatt.

„Das war's", sagte sie traurig. „Jetzt sind sie wieder vereint! Wenn's wärmer wird, pflanzen wir ein paar schöne Blumen drauf."

„Und was machen wir mit der Urne?"

Renata setzte den Deckel wieder ein und stellte die dunkelgrüne Urne aus Malachitimitat auf die Graniteinfassung rechts neben den Grabstein. „Gefällt's dir so?"

Das Malachitgrün der Urne passte gut zu dem schwarzen Granit des Grabsteins. Vitas nickte. „Wir müssen los", trieb er Renata an.

Oben über ihren Köpfen rauschten wieder die Kronen.

Renata versuchte, zwischen dem Rauschen Schreie von Frühlingsvögeln zu hören. Aber die Vögel schwiegen.

Als sie das Schweigen der Vögel schon vergessen hatte, hörte sie in der Ferne Hundebellen.

„Das ist Googlas!" Vitas, der voranging, drehte sich um. Er blickte nervös, lief schneller.

Weiter vorn, zwischen den in einer lockeren Reihe stehenden Kiefern- und Eichenstämmen schimmerte das sonnenbeschienene Feld. Der Pfad führte nach rechts, am Waldrand entlang, auf das Gehöft Pienagalys zu.

Googlas bellte immer noch, und Vitas rannte beinahe. Seine Aufregung übertrug sich auf Renata. Aber sie konnte nicht Schritt halten.

96. Kapitel. Margate. Grafschaft Kent

Der nächste Samstag kam. Der Handywecker unterbrach Tibors und Lászlós Schnarchen und riss Klaudijus aus dem Schlaf. Die Sonne schien ins Zimmer. Ihre Strahlen färbten den kleinen Tisch und das Fensterbrett gelb.

Klaudijus ging als Erster duschen. Er stand unter dem kalten Wasser, das langsam wärmer wurde. Natürlich wäre es angenehmer, als Zweiter oder Dritter zu duschen. Dann müssten die ungarischen Brüder in Geist und Arbeit den kalten Strahl ertragen. Aber Klaudijus wollte nicht warten, schon als Kind hatte er Anstehen gehasst, und eine Schlange an der Toilette oder Dusche fand er schlimmer als jede andere.

Die Ungarn waren schon aufgestanden, und jetzt warteten sie gähnend, bis die Dusche frei wurde. Natürlich gab es hier keine richtige Schlange. Sie saßen einfach am Tisch und plauderten.

Weil Tibor und László während der ganzen Zeit kein Wort darüber verloren hatten, dass ihm, Klaudijus, die Pflege der Kaninchen und Meerschweinchen übertragen worden war, die man ihnen weggenommen hatte, hegte der junge Litauer nette, wohlwollende Gedanken über die beiden. Außer einem bisschen Essen und Bier schienen sie nichts weiter im Leben zu brauchen. Zumindest äußerten sie keine anderen Wünsche und gaben sich mit dem zufrieden, was sie hatten. Das bestärkte Klaudijus darin, dass es richtig war, keine großen Ansprüche ans Leben zu stellen. Das Leben war auch so schön. Ansprüche hatte er jedoch in anderer Hinsicht, Ingrida gegenüber, der er in den letzten

Tagen nur ein paar Mal auf der Arbeit begegnet war, und auch das nur flüchtig. Sobald sie ihn sah, hatte sie es eilig und lief schneller.

Aber morgen war Sonntag. Morgen machten sie vielleicht wieder einen Busausflug durch Kent und entdeckten noch ein paar nette Ecken in dieser Grafschaft an der Küste.

Ihr letztes und ziemlich unangenehmes abendliches Gespräch über dem Meer fiel ihm ein. Was hatte sie ihm alles an den Kopf geworfen? Dass er willenlos sei? Dass er sich ändern und sich zuallererst einen neuen Vornamen zulegen solle? Wie lächerlich! Mit dem Namen würde er doch unweigerlich seine Identität verlieren. Seine Erinnerungen, seinen Charakter, seine Gefühle, seine Heimat, wenn's auch noch so aufgeblasen klang. Wahrscheinlich hatte sie sich durch ihn zu diesen Grobheiten und Dummheiten, die ihr so leicht über die Lippen gingen, hinreißen lassen. Die Windböen waren auch grob und lästig gewesen. Bislang hatten sie sich nicht wiederholt.

Tibor, László und er nahmen denselben Bus nach Upstreet. Manchmal fuhr Klaudijus lieber allein zur Arbeit, schaute den vorbeiziehenden Feldern und kleinen Dörfern nach und musste nicht damit rechnen, dass ihn jemand kannte und dass es diesem Jemand einfallen könnte, ihn anzusprechen und ihn aus seiner Betrachtung der Landschaft zu reißen.

Zwei Stunden später spürte Klaudijus eine angenehme Schwere in den Muskeln. Unter dem kleinen quadratischen Fenster in der Ecke der Kuhstallwerkstatt standen fünf fertige Käfige. In den Raum, den Klaudijus niemals als Fabrik bezeichnen würde, floss Sonnenlicht wie Wasser aus einem Hahn. Die frischen Holzstreben der fertigen Käfige leuchteten. Die schwarzen, matten Speichen, die Klaudijus eingesetzt hatte, sahen edel aus wie die Zeilen in einem Notenheft.

Mit einem leise surrenden Akkuschrauber montierten die Ungarn neue Gestelle. Sie waren ein eingespieltes Team. Mit dem Surren des Akkuschraubers im Hintergrund klang ihr Ungarisch melodiös.

In Klaudijus' Jeans klingelte das Handy. Piotr war dran. ‚Was will der denn von mir?', wunderte sich Klaudijus. Der Chef bat ihn zu sich.

„Kaffee?", fragte der, als Klaudijus in Piotrs Büro eintrat.

Klaudijus nickte und setzte sich in den Besuchersessel, Szlachcic gegenüber.

„Einen kleinen Whisky?", bot Piotr an.

Klaudijus zögerte, zuckte mit den Schultern.

„Litauer sagen da nie nein“, rief Piotr lächelnd und stellte eine Flasche Aberlour und zwei Gläser auf den Tisch.

Mira brachte den Kaffee und eine Zuckerdose.

„Wie findest du es hier? Gefällt's dir?“ Piotr goss zwei Whisky ein, so viel, dass der Boden bedeckt war, zwei Finger breit. Er hob sein Glas, atmete den Geruch ein.

„Gut“, sagte Klaudijus und nahm einen Schluck.

„Ja, das ist was anderes als Vilnius oder Gdańsk“, sagte der Pole in seinem Singsang. „Warst du schon mal in Gdańsk?“

Klaudijus schüttelte den Kopf.

„Und in Warschau?“

„Ja, für zwei Tage.“

Mira schaute herein. Sie warf Piotr einen besorgten Blick zu und sah dann Klaudijus an. „Es sind Kunden da, die wollen ein Kaninchen kaufen!“

„Die sollen mal eine Minute warten!“, sagte Piotr. „Klaudijus trinkt aus und kommt dann. Unterhalte dich in der Zwischenzeit ein bisschen mit ihnen.“ Er schaute wieder zu Klaudijus und fuhr fort: „Siehst du, heute reißen sich alle um dich! ... Ich wollte mal von Mann zu Mann mit dir reden!“

„Was finden die eigentlich an diesen Kaninchen?“, fragte Klaudijus plötzlich. Diese Frage war ihm schon öfter durch den Kopf gegangen. Kaninchen schienen bei den Engländern als Haustiere hoch im Kurs zu stehen. Aber warum? Bestenfalls ertrugen sie die streichelnden Hände ihrer Besitzer. Wenn man sie mit Namen rief, reagierten sie nicht. Fressen und sich vermehren, das waren ihre einzigen Beschäftigungen.

Seine Ingrida war da merkwürdigerweise ausgenommen. Das schwarze Kaninchen fraß nicht, es knabberte. Knabberte eine Kleinigkeit. Und vermehren konnte es sich nicht, weil es allein war.

Klaudijus tauchte aus seinen Gedanken auf. Er spürte Piotrs fragenden Blick. Piotr schien eine Frage gestellt zu haben, die er wohl überhört hatte.

„Entschuldigen Sie. Haben Sie etwas gefragt?“

„Nein, du hast gefragt“, antwortete der Pole. „Nach den Kaninchen. Die Kaninchen sind eine Ware mit doppelter Funktion: für zivile und militärische Zwecke sozusagen.“

„Versteh ich nicht“, gestand Klaudijus.

„Na, als Haustier zum Spielen und zum Essen, falls das Geld in der Kasse mal knapp wird“, sagte der Pole gedehnt und lächelte merkwürdig, ein bisschen angespannt und erwartungsvoll.

Klaudijus schaute ihn ungläubig an und überlegte, ob das ein Witz sein sollte oder ernst gemeint war.

„Geh mal zu deinen Kunden!“ Piotrs Blick wies Klaudijus die Tür. „Wir reden ein anderes Mal.“

Am späten Sonntagmorgen wurde Klaudijus von ungarischen Schnarchtönen geweckt. Tibor und László würden bis elf schlafen. Gestern waren sie gegen Mitternacht, umhüllt von einer Guinnesswolke, zurückgekommen, und dieser süßsäuerliche Duft hing noch immer in ihrem von der Außenwelt abgeschotteten Raum. Klaudijus öffnete das Fenster.

Wieder ergoss sich in der Dusche das Wasser in unangenehm kühlen Strömen.

Klaudijus hatte am Abend zuvor ebenfalls zwei Bier und zwei Gläser Loza getrunken. Es interessierte ihn immer noch sehr, woher diese beiden Kumpel oder Brüder kamen, die dieses spelunkige Café betrieben. Er musste sie bei Gelegenheit mal fragen. Schließlich kannten sie sich schon. Der eine, der öfter hinter der Bar stand, hieß Mićo. Er war größer und lustiger, freundlicher. Wahrscheinlich machte er deshalb meistens die Bar. Der andere, Goran, hatte abstehende Ohren und immer einen unzufriedenen Zug um die Lippen. Ständig lief er hinein und hinaus, brachte Pakete, Bierbüchsen, Brot und Belag, woraus er die hauseigenen Ein-Pfund-Sandwiches machte. Er war also eher Koch als Barkeeper.

Das Wasser wurde ewig nicht warm. Die Bewohner des Ex-Hotels schliefen noch.

Klaudijus' Gedanken wanderten von den Besitzern des Cafés zu Tibor und László. ‚Warum leben sie so einfach dahin? Warum leben sie im Hier und Heute? Warum erzählen sie nie von ihren Plänen und Träumen? Schließlich haben sie ihr Land verlassen, sind also forscher als die anderen Ungarn. Tibor hat ein paar Mal gesagt, dass die Ungarn nicht gern zur Arbeit ins Ausland gingen, fünfundneunzig Prozent der Leute hockten zu Hause und machten keine Anstalten wegzugehen. Also wollen László und Tibor mehr als fünfundneunzig Prozent der Ungarn! Dann müssen sie doch Pläne haben! Dabei tun sie so, als ob sie schon alles erreicht hätten! Oder sind sie einfach nur sehr verschlossen und sparen heimlich, um irgendwann einen Hausstand zu gründen, sich eine eigene Wohnung zu kaufen, zu heiraten, Kinder zu kriegen und einen britischen Pass zu bekommen?', überlegte Klaudijus und musste lachen. ‚Was sollen sie denn mit einem britischen Pass, wenn sie doch wie er schon einen normalen europäischen Pass haben?'

Irgendwann schob das heiße Wasser aus dem Duschkopf Klaudijus an die Wand. Er quetschte sich mit dem Rücken gegen die feuchten weißen Kacheln und schob den Hebel auf kalt, und während sich das Wasser langsam abkühlte, spülte er Seife und Shampoo ab.

Die Ungarn schnarchten noch. Klaudijus zog die Vorhänge vor, damit das grelle Licht sie nicht früher weckte, als sie wollten.

Er ging eine Etage nach unten. Vor Ingridas Tür blieb er stehen und war irritiert – von dem Schild mit dem Namen *Beatrice* waren nur noch die zwei kleinen Löcher von den Nägeln geblieben. Sonst nichts.

Er klopfte.

Mira öffnete. In Jeans und einem leichten dunkelroten Shirt. In der Hand eine Wimpernbürste. Die Augen waren schon geschminkt.

„Schläft Bea noch?", fragte Klaudijus.

„Weißt du nicht Bescheid?" Mira schaute ihn mitleidig an.

„Worüber?" Klaudijus erschrak.

„Sie ist doch umgezogen ... Gestern."

Klaudijus war wie vor den Kopf geschlagen. „Wohin denn?"

„Hast du wirklich keine Ahnung?", fragte Mira noch einmal. „Sie ist zum Chef gezogen. Zu Piotr. Das Schild hat sie mitgenommen. Komm doch rein. Ich mach uns Kaffee. Du bist ja ganz blass!"

Klaudijus schüttelte den Kopf. Seine Beine wurden schwer und steif, als wären sie am Boden angewachsen oder steckten in ausgehärtetem Beton fest. Er konnte weder vor noch zurück.

„Wenn du willst, können wir einen Ausflug machen!", bot Mira an, während sie sich vorbeugte und versuchte, ihm tiefer in die Augen zu schauen.

Klaudijus schwieg. Er starrte auf den Fußabtreter, auf den Schriftzug *WELCOME*, wich zurück.

Er nickte Mira zum Abschied zu und ging langsam zur Treppe.

Am Rand der Klippe blieb Klaudijus stehen und hielt sich am kalten Metallzaun fest.

‚Darüber wollte Szlachcic also gestern mit mir reden!', dachte er. ‚Deswegen hat er mich gerufen und mir Whisky angeboten! Er und

Ingrida hatten die Sache schon entschieden, nur er, Klaudijus, musste noch informiert werden. Damit er ihnen nicht in die Quere kam! Man musste ihn bloß mit einem zusätzlichen Verdienst gefügig machen oder ihn am besten ganz loswerden, indem man ihn irgendwohin nach Manchester abschob!'

Wahrscheinlich war an dem Abend, als die Windböen Klaudijus in den Rücken gefallen waren, als Ingrida ihm zum ersten Mal gesagt hatte, dass „Liebe für ein Zusammenleben nicht unbedingt erforderlich war", wahrscheinlich war da schon alles entschieden, und Ingrida hatte schon gewusst, dass sie zu diesem Polen ziehen würde. Aber konnte sie denn einfach zu einem Mann umziehen, den sie kaum kannte? Konnte sie denn ohne Treffen, ohne romantische Abenteuer und Nächte einfach so mir nichts dir nichts in ein fremdes Haus einziehen? Ach, genau: „Für ein Zusammenleben war Liebe nicht unbedingt erforderlich!" – Wie konnte er das nur vergessen?

„Ich bin abgesägt", flüsterte Klaudijus bitter und schaute auf das Meer, das sich einhundert Meter weit zurückgezogen hatte, das dem Sog der Ebbe gefolgt war. „Ich wurde abgesägt und am Meer abgestellt ..."

Eine merkwürdige, selbstmörderische Gelassenheit ergriff von ihm Besitz. Diese merkwürdige Gelassenheit erschreckte ihn.

‚Mach keinen Scheiß!', sagte er zu sich selbst.

‚Ich mach schon keinen Scheiß', antwortete er sich. ‚Ich muss mich einfach zusammenreißen und was unternehmen. Die kann mich mal! Ich brauch sie auch nicht! Ich brauche überhaupt niemanden!'

‚Mach dir nichts vor', mischte sich die zweite Stimme ein. ‚Und ob du sie brauchst! Ohne sie packst du das hier nicht! Du bist kein einsamer Held!'

‚Und was soll ich dann machen?', fragte sich Klaudijus verzweifelt.

Die selbstmörderische Ruhe schwand. Die Zweifel kamen zurück.

‚Vielleicht machst du einfach das, was du schon viel früher hättest machen sollen?'

Klaudijus brauchte einen Kaffee. Letzte Woche um diese Zeit waren Ingrida und er mit dem Bus nach Herne Bay gefahren, er hatte das Auto gewaschen, dann hatten sie einen anderen Bus genommen, dem Fahrer beim Einsteigen das Tagesticket gezeigt und waren weitergefahren auf einer Route, die sie zusammen ausgesucht hatten. Unterwegs waren sie in einem Dorf oder einer kleinen Ortschaft in ein Café mit Meerblick eingekehrt und hatten Kaffee getrunken. Sollten diese Sonntagsausflüge tatsächlich für immer vorbei sein?

Das Spelunkencafé hatte zu. Morgens oder mittags war er noch nie hier gewesen. Immer nur abends.

Er spazierte unter der Frühlingssonne, unter dem wundersam blauen und wolkenlosen Himmel durch die menschenleeren Gassen von Cliftonville und gelangte zu einem in die Jahre gekommenen Hotel, das den Schildern und der gut erhaltenen Fassade nach zu urteilen noch in Betrieb war. Hinter dem Panoramafenster im Hotelrestaurant tranken zwei elegante ältere Damen Tee. Der bejahrte Kellner servierte ihnen grazil Teller mit Rührei.

Klaudijus stand vor dem Fenster und schaute hinein wie in einen riesigen Fernseher. Das Hotel war das letzte Gebäude in der Straße. Genauso wie sein Wohnheim ging die rechte Seite aufs Meer hinaus.

Die schwere Eingangstür ließ sich überraschend leicht öffnen. Der Portier schaute Klaudijus fragend, aber freundlich an.

„Ich will dahin." Klaudijus deutete auf die Tür zum Restaurant.

„Natürlich!" Der Portier senkte den Blick auf die Füße des Gastes, als wollte er sein Schuhwerk prüfen. „Guten Appetit!"

Klaudijus ging an den beiden eleganten älteren Damen vorbei und setzte sich an einen Tisch am nächsten Fenster. An einen sonnigen Platz, wo er die warmen Sonnenstrahlen, die von der Scheibe verstärkt wurden, spürte.

Er bestellte Kaffee und ließ sich von seinen Zweifeln treiben, die die selbstmörderische Gelassenheit verdrängt hatten. Dieser Aprilsonntag, damit hatte er sich schon abgefunden, würde sein Leben komplett verändern. Vielleicht nicht das Leben, aber seine Erwartungen an das Leben. Der Vergangenheit wollte er nicht nachtrauern. Und auch nicht an die Zukunft denken. Aber leben wollte er. Einfach leben.

Klaudijus schwitzte. Er nahm einen Schluck des nicht besonders starken Getränks und verordnete sich ein Lächeln. Seine Gedanken hatten sich versöhnt, hatten ihren Streit beigelegt. In Kürze würden sie ihm den richtigen Weg zeigen.

Ja, wenn er sich jetzt überlegte, wie er gleich heute etwas in seinem Leben verändern konnte, dann würde sich schon alles einrenken. Alles in Ordnung kommen! Er würde ein anderer werden, und dieser andere würde die sonntäglichen Ausflüge mit Ingrida durch Kent, das Festival mit den Nächten im Zelt und die Schengen-Nacht bei Renata in Anykščiai nicht bedauern. Alles würde einfach ein Teil seiner Vergangenheit werden, wie auch die Kindheit zu einer vergangenen, himmlischen Zeit geworden war, an die er gern zurückdachte.

Als Klaudijus zurückkam, saßen die Ungarn schon beim Frühstück.

„Willst du Cornflakes mit Milch?", fragte Tibor.

„Nein, danke." Klaudijus schüttelte den Kopf. Er blickte László an. „Kannst du Auto fahren?"

„Nein, nur Traktor."

„Aber ich", sagte Tibor.

„Kannst du's mir beibringen? Wenn ich dir Geld gebe?"

„Klar. Aber wir brauchen ein Auto."

„Ich hab eins." Klaudijus zog die Schlüssel vom Morris Minor aus der Jackentasche. Er klingelte mit ihnen wie mit einem Glöckchen.

Tibor und László starrten schweigend auf die Schlüssel.

„Und wie viel kannst du zahlen?", fragte Tibor eine Minute später, als er sich gefasst hatte.

„Zehn Pfund und ein Pint pro Stunde", antwortete Klaudijus. „Wie viele Stunden brauche ich?"

„Du stellst dich doch nicht doof an. Da reichen zehn Stunden. Und dann fahr ich noch ein bisschen mit, zur Sicherheit."

„Gut." Klaudijus nickte. „Wenn du aufgegessen hast, fahren wir los."

Tibor und László staunten nicht schlecht, als sie den Morris Minor sahen.

„Wenn das Steuer nicht rechts wäre, wäre das der totale Abschuss! Cooler als ein Rolls-Royce!", rief Tibor.

Das Auto sprang sofort an und glitt davon wie ein Boot. Tibor rollte vom Parkplatz, und sie fuhren in die Grafschaft hinein, weg vom Meer, um eine stille Straße zu finden, die sich für die ersten Fahrversuche eignete.

Abends, nachdem sie das Auto wieder auf dem Parkplatz abgestellt hatten und mit dem Bus nach Margate zurückgefahren waren, gingen sie in den Pub und tranken jeder drei Guinness. Die erste Fahrstunde kam Klaudijus teuer zu stehen. Jedes Mal, wenn die Kellnerin eine neue Runde brachte, setzte sie für jedes Glas einen Strich auf den Bierdeckel. Ihr Englisch hatte einen polnischen Akzent. Als es ans Bezahlen ging, nahm sie die Gläser, zählte die Striche auf dem Bierdeckel und verlangte von Klaudijus siebenundzwanzig Pfund. Aber ums Geld tat es ihm an diesem Tag nicht leid.

Klaudijus blieb vor dem Wohnheim stehen und sagte Tibor und László, er wolle noch ein Stück spazieren gehen. Sie nickten verständnisvoll und gingen hinein.

Klaudijus lief bis zur nächsten Straße, die zum Meer führte, kehrte dann aber um und ging zu Mira. Er klopfte, den Blick auf den Vorleger mit der Aufschrift *WELCOME* gerichtet.

„Wer ist da?“, rief ihre dünne Stimme.

„Ich bin’s, Klaudijus.“

„Gleich, eine Minute! Ich ziehe mich nur schnell an!“, rief Mira hastig.

97. Kapitel. Flughafen Calais-Dunkerque. Nord-Pas-de-Calais

Oben schien die Sonne und kreischten Möwen. Wenn Möwen über dem Hafen, über dem Meer, über Schiffen kreisen und kreischen, ist das normal. Aber wenn man an der Einfahrt zum Flughafen steht und von oben Möwenschreie statt Motorenlärm kommt, macht das Angst. Dann zeichnet die Fantasie ein merkwürdiges, erklärungsbedürftiges Bild. Das Bild zeigt Menschen, die mit Koffern und Rucksäcken in dieses gedrungene, betont bescheidene Flughafengebäude hineingehen, für zehn Minuten verschwunden sind und auf der anderen Seite ohne Koffer und Rucksäcke nicht mehr als Menschen, sondern als Möwen herauskommen, denen gesagt wurde, sie könnten jetzt fliegen, wohin sie wollten. Nie hatten sie sich in Möwen verwandeln wollen. Und anstatt irgendwohin zu fliegen, kreisen sie über dem Flughafen und kreischen, um zurückzukommen und sich zurückzuverwandeln. Um wieder Fluggäste zu werden und ihre Rucksäcke und Koffer im Frachtraum mitfliegen zu lassen.

„Das hab ich nun von meinem Schwur!“, rief Kukutis verbittert, als er seinen Blick vom Himmel abwandte.

„Beeilen Sie sich!“ Die Glastür am Flughafengebäude öffnete sich ein kleines Stück, und derselbe buckelige und großgewachsene betagte Engländer, der ihn am Hafen von Calais höflich gerufen und animiert hatte, sich in den Kleinbus zu den anderen alten Männern zu setzen, winkte mahnend.

‚Wie kommen sie auf die Idee, dass ich dazugehöre?', überlegte Kukutis im Gehen, während er die Tür öffnete. ‚Weil ich alt bin und ein bisschen wie diese englischen Veteranen aussehe?'

Der Kleinbus mit dem hübschen Schild *Royal Air Force Memorial Flight* hinter der Scheibe war bereits abgefahren. Ein Dutzend alte Männer, die mit Kukutis in dem Bus angekommen waren, durchliefen bei einem jungen Franzosen in einem blauen Anzug, der gar nicht aussah wie ein Grenzbeamter oder Polizist, die Passkontrolle.

Kukutis blickte sich suchend nach einer Toilette um und rannte hin. Mit zitternden Händen, fahrig, weil er gleich ein Flugzeug besteigen, weniger weil er zum x-ten Mal seine Pässe zeigen musste, knöpfte er das Bein ab, holte alle Dokumente, auch die Bescheinigung von der deutschen Polizei, heraus, knöpfte das Bein mehr schlecht als recht wieder an und ging in die Halle zurück.

Die Schlange war schon bis zur Sicherheitskontrolle vorgerückt, an der die Greise – einige trugen die alte Uniform – die Zündschlüssel ihrer in England abgestellten Autos und andere kleine Metallgegenstände hervorholten.

Kukutis legte am Schalter seine Passsammlung vor, was den jungen Franzosen in Begeisterung und Rührung versetzte. Mit dem geübten Griff eines Kartenspielers nahm er den Stapel und verwandelte ihn in eine akkurate Reihe, in der alle Dokumente den nahezu gleichen Abstand zueinander hatten. Wo zuvor der Stapel gewesen war, lag nun nur noch die doppelt gefaltete Bescheinigung des deutschen Polizisten. Ausgerechnet diese nahm der französische Grenzbeamte zur Hand, las sie durch und brach in Gelächter aus. Er rief Bernard, einen anderen Franzosen, der ebenfalls einen blauen Anzug trug, aber etwas älter war. Bernards blaue Krawatte war mit einer Silbernadel in Form eines Flugzeugs an seinem weißen Hemd festgesteckt. Kukutis' Blick ging automatisch zu Bernards Handgelenken. Die gleichen Flugzeuge hielten als Knöpfe die Manschetten zusammen.

‚Diese Franzosen', dachte der Alte und lachte in sich hinein.

„Oh, ceux excentriques Anglais!",[*] sagte Bernard und schaute Kukutis freundlich an. „Bon vol, Monsieur!"[**]

---

* Oh, diese exzentrischen Engländer! (frz.)

** Guten Flug, Monsieur! (frz.)

Als Kukutis durch die Sicherheitsschranke ging, piepte es, und eine Frau in einer eleganten Uniform – schmal zulaufender, knielanger Rock und blauer Blazer – bat den Alten, zurückzugehen und den Mantel auszuziehen.

Bereitwillig ging Kukutis zurück, legte den Mantel in eine Plastikschale und sah zu, wie er hinter den Gummilamellen des Gepäckscanners verschwand. Er trat ein zweites Mal durch die Schranke, und wieder piepte es.

Im Wartesaal hinter der Sicherheitskontrolle hatten sich die Veteranen der britischen Royal Air Force auf zwei Reihen bequemer Sessel niedergelassen. Einer schaute mit nachdenklicher Neugier in Kukutis' Richtung.

„Gehen Sie zurück!“, bat ihn die Frau in Blau.

Kukutis seufzte und stellte sich wieder vor die Schranke.

Die Frau kam zu ihm und musterte das mit einem Gummiabsatz „beschuhte“ Holzbein, das unter dem rechten Hosenbein hervorschaute. „Können Sie das abnehmen?“, fragte sie.

Kukutis zog das weite Hosenbein bis zur Hüfte hinauf und hakte die Schnallen auf. Das Holzbein löste sich. Auf dem linken Bein stehend, legte Kukutis das Holzbein in eine Plastikschale. Natürlich stand es über. Das Band fuhr das Bein hinter die Gummilamellen und stoppte.

„Oh, mon Dieu, qu'avez-vous-là dedans? Des objets tranchants, coupants et du liquide! Il faut l'enregistrer et la mettre en soute!“*

„Wie stellen Sie sich das vor?”, regte sich Kukutis auf. „Mein Bein als Gepäck? Und wie soll ich dann laufen? Wie komme ich ins Flugzeug? Ich brauche das Bein.“

Die Frau schüttelte resolut den Kopf.

Ihre helle Stimme rief den buckeligen großen Greis auf den Plan, der Kukutis in den Kleinbus gedrängt und ihn dann angetrieben hatte, als er unschlüssig vor dem Flughafengebäude stand. „Was ist los?“, fragte er aufgeregt auf Englisch.

Die Frau wechselte ins Englische. Sie erklärte, dass der Fluggast sein Holzbein nicht abgeben wolle, obwohl darin sowohl Flüssigkeiten als auch ein Messer und eine große Schere steckten.

---

* Oh mein Gott! Was haben Sie denn da drin? Scharfe und spitze Gegenstände und Flüssigkeiten! Das müssen Sie aufgeben! (frz.)

Der betagte Engländer schaute Kukutis mit einem fragenden und verdrossenen Blick an. „Wir warten nur noch auf Sie, Mister ... Wie war noch gleich Ihr Name? Hab ich vergessen! Verdammte Verkalkung! Wo ist denn meine Liste?“, rief er konfus und kramte aus der Tasche seines alten Uniformmantels ein Blatt Papier mit einer Namensliste hervor. „Mister Graysmith?“

„Ich bin hier!“, rief die brüchige Stimme eines anderen Alten aus dem Wartesaal.

„Also, geben Sie jetzt Ihr Bein ab, wenn das verlangt wird! In fünf Minuten gehen wir an Bord!“

Kukutis schüttelte den Kopf. „Nein, ich fliege nicht ohne mein Bein!“

„Das Bein fliegt doch auch mit, nur separat!“ Der betagte Engländer schaute Kukutis an wie einen Gehirnamputierten.

„Nein, entweder mit Bein oder überhaupt nicht!“

„Dann rufen Sie sich ein Taxi und fahren Sie mit der Fähre zurück! Auf eigene Rechnung! Der Veteranenklub kann die Kosten jedenfalls nicht übernehmen! Das hätten Sie sich früher überlegen müssen!“ Der Engländer drehte sich abrupt um, wie ein Soldat, der seinem Vorgesetzten eine Meldung gemacht hatte, und wäre beinahe hingefallen. Gemäßigteren Schrittes ging er zu den anderen Veteranen zurück. „Auf geht's!“, forderte er sie auf, und die Veteranen erhoben sich langsam aus ihren Sesseln.

Sie verließen die Wartehalle durch eine andere Tür und gelangten direkt nach draußen, aufs Flugfeld. Nur ein Mann, ein kleiner und schmächtiger Greis mit grauer Igelfrisur, blieb stehen und schaute irritiert zu dem einbeinigen Alten hinter der Schranke hinüber. Eine halbe Minute später hob er die Hand und winkte Kukutis. Der winkte zurück. Die Tür, hinter der das Flugfeld lag, schloss sich.

Die Frau in Blau schaute Kukutis mitleidig an. „Mein Schwiegervater ist genauso stur wie Sie!“, sagte sie auf Französisch.

„Bestellen Sie ihm einen schönen Gruß!“, antwortete Kukutis pikiert, nahm sein Holzbein aus der Plastikschale, stellte es auf den Boden, zog, ohne sich vor der Frau zu genieren, das rechte Hosenbein hoch, verstaute seine Pässe, setzte den Stumpf in den Schaft und schnallte das Bein fest.

Als Kukutis das Flughafengebäude verließ, seufzte er erleichtert. An die Stelle der Angst von eben trat Freude. Still und leise zunächst, wurde sie mit jeder Sekunde stärker und drängte nach außen. Kukutis lächelte. Er blickte zum Himmel und lauschte den Schreien der Möwen.

Dann hörte er das merkwürdige, alt klingende Dröhnen eines Flugzeugs. Es wurde immer lauter und kam von der anderen Seite des flachen Flughafengebäudes.

Eine graue Militärmaschine mit zwei Motoren an jeder Tragfläche rollte auf die Startbahn. In das Dröhnen der Motoren mischte sich das Zischen der Propeller, die die Luft teilten. Das Flugzeug beschleunigte und hob ab. Langsam und schwerfällig stieg es auf. Kukutis sah ihm nach, aber es wurde nicht zu einem Punkt am Himmel. Irgendwann flog es hinter eine einsame Wolke und war verschwunden.

98. Kapitel. Farbus. Nord-Pas-de-Calais

Die erste Woche in Farbus wollte kein Ende nehmen. Für Andrius begann sie mit einem Albtraum und endete mit Schlaflosigkeit. Jeden Morgen war ihm schwindelig. Erst wenn er kalt geduscht hatte und sich, barfuß auf dem kalten Steinfußboden stehend, mit dem Handtuch abrieb, kam er wieder zu sich. Das Zimmer und der alte, verwilderte Garten, auf den ihre beiden Fenster hinausgingen, waren ihm schon fast vertraut. Er kannte alle Häuser, an denen er vorbei musste, wenn er ins Café wollte. Auch den Namen des Barkeepers kannte er, und dieser, Jean-Michel, wusste, dass sie keine kanadischen Verwandten von Christopher waren, sondern Litauer, die momentan bei dem alten Mann wohnten und ihn pflegten. Jean-Michel wusste sogar schon, wo Litauen lag. Nur so ungefähr natürlich, denn für eine genauere Erklärung reichte Andrius' Französisch nicht, und eine politische Europa- oder Weltkarte gab es in dem Café nicht. Auch die Busroute zum nächsten Supermarkt, in den Barbora und er zum Einkaufen fuhren, hatte er sich bereits eingeprägt. Fünfzehn Minuten hin, fünfzehn Minuten zurück. Je besser sich Andrius in Farbus und in der Umgebung zurechtfand, umso deplatzierter fühlte er sich. Das Gefühl verstärkte sich noch, weil Barbie die ganze Zeit gelassen und zufrieden wirkte. Sie bewegte sich in Christophers Heim wie zu Hause. Als hätte sie sich mit ihrem mehrstündigen gründlichen Putzen, mit dem Reinigen der Böden und dem Staubwischen diesen Status erarbeitet. Sogar die gerahmten Fotos, die im Wohnzimmer hingen, hatte sie abgestaubt. Die Rahmen und die Scheiben, hinter denen die Fotos steckten. Barbora machte Christopher Tee und brachte en passant auch Andrius eine Tasse. Sie setzte sich an den ovalen Tisch und widmete sich den Erzählungen des Alten so aufmerksam, als gehöre das zu ihren Aufgaben. Weil er nichts zu tun hatte, setzte sich Andrius dazu und leistete ihnen als wortkarger Zuhörer Gesellschaft.

In der ganzen Woche lächelte Andrius nur zweimal, beide Male aufgrund von Anrufen. Das Gespräch mit Paul versetzte Andrius zurück nach Paris. Neugierig lauschte er dem Jungen mit den „eingeschmiedeten Armen". Er hörte sich seine belanglosen Episoden an, bis Paul ihm sagte, sein Vater könne den Hörer nicht mehr halten. Bevor Paul sich verabschiedete, bestellte er Andrius schöne Grüße von seinem Vater und lud ihn zu seinem Geburtstag ein, bis zu dem noch knapp ein Monat Zeit war. Andrius versprach zu kommen. Der zweite Pariser, der ihn nicht vergessen hatte, war Philippe. Der hatte mehr zu berichten – anders als Paul war er nicht in einem Krankenzimmer eingesperrt.

Philippe erzählte von einem Autounfall vor dem Café *Le Sèvres* und davon, dass die Eltern ihn im Sommer für eine Woche nach Marokko schicken wollten. In Marokko, sagte er, scheine die Sonne im Sommer so hell, dass sogar diejenigen, die ihr Augenlicht verloren hatten, sie sehen könnten. Er berichtete, dass seine Eltern beschlossen hatten, Aschka nicht mehr an Fremde zu verleihen. Weil sie einfach zu viele Trüffel fand. Aber wenn Andrius und Barbie zu Besuch kämen, würden seine Eltern ihnen Aschka geben, wenn sie wieder zusammen auf Trüffeljagd gingen. Philippe erzählte noch andere Dinge, aber die waren aus Andrius' Gedächtnis gerieselt wie Korn aus einem löchrigen Sack. Auf einmal war Paris wieder ganz lebendig, lebendig und schmerzend wie ein aufgeschlagenes Knie.

„Ich würde vielleicht mal nach Arras fahren", sagte Andrius am Sonntagmorgen zu Barbora. „Es fährt ein Bus von hier. Das sind nur fünfzehn Kilometer."

„Heute lieber nicht", bat sie. „Ein anderes Mal."

Der Sonntag verlief still und ruhig, teilweise mit Christopher am ovalen Tisch. Christopher hatte so viel über sich und über die Umgebung von Farbus und Vimy erzählt, dass Andrius irgendwann müde wurde und gähnte. Natürlich tauchten in den Erzählungen des Alten immer wieder interessante Dinge auf. Dass der Nachbarort Vimy angeblich eine eigene „Grenze" zu Kanada hatte, ließ Andrius an Christophers Verstand zweifeln. Die Sache war dann ganz einfach: Wegen der tausend Kanadier, die hier im Ersten Weltkrieg gefallen waren, hatte die französische Regierung Kanada einen Teil des Schlachtfeldes geschenkt. Die Kanadier hatten ein Denkmal errichtet und ihre Gefallenen auf kleinen Militärfriedhöfen auf französischem Boden bestattet. Auf einem lag auch Christophers großer Bruder.

„Die Erde ist so gespickt mit Geschossen und Bomben aus dem Ersten Weltkrieg, dass früher, wenn ein Loch für ein Fundament gegraben werden musste, zusammen mit dem Bagger die Feuerwehr angerückt ist", erzählte Christopher am Sonntag, während er die Suppe aß, die Barbora gekocht hatte. „Es liegen immer noch tonnenweise Bomben und Geschosse in der Erde. Manchmal tief unten, manchmal direkt unter der Grasnarbe. Die Erde arbeitet, sie schiebt die Waffen heraus. Wenn sie Hände hätte, würde sie sie herauspressen wie Mitesser oder Pickel, sie hat aber keine Hände. Wie sie es genau macht, weiß ich nicht, aber sie schiebt die Geschosse heraus. Will sie loswerden. Dort, wo früher mal das Schild *Keine Minen* aufgestellt und irgendwann entfernt wurde, ragen manchmal alte Granaten aus dem Boden."

In jedem Gespräch kam Christopher irgendwann auf den Krieg, auf den Ersten Weltkrieg mit seinen behäbigen Panzern, dem Giftgas, den Geschossen und Minen. Der Zweite Weltkrieg schien für ihn nicht zu existieren. Auf einem Foto im Wohnzimmer hatte Andrius allerdings den jungen Christopher in einer Uniform und mit einem Präzisionsgewehr erkannt.

Am Montagmorgen hielt vor Christophers Haus ein kleiner weißer Citroën. Eine unscheinbar, aber korrekt gekleidete Mittvierzigerin mit einer Lederaktentasche stieg aus und klingelte. Ein paar Minuten später saßen sie alle an dem ovalen Tisch, und Christopher besprach mit ihr in einem Französisch, das in seiner Aussprache leicht grob klang, alle Formalien. Die Frau kam von der hiesigen Sécurité sociale. Andrius, der sich völlig überflüssig fühlte, saß mit abwesendem Blick da und versuchte, ein paar Wörter zu verstehen. Das Gespräch endete mit einem offiziellen Akt: Christopher half Barbie, die Formulare, die die Dame der Sécurité sociale mitgebracht hatte, auszufüllen.

„So, jetzt sind Sie offiziell meine Pflegerin", sagte Christopher lächelnd zu Barbora, als die Dame gegangen war.

Andrius erinnerte sich an die einwöchige Probezeit und begriff, dass sie beendet war. Barbora war jetzt offiziell bei Christopher als Pflegekraft angestellt, und er, Andrius war ein inoffizieller, arbeitsloser Clown, der niemanden hatte, den er zum Lachen bringen konnte. Wenn man mal von Christopher absah, aber der war so sehr in seiner Kriegswelt gefangen, dass jeder Versuch, ihn zu erheitern, scheitern musste.

Die Zeit verging. Der tiefe nördliche Himmel stieg Tag für Tag ein Stück höher, als trocknete ihn die Frühlingssonne und er würde leichter. Draußen im Garten sangen morgens die Vögel. Barbora lächelte öfter. Irgendwann tauschte sie die Hosen gegen Röcke. Erstaunt registrierte Andrius diese Veränderung. Seine Laune besserte sich durch den Frühling nicht. Und so entfernte er sich emotional immer weiter von Barbora. Beinahe hätte er sich über sie lustig gemacht und behauptet, sie wollte dem greisen Hausherrn unbedingt ihre schönen Beine zeigen. Aber glücklicherweise hatte Christopher ihn rechtzeitig gerufen. Ihn gerufen, um ihm eine Frage zu stellen, nach der Andrius keine Lust mehr hatte, Barbora zu necken.

„Erwarten Sie ein Kind?", fragte der Alte.

„Ja", gestand Andrius, „aber das dauert noch ..."

„What a surprise!", rief Christopher und überlegte.

Dann verlangte er einen Whisky und setzte sich an den Tisch. Barbora machte im Arbeitszimmer, das der Alte zu seinem Schlafzimmer umfunktioniert hatte, Ordnung.

„Das ist doch sehr gut." Christopher schaute Andrius an, der sich neben ihn gesetzt hatte. „Als ich Vater geworden bin, da habe ich mich so betrunken! Willst du ein Mädchen oder einen Jungen?"

Andrius zuckte mit den Schultern. „Ist mir gleich."

„Das Kind kommt doch hier zur Welt, oder? In Arras gibt es ein gutes Krankenhaus." Das Gespräch über Barboras Schwangerschaft gab Christopher Schwung. „Wir sollten spazieren gehen." Er schaute durchs Fenster, draußen schien die Sonne. „Hier wird man immer vom Frühling überrascht. Erst wartest du ewig, und der Frühling will überhaupt nicht kommen. Und plötzlich ist die Sonne da! Und alles erwacht zum Leben! Sogar ich!" Christopher lächelte. „Was ist? Gehen wir raus?"

Für den Ausflug orderte Christopher per Telefon ein „Sozialtaxi". Eine Viertelstunde später war der silberfarbene hohe Minivan da. Der Fahrer – Anfang fünfzig, rundes Gesicht – begrüßte Christopher wie einen alten Bekannten.

„Er ist der einzige Taxifahrer, der gut Englisch spricht", erklärte der Alte, der schon neben dem Fahrer Platz genommen hatte, zu Andrius gewandt.

„Das ist, weil ich Belgier bin!“ Der Taxifahrer drehte sich auch zu seinem Fahrgast um. Dann schaute er zu Christopher. „Nach Thélus?“

„Ja, wie immer“, sagte der Alte nickend.

Der Taxifahrer stellte das Radio auf geringe Lautstärke ein. Andrius hörte die französische Moderatorenstimme wie Musik. Erst jetzt im fahrenden Auto, beim Klang der „Wortmusik“ bemerkte er, wie grün die ungepflügten Felder schon waren. Die breiten grünen Bänder wechselten offenbar plangemäß mit schwarzen Streifen gepflügter Erde. Ab und an schob sich ein Waldstreifen oder ein kleiner Hain dazwischen, hinter dem wieder Felder lagen. Das Ortseingangsschild von Thélus tauchte auf und blieb zurück. Ohne Halt passierte das Taxi den Ort, und wieder zogen links und rechts Bäume vorbei. Der Fahrer bremste ab, bog auf eine Schotterstraße ein und fuhr an eine runde, von einer kleinen Steinmauer eingefasste Gedenkstätte heran, die wie ein riesiger umzäunter, begradigter und mit Gras bepflanzter Bombentrichter aussah. Rechts hinter der eisernen Eingangspforte blinkte ein weißes Steinkreuz, darunter lagen weiße Steinplatten mit den Namen der Gefallenen.

„Das ist mein Lieblingsfriedhof“, sagte Christopher, als sie vor dem drei Meter hohen Kreuz stehenblieben. „Hier ist es immer still. Es gibt hier keine Besucher. Schade, dass mein Bruder nicht hier liegt!“

„Und wo liegt er?“, wollte Andrius wissen.

„In Vimy. Da fahren wir jetzt hin!“

Der Fahrer mit dem runden Gesicht legte sein aufgeschlagenes Kreuzworträselheft auf die Ablage über dem Armaturenbrett, steckte den Stift in die Brusttasche seiner dunkelgrün karierten Jacke, die wie ein Jackett aussah. Vielleicht war es auch ein spezielles Jackett, das mit einem Reißverschluss zu verschließen war und nicht mit Knöpfen. Andrius hatte so etwas noch nie gesehen. „Vimy?“ Er fragte eher, um sich zu vergewissern, und nicht, um eine Frage zu stellen.

Christopher nickte.

Das Auto fuhr auf die asphaltierte Straße zurück. Felder und Haine flimmerten vorbei. Zehn Minuten später hörten die Felder auf, die Bäume rückten nah an die Straße heran, und Andrius merkte, dass sie auf eine ebene Schotterstraße eingebogen waren.

„Route des Canadiens“, sagte Christopher zu Andrius. „Die Straße der Kanadier. Heißt so.“

Die Straße der Kanadier nahm ihnen das Licht, die Baumwipfel überwölbten die Straße.

„Halt da vorn an“, bat Christopher den Taxifahrer und wies mit der Hand die Richtung. Dann drehte er sich zu Andrius um. „Da rechts, das sind Schützengräben aus dem Ersten Weltkrieg.“ Das Auto hielt an. „Lohnt sich nicht, hier auszusteigen“, stoppte der Alte Andrius, der schon die Tür geöffnet hatte. „Die sind todsaniert ... Ich zeige dir andere.“ Christopher nickte dem Fahrer zu. Das Auto setzte sich wieder in Bewegung.

Auf dem Parkplatz vor dem riesengroßen schneeweißen Denkmal mit den beiden Säulen stiegen sie dann doch aus.

„Herzlich willkommen in Kanada“, sagte Christopher mit einem bitteren Lächeln. „Das ist unser wichtigstes Denkmal. Aber es ist zu groß. Wie unser Land. Vielleicht haben sie es deswegen so groß gemacht ... Ich zeige dir ein anderes Eckchen, mit dem ich mehr anfangen kann!“

Andrius wollte gerade durch die ziemlich lange Allee zu dem monumentalen Denkmal laufen, als er erstaunt feststellte, dass Christopher wieder ins Auto stieg. Dieser Gedenkmarathon kam ihm langsam komisch vor.

Die nächste Station unterbrach jedoch den Rhythmus des Ausflugs: Auf dem kanadischen Soldatenfriedhof in Neuville-Saint-Vaast verbrachten sie mindestens eine halbe Stunde. Christopher stand am Grab seines Bruders, Andrius lief die militärisch strengen Reihen der gleichförmigen weißen Gedenksteine mit den Namen der Gefallenen ab und blieb vor einer kleinen überdachten Gedenkgalerie mit seitlichen Bögen und vier Säulen an der Fassade stehen.

Von der sonnendurchwärmten Stille surrten Andrius allmählich die Ohren. Er drehte sich zu den zwei mächtigen Ahornbäumen um, die hinter der Umzäunung wuchsen, schaute zu Christopher, der über dem weißen Grabstein seines Bruders stand. Aus den Bäumen hörte er Vogelschreie.

‚Wie bin ich nur hierher geraten?‘, dachte Andrius. ‚Hierhin wollten wir doch gar nicht! Wir wollten nach Paris, rein ins Leben, wo’s spannend ist. Wo man Geld verdienen und unbeschwert leben kann. Wo jeder bleiben will. Und jetzt sind wir auf einem Friedhof!‘ Die Säulen der Gedenkgalerie erschienen ihm unnatürlich weiß. Wahrscheinlich wegen der grellen Sonne. ‚Was soll’s‘, versuchte er sich zu besänftigen. ‚Ist ja nur für eine kleine Weile. Gibt keine Alternative. Und für Barbora in ihrem Zustand ist es auf jeden Fall besser.‘

Ein Kind erwartete man am besten in Ruhe und Stille. Andrius konnte sich keinen ruhigeren und stilleren Ort vorstellen als Farbus.

Dort war es so ruhig und still wie auf diesem Friedhof. Auf einem Friedhof war es immer ruhig.

Er drehte sich wieder zu Christopher um. Ihre Blicke trafen sich. Der Alte nickte in Richtung Auto. „Und jetzt fahren wir dahin, wo außer mir niemand hinfährt.“, sagte er.

„La forêt?“, fragte der Taxifahrer wieder mit eher vergewissernder als fragender Intonation.

Christopher nickte.

Jetzt fuhren sie über unbefestigten Grund. Das Auto wurde durchgeschüttelt. Die Wurzeln der mächtigen Bäume hatten den Weg gehoben.

„Leg eine andere Platte auf!“, bat Christopher den Fahrer.

Der Taxifahrer legte eine andere CD ein, und im Fahrgastraum erklang eine seltsame Kakofonie aus Knacken und Zischen. Langsam wurde das Geräusch zum Hintergrundklang, vor dem ein altes englisches Lied gesungen wurde. Andrius konnte die einzelnen Wörter nicht verstehen, aber er verstand, dass es ein Lied aus dieser Zeit war, aus der Kriegszeit.

‚Der Alte hat sich in eine Vergangenheitshypnose versetzt‘, resümierte Andrius. Das schwankende, tastende Rollen des Autos über den Waldweg zu diesem Soundtrack, der fast einhundert Jahre alt war, zog auch Andrius in seinen Bann. Er spürte weniger Ermüdung als Entkräftung, er war erschöpft von sich selbst, von seinen widerstreitenden Gedanken, von der Ungewissheit, wie sein und Barboras Leben weitergehen würde. Die Augen fielen ihm zu. Der Waldweg verschwand vom Frontscheibenbildschirm, die Musik blieb. Auch das Schaukeln blieb. Im Einschlafen erinnerte sich Andrius, wie vor langer Zeit auf dem Galvėsee ein Boot unter ihm geschaukelt war. Wie er am Ruder saß und ein jäher Wind die Wellen aufpeitschte, wie er das Boot mit dem Bug in die Wellen drehen und seinen Kurs ändern musste.

Plötzlich riss der Traumfilm, und zu dem Schaukeln, zu der Musik von vor hundert Jahren führte ihm jemand auf dem Bildschirm seiner Fantasie einen anderen Film vor. In diesem Traumfilm sah er sich, Kind noch, als Kutscher auf einem Wagen sitzen, den ein geschecktes Pferd über einen holprigen Waldweg zog. Vor ihm ein alter Wanderer in einem grauen Ratiné-Mantel, einen halbleeren Segeltuchrucksack über der Schulter. Der Wanderer hatte ein steifes Bein, und als der kleine Andrius ihn überholte, sah er, dass es aus Holz war. Er ließ das Pferd halten und bot dem Alten an aufzusitzen. Der nickte, stützte sich mit den Händen, den Rücken zum Wagen gedreht, geschickt auf die Oberkante der niedrigen Seitenwand, stieß sich vom Boden ab und saß auf dem Rand. Dann drehte er sich genauso geschickt nach links, schwang sein gesundes Bein ins Stroh und zog das Holzbein nach. Und weiter ging's auf dem schaukelnden Wagen durch den Wald. Andrius, der Kutscher, wollte den Alten fragen, wohin er musste. Aber er traute sich nicht. ‚Er wird sich schon bemerkbar machen, wenn er da ist oder wenn er sieht, dass er in die falsche Richtung fährt', sagte er sich.

Der Alte beugte sich zu seinem Holzbein hinunter, hob mit dem festen Nagel seines rechten Zeigefingers einen kleinen Metallring an und zog ein Kästchen aus dem Bein. Dem entnahm er ein rundes Bonbon in einem Papier, auf dem ein breit lachender, rot und gelb geschminkter Clown mit roten Haaren prangte. Er hielt es dem Kutscherjungen hin. Der betrachtete das Papier und schob es mit den Zähnen von dem Bonbon. Das Bonbon steckte er in den Mund, das Papier in die Tasche seiner kurzen blauen Kapuzenjacke, aus der er gerade herausgewachsen war, denn die Ärmel reichten kaum noch bis zu den Handgelenken.

Im Mund breitete sich ein angenehm süßer Geschmack aus, und Andrius versank noch tiefer in seinen Traum.

Als das Schaukeln aufhörte, riss der Traum ab. Dann klappte die Vordertür, und Andrius war endgültig wach.

Das Auto stand an einer Kreuzung von zwei Waldwegen. Christopher schaute zu Andrius hinein, als wollte er ihn antreiben. Der Taxifahrer blätterte in seinem Kreuzworträtselheft.

Gras raschelte unter den Füßen, weiche, morsche Zweige, die von den umliegenden Bäumen herabgefallen waren, knackten. „Es ist nicht weit", sagte Christopher im Gehen. Er schritt sicher aus, Andrius folgte ihm, mal schloss er auf, mal blieb er ein paar Schritte zurück.

‚Im Haus läuft er viel langsamer', dachte Andrius. ‚Und hier rennt er wie ein gedopter Sportler.'

Die Baumkronen blieben zurück, und vor ihnen lag eine sonnenbeschienene Waldwiese. Dahinter aufgewühlte, unebene Erde, Hügel und Trichter, Bäume, die etwas weiter auseinander standen, mit Büschen bewachsene Kraterhänge.

Ein waagerechtes, glänzendes Band erregte Andrius' Aufmerksamkeit. Es war ein Draht, der zwischen Metallpfählen gespannt war. Unter der oberen Drahtschnur liefen zwei weitere Reihen Stacheldraht. Rechts hing eine rote Tafel mit einem Blitz. „Danger! Mines!", las Andrius und drehte sich zu Christopher um. „Ist das ein Witz?"

„Nein“, antwortete der Alte ruhig. „Das ist ein echtes Minenfeld. Besser gesagt ein Minenwald. Genau hier verläuft die Grenze zwischen Frankreich und Kanada. In den letzten neunzig Jahren sind hier Dutzende Schafe umgekommen.“

Andrius schaute ungläubig, und Christopher hatte sofort die Erklärung parat. „Da hinten“, er deutete auf die vom Krieg entstellte Erde, „kommen Felder und Schaffarmen. Nach dem Krieg ist der Wald natürlich genauso wie die Felder entmint worden. Die Schafe sind vor der Sonne unter die Bäume geflüchtet und zerrissen worden. Danach wurde der Wald noch einmal entmint. Die Schafe sind wieder in den Wald gelaufen und wieder zerrissen worden. Ein paar Mal sind auch Hirten auf der Suche nach Schafen auf Minen getreten. Irgendwann wurde dieses Waldstück mit Stacheldraht eingezäunt, der obere Draht ist geladen. Aber die Schafe kommen trotzdem immer wieder. Und bis heute detonieren hier immer wieder Minen und Geschosse, natürlich viel seltener. Wie ich dir gesagt habe, die Erde schiebt sie heraus. Und wenn es nicht so wäre, würde das mit den Schafen nicht passieren.“

Andrius schaute auf die Krater und Hügel und konnte es nicht glauben.

„Siehst du die Erdbrocken vor dem Krater da hinten, hinter der Eiche?“ Christopher zeigte auf einen kaum zu erkennenden Kraterrand. „Dort hat es vor drei Jahren ein Schaf zerrissen! Halt mal dein Ohr an die Erde!“

Andrius warf Christopher einen ungläubigen Blick zu, kniete sich dann aber hin, legte sich mit dem Oberkörper flach auf den Boden, drückte mit dem Ohr das Gras platt und spürte, wie ihn ein Grashalm in der Ohrmuschel kitzelte. Er presste das Ohr gegen die Erde. Hielt den Atem an. Hörte den Schrei eines vorbeifliegenden Vogels. Schirmte mit der Hand das zweite Ohr ab. Hielt inne.

Er hörte oder spürte ein feines Zittern, glaubte, er würde vor Kälte zittern, denn das Erdstück, gegen das er sein Ohr presste, hatte die Sonne nicht erwärmt. Andrius atmete ein und aus, hielt wieder inne. Was er hörte, klang wie ein Surren in der Tiefe. Er hob den Kopf an und schaute auf Christopher, der ihn beobachtete.

„Du musst hinhören, mach weiter!“, insistierte der Alte. „Je länger du hinhörst, umso besser hörst du dich ein.“

Beim dritten Mal hielt Andrius den Atem länger an und vernahm tatsächlich ein Surren und andere dumpfe Laute, die von unten, aus dem Erdreich kamen. Die Geräusche, die Andrius erst erstaunten, zogen ihn dann in doppelter Hinsicht magisch an: Sie ließen Andrius in dieser Pose, mit dem gegen den Boden gepressten Ohr, verharren und lockten ihn an, als wäre er ein Magnet, der von einem Stück Metall angezogen wurde. Die Neugier und das unmittelbare Erleben der allgegenwärtigen Wirkung der Schwerkraft verschmolzen miteinander und betörten Andrius, machten ihn willenlos.

Unter dem Geplapper des französischen Radios fuhren sie zurück nach Vimy, wo sie zusammen noch kurz im Café *Le Bistro* einkehrten. Sie tranken jeder ein Glas Wein und fuhren nach Hause.

99. Kapitel. Pienagalys. Bei Anykščiai

Dass Spammas mal wieder verschwunden war, war ein Nasenstüber nach dem Knüppelschlag auf den Kopf. Der Knüppelschlag, von dem Renata und Vitas schon seit drei Tagen der Kopf wehtat, war das Segeltuchzelt in grüner Tarnfarbe, das zwischen Scheune und Haus stand. Googlas' Bellen hatte es ihnen angekündigt, als sie auf dem Weg, den sie nach Andrioniškis zum Friedhof genommen hatten, an den Waldrand kamen.

Renata spürte noch jetzt, wie ihre Beine versagten, wie sie mit dem losgestürzten Vitas nicht Schritt halten, geschweige denn rennen konnte. Sie stand da und schaute zu, wie er auf ihr Gehöft zurannte, an dem Zelt, das ganz offensichtlich kein Campingzelt, sondern ein altes Militärzelt war, stehenblieb, sich umschaute und zu Googlas ging, der sich schon heiser gebellt hatte. Vitas hatte ihn abgekettet, und der Hund rannte unter noch lauterem Bellen hinter die Scheune. Dann war Vitas aus ihrem Blickfeld verschwunden.

Renata blieb, immer noch verschreckt, aber vom Bellen des Hundes beschützt, vor dem Zelt stehen und sah die hervorschauenden Enden einer Isomatte. Der Wind drückte den Zelteingang nach innen, und Renata registrierte, dass niemand drin war, nur ein Rucksack, ein zusammengerollter dicker Schlafsack und ein verschnürtes Bündel Pappen lagen da.

Sie war erleichtert. Was, wenn sie ein Messer oder eine Pistole im Zelt entdeckt hätte? Und prompt fiel ihr Blick auf einen Holzgriff, der aus dem Rucksack ragte. ‚Eine Axt', dachte sie und wich zurück.

In schnellen Schritten lief Renata zum Hauseingang hinauf, ging hinein und verriegelte die Tür. Sie zog die Schuhe aus und setzte sich in Großvaters Hälfte ans Fenster. Von dort aus observierte sie das Zelt und horchte. Googlas bellte lauter.

Ein junger Mann kam hinter der Scheune hervorgelaufen und hielt sich mit der linken Hand die rechte, aus der Blut tropfte: dürr, vorstehender Adamsapfel, hässliches, an den Seiten abgeplattetes Gesicht. Hinter ihm der wütende Vitas, dazwischen Googlas, der knurrte, die Zähne fletschte und drauf und dran war, mit oder ohne Befehl seines Herrchens dem Fremden ins Bein zu beißen. Der junge Mann kroch ins Zelt, Googlas okkupierte den Eingang.

Vitas lief zur Haustür und klopfte.

„Entschuldige." Renata schloss auf. „Ich hatte Angst! Wer ist das eigentlich?"

„Haben wir Verbandszeug und Desinfektionsmittel? Googlas hat diesen Idioten in die Hand gezwackt!"

Sie rannte in die Küche und holte den Verbandskasten. „Wer ist das denn?", fragte sie noch einmal.

„So ein Tierschutzfuzzi", schnaubte Vitas verächtlich. „Als ob wir hier einen Schlachthof hätten!" Er ging hinaus.

Renata kehrte ans Fenster zurück und sah, wie Vitas den braunen Plastikkasten ins Zelt warf und wieder ins Haus ging.

Sie aßen an Großvaters rundem Tisch zu Mittag – um den Feind, der in ihren Privatraum eingedrungen war und mitten auf dem Weg vom Haus zur Scheune sein kriegsgrünes Zelt aufgeschlagen hatte, im Auge zu behalten. Der Feind saß im Zelt. Googlas bewachte den Eingang. Er bellte ab und zu, wahrscheinlich immer dann, wenn der Fremde sich dem Zelteingang näherte oder es in Erwägung zog – Hunde verfügten schließlich nicht nur über einen ausgezeichneten Geruchssinn, sondern auch über Intuition! Ein kluger Hund ahnt, was der Mensch plant. Klug war Googlas, er machte seinem Namen alle Ehre.

Dieser Tag, der auf dem Friedhof von Andrioniškis mit Jonas' Bestattung an Severiutės Seite so friedlich begonnen hatte, wurde ein einziges Chaos und wollte kein Ende nehmen. Viola kam gegen Mittag und wurde in diesen Strudel mit hineingezogen. Sie rannte Vitas hinterher und wiederholte ständig ein und dieselbe Frage, die er irgendwann ignorierte: Wie es denn dazu kommen konnte? Sie ließ nicht eher von ihm ab, bis Kunden in einem Porsche Softroader kamen. Wie üblich klagten sie über die Matschpiste. Sie hatten eine schottische Katze dabei, der, so fanden sie, für ihre Rasse ein Hauch Silber fehlte.

Sie bereiteten ihren Liebling gerade auf einen Rassekatzen-Wettbewerb vor. Aus dem Lärm, dem Gerenne und dem Stimmengewirr an der Scheune schloss der Tierschützer, dass es im Hof vor Leuten nur so wimmelte, was ihn veranlasste, um jeden Preis aus seinem Zelt zu kommen. Er schob ein Pappplakat an einem dünnen Stiel mit der Aufschrift *Sadisten an den Pranger! Freiheit für die Tiere!* nach draußen. Dann kroch er hinterher, und Googlas schnappte sofort nach seinem Knöchel. Der Tierschützer schrie auf, drehte das Plakat ungeschickt um und prügelte auf Googlas ein.

„Was ist das denn für ein Tumult hier?", erkundigte sich der Porsche-Fahrer bei Vitas. Seine Frau stürzte erschrocken zum Auto, um jeden Moment hineinzuspringen und sich drinnen zu verbarrikadieren.

„Ein paar kleine Unwägbarkeiten", erklärte Vitas. „Gehen Sie bitte ins Studio! Hopp, hopp!" Er zeigte auf die geöffnete Scheunentür.

Vitas hatte große Mühe, Violas Aufmerksamkeit auf die schottische Katze zu lenken. Er ließ die Kunden mit ihr allein und ging zum Zelt. Vor dem Eingang knurrte Googlas. Bissig und entschlossen.

„Dass du mir dieses Arschloch ja nicht rauslässt!", befahl Vitas.

„Nicht ich bin das Arschloch, ihr seid Arschlöcher!", kam es aus dem Zelt.

„Das kannst du der Polizei erzählen", parierte Vitas.

„Das werde ich erzählen, und dass ihr den Hund auf mich gehetzt habt, erzähle ich auch! Und ich zeige ihnen den Youtube-Clip, wie ihr euren Kater gequält habt! Euer ganzes Business ist eine einzige Tierquälerei!"

Kochend vor Wut ging Vitas ins Haus und berichtete Renata von seinem neuerlichen Scharmützel mit dem schlaksigen Tierschützer. Er fluchte, was das Zeug hielt. Hätte er eine Pistole gehabt, hätte er wohl im Zelt kurzen Prozess gemacht.

An ein Abendessen war an diesem Tag überhaupt nicht zu denken. Lediglich Googlas, der vor dem Zelteingang die Stellung hielt, bekam sein Futter. Renata kochte ihm Kartoffeln und rührte eine Dose Schmalzfleisch hinein. Als sie Spammas füttern wollte, fiel ihr ein, dass er verschwunden war.

„Armer Spammas", entfuhr es Renata.

Vitas hörte den Namen und drehte sich um. „Fehlte grade noch, dass hier der nächste verdammte Alkoholiker mit dem Kater im Pappkarton anrückt!“, meckerte er los. „Geben Sie mir zweihundert Litas, ich habe Ihren Kater gefunden!“, äffte Vitas den Schluckspecht nach.

„Hör auf zu fluchen!“, rief Renata.

Seufzend setzte sich Vitas an den Rechner.

Eine halbe Stunde später, als es dunkel war, bat er Renata, ihn nach Anykščiai zu fahren. Er zeigte ihr einen Stapel ausgedruckter Aushänge.

Beim Lesen konnte sie sich ein Lächeln nicht verkneifen: *Schmutzigroter Kater zum wiederholten Mal entlaufen. Bitte nicht zurückbringen und nicht anfassen – Verdacht auf Tollwut, Kratzgefahr!* Dazu das alte Porträt von Spammas, nur dass er auf dem Bild noch frisch gefärbt und sauber aussah.

Als Vitas den letzten Aushang ans Café auf der Baranauskas-Straße geklebt hatte, atmete Renata erleichtert auf. Sie wollte nach Hause. Aber Vitas hatte andere Pläne.

„Jetzt fahren wir zur Polizei“, sagte er und plumpste geschafft auf den Vordersitz des Fiat.

Der diensthabende Polizist empfing sie mit einem fragenden Blick.

„Auf unseren Hof ist ein verrückter Tierschützer eingedrungen und hat dort sein Zelt aufgeschlagen“, begann Vitas. „Können Sie ihn wegschaffen?“

Der Polizist befragte Vitas detailliert zu dem Vorfall, machte sich Notizen und nickte hin und wieder. „Hat er Sie bedroht?“

„Natürlich!“, kam es von Vitas wie aus der Pistole geschossen.

„Haben Sie Waffen bemerkt?“

Vitas schüttelte den Kopf.

„Er hat eine Axt im Zelt“, sagte Renata leise.

„Gut, dann erstatten Sie Anzeige“, sagte der diensthabende Polizist schließlich. „Die Anzeige kann allerdings nur der Grundstückseigner verfassen. Sind Sie das?“ Er schaute Vitas an.

Vitas schaute Renata an.

„Der Eigentümer ist mein Großvater, aber er ist vor Kurzem gestorben. Ich habe das Grundstück noch nicht auf mich umschreiben lassen.“

„Aha.“ Der Polizist dachte nach. „Mmh. Hier ist unsere Telefonnummer. Ich kümmere mich morgen früh drum. Rufen Sie gegen Mittag mal an!“

Als sie zurückfuhren, sprachen sie kein Wort.

Auf dem Hof war es dunkel, aber durch die Zeltplane schien Licht. Googlas saß immer noch an Ort und Stelle. Als er den Fiat kommen sah, wedelte er mit dem Schwanz. Und als Vitas und Renata ausstiegen, winselte er los.

„Er fühlt sich nicht wohl“, übersetzte Renata die Hundesprache.

„Komm, dann tragen wir die Hütte hierher, damit er diesen Idioten bequemer bewachen kann!“

Sie stellten die Hütte direkt vor den Zelteingang. Freudig sprang Googlas hinein, drehte sich, legte sich hin und ließ die Schnauze erschöpft ins Stroh sinken.

„Dafür werdet ihr euch verantworten!“, kam es aus dem Zelt.

„Was macht die Hand?“, fragte Vitas unglaublich gelassen.

Schweigen.

„Du hast keine Schmerzen?“, hakte Vitas nach.

„Doch.“

„Komm, ich helf dir, die Sachen zusammenzupacken und bring dich bis zur Straße. Die Nächte sind noch kalt! Du verkühlst dich noch!“

„Nein!“

Renata schien die Stimme des Tierschützers zu zittern, was entweder von seiner Unsicherheit kam oder davon, dass er sich schon erkältet hatte.

„Überleg es dir, an dem Hund kommst du nicht vorbei!“, bearbeitete Vitas ihn weiter.

„Ich kann hier nicht weg“, sagte der Schlaks. „Ich habe eine Förderung bekommen! Für drei Monate!“

„Was denn für eine Förderung?“, wunderte sich Vitas.

„Für den Tierschutz! Von einer deutschen Stiftung! Für meinen Protest gegen euch kriege ich tausend Euro.“

„Für den Protest gegen uns?“

„Ja, ganz konkret gegen euch. Ich habe der Stiftung den Link auf den Youtube-Clip mit eurem bedauernswerten Kater und den Link zur Fernsehsendung geschickt! Wenn ich es nicht schaffe, dass euer Unternehmen binnen drei Monaten geschlossen wird, wird meine Förderung verlängert!“

„Weißt du was“, explodierte Vitas, seine Gelassenheit hatte sich in Luft aufgelöst. „Wenn du das Tier in mir weckst, dann kannst du dich frisch machen! Gegen mich und Googlas hilft dir auch keine deutsche Stiftung! Du kannst mich mal, dann lieg doch hier draußen in dieser feuchten Kälte rum! Vielleicht holst du dir noch eine Lungenentzündung!“

„Wehe, wenn von ihm auch nur die Nasenspitze rausguckt!“, ermahnte Vitas den Hund.

100. Kapitel. Margate. Kent

Nachts auf der leeren Straße fühlte sich Klaudijus wie ein König. Nach sechs Fahrstunden traute er es sich zu, allein auf einer bekannten Strecke zu fahren. Tibor und László waren mit dem letzten Bus nach Margate zurückgefahren. Er war geblieben.

Als er die Strecke, auf der er mit Tibor geübt hatte, dreimal abgefahren war, lenkte er den Wagen auf den Parkplatz vor dem Supermarkt *Morrisons* und richtete sich für die Nacht im Auto ein. Die Beine angewinkelt, lag er auf dem Rücksitz und wartete auf den Schlaf. Aber sein Körper war aufgeputscht und nicht müde, aufgeputscht von der ersten Fahrt im Morris Minor ohne Begleitung.

In der Heckscheibe spiegelte sich der Mond. Er leuchtete so hell, dass man gern die nicht vorhandenen Vorhänge am lackierten Holzrahmen vorgezogen hätte. Der Mond erinnerte ihn an Großvaters Haus auf dem Weiler und an das kleine Fenster, unter dem sein Bett stand. Die endlosen Sommer der Kindheit, in denen jeder Morgen gleich begann: Die Sonne fiel durch das kleine Fenster. Und wenn er die warmen Sonnenstrahlen auf seinen Lidern spürte und davon munter wurde, wusste er, dass alle anderen schon lange auf waren. Er hörte den Lärm aus der Küche, schlagende Türen, klappernde Wassereimer, die der Großvater ins Haus trug und auf eine Holzbank stellte. Jetzt war er groß, und er hatte ein großes Fenster. Zwar war es nicht sein Fenster und nicht sein Land. Dafür konnte er vom Fenster aus das Meer sehen. Das Meer, das sich bis nach Litauen zog. Was wusste er sonst noch von diesem Meer? Er wusste, dass man, wenn man nach links bog, zur Mündung der Themse gelangte und sechzig Kilometer weiter in London war. Fuhr man nach rechts, kam man irgendwann in Holland oder Belgien an. Und wenn man das Rudern rechtzeitig einstellte, trieb der Wind das Schiff vielleicht nach Frankreich. Aber er würde das Rudern nicht einstellen. Würde sich nicht Wind und Meer ausliefern. Auch einem Boot würde er sich nicht ausliefern, denn die Naturgewalt des Meeres war unberechenbar, anders als die des Menschen. Ein unberechenbarer Mensch war natürlich ein labiler Idiot. Er war wie der Wind. Dabei aber unauffällig, normal, er kannte die Regeln und versuchte, sich dran zu halten. Um möglichst lange zu existieren und zu koexistieren, ohne sich Gefahren auszusetzen.

Klaudijus war am Einschlafen. Er schloss die Augen. Seine Gedanken wurden leiser, ließen sich aber immer noch vernehmen.

Er erinnerte sich an den letzten Sonntag. An den Tag, als er beschloss, sein Leben zu ändern. Es war noch keine Woche vergangen, und er konnte schon Auto fahren. In dieser ersten Nacht seines neuen Lebens, in der Nacht von Sonntag auf Montag, hatte er noch etwas anderes Wichtiges begriffen: den Unterschied zwischen Liebe und Vereinbarkeit. Plötzlich hatte er begriffen, dass Ingrida recht hatte. Er und Mira waren am menschenleeren Strand übers Watt spaziert. Sie hielten sich an den Händen, und er konnte sich nicht mehr erinnern, wer als Erster die Hand des anderen gefasst hatte. Aber so, Hand in Hand, gingen sie dann zu ihr, tranken bis drei Uhr nachts Tee und erzählten sich von ihren Zweifeln und von ihrer glücklichen Kindheit. Und als sie genug geredet hatten, wusste Klaudijus, dass er über Nacht bleiben konnte. Sie rückten die Betten aneinander, löschten das Licht und zogen sich aus. Als Miras Handywecker klingelte, bekam Klaudijus kaum die Augen auf. Mira war zierlicher als Ingrida. Die Leichtigkeit und Geschmeidigkeit ihres heißen Körpers weckten Klaudijus mit neuer Kraft – er fühlte sich körperlich stärker als früher. Ingrida war allerdings auch nie so geschmeidig gewesen. Immer, selbst in den intimsten Momenten, hatte sie es fertiggebracht, Abstand zu halten, und wenn es auch kein körperlicher Abstand war, so doch ein psychischer, damit er, Klaudijus, sie nie völlig in seiner Gewalt wähnte, nicht einmal, wenn er sie in seinen Armen hielt. Nicht so Mira, sie schien seine Wünsche zu spüren und half ihm, sich von einer Seite auf die andere zu drehen oder sich auf ihn zu setzen. Sie war elfenhaft und leicht. Sie war glücklich. Sie blinzelte vor Glück wie bei Sonnenlicht. Ihr nächtliches Glück war körperlich. Das empfand auch Klaudijus. Ohne nachzudenken, ohne Angst zu haben, ganz in der körperlichen Liebe eingetaucht.

101. Kapitel. Arras. Nord-Pas-de-Calais

Was konnte man sich alles in Erinnerung rufen auf einer zehnminütigen Fahrt in einem halbleeren Bummelzug, der offenbar überall dort bremste, wo sich der Blick auf eine hübsche kleine Kirche oder ein freistehendes zweistöckiges Haus aus Backstein mit einem roten Ziegeldach bot? Zum Beispiel, dass Andrius sehr froh war, als er vor einigen Tagen zufällig von Christopher erfuhr, dass es eine Zugverbindung von Farbus nach Arras gab. Oder wie Barbora, als Andrius ihr gegenüber noch einmal den Wunsch äußerte, nach Arras zu fahren, plötzlich mit ihren schmalen Schultern zuckte und sagte: „Wie du willst!“. Oder auch, wie er, Andrius, den Rucksack nach seiner roten Clownsnase absuchte, die, weil sie nicht gebraucht wurde, irgendwo verloren gegangen zu sein schien, dann aber nicht im Rucksack, sondern in einer der Außentaschen mit Reißverschluss wieder aufgetaucht war.

Vor drei Tagen noch hatte er sich eigentlich von dieser Reise nichts weiter versprochen, als ein bisschen rauszukommen, zur Abwechslung mal durch eine Kleinstadt statt durchs Dorf zu laufen, sich umzuschauen und alles unter die Lupe zu nehmen. Natürlich hegte er insgeheim immer noch die Hoffnung, auf dem zentralen Platz der Stadt Clownerien darzubieten und herauszufinden, wie es in Arras klang, wenn Münzen in eine kleine Pappschachtel fielen. Noch vor drei Tagen wusste er nichts über diese Stadt, und nur ein grobes Detail, das der Alte kurz zuvor erwähnt hatte, nährte seine Hoffnungen: Christopher hatte das Klinikum in Arras als möglichen Ort genannt, an dem Barbora ihr Kind zur Welt bringen konnte. Andrius wusste nicht, worin sich ein Klinikum von einem Krankenhaus unterschied. Ein Krankenhaus, so dachte er, würde sich wohl kaum in der Nachbarschaft von ein paar kleinen Häuschen befinden. Ein Krankenhaus brauchte eine Stadt, die Patienten, Ärzte und Krankenschwestern lieferte.

Darin hatte sich Andrius tatsächlich nicht getäuscht. Schon der Bahnhof von Arras – ein imposanter moderner Bau, der mehr Glas als Beton zeigte – hob seine Stimmung. Und als er sich nach einem einfahrenden Zug umdrehte, den Thalys sah und aus dem unverständlichen und vom Echo verzerrten Ansagewirrwarr das Wort *Amsterdam* heraushörte, fühlte er sich wieder in Paris – oder zumindest in einer Stadt, die es an Größe und Bedeutung mit Paris aufnehmen konnte. Schließlich wurde nicht in jedem Ort ein Hochgeschwindigkeitszug nach Amsterdam angekündigt.

Es genügte ein Blick auf den Stadtplan, der hinter einer Glasscheibe auf dem Bahnhof aushing, um zu wissen, wo es langging. La Grand-Place – der große Platz – war vom Bahnhof aus zu Fuß in wenigen Minuten zu erreichen.

Beseelt von dem Wunsch, möglichst viele Mütter mit ihren Kindern um sich zu scharen, lief Andrius so zielgerichtet zur Grand-Place, als wäre das sein tägliches Geschäft. Die kleinen Läden und Cafés unterwegs kamen ihm vertraut vor. Manches erinnerte ihn an Paris, manches an Lille. Ein kleines weißes Haus erinnerte ihn sogar an Vilnius. In der Altstadt rund um die Švento-Ignoto-Straße standen solche Häuser. Es war wieder ein heller Apriltag, forsch fielen die Sonnenstrahlen in die Schaufenster, formten Lichtmuster und tauchten die Auslagen in vibrierend gelbes Licht.

Der Platz in Arras erschien Andrius genauso groß wie der in Lille. Und genauso kalt.

‚Aber ich werde ihn erwärmen!', sagte sich Andrius zuversichtlich, als er Passanten mit Kindern bemerkte. Er blieb stehen, setzte seine Clownsnase auf und erstarrte in der Pose einer Person, die sich zu einem Pflasterstein hinunterbeugt, um etwas Unsichtbares aufzuheben. Mit den Augen verfolgte er die Reaktion der Passanten.

Die Leute gingen vorüber und warfen ihm argwöhnische und gleichgültige Blicke zu.

Andrius hockte sich hin, sprang hoch und lief in riesigen, ulkigen Schritten im Kreis, als wollte er eine Grenze zwischen seiner imaginierten Bühne und dem ebenso imaginierten Zuschauerraum ziehen.

Ein fünfjähriger Junge, den seine Mutter an der Hand führte, blieb stehen, als er den komischen Mann mit der Clownsnase bemerkt hatte. Aber die Mutter lief weiter und zog den Jungen hinter sich her.

Andrius zeigte noch ein paar seiner bewährten Nummern, aber auch mit ihnen schaffte er es nicht, die Aufmerksamkeit der Passanten zu wecken. Er hielt inne und schaute sich um. Der Stadtlärm, die Schritte der Passanten, das zu einem einförmigen Hintergrundton verschmelzende Brummen der vorbeifahrenden Autos, all das war Andrius auf einmal zu viel. Am liebsten hätte er sich die Ohren zugehalten.

Außerdem fühlte er sich beobachtet. Wie der Strahl einer schwachen Taschenlampe „traf" ein Blick sein Gesicht, seine Augen.

Andrius entdeckte den „Beobachter": einen Penner, vor dem zwei pralle Plastiktüten standen und daneben ein Pappbecher für Almosen. Der bärtige Stadtstreicher trug eine grüne Daunenjacke. Er stand da, den Rücken gegen eine Hauswand gelehnt. Er beobachtete Andrius aus dreißig Metern Entfernung, trotzdem spürte Andrius die unangenehme Spannung in seinem Blick. Und auf einmal war das Gefühl weg. Eine Frau war neben dem Clochard stehengeblieben und hatte ihm eine dreieckige Tüte mit Sandwiches aus dem Supermarkt zugesteckt. Der Mann sprach höflich mit ihr und nickte dankbar. Der Typ, der sich abmühte, den zentralen Platz von Arras, den Platz des Penners, zu „erwärmen", interessierte ihn nicht weiter.

‚Es fehlt ein Karussell', analysierte Andrius sein Scheitern. ‚Genau wie in Lille fehlt hier ein Karussell.'

Andrius ließ sich von seinem ersten Fehlversuch nicht entmutigen und begab sich auf die Suche nach dem Klinikum. Er hatte es ziemlich schnell gefunden, musste jedoch gleich darauf feststellen, dass die Praxis, kleinen Patienten mit Honorarclowns eine Ablenkung zu verschaffen, bis hierher noch nicht vorgedrungen war. In den Straßen rund um das Klinikum gab es etliche Cafés und Bistros, aber nirgends saßen Clowns oder Clowninnen, die auf Engagements warteten und ihre Utensilien gut sichtbar präsentierten, aus Taschen schauen ließen oder wie Andrius vor sich auf den Tisch legten. Er blieb bei einem Espresso eine Stunde lang sitzen und hoffte, dass jemand hereinschaute und seine rote Plüschnase auf dem Tisch entdeckte. Die Leute kamen herein, stellten sich an den Tresen, tranken den billigsten Espresso und gingen wieder, ohne ihn auch nur eines Blickes zu würdigen. Als Andrius begriff, dass seine Hoffnungen vergebens waren, brach für ihn – anders als noch in Lille – keine Welt zusammen. Er fand sich mit dem Gedanken ab, dass Nordfrankreich Lachen als Medizin nicht brauchte. Der Espresso, den er sich ewig lange eingeteilt hatte, war alle, als das Telefon klingelte.

„Hallo!“, sagte Paul. „Wie geht's dir? Ich vermisse dich!“

„Ich vermisse dich auch“, gestand Andrius und schaute zu dem älteren Franzosen hinüber, der sich hinter dem Tresen langweilte.

„Bei uns scheint heute die Sonne!“, berichtete Paul. „Das ganze Krankenzimmer ist orange.“

Andrius konnte sich Pauls Krankenzimmer, von sonnigem Orange überflutet, lebhaft vorstellen. Er lächelte sogar, als hätte er das Bild leibhaftig vor Augen. „Wir haben auch ein bisschen Sonne“, sagte er zu dem Jungen. „Aber der Wind ist kalt.“

„Denkst du an meinen Geburtstag?“

„Ja.“

„Papa lässt dich grüßen. Sprich mit ihm!“

„Andrius, hallo!“ Pauls Vater war dran. „Wann bist du wieder in Paris?“

„Hoffentlich zu Pauls Geburtstag.“

„Geht's dir so weit gut? Wen unterhältst du denn da oben so?“ Die Frage klang übertrieben lustig.

„Hauptsächlich mich selbst“, platzte Andrius heraus. Sofort versuchte er, den düsteren Eindruck wieder geradezubiegen. „Ist eben Norden, und der ist kalt. Wenn es richtig warm wird, klappt's vielleicht besser!“

Als Andrius sich von Hannibal verabschiedete, traf ihn der Blick des Barkeepers, und er verstand, dass er zu laut telefoniert hatte.

Noch jetzt, in dem halbleeren Wagen, der sich gemächlich Farbus näherte, stand ihm der eindringliche Blick des Barkeepers vor Augen. Eindringlich und doch irgendwie gleichgültig. Sein Blick zeigte kein Interesse an dem rothaarigen Kunden, der irgend so einen roten Klumpen mit Gummiband neben seine Tasse gelegt hatte. Sein Blick verriet lediglich eine Feststellung, ein harmloses Etikett für diesen etwas merkwürdigen Gast. „Ausländer!“ war wahrscheinlich das Einzige, was dem Barkeeper zu Andrius einfiel. Oder etwa „Kanadier“? „Kanadier“, so schien es Andrius, wurde in den hiesigen Gefilden in der Bedeutung „ein Ausländer von hier“ oder so ähnlich gebraucht. Die Präsenz von Kanada oder von Kanadiern wurde jedenfalls nicht in Frage gestellt. Die Präsenz eines Litauers, der von Litauen getrennt war, wäre weder jemandem hier im Zug noch in ganz Arras in den Sinn gekommen.

Barbora war sichtlich erfreut. Sie hatte angenommen, Andrius würde viel später zurückkommen. Als er auf ihre Frage „Na, wie ist es dort so?“ von seinen vergeblichen Versuchen erzählte, als Clown etwas zu verdienen, schaute sie ihn mitfühlend an.

„Ingrida hat angerufen“, erzählte Barbie. „Weißt du, die beiden arbeiten jetzt in einer Fabrik für Kaninchenkäfige ... Sie hat gesagt, bei ihnen wäre alles in Ordnung, aber ...“

„Was ‚aber‘?“ Andrius schaute ihr in die Augen.

„Ich hatte das Gefühl, dass sie wegen irgendetwas unzufrieden ist. Vielleicht wegen der Arbeit? Glaubst du, Klaudijus hat davon geträumt, Kaninchenställe zu bauen?“

„Denkst du, das werden sie jetzt den Rest ihres Lebens machen?“ Andrius musste plötzlich lächeln, weil er glaubte, Barbora würde ihm Klaudijus gleich als Beispiel hinstellen.

„Nein. Sicher suchen sie etwas Interessanteres.“

„Weißt du“, sagte Andrius seufzend, „ich werde mir demnächst auch eine Arbeit suchen. Eine Arbeit, die mir nicht gefällt, die mich anödet, aber ich werde trotzdem morgens zeitig aufstehen und in eine Kaninchenstallfabrik oder auf eine Schweinefarm gehen! Hauptsache, es wird was gezahlt, Hauptsache, ich verdiene Geld!“

Die Resignation, die aus Andrius Worten sprach, ließ Barbora verstummen. Sie hatte keine Lust, dieses ewige Thema fortzusetzen. „Ich mach dir einen Tee!“, bot sie an.

„Nicht nötig“, wies Andrius sie zurück.

„Whisky?“, fragte Andrius, als er ins Wohnzimmer kam, den Alten, noch ehe dieser seinem Mitbewohner diese traditionelle Bitte als Begrüßung antragen konnte.

Lächelnd registrierte Christopher dieses *Ich-komm-dir-zuvor*. Er nickte. „Ich hab gute Neuigkeiten.“ Christopher schob dem jungen Mann, der sich schon an den Tisch gesetzt hatte, einen Reklameflyer mit einem hübschen Frauenfoto hin. „Kennst du Céline Dion?“

„Ja, natürlich, hab von ihr gehört.“

„Am 7. Juli singt sie auf der Grand-Place in Arras.“

„Auf dem zentralen Platz?“, fragte Andrius nach.

„Ja.“ Der Alte warf einen Blick auf den Flyer. „Genau dort.“

Andrius nippte am Whisky und dachte an die Stadt, die ihn enttäuscht hatte, in der aber immerhin der Schnellzug nach Amsterdam hielt und hin und wieder Weltstars auf der Grand-Place auftraten.

Barbora brachte doch für alle Tee und setzte sich zu den Männern. Sie nahm Andrius den Flyer aus der Hand. „Oho“, rief sie. „Céline Dion? In Arras? Was da wohl eine Karte kostet?“

„Nichts“, antwortete Christopher.

„Ach, toll“, freute sie sich. „Da weiß man doch, wofür man lebt!“

Andrius schaute Barbie skeptisch an, dachte aber gleich: ‚Sie ist ja schwanger, und was man so hört, reden sogar kluge Frauen während der Schwangerschaft dummes Zeug!‘ Er schämte sich für seinen skeptischen Blick und seine Gedanken und musste daran denken, wie er selbst vor knapp einem Jahr der Reise zu dem Rockfestival entgegengefiebert hatte. Zu einem Rockfestival, auf dem keine Weltstars auftraten, das aber den Startschuss zu seinem neuen französischen Leben gegeben hatte. Das Festival, auf dem er Barbie kennengelernt, sie zum Spaß geheiratet und anschließend die Hochzeitsnacht mit ihr verbracht hatte. Nein, sie war nicht dumm, und wenn doch, dann nicht dümmer als er selbst.

Andrius erwachte in den frühen Nachtstunden und konnte nicht mehr einschlafen. Er starrte an die Decke und hörte den schlaflosen Alten draußen im Flur auf und ab laufen. Ein paar Mal war er drauf und dran aufzustehen, um ein bisschen mit ihm zu reden. Damit es für ihn weniger langweilig und bedrückend war, wach zu sein, wenn ringsum alle schliefen. Aber die Vorstellung, dass alle Gespräche mit Christopher – ausgenommen die Unterhaltung am letzten Abend über das bevorstehende Konzert von Céline Dion – auf den Krieg, auf den Ersten Weltkrieg, hinausliefen, hielt ihn davon ab. Andrius wollte nicht über den Krieg reden. Ohnehin musste er ständig an die merkwürdigen unterirdischen Geräusche denken, die er hinter dem Stacheldrahtzaun mit dem Schild *Vorsicht, Minen!* an der „kanadischen Grenze" in dem vom Krieg entstellten Wald gehört hatte. In dem Wald, den Christopher *La forêt* nannte, selbst wenn er Englisch sprach.

102. Kapitel. Dunkerque. Nord-Pas-de-Calais

Das Wetter in Dunkerque blickte finster drein, vom Meer blies ein eisig kalter Wind. Der hohe, steife Kragen des alten, grauen Mantels konnte Kukutis, wenn nötig, wie eine Wand von der Kälte abschirmen. Auch hier am Meer schlug Kukutis gleich, nachdem ihn der Franzose, der auf Blériots Flughafen arbeitete und in der Nähe von Dunkerque lebte, abgesetzt hatte, seinen Mantelkragen hoch, als er den kalten Atem des Meeres spürte. Der Franzose fuhr ab, und Kukutis blieb auf der Uferpromenade vor dem menschenleeren Sandstrand zurück, über dem der weiße Leuchtturm mit den schwarz abgesetzten Streifen wie ein mittelalterlicher Wehrturm aufragte.

Kukutis hob den Kopf zum Lampenhaus hinauf und wartete, dass das Leuchtfeuer ein weiteres Mal rot aufblinkte. Er schloss die Augen. Hörte den Wald rauschen. Den Wald bei Anykščiai. Wo der alte Leuchtturm stand, in dessen Kuppel früher und vielleicht auch heute noch nachts ein rotes Lämpchen blinkte, obwohl das Meer dreihundert Kilometer weit entfernt lag. Für wen blinkte der Leuchtturm im Wald von Anykščiai? Für die Vögel? Für die Flugzeuge? Oder einfach zum Gedenken an den Dichter Jonas Biliūnas? Diejenigen, die nicht wussten, dass ein Jonas nie stirbt, hielten den Leuchtturm für ein Denkmal. Kukutis wusste es, und deswegen war das Denkmal für ihn ein Leuchtturm. Für wen das rote Lämpchen an dem Leuchtturm im Wald blinkte, wusste er allerdings nicht.

„Ach, diese exzentrischen Litauer!" Der abgewandelte Satz des Franzosen, der auf dem kleinen Flughafen bei Calais seine Pässe kontrolliert hatte, klang lustig.

Kukutis hielt die Augen geschlossen und lächelte. Er fühlte sich wohl in seinem Dunkel und hielt das nordfranzösische Abendlicht von seinen Augen und seinem Inneren fern. Wenn er die Augen öffnete, würde das Rauschen des Waldes verschwinden. Und stattdessen würde ihn das Kreischen der Möwen überkommen.

Wann war er zum letzten Mal im Wald von Anykščiai gewesen? Wie viele Jahre war das her?

‚Zähl lieber nicht', ermahnte ihn sein Gedächtnis. ‚Sonst versinkst du wieder in Einzelheiten! Und beschwerst dich, dass dein gutes Gedächtnis dir in die Quere kommt und dich von deinem Ziel abbringt!'

‚Hast ja recht', pflichtete Kukutis seinem Gedächtnis bei. ‚Ich werde nicht grübeln. Weil ich schon alles vor Augen habe: die dicken Eichen, den Findling Puntukas mit dem Relief der beiden über Deutschland abgestürzten Piloten Darius und Girėnas. Der beiden Piloten, die zu lebenden Helden der Republik Litauen werden sollten, aber sofort zur Legende geworden sind.'

Wenn Papier irgendwann mal so viel kostet wie Gold, dann wird auch Kukutis Vertrauen zu Geldscheinen fassen und ein Bündel Zehnlitasscheine mit dem Doppelporträt der beiden Piloten und der Abbildung der Lituanica auf der Rückseite in einem separaten Kästchen in seinem Bein verstauen. Aber im Moment vertraut er Papier noch nicht. Papier kann verbrennen und fortwehen. Auch Pässe und Bescheinigungen sind schnell beschädigt oder gehen verloren. Und dann sagt vielleicht irgendein Beamter: „Hier steht ein falsches Komma! Sie müssen sich neue Dokumente besorgen!" Münzen hingegen, tja, Münzen sind was anderes! Silber, Gold, Bronze! Die haben einen Wert und sind dem Einfluss von Wind, Zeit und Regen viel weniger ausgeliefert.

„Gehört die Zeit etwa auch zum Wetter?", fragte sich Kukutis, mehr um seine eigenen Gedanken zu hören, als um sie zu kontrollieren.

Er winkte ab und öffnete die Augen, um zu überprüfen, ob er wirklich abgewinkt hatte. Das ging natürlich nicht, er würde ja nun nicht noch einmal winken, nur um zu überprüfen, ob er tatsächlich gewinkt hatte.

Am Himmel schrien Möwen, sie kreisten über ihm. Ziemlich weit oben. Ein Stück weiter vorn – zweihundert Meter vielleicht – rauschte müde und leise das Meer, als hätte es an diesem Tag schon genug getost. Kukutis fand, das Meer roch nach Bernstein, bernsteingelb. Vielleicht ein kleines bisschen heller.

Plötzlich stach Kukutis etwas in den Rücken, als hätte ihm jemand unter der Schulter eine Nadel in den Rücken gebohrt. Kukutis drehte sich um, als ob er herausfinden wollte, wer ihm den Schmerz zugefügt hatte.

Aber es war niemand da, nur eine Reihe zweistöckiger Häuser. Drinnen brannte Licht. Über ihm blinkte das rote Licht des Leuchtturms. Anders als im Wald von Anykščiai, denn der Leuchtturm dort war viereckig und dieser hier rund wie der Schornstein in einer alten Fabrik.

Wieder stach es unter der linken Schulter und drückte in der Brust. Auch links.

‚Das Herz', begriff Kukutis. ‚Das ist nicht mein Schmerz. Es geht wieder jemandem schlecht irgendwo hier, ganz in der Nähe, in Frankreich. Und noch einem zweiten, auf der anderen Seite vom Ärmelkanal. Der Schmerz in der Brust ist schlimmer als der im Rücken', dachte er. ‚Wie soll ich euch beiden denn gleichzeitig helfen? Ihr seid zwei, und ich bin allein, ich habe nur ein Herz. Zum Glück gibt's nicht so viele Litauer! Im Gegensatz zu den Polen!" Kukutis erinnerte sich an den polnischen Alten, den polnischen „Kukutis", der vor ein paar Tagen an der Straße getrauert hatte, weil er ein junges Mädchen, das sich vor ein Auto geworfen hatte, nicht rechtzeitig zurückhalten konnte.

Plötzlich kam vom Meer her eine steife Brise. Das Rauschen der Wellen wurde stärker, die Möwen schienen tiefer zu fliegen.

„Ich schaff das schon! Ich komme rechtzeitig bei euch an!", flüsterte Kukutis, schaute auf den Horizont und merkte, dass er mit jeder Minute ein Stück näher rückte, weil die Luft gegen Abend dichter wurde. Wenn sie im Dunkeln angekommen war, würde der Horizont verschwunden sein. Er würde mit der Dunkelheit verschmelzen, die von den Fenstern und Straßenlaternen hinter ihm und von den Lichtern der Schiffe vor ihm durchbrochen wurde. Dann würde das nächtliche Zwiegespräch zwischen dem Leuchtturm und den Lichtern der Schiffe beginnen. Und wo würde Kukutis dann sein? Mit wem würde er ein Zwiegespräch führen?

Der Alte schaute sich um. Es war niemand da. Nur eine leere Straße mit Fenstern auf den menschenleeren Strand und das Meer.

103. Kapitel. Pienagalys. Bei Anykščiai

Der schlaksige Tierschützer hieß Vladas. Das kam heraus, als er am zweiten Tag seiner Protestaktion ein neues Pappplakat, das er an einem langen Stiel befestigt hatte, aus dem Zelt schob: *Ich werde von Sadisten gefangen gehalten.* Darunter mit Filzstift eine Telefonnummer und die Bitte, die Nummer anzurufen und mitzuteilen, dass Vladas in Pienagalys festgehalten wurde.

Genau in dem Moment kamen die nächsten Kunden auf den Hof gefahren. Doch Vitas schaffte es, Vladas das Plakat zu entreißen und es ins Haus zu bringen. Als die Kunden wieder abgefahren waren, ging er zum Zelt, das noch immer von Googlas bewacht wurde.

„Hey, du, Vladas!“, rief Vitas. „Ruf lieber bei der Polizei an. Damit sie dich endlich abholen!“

„Geht nicht“, kam es aus dem Zelt. „Mein Akku ist leer.“

„Gib her, ich lad ihn auf“, bot Vitas belustigt an.

Im Zelt raschelte es. Dann fuhr eine Hand mit einem Handy und einem Ladegerät aus der Zeltöffnung. „Kann ich mal aufs Klo?“, bat Vladas kläglich.

„Na, los!“ Vitas trat einen Schritt zurück. Sofort fletschte Googlas die Zähne und knurrte.

„Und der Hund?“ Die Stimme des Tierschützers klang noch kläglicher.

Vitas hockte sich neben die Hundehütte, streichelte den Hund und packte das Halsband. „Komm raus!“

Der Schlaks äugte heraus. Googlas wollte vorpreschen, aber als er die Hand seines Herrchens spürte, parierte er und schaute Vitas an.

„Soll er gehen!“, erklärte er dem Hund und drehte sich zu Vladas. „Da hinten, gleich hinter der Scheune!“

„Wie? Habt ihr im Haus keine Toilette?“

„Das Klo im Haus ist für gebetene Gäste, für ungebetene da hinten!“

Renata stand im Bad vor dem Spiegel und betrachtete ihre Haare.

„Die sind ja gar nicht mehr rot“, flüsterte sie bekümmert. „Entweder färbe ich sie nach, oder ich färbe sie um.“

Als sie hörte, dass die Flurtür aufging, drehte sie sich um und sah, dass Vitas ein Handy zum Laden ansteckte.

„Was machen die Aufträge? Sind neue reingekommen?“, wollte er wissen.

„Zwei. Soll ich's dir bringen, wenn es klingelt, während es lädt?“

„Ist nicht meins“, sagte Vitas und winkte ab. „Der Trottel aus dem Zelt wollte es aufgeladen haben! Er heißt übrigens Vladas. Wie mein bester Schulfreund ... Kannst du Viola und mir einen Tee machen?“

Als Renata mit der Teekanne und den Tassen in den Hof kam, stand hinter dem Zelt neben ihrem Fiat ein silbergrauer Toyota, dessen Stoßdämpfer fast Violas gelben Smart touchierten.

Googlas witterte sein Frauchen und kam schwanzwedelnd aus der Hütte gesprungen. „Hallo!“, rief Renata ihm zu. Sie hockte sich hin und fing an, ihn zu streicheln.

Plötzlich spitzte der Hund die Ohren und knurrte Richtung Zelt.

„Kann ich Sie mal sprechen?“, rief es aus dem Zelt.

„Ja“, antwortete Renata verwundert. „Wenn Sie versprechen, dass Sie Ihre Zelte abbrechen.“

„Das geht nicht! Ich lebe bei meiner Mutter. Ein halbes Jahr lang habe ich Sozialhilfe gekriegt, weil ich keine Arbeit hatte. Hab angefangen zu trinken! Und dann kam im Fernsehen diese Sendung über Sie! Und dieser Clip mit der Katze! Das ist meine Chance. Und alles in der Nähe, nicht weit weg!“

„Woher sind Sie denn?“

„Aus Molėtai.“

„Ja? Und worüber wollten Sie mit mir sprechen?“

„Ich muss Fotos von meiner Protestaktion nach Deutschland schicken. Als Beweis, dass ich was tue für mein Geld.“

„Hindert Sie doch keiner dran“, antwortete Renata schulterzuckend. „Sie haben doch einen Computer.“

„Ja, hab ich, aber der Akku ist leer. Und Fotos habe ich auch keine. Können Sie mich vielleicht fotografieren?“

„Wie meinen Sie das?“

„Na, beim Aufhängen der Plakate vorm Zelt und wie ich mit einem Plakat vor Ihrem Fabrstudio protestiere.“

Renata schüttelte den Kopf. „Ich glaube nicht, dass Vitas das gut findet! Entschuldigen Sie, der Tee muss ins Studio.“

„Könnten Sie mir vielleicht Wasser heiß machen? Ich hab zwar einen Gaskocher dabei, aber die Patronen vergessen.“

„Vielleicht einen Tee?“

„Teesud habe ich!“

„Gut, ich mache Ihnen Wasser heiß“, versprach Renata und stand auf.

Nach dem Abendessen brachte sie Viola zum Auto und vereinbarte mit ihr, am nächsten Morgen zu ihr in den Friseursalon zu kommen.

„Stimmt, du musst was unternehmen“, rief Viola, als sie einen Blick auf Renatas Haare geworfen hatte.

Am nächsten Morgen schien in Anykščiai die Sonne. Als Renata zum Friseursalon kam, saß ein junger Mann auf der Treppe, der einen Blumentopf zwischen die Beine geklemmt hatte. In dem Topf wuchs ein Veilchen.

„Vor deiner Tür sitzt ein Kunde!", rief Renata, als sie eintrat.

„Das ist mein Ex." Viola drehte sich um. Sie war gerade mit dem Putzen fertig.

„Dein alter oder dein neuer Ex?"

„Setz dich!" Viola deutete auf einen Sessel. „Mein letzter Ex. Hab ihn vorgestern vor die Tür gesetzt. Der hatte meine Absätze satt. Da sagt der Idiot doch zu mir: ‚Ich oder deine Stöckeldinger! Du hast die Wahl.' Na, da werd ich mich doch nicht für ihn entscheiden! Und jetzt will er zurück! Aber ein Mann muss hart bleiben: Gesagt – getan! Mich kriegt der jedenfalls nicht rum."

Viola legte Renata den Umhang um und befestigte ihn am Hals. Sie stellte sich so hinter sie, dass sie Renata im Spiegel gut sehen konnte.

„Weißt du, er reagiert gar nicht mehr auf meine Haare!", beklagte sich Renata.

„Dann vielleicht eine ganz andere Farbe?"

„Nein", sagte Renata nach einer kurzen Pause. „Lieber erst mal wieder die natürliche Farbe. Da können sich die Haare ein bisschen erholen. Ich habe gelesen, dass es schädlich ist, wenn man sie oft färbt."

„Stimmt. Aber das braucht ein bisschen Zeit. Ich fange jetzt an, und du spülst sie dann einmal die Woche mit schwarzem Tee. Oder ich schneide dir einfach eine Glatze. Du wohnst doch sowieso im Wald! Das ist auch nicht so teuer!"

„Nein, keine Glatze!" Renata schaute in den Spiegel. „Lieber ausspülen."

Nach dem Friseur kehrte Renata im Café auf der Baranauskas-Straße ein und gönnte sich einen leckeren Ingwertee. Anschließend fuhr sie zum Supermarkt und bereute es, dass sie nicht zuerst eingekauft hatte und dann zu Viola gegangen war. Die chemische Lösung hatte ihr stumpfes Rot in ein fleckiges Hellbraun verwandelt, genau wie Viola es vorhergesagt hatte. Als Renata die spöttischen Blicke von einigen Frauen bemerkte, klappte sie die Kapuze hoch und lief schneller. Sie beeilte sich so sehr, dass ihr erst an der Kasse einfiel, dass sie die Butter vergessen hatte. Sie verließ die Schlange und lief zurück. Hinter ihr stand eine Frau, die ihre Haare kritisch belächelt hatte. Also ging sie gemächlich zur Kasse zurück. Erst im Auto fiel ihr ein, dass der Tierschützer sie gebeten hatte, Rundbatterien mitzubringen.

‚Das nächste Mal', dachte Renata. Sie dachte es und war erstaunt, wie schnell sie Vladas' Bitte abgehakt hatte. Außerdem erstaunte es sie, dass sie ohne jede Feinseligkeit an ihn dachte. Als wäre er einfach ein

Nachbar und nicht jemand, der mit seinem Zelt und seinen Protesten in ihr Grundstück eingedrungen war.

Viola kam gegen zwei, kurz bevor die ersten Kunden eintrafen. Sie inspizierte Renatas Haare. „Zwei, drei Wochen, und dann passt das", sagte sie. „Du hast kräftige Haare, du kannst sie ruhig öfter spülen, so alle drei Tage!"

Als Vitas von draußen hereinkam, hörte er Violas Worte und merkte erst in dem Moment, was los war. „Was ist das denn?", fragte er erschrocken, als er ihre Haare sah.

„Hatte keine Lust mehr auf Rot", erklärte Renata gelassen. „Dir ist es doch sowieso lila, welche Farbe meine Haare haben. Ich will wieder meine natürlichen Farbe."

„Steht dir auch am besten!" Vitas lächelte. „Ich lerne gerade einen neuen Beruf: Gefängnisaufseher! Der Schlaks will dauernd aufs Klo! Und hustet schon, der Idiot. Fehlt noch, dass wir wegen dem den Notarzt rufen müssen, der kommt bei diesem Wetter vielleicht gar nicht zu uns durch!"

„Steiler Typ!", warf Viola ein. Renata und Vitas schauten sie irritiert an.

„Und was findest du an ihm steil?" Vitas lächelte giftig.

„Na, groß ist er! Ein Adamsapfel wie bei einem Truthahn. Markantes Gesicht!"

„Na ja, vielleicht ... Vielleicht bringst du ihn dazu, dass er sich verzieht?", fragte Vitas.

„Sag mir Bescheid, wenn er wieder aufs Klo will", rief Viola lächelnd. „Dann gehe ich mit."

„Also, ich gehe nicht mit ihm aufs Klo, ich halte Googlas fest, damit er ihn nicht ins Bein beißt."

Als die ersten Kunden an diesem Tag mit zwei Katzenjungen gekommen waren, wurde es still im Haus. Viola und Vitas waren bei der Arbeit, Renata war im Haus geblieben. Sie schrieb drei weitere Aufträge ins Heft und ging hinaus auf den Hof, atmete den Duft des getauten Waldes, eine alltäglich und zugleich wundersame Mischung mit einer Prise Eichenlaub und Tannennadeln.

„Renata?", rief es aus dem Zelt.

„Ja."

„Machen Sie mir bitte einen Kaffee! Ich habe mich schrecklich erkältet!", bat der Tierschützer.

Renata wollte schon hineingehen, blieb aber unvermittelt stehen. Sie lächelte listig. „In einer halben Stunde ist Viola fertig, die macht Ihnen Kaffee!", sagte sie zu ihm und ging ins Haus.

Als sie in der Pause zwischen den Terminen in der Küche zusammenkamen, um einen Tee zu trinken und ein paar belegte Brote zu essen, erzählte Renata Viola von Vladas' Wunsch nach einem Kaffee. Sofort trank die ihren Tee aus, aß ihr Brot auf und machte Kaffee.

Vitas schaute sie erstaunt an. „Was hast du vor?", fragte er Renata, als Viola der *Geisel* den Kaffee brachte.

„Ich?", fragte Renata unschuldig. „Gar nichts. Wenn sie ihn so hübsch findet, können sie doch ruhig öfter Zeit zusammen verbringen."

Am Abend ging Renata in Großvater Jonas' Hälfte hinüber. Sie setzte sich an den Tisch vor dem Fenster und sah ein mattes Licht in Vladas' Zelt. Renata lächelte. Sie hatte nämlich den Akku für seine Campinglampe aufgeladen. Plötzlich fiel ihr ein, dass sie den Hund nicht gefüttert hatte.

Schnell kochte sie Kartoffeln, zerließ Speck, gab ihn über die Kartoffeln und ging zu Googlas hinaus. In der Tür blieb sie stehen, weil sie Angst hatte, der hungrige Hund könnte sich die Zunge verbrennen. Sie wartete ein paar Minuten, dann schüttete sie die Kartoffeln in den Napf.

Googlas leckte ihr zuerst die Hand und stürzte sich dann auf das Essen.

„Renata!", rief Vladas aus dem Zelt und hustete.

Googlas knurrte.

„Ist ja gut", beruhigte ihn Renata.

„Ist Viola eigentlich verheiratet?", fragte der Tierschützer.

„Nein."

„Und hat sie einen Freund?"

„Im Moment nicht. Sie hatte einen Verehrer, aber den hat sie rausgeschmissen."

„Wie? Ist sie denn so streng?" Renata hörte in Vladas' Stimme Neugier, Achtung und seine Erkältung.

„Ja, schon, sie mag es nicht, wenn ihr jemand widerspricht."

„Danke", sagte der unsichtbare Gesprächspartner. „Haben Sie irgendwas gegen Husten?"

„Ich sehe mal nach", versprach Renata.

104. Kapitel. Margate. Grafschaft Kent

Klaudijus staunte, wie fest der Wattboden war. Das ablaufende Wasser hatte im Sand, der noch feucht glänzte, Muscheln zurückgelassen. In kleinen Vertiefungen stand hier und da Wasser, in dem sich die grelle, aber kühle englische Sonne spiegelte.

Wieder fand Klaudijus ein schmales Tonröhrchen, ein Stück einer Seemannspfeife. Wie immer hob er es auf, kratzte den Sand ab und steckte es in die Tasche. Er hatte schon eine ganze Tüte solcher Pfeifenscherben, Zeugnisse des englischen Fischerlebens! Wie viele Jahrhunderte mochten sie diese Pfeifen geraucht haben, wenn sie aufs Meer hinausfuhren und mit oder ohne Fang heimkehrten? Warum wimmelte es hier im Watt davon? Vielleicht hatten sie sie im Sturm geraucht, und der Sturm hatte sie ihnen aus den Händen gerissen? Oder sie waren mit den Fischerbooten gekentert, und alles, was sich in den Booten befand, auch die Pfeifen, war auf Grund gesunken und von den Wellen und Gezeiten über den endlos weiten Meeresboden verstreut worden?

Diese Gedanken trennten Klaudijus vom wirklichen Leben. Die Morgenspaziergänge weckten in ihm das Kind und den Astronauten. Jede originelle Muschel machte ihn neugierig und animierte ihn, sich zu bücken, sie aufzuheben und wie einen Schatz in die Tasche zu stecken. Die Stadt, die am Ufer lag, entrückte ins Unsichtbare, verschwand. Klaudijus lief allein über den von der Ebbe freigespülten Boden des Weltmeeres, der Millionen Geheimnisse, die Spuren tausender Katastrophen und Tragödien, den jodierten Geruch einer anderen, einer fragilen und kreatürlichen, schönen und schrecklichen, einer verstörenden und betörenden Welt barg. Gleichzeitig erschien ihm diese Welt unbewohnt, und er, Klaudijus, der kleine litauische Junge, war der Pionier, der Gagarin des Meeresbodens.

Plötzlich klingelte sein Handywecker. Das Handy wusste nicht, dass sein Besitzer bereits vor zwei Stunden, um halb sechs, aufgewacht war. Weil ihn die aufgehende Sonne mit ihren grellen Strahlen geweckt hatte. Dass er zum Meer hinuntergegangen war, dass er sich wie von einer Falle mit Köder von dem Wattboden angezogen fühlte, der in jedem Mann den heimlichen Schatzsucher, das Kind mit seinem Glauben an Abenteuer und Wunder weckte.

Klaudijus wanderte übers Watt, bis links der Strandturm mit der Uhr auftauchte. Dort ging er hinauf zur Uferstraße und lief zur Bushaltestelle.

Er kam eine halbe Stunde zu früh, aber als er Szlachcic' Mercedes auf dem Hof sah, wusste er, dass er nicht der Erste war.

Klaudijus ging in den Kaninchenschuppen und hockte sich vor Ingridas Stall. Er öffnete das Türchen und streichelte sie. „Na, wie geht's?", fragte er das schwarze Kaninchen. „Alles in Ordnung?" Nach einer kurzen Pause, als wollte er dem Kaninchen Gelegenheit geben, auf die Frage zu antworten, fuhr er fort: „Mir geht's ganz gut. Draußen scheint die Sonne! Hier drin ist es natürlich finster." Er drehte sich um. „Ein paar Fenster wären nicht schlecht. Du langweilst dich wahrscheinlich. Weil du allein in deinem Stall hockst. Wie wär's mit einer Zibbe? Welche gefallen dir besser: die schwarzen oder die weißen? Mir die weißen … Frauen natürlich, nicht Zibben. Die blonden. Ist aber nicht so wichtig. Das Wichtigste ist der Charakter! Ingrida hat einen komplizierten Charakter, deswegen ist es kompliziert mit ihr in einem Käfig. Mir scheint, Mira hat noch gar keinen Charakter. Als ob sie noch nicht wüsste, was sie will. Wenn wir alle Kaninchen wären, mit wem würde ich gern zusammen in einem Stall hocken, was meinst du?" Klaudijus überlegte. Er schwieg und schaute auf den mit Stroh bestreuten Boden, dann blickte er wieder das schwarze Kaninchen an. „Menschen haben eine Wahl, weißt du. Sie nutzen sie nicht immer. Du hast keine Wahl. Na ja, ich hab im Moment ehrlich gesagt auch keine Wahl. Willst du eine Möhre?" Aus der Kiste, die neben dem Käfig stand, holte Klaudijus eine Möhre, schob sie durchs Türchen und legte sie dem Kaninchen hin.

Im Hauptstall der Fabrik surrte schon der Akkuschrauber und drehte immer neue Schrauben in die Holzplatten, die den Korpus des zukünftigen Käfigs bildeten. Tibor und László arbeiteten schweigend.

Klaudijus ging die Arbeit ebenfalls gut von der Hand. Er fühlte eine buddhistische Ruhe: keine Gedanken, keine Gefühle – ein vollkommener Einklang mit der Natur, mit dem Frühling, mit der Welt. Die Gitterstäbe ließen sich erstaunlich leicht biegen, und Klaudijus spürte nicht die kleinste Muskelanspannung, wenn er die Enden in die Holzstreben schob.

Vor der halbstündigen Mittagspause ging Klaudijus in den Hof und sah Ingrida vor dem Backsteinhaus, in dem sich das Büro des polnischen Inhabers und Miras und Ingridas Räume befanden, stehen und rauchen.

„Oh, du hast wohl das Nikotin für dich entdeckt?", fragte Klaudijus spöttisch.

„Ich rauche schon lange", sagte Ingrida schulterzuckend. Sie trug eleganten Office-Look: einen engen Midirock und einen taillierten Blazer mit Schulterpolstern. Das Kostüm machte sie nicht nur seriöser, sondern auch älter.

„Mit mir hast du nie geraucht", meinte Klaudijus kühl.

„Ja, mit dir ist mir sogar das Rauchen vergangen!", sagte Ingrida gleichgültig.

„Rauch ruhig, ich hab nichts dagegen." Klaudijus war nicht auf Streit aus. „Wie geht's dir?"

„Bestens", antwortete sie bestimmt und leicht genervt.

„Mir auch." Klaudijus nickte. „Wollen wir eine kleine Spritztour machen? Wir wollten doch noch nach Dover, erinnerst du dich?"

„Du willst, dass ich dich nach Dover chauffiere?"

„Nein, ich chauffiere dich!", verkündete er stolz. „Ich kann fahren!"

„Oho!" Ingrida war erstaunt. In ihren Augen blitzte Neugier auf.

„Also, was ist?", fragte er noch einmal.

„Hast du einen Führerschein?", wollte Ingrida wissen.

„Noch nicht", gestand er.

„Mach erst mal den Führerschein, und dann überleg ich's mir." Ihre Neugier war erloschen.

„Mach ich, keine Angst", antwortete Klaudijus ebenfalls kühl.

Piotr kam aus dem Haus. Klaudijus spürte den unzufriedenen Blick des Polen, nickte Ingrida zum Abschied zu und lief zum Hauptstall. „Claude", rief ihm der Manufakturbesitzer nach.

Klaudijus drehte sich um.

„In zwei Stunden kommst du in mein Büro", ordnete der Pole trocken an.

Klaudijus nickte.

Eine Stunde später rief Mira an. Sie bat ihn, zu den Kaninchen und Meerschweinchen zu gehen. Es gäbe einen Käufer.

Der Käufer war ein großgewachsener, hagerer Mann um die siebzig, vielleicht sogar achtzig in einem braunen Anzug. Über dem weißen Hemd baumelte eine alte blaue Krawatte mit einem Logo. „Na, was haben Sie hier so?", fragte er in gutem Englisch.

Klaudijus schaute in sein Gesicht und versuchte zu erraten, woher er kam. Er führte ihn zu den Meerschweinchen.

„Nein, die Kaninchen!" Der elegante Alte erteilte den Meerschweinchen eine rüde Abfuhr. „Zeigen Sie mir die Kaninchen!"

Dieses Englisch kannte Klaudijus nur aus dem Fernsehen. ‚Wahrscheinlich lebt er schon lange hier', mutmaßte er. Wie immer blieb er vor den drei Doppelkäfigen stehen, in denen die verschiedenfarbigen flauschigen Jungtiere saßen.

„Das graue ist ganz niedlich und fast zahm", sagte er zu dem Mann, der sich zu dem mittleren Käfig hinabgebeugt hatte. Er öffnete den Käfig, griff das junge graue Kaninchen an den Ohren, zog es heraus und zeigte es dem Kunden.

Komischerweise wollte der Alte es nicht streicheln, sondern schüttelte den Kopf und gab damit zu verstehen, dass es ihm nicht gefiel. Er hockte sich hin und betrachtete die anderen Tiere. „Und das da?", fragte er und zeigte auf den Stall, in dem das schwarze Kaninchen saß.

„Das ist schon alt." Klaudijus dachte, nach dem Wort „alt" hätte sich das Interesse des Kunden erledigt.

Aber der Alte ging hin, bückte sich, schaute hinein. Er hockte sich hin und beobachtete Ingrida.

Klaudijus wurde nervös. „Er, das heißt sie ist sehr alt", wiederholte er. „Sie stirbt bald, deswegen halten wir sie getrennt."

Der Alte nickte und stand auf. „Was kostet es?"

„Wie alle anderen: zwanzig Pfund."

„Wieso ‚wie alle anderen'?" Der Alte bedachte den Kaninchenverkäufer mit einem verkniffenen, unfreundlichen Blick. „Es sollte billiger sein!"

Klaudijus hoffte, die Sache würde doch noch glimpflich ausgehen. „Nein, alle Kaninchen kosten dasselbe. Das hat der Besitzer so festgelegt."

„Klar", lenkte der Alte ein, „ein altes Kaninchen hat länger gelebt als ein junges, warum sollte es billiger sein ... In Ordnung."

„Was ist – in Ordnung?" Klaudijus erschrak.

„Ich nehme es."

Klaudijus fühlte sich hilflos. Hilflos und gelähmt. Was sollte das heißen? Was wollte der Alte mit dem schwarzen Kaninchen? Er musste ihn ablenken. „Woher kommen Sie?", fragte er äußerst höflich.

„Ich?" Der Alte wunderte sich über die Frage. „Ich bin aus Whitstable."

Klaudijus kannte dieses frühere Fischerdorf, der Bus aus Margate bog direkt vor Whitstable Richtung Canterbury ab. „Nein, und vorher?", fragte Klaudijus und versuchte den Alten in ein Gespräch zu verwickeln, damit er vergaß, weswegen er hergekommen war. Er wollte dem Alten erzählen, dass er selbst aus Litauen, aus Mažeikiai kam, aber schon in London und in der Nähe von Esher in der Grafschaft Surrey gelebt hatte.

„Vorher?“, fragte der Alte zurück. „Vorher habe ich in London gelebt.“

„Und noch davor?“ Klaudijus ließ nicht locker, er wollte unbedingt erfahren, wo die eigentlichen Wurzeln des Alten lagen, wo seine ursprüngliche Heimat war. „Sie müssen lange in London gelebt haben! Sie sprechen so gut Englisch!“

Der Alte machte große Augen. Er schaute auf Klaudijus herab, obwohl sie fast gleich groß waren. „Ich bin in London geboren!“, verkündete er mit donnernder Stimme. „Ich bin Engländer!“

Klaudijus erschrak. Er dachte, der Alte würde jeden Moment auf ihn einprügeln.

„Ich nehme das schwarze!“, rief er resolut und deutete auf Ingridas Stall.

„Warten Sie eine Minute! Ich bin gleich zurück!“, stammelte Klaudijus und rannte hinaus.

Er stürzte ins Haus, klopfte beim Chef. Stille. Drückte die Klinke hinunter – die Tür war abgeschlossen. Auf den Lärm hin kam Mira aus dem Nachbarbüro.

„Wo ist denn Piotr?“, fragte Klaudijus.

„Dienstlich unterwegs. Kommt in einer Stunde. Wollen wir heute Abend ausgehen?“

„Vielleicht“, sagte Klaudijus und schaute sie hoffnungsvoll an. „Mira, da ist so ein Engländer, der will das alte Kaninchen kaufen!“

„Dann verkauf's“, sagte sie verständnislos. „Oder will er Rabatt?“

Klaudijus schüttelte den Kopf. Von seiner Beziehung zu dem Karnickel wollte er Mira nicht erzählen. „Und wo ist Beatrice?“

Mira war angespannt. Sie deutete hinter sich.

„Kannst du ein paar Minuten draußen warten?“, bat Klaudijus.

Mira verzog die Lippen, nickte aber und trat aus der Tür in den Flur.

Klaudijus' und Ingridas Blicke trafen sich. Sie saß am Tisch, vor sich einen dampfenden Tee. Rechts stand ein aufgeklappter Laptop.

„Hör mal, Bea“, ratterte er los. „Da ist so ein alter Engländer, der will Ingrida kaufen! Wir müssen was unternehmen!“

Ingrida lachte los. „Du hast wirklich immer Pech! Jetzt musst du die zweite hergeben! Keine Chance! Du musst sie verkaufen!“ Sie machte sich über ihn lustig.

„Was will denn der Alte mit dem alten Kaninchen, überleg doch mal“, fuhr Klaudijus fort. „Der stirbt selbst bald! Ich glaube …“

„Was glaubst du?“

Klaudijus stockte. Er spürte, dass seine Worte bei Ingrida einen neuen Lachanfall auslösen würden. „Ich glaube, der will es einfach essen, das Karnickel!“

Ingrida lachte wirklich los. Laut und hell. „Du bist bescheuert!“, rief sie belustigt. „Wenn er es essen wollte, hätte er keinen Stall gekauft!“

„Wie? Hat er einen Stall gekauft?“

„Ja, der ist schon im Auto!“ Ingrida stand auf, ging zum Fenster und deutete auf den violetten Volvo.

Klaudijus hatte verloren. Grußlos verließ er das Zimmer. Im Gehen nickte er Mira zu: Kannst zurück!

Der Volvo fuhr davon – das schwarze Kaninchen mit Käfig im Kofferraum. Klaudijus sah dem Auto nach und blieb am Tor unter der gefühllosen, grell-kühlen Aprilsonne stehen. Jetzt kam er sich selbst lächerlich vor. Lächerlich und dumm. Er stellte sich vor, was Ingrida über ihn dachte, was dieser alte Engländer über ihn dachte, der nicht ahnen konnte, dass er der erste Engländer war, mit dem Klaudijus in seiner ganzen Zeit hier im Königreich in Kontakt gekommen war. ‚Gut, dass ich hier so viele Monate leben konnte, ohne mit einem einzigen Engländer in Berührung zu kommen!‘ Klaudijus drehte sein Gesicht zur Sonne und blinzelte.

Er weinte vor Kränkung.

105. Kapitel. Farbus. Nord-Pas-de-Calais

Mit jedem Tag registrierte Andrius an Barbora neue kleine Merkwürdigkeiten, und er wusste natürlich, dass die Schwangerschaft der Grund war. Er hatte gehört, dass schwangere Frauen sehr empfindlich und fahrig waren, dass ihre Stimmung von einem Moment auf den anderen umschlagen konnte und dass es vom Lachen zum Weinen manchmal nur Sekunden dauerte. Das alles traf auf Barbie zu, und trotzdem war sie immer noch ganz die Alte, Christopher gegenüber war sie zuvorkommend, höflich und flott. Manchmal ging sie jedoch in ihr Zimmer hinauf und schaute lange auf den verwilderten, verunkrauteten Garten. Sie seufzte, wenn sie aus dem Fenster blickte, und Andrius wusste, was sie bedrückte: die Verwahrlosung. Sie dachte an das Gehöft ihrer Großmutter, daran, dass es da, am Waldrand bei Prienai, wo das Gehöft stand, um das sich jetzt niemand mehr kümmerte, noch zwei andere verlassene Güter gab. Und während diese beiden Güter der Verbuschung nichts entgegensetzten – Fichten und Sträucher ergriffen zwischen Häusern und Scheunen von den freien Flächen ungeniert Besitz –, „kämpfte" ihr Weiler noch darum, nicht als verlassen, sondern nur als vorübergehend stillgelegt zu gelten. Barbora und ihre Mutter waren zuletzt im Oktober dort gewesen. Sie hatten das kalte, ungeheizte Haus betreten, Tee getrunken und dann die Äxte zur Hand genommen und Buschwerk und Gehölz, das vom umliegenden Wald auf ihr Grundstück wanderte, entfernt. Die zwei Frauen mit den Äxten sahen mit Sicherheit komisch aus, aber es war niemand da, der sie hätte beobachten können. Außer vielleicht den Vögeln, die auf den Zweigen der Bäume am Waldrand oder auf ihren zwei alten Apfelbäumen saßen. Und der Specht, der auf der alten Eiche – ihrem stärksten Nachbarn im Wald – klopfte, hatte wahrscheinlich auch zugesehen, wie sie um den Boden kämpften, den ihre Vorfahren einst dem Wald abgerungen hatten. Mehr konnten sie eigentlich nicht machen. Es gab niemanden, an den sie den Boden mit oder ohne Hof verpachten konnten. An den Wochenenden herzukommen, schafften sie nicht – es war einfach zu weit von der Wohnung bis hier hinaus aufs Gehöft. Deswegen fuhren sie nur ein paar Mal im Jahr hin, um nachzusehen, ob das Haus nicht abgebrannt und der Hof nicht vollkommen zugewuchert war.

Auch an diesem Morgen trat Barbora, nachdem sie aufgestanden war und sich ihren Hausmantel übergezogen hatte, ans Fenster. Andrius umarmte sie. „Ich kann den Garten in Ordnung bringen, wenn du willst", flüsterte er.

„Es ist nicht unser Garten", antwortete sie traurig.

„Es ist auch nicht unser Fenster", sagte Andrius weich. „Und nicht unser Haus, aber wir wohnen hier ... Und ich glaube, wir werden hier länger bleiben."

Sie nickte.

„Vielleicht wird's mal unser Garten?", hauchte ihr Andrius mit einem behutsamen Flüstern halb im Scherz ins Ohr.

Christopher – dicker bekleidet als sonst – saß am ovalen Tisch und las ein Buch. Neben ihm stand ein Glas, dessen Boden mit Whisky bedeckt war. Als Schmuck sozusagen. Das dachte Andrius, als er ins Wohnzimmer kam. Nachdem er sich gesetzt hatte, roch er das eigenartige Aroma, das Christopher als „den prallen Geruch von frisch verlegtem Asphalt" beschrieb. So sollte Whisky nach Christophers Meinung riechen. Zumindest entsprach der Whisky, den der Alte in seiner Anrichte aufbewahrte, diesen Anforderungen.

Barbie, die immer noch ein bisschen verschlafen war, brachte Kaffee und ging wieder in die Küche, um Frühstück zu machen. Als Hausfrau gab sie eine gute Figur ab. Und sie behandelte Christopher so umsichtig, als wäre er tatsächlich Andrius' Großvater und sie die gute Schwiegertochter.

„Mein Großvater hat morgens immer gern Zeitung gelesen", warf Andrius unvermittelt ein und lenkte Christopher von seinem Buch ab.

„Lebt er noch?", fragte der alte Mann.

Andrius schüttelte den Kopf.

Christopher fixierte die Kaffeetasse, als hätte er gar nicht bemerkt, dass Barbie sie ihm serviert hatte. „Von der Zeitung kriegt man schmutzige Finger", sagte Christopher und nahm die Tasse in die Hand. „Ich habe nie verstanden, warum man sich nach einer Zeitung die Hände waschen muss und nach einem Buch nicht."

„Haben Sie Kinder?", fragte Andrius, womit er wiederum einen erstaunten Blick des Hausherrn erntete.

„Ja", sagte er nickend. „Einen Sohn. Aber wir haben uns schon vor Längerem überworfen. Er ist nicht mal zum Begräbnis seiner Mutter gekommen. Aber angerufen hat er ... Ach, nein, ich habe ihn angerufen! ... Das Gedächtnis!"

Gern hätte Andrius weiter gefragt, aber da kam Barbora ins Zimmer. „Du musst heute einkaufen gehen. Der Kühlschrank ist so gut wie leer!", sagte sie auf Litauisch zu Andrius.

Christopher schaute sie fragend an, und sie wiederholte ihre Worte auf Englisch und lächelte den Alten an. „Ja", sagte er, „und bring Ahornsirup mit! Der Supermarkt hat eine kleine Ecke mit ausländischen Delikatessen." Dann schaute er Barbora an. „Können Sie Pfannkuchen backen?"

Barbora nickte.

„Ausgezeichnet!" Er sah zufrieden aus. „Dann bestelle ich für morgen ein kanadisches Frühstück: Pfannkuchen mit Ahornsirup."

‚Gott, wie viel Leben noch in ihm steckt!', sagte sich Andrius. Er dachte an seinen eigenen Großvater, der mit siebzig ein schwerfälliger, ächzender Tattergreis gewesen war. So hatte ihn seine Großmutter genannt, die ihn an einem sonnigen Tag fast mit Gewalt aus dem Haus treiben musste, damit er sich im Hof in die Sonne setzte.

Mit dem leeren Rucksack auf dem Rücken, am Rand der sonnenbeschienenen Straße entlang, legte Andrius behände die zwei Kilometer zurück, die Christophers Haus vom Supermarkt in Vimy trennten. Natürlich hätte er auch auf den Bus warten oder ein Taxi nehmen können, aber dieses Mal bestärkte ihn das schöne Wetter in seinem Wunsch, unnütze Ausgaben zu vermeiden.

Als er die Einkäufe erledigt und auch den Ahornsirup nicht vergessen hatte, ging Andrius ins Café. Jean-Michel, der Barkeeper, freute sich über das vertraute Gesicht und zeigte fragend auf die Kaffeemaschine: „Espresso?“

Andrius nickte, setzte den Rucksack ab und suchte sich einen Platz.

„Ça va?“, fragte Jean-Michel und servierte ihm den Espresso.

„Ça va“, antwortete Andrius und seufzte.

Diese gewohnt freundliche Grußformel, in der sich die Antwort nur durch die fehlende Frageintonation von der Frage unterschied, war für Andrius sinnentleert, als bedeutete sie nicht „Alles in Ordnung?“, sondern einfach „Hallo“. Genauso typisch war für Andrius der Geschmack des Espresso: Egal, ob in Paris auf der Rue de Sèvres oder hier oder in einem Café in Belleville – der Espresso schmeckte überall gleich.

Der Barkeeper spülte die Biergläser.

Andrius trank seinen Espresso und beobachtete ihn. Als Barkeeper, sinnierte er, ist man immer für die Menschen da. So wie ein Arzt. Aber einen Arzt suchte man erst später auf. Zum Arzt gingen die, denen der Barkeeper nicht helfen konnte. Oder denen er keine Diagnose stellen, ihnen also auch nicht sagen konnte, was gegen ihre Beschwerden half.

Jean-Michel interessierte sich für seine Gäste. Auch für ihn, Andrius. Das gehörte zu seinen Aufgaben. Vielleicht war dieses Interesse an den Gästen im Preis für Bier oder Espresso inbegriffen? Kaum, denn für denselben Preis bekam man auch ein Bier oder einen Espresso ohne Lächeln und Zuwendung.

Andrius dachte über Frankreich nach und fühlte sich brüskiert. Als hätte Frankreich ihn eingeladen und nach seiner Ankunft im Stich gelassen.

Der Espresso verlieh seinen Gedanken eine angenehm bittere Note. Für wenige Minuten fand Andrius seine Selbstsicherheit und Selbstironie wieder. Er kicherte in sich hinein, kicherte über sich, über seine naive Kindlichkeit, über seinen jüngsten Glauben an das französische Märchen. Dieses Märchen stammte aus Litauen, aus dem heimatlichen Utena, aus einer Kleinstadt, die stolz war auf ihren „aufständischen Geist", auf ihren Wunsch, sich vom Rest des Landes abzuheben. Das, worin sich die Stadt vom restlichen Land unterschied, rief allerdings andernorts wiederum Kichern, Befremden und Schulterzucken hervor: Während in ganz Litauen Basketball als Nationalsport galt, bauten sie in Utena ein Stadion und spielten plötzlich Fußball. Heraus kam die einzige Fußballstadt in einem Basketballland. Neben das Stadion baute man eine Bierbrauerei, und das Land verzieh der Stadt ihr Dissidententum, weil sie gutes Bier braute. Mehr war es nicht. Ansonsten war Utena eine von vielen Provinzstädten, in denen sich jeder sein Leben so gut wie möglich einrichtet, sei es durch eigene Vorstellungen und Träume, sei es durch eine Wohnungsrenovierung, sei es durch eine auffällige Farbe am Zaun, der das eigene Leben und Grundstück vom Leben und Grundstück der anderen Bewohner abgrenzte. Ihre Wohnung hatten seine Eltern irgendwann renoviert. Den Zaun auf der Datscha in einem kleinen Dorf vor der Stadt zu streichen, hatte keinen Sinn, da auch die Nachbarn ihre Zäune nicht strichen. Sich in einem grauen Dorf mit einem auffälligen Zaun hervorzutun, hätte bedeutet, den Nachbarn die Laune zu verderben und ihnen ungeplante Ausgaben aufzuzwingen. Also blieb Andrius nur das Träumen. Der *American Dream* hatte zu dieser Zeit schon an Attraktivität verloren – wer ihn geträumt hatte, war schon in den Neunzigern ausgereist. Die restlichen Träume waren einfacher und näher: der Traum von Paris, von Irland oder England. Andrius hatte sich den Traum von Paris ausgesucht, obwohl er zuvor noch nie in Frankreich gewesen war. Das vertraute und verständliche Ausland war für ihn über Jahre hinweg Polen gewesen, wohin er mit seinen Klassenkameraden zum Schüleraustausch gefahren war. Der Traum von Paris hörte zunächst auf, ein Traum zu sein, und wurde Wirklichkeit, dann aber kam Paris abhanden. Und so fand er sich in der Wirklichkeit des kalten französischen Nordens wieder, in der Wirklichkeit von Vimy und der in gewisser Hinsicht noch kleineren und merkwürdigeren Realität von Farbus, diesem Vorwerk von Vimy, das als Vorort von Arras gelten konnte, einer Stadt mit einer Grand-Place und Bewohnern, die ihre tagtäglichen Bewegungen nicht unterbrachen.

Wieder trieben die Gedanken Andrius in eine dunkle Sackgasse, wo sich Verlorenheit mit der Erkenntnis eigener Schwäche und Hilflosigkeit mischte, wo er sich leid tat wie ein im Wald verirrtes Waisenkind, das, selbst wenn es einen Weg aus dem Wald herausfände, nicht wüsste, wohin es gehen soll.

Andrius ging an die Bar, Jean-Michel unterbrach seine Arbeiten, stand wie unter dem Kommando „Rührt euch!“, schaute dem Gast erwartungsvoll in die Augen und lächelte ihn zurückhaltend an. „Un cognac“, bat Andrius. „Et encore un café.”

Als er sich setzte, wäre er beinahe über den Rucksack mit den Einkäufen gestolpert. Er bedachte ihn mit einem missbilligenden Blick. Der Kognak-Geschmack lenkte Andrius' Gedanken sofort wieder in eine andere Richtung. Genauer gesagt zurück in die dunkle Sackgasse, wo sich die Verlorenheit mit der Erkenntnis der eigenen Schwäche und Hilflosigkeit mischte. Die Zeit war stehengeblieben wie eine alte Tischuhr. Man konnte sie – genau wie die alte Uhr – wieder zum Laufen bringen, indem man den Aufziehschlüssel drehte und so die Antriebsfeder spannte. Aber Andrius wollte nicht. Er fühlte sich wohl in der stehengebliebenen Zeit. Er wollte nicht zurück nach Farbus, zu dem Alten ins Haus. Er wollte nicht weg. Draußen erwartete ihn Frankreichs höfliche Gleichgültigkeit, und er wollte nicht raus an die Luft, die die Frühlingssonne langsam aufwärmte.

Er saß bei seinem dritten Kognak, als ein weiterer Gast ins Café kam, sich auf einen hohen Barhocker setzte und ein Gespräch mit Jean-Michel begann. Sie unterhielten sich leise, und nur selten drang eine französische Interjektion wie etwa „Oh là là!“ bis zu Andrius und lenkte ihn ab.

Irgendwann – Andrius sah gar nicht hin, sondern hörte einfach zu – verstand er, dass der Barkeeper dem Gast in der dunkelgrün karierten Jacke etwas erzählte.

„C'est pas vrais!“,* rief der Gast auf dem Barhocker.

Auf einmal kam Andrius die Stimme bekannt vor, er schaute genauer hin. ‚Das ist doch dieser einzige Taxifahrer, der Englisch kann‘, merkte Andrius. ‚Der Christopher fährt!‘ Verblüfft schaute er zum Tresen.

---

* Das kann nicht sein! (frz.)

Ein paar Minuten später, als ihr Gespräch verebbte und Christophers Taxifahrer mit Münzen klimperte, um zu bezahlen, sprang Andrius auf, nahm seinen Rucksack und ging auch zum Tresen.

„Combien?“,* fragte er Jean-Michel.

„Neun Euro“, antwortete der Barkeeper.

Der Taxifahrer schaute Andrius an. „Ach.“ Er hatte den Fahrgast von neulich erkannt. „Wie geht’s?“ Als er den prall gefüllten Rucksack bemerkte, setzte er, ohne die Antwort abzuwarten, fort: „Nach Farbus? Soll ich Sie mitnehmen?“

Andrius nickte.

„Leg den Rucksack in den Kofferraum“, wies ihn der Taxifahrer an und setzte sich hinters Steuer des hohen silbergrauen Minivan.

Als das Auto losgefahren war, wurde Andrius, der auf dem Beifahrersitz saß, nervös und drehte den Kopf, um den vorbeiziehenden Häusern nachzusehen. „Entschuldigen Sie, geht auch was anderes als Farbus?“

Der erstaunte Blick des Fahrers traf ihn. „Und was?“ Er bremste.

„La forêt“, antwortete Andrius zögerlich.

„La forêt?“

„Ja“, sagte Andrius schon sicherer. „La forêt.“

„Meinetwegen.“ Der Taxifahrer zuckte mit den Schultern. Er blickte noch immer erstaunt, hatte aber den Fuß schon von der Bremse genommen.

Andrius fuhr mit geschlossenen Augen. Und hörte mit geschlossenen Augen, wie der Wagen von der Asphaltstraße auf den holprigen, an den Rändern von Baumwurzeln hochgestülpten Waldweg einbog.

Als der Taxifahrer hielt, machte Andrius die Augen auf. Durch die Windschutzscheibe sah er die bekannte Weggabelung.

Der Taxifahrer stellte den Motor ab und griff nach dem Kreuzworträtselhelft.

„Sie brauchen nicht auf mich zu warten“, sagte Andrius gedankenverloren.

„Wie? Und der Rucksack?“

„Bringen Sie den Rucksack nach Farbus und übergeben Sie ihn Christopher!“

---

* Wie viel? (frz.)

Der Taxifahrer schaute Andrius entgeistert an.

Andrius merkte, dass er sich mehr als seltsam benahm. „Ich möchte hier ein bisschen allein sein“, sagte er mit einem schuldbewussten Lächeln. „Ich rufe Sie auf dem Handy an, dann können Sie mich abholen! In Ordnung? Wenn Sie wollen, bezahle ich gleich.“

Misstrauisch reichte der Taxifahrer dem Fahrgast seine Visitenkarte.

Der Minivan fuhr schwankend über den holprigen Weg davon, von Bäumen verdeckt, ehe er ganz aus dem Blick verschwand. Endlich atmete Andrius auf und lief auf den Stacheldraht und das Warnschild zu.

Über ihm rauschte der Wald. Der Wind zauste die hohen Baumwipfel. Die Sonne hielt sich hinter grauen Wolken verborgen. Oder war der Himmel hier über dem Wald von sich aus grau? Oder strebte die Zeit dem Punkt auf dem unsichtbaren Zifferblatt zu, nach dessen Überschreiten sich nach und nach schwarze Sprenkel der bevorstehenden Dämmerung ins Tageslicht mischten?

Der Boden war uneben. Eingestürzte, von frischem Gras überwachsene Schützengräben und runde Granattrichter reizten Andrius, lockten ihn, luden ihn ein, hinabzusteigen. Er wich ihnen aus oder sprang über sie hinweg. Er musste weiter.

Als er das Schild erreicht hatte, hielt er den Atem an.

Auch der Wind in den Wipfeln legte sich. Erstarb.

Andrius hockte sich hin und legte die Handflächen auf den Boden. Der Boden antwortete auf die Berührung mit Kälte und einem feinen Vibrieren.

Andrius legte sich auf den Bauch, strich Zweige und altes Laub beiseite und presste das Ohr an die Erde.

Zuerst hörte das Ohr nur Kälte. Aber dann, als Andrius sich an die Kälte gewöhnt hatte, nahm er eine Bewegung in der Erde wahr. Tief unten und weit entfernt. Begleitet von einem Grollen oder einem gefühlten Grollen. Dieser Klang konnte entstehen, wenn man lange und konzentriert in die Stille lauschte. Dann spaltete sich die Stille in verschiedene Schichten. Und die unterste klang wie ein entferntes Grollen.

Andrius schloss die Augen, Nacht schien auf die Erde zu fallen. Der Wind legte sich. Er schwieg. Die Äste an den Bäumen schwiegen. Die Vögel schwiegen.

Das Grollen wurde lauter, daneben tauchten andere Geräusche auf. Eins hörte Andrius deutlich heraus: das Klirren von schwerem Metall. So klang es, wenn man einen Spaten in harte, steinige Erde stieß.

Andrius hatte den Eindruck, als sei sein rechtes Ohr müde geworden und wollte den Tönen unter der Erde nicht mehr folgen. Er drehte den Kopf und presste sein linkes Ohr auf dieselbe Stelle. Das linke hörte keine Kälte. Wahrscheinlich hatte er die Erde schon erwärmt, einen Teil seiner Körperwärme an sie abgegeben. Wieder hörte er, wie sich schweres Metall bewegte.

Mit geschlossenen Augen stellte sich Andrius vor, wie eine alte, rostige Granate den Weg nach oben suchte. Christopher hatte erzählt, dass die Erde das Kriegsmetall herauszuschieben versuchte. Er hatte von der Erde gesprochen, die die Projektile herausschob, aber Andrius kam es so vor, als suchte das Kriegsmetall von sich aus einen Weg nach draußen, an die Oberfläche, als wollte es zurück zu den Menschen, die es einst metertief in der Erde versenkt hatten. In seiner Fantasie wurden die unterirdischen Granaten zu Maulwurfsrobotern, träge oder verrostet. Sie waren blind wie echte Maulwürfe, und so verfehlten sie ständig die Richtung und fanden nicht hinaus.

Während Andrius dieses fantastische Bild festzuhalten versuchte, merkte er, dass er echte Geräusche hörte, die perfekt zu seiner Vorstellung passten. Ein plausibleres Bild zu diesen Tönen ließ sich nicht finden.

Plötzlich überkam ihn Müdigkeit. Er richtete sich auf und setzte sich, die Hände gegen den Boden gestützt, in das alte Laub, fühlte aber, dass es ihm schwerfiel, in dieser Position auszuharren. Ihn schwindelte. Noch immer hallte das Grollen aus der Erde in ihm nach. Die Luft trübte sich ein, die Dämmerung verdrängte die Klarheit. Hinter den Büschen, hinter dem Stacheldraht knackte ein Zweig wie unter einem Schritt. Am sich verdunkelnden Himmel schlug ein großer Vogel mit den Flügeln.

In der einbrechenden Dämmerung kam Leben in den Wald, der eine Stunde zuvor noch reglos dagestanden hatte. Schwer wie ein Theatervorhang senkte sich die Dämmerung herab. Die Erdanziehung wurde stärker, als hätte die Nacht sie entfesselt. Andrius wurde von der Erde übermannt, wie ein müder Mensch vom Schlaf übermannt wurde. Wieder legte er sich hin und presste das Ohr an die Erde. Er merkte, dass das, was er hörte, von irgendwo rechts vorn kam. Von da, wo der Stacheldrahtzaun war.

Andrius streckte den Arm in diese Richtung und befreite ein anderes Stück Boden von Laub und Zweigen. Er kroch hin und hielt sein Ohr an die neue Stelle. Dasselbe Grollen, dieselben trägen Bewegungen unter der Erde. Hier allerdings irgendwie lauter oder fassbarer.

Andrius säuberte ein weiteres Stück Erde direkt unter dem Stacheldraht. Dieselben Töne, wieder schienen sie lauter, wenn auch nur um ein Hundertstel Dezibel.

Er kam sich wie der Empfänger eines nicht angekommenen Briefes vor. Wie jemand, der gesucht, aber nicht gefunden wird, jemand, dem ein fremder Bote, der die Adresse verwechselt hat, eine wichtige Nachricht überbringen will.

Wieder überfiel ihn die merkwürdige Müdigkeit. Vielleicht kam das von dem konzentrierten Hören, von den unterirdischen Geräuschen und Schwingungen, die wahrscheinlich nicht nur übers Trommelfell ins Gehirn gelangt waren, sondern auch über die Hautzellen, mit denen er die Erde berührt hatte.

Er setzte sich wieder auf und rutschte an den Metallpfosten, der den Stacheldraht und den darüber liegenden Stromdraht gespannt hielt, lehnte sich an und spürte die Drahtenden im Rücken. Der Pfosten stand fest.

Andrius vernahm ein Kribbeln. Er dachte an die Kälte, die er bisher nicht wahrgenommen hatte und auch jetzt nicht wahrzunehmen schien. Müdigkeit ja, aber keine Kälte. In den Fingerspitzen war das dezente und zugleich lästige Kribbeln besonders stark.

Verschwommen tauchte vor ihm ein Bild aus der Kindheit auf: Er war ungefähr fünf und versuchte, mit einem Nagel die Kraft aus der Steckdose zu pulen, die Mutters Bügeleisen heiß werden ließ. Diese Kraft versetzte ihm einen Schlag, dass er von der Wand zurückprallte und vor Schreck laut aufschrie.

Manchmal hatte das Gedächtnis nützliche Hinweise parat. Andrius beugte sich vor, und das Kribbeln verschwand. Er drehte sich um und betrachtete den Elektrodraht, der seinen Hals berührt hatte. Er musste lachen. Der Strom, der die Schafe abschrecken sollte, war für Andrius viel zu schwach. So schwach, dass er nicht einmal bemerkt hatte, dass es Strom war.

Als Andrius sich im Rauschen des erwachten Nachtwaldes ausgeruht hatte, stand er auf. Er blickte von oben auf den Drahtzaun hinunter. Der Zaun stellte nur für Schafe und kleinere Tiere, die nicht springen konnten, ein Hindernis dar. Ein Mensch, besonders wenn er groß war, konnte ihn mühelos überwinden.

Andrius lief zwanzig Meter an dem Zaun entlang und kehrte um. Bemüht, den obersten Draht nicht zu berühren, sprang er drüber und blieb stehen.

Nichts passierte. Weder mit ihm noch neben ihm. Derselbe Wald, dasselbe Dunkel, dieselben Nachtgeräusche der Natur.

Er lächelte, lief ein paar Meter in das verbotene Gelände hinein und setzte sich auf den Boden, dann legte er sich hin und presste sein Ohr auf ein Stück nackte, gesäuberte Erde. Keine Kälte. Die Erde schien warm. Warm und lebendig. Die Töne aus der Tiefe schienen Andrius noch mal lauter, lauter als in dem anderen, dem freigegebenen Waldstück. Und wieder bewiesen die Töne und das dumpfe Grollen, dass es unterirdisch wie oberirdisch Richtungen gab, dass „dorthin" und „von da" auch unter der Erde eine Bedeutung hatten. Die gleiche Bedeutung wie oben.

Das prägnanteste Grollen kam von der Seite, von einer Stelle auf dem verbotenen Gelände, die weiter vom Stacheldraht entfernt lag.

Andrius war aufgestanden und lief weiter in dieses für Schafe und Menschen gesperrte Waldstück hinein. Ein paar Mal wäre er beinahe gestürzt, weil sein Fuß immer wieder in alte Granattrichter oder eingefallene Schützengräben rutschte. Hier gab es nicht einen Quadratmeter ebener Erde. Da wölbte sich der Boden hoch, dort brach er ein.

Dieses Auf und Ab faszinierte Andrius. Faszinierte und ermüdete ihn. Neben einem Krater ließ er sich nieder, die Beine an die Schräge gestützt. Verschnaufte. Hielt Ausschau nach einer ebenen Stelle, wo er sich hinlegen und lauschen konnte. Nichts dergleichen, so weit das Auge reichte.

Er lief weiter. Irgendwann legte Andrius sich zwischen zwei Granattrichter, presste das Ohr an den Boden und hörte das dumpfe Grollen ganz deutlich. Das Grollen und die Bewegungen. Das triumphierende Lächeln eines Pioniers trat auf sein Gesicht, als wäre der Schatz, den er viele Jahre lang gesucht hatte, jetzt zum Greifen nahe.

Lachen stieg in ihm auf. Dieser merkwürdige Wunsch kam von der Freude, aber auch die Freude war merkwürdig und nicht menschlich, sondern animalisch. Vielleicht weckte der Wald zu dieser nächtlichen Zeit in ihm Instinkte, die die Menschen Tausende Jahre zuvor abgelegt hatten, als sie aufhörten, ein Teil der Natur zu sein?

Das Lachen – er versuchte es zurückzuhalten – brach sich Bahn. Für einen Moment. Brach sich Bahn mit einem Ton, der nichts von einem menschlichen Lachen hatte. Brach sich Bahn in einem Vogellaut, der sich gefällig in das nächtliche Dunkel fügte. Ein unsichtbarer Vogel schien ihm aus einem nahen Baum in demselben Ton zu antworten.

Plötzlich stürzte alles ein. Der Wald schauderte und verstummte, zog sich zusammen. In Andrius' Tasche klingelte das Handy, aufdringlich und unnatürlich laut. Andrius zog es hektisch heraus, schämte sich, als hätte es mitten in einer Theatervorstellung geklingelt. Er drückte den Anruf weg und schaute erst danach aufs Display. Barbora hatte angerufen. Das Display flammte wieder auf und kündigte den nächsten Anruf an. Der nächste Anruf, der Andrius noch lauter vorkam als der letzte, hallte durch den ganzen Wald, durch die ganze, hundert Jahre zuvor vom Krieg entstellte Landschaft.

106. Kapitel. Pienagalys. Bei Anykščiai

In der Nacht träumte Renata von Großvater Jonas. In ihrem Traum war er noch mehr gealtert als in den Wochen vor seinem Tod und ging am Stock. Zuerst träumte sie, sie schliefe und hörte im Schlaf oder aus dem Schlaf heraus Schritte im Zimmer. Gewohnte Schritte, in die sich ein ungewohntes Schlurfen mischte und ein leises Klackern bei jedem zweiten Schritt. Im Traum wachte Renata auf und lauschte. Die Schritte liefen weiter. Sie öffnete die Augen, schaute ins Dunkel – und sah nichts als diesel Dunkel. Die Schritte setzten kurz aus, als wäre der Läufer stehengeblieben, um ebenfalls zu lauschen. Dann setzten sie wieder ein und liefen zur Tür, die ins Wohnzimmer führte. Die Tür quietschte zweimal: beim Öffnen und beim Schließen, dann war es wieder still. Doch Renata konnte nicht mehr einschlafen. Sie tastete nach Vitas' warmem Rücken, als wollte sie prüfen, ob er noch da war, dann stand sie auf, schlüpfte in ihren Hausmantel und verließ das Schlafzimmer. Wieder quietschte die Tür zweimal in demselben Ton, als sie aufging und sich wieder schloss. Im Wohnzimmer war es dunkel. Aus dem Flur kam ein Klopfen.

Im Traum ließ Renata das Licht im Wohnzimmer aus – wozu die Nacht unnötig stören? Sie ging zur Tür und schaute in den Flur hinaus. Auch dort war es still und dunkel. Aber aus Großvater Jonas' Hälfte kam ein vages Geräusch, als hätte jemand auf dem Holzfußboden einen Stuhl näher zum Tisch gerückt.

‚Die Tür ist doch abgeschlossen!', dachte Renata. Trotzdem drückte sie auf die Klinke und zog die Tür zu sich heran. Dieses Mal sprang sie sofort aus dem engen Rahmen. Leicht und lautlos. ‚Ganz sicher ein Traum!', schlussfolgerte Renata und fürchtete sich weniger.

Sie betrat Großvaters Wohnzimmer. Die Dunkelheit war hier anders, weniger dicht als in ihrem Schlafzimmer. Sie drehte sich um und erkannte die Schrankwand, den Türrahmen, der irgendwann von innen in sattem Gelb gestrichen worden war, jetzt jedoch grau und verblichen wirkte. Nur wenn es sehr hell war, konnte man Spuren des früheren Sonnengelbs entdecken.

Renata ging zum Fenster. Draußen war es stockdunkel wie nachts in der geschlossenen Scheune. Sie wollte sich an den Tisch setzen, merkte aber, dass der Stuhl unter den Tisch geschoben worden war – sie zog ihn hervor, ohne ihn anzuheben. Es war das gleiche Geräusch wie eben.

‚Wer hat den denn hier reingeschoben?', überlegte sie und sah sich um. ‚Ist doch gar keiner da! Ich träume. Großvater liegt neben Großmutter, jetzt ist kein Lebender und kein Toter mehr hier.'

Plötzlich summte es wie ein Käfer in einer Streichholzschachtel. Kurz und bedauernswert.

„Das kann doch nicht sein!", flüsterte Renata und lief auf Zehenspitzen ins Schlafzimmer des Großvaters.

Und wieder hörte sie links in der Zimmerecke ein Summen, das nicht länger als ein paar Sekunden dauerte. Sie hockte sich hin, streckte ihre Hand aus und berührte die Black Box, in ihrem Unmut gefasst auf kaltes Metall. Aber das Metall war warm, ein bisschen zumindest. Und dann spürte sie ein sanftes, feines Vibrieren. Als würde da, in einer gewissen Entfernung, ein Zug vorbeifahren und das Rattern der Räder über die Schienen auf die gesamte Umgebung übertragen: auf die Erde, den Himmel, die Luft, die Bäume und die Häuser mit ihren Bewohnern.

‚Das war doch mit Sicherheit Vitas!', mutmaßte Renata. Sie ertastete das alte Textilkabel, ließ es durch ihre locker geschlossene Faust gleiten, bis sie zum Stecker gelangte, der in der Steckdose saß. „Tatsächlich!", rief sie, machte aber keine Anstalten, den Stecker aus der Dose zu ziehen. Sie seufzte nur, kehrte zur Black Box zurück und hockte sich daneben. „Sag mal, hat der Großvater, wenn er allein war, mit dir gesprochen? Oder hat er Selbstgespräche geführt, und du hast alles aufgezeichnet? Alte Menschen sind einsam, sie führen oft Selbstgespräche, sie reden mit verstorbenen Freunden und Angehörigen! Was hat er dir denn so erzählt? Was von meiner Mutter? Von Jūratė? Oder von Rimas, meinem Vater? Das gibst du natürlich nicht preis. Nicht mir gegenüber. Man hat dich erfunden, damit du ein Geheimnis bewahrst und es nur dann preisgibst, wenn eine Katastrophe oder ein Unglück passiert. Richtig? Zum Beispiel wenn das Haus abbrennt und wir drin sterben, dann kommen die Feuerwehrleute und untersuchen die Brandstätte. Dann finden sie dich und bringen dich in ein Speziallabor, und dort stellen die Fachleute fest, warum das Haus abgebrannt ist. Und dann erfahren sie auch das, was der Großvater dir erzählt hat oder was du mitgehört und aufgezeichnet hast ..."

Renata taten die Knie weh. Sie stand auf, holte sich aus dem Wohnzimmer einen Stuhl und setzte sich einfach neben die Black Box. Als hätte der Kasten sie in dieser Nacht angelockt, hypnotisiert, in seinen Bann gezogen.

Sie schloss die Augen und erinnerte sich an Großmutter Severiutė. Einmal hatte Renata als Vier- oder Fünfjährige, hinter einem Vorhang versteckt, beobachtet, wie die Großmutter mit ihrer Schmuckschatulle sprach. Was sie ihr erzählte? Das, was sie mit ihrem Mann, mit Jonas, nicht besprechen konnte. Vielleicht vertraute sie der Schatulle ihre Geheimnisse an? Jeder Mensch darf schließlich ein Geheimnis haben. Und so vertraute die Großmutter ihre Geheimnisse wahrscheinlich der Schmuckschatulle an. Die war alt, älter noch als die Großmutter. Urgroßvater Vitas, Jonas' Vater, hatte sie aus einem ganzem Stück Kirschholz geschnitzt. Er konnte aus Holz Dinge zaubern, dass die Nachbarn nur erstaunt die Hände hoben. So hatte auch diese Schatulle Geheimfächer. Ihr geschnitzter Deckel gab nur das oberste Fach frei, in dem Severiutė ihre Silberketten mit den Anhängern und ihre Bernsteinohrringe aufbewahrte, darunter gab es zwei weitere Schubfächer, die jemand Unwissendes nie entdecken würde. In diesen Fächern lag Severiutės Goldschmuck: ein paar einfache Ringe, ein Smaragdring und Ohrringe. Wieso sollte Severiutė, wo sie der Schatulle ihr Gold und Silber anvertraute, nicht auch die Geheimnisse mit ihr teilen?

‚Wo ist die Schatulle eigentlich hin?', grübelte Renata plötzlich im Traum. ‚Hat sie sich vielleicht von selbst versteckt, um Severiutės Geheimnisse zu hüten? Steht sie vielleicht irgendwo in Großvaters Hälfte?' Renata schaute den schwarzen Kasten an und fragte: „Kannst du wirklich Geheimnisse für dich behalten? ... Kannst du, na, klar! Du bist auch eine Schatulle, extra gemacht, um Geheimnisse zu hüten. Und Gold könnte man auch in dir verstecken! Du bist schließlich aus Metall wie ein Safe."

Renata schwieg, dachte nach. Sie wunderte sich, dass, nachdem Großvater und dann auch seine Asche aus dem Zimmer verschwunden war, die Black Box der einzige Bewohner war, der sich noch an Großvater erinnerte. Natürlich standen hier noch das Bett, das sich an ihn und Severiutė erinnerte, und auch der Nachtschrank und der Fußboden, der immer unter seinen Schritten geknarzt hatte. Aber das war bloß das Haus, das sich an seine wechselnden Bewohner erinnerte, das sich erinnerte, solange Menschen hier lebten, die sich ebenfalls erinnerten. Aber dieser schwarze Kasten, den Renata bis zu dieser Nacht, bis zu diesem Traum für seelenlos und sinnlos gehalten hatte, war plötzlich warm und beinahe lebendig. Er hörte ihr zu und hielt das Gehörte wahrscheinlich fest.

Wie war sie überhaupt in der Nacht hierher, in Großvaters Schlafzimmer gelangt? Renata drehte sich um. Sie erinnerte sich: Der Traum hatte sie hergeführt. Der Traum, in dem sie zuerst die Schritte des alten Jonas' gehört hatte, der sich beim Gehen auf einen Stock stützte. Daher das Klackern bei jedem zweiten Schritt! Dabei hatte er doch nie einen Stock gebraucht!

„Wie still und friedlich es hier ist!“ Renata unterbrach ihre Gedanken an den Traum vom Großvater und dem ungewohnten Stock. Sie schaute wieder auf den schwarzen Kasten. „Na, bleib ruhig liegen“, sagte sie zu ihm. „Hör dir ruhig alles an, ich gehe jetzt.“

Es kam ihr so vor, als wedelte der Kasten im Dunkeln mit dem Schwanz wie ein Hund. Wie Googlas, wenn er einen Befehl empfangen hatte und zeigen wollte, dass er gehorchte.

Am Morgen stand Renata früher als sonst auf. Sie kochte Kaffee und stellte dem schlafenden Vitas eine Tasse vors Bett. Damit er vom Kaffeeduft träumte! Mit der zweiten Tasse ging sie in den Hof. Die Sonne ging gerade erst über dem Wald auf. Ihre Strahlen trafen ein paar einzelne Wolken und erhellten sie nur von einer Seite.

„Vladas“, rief Renata.

„Ja“, kam es aus dem Zelt.

„Willst du Kaffee?“

„Kaffee?“, fragte der Tierschützer verwundert. „Gern.“

„Streck die Hand raus!“

Googlas knurrte und fixierte das Handgelenk über dem Vordach.

„Still, Platz!“, befahl ihm Renata und schob die Tasse mit dem Henkel in Vladas' Finger.

„Danke.“

„Soll ich irgendwas aufladen?“, fragte Renata, ehe sie wieder hineinging.

Ein Laptop mit einem Kabel wurde herausgereicht. „Könnten Sie mich nicht vielleicht doch mit einem Plakat fotografieren? Heimlich, dass Vitas nichts merkt?“, fragte Vladas in einem unangenehmen Jammerton. Den Worten folgte Husten.

„Mal sehen.“

Zurück im Haus, ging Renata zu Jonas' Tür. Sie drückte auf die Klinke, um zu prüfen, ob die Tür abgeschlossen war.

Sie schien verschlossen, aber als Renata noch einmal an der Klinke rüttelte, sprang die Tür quietschend auf. Renata schaute ins Wohnzimmer. Ihr Blick fiel auf den Stuhl, der unter den Tisch geschoben war. Sie klinkte die Tür ein, drückte sie mit der Schulter an und schloss ab. Erleichtert seufzte sie, als hätte sie die Welt ihrer Geheimnisse und Zweifel von ihrer Umgebung abgeriegelt.

107. Kapitel. Dunkerque. Nord-Pas-de-Calais

Eine feuchte und kühle Nacht begleitete Kukutis bei seiner Wanderung am Meer. Der hochgeschlagene Kragen schützte seinen Hals, aber der Wind blies ihm direkt ins linke Ohr und trug Wassertröpfchen und das Rauschen der Wellen heran.

Gern hätte er dem Wind das rechte Ohr hingehalten und dem linken eine kleine Erholungs- und Aufwärmpause gegönnt, aber dafür hätte er zurückgehen müssen. Zurück zum weißen Leuchtturm mit den schwarzen Streifen, zurück zum menschenleeren Strand und zur menschenleeren Straße, in deren Häusern die Fenster sicher schon erloschen waren.

„Halte durch“, bat Kukutis sich und sein Ohr.

Sein linkes Bein kam ihm genauso schwer vor wie sein rechtes, das aus Holz war. Und genauso steif. Der Weg führte nach rechts, weg vom Meer. Vor ihm ragte ein großer Betonzaun auf. Oder waren das die Mauern von Hafenspeichern? Die Straßenlaternen leuchteten ziemlich hell, aber das Licht fiel nach unten, Kukutis vor die Füße – die Umgebung blieb dunkel.

Eine Stunde später kam er an einem Sandberg vorbei, dann tauchte links neben der Straße ein riesiges Schiff auf. Kukutis blieb stehen und bestaunte die Beleuchtung.

Hin und wieder wurde die Stille von vorbeifahrenden LKWs unterbrochen. Ein Sattelschlepper, der Kukutis überholte, erinnerte ihn an seine kurze Fahrt im Führerhaus eines ähnlichen Straßengiganten, aus dem er genauso schlecht heraus- wie hineinkam.

Die Möwen kreischten, als wollten sie dem einbeinigen Wanderer verkünden, dass der Morgen bald anbrach.

Noch hüllte das Dunkel den Himmel und alles darunter ein, doch die Stadt ringsum erwachte langsam. Sie hustete, knarrte, brummte und lärmte. Es fuhren mehr Autos, auch normale PKWs. Die Möwen schrien, so laut sie konnten, als glaubten sie, ihr neuer Tag könne erst anbrechen, wenn sie das erwachende Dunkerque übertönt hatten.

Linker Hand tauchten ein paar Schiffe auf und verschwanden wieder. Der Wind wurde wärmer und trockener. Kukutis hielt eine Hand in den Wind, weil er seinem linken Ohr nicht länger traute. „Trockener!“, stellte Kukutis fest und schob die Hand wieder in die Tasche seines grauen Mantels zurück.

Seine Beine liefen zum Kanal. Die Lichter von mehreren Fischkuttern, die an dem Betonkai vertäut waren, zogen Kukutis an und wurden zum Ziel seines nächtlichen Ausflugs. Er hatte es eilig. Zwei Kleinbusse überholten ihn und hielten direkt am Kai. Vor dem Plätschern des Wassers waren Stimmen zu hören.

Kukutis ging näher heran, blieb stehen und beobachtete, wie Plastikkisten von den Schonern auf den Kai getragen wurden. Leute kamen und hockten sich vor die Kisten, machten sich mit Taschenlampen Licht und schauten hinein.

Das Motorengeräusch eines heranfahrenden Schoners lenkte den einbeinigen Wanderer ab. Der Motor ging aus, und der grüne Schoner mit dem orangen Steuerhaus stieß lautlos mit der linken Flanke gegen die von den Pollern herabhängenden alten, schlaffen Reifen. Ein Mann in einem knallgelben Overall warf eine Seilschlinge über den vom Bug aus nächsten Poller, zog das Seil fest und warf eine zweite Schlinge über den Poller vor dem Heck.

„Wie ist dein Fang, Charles?“, rief ein Mann, der auf den Schoner zugerannt kam.

„Ausgezeichnet“, antwortete Charles.

Kukutis trat näher. Jetzt konnte er den Fischer, der eben angelegt hatte, genauer betrachten. Charles war sicher über sechzig. Der gelbe Overall, dessen Glanz Kukutis so gestört hatte, war nicht feucht, sondern gummiert. Die Gurte zogen das Oberteil bis fast unters Kinn. Unter den Gurten und dem Oberteil des Overalls trug er eine dicke schwarze Jacke aus wasserdichtem Material, das ebenfalls die Lichter ringsum reflektierte, wenn auch weniger stark als der Overall.

Der Mann, der Charles nach seinem Fang gefragt hatte, hielt ihm einen Geldschein hin. „Hier, für das Recht der ersten Nacht!“, rief er ausgelassen.

„Komm rüber!“, bot ihm der Besitzer an und schob sich den Schein in die Jacke.

Der Mann ging an Bord und setzte sich neben die Plastikkästen mit dem Fang. Er nahm sich eine leere Kiste und warf einzelne Fische hinein. „Kein Seeaal dabei heute?“, fragte er den Besitzer des Schoners, der hinter ihm stand.

„Doch, doch“, antwortete Charles. „Schau mal in die letzte Kiste!“

Der Duft kitzelte Kukutis in der Nase. Er nieste und hätte sich beinahe geduckt, weil er nicht auffallen wollte. Im selben Moment schrie eine Möwe und übertönte ihn. Er bedachte sie mit einem dankbaren Blick. Unauffällig und unbemerkt zu bleiben, gefiel ihm. Besonders nachts, besonders unter Menschen. Auch jetzt stand er da, sah und hörte alles, verstand alles, aber ihn sah niemand. Für Kukutis war das wie Kino! Da trug auch schon der Mann, der das „Recht der ersten Nacht“ erworben hatte, die Fischkiste zu seinem Kleinbus, bezahlte und fuhr weg, zwei andere Kunden kamen. Sie halfen Charles die Kisten auszuladen. Einer schaltete seine Taschenlampe an, leuchtete mit der Rechten, griff sich mit der Linken die Fische und warf sie in einen mitgebrachten Plastikeimer, in dem jedes Mal, wenn ein Fisch hineinfiel, das Eis am Boden knirschte.

Die Reste des Fangs kaufte praktisch unbesehen ein Chinese, der auf einem Lastenmotorroller mit einem aufgesetzten Kühlschrank gekommen war.

„Und? Haben Sie alles verkauft?“, fragte Kukutis den Fischer auf Französisch.

„Ja, Gott sei Dank!“, antwortete der gut gelaunt.

„Sind Sie weit rausgefahren?“

„So an die zehn, zwölf Meilen vom Ufer entfernt!“

„Da sind Sie ja fast bis England gefahren?“, sagte Kukutis begeistert.

Charles schaute den Einbeinigen an, nickte, was so viel hieß wie, dass sie sich nun kennengelernt hatten und weiterreden konnten. „Nein, bis nach England sind es achtzig Meilen.“

„Ah, achtzig“, wiederholte Kukutis ehrfürchtig und blickte auf den Bug des Fischkutters. „Das schaffen Sie sicher nicht!“

„Wieso nicht?“, fragte sich Charles und zuckte mit den Schultern. „Klar hab ich das schon geschafft. Und nicht nur einmal! Im Sommer habe ich sogar Touristen rüber zur Saint Margaret's Bay gefahren. Da darf man allerdings nicht anlegen. Um anzulegen, muss man nach Dover oder Ipswich fahren.“

Kukutis war ganz bei der Sache. „Fahren Sie schon lange?“

„Ich fahre nicht, ich laufe übers Meer!“, korrigierte ihn Charles. „Seit meiner Kindheit! Mein Vater war Fischer und mein Großvater auch. Mein Großvater hatte einen größeren Schoner. Im Krieg hat er ein paar englische Soldaten gerettet, hat sie ans andere Ufer gebracht!“ Er deutete mit einem Nicken aufs Meer. „Einer war schwer verwundet.“

„Er ist ein Held, Ihr Großvater!“ Kukutis blieb am äußersten Rand des Kais stehen. Zwischen ihm und dem Fischer, der an Deck stand, lagen nur noch knappe zwei Meter.

„Ein Held, natürlich!“, rief Charles.

„Ich müsste auch darüber“, sagte Kukutis bittend. „Damit ich ein Held werde wie Ihr Großvater! Ein junger Mann muss gerettet werden!“

„Vor dem Tod?“

„Vor Dummheiten, da ist es bis zum Tod nicht weit. Könnten Sie mich vielleicht ...?“

Kukutis sprach nicht zu Ende, aber der Fischer hatte ihn auch so verstanden und schüttelte gleich den Kopf. „Wo denken Sie hin!“ Charles winkte ab. „Da braucht man einen vollen Tank, und außerdem ist für heute schlechtes Wetter angesagt. Die Nacht war zwar ruhig, aber am Morgen soll es Sturm geben. Nehmen Sie lieber die Fähre, nach Calais. Die Fähren fahren bei jedem Wetter, die sind groß.“

„Mit der Fähre schaff ich's nicht“, sagte Kukutis eindringlich. „Und wenn ich Sie bezahle?“

„Wozu denn?“ Charles hob die Arme. „Die Fähre bringt Sie für zwanzig Euro rüber, und schneller ist sie auch.“

„Und wenn ich Ihnen Gold gebe?“, insistierte Kukutis.

„Wissen Sie was“, sagte Charles noch immer mit einem fröhlichen Lächeln auf den Lippen und schaute seinen Gesprächspartner an wie einen schrägen Vogel. „Ich hatte von meinem Großvater einen Louis d'or geerbt. Ich habe ihn bei meinen Freunden rumgezeigt, damit rumgeprahlt. Schön blöd. Ich habe so lange damit geprahlt, bis er weg war. Vielleicht hat ihn mir jemand gestohlen, vielleicht habe ich ihn verloren. Also wenn Sie mir einen Louis d'or geben, dann überleg ich's mir vielleicht!“

Der lustige Ton, in dem Charles von der Goldmünze sprach, entlockte auch Kukutis ein Lächeln, ein listiges, kam merkliches Lächeln. „Gut. Kann ich mich hier irgendwo hinsetzen?“ Er deutete auf die leeren, nach frischem Fisch riechenden Plastikkisten, die vom Kai aufs Deck zurückgewandert waren.

„Bitte!“

Kukutis drehte eine Kiste um und setzte sich. Er schob die Hose hoch, tastete den unteren Teil seines Holzbeins ab und griff nach dem Ring an einem Kästchen, das seine Hände schon lange nicht mehr berührt hatten: ganz unten, fast direkt über dem Absatz. Das Fach, das er aufzog, war nur halb so groß wie eine Streichholzschachtel.

Er entnahm vier Münzen, die in schwarzen Samt eingeschlagen waren, und wickelte sie aus. Im Morgengrauen, erhellt von den Laternen am Kai und von Autos, von den Lampen der Fischkutter und den Taschenlampen der Restaurantgroßhändler, funkelten in Kukutis’ Hand Münzen in mattem, edlem Gold. Eine Münze klemmte sich Kukutis zwischen die Finger, die anderen wickelte er wieder ein und verstaute sie in seinem Bein. Dann hielt er dem Fischer die Münze hin. „Ist es diese?“, fragte er triumphierend.

Der Fischer besah sich die Münze genauer. Er starrte sie an. Leuchtete mit seinem Handy und drehte sie verblüfft hin und her. „Ja“, hauchte er eine Minute später. „Das ist sie.“

Das Deck zitterte unter Kukutis’ Beinen, als der Motor angelassen wurde. Der Fischer holte die Leinen ein. Der Betonkai mit seinem geschäftigen Treiben und dem fahlen Licht blieb zurück und wurde kleiner. Rechts und links des Schoners liefen die menschenleeren Ufer des Kanals. An Deck wurde es dunkler – die Lichter des Kais reichten nicht bis hierher. Am dunklen Himmel kreischten Möwen. Der Wind frischte auf.

„Wo ist er denn?“ Kukutis fiel auf, dass Charles fehlte. Doch ehe er nervös werden konnte, sah er dessen regloses Gesicht hinter der Scheibe des Steuerhauses.

Irgendwann fuhr der Schoner aufs offene Meer hinaus, und das Deck mit Kukutis, der auf einer umgedrehten Fischkiste saß, schaukelte, zitterte auf den Wellen.

Kukutis erstarrte. Ihm wurde angst. Er schloss die Augen, damit keine neue Angst in sein Inneres dringen konnte.

Allmählich hatte er sich an die Bewegung an Deck gewöhnt. Der Wanderer versuchte aufzustehen und sich neben die Kiste zu stellen.

Er stürzte auf die Kiste und drehte sich wieder zum Steuerhaus, in dem Licht brannte. Charles' regloses Gesicht schien blass. Er blickte nach vorn. An seinen auf und ab gehenden Schultern konnte man erahnen, dass seine Hände das Steuerrad drehten, um den Kurs zu halten.

‚Es müsste doch eine Kajüte geben!', dachte sich Kukutis, der es an Deck zu unbequem und zu unheimlich fand. Er gab sich einen Ruck, stand auf und schaute ins Steuerhaus, die Türklinke fest umklammert. „Kann ich in die Kajüte?"

Charles nickte wortlos. Er drehte sich nicht einmal um.

Kukutis sah den Eingang, öffnete die Holzluke, ging die Stufen hinunter und stand in einer gemütlichen kleinen Kajüte mit einer Koje, einem Hocker, einem Gasherd in einer seitlichen Nische und einem Tisch.

Die Koje war mit einer braun karierten Decke bezogen. Kukutis legte sich darauf und hob das rechte Bein in die Koje. Er schaute an die Decke, die lächerlich tief hing. Hier fand er das Schaukeln des Schoners weder gefährlich noch beängstigend. An Deck hatte er sich sehr fragil gefühlt. Hier, im geschlossenen Raum, gab er sich der Illusion hin, vor den Unbilden des Meeres sicher zu sein. „Halb so wild, in ein paar Stunden legen wir am anderen Ufer an", versuchte er sich zu beruhigen.

Plötzlich wurde er Richtung Decke geschleudert. Der Wanderer streckte die Hände vor, um sich nicht zu stoßen. Er flog zwar nicht bis zur Decke, stürzte aber in die Koje und merkte, wie hart sie war. Der Rücken tat ihm weh, und der Stumpf, mit dem Riemen am Holzbein festgeschnallt, drückte.

„Verdammt!", entfuhr es Kukutis.

Er setzte sich auf und wusste nicht, wie er weiterfahren wollte: liegend oder sitzend?

Der nächste Stoß schleuderte Kukutis aus der Koje. Er flog durch den Raum, versuchte dabei, die Beine vorauszustrecken. Mit einer unerhörten Geschwindigkeit raste er auf einen Eisenpfosten zu, an dem man sich festhalten konnte wie an einem Griff in der Straßenbahn. Aber bevor er zupacken konnte, krachte sein Holzbein mit voller Wucht gegen den Pfosten und gab ein derart furchtbares Knirschen von sich, als hätte ein Orkan mehrere Äste von einer dicken Eiche abgerissen.

Erschrocken schloss Kukutis die Augen und stürzte zu Boden. Er blieb liegen, obwohl das Boot ihn mal nach links, mal nach rechts schob. In seinem Holzbein stach es, wie es eigentlich nicht stechen sollte. Aber der Schmerz war da, und er übertrug sich vom Holzbein auf den Beinstumpf, aufs Herz, auf den Bauch und pochte in den Schläfen.

„Was ist denn da los?“ Er öffnete die Augen und schaute auf die Tür zum Deck über der Holztreppe. „Ich muss Charles bitten, ruhiger zu fahren!“ Mühsam stand Kukutis auf. Schon beim ersten Schritt wackelte das Bein, wieder knirschte es. „Es ist doch hoffentlich nicht kaputt?“, fragte sich Kukutis bange und versuchte, an Deck zu kommen.

In dem Moment, als er an Deck kam, wurde er von einer Welle umgeworfen. Sie spülte ihn an die linke Bordwand. Er stieß mit dem Kopf dagegen, hatte aber – wahrscheinlich aus Todesangst – eine besondere Kraft in den Händen. Das Holzbein war vergessen. Kukutis klammerte sich an die Bordwand, versuchte sich zu setzen und schaute zum Steuerhaus. Drinnen sah er Charles, die Zähne zusammengebissen, den Blick nicht länger auf einen Punkt gerichtet. Seine Augen irrten übers dunkle, fast schwarze Meer, als hätten sie den Lichtpunkt des Leuchtturms verloren. Seine Schultern gingen auf und nieder, so hastig drehten die Hände das Steuerrad. Charles versuchte, den seitlich einbrechenden Wellen zu entkommen, den Bug quer zu stellen.

Kukutis hat das Gefühl, der Schoner würde sich gleich nach rechts neigen, und wenn er jetzt losließe, würde es ihn automatisch zum Steuerhaus schieben. Vielleicht konnte er hineinspringen, um sich in Sicherheit zu bringen und näher bei Charles zu sein?

Er ließ die Flanke los und schob sich mit ganzer Kraft nach vorn. Das Steuerhaus kam auf ihn zugeflogen. Er sah sogar die Klinke und streckte seine Hand danach aus, konnte sie aber nicht ergreifen.

108. Kapitel. Margate. Grafschaft Kent

Mira hatte gefrühstückt und war schon zur Arbeit gefahren, Klaudijus lag immer noch im Bett und lauschte, wie die Regentropfen schräg gegen die Scheibe trommelten.

Mira hatte ihn nicht wachgerüttelt und zum Aufstehen gemahnt. Nein, sie hatte sich leise fertig gemacht und sich Mühe gegeben, keinen Lärm zu machen, weil sie dachte, er schliefe noch. Er schlief aber nicht mehr, er lag einfach reglos da und hatte die Augen geschlossen. In Ingridas altem Bett lag er und dachte daran, wie Mira mehrfach betont hatte, neue Laken und Bezüge gekauft zu haben. Sie machte sich Sorgen, hatte Angst, der Gedanke an Ingridas Bett könnte ihm unangenehm sein. Als ob ein Bett eine Erinnerung hatte!

Was für ein Blödsinn! Dieses Einzelbett hatte keine Erinnerung. Und jetzt, wo es Teil eines Doppelbetts geworden war, hegte Klaudijus erst recht keine Gefühle, die mit Ingrida und ihrem vergangenen gemeinsamen Leben zu tun hatten. Das einzige Unangenehme war, dass aus zwei zusammengeschobenen Einzelbetten kein Doppelbett wurde. Die zwei Holzleisten in der Mitte zwangen Mira und Klaudijus schließlich doch, in ihrer Hälfte zu schlafen. Und wenn sie sich liebten, dann in einem Bett, meistens in dem alten von Ingrida. Danach rollte Mira auf ihre Seite hinüber, und er war wieder allein.

Ehe er zur Arbeit fuhr, ging er in sein Zimmer hinauf. Die Ungarn hatten ihre Betten nicht gemacht. Auf dem Tisch vor dem regennassen Fenster standen Schüsseln mit Müsliresten und schmutzige Tassen. Es roch nach Kaffee. Auf dem Herd stand eine neue italienische Kaffeemaschine. Klaudijus schraubte sie auf und leerte den zu einer feuchten Tablette zusammengeklebten Kaffeesatz aus dem Metallfilter in den Müll. Er füllte den unteren Kolben der Kaffeemaschine mit Wasser, schüttete Kaffee aus Lászlós und Tibors Vorräten in den Filter, schraubte den Aufsatz drauf, in dem sich der Dampf, der durch den Kaffeefilter aufstieg, in das starke aromatische Getränk verwandelte, und schaltete den Herd an. War er denn schlechter? Die Ungarn arbeiteten schon, schraubten die Gestelle für die Käfige zusammen. Er würde zuerst Kaffee trinken und dann zur Bushaltestelle gehen. Bei diesem Wetter hatte er keine Lust zu hetzen. Und überhaupt hatte Klaudijus nach dem Verschwinden des schwarzen Kaninchens, nach dem ganz ähnlichen Verschwinden der alten Ingrida keine Lust, zur Arbeit zu hetzen.

Draußen wurde es stiller, drinnen zischte die Kaffeemaschine. Klaudijus stärkte sich. Der angenehm bittere Kaffeegeschmack beschleunigte seinen Puls und brachte Klaudijus in die reale Zeit zurück. Die ging auf zehn Uhr zu.

Seine ungarischen Kollegen empfingen ihn mit einem verschmitzten Lächeln.

„Verkatert?“, fragte Tibor verständnisvoll.

Klaudijus nickte und machte sich schweigend an die Arbeit.

Um die Mittagszeit schaute Ingrida herein. „Schlaf, mit wem du willst“, sagte sie leise und abschätzig. „Aber zur Arbeit kommst du gefälligst pünktlich, sonst fliegst du raus, und dann ist es sogar mit deinem spelunkigen Café aus!“

Sie war weg, aber ihre Stimme – nervend wie ein Mückenstich – surrte in Klaudijus' Ohr weiter.

Diese kleine Welt, die dank der Liebe der Engländer zu Käfigen und Kaninchen existierte, wurde ihm fremd.

Aber eine andere Welt hatte er nicht, also musste er sie ertragen.

Klaudijus sinnierte über die Geduld und darüber, wie lange ein Mensch etwas ertragen konnte, was ihn anwiderte. Zehn Jahre? Ein halbes Leben lang? Ein ganzes?

Am nächsten Morgen weckte Mira ihn zärtlich. Sie brachte ihm eine Tasse Instantkaffee mit Zucker ans Bett.

„Gehst du nicht?“, fragte sie, schon angezogen, fünf Minuten später verwundert.

„Doch, ich komme später“, antwortete Klaudijus und stand auf.

Er sah Sorgenfünkchen in ihren Augen aufblitzen. Sie legte die Schlüssel auf den Tisch unterm Fenster, zog die Tür zu und war weg.

‚Hat sie etwa auch Angst, dass mich der Pole rausschmeißt und ich auf der Straße sitze?‘, fragte sich Klaudijus. ‚Die immer mit ihrer *Stabilität*!‘

Er ging hinauf in sein Zimmer. An diesem Morgen hatten die Ungarn sogar das Geschirr abgewaschen. Und wahrscheinlich gelüftet, denn der vertraute Kaffeeduft fehlte.

Klaudijus füllte die Kaffeemaschine und stellte sie auf den Herd. Dann bückte er sich und zog unter seinem Bett den braunen Lederkoffer hervor, den Koffer, der seinem fremden Vorgänger in dem roten Ziegelhaus auf den Hügeln des Heiligen Georg bei Esher gehört hatte. Dieser Koffer war schon alt, aber tadellos. Der Besitzer hatte ihn offensichtlich gut gepflegt. Warum hatte er ihn dort, in dem roten Ziegelhaus, zurückgelassen? Hatte er ihn vergessen? Oder mit Absicht stehenlassen?

Klaudijus hakte die Kofferschnallen auf und hob den Deckel. Obenauf lagen sein Pullover, einige Hemden, Schuhe, andere Kleinigkeiten, darunter die sorgfältig zusammengelegten Hemden des früheren Besitzers – nagelneu, so schien es. Klaudijus hatte sie nie berührt. Die Vorstellung, dass er den Koffer schon einige Monate mit seinem Vorbesitzer teilte, gefiel ihm. Es hatte etwas Tragisches und Magisches, als gehörte der Koffer tagsüber Klaudijus und nachts diesem anderen, der früher den Koffer mit sich geführt hatte.

‚Was, wenn sich herausstellt, dass er und ich dieselbe Größe haben', dachte Klaudijus, holte seine Sachen heraus und stapelte sie auf dem Boden. Als darunter zwei Hemden zum Vorschein kamen – ein blaues und ein rosafarbenes –, die quer lagen und den Kofferboden sozusagen in zwei Hälften teilten, hielt Klaudijus inne. Er musterte die Krägen und probierte die Hemden in Gedanken an.

Warum hatte Klaudijus sie nie angefasst, nie herausgenommen, nie auseinander gefaltet? Weil er nicht neugierig war? Den Fotoapparat hatte er schließlich genommen, und die Olympus war schnell in sein Eigentum übergegangen, zu seinem Spielzeug geworden.

Klaudijus lächelte über seine Gedanken. ‚Ein Fotoapparat ist ein universeller Gegenstand, der leicht den Besitzer wechselt', dachte er. ‚Kleidung ist etwas Persönliches. Fremde Kleidung zu berühren ist so, als würde man fremde Haut, ein fremdes Privatleben berühren.'

Doch Klaudijus' Hand, die seine Überlegungen ignorierte, ging zu dem rosafarbenen Hemd, die Finger fuhren über den Kragen. Das Hemd schien tatsächlich neu zu sein, die Plastikverpackung war entfernt und nun lag es original zusammengelegt neben dem ebenso original zusammengelegten zweiten Hemd. Schnell fand Klaudijus seine Beobachtung bestätigt – aus dem obersten geschlossenen Knopf schaute eine Stecknadel heraus. ‚Er hat sie nicht einmal anprobiert!', schlussfolgerte Klaudijus. ‚Wahrscheinlich hat er sie in irgendeinem Schlussverkauf mitgenommen und wollte sie für später aufheben!' Klaudijus zog das rosa Hemd heraus und faltete es auf, entfernte die Stecknadel und knöpfte es auf. Es war ihm zu klein. Darunter lag noch ein Hemd, ein schwarzes. ‚Ein merkwürdiger Vorrat', dachte er lächelnd und zog das zweite, blaue Hemd hervor. Dann das schwarze. Unter den Hemden lag eine gebügelte Jeans, die offensichtlich getragen war. Klaudijus stand auf, hielt sich die Jeans an und merkte, dass sein Vorbesitzer viel dünner und wahrscheinlich einen Kopf kleiner gewesen war. Er war so wie László – klein und schmächtig. ‚Dem gebe ich die ganzen Sachen', beschloss Klaudijus.

Zum ersten Mal sah er den Lederkoffer leer. Das dunkelbraune Seidenfutter war zerknittert und wirkte uneben. Klaudijus hockte sich hin und fuhr mit der Hand über den Kofferboden. Dabei stieß er auf Unebenheiten, auf Kanten wie von Pappe oder Sperrholz, mit dem man den Koffer irgendwann stabilisiert hatte.

Wieder tastete er den Boden ab, zuerst mit einer Hand, dann mit beiden, und er ahnte, dass in dem Koffer noch etwas war. Er hob ihn an, um das Gewicht zu prüfen. Der Koffer war ziemlich schwer, aber er war aus Leder, und Leder hat ja ein ordentliches Eigengewicht.

Klaudijus befühlte den Boden von beiden Seiten, und er war sich sicher: Im Zwischenraum war etwas versteckt!

Klaudijus hatte das Seidenfutter mehrere Mal inspiziert und befühlt, aber es war ganz. Außen war das Leder solide vernäht.

„Du führst mich nicht hinters Licht“, sagte Klaudijus und holte ein Küchenmesser.

Er stellte den Koffer auf den Tisch am Fenster und schlitzte das Futter auf. Ein rechteckiges Stück Pappe kam zum Vorschein, darunter lagen Geldbündel, die von Papierbanderolen mit Bankstempeln zusammengehalten wurden.

„Hoppla!“, entfuhr es Klaudijus.

Er zählte die Päckchen, zwanzig waren es. Darunter eine zweite Pappe.

Als Klaudijus genauer hinschaute, sah er, dass es weder Euro, Pfund noch Dollar waren. Er nahm ein Päckchen in die Hand, entfernte die Banderole und nahm den obersten Geldschein in die Hand. Er drehte ihn hin und her, der grün-lila Schein zeigte auf der einen Seite ein Gebäude, auf der anderen ein romantisches Porträt eines jungen Mannes.

‚Fünfhundert Leu‘, las er. ‚Wie viel ist das?‘

Klaudijus musterte seinen Fund. Für ihn war das kein Vermögen, kein echtes Geld.

Bis nach Rumänien war es weit. Vielleicht war es dort ein Vermögen. Aber hier?

Trotzdem legte Klaudijus das offene Geldbündel auf den Tisch. Über die anderen breitete er seine Sachen. Die Kleidungsstücke des unbekannten und schmächtigen Vorbesitzers legte er zuoberst, verschloss den Koffer und schob ihn zurück unters Bett.

Auf dem Weg zur Bushaltestelle sah Klaudijus eine Bankfiliale. Er ging hinein und fragte, ob man rumänische Leu in Pfund wechseln konnte.

„Hier nicht, aber auf dem Cecil Square sicher“, erläuterte ihm ein Chinese mit Anzug, Krawatte und Namensschild. „Hier leben doch viele Rumänen!“

In einer Viertelstunde war Klaudijus am Cecil Square. Hier, in einer anderen Filiale derselben Bank, wurden rumänische Leu getauscht. Kurz entschlossen schob Klaudijus das ganze Bündel neuer, kunterbunter Geldscheine durchs Kassenfenster. Den indischen Angestellten erstaunte die Menge. Als er das Bündel durchgeblättert hatte, legte er es in die Geldscheinzählmaschine, und die ratterte los, mit einer rasanten, fast kosmischen Geschwindigkeit zählte sie jeden einzelnen Schein.

„Haben Sie einen Ausweis mit einem Foto?", fragte der Angestellte.

Klaudijus reichte dem Inder seinen Pass. Der fasste sich und sein Gesicht nahm wieder den üblichen geschäftsmäßigen Ausdruck an. Als er den Pass und die rumänischen Leu sah, stand ihm eine Frage vor Augen. Aber nur einen kurzen Moment lang. Er kopierte den Ausweis und gab das Dokument zurück. Dann ging er kurz weg, und als er zurückkam, reichte er Klaudijus zwei Päckchen Fünfzig- und ein Päckchen Zwanzigpfundnoten durchs Fenster.

‚Wozu jetzt noch diese Karnickelställe?', dachte Klaudijus, als er die Banknoten mit seinen vor Aufregung und Glück zitternden Händen in der Jacke verstaute. ‚Wozu das Wohnheim und die ungarischen Zimmergenossen? Ich habe ein Auto, und ich habe Geld! Ich habe Zeit, mir eine andere Arbeit zu suchen und vielleicht auch eine andere Stadt, damit ich Ingrida mit ihrem Polen endlich nicht mehr sehen muss!'

Klaudijus beschloss, nicht zur Arbeit zu fahren, und er fühlte sich unglaublich erleichtert. Als wäre ein Fels von seinen Schultern gefallen. ‚Endlich frei sein', dachte er. ‚Frei von dem, was man nicht machen will, frei von denen, die man nicht sehen will!'

Seine Beine liefen wie von selbst zu seinem Stammcafé, aber die Tür war noch zu.

Klaudijus sah sich um. Jetzt, wo er nichts weiter vorhatte, konnte er endlich in Ruhe durch Margate bummeln. Die zentrale Straße – die High Street – fand er äußerst merkwürdig: Die Hälfte der Geschäfte stand leer. Besorgte Bürger hatten Flugblätter mit erschreckenden Statistiken an die Türen gepinnt, die die „Leistungen" der hiesigen Kriminellen, die Anzahl der Teenagerschwangerschaften und die Arbeitslosenquote zeigten. Klaudijus beeindruckte das nicht sonderlich. Zwar fuhren nach Einbruch der Dunkelheit Polizeistreifen mit Blaulicht und Sirene durch die Stadt, aber keiner von denen, mit denen er sich unterhielt, hatte ihm von schrecklichen Verbrechen erzählt, die in Margate verübt wurden. Auch Arbeitslose hatte er keine gesehen, oder er konnte sie von Berufstätigen nicht unterscheiden. Vielleicht waren sie auch erst dann unterwegs, wenn er schon seinen ersten Stall gebaut hatte. Dann würde er ihnen heute auf jeden Fall begegnen, denn Arbeitslose schlenderten mit einem Dosenbier in der Hand durch Stadt. Was sollten sie sonst machen?

Die Sonne gewann an Kraft und stieg immer höher. Drei junge Mädchen mit Kopftuch liefen, fröhlich auf Arabisch plaudernd, an Klaudijus vorüber, dann kamen zwei junge Männer in verschlissenen Jeans und billigen dunkelblauen Windjacken – sie tranken Dosenbier.

„Ah, die Arbeitslosen", sagte sich Klaudijus.

„Kurwa!", fluchte einer von ihnen, und beide lachten.

„Nein, das sind Polen", korrigierte sich Klaudijus. Ein spöttisches Lächeln trat in sein Gesicht – er musste an Szlachcic denken.

Er bummelte durch die High Street. An den Schaufenstern der nun leer stehenden Geschäfte klebten nach wie vor Zettel, Werbung und Plakate. Irgendwo hing ein Schild *For rent*. Drei leere Ladenlokale und dann plötzlich Leben! Zum Glück! Ein flotter Oxfam-Shop, ein Laden für soziales Engagement, in dem Ehrenamtliche und Rentner kostenlos arbeiteten und dessen Waren ebenfalls von Engagierten und Rentnern gespendet wurden. Der gesamte Erlös war für die gute Sache, kam Kindern zugute oder Behinderten. Klaudijus mochte solche Geschäfte. Man bekam dort alles für ein, zwei oder drei Pfund.

Er ging hinein. Hinter der Ladentheke stand eine grauhaarige Dame – nett lächelnd, mit geschminkten Lippen und dezentem Lidschatten.

An den Kleiderständern stand eine junge, dunkelhäutige Frau, am Schuhregal ein braungebrannter, gelockter Typ.

Klaudijus ging gleich in die Ecke mit den Bücherregalen. Er fuhr mit den Fingern über die Buchrücken, las die Titel. Früher, in Litauen, hatte er viel gelesen. Aber das Leben hatte ihm das Lesen ausgetrieben. Sein letztes angefangenes Buch, das einzige, das er von zu Hause mitgenommen hatte, war im roten Backsteinhaus oder in Krawez' Villa verloren gegangen. Irgendwann würde es jemand finden und sich fragen, in welcher Sprache es geschrieben war und wem es gehörte, wer früher hier gewohnt hatte.

Er lächelte, lächelte ein frohes, romantisches Lächeln. Sein verlorenes Buch konnte für jemanden anders ein ebenso interessantes Rätsel werden, wie es für Klaudijus der alte Lederkoffer war. Nein, der Koffer, genauer gesagt sein unverhoffter Inhalt, war nicht nur ein Geheimnis, sondern auch eine angenehme Überraschung! Dank dessen konnte er jetzt auf die Karnickelställe und auf alle, deren Leben um diese Ställe kreiste, pfeifen. Er konnte einfach mal Geld ausgeben. Nicht sinnlos, sondern mit Bedacht!

Sein Blick fiel auf einen Autoatlas von Großbritannien. Er nahm ihn in die Hand und blätterte ihn durch. Als er die Seite mit Margate fand, fuhr er mit dem Finger über die Canterbury Road, dann über die M2, dann passierte er über den Ring M25 London, fuhr auf der nächsten Seite weiter, verließ den Motorway und machte sich über die A1 auf den Weg in den Norden. Seine Gedanken waren verstummt, als wollten sie ihren Chef nicht von der faszinierenden virtuellen Autoreise ablenken.

Als Klaudijus mit seinem Blick und seinem Finger in Edinburgh angekommen war, studierte er die Umgebung und las die Namen der nächstgelegenen größeren und kleineren Orte.

Ja, Großbritannien bestand nicht nur aus Surrey und Kent – das Land war riesig. Vor allem im Vergleich zu Litauen. Und während der Süden, wie Tibor und László versichert hatten, von Migranten aus aller Welt bevölkert war, würde es dort, im Norden, gewiss ganz anders sein. Denn dort war Norden, und bis in den englischen Norden war es weit. Wenn er dorthin ginge, käme er in eine andere Welt, in eine Stadt, in der es keine aufgegebenen und leeren Geschäfte mit von Papierkram überklebten Schaufenstern gab, in eine Stadt, in der es keine Serben, Polen, Bulgaren und Tschechen gab. Und auch keine Litauer, weil es die fast nirgends gab, weil sie wenige waren und weil diejenigen, die es einmal gegeben hatte, sich in der namenlosen europäischen Masse aufgelöst hatten wie ein Stück Stoff in Schwefelsäure. Er käme dorthin, in den Norden, und wäre der erste und einzige Litauer, und wenn es dort keine anderen Migranten gab, wäre er endlich in England angekommen. Oder in Schottland. Man würde ihn mit wohlwollender Neugier empfangen, weil er der erste Vertreter einer einstmals großen Nation war, eines Volkes, das das Großfürstentum Litauen geschaffen hatte, im Norden von den Wellen der Ostsee, im Süden von den Wellen des Schwarzen Meeres umspielt.

Sein Blick löste sich vom fetten Punkt Edinburgh und folgte einer Landstraße Richtung Nordwesten, bis die Straße zu Ende war, und hielt in Mallaig. Dahinter kamen die Inseln. Dort gab es auch kleine Städte und Dörfer. Und zwischen den Inseln und dem Festland verliefen die punktierten Linien der Fähren. Das war das Richtige für ihn! Dort war mit Sicherheit alles authentisch, dort hatte sich das Leben seit Jahrhunderten nicht geändert, dort lebten Menschen, deren Vorfahren schon Dutzende von Jahrhunderten diese Erde bevölkerten.

Kindliche Entdeckerfreude ergriff Klaudijus. Er zahlte der grauhaarigen Dame für den Autoatlas anderthalb Pfund und verließ den Laden als anderer Mensch, beinahe schwerelos.

Seine Beine trugen ihn in die Nachbarstraße. Vor einem geöffneten Telefonshop standen drei dunkelhäutige Männer und rauchten. „Eine Minute – zwanzig Pence!“, las er das Schild im Schaufenster, daneben ein paar Dutzend Staatsflaggen. Schnell hatten seine Augen die litauische Flagge gefunden.

Entschlossen betrat Klaudijus den Laden.

Der dunkelhäutige Typ hinter der Ladentafel, auf der Accessoires für Handys und auch Handys auslagen, schickte ihn in die Kabine Nummer 3. Bezahlen solle er hinterher.

Klaudijus setzte sich auf den Hocker vor das altmodische Tastentelefon, das in einem Spanplattenregal stand, und wählte die Nummer seiner Mutter.

„Ist was passiert?“, fragte sie erschrocken, als sie seine Stimme hörte.

„Nein, alles in Ordnung“, beruhigte Klaudijus sie.

„Du hast so lange nicht angerufen! Ich wusste, dass bei dir alles in Ordnung ist. Ingrida hat ihrem Vater alles erzählt ...“

„Mmmh“, sagte er gedehnt.

„Deswegen habe ich gedacht, es ist was passiert, als du angerufen hast! Habt ihr schon geheiratet, Ingrida und du?“

„Noch nicht.“ Klaudijus verzog den Mund. Er hatte keine Lust, über Ingrida und ihre Beziehung zu sprechen. „Wie geht’s dir denn?“

„Mir geht’s gut. Ich war krank, habe einen Monat im Krankenhaus gelegen, aber jetzt ist alles wieder in Ordnung.“

„Reicht das Geld?“ Klaudijus waren die Geldscheine eingefallen, die in seiner Jackentasche steckten.

„Das Geld reicht nie“, sagte seine Mutter locker, und Klaudijus sah das ironische Lächeln auf ihrem Gesicht. „Bist du etwa zu Geld gekommen?“

„Ja. Ich hab was verdient. Mit Kaninchenställen. Wir stellen sie her.“

„Ich weiß.“

„Verdammt! Du weißt ja alles!“

„Nein, nicht alles. Nur das, was Ingrida ihrem Vater erzählt hat. Er ruft mich jedes Mal an. Er weiß, dass du nie anrufst.“

„Aber jetzt rufe ich doch an!“

„Wahrscheinlich weil was passiert ist.“ Wieder klang die Stimme seiner Mutter besorgt.

„Wozu habe ich dich eigentlich angerufen?“, fragte Klaudijus vergnatzt. „Dann lass dir doch alles von Ingridas Vater erzählen!“

„Jetzt sei nicht gleich sauer", rief die Mutter. „Ich mache mir einfach Sorgen. Ich möchte, dass es dir gut geht. Du bist doch so weit weg von zu Hause!"

„Es geht mir gut", versicherte Klaudijus. „Und bald wird es mir noch besser gehen. Ganz bestimmt!"

Mit dem Versprechen, der Mutter Geld zu schicken, verabschiedete er sich. Er wunderte sich darüber, dass Ingrida ihrem Vater nicht erzählt hatte, dass sie nicht mehr mit ihm zusammen war.

Als Klaudijus bezahlt hatte, ging er an den drei Telefonkabinen vorbei in den Bereich, wo die Computer standen, und setzte sich an einen Bildschirm. Er las die Nachrichten über Litauen und seine Mails. Dann googelte er *Arbeit in Schottland*. Dutzende Links wurden angezeigt. Nach der Menge zu urteilen, reichte die Arbeit in Schottland für Zehntausende Interessierte.

Klaudijus schlug den Autoatlas auf der letzten Seite auf, die er inspiziert hatte. Im Suchfeld ergänze er den Namen der Kleinstadt am Meer: *Mallaig*.

Die Anzahl der Links ging radikal zurück. Klaudijus klickte den ersten an. Die Stelle eines Kassierers im Coop-Markt interessierte ihn nicht. Straßen zu reinigen, hatte er auch keine Lust. Für den angebotenen Job bei der Bank brauchte er eine entsprechende Qualifikation.

Seufzend löschte Klaudijus den Namen der Hafenstadt und tippte stattdessen den Namen einer benachbarten Insel ein: *Eigg*. Jetzt, so dachte er, hatte er Google mit Sicherheit eine Frage gestellt, die die Suchmaschine nicht beantworten konnte.

Aber Google meisterte die Aufgabe und spuckte sechs Links aus, in denen der Name der Insel und das Wort *Job* vorkamen.

Mitarbeiter auf dem Bauernhof Eigglanders *gesucht*, las Klaudijus und klickte sofort den Link an. Der führte ihn auf die Internetseite des Bauernhofs, wo der Name des Bauernhofs in schönen gotischen Lettern vor einer pittoresken hügeligen Landschaft schwebte.

Das Bild verschlug Klaudijus den Atem. Er öffnete die Galerie. Auf dem ersten Foto war ein kräftiger rothaariger Bauer in einer Latzhose zu sehen. Hinter ihm stand ein solider, mittelgroßer Traktor mit einem roten Fahrerhaus. Die anderen Aufnahmen zeigten ein großes Ziegelhaus, Wirtschaftsgebäude, eine Kuhherde, einen Schweinestall, Gänse am Wasser, Schafe auf einem grünen Hügel, ein Steilufer und einen Hof mit großen dreistöckigen Kaninchenställen.

Klaudijus schaute sich die Ställe genauer an und versuchte, das Bild zu vergrößern, um herauszufinden, ob er sie vielleicht gemacht hatte. An einem Stall entdeckte er das ovale Blechetikett – das gleiche, wie sie es an die Ställe genagelt hatten, mit der Aufschrift *Made in Britain*. Klaudijus musste über sich lachen: Wozu die Ställe durch ganz England transportieren, wenn man sie an jedem anderen Ort, auf jeder Insel, ja, überall machen konnte und das offenbar auch tat! Und diese Schildchen *Made in Britain* wurden wahrscheinlich für alle Fabriken, die solche Ställe produzierten, aus China importiert.

Klaudijus klickte die Seite *Kontakt* an und schrieb sich die Telefonnummer heraus. ‚Ob ich gleich mal anrufe?', überlegte er.

Er ging noch einmal in die dritte Kabine und wählte die Nummer des Bauernhofes.

„Ja, bitte?", antwortete eine kräftige Männerstimme.

„Guten Tag, ich rufe wegen Ihrer Anzeige an. Ist die Stelle noch frei?"

„Ja! Kommen Sie mal vorbei, dann können wir alles besprechen."

„Ich bin weit weg", sagte Klaudijus. „In Kent."

„Leben Sie dort?" Der Gesprächspartner klang ehrlich verwundert.

„Ja, aber ich überlege umzuziehen."

„Wissen Sie, ich brauche den Mitarbeiter sofort."

„Ich kann auch sofort umziehen." Klaudijus gefiel die Stimme am anderen Ende der Leitung. Einfach, ein bisschen heiser.

„Gut, aber ehe Sie ihr Haus in Kent verkauft haben, das dauert ja auch."

„Ich hab kein Haus in Kent."

„Sie haben einen interessanten Akzent." Der Mann war offenbar hellhörig geworden.

„Ich bin aus Litauen."

„Wo ist das denn?"

„Bei Estland und Lettland."

„Bei Astland?" Er wiederholte den fremden Namen, als wollte er ihn mit der Zunge erspüren.

„In der Nähe von Finnland", fügte Klaudijus hinzu.

„Ah, Skandinavien! Schöne Gegend." Seine Stimme wurde wieder weich. „Dann sind wir ja fast Nachbarn. Ich bin aus Island!"

„Hätten Sie auf Ihrem Hof auch eine Unterkunft für mich?"

„Natürlich! Sie bekommen ein Zimmer mit Toilette und Dusche, da gibt's auch einen Elektroherd, einen Kühlschrank und eine Mikrowelle. Das Gehalt ist nicht gerade üppig. Hundertdreißig Pfund die Woche."

„Macht nichts.“ Klaudijus erstaunte ihn mit seiner Reaktion. „Ich habe Geld.“

„Ich kann Sie am Bahnhof in Mallaig abholen“, bot der Gesprächspartner an.

„Nicht nötig, ich komme mit dem Auto. Sie haben ja eine Fährverbindung, wie ich auf dem Atlas gesehen habe.“

„Ja, dreimal die Woche. Aber das Auto müssen Sie in Mallaig lassen.“

„Wieso?“

„Unsere Fähre nimmt keine Autos mit, und auf der Insel gibt es auch keine Autostraßen.“

„Alles klar“, sagte Klaudijus traurig. „Und wie heißen Sie?“

„Gunnar. Wegen dem Auto brauchen Sie sich keine Sorgen zu machen, das können Sie in Mallaig auf dem Parkplatz vor der Fährstation abstellen. Wann kann ich mit Ihnen rechnen?“

„In ein paar Tagen, denke ich. Ich fahre heute los“, versprach Klaudijus.

Draußen schien immer noch die Sonne. Klaudijus trat in einer bemerkenswert heiteren, gelassenen Stimmung in ihre Strahlen. In einer eigenartigen Weise spürte er das „Vertrauen in den morgigen Tag“, und dieses Gefühl behagte ihm. Die rauchenden Dunkelhäutigen blieben hinter ihm zurück, laut diskutierten sie etwas auf Englisch. Die High Street von Margate mit ihrem mit Müll zugekleisterten Schaufenstern blieb hinter ihm zurück, zurück blieb auch das noch immer geschlossene Café im besetzten Haus mit den schwarzen Wänden, die mit Zeitungsausschnitten beklebt waren. Zurück blieb sein altes Leben.

Er ging hoch auf sein Zimmer und zählte das Geld, das er in der Bank bekommen hatte. Zwölftausend! Er packte seine Sachen in den Lederkoffer. Einen Stock tiefer schob er fünfhundert Pfund unter Miras Tür hindurch, dann ging er zur Bushaltestelle.

Vierzig Minuten später verließ der Morris Minor unter den neugierigen Blicken zufälliger Passanten Herne Bay und bog auf die Canterbury Road ein.

Klaudijus war schon drei Stunden unterwegs, als sein Handy klingelte.

„Was fällt dir ein! Wo bist du überhaupt?“ Ingridas Wut überfiel sein Ohr. „Willst du aus der Fabrik fliegen?“

„Ich bin schon selbst aus eurer Fabrik fortgeflogen", antwortete Klaudijus gelassen. „Das kannst du deinem Polen genau so sagen! Und wehe, du rufst noch mal an!"

„Kurwa", fügte Klaudijus genüsslich hinzu, nachdem er das Telefon auf den Beifahrersitz geworfen hatte. Er lächelte selbstsicher und verärgert.

Wolken zogen auf. Die Sonne ließ sich nur noch hin und wieder blicken. Ein Polizeiwagen mit Blaulicht überholte ihn und raste davon. Nervös schaute Klaudijus auf den Tacho und atmete auf. Er war nicht zu schnell gefahren, es gab also nichts, weswegen man ihn anhalten konnte. Und wenn es nichts gab, würde ihn auch niemand anhalten. Niemand würde herausfinden, dass er offiziell kein Recht hatte, ein Auto zu lenken. Er hatte nur die Menschenrechte. Die Rechte eines freien europäischen Menschen.

109. Kapitel. Farbus. Nord-Pas-de-Calais

„Du bist verrückt geworden!" Dieser Satz von Barbora, die ihm noch in der Nacht, nachdem sie ihn mit dem belgischen Taxifahrer nach Hause gebracht hatte, eine Szene machte, ging Andrius ununterbrochen durch den Kopf.

„Du bist verrückt geworden! Werd endlich erwachsen! Du wirst bald Vater! Hör endlich auf, die Welt mit den Augen eines Clowns zu sehen." In einer endlosen Litanei hatte Barbie in der Nacht ihrer Wut, ihrem Ärger, ja ihrer Enttäuschung Luft gemacht und am nächsten Morgen wieder von vorn angefangen. Am späten Morgen, denn er hatte fast bis Mittag geschlafen.

„Bin ich nicht", antwortete Andrius ruhig. Aber er fühlte sich schuldig. Er wusste, dass Barbora sich nicht aufregen, sich also auch nicht ärgern durfte. Und er hatte ihr einen Anlass geliefert!

Drei Tage waren seit dieser Nacht vergangen. Letzte Nacht hatte er wieder vom Wald und von diesen Geräuschen unter der Erde geträumt. Wieder hatten sie ihn gelockt, ihn gerufen und in ihren Bann gezogen. Barboras Stimme, verstärkt von einem Lautsprecher, drang als entferntes und störendes mechanisches Echo dazwischen. Ihre Stimme, die ihn im Wald rief, ihn auf Litauisch ansprach. Im nächtlichen französischen Wald klang das Litauische merkwürdig und unnatürlich. Andrius wollte, dass Barboras Lautsprecherstimme verstummte, verschwand, den Wald und ihn nicht länger behelligte. Nur deshalb stand er auf und folgte ihrer Stimme.

„Andriau! Greitai ateik! Ar girdi mane? Nevaidink kvailio!"*

Andrius lief los, um sie zu finden und den Lautsprecher abzustellen. Sie hatte den ganzen Wald und alle seine Bewohner zu Geiseln ihres Lärms und ihrer Stimme gemacht, zu Geiseln des Litauischen, das außer ihnen beiden niemand verstand. Er lief und stolperte, sank mal mit dem linken, mal mit dem rechten Bein in einen Schützengraben oder Granattrichter. Als er zum Zaun kam, sah er die Taxischeinwerfer zwischen den Bäumen.

Andrius kam nicht ungeschoren über den Stacheldrahtzaun, ein Stück Stoff von seinen Levi's blieb im Zaun hängen. Als er dann im Lichtkegel vor dem Auto stand, hörte Barbora endlich auf und ließ den Lautsprecher sinken.

Auf der Fahrt nach Farbus schwiegen sie. Zu Hause nahm sie der alte Christopher in einem langen Hausmantel in Empfang. Er wiegte eigenartig den Kopf, als er Andrius sah, und ging wortlos ins Wohnzimmer. Im Schlafzimmer machte sie ihm die erste Szene. Die zweite am späten Vormittag, ebenfalls im Schlafzimmer: Andrius lag da, rieb sich die Augen und schaute zur Decke, als sie hereinkam, um nachzusehen, ob er schon aufgewacht war. Als sie ihn wach fand, hielt sie ihm eine zweite Predigt. Wenigstens hatte sie ihn nicht geweckt, sondern gewartet, bis er munter war.

„Wegen dir hat Christopher die ganze Nacht nicht geschlafen!", warf Barbora Andrius am Nachmittag vor.

„Der schläft doch nachts sowieso nicht", antwortete Andrius gelassen und wunderte sich selbst über seine Abgeklärtheit.

Er grübelte und versuchte, seinen Zustand zu begreifen. Seine Wünsche waren quasi mit ihm durchgegangen. In seinem Inneren hatte sich etwas verändert. Als wäre etwas Neues entstanden. Auch diese Abgeklärtheit war neu und fühlte sich wie eine Waffe an, wie ein Schild seiner Innenwelt gegen die Außenwelt.

Barbora spülte in der Küche Geschirr. Andrius stand im Schlafzimmer vor dem Fenster, schaute auf den verwilderten Garten und dachte über sich nach, über seine veränderte Lebenseinstellung. Er musste sich nicht lange den Kopf zerbrechen, um eine Erklärung für

---

* Andrius! Komm schnell her! Hörst du mich? Spiel nicht den Dummen! (lit.)

seine neue Sicht auf das Leben zu finden, die sich nach seiner Nacht im verbotenen Wald eingestellt hatte. Ja, als er die Erklärung gefunden, als er verstanden hatte, was mit ihm passiert war, fiel ihm ein, dass er all das kurz vor dieser Nacht schon einmal empfunden und in Gedanken vorweggenommen hatte. Nur dass er sich damals als Opfer der höflichen Gleichgültigkeit Frankreichs oder des Lebens als solchen gefühlt hatte. Jetzt war er selbst ein Teil davon. Er war Frankreich oder vielleicht Litauen oder einfach ein Mensch geworden, der seine eigene höfliche Gleichgültigkeit der Umgebung und ihren Bewohnern gegenüber erkannt und akzeptiert hatte.

Er war nicht verrückt geworden! Ganz bestimmt nicht! Er war vollkommen normal, sogar normaler als andere. Und er verstand mehr als andere. Und nahm mehr wahr!

Gegen Abend hatte sich Barbie halbwegs beruhigt. Als sie sich hinlegte, schlief sie sofort ein. Andrius konnte nicht schlafen. Sein Körper lauschte auf ihre Wärme. Sie gab ihm das Gefühl nächtlicher Geborgenheit, aber die Augen wollten sich nicht schließen, obwohl sie nichts sahen. Draußen schlurfte es. Christopher war in den Korridor gegangen. ‚Wann geht der eigentlich schlafen?', überlegte Andrius. Vorsichtig stand er auf und zog seine Jeans an.

Ein matter Lichtstreifen fiel unter der Wohnzimmertür hindurch. Andrius zog die Klinke zu sich heran. Der Alte, der an dem ovalen Tisch unter der Stehlampe saß, drehte sich um. Er las nicht, dafür war das Licht zu schwach. „Darf ich reinkommen?", fragte Andrius.

Christopher nickte.

Andrius setzte sich zu ihm. „Ich wollte mich entschuldigen wegen dieser Nacht. Ich weiß nicht, was da in mich gefahren ist ... Bisschen was getrunken ..."

Der Alte lächelte. „Bist du weit hinter den Zaun gegangen?"

„Ja."

„Hast du die Erde gehört?"

Andrius nickte.

„Es stimmt doch, dass sie dort lauter ist?" Christopher schaute Andrius forschend an.

„Ja, natürlich", bestätigte Andrius. „Viel lauter."

„Hab ich auch gehört. Ist schon lange her. In den ersten Jahren, nachdem wir hierhergezogen sind." Der Alte schaute kurz zum Fenster – draußen war es dunkel –, dann blickte er wieder auf seinen Gesprächspartner. „Ich bin immer mal hingefahren." Er zuckte mit den

Schultern. „Deine Frau hat sich Sorgen gemacht, als der Taxifahrer die Lebensmittel gebracht hat und du nicht im Auto warst. Was mich betrifft: Mir ist das egal. Wenn du das brauchst, fahr ruhig hin, bis du irgendwann das Gefühl hast, dass es reicht. Bis du merkst, dass nichts Neues mehr zu hören ist."

„Haben Sie das gemerkt?"

„Ja und nein. Manchmal zieht's mich immer noch hin. Aber in meinem Alter kann ich mich nicht mehr auf den Boden legen und lauschen, was da unter dem Gras vor sich geht. Ich weiß es auch so."

„Ich habe nicht nur von unten Geräusche gehört, sondern auch von der Seite."

„Alles atmet", sagte Christopher schulterzuckend, „sogar die Steine und das Metall. Und jedes Atmen ist Bewegung. Jede Bewegung ist ein Laut. Jedes Geschoss, jede Mine, die einen Meter tief eingeschlagen ist, kommt früher oder später heraus. Nicht von selbst natürlich. Die Erde schiebt sie von unten. Mit ihrem Atem. Mit dem Regen, der einsickert, die Erde quellen lässt, sodass sie die Steine und das Metall verschiebt. Unterirdisch wandert etwas, und sofort gibt es eine Kettenreaktion, darauf folgt die nächste ... Gefällt's dir hier?"

„Hier?", fragte Andrius zurück. „Bei Ihnen im Haus – ja. Aber insgesamt – nein."

Der Alte lächelte. „Das kommt davon, dass du keinen Bezug zu der Erde hier hast ... Mein Bezug ist mein großer Bruder, du hast keinen ..."

In Christophers Stimme klang weder Verurteilung noch Erstaunen durch. Er wusste, dass diese merkwürdige, äußerlich ganz unfranzösische Gegend nicht attraktiv war. Und doch schien es ihm zu gefallen, dass Andrius über den Drahtzaun in den Minenwald gestiegen war, sich auf die Erde gelegt und auf ihre Töne gelauscht hatte.

Andrius spürte eine seltsame Ruhe. Er fand den Alten sympathisch, empfand so etwas wie eine familiäre Zugehörigkeit. Und strich ihn sofort in Gedanken aus der Liste derer, denen er mit höflicher Gleichgültigkeit begegnete. Da diese Liste gar nicht existierte oder genauer gesagt praktisch die ganze Welt umfasste, trug er den Alten in eine andere, sehr kurze Liste ein, in der diejenigen standen, die ihm sympathisch waren. Dort standen bereits François und seine Mutter Nicole, Philippe und seine netten Eltern und sogar Aschka, die Schäferhündin, Paul und auch sein schwindelnder Papa, der Fahrer in der Botschaft von Kamerun, der vorgab, Diplomat zu sein. In derselben Liste, allerdings in einer eigenen Spalte stand Barbora, die er liebte. Barbora, die ein Kind von ihm erwartete. Barbora, die wollte, dass er, Andrius, erwachsen wurde, also von seinem Kindertraum Abstand nahm.

„Whisky?“, fragte Andrius.

Christopher schüttelte den Kopf.

„Nach ein Uhr nachts trinke ich nicht mehr“, sagte er lächelnd und schaute zur Anrichte.

„Wann gehen Sie eigentlich schlafen?“, wollte Andrius wissen.

„Mal um drei, mal um vier“, seufzte der Alte. „Heute lege ich mich eher hin.“ Er schaute auf seine Uhr. „Schon halb drei.“

Unter der Bettdecke war es in Andrius' Abwesenheit wärmer geworden. Er schwitzte. Also stand er auf, öffnete kurz das Fenster zum verwilderten Garten und ließ die kalte Nachtluft ins Zimmer. Dann schlief er ein.

Am nächsten Morgen las ihm Barbora erneut die Leviten. Sie erinnerte ihn daran, dass er erwachsen werden musste und lange genug die Welt zum Lachen gebracht hatte. Das waren ihre Worte gewesen: „die Welt zum Lachen bringen“. Dabei hatte er nie versucht, die Welt zum Lachen zu bringen. Er wollte Kinder zum Lachen bringen. Und vielleicht noch ihre Eltern. Aber doch nicht die Welt! Der Welt war nicht zum Lachen zumute.

Barbora briet Pfannkuchen. Auf dem ovalen Tisch im Wohnzimmer thronte der Ahornsirup. Christopher hatte sich schon gesetzt und genoss den Anblick.

Auch dieser Tag versprach sonnig zu werden. Nach dem Frühstück ging Andrius in den verwilderten Garten, er wollte Barbora eine Freude machen. Die Tür zu dem kleinen Schuppen hinterm Haus stand halb offen. Es kamen etliche Gartengeräte zum Vorschein: eine Schaufel, eine Harke, eine Forke, eine Axt und sogar eine rostige Sense.

Andrius musste die Tür gar nicht weiter öffnen. Er holte die Harke heraus, riss sie aus dem Spinnwebenteppich, der sich im Laufe der Jahre über die Gartengeräte gelegt hatten.

Seine Muskeln kamen in Bewegung, als er das Laub und die Äste zusammenharkte. Der Blätterhaufen wuchs – Andrius schob ihn in eine Ecke, damit er vom Schlafzimmerfenster aus nicht zu sehen war.

Hin und wieder stieß die Harke auf fingerdicke Baumschösslinge. Sie hatten noch kein Laub angesetzt, deswegen fielen sie nicht ins Auge. Mit den bloßen Händen ließen sie sich nicht ausreißen, und so holte sich Andrius einen Spaten. Das Quadrat der „frisch frisierten“

und gereinigten Erde wurde von Minute zu Minute größer. Vergnügt nahm Andrius die Axt zur Hand und stutzte den wilden Busch, der vor dem alten Apfelbaum in die Breite gegangen war. Er nahm eine Säge und entfernte die unteren toten Zweige.

Schnell waren zwei Stunden vergangen. Als Andrius fertig war, ging er ins Haus und zog Barbora scheinbar beiläufig zum Schlafzimmerfenster. „Und?“, fragte er.

„Was und?“ Sie schaute ihn verständnislos an.

Andrius deutete aufs Fenster. Barbora lächelte. Und gab ihm ein Küsschen.

Gegen vier klingelte Andrius’ Handy.

„Er ist weg!“, rief eine Teenagerstimme aufgebracht.

„Wer? Wer ist denn dran? Philippe?“

„Ja, ich bin’s. Ich wollte bei Paul vorbeischauen, aber er ist weg.“

„Sicher ist er zu einer Behandlung“, sagte Andrius, um den aufgebrachten Jungen zu beruhigen.

„Nein, in seinem Bett liegt ein anderer.“

„Woher weißt du das? Vielleicht bist du aus Versehen ins Nachbarzimmer geraten?“

„Nein, ich hab ihn gefragt. Ich bin hier, ich kann dem Jungen den Hörer geben!“

„Nein, nein, ich verstehe ja kein Französisch. Und was hat er gesagt?“

„Er hat gesagt, dass er heute früh gekommen ist und niemand anders da war.“

„Komisch. Vielleicht haben sie Paul in ein anderes Zimmer verlegt oder in ein anderes Krankenhaus? Mach dir keine Sorgen. Sicher ruft er mich an und sagt mir Bescheid, und dann rufe ich dich an! Gut?“

Es verging keine halbe Stunde, da wurde auch Andrius unruhig, so als hätten sich Philippes Sorgen mit einer halbstündigen Verzögerung auf ihn übertragen. Dabei war es Andrius gegen Ende des Gesprächs doch gelungen, den Jungen zu beruhigen. Jetzt war es umgekehrt: Andrius machte sich Sorgen und wollte schon zum Hörer greifen und Paul anrufen. Dann verwarf er die Idee und beschloss, bis zum Abend zu warten. Womöglich hatte Paul gerade einen Termin bei einem berühmten Professor in einer anderen Klinik? Vielleicht hatte man ihn verlegt, und er musste sich an dem neuen Ort erst eingewöhnen? Musste die neuen Ärzte und Schwestern kennenlernen, ihnen erklären, dass sie ihm das Telefon bringen mussten, wenn jemand anrief. Und ans Ohr halten, während er sprach.

So viel Andrius sich auch ausmalte, es half nichts. Er musste sich eingestehen, dass er sich nicht nur Sorgen um Paul machte, sondern Angst vor einer Hiobsbotschaft hatte.

‚Wieso denn Hiobsbotschaft?', dachte er und wehrte sich gegen die aufsteigenden Ängste. ‚Er hat doch keinen Krebs. Er hat eine Knochenkrankheit ...'

Als das Telefon wieder klingelte, lächelte Andrius wie ein Kind, fest davon überzeugt, dass Paul dran sein musste, er lachte über seine Ängste und Sorgen. Er schaute nicht einmal auf das Display, um zu sehen, wer da anrief, er war sich hundertprozentig sicher, als könnte er den Anrufer am Klingeln erkennen.

„Paul ist gestorben", teilte ihm eine vertraute Erwachsenenstimme mit.

„Wie?", fragte Andrius zurück, der das Gehörte nicht glauben und sich ihm verweigern wollte.

„Paul ist gestorben", wiederholte Hannibal mit verlorener Stimme. „Gestern Abend."

Andrius schwieg. Er schloss die Augen und spürte Tränen aufsteigen. Sie sammelten sich an und warteten darauf, dass er die Lider aufschlug.

„Morgen ist die Beerdigung", fuhr Pauls Vater fort. „In Neuilly-sur-Seine, in der Kirche der Schwarzen Madonna. Dein Geschenk, den goldenen Stock, lege ich ihm ins Grab."

Der Stacheldrahtzaun mit dem Elektrodraht obenauf blieb zurück. Andrius zählte hundert Schritte auf dem unebenen Waldboden ab, blieb stehen, setzte sich und stützte sich mit den Händen ab. Die alten vertrockneten Blätter nahmen zum Abend hin die herabsinkende Feuchtigkeit auf. Der Abendtau glitzerte fein auf dem spröden Laub, das die Kälte des vergangenen Winters zu einem schmutzigbraunen Teppich gepresst hatte.

Andrius schwieg. Sein Gehör erwachte, er ließ es frei. Es fing ihm die Geräusche der Natur ein, die unsichtbar und deswegen besser hörbar geworden war. Die forscheren Bewegungen der Nachtvögel, das Schaukeln der Zweige, das Rascheln und Piepsen der kleinen und großen Nagetiere.

„Ich habe Barbie nicht Bescheid gesagt!" Andrius biss sich auf die Lippe, für einen Moment traten die Geräusche in den Hintergrund. Er schluckte den Speichel und schmeckte Blut, zwang sich, sein Gehör und seinen Gedanken wieder dem Wald zuzuwenden.

„Hallo, Paul!“, flüsterte er und drehte sich um. Langsam, nicht weil die Dunkelheit dichter geworden war und das Sichtfeld verkleinert hatte. Er wusste, dass Paul jetzt auch im Wald war. Vielleicht in einem anderen, vielleicht aber auch in diesem.

Er heftete seinen Blick auf einen mächtigen Eichenstamm, hinter dem er nichts mehr erkennen konnte.

„Hallo, Paul!“, flüsterte er noch einmal, starrte auf den dicken Stamm und blinzelte, als versuchte er, den hinter dem Baum hervorschauenden Jungen zu erkennen.

Das Dunkel, glaubte er, war daran schuld, dass er Paul nicht sah. Schließlich war er schwarz, er kam ja aus Kamerun. Und selbst das Weiße in seinen Augen und seine weißen Zähne halfen nicht. Genauso gut konnte man eine schwarze Katze in einem dunklen Zimmer suchen. Suchen, obwohl klar war, dass sie nicht da war.

Andrius riss die Hand vom Boden. Ein kaltes, halb vermodertes Eichenblatt blieb kleben.

„Nein, du bist nicht hier“, flüsterte er und wandte seinen Blick vom alten Eichenstamm ab.

‚Alles Unsichtbare wird hörbar‘, flüsterte ein unverhoffter Gedanke und zwang ihn, nach unten zu blicken.

Andrius fegte mit der Hand das Laub zur Seite, legte den Boden frei. Sah sich noch einmal um, als suchte er nach einem passenderen, ebeneren Fleck.

Er trat zurück, um das Ohr auf die freie Stelle zu legen. Als er sich niederließ, schauten seine Augen verwundert: Die Erde unter seinem Ohr war trocken und nicht kalt.

Als hätte sie den dankbaren Zuhörer bemerkt, fing die Erde sofort an zu sprechen, direkt in sein Ohr.

‚Ich bin ja dieses Mal noch weiter hinter den Zaun gegangen!‘, erklärte sich Andrius die lauteren Geräusche der Erde.

Alle Töne, die von da unten kamen, der ganze gellende und unablässige Chor, untermalten die Bewegung. Bewegung als Lebenszeichen. Als Zeichen für alles Lebendige, was in der Erde existierte, und für alles Nichtlebendige, was in der Erde verborgen lag – Spielzeug, Hindernis oder Baumaterial – und durch den dunklen, dichten Raum wanderte, der sich dem Auge entzog. Dumpfes Knirschen von – wahrscheinlich verrostetem – Metall, langgezogen von der winzigen Geschwindigkeit seiner Wanderbewegung in einer Tiefe, die das Ohr nicht orten konnte. Hastiges, sprunghaftes Laufen feiner Töne von einem unsichtbaren Ort zum anderen, als ob Mäuse oder Ziesel durch ihre Gänge rannten. Wieso eigentlich nur Mäuse? In den Höhlen und Röhren im Wald lebten ja auch größere Tiere!

Wieder dieses merkwürdige und entfernte Grundsurren, das mal schwächer wurde, mal ganz verschwand und in eine Tiefe hinabstürzte, an die das Gehör nicht heranreichte.

Plötzlich, wie ein fernes Glöckchen, ein halbes Wort von einer vertrauten Stimme. Andrius erstarrte. Zitterte vor Anspannung, um das nächste halbe Wort ja nicht zu verpassen, damit er die Teile zusammensetzen und verstehen konnte.

Dann die Erkenntnis, dass die Wortfetzen nicht aus der Tiefe gekommen waren. Sie waren aus dem Gedächtnis aufgetaucht, das aktiv war und versuchte, sich bemerkbar zu machen und von der Wirklichkeit abzulenken. Das Glöckchen war Pauls Stimme, die Wortfetzen kamen von ihm.

Andrius presste das Ohr gegen die Erde, bis es schmerzte, biss die Zähne zusammen, um sicherzugehen, dass kein eigener Ton die Geräusche aus der Tiefe überlagerte.

Wieder – wie ein Glöckchen – das entfernte Lachen, Pauls Lachen. Jetzt kam es auf jeden Fall aus der Erde.

‚Wie viele Töne kann die Erde eigentlich bergen?', fragte ein weiterer unvermittelter Gedanke.

Andrius setzte sich hin und rieb sich das Ohr.

Er erinnerte sich an die Abraumhalden, die er unterwegs in Nord-Pas-de-Calais gesehen hatte. Zuerst auf dem Weg nach Lille, dann auch auf der Fahrt nach Farbus.

‚Hier ist ja Kohle gefördert worden', überlegte er. ‚Lange, hundert Jahre, vielleicht sogar länger! Das heißt, unten sind Hohlräume, und Hohlräume verstärken jedes Geräusch und halten ein Echo lange!'

Andrius sah sich in einem Stollen, in völliger Dunkelheit. Er stellte sich vor, wie er ein Wort rief, nicht einfach bloß ein Wort, sondern einen Namen: „Barbie!" Und während das Echo vielfach widerhallte, lief er durch den dunklen Stollen. Seine Hände, die er zur Seite ausgestreckt hatte, um sich nicht zu stoßen, berührten hier und da die Wände. Er lief unendlich lange und merkte, dass das Echo nicht verhallte. Es lief voraus, ans unsichtbare Ende des Tunnels, und kam wieder zurück. Er rief ein zweites Mal und merkte, dass auch dieser zweite Schrei zum Echo wurde, das zusammen mit dem ersten hallte. Dann rief er laut „Paul!“, und das Echo wurde noch dichter und lauter. In dem entstandenen und sich überlagernden Lautgewebe, das sich aus der Bewegung und Kollision der Töne gebildet hatte, verwischte, löschte das Echo die einzelnen Namen nicht. Weil die Töne gegen das feste Gestein der Wände und der Decke prallten, weil sie sich in den Staub mischten, der vom Boden aufstieg. Beide Namen klangen klar und deutlich!

Im Gehen warf er, die Arme noch immer zur Seite gestreckt, einen Blick nach oben. Eigentlich war es kein Blick, denn ringsum war ja nichts zu erkennen, sondern ein Gedanke. Der Gedanken daran, dass wenn jetzt jemand weit oben das Ohr an die Erde legte, er die gerufenen Namen wahrscheinlich nicht hörte. Er hörte nur Rauschen. Rauschen und andere Töne, die näher an der Oberfläche lagen.

Andrius schwitzte. Er ließ den Stollen und seine Fantasie in Ruhe und schloss die Augen. Er saß auf dem Boden, die Hände auf die feuchten Blätter gestützt und die Knie angezogen, die Füße auf die glatte, feuchte Oberfläche gesetzt. Die Beine streckten sich, die Füße fanden an keiner Unebenheit oder Wurzel Halt. Seufzend und mit geschlossenen Augen nahm Andrius die Hände von der Erde und umklammerte, nach vorn gebeugt, seine Knie. Um ihnen und sich Halt zu geben.

Mehrere Minuten saß er starr da und versuchte, kein Geräusch zu machen. Bis er ein Hupen hörte. Ein bitteres Lächeln trat in sein Gesicht.

Gemächlich kehrte er zum Stacheldrahtzaun zurück und versuchte, nicht in die Trichter und alten Schützengräben zu rutschen, er trat von Rand zu Rand oder wich ihnen aus. Das Licht der reglosen Scheinwerfer kam näher.

Der belgische Taxifahrer saß in seinem beleuchteten Minivan und löste, sich die Augen reibend, ein weiteres Kreuzworträtsel. Auf dem Beifahrersitz lag der weiße Lautsprecher. Als der Taxifahrer Andrius sah, nahm er den Lautsprecher und legte ihn in den Kofferraum. Wortlos. Als Andrius eingestiegen war, ließ er sofort den Motor an. Andrius wollte sich entschuldigen, mit ihm über etwas Belangloses sprechen, um sich weniger schuldig zu fühlen. Aber er konnte nicht.

Die Haustür war nicht verschlossen. Erst zu Hause sah er auf die Uhr. Noch gar nicht mal so spät, erst halb eins! Im Wohnzimmer brannte Licht, Christopher schlief nicht. Aber Andrius ging nicht zu ihm hinein.

Er ging sofort hinauf ins Schlafzimmer, zog sich aus und legte sich zu Barbora. Sie schlief oder tat so, als würde sie schlafen.

„Paul ist gestorben“, flüsterte Andrius ihr in den Nacken, um seine Abwesenheit zu erklären.

Sie antwortete nicht und reagierte nicht. Vielleicht schlief sie wirklich.

„Paul ist gestorben“, flüsterte Andrius noch einmal zu sich selbst und schlief, mit dem Rücken zu Barbora gedreht, ein.

110. Kapitel. Pienagalys. Bei Anykščiai

Gegen Mittag setzte in Pienagalys Regen ein. Zuerst fielen vereinzelt dicke Tropfen auf das Haus und auf die Scheune, prasselten auf Renatas roten Fiat, auf Googlas' Hütte, die inzwischen wieder an ihrem alten Platz hinter der Scheune stand. Aus dem grünen Segeltuchzelt sprang erschrocken Vladas und versuchte, eine große, raschelnde Plane über das Zeltdach zu legen. Irgendwann schaffte er es. Er kroch zurück in sein Zelt und holte Metallkrokodilklemmen, um die Plane an vier Stellen am Zelt zu befestigen, damit der Wind sie nicht herunterreißen konnte. Er hustete und kroch wieder in sein Zelt.

„Und das soll nun Frühling sein“, rief Vitas verdrossen und schaute aus dem Fenster. „Bei diesem Tempo kommt der Frühling nicht vor August!“

„Iss, sonst wird's kalt!“ Renata deutete auf den Teller mit der Hühnersuppe.

Das Telefon klingelte.

„Ja, bitte?“, antwortete Vitas. „Verstehe. Schade. In Ordnung. Ich erwarte dann Ihren Anruf!“ Er nahm einen Löffel Suppe und lächelte verkniffen. „Noch drei solche Anrufe, und wir haben heute frei!“

„Hat jemand abgesagt?“

„Ja, die letzten Kunden, die mit dem Termin um sechs.“

„Nicht so schlimm, dann essen wir eher zu Abend.“

Wieder klingelte das Handy.

„Hab ich's nicht gesagt?“ Vitas warf Renata einen vielsagenden Blick zu. „Ja, gut! Nicht so schlimm!“, sagte er ins Telefon. „Viola kommt später“, beantwortete er Renatas fragenden Blick. „Aber sie kommt! Sehr gut!“

Die vereinzelten, dicken Tropfen wurden kleiner und dichter. Dann goss es. Das Zeltdach rauschte im Regen, in Bächen rann das Wasser über die Plastikplane und lief sicher unters Zelt.

Ein schlammbespritzter Minivan fuhr auf den Hof. Er wendete und stieß im Rückwärtsgang zu Renatas Fiat. Ein junger Typ in einem schwarzen Regenmantel mit Kapuze und Wanderstiefeln stieg aus. Er kam zum Haus gerannt und klopfte. „Ich bin ein bisschen früh!“, entschuldigte er sich bei Vitas, der ihm öffnete. „Mein Sohn und ich können im Auto warten.“

„Nicht nötig!“ Vitas bat den Mann herein.

Eine Viertelstunde später saß Vitas mit dem Kunden und seinem fünfjährigen Sohn im Hundestudio. Sie saßen da und wärmten sich an den eingeschalteten Heizgeräten. Direkt neben einem Radiator stand ein Käfig mit drei weißen Mäusen.

„Beißen die dich nicht?“, fragte der Junge Vitas und zeigte auf die Nager.

Vitas zeigte dem Jungen ein paar blaue, dicke Gummihandschuhe. „Die können sie nicht durchbeißen!“

„Lass mal sehen!“, bat der Junge. Er zog den rechten Handschuh an und hob die Hand mit einem neugierigen Blick hoch. Der Handschuh war so groß wie eine Schiffsglocke, und seine schmale Hand sah aus wie der Klöppel.

„Viola kommt gleich“, Vitas schaute den Kunden an. „Sie ist eine erstklassige Fachfrau fürs Färben, ich bin nur der Manager und Assistent.“

„Wir haben es nicht eilig“, beruhigte ihn der junge Mann. „Bei diesem Wetter gibt’s nichts, wo man eilig hinmüsste.“

Als Viola gekommen war und die letzten Vorbereitungen für das Färben traf, riefen nacheinander zwei weitere Kunden an und wollten ihren Termin verlegen. Vitas wunderte sich nicht.

Sie benötigten knapp zwei Stunden, um den Mäusen ein „Möhrenrot“ zu verpassen. „Wie bist du auf diese Farbe gekommen?“, fragte Vitas den Jungen.

„Sind doch Haustiere und noch dazu dumm“, erklärte er. „Ich hab sie mal rausgelassen, als die Sonne schien, da ist eins in den Schnee gesprungen, und das hab ich fast nicht mehr wiedergefunden! Die Maus ist weiß und der Schnee auch! Und außerdem mögen sie Möhren!“

„Alles klar!“, sagte Vitas.

Der Vater bezahlte. Sie trugen den Käfig ins Auto und verabschiedeten sich. Vitas stand unterm Schirm und wartete, dass der Van abfuhr.

Die Vorderräder drehten durch, das Auto steckte fest, es versank in den Löchern, die die Räder gegraben hatten. Der Vater des Jungen versuchte, den Motor hochzujagen, damit das Auto aus dem Loch sprang. Es versank noch tiefer. Der Dreck bespritzte Renatas Fiat und Violas Smart.

Vitas verzog den Mund. ‚Ein Glück, dass die anderen nicht kommen', dachte er.

„Haben Sie mal eine Schaufel?", fragte der junge Mann durch die geöffnete Tür.

„Ja, bin gleich zurück!" Vitas ging in die Scheune und holte eine Schaufel.

Der junge Mann hob vor den Rädern Erde aus und machte einen glatten Anstieg. Er stieß die Schaufel in die Erde, setzte sich wieder ans Steuer. Der Minivan heulte auf und schoss nach vorn, um zehn Zentimeter weiter wieder zu versinken. Das Loch, das die Vorderräder in die feuchte und nasse Erde gedrückt hatten, wurde zu einer tiefen Rinne.

„Warten Sie, ich schieb Sie an!", rief Vitas. Er legte die Hände auf die Heckklappe und nickte dem Fahrer zu – „Bin bereit!", sollte das heißen.

Aber das Auto schien gar nicht zu bemerken, dass hinten jemand Anstalten machte, es aus der Rinne zu befreien.

Auf den Lärm hin kam Vladas aus dem Zelt. Neugierig und missmutig schaute er zum Auto.

„Was stehst du rum, mach mit!", rief Vitas.

Vladas verschwand im Zelt und kam eine Minute später in Stiefeln und Jacke zurück. Er stemmte sich auf der anderen Seite gegen die Heckklappe und wartete, dass Vitas ein Zeichen gab. Wieder heulte der Motor auf. Der Fahrer legte erst kurz den Rückwärtsgang ein und schaltete dann in den ersten Gang. Vitas und Vladas schoben nach Kräften. Das Auto fuhr einen halben Meter, der Motor heulte noch lauter, die Vorderräder schleuderten Dreck hoch, der auf Vladas und Vitas niederging. Aber die wussten, dass sie weiterschieben mussten, sonst würde der Wagen an der nächstbesten Stelle wieder steckenbleiben. Und so schoben sie den Minivan noch ein paar Meter, bis er plötzlich einen Satz nach vorn machte und aus dem Loch raus war. Vladas und Vitas, die der Trägheit gemäß dem Auto folgten, wären beinahe gestürzt.

Der Minivan rollte in der Fahrrinne weiter. Der Fahrer hupte als Dank. Anhalten konnte er jetzt nicht, bis er die Schotterstraße erreicht hatte.

Vladas stand völlig verdreckt da, schaute Vitas an und lachte. Selbst Vitas' Gesicht war mit braunem Matsch besprenkelt.

„Wieso lachst du?", fragte Vitas freundlich. „Guck dich an!"

„Ich habe keinen Spiegel", antwortete Vladas und ging zu seinem Zelt.

„Wo willst du denn hin?", hielt Vitas ihn zurück. „Du machst doch alles dreckig!"

„Was soll ich denn machen?", fragte Vladas und hob die Arme.

„Komm vors Haus, Renata bringt gleich was. Einen Lappen oder Toilettenpapier."

Als Renata sie vor dem Haus sah, brach sie in schallendes Gelächter aus. Sie wusste gleich, was zu tun war und brachte Küchenkrepp. Als die beiden Hände, Gesichter und Kleidung vom gröbsten Dreck befreit hatten, ließ sie sie ins Haus. „Geht euch duschen!", rief sie. „Wo ist eigentlich Viola?"

„Die kommt gleich, die ist noch im Studio und zieht sich um!"

Als der schlaksige Vladas – in ein rotes Handtuch gewickelt, mit nassen langen Haaren, die seinen Kopf noch länger und schmaler wirken und den Adamsapfel noch weiter hervortreten ließen – ins Wohnzimmer kam, sprang Viola, die am Tisch saß und aufs Abendessen wartete, entgeistert auf. „Der sieht ja aus wie Jesus!", rief sie.

„Klar doch!", sagte Vitas lachend, der sich schon geduscht und umgezogen hatte. „Eben vom Kreuz abgenommen!"

Erschrocken trat Vladas einen Schritt zurück. „Entschuldigt, um Himmels willen!", rief er und rannte ins Bad zurück.

Auf den Lärm kam Renata aus der Küche. „Was ist denn hier los?"

„In deinem Bad sitzt der nackte Tierschützer!", rief Viola belustigt und ging zurück zum Tisch.

„Vladas? Na, er und Vitas haben doch heute das Auto eures Kunden aus dem Dreck geschoben!"

„Hast du gesehen, wie behaart seine Beine sind?", fragte Viola.

Renata machte große Augen. Vitas schlug die Hand vor den Mund, um nicht laut loszulachen.

„Was gehen mich denn seine Beine an?"

„Entschuldige, hab's nicht so gemeint! Einfach komisch, dass er bei euch im Haus ist."

Renata zuckte mit den Schultern.

Ein so seltsames und schweigsames Abendessen hatten sie lange nicht gehabt. Vladas setzte sich an das andere Tischende, weit weg von Vitas. Er versuchte, den Husten zu unterdrücken, und wenn er es nicht schaffte, drehte er sich weg. „Lecker“, rang er sich schließlich ab, während er den Braten und die Kartoffeln genüsslich verspeiste. Der geduschte Tierschützer kam sich deplatziert vor. Aber Viola, die neben ihm saß, weckte sein Interesse.

„Das ist Kaninchen“, sagte Renata. „Greift zu!“

Vladas starrte verwundert auf seinen leeren Teller. Er hatte gar nicht gemerkt, wie schnell er alles aufgegessen hatte.

Renata füllte ihm den Teller auf.

„Danke, dass du geholfen hast!“ Vitas schaute Vladas über den Tisch hinweg an.

„Das ... Das habe ich doch gern gemacht“, erwiderte er leise. Er schien seinen Worten nachzuhören, um zu überprüfen, ob auch nichts Geheucheltes mitschwang. „Ihr wisst doch Bescheid! Ich hab’s Renata doch erklärt!“ Der Tierschützer warf der Frau des Hauses einen Blick zu, der Unterstützung heischte. „Ich hatte keine Wahl. Wo gibt’s hier schon Arbeit?“

„Hast du nie überlegt, ins Ausland zu gehen?“, rief Vitas und merkte, dass seine Frage nicht gerade höflich klang.

„Hab ich“, sagte Vladas. „Aber meine Mutter hat niemanden weiter. Ich kann sie doch nicht allein lassen. Nein, da würde ich mir Sorgen machen.“

Renata nickte. „Ich wollte auch nicht“, erklärte sie. „Das heißt, erst wollte ich, und dann hab ich Angst gekriegt. Da hat Großvater Jonas noch gelebt. Den hätte ich doch nicht allein lassen können ... Und dann ... Dann ...“

„Und du? Du hast Tiere sehr gern, wie?“, mischte sich Viola ein.

Vladas fühlte sich getroffen. Die beiden saßen am Tisch und schauten sich an. Zwischen ihren Gesichtern waren gerade mal zwei Handbreit Platz. Vitas dachte, gleich würden sie sich küssen.

„Ja“, antwortete Vladas nach einer kurzen Pause. „Vögel. Die Turteltaube höre ich besonders gern.“

„Ich habe gar nichts zu trinken angeboten“, sinnierte Vitas.

„Der Regen hat aufgehört, habt ihr’s gemerkt?“, fragte Renata.

Vladas und Viola schauten die Herrin des Hauses an. Vitas wurde lockerer. Er lächelte, stand auf und holte aus der Küche eine Flasche Likör und Gläser.

„Danke, ich nicht“, sagte Vladas entschlossen.

„Ich ja“, rief Viola.

„Ich möchte auch nicht.“ Renata schüttelte den Kopf.

Vitas und Viola tranken.

Vladas drehte sich wieder weg und hielt die Hand vor den Mund. Er hustete.

„Du musst dich kurieren.“ Violas Stimme klang ehrlich besorgt. „Ich bringe dir Honig mit!“

„Renata hat mir schon Tee mit Honig gemacht. Hat nichts geholfen.“

Dieses Gespräch, das merkwürdig und zerfasert war und von einem Thema zum anderen sprang, ging auch beim Tee weiter.

Viola stutzte plötzlich. „Ich habe ja morgen früh eine Kundin! Das hatte ich ganz vergessen, eigentlich wollte ich hier übernachten!“

„Ich muss auch rüber.“ Vladas stand auf und drehte sich zu Renata und Vitas um.

„Und wie soll ich jetzt fahren? Ich hab doch was getrunken!“, überlegte Viola.

„Dann bleib doch hier, ruf die Kundin an und verlege den Termin!“, riet Renata.

Viola schüttelte den Kopf. Sie wandte sich an Vladas. „Kannst du Auto fahren?“

„Ja.“

„Los, komm“, rief sie. „Da geb ich dir gleich noch was zum Einnehmen, ich habe Antibiotika da.“

Renata und Vitas folgten Vladas und Viola nach draußen. Sie verstanden nicht ganz, was vor sich ging.

Der Regen hatte aufgehört. In den Pfützen spiegelte sich das Licht der Lampe über der Tür.

Viola setzte sich in ihren Smart, ließ den Motor an, stieg wieder aus und überließ Vladas das Steuer.

„Die sinken gleich ein, aber ich ziehe heute keine Autos mehr raus!“, verkündete Vitas.

Entgegen seiner Erwartung kam Violas Smart flott in Gang und glitt durch die Fahrrinne davon. Ob Vladas die Spur im Scheinwerferlicht sehen konnte, wusste Vitas auch nicht. Immerhin kannte Viola den Weg gut.

„Kesse Biene!“ Im Schlafzimmer, während sie unter die Bettdecke kroch, musste Renata loswerden, was sie dachte. „Den einen hat sie rausgeschmissen, den nächsten aufgegabelt und gleich mit zu sich genommen! Ein Glück, dass wir ihn vorher abgeduscht haben!“

„Wenn sie den von hier wegschafft, schenke ich ihr tausend Litas!“, erwiderte Vitas.

„Du schenkst ihr einen Strauß Blumen, das reicht!“, sagte Renata strikt. „Vielleicht gibt sie dir für den Tierschützer tausend Litas?“

111. Kapitel. Dunkerque. Nord-Pas-de-Calais

Noch nie hatte sich Kukutis so geschämt wie in der letzten Nacht. Besser wäre er ertrunken, als auf dem Ärmelkanal im Stockfinsteren in den Wellen herumzuzappeln, die ihn doch nur ein paar Meter in die Höhe warfen! Von da oben sah er Charles’ grünen Schoner, manchmal auch ihn selbst in dem gelben Overall, wie er aus dem Steuerhaus geschleudert wurde und wieder zurückglitt. Es war dumm gewesen, wie besessen auf Litauisch „Hilfe! Hierher!“ zu schreien. Dumm, aber er hatte nun mal geschrien. Und wie lange hatte das alles gedauert? Wie lange hatte er schäumendes, nach Schweröl schmeckendes Meerwasser geschluckt, ehe der Hubschrauber der Küstenwache den Kahn mit seinen Scheinwerfern ortete? Zehn oder zwanzig Minuten vielleicht. Der Helikopter strahlte zuerst das ganze Boot an und richtete dann seinen grellen Strahl mehrere Minuten lang auf Kukutis, dann drehte er ab und schickte ein schnittiges oranges Rettungsboot, das doppelt so groß war wie Charles’ Gefährt. Von dem Kutter aus warf man Kukutis eine gelbe Rettungsboje an einer dünnen, aber festen Leine herüber. Ihn auf das Rettungsboot zu hieven, war alles andere als einfach. Der nasse graue Mantel und das gesplitterte, aufgequollene Holzbein zogen ihn nach unten. Die zwei Rettungskräfte in Rot taten ihr Möglichstes. Kukutis und das Boot wurden von Wellen erfasst. Endlich schafften es die beiden, ihn aus dem Wasser zu holen. Sie brachten ihn in die Kajüte und zogen ihm die nassen Sachen aus, nur an das Holzbein ließ er sie nicht heran. Sie rieben ihn trocken und flößten ihm Branntwein ein, wickelten ihn in eine Decke und legten ihn in ein Bett, das an eine Krankentrage im Rettungswagen erinnerte, es hatte allerdings keine Griffe und stand auf festen Metallbeinen.

In die Decke gewickelt, lag er da und hörte, wie das Wasser aus seinem Holzbein tropfte, ja bisweilen strömte. Er schämte sich. Wie auch später, als das Boot Charles’ Kahn ins Schlepptau nahm und in den Hafenkanal lenkte, und es, weil es dort keine Wellen gab, schließlich ruhig bis zur Anlagestelle des Küstenrettungsdienstes zog.

Dort wartete Charles' vierzigjährige Tochter mit dem Auto. Ein Bekannter von Charles hatte sie verständigt, nachdem er gesehen hatte, wie der grüne Kahn in Richtung offenes Meer ablegte. Auch der Bekannte hatte die Wettervorhersage gehört, war aber nicht mit einer Goldmünze verführt worden, weswegen er annahm, Charles hätte den Verstand verloren oder sich betrunken. Der Mann hatte nicht gerade viel Fantasie. Aber die Worte „Du bist verrückt geworden!", die Charles von seiner Tochter zu hören bekam, drangen an diesem Morgen nicht weniger als zwanzig Mal an Kukutis' Ohr.

Charles' Tochter weigerte sich zuerst standhaft, Kukutis in seiner Decke in ihrem Volvo mitzunehmen, aber irgendwann hatte Charles sie überredet. Sie verstauten den schweren schwarzen Plastikmüllsack von der Küstenwacht, in dem Kukutis' nasser grauer Mantel und die übrige Kleidung des mit knapper Not dem Sturm entkommenen Opfers lagen.

„Frauen muss man ertragen", sagte sich Kukutis im Auto immer wieder. „Vor allem, wenn man im Unrecht ist! Und ich bin ja im Unrecht. Also muss ich sie ertragen."

„In welcher Sprache brabbelst du denn da?", fragte der neben ihm sitzende Charles, ebenfalls in eine Decke gewickelt.

„Auf Litauisch."

„Und was brabbelst du?", fragte er mit einer schwachen Stimme, die von keinem übermäßigen Interesse an einer Antwort zeugte.

„Einen Idioten habe ich mich genannt", sagte Kukutis halblaut, weil er nicht wollte, dass Charles' Tochter vorn am Steuer ihn hörte.

„Und was heißt auf Litauisch ‚Ich bin ein Idiot.'?"

„Aš durnius!"

„Aš durnius", wiederholte Charles und lächelte. „Aš durnius!"

„Nein", widersprach Kukutis, doch dann stutzte er, schaute Charles noch einmal an und nickte. „Stimmt, du bist auch ein Idiot!"

Zu Hause verlor Charles' Tochter kein Wort. Sie schaute nur ungehalten, als Kukutis eine nasse Spur auf dem Holzboden vom Korridor ins Kaminzimmer hinter sich her zog.

Sie rückte zwei Sessel vor den Kamin und stellte einen kleinen Couchtisch dazwischen. Darauf kam eine Flasche mit zwei Gläsern. Die Tochter half ihrem Vater, sich hinzusetzen. Kukutis half sie nicht, der setzte sich selbst. Dann machte sie Feuer im Kamin, und eine wohlige Wärme berührte die Arme des einbeinigen Wanderers.

„Hängen Sie doch meine Sachen zum Trocknen auf!", rief Kukutis sie.

„Bisschen vorsichtiger“, flüsterte Charles laut, damit seine Tochter es hörte. „Sie ist nämlich Richterin!“

Die Tochter wollte etwas erwidern, verkniff es sich aber. Nur ihre Bewegungen wurden kantiger, aber was sie tat, gefiel Kukutis. Sie beugte sich über den Couchtisch, öffnete die Flasche und füllte die Gläser zur Hälfte mit einer gelblichen, klaren Flüssigkeit.

Der warme Duft von Alkohol und brennendem Lindenholz stieg ihm in die Nase.

Für ein paar Minuten vergaß Kukutis sein Schamgefühl. Er schlug die Decke zurück, knöpfte das Holzbein ab und steckte seine Hand ins Bein. „Zum Glück sind sie nicht durchgeweicht!“, sagte er erleichtert.

„Was ist nicht durchgeweicht?“, fragte Charles.

„Meine Papiere“, antwortete Kukutis und schaute Charles’ Tochter an, die immer noch neben ihm stand. „Könnten Sie mir einen Eimer bringen und irgendeine Ablage, damit ich mein Bein am Ofen trocknen kann?“ Er hob das ungewohnt schwere Bein an, um zu zeigen, was er meinte. Sofort ergoss sich ein Wasserschwall auf den Boden.

Seufzend verließ die Frau das Zimmer und kehrte mit einem Eimer, einem Schrubber und einem Zeitungsständer aus Holz zurück. Den stellte sie neben den Kamin.

Kukutis bückte sich und hielt das Bein über den Zeitungsständer: Es passte genau zwischen die beiden Seitenwände. „Perfekt!“, sagte er zufrieden und stellte das Bein mit dem Absatz in den Eimer. Er wollte alle Fächer und Nischen kontrollieren. Jedes Mal, wenn er ein kleines Fach aufzog, schwappte Wasser in den Eimer. Ein paar Fächer klemmten wegen der vielen Risse, die das Bein durchzogen. „Mit dem komme ich nicht mehr weit“, sagte Kukutis traurig, als er die Risse sah.

Charles’ Tochter ging hinaus. Das Holz knackte im Ofen, es wurde immer wärmer.

„Und wo willst du jetzt hin?“, fragte Charles, in die Decke gemummelt, und griff vorsichtig nach dem Glas.

„Nach Hause, nach Litauen!“, sagte Kukutis und schaute ins Feuer. „Mit dem Bein bringe ich keinen großen Nutzen!“

Und wie er das sagte, spürte er ein Stechen im Herz. Es war nicht sein eigener Schmerz, sondern ein fremder, derselbe, der ihn jahraus, jahrein in Bewegung hielt, weil er die Litauer vor Unglück bewahren wollte.

Charles ächzte nach dem ersten Schluck. Ächzte zufrieden.

Auch Kukutis ächzte. „Oho!“ Er machte große Augen. „Was ist das?“

„Genever", erklärte Charles. „Ein Gin, den man ohne Tonic trinkt!" Er fuhr mit der Hand unter die Decke, holte den Louis d'or hervor, den er von Kukutis vor dem Ablegen bekommen hatte, und hielt ihn dem einbeinigen Litauer hin.

„Behalt ihn!", sagte Kukutis und winkte ab. „Wegen meiner Dummheit hast du dein Boot aufs Spiel gesetzt und wärst beinahe gekentert! Ich weiß gar nicht mehr, wo ich die Münze her habe! Vielleicht ist es wirklich deine?"

Charles betrachtete sie. „Nein, meine hatte ein anderes Wappen auf der Rückseite, genauer gesagt waren es zwei! Das weiß ich sicher!", sagte er gedehnt und gähnte.

Kukutis gähnte auch. Er sah, wie Charles die Augen schloss, den Kopf auf die Schultern sinken ließ und einnickte. Kukutis langte nach dem Gin und goss sich nach. Nach zwei weiteren Schlucken zogen sich seine Lippen zu einem entspannten Lächeln auseinander.

112. Kapitel. Farbus. Nord-Pas-de-Calais

Der schwarze, auf traurigen Hochglanz polierte Bestattungswagen hielt vor der Kirche neben den versammelten dunkelhäutigen Männern und Frauen. Sie waren gekleidet wie bei einem Staatsempfang und schauten traurig und zugleich gefasst. Als versuchten sie, ihre Trauer zurückzuhalten.

Andrius sah sie im Traum. Er war quasi mit dabei, konnte selbst entscheiden, wann er dazukommen und sich zu Pauls Vater stellen wollte, der ein langes, in glänzendes Weihnachtspapier gewickeltes Etwas in der Hand hielt. Der weinrote Schal, doppelt um seinen schlanken Hals geschlungen, flatterte mit seinen bis zur Hüfte reichenden Enden im Wind. Hin und wieder schob sich das Etikett mit dem Logo *D&G* in Andrius' Blick. Der teure dunkelblaue Mantel saß perfekt, wie bei einem Model. Die gebügelten braunen Hosen glänzten und ließen erkennen, dass sie aus Alpakawolle gefertigt waren.

Draußen im Flur waren Christophers Schritte zu hören. Andrius presste die Augenlider aufeinander, um nicht aufzuwachen.

Genau im richtigen Moment. Eine Minute später schüttelte er Pauls Vater die Hand, sie umarmten sich. Hannibal hielt den Gegenstand von sich weg und drückte Andrius mit dem freien Arm an sich.

Einige Gäste gingen zum Auto, und als der Fahrer die Hecktür würdevoll und betont langsam geöffnet hatte, holten sie den edlen Holzsarg mit den Messinggriffen heraus. Die Trauernden zogen in die Kirche, wo der Sarg vor der Kanzel aufgebahrt wurde, dahinter ragte der strenge Altar auf – ein weißer Marmorwürfel mit einem Flachrelief-Kreuz. In einer halbrunden Nische stand, den leidenden Blick auf die Trauergemeinde gerichtet, die Schwarze Madonna von Paris. Mit einem dicken Psalter in der Hand wartete der dunkelhäutige Priester geduldig und einsatzbereit vor der Kanzel, auf der eine aufgeschlagene, in Leder gebundene Bibel lag.

Die vier Sargträger stellten sich neben den Sarg. Einer öffnete die Deckelhälfte am Kopfende wie ein Fenster für den Toten. Wäre der Deckel draußen aufgeklappt worden, hätte der Verstorbene den Himmel sehen können. Oder der Himmel hätte ihm ins Gesicht geschaut. Hier drin wölbte sich die Kuppel über dem Sarg.

Die Stimme des Priesters klang zuerst leise, wurde dann kräftiger, deutlicher, lauter. Er hielt den Gottesdienst auf Französisch, und Andrius wunderte sich sehr, dass er den Priester verstand. Wahrscheinlich weil er dieselben Psalmen und Gebete auf Litauisch kannte.

Andrius betrachtete das Gesicht des dunkelhäutigen, ganz in weiß gekleideten Priesters. Nur das Kreuz auf seiner Brust erinnerte in seinem glänzenden Gelb an Gold, konnte aber kein Gold sein. Denn Gold glänzte nicht so stark.

Die Messe hielt die Zeit an und verlegte den Schauplatz aus der realen Welt, aus Frankreich, aus Paris weg. Die Kirche war ein Raumschiff, das zwischen Gott und Mensch, zwischen Himmel und Erde schwebte. „Gesteuert" wurde es von der Schwarzen Madonna.

Als der Priester seine Gebete beendet hatte und in Pauls letztes Fenster schaute, trat Hannibal an den Sarg und wickelte den langen Gegenstand aus, den er die ganze Zeit in der Hand gehalten hatte. Das Geschenkpapier raschelte, und der goldene Stock, den Andrius Paul geschenkt hatte, kam zum Vorschein. Der Stock, der Andrius an die albanischen Brüder, an Philippe, an den Arzt, der ihn als obdachlos registriert hatte, und überhaupt an Paris erinnerte als etwas längst Vergangenes, als wäre Andrius schon fast neunzig wie Christopher und in seinem ganzen langen Leben nie wieder nach Paris zurückgekehrt.

Hannibal faltete das Geschenkpapier betont langsam zusammen und steckte das dicke Viereck in seine Manteltasche. Danach ließ er den Stock mit beiden Händen in den Sarg hinab und legte ihn neben

Pauls linken Arm. Die Trauernden traten an das Sargfenster, nahmen Abschied von Paul und kondolierten seinem Vater. Sein Gesicht wirkte unruhig und traurig. Er sah die Kondolierenden fahrig an, nickte, und im selben Moment floh sein Blick an ihnen vorbei durch das offene Kirchenportal nach draußen.

Einer nach dem anderen traten die Trauergäste vom Sarg ab und stellten sich zu beiden Seiten des Gangs auf, der vom Kirchenportal zum Altar führte. In der Mitte ließen sie eine Gasse für den Trauerzug. Nur Hannibal stand noch am offenen Sargfenster. Die vier Träger warteten in vier Meter Abstand auf das Kommando. Hannibal schaute nach unten, auf seine glänzenden, spitz zulaufenden Schuhe, streifte wieder mit einem suchenden Blick das Portal, drehte sich zum Sarg, machte einen Schritt und lehnte sich mit dem Bauch gegen die polierte Seite. Er beugte sich über die Öffnung, wiegte den Kopf, schaute Paul an und griff in den Sarg hinein, zupfte den Anzug des Jungen zurecht.

Andrius sah Paul also mit Hannibals Augen zum letzten Mal, mit ganz normalen Armen, die in den Ärmeln seines neuen Jacketts steckten. Keine Spur von den Stahlkonstruktionen, die Paul in den letzten Lebensmonaten ertragen musste. Dafür ganz normale, hautfarbene Hände mit schmalen Fingern, mit denen er so gern Dame gespielt hätte!

Plötzlich nahm Hannibal den goldenen Stock aus dem Sarg und drehte sich zu den Trauergästen, um zu sehen, wie sie reagierten. Sie reagierten weder in Gesten noch in Blicken.

Pauls Vater nickte den vier Trägern zu. Sie traten heran. Einer schloss sorgsam die obere Deckelhälfte. Das Fenster ging zu. Die anderen zogen die Flügelmuttern an, die den Sargdeckel am Unterteil befestigten.

Auf den goldenen Stock gestützt, strebte Hannibal dem Ausgang zu. Das Gehen fiel ihm sichtbar schwer. Er stützte sich auf den Stock, als könne er mit dem rechten Bein nicht auftreten. Die Trauergäste folgten ihm. Der Priester lief neben den Sargträgern, neben Paul. Er gab ihm das letzte Geleit.

Plötzlich riss der Traum ab, ringsum war es dunkel. Andrius öffnete die Augen und spürte Tränen. Er drehte sich auf die Seite, und die Tränen rollten aufs Kissen.

Im Haus war es still. Sogar Christopher schlief. Barbie, die mit dem Rücken zu Andrius, mit dem Gesicht zum Fenster schlief, atmete leise. Der Garten sah nicht mehr so verwildert aus wie noch vor ein paar Tagen.

Andrius stand leise auf und schaute aus dem Fenster. Rechts oben glänzte die Mondsichel im gleichen grellen Gelb wie das Kreuz auf dem weißen Gewand des Priesters in der Kirche der Schwarzen Madonna. Die Welt da draußen war erstarrt. Nur die Mondsichel wanderte langsam wie ein Uhrzeiger im Lauf der Zeit.

„Paul ist gestorben!“, sagte Andrius noch einmal zu Barbora, als sie erwachte.

Sie blickte ihn besorgt an. „Das hast du mir doch schon gesagt.“

„Ja, als du geschlafen hast.“

Barbora machte ihm nicht den kleinsten Vorwurf. Sie seufzte nur ein paar Mal. Am Frühstückstisch gab es keine Gespräche. Christopher erwähnte lediglich, dass jemand nach Arras in den Waschsalon fahren musste, um Wäsche zu waschen. Andrius nickte, er verstand das als Aufforderung.

„Morgen fahre ich hin“, versprach er. Heute würde er sich seinen Gedanken und der Trauer überlassen, die ihn schon überkommen hatten und in den nächsten Stunden nicht loslassen würden.

„Ich gehe nach Vimy, ins Café“, sagte Andrius am Nachmittag zu Barbora.

Sie zuckte nur mit den Schultern.

Die Sonne wärmte an diesem Tag nicht besonders, weil der Wind wehte. Aber die Vögel sangen fröhlicher. Vielleicht kam es Andrius auch nur so vor.

Im Gehen dachte er daran, wie glücklich er war. Aber diese Gedanken konnten seine Stimmung nicht heben. Er merkte das und fühlte sich schuldig. Schuldig vor denen, die das nicht von sich behaupten konnten. Vor dem toten Paul, dem blinden Philippe, vor François, der täglich um das Überleben seines Buchladens kämpfte. Alle, auch Michel, der ihnen sein Boot zum Wohnen überlassen hatte, und Pauls Vater Hannibal, sie alle kamen Andrius unglücklich vor. Sie waren gutherzig, freundlich und hilfsbereit. Aber nicht glücklich! ‚Warum?‘, fragte sich Andrius und antwortete mit einer Gegenfrage: ‚Warum denke ich das? Habe ich sie etwa gefragt? Warum bin ich mir so sicher, dass sie unglücklich sind? Wenn sie unglücklich wären, würden sie doch nicht mehr leben, nicht mehr kämpfen. Was bringt es schon, dass ich einfach deshalb glücklich bin, weil ich lebe und nicht blind bin und unter einem fremden Dach was zu essen habe und sogar etwas verdiene? Ich denke irgendwie falsch. Verkehrt. Oder bin ich genauso unglücklich wie all die anderen?‘

Aber Andrius fühlte sich nicht unglücklich. Er fühlte sich schuldig. Und dieses Gefühl machte ihm langsam Sorgen.

Unterwegs lenkte er den Blick auf die Bäume an der Straße und hörte das frohe Zwitschern der Vögel. Seine Gedanken schweiften ab. Er begriff, dass sich nur die Vögel richtig am Leben erfreuen konnten. Weil sie nicht grübelten, sondern zwitscherten. Gleich lief es sich leichter und fröhlicher. Vielleicht nicht unbedingt fröhlicher, aber mit einem Lächeln auf dem Gesicht, mit einem gelassenen und demütigen Lächeln.

„Un café?“, fragte Jean-Michel anstelle von „Bonjour!“.

„Oui, et un cognac!“, antwortete Andrius flott und ging zu „seinem“ Tisch.

Der Kognak schien ihm dieses Mal schärfer, aber er schmeckte ihm. Er schloss die Augen und versetzte sich ins Café *Le Sèvres*.

„Aber ich nehme die schwarzen!“, rief Pauls Stimme.

Andrius schürzte die Lippen, wie immer, wenn er Englisch sprechen wollte. „Na gut, aber du machst den ersten Zug!“ Er hörte seine Stimme und spürte, wie sich die Lippen im Takt des Gesprochenen bewegten.

„Na klar, ich bin doch schwarz“, sagte Paul vorlaut. „Ich mache den Zug, und du ziehst die Steine.“

Andrius nickte, ein Lächeln trat auf sein Gesicht wie ein greller Sonnenstrahl. Er blinzelte. Seine Hand tastete nach dem Kognakglas. Ein angenehmer, scharfer Geruch stieg ihm in die Nase. „Auf dich, Paul!“, flüsterte Andrius mit geschlossenen Augen. Auch sein Lächeln schien einen Schluck Kognak zu nehmen, es hellte sich weiter auf.

„Den dritten von rechts in der ersten Reihe. Nach links. Der schnappt sich deinen Stein. Die weißen verlieren! Pass auf!“ Wieder hörte Andrius Pauls Stimme.

„Die weißen verlieren“, sagte Andrius in seinen Gedanken. „Und die schwarzen sterben zu früh“, fügte er flüsternd hinzu und öffnete erschrocken die Augen, um zu überprüfen, ob ihn jemand gehört hatte.

‚Warum spreche ich eigentlich englisch mit ihm?‘, überlegte er. ‚Jetzt kann ich auch litauisch mit ihm sprechen. Er versteht mich jetzt und die anderen nicht!‘

„Poli, man tavęs gaila! Ir savęs gaila. Aš taip norėjau, kad tu mums su Barbora parodytum Kamerūną, nuvežtum prie vandenyno!“,* flüs-

* Du tust mir leid, Paul. Und ich tue mir auch leid. Ich hatte mir so gewünscht, dass du Barbora und mir Kamerun zeigst und mit uns zum Meer fährst! (lit.)

terte Andrius und bemerkte, wie ihn Jean-Michel vom Tresen her fragend ansah.

„Encore un café?", fragte er.

„Et un cognac!", fügte Andrius hinzu.

Er saß da, die Augen geschlossen, und redete mit Paul, mal nippte er am Espresso, mal am Kognak. Erst gegen Abend würden der Lärm und die fremden Stimmen kommen, wenn der Arbeitstag zu Ende war, wenn die Stammgäste auf ihrem Nachhauseweg auf einen Wein oder ein Bier hereinschauten, jemand hängen blieb, ein Gespräch anfing und nicht loskam. Jemand würde sich mit Jean-Michel unterhalten, der ein bereitwilliger Zuhörer und Gesprächspartner war. Jemand würde seine Nase in die ausliegenden Lokalzeitungen stecken, in denen die internationalen Nachrichten auf einer einzigen Seite Platz fanden, die Nachrichten aus Arras, Lens und Vimy hingegen zwanzig Seiten füllten, und diese Nachrichten würde sich der einsame Leser als „Imbiss" zu seinem – immer neuen – vorletzten Glas zu Gemüte führen.

Eine bekannte Stimme lenkte Andrius von seinem „Gespräch" mit Paul ab. Er öffnete die Augen.

An der Bar stand der Mann in der dunkelgrün karierten Jacke, seine Mütze hatte er umgedreht auf den Tresen gelegt. Er hatte ein Glas Wein in der Hand und sprach mit dem Barkeeper, mit der linken, freien Hand gestikulierend.

‚Ich muss ihn fragen, wie er heißt', überlegte Andrius, als er den belgischen Taxifahrer erkannte. ‚Er kennt ja meinen Namen und hat ihn schon in den Lautsprecher gerufen!' Andrius erinnerte sich, wie lustig und komisch sein Name mit dem französisch-belgischen Akzent geklungen hatte: „Andr-r-r-us!"

Eine halbe Stunde später fuhr ihn der Taxifahrer, den Andrius doch nicht nach dem Namen gefragt hatte, nach *La forêt*. Sie fuhren schweigend, und erst als das Auto auf den Waldweg einbog und über die von den Wurzeln der Bäume aufgewölbten Ränder holperte, warf der Fahrer Andrius mehrere nachdenkliche Blicke zu.

„Wann soll ich Sie abholen?", fragte er, als er an dem üblichen Abzweig gehalten hatte.

„Also ... wie immer", sagte Andrius stockend – „wie immer" war nicht in Ordnung, das wusste er, und auch, dass es nicht nur Barbora Unannehmlichkeiten bereiten würde. „Nein, lieber früher. Gegen elf ... oder halb elf."

Der Taxifahrer nickte. „Ich hupe, wenn ich komme“, sagte er.

Das Auto fuhr ab. Andrius’ Beine liefen wie von selbst zum Stacheldrahtzaun. Er dachte an Paul und an den Traum, der ihn nach Paris, in die Kirche der Schwarzen Madonna zur Totenmesse des Jungen versetzt hatte.

Als Andrius über den Drahtzaun kletterte und dabei am obersten Draht hängenblieb, bekam er einen leichten Schlag. Lächelnd ging er weiter, tiefer hinein in den gesperrten Wald.

Zwanzig, dreißig Schritte, und die Erde fing an zu vibrieren, zu atmen. Andrius blieb stehen, schaute sich um. Und ging weiter. Nie war er bis zum Stacheldrahtzaun auf der anderen Seite gegangen. Wie weit das wohl war?

Das schon von seiner Hand gesäuberte, neulich von seinem Ohr erwärmte Fleckchen Erde ließ er hinter sich und lief weiter.

Andrius blieb da stehen, wo er noch nicht gewesen war, an einem sehr tiefen – vielleicht drei Meter tief hinunterreichenden – Krater, den ein Geschoss oder eine Mine seinerzeit gerissen haben musste. Er hockte sich hin und strich über das welke Laub – es war trocken. Vorsichtig schob er es zur Seite. Dann legte er sich hin, auf den nackten Boden, presste sein Ohr dagegen. Tauchte sofort in die Töne und Geräusche der Welt darunter ein. Neugier trat in seinen Blick. Ein zaghaftes Lächeln legte sich auf seine Lippen. Das verschwand bei den ersten dumpfen, schweren und trägen Tönen, die in seiner Vorstellung immer nur ein Bild zeichneten: ein rostiges Geschoss, das versucht, die Erde zu durchdringen, in der es von Steinen und Eisensplittern wimmelt, das versucht, nach oben durchzudringen, aufzutauchen wie ein U-Boot. Und vor diesem dumpfen metallischen Grollen schoben sich plötzlich andere, schwächere und nähere Töne heran, Töne des Lebens unter der Erde. Vielleicht schnürten auch die Baumwurzeln, wenn sie dicker wurden und sich ausdehnten, die Erde ein, fügten Töne hinzu, die Andrius nicht erkannte und nicht von dem anderen Lärm in der Erde zu unterscheiden wusste.

Er hatte eine gute halbe Stunde gelegen, als sein Handy klingelte.

‚Barbora‘, dachte er leicht verärgert, während er sich ins Laub setzte und sein Handy aus der Tasche zog.

Aber das Display verriet den Namen des Anrufers, und das war nicht sie.

„Ja, hallo, Hannibal“, sagte Andrius.

„Hallo! Wir haben Paul begraben“, sagte der Anrufer mit schwerer Stimme.

„Ich weiß ..."

„Das war auch schon alles, was ich dir sagen wollte."

„Warte kurz", bat ihn Andrius. „Kann ich dich was fragen?"

„Ja."

„Habt ihr für ihn vor der Beerdigung eine Messe in der Kirche gelesen?"

„Natürlich."

„Und du hast meinen Stock mitgebracht, den, den ich Paul geschenkt habe?"

„Ja." Hannibals Stimme klang verwundert.

„Und dann hast du ihn Paul ins Grab gelegt?"

„Woher weißt du das?"

„Du hast ihn erst hineingelegt und dann wieder herausgenommen und bist mit ihm weggegangen?"

„Ich dachte ... Ich wollte ihn als Erinnerung behalten. Hat dir das jemand erzählt?"

„Nein, ich hab es geträumt", erklärte Andrius.

„Hat Paul dir das beigebracht?", fragte Hannibal zaghaft.

„Was?"

„Seine Großmutter konnte im Traum sehen, was mit den Verwandten passierte. Und hat es ihm beigebracht. Hat er dir das nicht erzählt?"

„Nein."

„Er hat bald Geburtstag", sagte Hannibal, seufzte und war weg. Es tutete in kurzen Abständen.

Mit dem Handy in der Hand saß Andrius im Laub. Er saß da und sah zu, wie die Dunkelheit heraufzog und näherkam, wie sie ihn umkreiste und einhüllte, sodass außer den nächsten Baumstämmen nichts mehr zu erkennen war.

Als Andrius das Ohr wieder an die Erde legte, waren die unterirdischen Töne um vieles lauter. Die tiefen, weiter entfernten und die nahen Töne. Er ging noch ein Stück weiter und wählte eine andere Stelle, wo er ein halbes Stündchen verweilte und das Grollen und die Schwingungen in sich aufnahm. Die Zeit verging wie im Flug, und plötzlich kam ein Hupen über die Wipfel.

Andrius schaute aufs Display seines Handys – halb elf. Er musste los.

Er nahm sich Zeit. Bis zum Scheinwerferlicht waren es noch zehn Minuten.

Vor ihm tauchte ein tiefer Trichter auf, dahinter drei flachere. Er blieb stehen. Andrius glaubte, die Schwingungen in der Erde durch die

Schuhsohlen zu spüren. Er ging zwei Schritt vor, die Schwingungen wurden schwächer. Kehrte zurück und lauschte. Wieder schien ihm die Vibration stärker. Er bückte sich und säuberte ein Stück Erde. Legte sich hin und presste das Ohr dagegen. Wieder hörte er das Grollen und die Bewegung, genau unter sich, als arbeitete sich jemand von unten mit einer eisernen Hand zu ihm hoch und streckte, oben angekommen, direkt neben Andrius' Kopf seine eisernen Finger aus der Erde.

Als er diese Bewegung hörte, merkte Andrius, dass die Erde unter seinem Ohr warm war. Er hob den Kopf und schob seine Hand hinein – tatsächlich, die Erde war warm, weich und geschmeidig. Andrius hob sie aus, sie gab nach, ganz so, als hätte sie keine Grasnarbe. Andrius grub ein Loch, machte es breiter und hielt sein Ohr hinein. Die Geräusche, die zu ihm heraufdrangen, wurden lauter, und die Erde schien noch wärmer. Andrius höhlte das Loch noch weiter aus. Er senkte den Kopf und reichte kaum noch mit dem Ohr bis zur Erde – es war unbequem, der Hals tat ihm weh von der ungewohnten Anspannung und der ungewohnten Haltung. Der Geräuschpegel nahm zu. Wieder fuhr er mit den Händen in das Loch und schaufelte die geschmeidige, lockere Erde heraus, kleine Steinchen oder Eisensplitter schabten über die Fingerkuppen.

Über den Bäumen hupte es erneut. Andrius arbeitete schneller, schon reichten seine Arme bis zu den Ellenbogen in die selbstgeschaufelte Grube. Plötzlich stieß eine Hand auf etwas Hartes, Warmes. Die Finger säuberten die Erde rings um das Hindernis, tasteten es ab. Das spitze, raue Ende hatte die richtige Form. Andrius drückte noch etwas Erde beiseite. Er leuchtete mit seinem Handy in das Loch. Drinnen steckte, den Zünder nach oben gerichtet, eine braune, rostige Granate.

Andrius lächelte. Er dachte an Christopher, der gesagt hatte, die Blindgänger würden von der Erde herausgeschoben.

‚Werden sie nicht', dachte Andrius. ‚Sie kriechen von selbst nach oben. Wenn die Erde sie herausdrücken würde, läge der Stabilisator oben! Aber der Zünder ist oben!'

„Na, komm, ich helf dir", flüsterte Andrius und fuhr wieder mit den Händen in die Grube.

Die Detonation stieß mit ihrer Druckwelle eine Eule von einem nahen Baum, die, nachdem sie einen merkwürdigen Schrei ausgestoßen hatte, mit den Flügeln schlug, weil sie dachte, sie flöge. Doch sie stürzte ab.

Der belgische Taxifahrer, der mit seinem Kreuzworträtsel im Auto saß, zuckte zusammen und ließ den Stift fallen. Er stieg aus und erstarrte, als er in die Richtung blickte, in die sein rothaariger Fahrgast vor ein paar Stunden gegangen war. Als er ein paar Minuten später zu sich kam, wurden seine Bewegungen kantig und fahrig. Er holte sein Handy raus, wählte eine Nummer, klickte sie wieder weg und wählte eine andere Nummer, drückte das Telefon gegen die Schläfe.

„Na, los! Gehen Sie schon ran!“, bat er den, der sich da mit dem Abnehmen Zeit ließ, mit zitternder Stimme.

Vom Klinikum in Arras fuhr ein Rettungswagen mit eingeschaltetem Martinshorn ab, und als er auf die Straße eingebogen war, raste er los in Richtung Vimy.

Christopher stand von seinem ovalen Tisch auf und ging zur Anrichte, um sich einen Whisky einzuschenken.

113. Kapitel. Dunkerque. Nord-Pas-de-Calais

Das erste Mal in seinem Leben erwachte Kukutis gestärkt, nachdem er eine Nacht halb liegend, halb sitzend in einem Sessel vor einem Kamin verbracht hatte. Er hörte Charles' heiseres Lachen und sein unverständliches Gebrabbel.

Kukutis öffnete die Augen. Das Feuer im Kamin züngelte an den frisch nachgelegten Scheiten. Charles lächelte schalkhaft, er schien sich über seine eigenen Gedanken zu amüsieren.

„Wie geht's dir denn?“, fragte Kukutis.

„Mir tun die Beine weh“, ließ ihn Charles wissen und lächelte weiter. „Ich hab Krämpfe in den Knien. Arthritis!“ Der Franzose lächelte immer noch.

„Hast du auch kein Fieber?“, erkundigte sich Kukutis vorsichtig.

„Wieso fragst du?“

„Dein Lachen klingt so ungesund!“

„Ich lache über dich!“, gab Charles zu und senkte seinen Blick auf das getrocknete Holzbein, das quer über dem Zeitungsständer vor dem Kamin lag, kicherte wieder und schlug die Hand vor den Mund. „Entschuldige! Wenn ich es sehe, muss ich an einen spanischen Jamón denken! Wahrscheinlich habe ich einfach Hunger.“

Kukutis blickte finster, aber mehr der guten Ordnung halber als aus echter Verärgerung. Schon öfter hatte er sein Holzbein gegen Fortschrittsanhänger verteidigen müssen, die ihm zu beweisen versuchten, dass die heutigen Prothesen viel praktischer und schöner waren.

Charles ging es aber sicher nicht um das Altmodische, sondern um die Form, die ihn an eine spanische Schinkenkeule erinnerte. Aber warum eigentlich? Kukutis schüttelte seinen finsteren Blick ab und lächelte, während er weiter über das Bein sinnierte. Jamón war schließlich auch ein Bein, wenn auch geräuchert und vom Schwein.

Liebevoll schaute er sein gutes Stück an, beugte sich vor und wurde stutzig. Seine Augen schauten besorgt. Das Bein, so schien ihm, hatte zu nah am Feuer gelegen und war angekohlt. „Gott bewahre!", flüsterte er und beugte sich vor, sich mit dem linken Bein gegen den Boden stemmend. Kukutis tastete nach dem Zeitungsständer, zog ihn zu sich heran. Er nahm das Bein, drehte es herum und legte es sich aufs linke Knie. Erleichtert seufzte er.

„Was ist damit? Ist es schon trocken?", fragte Charles.

„Ja, ist es. Aber ein bisschen angekohlt." Kukutis streichelte die leicht angedunkelte Seite der Prothese. Sie war warm wie ein echtes Bein. Die Silberringe spendeten der Hand ihre edle Wärme.

Die Tür quietschte, Charles' Tochter brachte den alten Männern je einen Teller mit Omelett und eine Gabel.

Kukutis hatte auf einmal einen derartigen Heißhunger, dass er, nachdem er das Bein wieder auf den Zeitungsständer gelegt und ein Stück vom Kamin abgerückt hatte, Charles' Tochter den Teller fast aus der Hand riss.

„Entschuldigen Sie", sagte er sofort. „Ohne das Bein bin ich ziemlich ungeschickt."

Kukutis fand das Omelett ungemein lecker. Er schielte zu Charles, der sich ebenfalls ganz auf das von seiner Tochter zubereitete Frühstück konzentrierte. Sie selbst war schon wieder hinausgegangen.

„Lecker! Fast zu lecker für ein Omelett!" Kukutis warf dem Fischer einen Blick zu, der so dankbar war, als hätte Charles das Frühstück gemacht.

„Natürlich!", sagte Charles ungerührt. „Ist das Rezept von meiner verstorbenen Frau. Alles, wie man es kennt, aber auf vier Eier fünfzig Milliliter Calvados."

„Man lernt nie aus!", rief Kukutis verblüfft und „lauschte" auf seine Zunge, auf der das leckerste Omelett zerging, das der einbeinige Litauer in seinem ganzen langen Leben gegessen hatte.

Als sie Kaffee tranken und schweigend das Feuer im Kamin betrachteten, fühlte Kukutis sich so behaglich, als wären der gestrige Abend, die Nacht und der darauffolgende Morgen kein Zufall gewesen, sondern das Ziel seiner ganzen Odyssee. Als hätte er unbewusst diesen Moment des Friedens und der Ruhe, der Wärme und Geborgenheit gesucht, den ihm nur ein echter Freund bieten konnte, doch Freunde hatte er ja nicht. Irgendwann hatte er mal welche gehabt, aber sie waren alle tot. Und jetzt schenkte ihm dieser Fischer aus Dunkerque, der wegen Kukutis' Launen fast sein Schiff und sein Leben verloren hätte, dieses wunderbare doppelte Schweigen, diesen tiefschürfenden und faszinierenden Dialog, der so viele Facetten hatte, dass seine Wiedergabe in Worten mindestens zwei Wochen dauern würde.

Kukutis hätte Charles gern danke gesagt, ihn umarmt, und ihn sogar, um seine Dankbarkeit zu betonen, in sein tiefstes Geheimnis, in das, was außer Kukutis niemand wusste, eingeweiht. Aber er brauchte nur „danke" zu sagen und sich anderer Worte zu bedienen, und schon würde das Schweigen verschwinden, Kukutis würde das Flüstern des züngelnden Feuers nicht mehr hören, nicht hören, wie sich sein eines graues Haar aufstellte, das es satt hatte, von den drei anderen grauen Haaren überdeckt zu werden, würde nicht hören, wie sich ein Körnchen Schwefel aus seinem linken Ohr, das in den letzten Tagen unter dem Seewind so gelitten hatte, löste und auf den Holzboden fiel. Und vor allem würde er das nicht mehr hören, was sich mit Worten überhaupt nicht ausdrücken ließ: den Einklang von Stille und Gefühlen, die durch die Stille so betont und hervorgehoben wurden, dass sie die Oberhand über die aufkeimenden Gedanken gewannen, sie überdeckten, die verbale Welt überlagerten und ersetzten.

Tagsüber reparierten Charles und er in der Garage das Holzbein. Charles reparierte es, um genau zu sein, und gab dabei seine Kommentare ab, während Kukutis auf einem weichen, bequemen Stuhl saß und ihm zuschaute.

„Schönes Stück, seh ich zum ersten Mal!", lobte Charles das Bein und streichelte es, wie auch Kukutis es manchmal tat.

Der Einbeinige war glücklich. Er verfolgte, wie Charles die Risse sorgfältig mit Schiffsleim verfugte. Noch nie hatte er gesehen, dass Leim mit einer Spezialspritze aufgebracht wurde. Auch wenn sie nicht glänzte, so brachte sie Kukutis doch auf den Gedanken, dass Charles ein Arzt war, der Kukutis' Bein behandelte. Er stellte sich Charles nicht in den alten Jeans und dem noch älteren dicken Pullover vor, die er angezogen hatte, als das Holz im Kamin heruntergebrannt war, sondern in einem weißen Arztkittel. Der Charles im Übrigen gar nicht stand, weil sein Gesicht viel zu grob war. Grob, unrasiert, mit kantigen Zügen, die leicht abstoßend wirkten.

‚Sicher hat das Meer sein Gesicht so scharf gezeichnet', dachte sich Kukutis. ‚Wenn ich in Palanga oder in Klaipėda geboren worden wäre, sähe mein Gesicht auch so aus ...'

Der Gedanke weckte Zweifel in ihm, und er betastete sein Gesicht. Kukutis musste feststellen, dass seine Nase ebenso grob und groß war, der Kiefer schwer und breit und die Augenhöhlen sehr breit, die Augen wiederum relativ klein waren und aus halb so großen Augenhöhlen die Welt genauso gut gesehen hätten.

Gegen Abend erklärte Charles' Tochter Kukutis, dass sie für ihn das Gästezimmer vorbereitet hätte. Draußen entflammte der Abend die Straßenlaternen. Das Bein, dessen größere und kleinere Risse verleimt waren, ruhte wieder auf dem Zeitungsständer, der an den Kamin gerückt war. Im Ofen brannten Holzscheite. Kukutis saß in seinen nunmehr getrockneten Sachen wieder im Sessel. Auf einem Stuhl, der vor den Kamin gestellt worden war, hing Kukutis' grauer Mantel, aus dem, so schien es, das Meerwasser um keinen Preis weichen wollte.

‚Dauert nicht mehr lange, und ich habe mich hier eingelebt!', dachte Kukutis beunruhigt.

Er holte sich sein Glas vom Couchtisch, trank einen Schluck Genever und beobachtete Charles, der im Nachbarsessel döste.

Eine Stunde später, als die Scheite heruntergebrannt waren, half Charles' Tochter Kukutis in sein Zimmer zu hüpfen. Zum Glück war das Zimmer nicht weit und befand sich auch im Erdgeschoss.

Kukutis lag im Bett, wo er es weich und warm hatte. Ruhig und dunkel, obwohl das Licht der Straßenlaternen hereinzuscheinen versuchte, es aber wegen der dicken Übergardine nicht schaffte. Kukutis lag da und tat nichts, als zu lauschen. Er hatte nicht einmal Gedanken. So vergingen zwei oder drei Stunden. Der Schlaf wollte nicht kommen, die Augen nicht zugehen. Im Gegenteil, plötzlich erfasste ihn eine innere Unruhe, eine Erregung, die mit einem stechenden Schmerz in seinem Herzen explodierte. Nie zuvor hatte Kukutis einen derartigen Schmerz empfunden. Er griff sich an die Brust, presste seine Hand dagegen, als wollte er diesen Schmerz aus seiner Brust herausdrücken. Aber der Schmerz war beklemmend geworden, hielt an und wollte nicht abklingen. Wäre es Kukutis' Schmerz gewesen, wäre er gestorben. Aber es war nicht sein Schmerz, es war der Schmerz eines anderen, eines Litauers, den irgendwo ganz in der Nähe ein Unglück ereilt hatte. Entfernter Schmerz stach weniger. Dieser Schmerz stach und rüttelte auf.

Mit Mühe setzte sich Kukutis auf. Er stellte das linke Bein auf den Boden und streichelte den Beinstumpf. Der Stumpf erholte sich vom Holzbein und war schon viel weniger wund und schwielig als noch vor zwei Tagen.

„Ich muss los!“ Kukutis seufzte und rührte sich nicht vom Fleck. „Ich muss los, aber kann ich denn meinen Gastgeber mitten in der Nacht aus dem Schlaf reißen? Er hat so viel für mich getan! Hat mir das Leben gerettet und mein Bein repariert. Ich warte bis morgen früh.“

Kukutis schlüpfte wieder unter die Bettdecke. Der Schmerz, der es satt hatte, Kukutis’ Aufmerksamkeit zu alarmieren, ließ langsam nach.

114. Kapitel. Pienagalys. Bei Anykščiai

Zum Glück wurde aus dem einen Regentag in Pienagalys keine Regenperiode. Schon am nächsten Morgen war der Himmel blank gefegt, doch das Wasser, mit dem der Himmel die Erde tags zuvor so freigebig bedacht hatte, versickerte nur langsam, um als Grundwasser Brunnen, Quellen und Bäche zu speisen.

Vitas erwachte gut gelaunt. Er kochte Kaffee und brachte Renata, die noch in den Federn lag, eine Tasse ans Bett. „Weißt du, wie toll sich das anfühlt, wenn man weiß, dass kein anderer da ist?“, fragte er.

„Meinst du Vladas?“ Renata musste lachen. „Ja, drei Stunden bleibt er noch weg, genieß es! Hast du die Sonne gesehen?“ Sie schaute aus dem Fenster. „Vielleicht sind bis Mittag sogar die Pfützen getrocknet.“

Während Vitas am Computer saß, ging Renata in Großvater Jonas’ Haushälfte hinüber. Sie schaute ins Schlafzimmer und rückte die zwei Kissen auf dem Bett zurecht. Im Wohnzimmer setzte sie sich an den kleinen Tisch am Fenster. Schade, dass sie das Fenster mit dem Blick auf den Hof nicht mit in ihre Hälfte nehmen konnte. Und dass sie das Haus nicht so drehen konnte, dass ihre Fenster auf den Hof hinausgingen. Draußen spiegelte sich die Sonne in vielen kleinen Wasserflecken auf der schwarzbraunen Erde. Wenn man genauer hinsah, konnte man hier und da auch vorjähriges Gras entdecken, schmutzig gelb wie feuchtes Heu – kaum zu glauben, dass es in den nächsten Wochen zu neuem Leben erwachen und grün werden würde. Aber nicht das verdorrte, abgestorbene und von Feuchtigkeit und Regen ausgelaugte

Gras, sondern das frische, das das alte, tote Gras herausschob und ans Tageslicht kam. Wenn nur die Sonne weiterschien.

In den Ausschnitt des Hofes, der vom Fenster gerahmt wurde, kam der gelbe Smart gefahren und blieb zwei Meter vor dem roten Fiat stehen. Viola stieg aus und ging zum Haus, wobei sie penibel auf den Weg achtete.

Renata sprang auf und ging in ihre Haushälfte hinüber. „Sie hat Vladas nicht dabei", sagte sie zu Vitas.

Es klopfte.

„Und wo ist unser Tierschützer?", fragte Vitas gleich als Erstes, während die junge Frau die Schuhe auszog.

„Ich habe ihn zu Hause gelassen. Er ist ja ganz krank!", antwortete sie ruhig.

Vitas und Renata schauten sich an. Renata konnte sich ein Lächeln nicht verkneifen, aber Viola sah es nicht.

Als der letzte Kunde weg war, wollte Viola so schnell wie möglich nach Hause und verzichtete auf das gemeinsame Abendessen.

„Als hätte sie ein krankes Kind zu Hause", sagte Renata und sah dem davonfahrenden Smart nach.

Auch die nächsten beiden Tage noch kam Viola allein und fuhr sofort nach der Arbeit zurück nach Anykščiai. Vitas fragte sie ein einziges Mal: „Und? Was macht der Patient?", und sie antwortete: „Geht ihm schon viel besser!" Vielleicht war das der Grund, warum Viola Vladas am nächsten Tag mitbrachte.

Die Sonne stand am Himmel, gab sich aber keine besondere Mühe, die vom letzten Regen zurückgebliebenen Pfützen zu trocknen. Die Erde schmatzte und gluckste unter den Füßen, die Felder rings ums Haus wurden schwarz, obwohl der Schnee nicht weichen wollte.

Vladas stieg aus dem Auto, nickte Vitas zu, der in der Tür stand, und verschwand in seinem Zelt. Vitas blickte skeptisch zu Googlas hinüber, dessen Schnauze aus der Hütte schaute. „Siehst du, sogar für Googlas gehört er schon dazu", flüsterte er missmutig.

„Wann kommt der erste Kunde?", fragte Viola Vitas.

„Heute kommt keiner." Vitas hob die Arme. „Die zwei, die eingetragen waren, haben gebeten, den Termin zu verlegen. Also haben wir frei!"

Vladas kam in seinen schweren Bergschuhen aus dem Zelt. Er wollte auch zum Haus. „Hast du gefragt?", wandte er sich an Viola.

„Ach, nein! Hab ich vergessen!“ Sie lächelte den Tierschützer schuldbewusst an und drehte sich zu Vitas. „Du hast doch nichts dagegen, wenn wir ein paar Fotos von Vladas vor seinem Zelt machen? Er braucht das für seine Fördergeber!“

„Dann ist es auch vorbei! Ich hole nur meine Sachen!“, fügte Vladas hinzu.

Vitas lebte auf. „Gut“, sagte er.

„Wär gut, wenn du auch mit drauf wärst. So ’ne Art *Social Action*!“

„Was für ’ne Action?“

„Na ja, also du bist auf dem Weg ins Studio, und er versperrt dir mit dem Plakat den Weg, lässt dich nicht durch“, sagte Viola.

Vitas seufzte.

„Das geht doch ganz schnell“, rief Viola. „Ich stelle den Sportmodus ein!“

„Na gut. Und wann?“

„Am besten gleich. Jetzt ist das Licht gerade gut.“

Vladas sah, dass Vitas einverstanden war, und kroch wieder ins Zelt. Raus kam er in zerknitterten, schmutzigen Sachen, in einem blauen Regenschutz, der zu kurz war, um ihn als Mantel zu bezeichnen, und zu lang, um ihn für eine Jacke zu halten.

„Viola, stampf mal!“, bat er sie und blieb an einer Pfütze zwischen dem Zelt und dem Haus stehen.

Viola verstand nicht gleich, was er von ihr wollte. Aber als er in die Pfütze trat und es nach allen Seiten spritzte, kapierte sie, was er meinte.

Eine Minute später flogen die Dreckspritzer bis zu Vladas’ Gesicht hoch. Er holte das Plakat am Stock mit der Aufschrift *Animals are also humans!* heraus.

„Vitas, du gehst ihm entgegen und versuchst vorbeizukommen!“, forderte Viola Vitas auf.

Unwillig ging er die Treppe hinunter, blieb vor dem schmutzbesprenkelten Tierschützer stehen und drehte sich zu Viola um. Die hatte die Kamera schon in Stellung gebracht.

„Los, versuch vorbeizukommen!“, animierte sie ihn.

Vitas machte einen entschlossenen Schritt auf Vladas zu und blieb vor dem Zelt stehen. „Lass mich durch!“, sagte er verärgert.

Vladas schüttelte den Kopf.

Vitas spürte echte, ungespielte Wut in sich aufsteigen. ‚So viele Tage hat der mir die Laune verdorben und die Kunden verprellt, und jetzt soll ich ihm auch noch helfen, Geld von den Sponsoren zu bekommen?‘, ging es ihm durch den Kopf. So als wollte er an seinen Gedanken anschließen, machte er noch einen Schritt nach vorn und stieß Vladas mit der Hand vor die Brust. Ziemlich derb, sodass der Tierschützer, der das nicht erwartet hatte, das Gleichgewicht verlor und im Fallen versuchte sich vorzubeugen, was ihm aber nicht gelang. Und so plumpste er, groß wie er war, auf den nassen Boden, dass der Dreck nur so spritzte. Ein paar Spritzer flogen Vitas ins Gesicht, der drehte sich wütend zu Viola um, um ihr ein paar nette Worte zu sagen. Dabei sah er, dass sie alles aufgenommen hatte – auch sein vollgespritztes Gesicht.

„Na, du hast's ja drauf!“, rief Vitas verärgert, stieg die Treppe hinauf und stürmte an ihr vorbei ins Haus.

Vladas stemmte sich auf die Ellenbogen. Sonne fiel in sein Gesicht, und die Dreckspritzer glänzten wie Quarzeinsprengsel im Granit. „Sauber!“, sagte er und schaute Viola an. „Gestellt kriegst du das nie so hin!“

Renata ging, nachdem sie Vitas zum Duschen geschickt hatte, kurz zu Großvater Jonas hinüber und schaute durchs Fenster. Sie sah, wie Vladas seine Sachen aus dem Zelt in Violas Auto schaffte.

Vitas kam nachdenklich, aber nicht vergnatzt aus dem Bad. „Wo sind die zwei?“, fragte er.

„Draußen im Hof.“

„Hol ihn rein, er soll sich duschen!“

Während Vladas duschte, saßen sie zu dritt am ovalen Tisch und tranken Tee. In der Küche köchelte Erbsensuppe mit Rauchfleisch. Ihr Duft war bereits bis ins Wohnzimmer vorgedrungen.

„Das Wichtigste hab ich euch ja noch gar nicht erzählt“, schnatterte Viola los.

Vitas erschrak.

„Vladas ist wirklich ein großer Tierfreund, und die Tiere spüren das. Euer weißer Kater ist uns zugelaufen!“

„Der weiße oder der rote?“, fragte Vitas.

„Der, der früher rot war. Er ist jetzt fast wieder weiß. Nur an ein paar Stellen hat er noch Flecken.“

„Spammas?“, fragte Renata und klatschte in die Hände.

„Ja, aber wir geben ihm einen neuen Namen. Das ist dem ja egal, auf den alten hat er sowieso nicht gehört. Er ist zu uns in die Wohnung gekommen und hat sich in eine Ecke gelegt. Wir haben ihm dann aus einem Stück alter Decke eine Unterlage gemacht.“

„Na, viel Erfolg“, sagte Vitas lächelnd.

Als Vladas aus dem Bad kam, setzte er sich zu den anderen.

Vitas musterte den schlaksigen Gast, der sogar am Tisch die anderen um einen halben Kopf überragte.

Sie aßen schweigend. So aßen gewöhnlich erschöpfte Menschen nach einem langen Arbeitstag.

„Soll ich dir die Fotos überspielen?", fragte Viola und schaute Vitas an.

„Was soll ich denn damit?"

„Na, zur Erinnerung. War doch immerhin ein Erlebnis! Hier ist ja sonst nichts los. Und dank Vladas ..."

„Dank Vladas?" Vitas schaute den Tierschützer an. Der duckte sich und ließ den Löffel mit der Suppe in den Teller fallen. „Jetzt könnt ihr beweisen, dass er mich bekämpft und die Tiere vor mir verteidigt. Er kriegt weiter aus Brüssel seine Euros, trinkt bei dir in Anykščiai Kaffee und streichelt Spammas?"

„Jetzt reg dich doch nicht so auf, Vitas", rief Renata. „Sie haben die Sachen schon verstaut, und das Zelt wird abgebaut!"

„Wann wird es abgebaut?", fragte Vitas misstrauisch und schaute Viola an.

„Heute, wenn du willst", sagte Vladas leise. „Aber kann ich es erst mal hierlassen? Es passt nicht ins Auto. Und was die Förderung angeht ... Die Hälfte von dem Geld gebe ich dem Tierheim in Anykščiai. Das habe ich ihnen schon versprochen."

„Die Hälfte fürs Tierheim und die Hälfte für dich? Na, du bist mir ein schöner Robin Hood!", lachte Vitas.

„Denkst du etwa, Robin Hood hat von dem, was er geraubt hat, gar nichts für sich behalten?", fragte Vladas mutiger. „Hat alles den Armen gegeben und selbst gebettelt?"

Vitas verlor kein Wort mehr. Schweigend löffelte er seine Suppe. Seine Pupillen gingen mal nach rechts, mal nach links, als könnte er durch die Dinge hindurchsehen und unter dem Teller und unter der Tischplatte etwas entdecken. Seine Stirn legte sich ein paar Mal in Falten und verriet, dass ihm etwas im Kopf herumging. Er hob seinen Blick vom Teller und schaute Vladas an. „Ja, wahrscheinlich hast du Recht! Mit dem Robin Hood!" Vitas nickte entschlossen. Seine schiefe Unterlippe deutete an, dass er etwas bedauerte. Vielleicht, dass Vladas dieses Mal Recht hatte?

Renata wurde nervös, während sie Vitas beobachtete. „Ich glaube, du bist sehr müde!", sagte sie sanft. „Wir sind alle sehr müde! Viola auch.

Jeden Tag kommt sie hierher. Mal ist der Weg vereist, mal ist es ein Matschloch!"

„Was willst du damit sagen?", fragte Vitas argwöhnisch.

„Guck doch mal, was du alles geschafft hast!" Renata schenkte Vitas einen besorgten mütterlichen Blick. „Du hast dir das alles ausgedacht, das Studio eingerichtet, alles gekauft, organisiert! Du musst dich ein bisschen erholen!"

„Ich?" Vitas war verwundert.

„Wir", korrigierte sich Renata. „Wir alle. Es ist schlechtes Wetter angesagt, die Kunden werden ihre Termine absagen, und du wirst nervös. Lasst uns doch zehn Tage zumachen! Wir verlegen die Termine und erklären den Kunden, dass die Straße nicht befahrbar ist!"

Viola gefiel der Gedanke. Sie nickte.

„Und was wollen wir dann hier zehn Tage lang machen?", fragte Vitas.

„Nicht hier! Wir fliegen in die Türkei. Da ist es schon warm."

„Und Googlas?"

„In Panevėžys gibt's ein Hundehotel mit Wellnessanwendungen", sagte Renata. „Hab ich im Internet gefunden. Das Hotel hat so ein Typ aus Klaipėda eröffnet. Sieht ein bisschen aus wie Vladas, da ist ein Foto von ihm auf der Seite."

Vitas wollte etwas sagen, aber es hatte ihm die Sprache verschlagen. Er schaute den Tierschützer an. „Vielleicht solltest du auch irgendwas eröffnen? Nur ein bisschen anders als hier. Ohne Zelte und Plakate."

„Darum kümmere ich mich!", schaltete sich Viola ein. „Mach dir keine Sorgen!"

„Also bist du einverstanden mit dem Urlaub?", fragte Renata, die befürchtete, dass ihre Idee schon wieder in Vergessenheit geraten war.

Vitas gab nach. Er nickte.

„Geld hast du doch genügend verdient, oder?", fragte Renata, die blinzelte und versuchte, sich die Freude nicht anmerken zu lassen.

„Für uns und für Googlas auch", antwortete Vitas.

Vladas baute sein Zelt ab, trug es mit Vitas in die hinterste Ecke der Scheune, wo sie es vor einem Holzstapel ablegten.

„So eine große Scheune, und drinnen ist es so eng!", wunderte sich Vladas beim Hinausgehen.

„Da stehen noch zehn Reihen Holz. Richtig freien Platz gibt es wenig", gab Vitas zu.

Bei der Abfahrt von Viola und Vladas spritzte der gelbe Smart das Wasser aus der Rinne und fuhr vom Hof.

„Und wann willst du in die Türkei?“, fragte Vitas.

Sie lagen schon unter ihrer warmen Decke.

„In drei Tagen oder so!“, flüsterte Renata. „Wir müssen erst mal was Passendes finden, buchen, mit dem Hundehotel sprechen ...“

„Gut, dann sage ich morgen früh den Kunden ab und schaue, wo wir hinfahren könnten“, versprach Vitas und lächelte verträumt. „Schlau gemacht! Die richtige Idee im richtigen Moment!“

„Na, endlich“, flüsterte Renata. „Sonst heißt es ja jeden Tag: ‚Bist du bescheuert? Hast du sie noch alle?‘“

„Entschuldige, du bist ein kluges Köpfchen! Ich verliere manchmal den Verstand oder benehme mich wie ein Idiot.“ Er drehte sich zu Renata, umarmte sie und drückte sie an sich.

115. Kapitel. Farbus. Nord-Pas-de-Calais

Nie zuvor hatte Barbora den alten Christopher so wütend und nervös gesehen wie am Tag vor Andrius’ Beerdigung. Sie waren zusammen auf der Gemeindeverwaltung von Farbus gewesen, einem eleganten zweigeschossigen roten Backsteinbau, die kleinen Fenster im Giebel von rot-weißen Ziegelsteinen gerahmt. Christopher sprach lange und aufgebracht mit einer Dame, die für den Friedhof der Gemeinde Farbus zuständig war. Sie tippte mit dem Finger auf eine Verordnung, er hob den rechten Arm mit der großen Hand, als wollte er die Dame zurückdrängen, schüttelte den Kopf und redete wieder auf sie ein, lauter und verärgerter als zuvor. Barbie stand neben ihm und schaute die Dame in einem braunen taillierten Jackett und einem zum Knie hin enger werdenden Rock in derselben Farbe an, die Augen von Tränen und der durchwachten Nacht gerötet. Sie sah zu, wie die Dame unruhig auf ihrem Stuhl hin und her rutschte, wenn sie nicht selbst sprach, sondern dem groß gewachsenen Greis zuhören musste. Barbora kam sich wie ein kleines Dummerchen vor, weil sie in diesem endlosen und festgefahrenen Gespräch so gut wie nichts verstand. Irgendwann seufzte die Dame, hörte auf zu reden und holte ein Formular aus einer Schublade. Wortlos schob sie es Christopher hin. An seinem Gesicht war abzulesen, dass er den Streit gewonnen hatte. Ein Siegerlächeln setzte er jedoch nicht auf. Düstere Ruhe kehrte in seinen Blick zurück. Er setzte sich, und da verstand Barbie, warum er mit der Dame im Stehen gesprochen hatte: um sie mit seiner Größe und seiner Erscheinung zu beeindrucken! Christopher setzte sich und ging daran, das Formular auszufüllen. Dann zeigte er Barbora ein leeres, übersprungenes Feld und bat sie in Druckbuchstaben Andrius' Vor- und Zunamen einzutragen.

Barbie setzte sich. Sie nahm den Stift und merkte, wie sehr er in ihrer Hand zitterte. Sah den mitleidigen Blick der Dame. Und stellte fest, dass sie ebenfalls rote Augen hatte und ihre Wimpern nachlässig geschminkt waren.

Als Barbora auf das Formular schaute, sah sie in einem Feld zwei Ziffern: 30 und 50. Die 50 hatte Christopher eingekreist.

Barbora rang um Fassung und trug Andrius' Familiennamen so sauber wie möglich ein.

Christopher holte seine Brieftasche hervor und gab der Dame dreihundert Euro, die sie in eine grüne Geldkassette mit einem hervorstehenden Schlüssel legte.

Draußen schien die Sonne.

„Lass uns ins Café gehen!", schlug Christopher vor und berührte Barbora an der Schulter.

Die stille Rue de la Gare wirkte unecht. Wie eine Kulisse im Theater. Der fehlende Wind tat ein Übriges. Jean-Michel empfing sie mit einem schuldbewussten Lächeln.

„Un whisky", sagte Christopher und schaute Barbora fragend an.

Sie nickte.

„Und noch einen!", übersetzte Christopher Barboras Nicken für Jean-Michel.

Sie saßen an demselben Tisch, an dem Andrius immer gesessen hatte. Aber das wussten sie nicht.

„Also", sagte Christopher seufzend. „Das hätten wir. Wir bestatten ihn morgen neben meiner Jennifer ... Sie hat mir diese Paragrafen vorgelesen, als ob ich sie nicht kenne! Wer das Recht hat, in Farbus beerdigt zu werden! Ist doch hier nicht *Père-Lachaise!* Als ob die Toten draußen Schlange stehen, und sie lassen sie nicht rein!" Verärgert schüttelte er den Kopf und nippte an seinem Whisky. „Aber jetzt läuft die Sache. Ich musste ihnen versprechen, dass ich dich adoptiere."

Barbie schaute den Alten verwundert an.

„Anders geht es nicht, haben sie gesagt! Nur wer hier offiziell gemeldet ist oder beerdigte Angehörige hat. Jetzt hast du welche!"

Er schaute Barbora in die Augen, und in seinem Blick lag so viel Wärme, dass sie sich beruhigte, dass das Vertrauen in ihre Kraft und in ihre Fähigkeit, all das zu überstehen, zurückkehrte.

„Und wenn dein Mann hier liegt, kannst du auch ...“, sagte der Alte, stutzte – verstummte. „Entschuldige, du hast ja noch lange hin ... Bei mir ist es bald soweit.“

Barbora schüttelte entschuldigend den Kopf, als wollte sie sagen: „Macht doch nichts!“. „Wir waren nicht verheiratet.“

„Das spielt keine Rolle, ihr habt zusammengelebt. Wissen seine Eltern Bescheid?“

„Nein. Das sag ich später. Nach der Beerdigung. Er hat nur seine Mutter. Sie kann sich die Reise nicht leisten. Und was war das da für eine 50 in dem Formular?“

„Die Miete für das Grab. Man kann es für dreißig oder fünfzig Jahre mieten.“

Jean-Michel wollte kein Geld für den Whisky. Stattdessen hielt er Christopher ein Weilchen mit Fragen auf.

Am nächsten Morgen brachte ein einfacher Wagen vom Bestattungsbüro in Arras den Sarg mit Andrius' Leichnam nach Farbus. Das neben Jennifers weißem Grabstein frisch ausgehobene Grab wurde von zwei städtischen Mitarbeitern beaufsichtigt, die blaue Overalls trugen und gleichfarbige blaue Jacken darüber gezogen hatten. Die beiden trugen auch den Sarg zum Grab und setzten ihn auf zwei in Samt eingeschlagene Böcke.

„Kann man den Deckel öffnen?“, fragte Barbie Christopher flüsternd. In der Hand hielt sie das Glas mit dem letzten Trüffel, das in einer schwarzen zerschlissenen Handyhülle steckte. Sie wollte das kleine Säckchen ins Grab legen, damit Andrius eine Erinnerung hatte an das schönste Wochenende ihres Lebens.

Christopher ging zum Fahrer des Leichenwagens, sprach mit ihm und kam zurück. „Nein, der Sarg ist schon zugeschraubt. Ohne Arzt ist es verboten.“

Barbie fing an zu weinen. Der öde Friedhof, keine Angehörigen außer ihr. Nur Fremde. Völlig Fremde – die zwei in den blauen Overalls und der Fahrer – und der weniger fremde Christopher, der die ganzen Formalitäten erledigt hatte. Die Angehörigen waren weit weg! Sehr weit!

An diesem Morgen hatte Barbora Ingrida angerufen und ihr die schreckliche Nachricht überbracht. Sie hatten geschwiegen und auf den Atem der anderen gelauscht. Dann hatten sie sich für den nächsten Tag zum Telefonieren verabredet. Näher beieinander. Also beschlossen sie, an den Ärmelkanal zu fahren, jede von ihrer Seite. Auf zwei Uhr. Barbora würde nach Dunkerque fahren. Und Ingrida? Barbora hatte sich den Namen gemerkt. Margate Bay oder so ähnlich. Aber ob das ein Dorf oder eine Stadt oder ein Fischerdorf war, hatte sie nicht genau verstanden.

In der Stille setzte die Zeit aus. Barbora wusste nicht, was jetzt gemacht werden musste und wer den Hut auf hatte. Früher, zu Hause, gab es eine klare Ordnung: entweder mit Kapelle zum Friedhof oder ohne Kapelle zur Aussegnung in die Kirche und dann zum Friedhof. Hier, in der Stille ohne Kapelle und ohne Kirche wusste sie weder was noch wann etwas zu machen war. Bittend schaute sie Christopher an.

Plötzlich quietschte das eiserne Friedhofstor, und ein alter Mann im grauen Mantel und grauen kurzen Haaren kam, das rechte Bein nachziehend, angestürmt.

Barbora drehte sich verwundert um.

Der Mann lief auf sie zu. Er blieb neben ihr stehen, verschnaufte. „Zu spät", sagte er auf Litauisch, was Barbora zusammenzucken ließ, als hätte sie etwas ganz Heißes oder ganz Kaltes berührt. „Wieder zu spät."

Seine halblaute, leicht heisere, erkältete oder ermüdete Stimme klang nach Heimat. Wahrscheinlich weil Barbora seit Langem außer Andrius niemanden litauisch sprechen gehört hatte. „Und wer sind Sie?", fragte sie auf Litauisch.

„Kukutis."

Wieder traten Barbora Tränen in die Augen und liefen die Wangen hinab.

„Ich komme immer zu spät", rechtfertigte sich der Alte schuldbewusst und schaute nach unten, auf die Füße, als schäme er sich. „Seit ich nur noch ein Bein habe. Und vor ein paar Tagen ist das Holzbein auch noch gerissen."

Barbora blickte auch nach unten auf seine Beine und sah keine Prothese, sondern einen normalen, zum Boden hin schmaler werdenden Schuhleisten, der unter dem Hosenbein hervorschaute.

„Im Krieg hätten sie ihn gerettet", sagte Kukutis. „Mir ist das auch passiert. Im Krieg. Irgendwo hier in der Gegend." Er schaute sich um.

„Hier!" Barbora reichte ihm das schwarze Säckchen.

„Was ist das?"

„Nehmen Sie's, als Erinnerung."

Der einbeinige Alte nahm das kleine Säckchen und steckte es in die Manteltasche, ohne überhaupt hineingeschaut zu haben.

Christopher warf dem kleinen Mann mit der Igelfrisur einen verwunderten Blick zu, dann wandte er sich an Barbora. „Na, wollen wir?", fragte er.

Barbora nickte.

Christopher gab den Männern in den blauen Overalls ein Zeichen.

Langsam und vorsichtig wurde Andrius' Sarg ins Grab hinabgelassen. Die beiden Arbeiter griffen nach den Schaufeln, die in dem Hügel aus schwarzbrauner Erde steckten. Die Erdklumpen zerfielen im Flug und trommelten wie dichter Hagel auf den Sargdeckel. Der Aufprall klang dumpfer und dumpfer. Irgendwann fiel Erde auf Erde.

„Ich fahre jetzt nach Hause, nach Litauen", sagte Kukutis. „Komm mit. Du hast hier jetzt nichts mehr verloren."

Barbora schüttelte den Kopf, den Blick immer noch auf das Grab mit der Erde gerichtet.

„Gut", sagte Kukutis und nickte verständnisvoll. „Das habe ich mir schon gedacht. Ich hab's gewusst. Aber du kriegst das schon alles hin." Den letzten Satz sagte er mit einer anderen, weniger gramvollen Stimme. Dann sagte er nichts mehr.

Barbies Schultern zitterten. Die Tränen, die sie die ganze Zeit zurückgehalten hatte, liefen über ihre Wangen.

Kukutis zog seinen Mantel aus und legte ihn Barbora um die Schultern. Wie die Umarmung eines geliebten Menschen spendete ihr der Mantel etwas Trost. Sie hörte auf zu zittern.

Der Fahrer trug die Sargböcke ins Auto und fuhr weg. Als sie die restliche Erde ins Grab geschaufelt hatten, gingen auch die städtischen Mitarbeiter, die Schaufeln nahmen sie mit. Einer gab Christopher den Schlüssel zum Friedhofstor.

„War das ein Bekannter von dir?", fragte Christopher.

Barbora besann sich. Sie schaute Christopher an, dann blickte sie sich um.

Kukutis war weg. Unbemerkt war er gegangen.

Barbie hob die Arme, zuckte mit den Schultern und spürte, wie schwer der fremde Mantel war. Sie ließ die Arme sinken und prüfte die Taschen. In der linken Manteltasche fand sie das Trüffelglas, das in dem schwarzen Säckchen steckte.

„Weiß nicht", sagte sie. „Vielleicht."

Am nächsten Tag fuhr Barbora mit dem Zug nach Dunkerque. Der Himmel über dem kleinen Städtchen war wasserblau. Bis zum eigentlichen Ärmelkanal musste Barbora noch eine gute halbe Stunde zu Fuß gehen. Sie schlenderte am Ufer entlang nach rechts, weil sie dachte, so käme sie England und der Küste von Kent näher.

Um zwei klingelte ihr Handy. Barbie blieb stehen und setzte sich ins grüne, unter der Wärme aufgerichtete Gras und ließ die Beine von einer kleinen Klippe baumeln. Unten erstreckte sich der gelbe, menschenleere Strand.

„Wo bist du?“, fragte Barbora.

„Saint Margaret’s Bay, und du?“

„Dunkerque.“

„Ach, wieso denn so weit weg?“

„Ist das denn weit?“, wunderte sich Barbie.

„Ich dachte, du wärst in der Nähe von Calais, direkt gegenüber. So kann ich dich nicht sehen.“

„Aber du bist doch an der Küste und siehst das Meer?“, fragte Barbora.

„Ja.“

„Das nächste Mal komme ich nach Calais, vielleicht kaufe ich mir bis dahin ein Fernrohr.“ Barbora lächelte traurig. „Jetzt bin ich ja allein, jetzt kann ich fahren, wohin ich will ...“

„Wie? Hat er dich etwa nicht weggelassen?“, wunderte sich Ingrida.

„Ach doch, ich erzähle Quatsch.“ Barbora seufzte. „Es geht. Ich kriege doch ein Kind. Der Alte, den ich pflege, will mich adoptieren. Damit das alles legal ist mit Andrius’ Beerdigung ...“

„Leck mich am Arsch!“, entfuhr es Ingrida. „Ist er reich?“

„Er? Er ist fast neunzig. Er hat ein Haus, ansonsten habe ich keine Ahnung.“

„Ein Haus ist schon mal nicht schlecht! Ein Haus in Frankreich! Bleibst du jetzt für immer da?“

„Die nächsten fünfzig Jahre auf jeden Fall, vielleicht auch länger ...“ Plötzlich hatte Barbora keine Lust mehr, offen und ehrlich zu sein. Sie schwieg. Alle Worte kamen ihr zweideutig vor.

„Wo bist du denn? Hörst du mich noch?“, fragte Ingrida besorgt.

„Ja, ich hör dich. Und wie geht’s dir?“

„So weit ganz stabil. Ich hab einen Job. Lebe mit dem Besitzer der Fabrik zusammen, wo ich arbeite. Mach mich nicht dreckig bei der Arbeit.“

„Und Klaudijus?“

„Das willst du gar nicht wissen! Der ist mit einem fremden Auto abgehauen! Er wird von der Polizei gesucht. Im Fernsehen haben sie sein Foto gezeigt. Angeblich ist er in einen Bankraub in Rumänien verwickelt und hat in Margate gestohlenes Geld getauscht. Eine undurchsichtige Geschichte! Ich weiß gar nicht, was ich denken soll!“

„Jaaa“, sagte Barbora gedehnt und verfiel ins Nachdenken. Sie überlegte, was sie mit Ingrida verband außer ihrem Amüsement auf dem Rockfestival und ihrer gemeinsam Schengen-Party auf Renatas Gehöft. „Nichts“, hauchte sie in den Hörer.

„Was ‚nichts‘?“, fragte Ingrida.

„Nichts Schlimmes“, sagte Barbora. „Mir geht’s nicht so gut. Lass uns morgen noch mal telefonieren.“

„Einverstanden“, sagte Ingrida, „ich versteh dich.“

„Und das nächste Mal komme ich auf jeden Fall nach Calais!“, versprach Barbora. „Das sind auch nur zwei Stunden mit dem Zug!“

Nach dem Gespräch war Barbora viel ruhiger und fühlte sich besser. Sie blieb auf der Klippe sitzen, ließ die Beine baumeln und schaute auf die Wellen. Dachte an die Blumen, die sie Andrius aufs Grab pflanzen wollte. Ihre Gedanken waren dort, in Farbus. Sie fragte sich, ob Christopher den Schlüssel vom Friedhofstor schon wieder abgegeben hatte.

Als vom Ärmelkanal her der Wind auffrischte, stand Barbora auf und ging zurück. Unterwegs kam ihr alles vertraut vor, als hätte sie es schon etliche Male gesehen: die Häuser, das Café und die kleine steinerne Kirche.

„Komisch, dass Andrius und ich nie einen Ausflug hierher unternommen haben“, sagte sie sich, als sie in den Zug stieg.

Der graue Zug mit den regenfleckigen, quadratischen Scheiben brachte sie nach Hause.

116. Kapitel. Pienagalys. Bei Anykščiai

Am frühen Morgen, als sich das nächtliche Dunkel gerade langsam auflöste, klopfte es. Zuerst leise. Dann lauter.

Renata erwachte, öffnete die Augen. ‚Vielleicht hab ich es mir eingebildet?‘, dachte sie.

Wieder klopfte es drei Mal. Und da dieses Klopfen durch drei Türen zu hören war, schien der Mensch draußen vor der Tür tatsächlich Einlass zu begehren.

Renata wollte Vitas nicht wecken – sie beneidete ihn lediglich um seinen festen Schlaf. Sie zog sich einen Hausmantel über, ging in den Korridor, blieb hinter der Haustür stehen und horchte. ‚Warum bellt Googlas nicht?', fragte sie sich. ‚Es muss jemand sein, den er kennt. Viola vielleicht? Oder Vladas?' Schließlich hatte Googlas in der letzten Zeit den Tierschützer nicht mehr angeknurrt und verbellt, wahrscheinlich hatte er ihn schon zur Familie gerechnet.

Wieder donnerten drei Schläge gegen die Tür, dass sie erzitterte.

Da der Hund nicht anschlug, öffnete Renata zügig die Tür.

Vor ihr stand ein alter Mann in einem altmodischen Mantel mit hochgeschlagenem Kragen. Der Mantel gehörte ganz offensichtlich nicht ihm – er schlabberte und war viel zu lang. Die Igelfrisur erinnerte an eine schief geschnittene Bürste. Die blauen, verwaschenen Augen blickten verärgert aus den tief liegenden Höhlen. Die gerade Nase und die schmalen Lippen bildeten einen merkwürdigen Kontrast zu den Augen, sie schienen einem anderen, jüngeren Alten zu gehören, einem, den man vielleicht nicht mal als Alten, sondern als Senior bezeichnen würde. Als wäre der vergnatzte Fremde, der da vor Renata stand, in letzter Zeit nur an den Augen gealtert.

„Zu wem möchten Sie?", fragte Renata.

„Zu Vitas natürlich!", sagte der Alte. „Schlafen Sie etwa noch?"

„Es ist doch erst sechs!", verteidigte sich Renata.

Der Alte fuhr mit der Hand in die Manteltasche und holte eine große runde Taschenuhr an einer Kette hervor, öffnete den Silberdeckel, der das Zifferblatt schützte. „Tatsächlich, schon sechs!" In seiner Stimme klang eine Mischung aus Empörung und Verwunderung. „Schläft er etwa noch?"

„Ja, er schläft", antwortete Renata. „Kommen Sie rein und warten Sie im Flur. Ich wecke ihn! Kennt er Sie?"

„Natürlich kennt er mich. Schon lange!"

Der Alte trat ein, und Renata hörte eine Kombination aus Schritt-klack-Schritt-klack. Sie senkte den Blick und sah, dass der Alte ein Holzbein hatte. Dann hörte sie, dass sich in jedes Klackern des Holzbeins noch ein anderer seltsamer Ton mischte. Aber vielleicht waren das die Dielen, die da knarrten.

Renata ließ den Alten im Korridor stehen und ging zurück ins Schlafzimmer.

„Draußen steht ein alter Mann und will dich sprechen!", flüsterte sie, übers Bett gebeugt.

„Wer?“ Verschlafen öffnete Vitas die Augen.

Renata zuckte mit den Schultern. „Ich hab ihn noch nie gesehen. Aber er will zu dir. Und Googlas hat ihn nicht verbellt.“

Unwillig setzte sich Vitas auf. Er seufzte.

Zusammen gingen sie zurück in den Flur.

„Wer ist das denn?“, entfuhr es dem Alten, als Vitas auftauchte. Er schaute Renata, die sich hinter Vitas hielt, fragend an.

„Das ist Vitas“, sagte sie.

„Das ist ein anderer Vitas“, sagte der Alte schon leiser. Die Verärgerung von eben war spurlos aus seinem Gesicht verschwunden. „Und wo ist der andere?“

„Welcher andere?“, fragte Renata.

Vitas schaute den ungebetenen Gast verdattert an und schwieg.

„Der alte Vitas“, sagte der Alte nach einer Pause.

„Der alte Vitas?“, fragte Renata zurück. „Einen anderen Vitas gibt's hier nicht und hat's auch nicht gegeben. Außer meinem Urgroßvater, aber der ist schon lange tot.“

„Urgroßvater?“, überlegte der Alte. „Verzeihen Sie, ich kann nicht so lange stehen ... Laufen ist kein Problem, aber stehen ...“

„Ja, natürlich! Kommen Sie doch rein!“ Renata öffnete die Tür zu ihrer Haushälfte und bat den Gast herein.

Sie setzten sich zu dritt an den ovalen Tisch.

„Wollen Sie vielleicht den Mantel ausziehen?“, schlug die junge Hausfrau vor.

„Mach ich.“ Der Alte schälte sich aus dem Mantel. „Der ist zu groß. Eine Frau in Polen hat ihn mir geschenkt. Ihr verstorbener Mann, hat sie gesagt, sei einen Kopf größer gewesen. Meinen eigenen habe ich einer Frau in Frankreich überlassen. Ihr war kalt, sie hat gezittert und gefroren. Ist Ihr Urgroßvater Kunsttischler gewesen?“

„Was?“, fragte Renata zurück.

„Hat er Möbel gebaut? Anrichten, Schränke, Tische?“

„Ja.“ Renata schaute Vitas an, der muffelig und unausgeschlafen danebensaß. „Und Holzfiguren hat er geschnitzt.“

„Er hatte einen Sohn, Jonas, ein aufgewecktes Bürschchen. Der wollte gerade heiraten.“

„Das war mein Großvater. Der ist vor Kurzem gestorben!“, sagte Renata, und in ihren Augen blitzte Neugier. „Dann haben Sie die beiden also gekannt?“

„Ein Jonas stirbt nicht!“, sagte der Alte resolut. „Haben Sie denn noch was von den Möbeln, die Vitas angefertigt hat?“

„Ja, in Großvaters Hälfte. Wenn Sie mitkommen, zeig ich’s Ihnen“, schlug Renata vor.

Der Alte schaute den schweigenden Vitas gleichgültig an und kam hoch, zuerst auf das echte, dann auf das hölzerne Bein.

Renata führte den Alten in Jonas’ Hälfte. Vitas blieb sitzen.

Als der Alte die Anrichte sah, lebte er auf. Und in seinen Augen, so kam es Renata vor, flackerte auf einmal ein anderes, jüngeres Flämmchen. „Das stammt doch aus seinen Händen?“, fragte er und deutete auf die Anrichte.

„Ja.“

„Ja, das ist seine Arbeit!“ Der Alte trat näher und streichelte die Kredenz. „Er hat Beine für mich angefertigt. Holzbeine, mit Geheimfächern. Bei ihm gab’s immer Geheimfächer.“

Er zog die Hose über dem Holzbein hoch, bückte sich, vergewisserte sich, dass die junge Hausfrau seine Handgriffe verfolgte, dann griff er mit zwei Fingern nach einem kleinen Ring und zog daran. Ein Kästchen kam zum Vorschein, und darin lag eine Holzspule mit weißem Garn, in dem quer eine Nadel steckte.

Der Alte lächelte, als er Renatas Verwunderung sah. Er schloss das Kästchen, richtete sich auf und schlug das Hosenbein zurück. Sein Blick ging wieder zur Kredenz. Als er sie betrachtet hatte, streckte er die Hand nach dem linken Besteckkasten aus. Unter den zwei kleinen Glastüren des Aufbaus, über der Nische der Anrichte waren vier kleine quadratische Fächer zu sehen. Der Alte zog ein Fach bis zum Anschlag heraus, dann drückte er von unten dagegen und zog es ganz heraus. Er stellte es auf der Anrichte ab und schaute in das quadratische Loch, das sich auftat. Der Alte musste lächeln. Er griff mit der rechten Hand hinein und holte zuerst eine schmale Leiste und dann eine rechteckige Spanplatte heraus.

„Voilà!“ Der Alte drehte sich zu Renata.

Sie trat näher, schaute in die quadratische Öffnung und sah eine Vertiefung, in der ein Bündel Briefe lag. Auf dem obersten Umschlag war eine kleine Briefmarke mit dem Kopf von irgendeiner Königin oder Prinzessin.

„Das ist er, Vitas!“ Die Stimme des Alten klang zärtlich.

Er passte die rechteckige Spanplatte vor Renatas Augen in die Öffnung ein – sie lag auf und verschloss das Geheimfach. Dann legte der

Alte die Leiste darüber, und schon war von dem Fach nichts mehr zu sehen. Behände schob der Alte das obere Fach wieder in die quadratische Öffnung.

„Er hatte seine Werkstatt am Haus. Da müssten noch fertige Beine liegen. Er hat viel auf Vorrat gearbeitet!", sagte der Alte.

„An eine Werkstatt kann ich mich nicht erinnern. Hat es zu meiner Zeit nicht gegeben. Nur eine Scheune!"

„Dann ist die Werkstatt sicher da drin, in der Scheune!", überlegte der Alte.

„Entschuldigung, wer sind Sie eigentlich?" Endlich wurde Renata die Frage los, die ihr schon eine halbe Stunde auf den Nägeln brannte.

„Kukutis", stellte sich der Alte vor. „Ein Freund und Kunde von Ihrem Urgroßvater Vitas! Drei Beine hat er für mich gemacht! Das hier ist auch seine Arbeit!" Er schaute nach unten. „Nur dass ich es nicht in Ehren gehalten habe. Auf dem Ärmelkanal bin ich in einen Sturm geraten und wäre beinahe ertrunken. Auf einem Kutter hat mich eine Welle umgerissen und gegen das Steuerhaus geschleudert. Mit dem Bein. Und da ist das Bein gerissen. Deswegen bin ich zu Vitas zurückgekommen."

„Ein Sturm auf dem Ärmelkanal?" Renata traute ihren Ohren nicht.

„Ja, nach England hab ich's nicht geschafft", sagte Kukutis und schüttelte betrübt den Kopf. „Ich hatte einen Fischer überredet, mich von Dunkerque aus überzusetzen, aber wir wären beinahe gekentert. Nette Rettungsleute haben uns zurück in den Hafen geschleppt. Da war's für mein Bein aber schon zu spät."

Die Flurtür knarrte. Vitas schaute zu Jonas' Hälfte herein. „Renata!", rief er. „Bist du hier?"

„Ja, wir sind hier."

„Wollen wir vielleicht frühstücken, wenn wir schon so zeitig aufgestanden sind?"

„Gerne." Renata lächelte und wandte sich an den Alten. „Kommen Sie mit rüber, wir machen Frühstück!"

Kukutis setzte sich an den ovalen Tisch, schaute sich im Wohnzimmer um und schürzte die Unterlippe. Irgendetwas schien ihm zu missfallen.

„Wir haben uns noch gar nicht bekannt gemacht", sagte Vitas freundlich und setzte sich zu ihm.

„Ich heiße Kukutis." Der Alte heftete den Blick auf seinen jungen Gesprächspartner. „Kommen Sie auch aus diesen Wäldern hier?", fragte er und deutete aufs Fenster.

„Nein, aus Kaunas."

„Bin ich auch schon gewesen." Kukutis nickte und richtete seinen Blick zur Decke, als versuchte er, sich an etwas zu erinnern. „Nettes Städtchen."

Renata brachte die Kaffeekanne und Tassen und schenkte Kaffee aus. Sie schob den Männern die Zuckerdose hin.

„Sie trinken doch Kaffee?", fragte sie den Alten. „Wollen Sie ein Rührei aus zwei Eiern?"

„Ja, ich nehme Kaffee und Rührei auch."

Kukutis bückte sich, schlug die Hose über dem Holzbein hoch und zog ein kleines Kästchen mit einem silbernen Salzstreuer in Form eines Fingerhuts heraus. Er stellte das Kästchen, das anderthalb Streichholzschachteln maß, auf den Tisch, nahm den Salzstreuer vor den verwunderten Augen der Gastgeber heraus und stellte ihn rechts neben seine Kaffeetasse. Das Kästchen schob er ins Bein zurück.

„Vitas' Arbeit", sagte er stolz. „Nur er wusste, was ein Mensch mit einem Holzbein unterwegs so alles braucht! Ich weiß nicht mal, was in seinem, genauer gesagt in meinem Bein noch alles so steckt. Das Wichtigste hat er mir gezeigt, und alles andere, hat er gesagt, würde ich schon selbst finden ..."

„Er sagt, mein Urgroßvater hätte im Hof eine Schreinerei gehabt", sagte Renata halb fragend zu Vitas. „Das kann ja nur in der Scheune gewesen sein ..."

„Wenn sie da ist, finde ich sie, mein Gedächtnis speichert das kleinste Detail", sagte der Alte, und seine Stimme klang verzweifelt. Dann schaute er wieder an die Decke, weil er überlegte oder sich an etwas zu erinnern versuchte.

„Wir haben da jetzt ...", setzte Vitas an, scheute sich aber, das Wort *Studio* auszusprechen, weil er ahnte, dass Leuten in Kukutis' Alter viele moderne Wörter nicht gefielen, „so was wie einen Hundefriseur, also ... für Haustiere, damit sie dann wieder besser aussehen ... Aber das nimmt nur einen Teil der Scheune ein, rechts, links ist Holz und Werkzeug."

„Ich will's mir mal ansehen", rief Kukutis.

„Gleich nach dem Frühstück gehen wir rüber", sagte Vitas und bat Renata, ihr Kaffee nachzuschenken.

Als es nach acht Uhr war, hatte der Morgen das nächtliche Dunkel besiegt. Die Sonne nahm sich an diesem Tag frei und überließ den

Wolken den Himmel. In den zunehmenden Duft nach Wald und tauender Erde mischte sich deutlicher die Sonnenwärme der letzten Tage.

Im Flur schlüpfte Kukutis mit dem linken Bein in seinen Schuh und bat Vitas, ihm die Schnürsenkel fest zuzubinden und mit einem Doppelknoten zu versehen. Wieder hörte Renata den Dialog zwischen dem gesunden und dem Holzbein: Schritt-klack-Schritt-klack, Schritt-klack.

Vitas schloss die Scheunentür auf. Rechts glänzte die Innentür, die ins Hundestudio führte, links ging es in das dunkle Scheunenreich, in dem man nur drei Meter weit sehen konnte.

Kukutis blieb in der Tür stehen. Er warf einen missbilligenden Blick auf die weiße Tür und die ebenso weiße Plastikwand, hinter der sich der ominöse „Hundefriseur" verbarg. Dann fiel sein Blick in das dunkle Scheunenreich, das ihm vertraut war, das er seit seiner Kindheit von den Scheunen der Gehöfte kannte, auf denen er aufgewachsen war und sich aufgehalten hatte. Wäre er jetzt fünf Jahre alt, hätte er seine Augen nicht anstrengen müssen. Er würde wahrscheinlich alles oder doch fast alles erkennen, denn das Scheunendunkel war kein absolutes Dunkel wie eine Nacht ohne Gestirne. Es war ein diffuses Dunkel, vermischt mit Luft, die immer heller als Finsternis war. Wäre er jetzt fünf Jahre alt, würde er sich natürlich vor der dunklen Scheune fürchten, aber nicht so sehr, dass er schreiend oder mit angstverzerrtem Gesicht davonliefe. Jetzt allerdings, wo er schon wer weiß wie alt war, wo seine Augen müde geworden waren von dem, was sie gesehen hatten, hatte Kukutis keine Angst, aber das Dunkel, das er seit der Kindheit kannte, das Scheunendunkel schien ihm jetzt sehr tief und undurchdringlich.

„Haben Sie vielleicht eine Kerze? Oder eine Taschenlampe?", fragte der Alte und drehte sich um.

„Im Studio habe ich eine Verlängerungsschnur und eine Tischlampe", reagierte Vitas schnell.

Er ging durch die Plastiktür und kam nach anderthalb Minuten mit einer brennenden Lampe wieder. Eine gelbe Schnur schleifte hinterher. Vitas hielt die Tischlampe an ihrem kurzen gebogenen Fuß und richtete den Lichtstrahl, der von einem kegelförmigen Metallschirm geformt wurde, mitten hinein in die eigentliche Scheune. Die lückenlose Wand aufgeschichteter Holzscheite erinnerte an riesige Bienenwaben. Hier und da waren Schaufeln, Rechen und Heugabeln dagegen gelehnt.

Kukutis ging drei Meter hinein, drehte sich um und wartete, dass Vitas ihm leuchtete.

„Hier ist nichts", sagte Renata verwirrt. „Da ist schon die Hinterwand!", sagte sie und wies mit der Hand nach vorn.

Der Alte ging zur Wand, strich darüber und drehte sich wieder dem Holzstapel zu. Die oberste Reihe war so hoch wie Kukutis. Der Alte nahm ein paar Scheite und warf sie auf den Boden. Dann noch weitere.

Vitas gab Renata die Lampe, er wollte dem Alten helfen. „Leuchte mal hierher", bat er sie.

Renata hob die Lampe an und leuchtete in das Loch, das sich zwischen den Scheiten aufgetan hatte. „Da ist auch nur Holz", rief sie enttäuscht.

„Und dahinter kommt die Wand!", fügte Vitas nachdenklich hinzu.

„Wo soll denn da die Wand herkommen, wenn die Scheune von außen noch fünf Meter weitergeht?", sagte Kukutis im Ton eines verärgerten Lehrers. „Wahrscheinlich ist dort die Werkstatt."

Vitas machte sich daran, das Loch in der ersten Reihe zu erweitern, seitlich rutschten ihm Scheite weg.

„Wir müssen zuerst die Tür suchen", riet Kukutis, der zur Seite getreten war, um zu verschnaufen. „Lasst mich mal die Lampe halten, und ihr sucht zu zweit, so geht's schneller."

Renata gab dem Alten die Lampe. Er hob sie an und schaute zu, wie das junge Paar den Durchbruch in dem Holzstapel verbreiterte. Kukutis merkte, wie ihm die Hand einschlief. Er nahm die Lampe auf die Schulter und spürte, wie schwer der Metallfuß war. Aber er biss die Zähne zusammen, starrte zäh auf die schwarze Holzwand, die sich auftat. Plötzlich sah er links das Metallscharnier einer Tür.

„Die Tür!" Mit seiner freien Hand wies Kukutis auf seine Entdeckung.

Es vergingen noch zehn Minuten, bis der Durchgang zur Tür freigelegt war. Die Tür – breit und tief, von einer Holzwand gerahmt – war mit einem alten Vorhängeschloss verriegelt. Doch als Vitas das Schloss zu sich heranzog, fiel es mit den durch seinen Bügel gezogenen Ringen ab. Nägel glitten klirrend auf den Boden.

Die Scharniere quietschten und gaben die Tür nur unwillig frei. Der Lichtkegel fiel in den dunklen Raum wie in einen Abgrund. Er fiel ein und ergoss sich auf merkwürdige Reflexe und Flecken.

„Da sind Spinnweben", rief Renata erschrocken.

Vitas nahm einen Rechen, hob ihn ungeschickt über das Holz und stieß ihn nach vorn, als startete er einen Bajonettangriff. Dann hob er den Rechen hoch, bekämpfte dort die Spinnweben und hielt den Rechen in den Lichtkegel, um zu schauen. Hunderte Spinnwebenfäden, die an den Metallzinken klebten, kamen hinterher. Vitas stieß noch ein paar Mal mit dem Rechen ins Dunkel, dann lehnte er den Rechen an den Holzstapel. Er bat Kukutis, mit der Lampe näher zu kommen.

Jetzt konnte das Licht ungehindert bis zu den Wänden der Werkstatt vordringen. In seinem Kegel sahen sie einen Schreinertisch mit einem Hobel und anderem Werkzeug. Alles war dick mit Staub und Spinnwebenfetzen bedeckt. Die Metallkurbel am Schraubstock, die nach unten zeigte, war dick mit Spinnweben überzogen und damit an der Seitenwand der Werkbank befestigt. Links waren lange, flache Kästen in zwei Reihen übereinandergestapelt, an die zwanzig Stück. Rechts in einer Eckwand ließen sich unter dem Staub und den Spinnweben Sägen und Metallwerkzeuge mit Holzgriffen erahnen. Sie hingen an Nägeln, die aus der Wand ragten, und waren mit zu Schlaufen gelegten und durch die Aussparungen im Griff gezogenen Stricken befestigt.

„Was für eine Ordnung!", rief Kukutis begeistert, als er hinter Vitas eintrat. „Wie im Museum!"

„Ordnung?", wiederholte Renata zweifelnd. „Wie im Museum?"

„Ja." Der alte Kukutis schaute sie an. „Alt und in der Zeit erstarrt, aber ordentlich. Er hat nach der Arbeit immer aufgeräumt, die Späne rausgeschafft, die Werkbank mit einem feuchten Lappen abgewischt. Die fertigen Sachen, besonders die wertvollen, hat er in Samtfutterale gelegt." Kukutis drehte, als er sich an die Futterale erinnerte, den Kopf nach rechts und ließ seinen Blick auf den flachen Kisten ruhen, die übereinandergestapelt waren. „Das müssen sie sein! Los, hilf mir mal!", bat er Vitas. „Hol mal den obersten runter!"

Vorsichtig schob Vitas den Kasten vom Fleck, als wollte er herausfinden, ob er sich überhaupt anheben ließ oder nicht viel zu schwer war. Dann hob er ihn herunter und stellte ihn auf die Werkbank.

„Mach auf", befahl der Alte.

Vitas sah, dass die Kiste einen Koffergriff und zwei seitliche Riegel hatte, mit dem der Kasten verschlossen gehalten wurde. Wegen der Staubschicht war die Farbe des Kastens nicht zu erkennen.

„Kleinen Moment!", sagte Vitas und ging hinaus.

Irgendwo in der Nähe plätscherte Wasser. Der junge Mann kam mit einem kleinen Eimer und einem Lappen zurück. Damit fuhr er über den Kasten, und dieser bekam eine silberbraune Farbe.

„Nun mach doch endlich auf!", drängte ihn Kukutis.

Vitas' Hände gingen zu den beiden Riegeln. Ein metallisches Schnappen erklang. Der Deckel sprang auf.

Drinnen lag, zart dunkel glänzend wie ein teures Musikinstrument, auf Samt in eine passende Aussparung gebettet, ein Holzbein.

Kukutis' Augen glänzten vor Freude. Seine Hände gingen zum geöffneten Futteral. Er fasste das Holzbein an beiden Enden und versuchte es herauszunehmen. Er hob es an und legte es wieder zurück. „Es ist schwer", sagte er zufrieden und lächelte versonnen.

„Schwer?" Vitas beugte sich über das geöffnete Futteral. „Wieso ist es schwer? Es sollte doch leicht sein, damit man locker ausschreiten kann!"

„Junger Mann, Sie sind nie mit einem Holzbein unterwegs gewesen", lachte Kukutis. „Wenn der alte Vitas so gedacht hätte wie Sie, wäre ich nie sein Kunde geworden! Sehen Sie mal her!"

Kukutis' Hand tastete nach dem oberen breiten Teil des Beines, strich über die lackierte Oberfläche, als wollte er sie streicheln, dann hob er das Bein an und zog mit zwei Fingern an dem kleinen Metallring, der mit der Zeit matt geworden und deswegen kaum zu erkennen war. Er zog den Ring nach oben, und mit ihm schob sich ein zigarettenschachtelgroßes Kästchen aus dem Bein. Kukutis entnahm ihm etwas Schweres, in Stoff Eingeschlagenes. Er legte es in die Hand, hob mit den Fingern der anderen Hand den Stoff an und zog ihn vorsichtig hoch. Einige Silbermünzen kullerten heraus, eine fiel zu Boden und rollte klackernd über die Holzdiele, die anderen blieben in der Hand liegen. Kukutis schaute sich eine Münze an.

„Neunzehnhundertfünfzehn!", sagte er und seufzte.

„Liegen da noch mehr nutzlose Münzen drin?", fragte Vitas leicht abfällig, aber neugierig.

„Die Banknoten aus Papier sind nutzloses Geld, das alte Silber überlebt jede Währungsreform. Diese Münzen nehmen sie mir in Polen und in Deutschland überall ab! Aber das ist nur ein kleiner Teil von dem, was ein Wanderer dabeihaben sollte." Kukutis wickelte die Münzen sorgfältig in das Stück Stoff und legte sie zurück in das Kästchen. Er bat Vitas, die heruntergefallene Münze zu suchen.

Als Kukutis das Kästchen an seinen Platz zurückgeschoben hatte, nahm er das Bein aus dem Futteral und stellte es mit dem Gummiabsatz nach unten neben sein rechtes.

„Zu kurz! Ich muss mir noch andere ansehen!", rief er, legte das Bein zurück, schloss das Futteral und ließ die Metallriegel einschnappen.

Vitas nahm den nächsten Prothesenkoffer und legte ihn auf den ersten.

„Nein, das ist auch zu kurz!", sagte Kukutis kopfschüttelnd, als er hineinschaute.

Als er das dritte Bein sah, überkamen ihn warme Gefühle. Als träfe er einen alten Gefährten, den er viele Jahre nicht gesehen hatte. Seine Hand betastete das am oberen Rand sorgfältig angebrachte Silberschild mit dem Monogramm und der Aufschrift *Made in Lithuania*.

„Das hat er mit Sicherheit für mich gemacht!", rief Kukutis ein bisschen stolz. „Er hat gewusst, dass ich seine Beine in ganz Europa lobe. Warum auch nicht, wo in so ein Bein mehr reinpasst als in drei Necessaires!"

Kukutis bat Vitas, das Bein ins Haus zu tragen, und verließ die Schreinerwerkstatt.

Im Hof blieben Renata und Kukutis stehen, um ein bisschen frische Frühlingsluft zu schnappen. Vitas ging mit dem Prothesenkoffer in der Hand, ehrlich erstaunt über dessen Gewicht, die Treppe hinauf und verschwand hinter der Tür.

„Stapeln Sie doch dann bitte wieder Holz vor die Werkstatt!", bat Kukutis. „Ich komme nicht so schnell wieder, aber vielleicht schaut jemand von den anderen Kunden vorbei?!"

„Wollen Sie nicht vielleicht bleiben?", schlug Renata unvermittelt vor. „Und sich ein bisschen ausruhen? Das halbe Haus ist leer seit Großvater Jonas gestorben ist ..."

„Ein Jonas stirbt nicht!", sagte der Alte streng. Seine blauen, verblassten Augen blickten die junge Frau forschend an, als suchte er in ihrem Gesicht nach Ähnlichkeiten mit ihrem Urgroßvater.

„Das hat Großvater Jonas auch immer gesagt!"

„Natürlich hat er das gesagt. Er ist doch Vitas' Sohn! So ein Vater kann gar keinen dummen Sohn haben!"

„Und ein Vitas, stirbt der?", fragte Renata.

„Wenn er nicht vergisst, dass ein Vitas nicht stirbt, stirbt auch er nicht!", sagte Kukutis und lächelte. „Na, gehen wir ins Haus, ich will das neue Bein anprobieren."

Auf Bitten des Alten hin verwandelte sich der ovale Esstisch im Wohnzimmer vorübergehend in einen OP-Tisch. Den Beinwechsel nahm Kukutis selbst vor, noch in der Werkstatt des alten Vitas' hatte er den jungen Vitas zu seinem Assistenten ernannt. Vitas musste seinen Computer und den ganzen anderen Kram wegräumen und eine alte Decke auflegen. Die konnte nur, wie alle anderen alten Sachen, irgendwo drüben beim Großvater liegen. Renata ging hinüber und hatte sie schnell in der untersten Schublade des Kleiderschranks gefunden.

Vitas holte das Bein aus dem Koffer und legte es auf die Decke. In dem Tageslicht, das durch die Fenster herein fiel, strahlte das Holzbein in einer eleganten Schönheit wie ein märchenhaftes Instrument, das eine elysische, noch nie gehörte Melodie spielte.

Kukutis setzte sich auf einen Stuhl und löste die eingerissenen, ausgeleierten Riemen, die das alte Bein am Stumpf gehalten hatten. Er reichte Vitas die alte Prothese und bat ihn, sie vorsichtig auf den Tisch zu legen. Auf dem linken Bein, mit festem und sicherem Stand, kontrollierte Kukutis an seinem alten Bein, durch das sich nahezu in der Mitte ein wellenförmiger Riss zog, alle Schubläden, Vertiefungen und Geheimfächer, die ein Außenstehender nicht mal erahnen konnte. Aus einem flachen und schmalen Fach zog Kukutis nacheinander seine sechs Pässe. Die grauen, bläulichen und grünlichen Büchlein kamen auf der Leinendecke zu liegen und erinnerten Vitas an seine Museumsbesuche als Schüler, wo solche Dokumente hinter einer Scheibe vor fremden Fingern geschützt wurden. Hier gab es keine Scheibe, und so griffen seine Finger wie von selbst nach den Pässen. Vitas nahm den, wie es ihm schien, ältesten, abgegriffensten, aber nicht zerknitterten. Auf der grünen Vorderseite prangte in der Mitte ein rotes Wappen mit einem Reiter, der ein erhobenes Schwert trug.

„Passeport pour l'étrange“, las er laut und schlug den Pass auf. Sein Blick blieb an der Schwarz-Weiß-Aufnahme des jungen Kukutis hängen und wanderte dann zu einem tintenschwarzen Eintrag: *Ausreise in alle Länder außer Polen.* Vitas bekam große Augen. „Und warum außer Polen?“, fragte er und schaute den Alten an.

„Ach, die! Für Polen habe ich einen anderen Pass, einen polnischen!“, sagte er und deutete mit einem Nicken auf den Stapel. „Lenk mich nicht ab!“ Dann zog der Alte an einem kleinen Ring einen ovalen Deckel heraus. Seine Finger griffen nach einem eisernen Schraubverschluss und angelten aus der Nische eine kleine Flasche. Die Finger schraubten den Deckel ab und führten die Flasche zur Nase. „Ach!“, hauchte Kukutis und hielt sie Vitas hin.

„Kognak?“ Vitas schnupperte.

„Branntwein“, korrigierte ihn Kukutis. Er nahm am neuen Bein an derselben Stelle den gleichen ovalen Deckel ab, hinter dem eine ähnliche Flasche zum Vorschein kam. Der Alte öffnete auch diese Flasche und roch daran. Wieder hielt er sie Vitas unter die Nase.

„Der hier ist stärker!“, verkündete der junge Mann seine Meinung.

„Natürlich! Das macht die richtige Lagerung! Liegend, ohne Bewegung, viele Jahre!“, sagte Kukutis kenntnisreich.

Sprachlos verfolgte Renata das Geschehen. Sie beobachtete, wie Kukutis etliche eingewickelte Münzen, Tabletten, Nadeln und Fäden, einen Notizblock und einen Stift, einen Stapel Schwarz-Weiß-Fotos und ein Stück rostiges Metall mit rissigen Kanten aus dem Bein zog. „Was ist das?“, fragte sie und berührte das Eisen.

„Ein Splitter! Zur Erinnerung! Den haben sie mir aus dem Rücken geholt, als das abgerissene Bein nicht mehr wehgetan hat. Hab Glück gehabt ...“ Die letzten Worte fügte er nach einer kurzen Pause hinzu und verfiel in Nachdenken.

„Wieso Glück?“ Vitas schaute Kukutis an.

„Die meisten von denen, die im Ersten Weltkrieg ein Bein verloren hatten, haben den Zweiten überlebt. Ich auch, ich bin rumgezogen, hab keinen behindert, und in dem Bein“, er deutete mit einem Nicken auf sein altes Bein mit dem Riss, „habe ich Ostmark und neue Pässe für die Litauer über die Frontlinie geschmuggelt. Die Deutschen haben mich nicht beachtet, die Russkis auch nicht. Ach was, der Einbeinige! Das war spannend wie im Kino. Nachts habe ich verwundete Partisanen zu Vitas gebracht, der hat sie unter seiner Werkstatt versteckt und dort mit ihnen Karten gespielt. Das hat ihm Spaß gemacht! Würde gern mal wissen, mit wem er jetzt Karten spielt?!“ Der Alte lächelte verträumt. „Na gut, jetzt muss ich hier aber mal fertig werden“, unterbrach er seine Gedanken und Erinnerungen und machte sich daran, die Nischen und Geheimfächer in dem neuen Bein zu erkunden. Alles war an seinem Platz, und wo es leer sein sollte, war es auch leer. Dort verstaute Kukutis seine Pässe, die Tabletten und die Schwarz-Weiß-Fotos. Die Flasche aus dem alten Bein steckte er in die rechte Manteltasche. Die halbleere Rolle Garn ließ er auf dem Tisch liegen, die Münzen aus dem alten Bein kamen in die linke Manteltasche.

„Und warum sind die Münzen in Stoff eingewickelt?“, wollte Vitas wissen.

„Damit sie beim Laufen nicht klimpern. Das ist bequemer und sicherer. Manchmal klirrt’s kaum in deiner Tasche, und schon hast du Diebe und Räuber am Hals.“

Beinahe hätte Vitas losgeprustet. „Heutzutage sind die Räuber eher hinter Geldscheinen her! Höchstens Bettler bücken sich noch nach Münzen.“

Kukutis winkte ab. „Heutzutage sind die Diebe dämlich, wie die Zeit überhaupt! Los, hilf mir mal!"

Vitas nahm das neue Bein und stellte es so hin, dass die Aussparung an der Oberseite unter den Beinstumpf des Alten kam. Während er das Bein so hielt, wickelte Kukutis mit geübten Griffen zwei neue Schweinslederriemen um den Stumpf und verschnürte sie. Die Enden schob er in spezielle Halteschnallen, dann stand er auf, stellte sich auf beide Beine und lief durchs Zimmer, als würde er einen neuen Schuh anprobieren und herausfinden wollen, ob er passte. Mit einem Siegerlächeln kehrte er an den ovalen Tisch zurück.

„Und, fällt Ihnen das Laufen denn gar nicht schwer?", fragte Vitas, der den Alten neugierig beobachtete.

„Haben Sie Ihr Bein irgendwann mal gewogen?" Kukutis drehte sich um, ein Lächeln stand auf seinem Gesicht. „Glauben Sie, es ist leichter als mein Holzbein? Sie spüren einfach beim Laufen das Gewicht Ihrer Beine nicht! Ich auch nicht, es ist schließlich mein Gewicht! Sogar die Flasche Branntwein gehört zu meinem Körper wie das Blut in den Adern!"

Vitas zuckte mit den Schultern.

„Sie sind doch müde, wollen Sie sich nicht ein bisschen hinlegen?", fragte Renata besorgt. „Und ich koch uns inzwischen was!"

„Wie? Hinlegen? Sofort und gern!", antwortete der Alte.

„Kommen Sie mit in die andere Haushälfte, Sie bleiben doch ein paar Tage, oder?"

„Klar bleibe ich, warum nicht? Ich gehe ja in fremden Häusern aus und ein. Fremde Häuser gewöhnen sich schnell an mich und merken irgendwann gar nicht mehr, dass ich fremd bin! Und hier bin ich ja auch nicht richtig fremd! Ihnen bin ich irgendwann auch schon mal begegnet!" Kukutis schaute sich um. „Legen Sie mein altes Bein ins Futteral und bringen Sie es zurück in die Werkstatt. Da liegt es gut."

Renata führte Kukutis in Jonas' Schlafzimmer und bezog ihm das Bett ihres verstorbenen Großvaters. „Soll ich ein Kissen wegnehmen?", fragte sie.

„Warum denn?", erwiderte der Alte. „Wer weiß, in welche Richtung mein Kopf im Schlaf fällt?"

„Noch was." Renata wies mit einem Blick auf den Metallkasten auf dem Boden. „Wir haben hier eine Black Box stehen. Ich wollte sie eigentlich längst wegräumen, in die Scheune schaffen ..."

„So wie beim Flugzeug?" Kukutis wurde neugierig.

„Ja, wenn's einen Unfall gibt. Sie zeichnet alles auf. Wie ein Diktiergerät."

„Merkt sich alles und zeichnet es auf?", fragte Kukutis interessiert.

Renata nickte.

„Kann ruhig liegen bleiben. Wenn ich nicht mehr schlafen kann, erzähle ich dem Kasten vielleicht was aus meinem Leben. Sie will ich damit nicht belasten, Ihnen würde ich das nicht erzählen, aber dem Kasten schon!" Nachdenklich schaute Kukutis auf den Apparat und lächelte ihn verhalten an wie einen Welpen, der nicht mit dem Schwanz wedeln will.

Am Abend, als das Essen fast fertig war und der Duft aus der Küche ins Wohnzimmer zog, ging Renata noch einmal in Jonas' Hälfte hinüber. Eigentlich wollte sie gleich ins Schlafzimmer, um den Alten zu wecken, doch dann fiel ihr Blick im Gehen auf Großvaters Kredenz in der Küche. Sie blieb stehen und ging zu dem alten Möbelstück hin. Ihr Blick fixierte das Schubfach, unter dem Kukutis ihr das von Urgroßvater Vitas eingebaute Geheimfach gezeigt hatte. Sie musste an die Umschläge mit den ausländischen Marken denken, die den Kopf einer Königin oder Prinzessin zeigten. Gerade wollte sie die Hand nach dem Schubfach ausstrecken, als hinter ihr die Tür quietschte. Sie drehte sich um. Da stand Kukutis, angekleidet. In seinem Rücken war Großvater Jonas' Bett mit der zurückgeschlagenen Bettdecke zu sehen.

„Hab ich also ein bisschen geschlafen!", sagte er sinnierend.

„Sehr gut! Das Abendessen ist schon fertig!", erwiderte Renata.

Bei Tisch setzte sich Kukutis neben Vitas. Er sah jetzt irgendwie anders aus, vertrauter, als wäre er tatsächlich ein naher Verwandter von Renata.

„Sie haben sich irgendwie verändert", rief sie.

„Wie auch nicht", sagte der Alte und nickte. „Ich habe den Mantel ausgezogen, geschlafen, mir die Haare gekämmt." Kukutis holte aus der Tasche seines dunkelblauen Strickpullovers die alte Hornbrille mit den runden Gläsern. Er setzte sie auf und schaute die junge Frau aufmerksam an. „Damit ich Sie besser hören kann!"

„Ach, wie Großvater Jonas! Der konnte auch besser hören, wenn er die Brille aufgesetzt hat!", rief Renata.

Als Renata einen Holzuntersetzer auf den Tisch mit dem alten Leinentuch legte und das Backblech mit den beiden knusprigen Haxen daraufstellte, lief Kukutis das Wasser im Mund zusammen. „Wie haben

Sie denn meine Leibspeise erraten?“, fragte er und schaute von den Haxen zur Hausfrau.

„Das war doch Großvater Jonas’ Leibspeise“, sagte Renata verwirrt. „Und Vitas isst es auch gern!“

„Vielleicht einen kleinen Likör vorweg?“, schlug Vitas vor.

„Lieber Branntwein.“ Der Alte stellte einen Flachmann auf den Tisch – die Flasche, die zuvor in seinem alten Bein gesteckt hatte.

Vitas schlief an diesem Abend schnell ein, obwohl es eigentlich gar keinen Grund für seine Müdigkeit gab. Wenn man mal von den Eindrücken und Überraschungen absah.

Renata spulte mehrere Male den vergangenen Tag in ihrer Vorstellung zurück wie einen kurzen und spannenden Film. Jedes Mal blieb sie an derselben Stelle hängen: bei dem Moment, als der einbeinige Kukutis ihr die geheime Kunst ihres Urgroßvaters Vitas gezeigt hatte, dieses Fach in der Kredenz. Und die darunter liegenden Briefe mit der Königin auf den Marken. Renata dachte, die Briefe könnten aus England gekommen sein, dort hatten sie doch eine Königin! Dort waren auch ihre Eltern verschwunden: Jūratė und Rimas, verschwunden, als hätte sie der belorussische Sumpf verschluckt. Vielleicht stand in den Briefen etwas über ihren Tod oder ihr Verschwinden?!

Diese Gedanken ließen Renata keine Ruhe. Schließlich stand sie leise auf, warf sich den Hausmantel über und lief barfuß über den kalten Holzfußboden. Sie horchte, ob die Dielen auch nicht knarrten, lief ins Wohnzimmer, zog die Tür hinter sich zu, um Vitas’ Schlafen von ihrem Wachen zu trennen. Genauso vorsichtig lief sie in den Flur und blieb vor der Tür stehen, die in Jonas’ Hälfte führte. Die Tür saß nur halb im Rahmen und öffnete sich fast lautlos, gab nur ein zartes Quietschen von sich. Renata zuckte trotzdem zusammen und blieb kurz stehen.

Die Wohnzimmerfenster erinnerten sie noch einmal daran, dass die Nacht im Haus dunkler war als draußen. Der runde Tisch unter dem Fenster glänzte im einfallenden Sternenlicht. Auch die Dielen unter dem kleinen Küchenfenster glänzten, und als würde das Licht vom Boden zurückgeworfen oder reflektiert, konnte man die Umrisse der Töpfe und Pfannen an der Wand und die Kredenz, die vis-à-vis des Fensters stand, erkennen.

Renata blieb vor der Kredenz stehen. Vorsichtig zog sie den Besteckkasten heraus. Die Gabeln und Messer klirrten. Sie erstarrte, drehte sich um. Erst in diesem Moment bemerkte sie, dass die Tür vom Wohnzimmer ins Schlafzimmer offen stand.

Sie erinnerte sich, wie fein die Münzen im Kästchen des Holzbeins durch Stoff getrennt waren, und musste lächeln. Renata lauschte in die Stille. Sie zog das Schubfach heraus und stellte es auf der Anrichte ab. Obwohl sie sich die größte Mühe gab, nicht zu wackeln, klirrte das Besteck trotzdem noch einmal. Sie steckte ihre Hand in die Nische und ertastete die Leiste, aber die saß so fest, als wäre sie angenagelt. Renata versuchte zu ziehen und zu drücken, plötzlich sprang das Holz aus einer unsichtbaren Verankerung und war locker. Danach konnte Renata mühelos die rechteckige Spanplatte herausnehmen und ließ ihre Hand in die Nische gleiten – sie hörte Papier rascheln. Sie nahm den Briefstapel heraus, setzte die Spanplatte und die Leiste wieder ein und schob das Schubfach – dieses Mal ohne einen einzigen Ton – wieder hinein. Renata ging ins Wohnzimmer und stand still. Aus dem Schlafzimmer drang ein seltsames Murmeln. Sie näherte sich auf Zehenspitzen.

Kukutis schlief auf dem Rücken, sein Gesicht lag mit der rechten Seite auf dem Kopfkissen, als hätte er beim Einschlafen zum Fenster geschaut. Hin und wieder bewegten sich seine Lippen. Im Traum redete er mit jemandem, aber er nuschelte und hielt inne, wenn er ein- und ausatmete.

„Ich hätte es geschafft", hörte Renata aus Kukutis' Flüstern heraus. „Wenn ich nicht nach England gehetzt wäre, hätte ich es mit Sicherheit geschafft ..."

Renata seufzte, hörte ihn noch reden, achtete aber nicht mehr darauf. Sie schaute zum unverhüllten Fenster, durch das auch hier das Sternenlicht hereinfiel. Ihr Blick blieb am Boden hängen – sie stutzte. Dort stand die Black Box, deren bloße Anwesenheit sie früher einmal in Ärger versetzt hatte. Da stand sie nun und gab gar keinen Ton mehr von sich.

Mit den Briefen in der Hand hockte Renata sich vor den Kasten, betrachtete das Textilkabel und stellte fest, dass der Stecker auf dem Boden neben der Steckdose lag. Sie streckte die Hand aus, griff den Stecker und schob ihn in die Dose. Danach ging sie zur Tür, drehte sich noch einmal um.

Kukutis flüsterte immer noch im Traum, aber Renata konnte nichts mehr verstehen. Doch als sie das vertraute Brummen hörte, das vom Boden, von der Black Box kam, legte sich ein Lächeln auf ihr Gesicht. Ein Lächeln, wie es Menschen haben, die verstehen, dass alles, was um sie herum passiert, richtig ist, und dass die Ordnung der Dinge und Menschen durch nichts und niemanden gestört wird.

Als Renata in ihre Hälfte zurückgekehrt war, schaltete sie das Licht an und setzte sich an den ovalen Tisch. Sie legte den Stapel Briefe auf das Tischtuch.

Sie nahm den obersten Brief und sah die Marke mit der Königin und den breiten runden Poststempel, der das Datum verriet: 21. Dezember 2007, eine runde, leicht zittrige Schrift. Großvater Jonas war der Empfänger. Renata zog den zusammengefalteten, vollgeschriebenen Bogen aus dem Umschlag und faltete ihn auf. Blaue, mit Kugelschreiber geschriebene Buchstaben füllten die Zeilen.

Lieber Papa, du hast mir schon zwei Monate nicht mehr geschrieben, aber ich bin dir nicht böse. Ich weiß, dass ich schuld bin, ich weiß, dass dich die Briefe erreichen. Sonst würden sie zu mir ins Gefängnis zurückkommen. Ich möchte dich bitten, diesen Brief nicht zu beantworten. In einer Woche werde ich entlassen. Drei Jahre früher!!! Wahrscheinlich weil ich meine Qualifizierung zur Buchhalterin auf Englisch mit Auszeichnung absolviert habe. Kein Grund, stolz zu sein, natürlich. Aber ich freue mich sehr. In einer Woche kehre ich nach Whitby zurück. Für den Übergang hat mir die Stadtverwaltung ein kleines Zimmer im Frauenhaus in Aussicht gestellt. Später soll ich eine Sozialwohnung bekommen. Den Fish-&-Chips-Imbiss, wo ich mit Rimas gearbeitet habe, gibt es nicht mehr. Er ist abgebrannt. Aber ich suche mir was als Buchhalterin. Ich gehe jeden Tag zu Rimas ans Grab. Ich mache es zum schönsten Grab auf dem ganzen Friedhof. Wenn ich es in Ordnung gebracht habe, schicke ich dir ein Foto. Das Schlimmste in den ganzen Jahren im Gefängnis war, dass ich kein Foto von mir haben durfte. Fotos von Angehörigen waren erlaubt, aber eigene Fotos nicht. So habe ich fünfzehn Jahre ohne eure Gesichter und ohne mein eigenes verbracht. Wenn ich nach Whitby komme, gehe ich gleich zum Fotografen. Schick mir doch bitte mein altes Hochzeitsfoto! Wenn ich eine eigene Wohnung habe, hänge ich die Fotos auf.
Irgendwann wirst du mir verzeihen! Wirst mir verzeihen, dass ich dir und mir die Tochter genommen habe, diese Last muss ich jetzt tragen bis ans Ende meiner Tage. Erzähl Renata ruhig, was passiert ist, auch wenn du eigentlich nicht willst. Und erzähl ihr auch, dass ihre Mutter ihren Vater umgebracht hat. Ihn umgebracht hat, weil

sie ihn mehr geliebt hat als das Leben, weil sie eifersüchtig war und Grund dazu hatte, weil er sie verlassen wollte, denn das Leben war so unerträglich, und die Nerven lagen blank. Sie hat ihn getötet und damit auch sich, ihr Leben und ihre Zukunft. Wir werden uns nicht mehr wiedersehen! Ich komme nicht wieder heim, mein Elternhaus, das heimatliche Pienagalys nehmen mich so nicht auf! Ich will auch nicht mehr weg von Rimas. Ich bin ja schon viele Jahre von ihm, von seinem Grab getrennt gewesen. Ich bleibe jetzt dort, in Whitby. Dort ist es auch sehr schön, es gibt nur keinen Wald. Dafür sind da das Meer und Felder, es gibt nette und aufmerksame alte Frauen, die dich gern auf einen Tee einladen und dir erzählen, dass ihre Kinder und Enkel zu viel um die Ohren habe, um öfter vorbeizuschauen. Diese alten Frauen – meine Nachbarinnen – haben mir übrigens viel öfter geschrieben als du! Von meinem ersten Gehalt kaufe ich mir einen Fotoapparat, und dann schicke ich dir Bilder. Auch ein Foto von mir, damit du siehst, was mit dem Gesicht eines nahen Menschen passiert, wenn er viele Jahre lang eingesperrt ist, die Freiheit verliert und nach und nach auch den Wunsch, wieder frei zu sein. Entschuldige, diese Gedanken kommen mir nur, wenn ich an dich schreibe. Schreib mir erst mal nicht mehr. Wenn ich raus bin, schicke ich dir meine neue Adresse. Gib Renata ein Küsschen von mir. Du brauchst ihr ja nicht zu sagen, von wem. Vielleicht war es richtig, dass du ihr gesagt hast, ihre Eltern seien umgekommen. Ja, wir sind umgekommen. Aber ich lebe noch, und so Gott will, werde ich Renata eines Tages wiedersehen. Ich umarme dich und weine. Ich weine vor Freude, weil ich in einer Woche nach Whitby zurückkehre. Und zwar für immer!
Deine missratene Jūratė

Als Renata den Brief zu Ende gelesen hatte, wischte sie sich die Tränen ab. Sie faltete den Brief zusammen und schob ihn zurück in den Umschlag. Ihr Blick fiel auf den Stapel ungelesener Briefe.

Sie schüttelte den Kopf. Die konnte sie jetzt nicht lesen.

‚Sie ist doch bestimmt schon in diesem Whitby', dachte sie und schaute auf den Laptop, der zwar ausgeschaltet, aber nicht zugeklappt war.

Renata wechselte den Stuhl und setzte sich vor den Computer. Sie schaltete ihn ein und suchte im Internet nach *Whitby, Großbritannien*. Die Karte auf dem Bildschirm kam in Bewegung. England tauchte auf. Das Symbol, das die von Renata gesuchte Kleinstadt markierte, befand sich im Nordosten der großen Insel. Direkt am Meer. Renata vergrößerte die Karte und sah den aus dem Brief der Mutter bekannten Namen. Wenn man an der gewundenen Küstenlinie nach unten fuhr, kam Scarborough.

Sie versank in Nachdenken. Dann wechselte sie in die Satellitenansicht, und wie im Kino entschwand die Karte und verwandelte sich in eine Luftaufnahme: Dächer von Häusern, Straßen mit Straßenschildern, ein Strandstreifen vor dem Meer.

Renata beugte sich zum Bildschirm vor, um alles noch besser zu erkennen, als würde sie sich – riesig und allsehend – über einen englischen Spielzeugort beugen. Am dem Meer gegenüberliegenden Ende des Ortes schlängelte sich eine holprige Straße zu einem von geraden, dicken Mauern eingefassten Rechteck. Innerhalb des Rechtecks waren Grabreihen zu erahnen. An einer leeren Stelle dazwischen ragten zwei im Vergleich zu den Häusern in der Nebenstraße hohe Dächer auf.

„Die Kirche und der Friedhof!", flüsterte Renata und vergrößerte das Bild noch einmal, so weit, bis es nicht mehr ging. Die Gräber wurden ein bisschen größer, waren aber trotzdem zu klein, als dass man etwas hätte erkennen können. „Eins muss schöner als alle anderen sein", flüsterte Renata und ließ ihren Blick durch die Reihen schweifen. Doch die Gräber sahen alle gleich aus. „Wahrscheinlich stammt die Aufnahme noch aus der Zeit, bevor meine Mutter entlassen wurde", resümierte sie.

Die Tür knarrte, und Renata drehte erschrocken den Kopf, schaute nach dem Ton.

Verschlafen stand Vitas in der Tür und kniff die Augen zusammen. „Wieso schläfst du denn nicht?"

„Ich ... hab meine Eltern gefunden."

Vitas trat näher. Er blieb hinter ihr stehen und schaute ratlos auf den Bildschirm. „Und wo sind sie?"

„In England. Mein Vater ist hier", Renata tippte mit dem Finger auf den Friedhof, „und meine Mutter irgendwo in der Nähe. Hast du die Tickets für die Türkei schon gebucht?"

„Wollte ich heute machen."

„Lass es", bat sie. „Wir fliegen nach England."

„Natürlich", willigte Vitas ein. „Hast du eine Adresse?"

Renata deutete auf den Bildschirm. „Sie ist dort, in Whitby. Wir finden sie am Grab von meinem Vater. Und wenn nicht, dann hinterlassen wir ihr am Grab einen Zettel mit der Adresse von unserem Hotel. Dann findet sie uns."

„Gibt's dort überhaupt Hotels?", fragte Vitas zweifelnd und starrte weiter auf den Bildschirm.

„Wir werden schon was finden! Das ist doch am Meer. Am Meer gibt's immer Hotels."

„Gut. Aber du gehst jetzt schlafen, du bist doch ganz müde! Ich kümmere mich inzwischen um die Tickets und um das Hotel."

Renata stand auf. Sie küsste Vitas. Auf ihrem Gesicht stand ein trauriges Lächeln.

„Woran denkst du? An deine Mutter?", fragte Vitas.

Sie nickte. „Und noch an was anderes", setzte sie hinzu.

„Und an was?"

„Kukutis hat gesagt, ein Vitas stirbt nicht ... Genauso wenig wie ein Jonas!"

Ihre Stimme klang so zärtlich, dass Vitas sich nicht beherrschen konnte und Renata umarmte. Er küsste sie, dann flüsterte er: „Jetzt leg dich aber hin. Morgen früh erzähle ich dir alles – wann wir fliegen und in welchem Hotel wir unterkommen."

Renata ging ins Schlafzimmer und schloss die Tür, damit das grelle Licht nicht herein fiel, blieb am Fenster stehen und musste wieder weinen. Die Tränen liefen ihr die Wangen hinab, tropften auf die Holzdielen, zerplatzten, bespritzen die Knöchel und die Zehen.

Das Weinen tat gut. Renata verstand nicht, was mit ihr passierte. Sie fühlte sich unglücklich und glücklich zugleich, voller Freude und völlig erschöpft. „Ich muss aufhören zu weinen", flüsterte sie und trat einen Schritt vom Fenster weg. „Alles wird gut." Sie wischte sich die Tränen von den Wangen.

Ein Lächeln erhellte ihr Gesicht, als hätte ihr eine Sternschnuppe im Fallen das letzte Licht durchs Fenster geschickt und ihre Lippen getroffen.

Epilog
21. Dezember 2017. Pienagalys. Bei Anykščiai

Vielleicht war es gut, dass nur Barbora und ihr Sohn zum zehnjährigen Jubiläum der *Schengen-Nacht* gekommen waren, der Nacht, in der sie erwachsen geworden waren, die ihre Lebenswege verändert und sie zu riskanten, dramatischen und richtigen Entscheidungen veranlasst hatte. Jeder nimmt sein Schicksal selbst in die Hand. Wer nicht allein, sondern mit einem anderen Menschen, den er mag, diese Entscheidung gemeinsam trifft, ist nicht unbedingt vor Fehlern gefeit. Und was ist schon ein Fehler, wo das Leben des Menschen ein Weg ist. Stolpern kann man überall, egal wo man ist.

Renata ging in den Hof hinaus, um Googlas sein Futter zu bringen. Unter ihren Füßen knirschte der frische Schnee – hell und angenehm! Googlas kam schwanzwedelnd aus seiner Hütte gerannt. Vor ein paar Tagen war ihr aufgefallen, dass der Hund sich erkältet hatte und sein Bellen heiser klang. Vitas hatte das komischerweise nicht bemerkt. Aber er war ja auch furchtbar eingespannt. Nachdem sie aus Mangel an Kunden das Hundestudio schließen mussten, war Vitas wieder in seinen eigentlichen Beruf zurückgekehrt und hatte einen Tiernotdienst gegründet. Er hatte den Führerschein gemacht und Renata ihren blauen VW Kombi abgeluchst. Zuerst hatte er sie überredet, den kleinen roten Fiat zu verkaufen, und ihr den blauen Kombi geschenkt. Dann hatte er ein Schild mit der Aufschrift *Tiernotarzt* auf die Seiten geklebt und sich selbst ans Steuer gesetzt. Jetzt überlegte Renata, wie sie ihren alten Fiat zurückholen konnte. Aber erst im Frühjahr, wenn die launische litauische Sonne den Schnee hatte schmelzen lassen und der Weg, der zur Schotterstraße führte, und die Schotterstraße, die zur Asphaltstraße führte, fest geworden waren. Im Moment konnte sie nur davon träumen und lächeln. Es war gut, einfache, verständliche und leicht umzusetzende Zukunftspläne zu haben!

Um zehn Uhr klopfte Renata an die grüne, vielfach überstrichene Tür.

„Ich komme ja schon!“, kam Jūratės Stimme aus Großvater Jonas’ Hälfte. „Du brauchst nicht anzuklopfen, komm einfach rein!“, sagte sie, als sie ihre Tochter einließ. „Das ist doch dein Haus!“

„Es ist unser Haus, und das hier ist deine Hälfte! Ich möchte, dass du den Teil als deinen Besitz betrachtest!“, sagte Renata stur.

„Geht nicht“, seufzte Jūratė. „Mein Haus ist in Whitby, nicht hier. Hier tue ich mich schwer!“

Renata schaute ihre Mutter an, die, so schien es ihr, nicht älter wurde. Im Gegenteil, sie sah jetzt viel jünger aus als auf dem Foto, das sie nach ihrer Haftentlassung geschickt hatte. Renata schaute sie an und wusste nicht, was sie ihr sagen, was sie tun sollte, damit sie sich in Pienagalys so fühlte, wie sich Renata fühlte: wie in einem kleinen, eigenen und gemütlichen Paradies, aus dem man nicht fortgehen, ja, das man auch nicht für einen einzigen Tag verlassen möchte.

Jūratė hingegen zählte die Tage bis zur ihrer Rückreise nach England. Sie versuchte, ihrer Tochter und ihrem Schwiegersohn möglichst selten unter die Augen zu kommen. Beim Abendessen schwieg sie, das Frühstück und Mittagessen nahm sie allein in ihrer Hälfte ein. Schon das dritte Mal war sie für eine Woche hergekommen und benahm sich immer gleich: wie eine schüchterne Besucherin.

„Kannst du heute auf Jonas aufpassen?“, fragte Renata. „Ich muss nach Anykščiai. Ich will meine Freunde vom Busbahnhof abholen.“

„Natürlich. Wenn du willst, kann ich mich auch mit dem Kinderwagen in den Hof setzen. Frische Luft ist gesund!“

„Aber heute Abend kommst du zum Essen!“, warnte Renata sie vor.

„Mir geht's nicht so gut“, versuchte Jūratė die Einladung abzuwimmeln.

„Aber mit dem Kind nach draußen zu gehen, macht dir nichts aus?“, fragte Renata lächelnd. „Keiner wird dir eine Frage stellen. Du brauchst nur dazusitzen und nichts zu sagen. Aber ich möchte, dass du kommst. Das tut mir gut.“

Jūratė schaute ihre Tochter verwundert an, nickte. „Gut“, sagte sie nach einer Pause.

„Ich wollte den Rūpintojėlis aus Großvaters Kredenz holen!“, rief Renata, als ihr der zweite Grund einfiel, warum sie an die grüne Tür geklopft hatte.

„Natürlich“, stimmte Jūratė zu.

Am Abend, während Renata und Barbora den großen ovalen Tisch deckten und der einjährige Jonas in seinem Bettchen schlief, nahm Jūratė den neunjährigen Andrius, Barboras Sohn, mit zu sich. „In Litauen leben die alte und die neue Welt immer unter einem Dach, in einem Haus“, hörte Renata ihre Mutter sagen. „Und wenn eine der beiden Welten verschwindet, geht das Haus zugrunde ...“

„Was für ein Glück, zu Weihnachten in Litauen zu sein", sagte Barbora, streckte ihre Hand aus und strich der Holzfigur, die auf dem Tisch stand, über den Kopf.

„Hast du dich dort eingelebt?" Behutsam setzte Renata das fünf Minuten zuvor unterbrochene Gespräch fort und stellte die Teller auf das alte Leinentischtuch mit den weiß in weiß gestickten Fabelwesen.

„Ja. Aber ich weiß nicht so recht. Er ist nett, und Andrius mag ihn auch ..."

„Ach was! Du solltest heiraten! Sonst wächst Andrius ohne Vater auf ..."

„Aber wenn ich heirate, dann hat er zwei Väter."

„Zwei ist besser als keiner."

„Bei uns im Dorf halten sie mich wahrscheinlich für verrückt", sagte Barbora mit einem bitteren Lächeln. „Andrius liegt zwischen Christopher und dessen Frau. Ich pflege alle drei Gräber, sie sind wirklich die schönsten auf dem ganzen Friedhof! Andrius denkt, Christopher war sein Opa."

„Soll er ruhig. Das macht doch nichts."

„Ich habe versucht ihm zu erklären, dass er noch einen anderen Opa hatte, in Litauen."

„Siehst du, zwei Opas. Dann versteht er das doch, dass er auch zwei Väter haben kann."

„Na gut." Barbora wollte das Gespräch beenden und winkte ab. „Wann kommt Vitas denn zurück?"

„Jetzt demnächst! Und dann wollte er vor morgen nicht noch mal wegfahren."

Gegen acht setzten sie sich zu Tisch. Das Mondlicht vor den Wohnzimmerfenstern, das vom Himmel fiel, versilberte die Bäume, die Winterschlaf hielten.

„Ganz anders als damals", sagte Barbora schwermütig.

Vitas füllte Likör in die Gläser. Andrius bekam ein Glas selbstgemachten Fruchtsaft. „Was auch immer passiert ist – hier sind wir zusammengekommen!", sagte er. „Manch einer ist verlorengegangen, manch einer hat sich wieder eingefunden." Bei den letzten Worten schaute er Jūratė liebevoll an. „Lasst uns zuerst auf die trinken, die verloren gegangen sind."

Das Gespräch bei Tisch wollte nicht in Gang kommen. Aber die gebackene Gans zerging auf der Zunge. Andrius flüsterte seiner Mutter hin und wieder etwas auf Französisch zu, sie antwortete ihm ebenfalls flüsternd, aber auf Litauisch, und er nickte.

Irgendwann fiel Barboras Blick wieder auf den hölzernen Rūpintojėlis. Sie beugte sich vor und nahm die Figur in die Hand. „Komisch“, rief sie, „er erinnert mich an ... einen alten Mann. Der stand plötzlich auf dem Friedhof, als wir Andrius begraben haben ... Hab ich so noch nie gesehen!“

„Was hast du nie gesehen?“, wollte Renata wissen.

„Einen hölzernen Rūpintojėlis mit einem Holzbein!“

Renata nahm ihr die Figur aus der Hand. Sie betrachtete sie und hielt inne, als hätte sie ihn in eine andere Richtung, in die Vergangenheit gewendet. Das war nicht der Rūpintojėlis, den sie jedes Weihnachten auf ihren Tisch stellte. Und auch nicht der, den sie jedes Jahr bei Jonas auf den runden Tisch stellte. Es war eine andere Figur, die zwar auch auf einem Baumstumpf saß, aber ein Bein des Rūpintojėlis war gerade, nicht angewinkelt, und sah aus wie Kukutis’ Holzbein. „Das ist er!“, flüsterte Renata und schaute der Figur ins Gesicht. „Das ist Kukutis!“

„Kukutis?“, fragte Barbora nach.

„Ja, der Freund von meinem Urgroßvater. Er kommt einmal in drei Jahren bei uns vorbei, um sich zu erholen. Wahrscheinlich hat er den selbst geschnitzt!“ Sie stellte die Figur zurück auf den Tisch.

Vitas lächelte versonnen. Wahrscheinlich dachte er auch an den merkwürdigen einbeinigen Alten.

Renata schaute zu ihrer Mutter. Jūratė saß da, schlug die Augen nieder. Sie schien nicht zu verfolgen, worüber gesprochen wurde. „Mama, erinnerst du dich noch an das Schlaflied vom kleinen Murmel?“, fragte Renata.

„Natürlich.“

„Kannst du nicht zu Jonas gehen und es ihm vorsingen?“

„Aber er schläft doch schon.“ Jūratė wechselte in einen Flüsterton und drehte sich zur geschlossenen Schlafzimmertür.

„Ja, er schläft. Aber alles, was er im Schlaf hört, bleibt in seinem Gedächtnis. Das weiß ich von mir.“

Zu viert lauschten sie Jūratės sanfter, zärtlicher Stimme, die durch die angelehnte Schlafzimmertür drang. Sie lauschten und versetzten sich zurück in ihre Kindheit: jeder auf seinem geheimen Pfad, der an kürzer und länger zurückliegenden Freuden und Kümmernissen vorbeiführte, an erlebten und versäumten Treffen, an traurigen und fröhlichen Begebenheiten.

„Schlaf, mein Murmel! Tief und fest", sang Jūratė, und unter ihrem Gesang glitt der Abend in die Nacht hinüber.

Nachwort des Autors

Flüchtlinge sind in den letzten Jahren in Europa zu einem zentralen Thema geworden. Immer wieder wurde die Befürchtung geäußert, Europa könne daran zerbrechen. In meinem Roman geht es nicht um Flüchtlinge. In meinem Roman geht es um Europäer, die den Wegfall der Grenzen und die europäische Zusammengehörigkeit ernst nehmen. In meinem Roman geht es um junge Leute, um Litauer, die die Rückkehr ihres Landes nach Europa als ein Signal verstehen, das „europäische Glück“ zu suchen und zu finden, als Anlass, in dem europäischen Traum „aufzugehen“: in Paris, London, Venedig und anderswo. Der europäische Traum war nie so konkret wie der *American Dream*. Ihn zu verstehen und zu ergründen, steht noch aus. Nicht nur für die Figuren in meinem Buch, sondern für uns alle.

Warum geht es in meinem Buch um Litauen und die Litauer? Weil der einstmals größte Staat Europas – das Großfürstentum Litauen – heute ein kleines Land am Rand der Europäischen Union ist, das die anderen Europäer aus Mangel an Zeit übersehen. Im „alten Europa“ nennt man die Litauer oft in einem Atemzug mit Bosniern, Serben, Bulgaren, Polen und Ungarn und impliziert, diese Migranten seien eigentlich gar keine richtigen Europäer, auch wenn sie aus Mitgliedsländern der Europäischen Union kommen. Das „neue“ – östliche – Europa ist für die Bewohner des „alten“ Europas nach wie vor etwas nicht ganz Dazugehöriges, Unverständliches, beinahe Fremdes. Das hat auch damit zu tun, dass man viel Zeit investieren und sich mit der Geschichte und Kultur der Länder auseinandersetzen muss, wenn man dieses Europa, das so neu eigentlich gar nicht ist, verstehen will. Litauen ist nur eines dieser Länder. Bevor ich „Kartografie der Freiheit“ geschrieben habe, bin ich zwölf Jahre lang nach Litauen gereist. Jahr für Jahr, mehrere Male. Ich wusste am Anfang nichts. Irgendwann war ich unheimlich fasziniert von diesem unglaublich interessanten Land, seinem Volk, seiner Geschichte und Kultur. Ich lernte Litauisch, um noch besser zu verstehen, wie die Menschen denken.

Länger als alle anderen Völker in Europa waren die Litauer Heiden. Die *Black Boxes* für die sowjetischen Flugzeuge wurden nur in Litauen hergestellt. Ich frage mich immer noch, ob diese beiden Tatsachen etwas miteinander zu tun haben.

Mehr als andere Länder leidet Litauen unter dem europäischen Traum: Mehr als 30 Prozent der Bevölkerung sind auf der Suche nach dem europäischen Glück ins alte Europa ausgewandert, haben ihre Heimat verlassen, aber nicht vergessen. Die Osteuropäer träumen noch von einem Europa, in dem sie satt und glücklich sind und von Unheil verschont bleiben. Die Bewohner des alten Europas haben – so mein Eindruck – das Träumen schon lange verlernt. Das *Vereinigte Europa* ist für sie etwas Banales, Altmodisches und Lästiges, das ihren Erwartungen und Hoffnungen nicht gerecht geworden ist.

In meinem Roman gibt es sozusagen zwei Europa: das alte und das neue und damit natürlich auch zwei Gruppen von Europäern. Die einen glauben an Europa und knüpfen all ihre Hoffnungen daran, die anderen leben einfach in Europa, ohne es bewusst wahrzunehmen. Diese beiden Europa werden in meinem Roman von den Gedanken und Wanderungen einer mir sehr wichtigen Figur verbunden: von Kukutis. Er ist weniger realistisch als die anderen Protagonisten. Halb mythische Figur, halb Mensch, stolzer Besitzer von sechs Pässen, hat er den Ersten Weltkrieg miterlebt und den Zweiten als Augenzeuge erlebt. Er folgt den jungen Litauern, die ihr Land verlassen haben, und weiß schon vor ihnen, wo und wann ihnen ein Unglück zustoßen wird. Kukutis ist unterwegs, um ihnen zu helfen, weiß aber, dass er nie rechtzeitig zur Stelle ist. Und das ist nicht nur dem Umstand geschuldet, dass er im Ersten Weltkrieg ein Bein verloren hat und nun mit einem gesunden Bein und einer Holzprothese nicht besonders schnell vorwärts kommt. Er ist die gute Seele all jener Litauer, die ihre Heimat verlassen haben. Aus der eigenen Erfahrung kennt er noch die Zeit, als West- und Osteuropa ein Ganzes, einfach Europa waren. Das ist für ihn bis heute so. Wie auch für mich, den Autor.

Ich habe den Roman 2012 zu schreiben begonnen. 2013 wollte die ukrainische Regierung den europäischen Weg nicht fortsetzen und dem Volk den europäischen Traum nehmen. Die Menschen in der Ukraine haben daraufhin eine Revolution gestartet und eine neue Staatsmacht gewählt, die das Land wieder auf europäischen Kurs gebracht hat. Wegen der Ereignisse von 2013/2014 habe ich die Arbeit an dem Roman unterbrochen. Erst 2015 konnte ich weiterschreiben. Ich war und bin bis zum heutigen Tag gleichzeitig Europa-Optimist und Europa-Realist. Vielleicht hat deswegen mein Roman nichts von einem Märchen.

Andrej Kurkow

Glossar

Valdas Adamkus	von 1998 bis 2003 und von 2004 bis 2009 Präsident der Republik Litauen
Anykščiai	Stadt im Bezirk Utena in Mittellitauen inmitten einer ländlichen, leicht hügeligen Landschaft, von zahlreichen Seen umgeben
Baranauskas-Straße	Die Straße ist benannt nach Antanas Baranauskas, der 1835 in Anykščiai geboren wurde und 1902 dort starb. Er war einer der ersten, der Literatur in litauischer Sprache verfasste.
Beaujolais	Weinfest, mit dem in Frankreich immer am dritten Donnerstag im November das Eintreffen des neuen Weins gefeiert wird
Jonas Biliūnas	litauischer Schriftsteller und Dichter (1879–1907), maßgeblich beteiligt an der Herausbildung eines litauischen Nationalbewusstseins Ende des 19. Jahrhunderts
Biržai	Stadt im Nordosten Litauens. Während eines Massakers der SS und ihrer Kollaborateure wurde 1941 die gesamte jüdische Bevölkerung des Ortes ermordet.
Louis Blériot	Französischer Luftfahrtpionier (1872–1936). Mit der *Blériot XI* überquerte er am 25. Juli 1909 als erster Mensch den Ärmelkanal in einem Flugzeug.
Blutgericht	Historisches Feinschmeckerlokal in den Kellergewölben des Schlosses im früheren Königsberg. Seinerzeit erfreute sich das Restaurant eines internationalen Rufs, vergleichbar dem *Auerbachs Keller* in Leipzig.
Clochard	Obdachloser (frz.), insbesondere in französischen Großstädten
Darius und Girėnas	Steponas Darius (1896–1933) und Stasys Girėnas (1893–1933), litauische Piloten mit US-Staatsangehörigkeit. Ihr Plan, den Atlantik nonstop mit dem Flugzeug zu überqueren und von New York aus die 7.186 Kilometer nach Kaunas zurückzulegen, nahm 1933 ein tragisches Ende, als ihre Maschine aus nie geklärten Gründen abstürzte.
Datscha	Wochenendhaus mit Grundstück (russ.)
Galvėsee	See im Südosten Litauens, bekannt durch die spätmittelalterliche Wasserburg Trakai
Gediminas	litauischer Großfürst (um 1275–1341), unter dem Litauen zur osteuropäischen Regionalmacht aufstieg
Herden von Wolken	Anspielung auf Alexander Puschkins „Märchen von der toten Zarentochter und den sieben Recken“, in dem es heißt: Jelissej auf seinen Wegen / eilt dem Winde schnell entgegen, / ruft ihm zu: „O mächt'ger Wind, / unsichtbaren Laufs geschwind / wandelst du einher auf Erden! / Wolken treibst du gleichwie Herden / vor dir her; bei deinen Stürmen / muß das blaue Meer sich türmen; [...]“
Juri Gagarin	sowjetischer Kosmonaut (1934–1968), erster Mensch im Weltall
Kissel	Kaltschale (russ.), süße, geleeartige Nachspeise, die aus frischen oder getrockneten Früchten zubereitet wird.

Laima	baltische Schicksalsgöttin
Litas	litauische Währung, bis zum 31. Dezember 2014 im Umlauf, zum 1. Januar 2015 durch den Euro ersetzt
Louis d'or	französische Goldmünze aus dem 17. Jahrhundert
Loza	kroatische Spirituose, die aus vergorenem Traubentrester (den Rückständen der Weinmaische, z. B. Stängel, Schalen, Kernen) destilliert wird
LRT	Abkürzung für Lietuvos nacionalinis radijas ir televizija (lit.), Litauische Nationale Rundfunk- und Fernsehanstalt
Pirogge	Hefeteigtasche mit herzhafter oder süßer Füllung
Polski Fiat	Polnischer Kleinwagen des Autoherstellers Fiat, der in Polen in Lizenz gefertigt wurde. Wie der Trabant in der DDR war er ein Sinnbild für die Motorisierung breiter Bevölkerungsschichten und wegen seiner Größe und seines mangelnden Komforts immer wieder Gegenstand humoristischer Betrachtungen.
Puntukas	Zweitgrößter Findling Litauens, der in der Nähe von Anykščiai liegt. Er ist behauen und trägt ein Relief der beiden verunglückten litauischen Piloten Steponas Darius und Stasys Girėnas. > Darius und Girėnas
Rīgas Melnais balzams	Rigaer Schwarzer Balsam, berühmter Rigaer Likör
Rūpintojėlis	Christus in der Rast (lit.), sitzendes Christusmotiv, oft mit einem Arm auf dem Oberschenkel aufstützend als Klagegeste
Samogitien	historische Landschaft im westlichen Teil des heutigen Litauens, auch zu finden unter der Bezeichnung Niederlitauen und Žemaitėjė
Sapeur	Extravagant und elegant gekleidete Person, deren Auftreten in deutlichem Kontrast zu deren Lebensumständen steht. Ursprünglich als Protest gegen die Politik Joseph Mobutus in Brazzaville/Kongo Mitte der 1970er Jahre.
Šeštokai	Kleinstadt im Südwesten Litauens nahe der polnischen Grenze
Sojus	entlehnte Form von Sojus (russ.), umgangssprachlich für Sojus Sowjetskich Sozialistitscheskich Respublik (SSSR, Sowjetunion)
Szlachcic	Angehöriger des polnischen Kleinadels (Szlachta)
Tutejschij, Tutejschije	Die Hiesigen (russ.). Der Begriff kam zu Beginn des 20. Jahrhunderts auf und bezeichnete Personen im heutigen Belarus, Polen und Litauen, die in diesen Gebieten lebten und sich keiner Nation zuordneten.
Vėlinės	Allerseelen (lit.)
Žalgiris	hochprozentiger Kräuterlikör
Żur, Żurek	Gericht aus der Küche Polens und der an Polen grenzenden Gebiete, saure Mehlsuppe auf der Basis einer Sauerteigbrühe

Andrej Kurkow
Geografie eines einzelnen Schusses
Trilogie
gebunden mit Schutzumschlag
€ 22.90 pro Band

Der wahrhaftige Volkskontrolleur (432 Seiten)
Aus dem Russischen von Kerstin Monschein
ISBN 978-3-85218-679-5

Der unbeugsame Papagei (432 Seiten)
Aus dem Russischen von Sabine Grebing
ISBN 978-3-7099-7012-6

Die Kugel auf dem Weg zum Helden (392 Seiten)
Aus dem Russischen von Claudia Dathe
ISBN 978-3-7099-7181-9

Eigentlich ist Pawel Dobrynin ja ein bescheidener Zeitgenosse – doch dann wird der ehrlichste Bauer des Dorfes plötzlich zum Volkskontrolleur auf Lebenszeit auserkoren: Er übernimmt wichtige Aufgaben, soll etwa die Pelzbereitung in Sibirien prüfen, in einer Schnapsfabrik für reibungslose Planerfüllung sorgen oder an einem abgeschiedenen Ort in den Bergen die Herstellung künstlicher Meteoriten überwachen, die der Sowjetunion die uneingeschränkte Macht in der Welt sichern sollen.

Währenddessen tobt ein Wettlauf mit der Zeit: Eine Pistolenkugel und ein Engel jagen den Gerechten, den wahren Helden. Während die Pistolenkugel ihm nach dem Leben trachtet, möchte der Engel ihn mit ins Paradies nehmen – dort ist nämlich noch kein einziger Sowjetbürger eingegangen. Wer erreicht sein Ziel zuerst?

Andrej Kurkow changiert geschickt zwischen Fantasie und Wirklichkeit der Sowjetunion. Leichtfüßig und skurril, charmant und mit viel Ironie entwirft er ein buntes Panorama alltäglicher Absurditäten in seinem fantastischen Sowjetland, ohne je vordergründig politisch zu sein. Er erzählt von geplatzten Träumen, unbeugsamen Menschen, enttäuschtem Fortschrittsglauben, unhinterfragten Heldenmythen – und von ganz großen Abenteuern.